ALEXA KRIELE

WIE IM HIMMEL SO AUF ERDEN

Band 1 und 2

ALEXA KRIELE

WIE IM HIMMEL SO AUF ERDEN

Die Botschaft der Engel

Band 1 und 2

KAILASH

Bibliografische Information der Deutschen Bibliothek

Die Deutsche Bibliothek verzeichnet diese Publikation
in der Deutschen Nationalbibliografie; detaillierte bibliografische Daten
sind im Internet unter http://dnb.ddb.de abrufbar.

Umschlaggestaltung: Die Werkstatt München / Weiss · Zembsch
Produktion: Ortrud Müller
Satz: EDV-Fotosatz-Huber / Verlagsservice G. Pfeifer, Germering
Druck und Bindung: GGP Media GmbH, Pößneck
Printed in Germany

ISBN 3-7205-2680-1

Vorwort zur Neuausgabe 2005

Das vorliegende Werk erschien zuerst in den Jahren 1998–2001. Frau Christa Falk, die es in ihrem Verlag herausgebracht hat, ist ein herzliches Wort des Dankes zu sagen. Zu danken ist ferner dem Heinrich Hugendubel Verlag für die Neuausgabe, die gewährleisten soll, daß das Werk in die weitere Zukunft hinein verfügbar bleibt. Dank gebührt auch Frau Renate Müller für die Geduld, mit der sie aus meiner Handschrift druckfertige Skripte erstellt hat.

In erster Linie schulden wir unseren Dank natürlich den Engeln Gottes. Alexa hätte diesen Kursus nicht aus eigenem Wissen geben können, sie hat ihn nur »gedolmetscht«. Ich war als Fragesteller, Protokollant und Redakteur beteiligt. Anfangs überschauten wir noch nicht die ganze Tragweite und Bedeutung dessen, was wir da vernommen und niedergeschrieben haben. Die Engel gingen mit Engelsgeduld auf unsere mitunter skeptischen Fragen und Einwände ein. Wir sind Schüler und nicht Meister, haben aber im Laufe der Arbeit gelernt, unsere persönlichen Vorprägungen hinter uns zu lassen.

Die Texte knüpfen an die Tradition der christlichen Mystik an. Diese bildete neben der theologisch-dogmatischen und der liturgischen Tradition stets eine dritte Strömung der christlichen Tradition, oft unbeachtet, aber notwendig dazugehörend. Für sie ist charakteristisch, daß der Betende nicht nur spricht, sondern auch hört, und daß deshalb eine sehr innige Beziehung zu seinen himmlischen Gesprächspartnern entstehen kann. Aus der Bibel wissen wir, daß sich der Himmel gern einfachen Hirten, Fischern, Mägden usw. mitteilte, mitunter auffallend sündigen Menschen. Auch im Laufe der Kirchengeschichte wandte er sich keineswegs nur an Schriftgelehrte und kirchliche Amtsträger. Bei diesen stieß die Mystik nicht selten auf Mißtrauen und Ablehnung, letztlich half sie ihnen aber aus theologischen Mißverständnissen und kirchenpolitischen Sackgassen heraus.

Die Darlegungen der Engel bilden einen Kontrapunkt zu herrschenden Ansichten vor allem in dreierlei Hinsicht:

1. Der in unserer Weltgegend weit verbreitete monistische Materialismus meint, Geist sei eine Hervorbringung der Materie, es gebe keinen Geist ohne Gehirn und folglich auch nicht Gott, es sei denn, wir entdeckten sein materielles Gehirn. Neuronale Vorgänge hätten aber im Lauf der Evolution die »Vorstellung« von Gott, Engeln usw. hervorgebracht. – In Wirklichkeit ist der Mensch samt seiner Leiblichkeit eine Schöpfung Gottes. Das Gehirn ist ein Instrument, das er auf Erden braucht und mehr oder minder gut nutzt.
2. Eine abgeschwächte Variante findet sich mitunter sogar bei Theologen: Gott möge es geben, Engel aber seien nur ein »Bild« für psychische Phänomene, ein »Symbol«, eine »Chiffre« für Möglichkeiten der eigenen Seele. – In Wirklichkeit sind sie als Boten und Diener der Trinität personale Wesen mit Freiheit, Individualität und Namen und mit dem Bestreben, uns zu helfen, zu schützen und zu führen. Es ist für sie schmerzlich, wenn wir sie lebenslang anschweigen oder sie sogar bloß für psychologische Bilder halten.
3. Eine noch vorsichtigere Variante ist die Annahme, Engel gebe es zwar, sie hätten aber seit den biblischen Zeiten ihren geistigen Verkehr mit einfachen Menschen eingestellt, um den Theologen und kirchlichen Amtsträgern das Feld zu überlassen. Allenfalls beschränkten sie sich auf kurze, aufrüttelnde Botschaften. Sie seien zu zusammenhängenden Darlegungen nicht in der Lage und kennten sich in der Men-

schenwelt nicht aus. – Dies alles entspricht nicht unseren Erfahrungen.

Berechtigt ist aber die Forderung, sorgfältig zu prüfen, ob wir es tatsächlich mit den Engeln Gottes und nicht mit Trugbildern zu tun haben. Die Unterscheidung der Geister ist eine Kunst, die uns die großen Mystiker (u.a. Terese von Avila) gelehrt haben. An ihren Kriterien haben wir uns orientiert und sie auch dargelegt, damit sich der Leser ein eigenständiges Urteil bilden kann. So sind wir zu der Gewißheit gelangt, daß die Texte wirklich und wahrhaftig von den Engeln Gottes stammen. Wer sie von vornherein einer diesen Kriterien nicht genügenden Esoterik gleichstellt, dem bleibt ihr Inhalt natürlich verschlossen.

Den Engeln ging es nicht einfach darum, unser Wissen zu bereichern. Auf spiritueller Erkenntnis liegt Gottes Segen erst, wenn wir sie durch eigene Erfahrung in uns lebendig werden lassen und ins praktische Leben umsetzen. Die Leser haben das im allgemeinen sehr ernst genommen. Wir danken ihnen für ihre Offenheit, ihr Vertrauen und ihre Freundschaft.

Martin Kriele

ALEXA KRIELE

WIE IM HIMMEL SO AUF ERDEN

Die Botschaft
der Engel

Band I

Inhalt

Einleitung

Alexas Fähigkeit, die Sprache der Engel zu »verdolmetschen«, hat sich seit 1994 in weitem Umkreis herumgesprochen. Tag für Tag kommen von nah und fern Menschen zu ihr, tragen den Engeln ihre persönlichen Nöte und Fragen vor und empfangen von ihnen Rat und Hinweise. Diese ernst zu nehmen, hat sich wieder und wieder als sehr hilfreich erwiesen.

Ermutigt von dieser Erfahrung wandte sich auch Alexas Mann Martin an die Engel, doch nicht nur mit persönlichen Problemen. Vielmehr stellte er zunehmend Fragen allgemeiner Art: z. B. Fragen über die Engel selbst, ihre Aufgaben und ihre Wirkungsweise, über die höheren Hierarchien bis hinauf zur Heiligen Trinität, doch auch Fragen zu den Naturgeistern, Fragen zur Stellung des Menschen im Kosmos, nach der Innenwelt des Menschen, nach seinem Leben diesseits und jenseits der Schwelle, nach dem Sinn von Schmerz, Leid, Schuld und Tod, Fragen zu Lebensaufgaben, zu Krankheit und Heilung, zu Erziehung und Altersstufen, zu Arbeit und Beruf, zu Philosophie, Theologie und spirituellen Lehren, zur Weltlage im neuen Jahrtausend.

Die Engel antworteten nicht nur gern und ausführlich. Da diese und ähnliche Fragen viele Menschen bewegen, schlugen sie uns einen regelrechten Kursus vor, den wir veröffentlichen sollten. Darin würden sie uns und die Leser über die Zusammenhänge unterrichten, aus denen heraus solche Fragen beantwortet werden könnten. Es sei nämlich an der Zeit, verlorengegangenes Wissen über den Himmel und sein irdisches Wirken neu begreiflich und lebendig werden zu lassen. Dies sei derzeit ohnehin der Plan der Heiligen Trinität und ihrer Boten. Wir könnten ein Stück dazu beitragen. Ob wir uns dafür zur Verfügung stellen wollten? Wir stimmten mit Freuden zu.

Der Leser wird finden, daß wir durchaus auch zweifelnde und sehr grundsätzliche Fragen gestellt haben. Geschieht das mit Respekt, so antworten die Engel mit Freimut, oft fröhlich und humorvoll, oft auch sehr bewegend, ja erschütternd. Nicht selten sind ihre Darlegungen überraschend und enthüllen ihre ganze Bedeutsamkeit erst bei längerem Nachsinnen.

Doch geht es keineswegs nur um Wissen an sich, so wichtig Orientierung, Klarheit, gedankliche Ordnung auch sind. Es geht vielmehr um die Umsetzung ins tägliche Leben, um die Ausrichtung auf den Himmel und die Zusammenarbeit mit ihm. Die Engel haben deshalb auch manche Übungen, Arbeitsanleitungen und praktische Anregungen gegeben. Sie stellten ihre Darlegungen gewissermaßen unter das Motto: »Wie im Himmel, so auf Erden«.

Auf Fragen, die im Zusammenhang mit einem solchen Kursus auftauchen können, soll im Nachwort eingegangen werden. Schon an dieser Stelle ist aber eines hervorzuheben: Jede »Engelstunde« ist eine Feierstunde. Wenn Engel erscheinen, ist man berührt von ihrer Lichtkraft und Schönheit, ihrer Liebe und Weisheit. Sie werden vernehmbar erst nach einiger Zeit der Ruhe und der Sammlung. Deshalb ist auch dem Leser anzuraten, für die Lektüre nach Möglichkeit Stunden der Stille zu nutzen, damit er sich mit Geist und Herz so einstimmen kann, als wäre er unmittelbar dabei – freudig und offen.

Wir übergeben nun dieses Buch der Öffentlichkeit mit innigstem Ernst und bitten den Himmel, den Leser mit allen Gaben des Heiligen Geistes zu segnen.

Pfingsten 1998, Alexa und Martin Kriele

Montag, 20. 2. 95

Innere Kapelle. Betender Engel

Ein Engel von außergewöhnlicher Größe und machtvoller Ausstrahlung: Fürchtet euch nicht und erschreckt nicht über meine Größe. Ich danke euch für die Absicht dieses Buches und beginne mit einer Information:

Jeder Mensch trägt in sich – in Höhe des Herzens – einen für die äußeren Augen unsichtbaren Kirchenbau, eine »Innere Kapelle« oder »Innere Kirche«. In ihr werdet ihr einen Engel finden, der am Altar steht oder kniet und betet. Stets, solange ihr lebt, betet er in eurem Herzen. Er ist weder identisch mit dem Schutzengel noch mit dem Führungsengel oder dem Sonnenengel.

Der betende Engel ist es auch, der in euch denkt. Wenn ihr ganz lauter und wahrhaftig seid, kann er manchmal durch euch sprechen, vor allem, wenn es um Lobpreis geht. Dann tragt ihr in die Außenwelt, was er im Innern tut. Auch im Singen oder in wissenschaftlichen Darlegungen kann sich sein Lobpreis ausdrücken. Sein Denken ist ein reines Denken, das freilich von egozentrischem Denken überschrien werden kann. Eriugena hatte recht: in jedem Menschen lebt ein betender Engel.[1]

Ihr könnt mit geschlossenen – allerdings nach innen geöffneten – Augen eure Innere Kapelle betreten. Versucht sie wahrzunehmen: Ist sie groß oder klein? Eher im romanischen, gotischen, barocken oder modernen Stil? Welche Farben dominieren? Welche Bilder und Figuren findet ihr vor? Wie sind die Fenster gestaltet? – usw. Die Innere Kirche ist aber nicht die »Kopie« einer äußeren – selbst wenn sie einer Kirche gleicht, die ihr in der Außenwelt kennt. Es ist umgekehrt: Architekten und Kirchen-Baumeister waren inspiriert von Inneren Kirchen und haben sie in der Außenwelt nachgebaut. Die Vielgestaltigkeit der äußeren Kirchen spiegelt die der Inneren Kirchen wider.

Versucht, euren betenden Engel wahrzunehmen und begrüßt ihn. Er wird sich freuen und euch segnen. Dann könnt ihr ihm zuhören und mit ihm beten. Ihr könnt ihn bitten, euch besonders liebe Gebete zu sprechen oder für andere Menschen zu beten. Ihr könnt auch gemeinsam mit ihm die Messe feiern.

Wenn man regelmäßig in die Innere Kirche geht, wird sich das Bedürfnis einstellen, auch in die äußere Kirche zu gehen. Der Besuch der äußeren Kirche wird freilich nur lebendig, wenn ihr den Gottesdienst innerlich mitvollzieht und d. h. letztlich: in der Inneren Kirche, auch wenn euch das nicht bewußt ist. Der Besuch der Inneren Kirche sollte allerdings den Kirchgang am Sonntag nicht ersetzen. Es bedarf einer gesunden Mischung von Innenwelt und Außenwelt.

Die Innere Kirche entspricht dem, was man in der fernöstlichen Mystik und der an sie angelehnten »esoterischen« Literatur als das »Herz-Chakra« zu bezeichnen pflegt. Alle die verschiedenen sogenannten »Chakren« sind, wenn man sie in ihrer vollen Wirklichkeit erfaßt, Innenräume des Menschen. Was die »Chakren«-Lehren davon beschreiben, ist nur ein äußerer Aspekt. Es wird in unserem Kursus u. a. darum gehen, mit diesen Innenräumen allmählich vertraut zu werden und zu lernen, wie man in ihnen und aus ihnen heraus mit dem Himmel zusammenarbeitet.

Zunächst bitte ich euch, häufig eure Innere Kapelle aufzusuchen, so daß ihr darin mit der Zeit aus eigener Erfahrung heimisch werdet. Das gilt nicht nur für euch, sondern für alle Menschen.

Montag, 27. 2. 95

Friedensdom. Kirche. Sonnenengel

Ein weiß-blauer Engel: Auch der Himmel ist voller Kirchen, von kleinen Kapellen bis hin zu großen Domen. Einer davon ist der »Friedensdom« mit den Friedensengeln. Der Dom ist in gotischem Stil gehalten, streng, aber nicht unfreundlich. Er ist immens hoch. Man geht durch den Mittelgang an vielen Sitzreihen vorbei. In ihnen findet ihr leise singende Friedensengel von taubenblau über blaugrau, blauweiß bis hin zu ganz weißen in den ersten Reihen. Am Altar seht ihr einen großen strahlend weißen Engel – ernst und feierlich. Sein Name ist Nadjamael. Er ist der oberste der Engel im Friedensdom. Links und rechts schließen sich kleinere weiße Engel an. Hier ist heute für euch eine »Große Audienz«, ein festlich-freudiger Empfang. Tretet heran bis vor den Altarraum.

Nadjamael: Seid willkommen im Namen des Herrn! Der Beginn eurer Arbeit hat Turbulenzen positiver und freudiger Art ausgelöst, bis hoch hinauf. Zunächst eine Bitte: Ordnet den Text dieses Buches nicht selbstgestalterisch, beispielsweise nach Themengruppen, sondern gebt das Gesagte in seiner Reihenfolge wieder. Wir sorgen für die angemessene Abfolge der Themen. Verzichtet deshalb auf Zusammenstellungen nach Themengruppen und seid auch sparsam mit Vor- und Rückverweisen. Die Lehre, die ihr den Lesern vermittelt, wächst in kleinen Schritten, so ähnlich wie man ja auch Kinder in die Weltorientierung hineinwachsen läßt. Man nimmt sie sich nicht vor und sagt ihnen:

»Heute erfahrt ihr alles Wichtige über Autos, morgen über Papa und Mama.« Wir werden auf alle Themen immer wieder zurückkommen und euch jedesmal tiefer in sie einführen.

Bedenkt auch, daß, wenn wir euch mit Domen und anderen Räumen des Himmels vertraut machen werden, die Beschreibungen nicht im wörtlichen Sinn »räumlich« zu verstehen sind. Wenn ihr euch z. B. jetzt in den Friedensdom hineinbegeben habt und euch fragt: Wo ist er eigentlich?, so ist die Antwort: vor eurer Nase. Hineingehen bedeutet: sich von der Bewußtseinskraft her auf ihn einschwingen. Alle Hierarchien, auch die höchsten, befinden sich direkt bei euch, wenn ihr euch in den jeweiligen Schwingungszustand zu begeben vermögt. Nehmt es auf, wenn ihr könnt.

Mittelalterliche Scholastiker haben die Frage diskutiert, wie viele Engel auf einer Nadelspitze Platz haben. Man hat sich darüber lustig gemacht. Aber es lohnt sich, die Frage auch einmal ernstlich zu stellen. Die Antwort lautet: Alle, einschließlich der Trinität. Denn sie sind an den Raum so wenig gebunden wie an die Zeit. Wenn ihr versucht, euch in diese Antwort hineinzufühlen und sie in ihrer ganzen Bedeutung nachzuempfinden, wird sie euch in ihrer Großartigkeit sehr tief berühren. Deshalb rate ich euch, an dieser Stelle eine Zeitlang zu verweilen. Es bedarf eines Moments des Schweigens, der Sammlung und der Besinnung. – Bedenkt: Der Herr hat gesagt: »Wo zwei oder drei in meinem Namen versammelt sind, da bin ich mitten unter ihnen« (Mt. 18,20). Dieser Satz ist auf sehr reale Weise wahr. Er gilt an jedem Ort, auch hier. Was ich euch über die Bedeutung himmlischer »Räume« gesagt habe, liest sich leicht. Aber es gilt, es innerlich zu erleben. Dann werdet ihr die Wichtigkeit dieser Aussage erfassen. – Ihr dürft jetzt Fragen stellen.

In der vorigen Sitzung war von der Bedeutung der Kirche die Rede. Dürfen wir dazu Näheres hören?

Nadjamael: Die Kirche könnt ihr euch vorstellen wie eine Lichtbahn, die von der Trinität zur Erde führt. Sie durchläuft die verschiedenen Hierarchien, als wären diese wie durchsichtige Plastikfolien übereinander geschichtet. Die Kirche ist also viel mehr, als was man auf Erden darunter versteht: eine historische Institution, die sich mit irdischen Mitteln abgesichert und sogar Kriege geführt hat. Diese Kirche hat alle Fehler begangen, die Menschen auf Erden begehen. Dies ist jedoch nur die unterste, die »exoterische« Stufe der Kirche. Die Kirche als Ganzes ist jedoch »Exoterik und Esoterik« zugleich.[2] Wer das Erdgeschoß für das ganze Gebäude hielte, und nur weil es – wie alles auf Erden – staubig werden kann, das ganze Gebäude für verstaubt halten und aufgeben würde, täte der Kirche unrecht. Die Kirche war nie ohne Lebendigkeit, ohne Innenwelt, ohne inneres Leben und Licht. Während die »exoterische« Kirche Macht ausgeübt und Macht grob mißbraucht hat, gab es immer zugleich auch die Anbetung, die Frömmigkeit, die Anbindung an den Herrn. Der Herr war immer in ihr gegenwärtig, er ist es und er wird es immer sein. Wenn ihr das Credo sprecht, in dem es heißt: »Ich glaube an die heilige katholische Kirche«, so denkt nicht nur an die irdische Institution, die sich keineswegs immer so heilig gezeigt hat, sondern an die durch alle Hierarchien in die Vertikale ausgebreitete Kirche, die die »Mutter Kirche« ist und an der die irdische Institution allerdings teilhat. Das Wesen der Kirche findet eine der treffendsten Darstellungen bei Valentin Tomberg. Dessen Werke sind gegenwärtig das Authentischste und Beste: die reine Wahrheit und nichts als die Wahrheit.[3]

Sind evangelischer und katholischer Gottesdienst gleichwertig?

Der Schlüssel zur Beantwortung dieser Frage liegt in der Hinwendung zum Himmel, im Zulassen des Mystischen im Sinne der Öffnung für die Trinität und in der gläubigen Hingabe an sie. Wenn ein evangelischer Pfarrer mit seiner Gemeinde das Abendmahl feiert, dann ist der Himmel nicht weniger gegenwärtig als in einer katholischen Kirche. Denkt z. B. an Johann Sebastian Bach. Er lebte ganz in der Kirche. Aber es gibt viele Protestanten, die der Kirche ferne stehen, ebenso freilich auch viele Katholiken. Es ist immer individuell zu beurteilen.

Die Auffassungsunterschiede zwischen den Kirchen werden vom Himmel zwar verstanden, aber differenzierter gesehen. Z. B. gilt ihm die Amtseinsetzung auch eines evangelischen Pfarrers als »Weihe«, die ihn zur Reinheit und Wahrhaftigkeit in der Amtsausübung verpflichtet. Und der evangelische Gottesdienst gilt ihm – zumindest im Urgrund – als eine heilige Messe. Das Entsprechende gilt selbstverständlich für die orthodoxe Kirche und ebenso auch für Anglikaner, Baptisten und einige andere Gemeinschaften. Die Bedeutung der katholischen Kirche ist aber damit nicht in Frage gestellt.

Was versteht man unter dem »Sonnenengel« und wie unterscheidet er sich vom Schutzengel und vom »Führungsengel«?

Nadjamael: »Sonnenengel« ist ein anderes, besseres Wort für »höheres Ich« oder »Selbst«. Diese Worte sind unglückliche Konstruktionen, wie man sie bildet, wenn man die Phänomene zu beschreiben sucht, ohne die Engel zu kennen. »Höheres Ich« ist ein »Ersatzterminus« – ein hübsches Wort, nicht wahr? – für Sonnenengel. Der Sonnenengel ist zu unterscheiden vom Schutzengel und vom Führungsengel. Diese sind die Begleiter des Menschen während seines Erdenlebens. Der Sonnenengel ist der Begleiter der Seele von Ewigkeit zu Ewigkeit.

Der *Schutzengel* steht in der Regel etwas nach rechts versetzt hinter euch und wacht. Ihr könnt ihn um etwas bitten, aber man betet nicht »zu ihm«, sondern »mit ihm«, d. h. man spricht seine Gebete mit ihm gemeinsam, so daß sie gewissermaßen zweistimmig ertönen. Seinen Schutz braucht ihr nicht zu erbitten – ihn gewährt er euch sowieso. Aber er freut sich, wenn ihr mit ihm sprecht, vor allem, um ihm zu danken.

Zwischen dem *Führungsengel* und euch gibt es so etwas wie ein magnetisches Band, das ihr manchmal spürt, z. B. wenn ihr euch zu Dingen oder Menschen hingezogen, von Geschehnissen angezogen fühlt. Er arrangiert die sogenannten »Zufälle«, die in Wirklichkeit Fügungen sind, d. h., er vermittelt Begegnungen, bereitet euch den Weg.[4] Je besser ihr ihm folgt und euch führen laßt, desto stärker wird dieses magnetische Band. Je stärker das magnetische Band ist, desto weniger bedürft ihr der eigenen Kraft; euer Weg macht sich dann wie von allein. Wer statt des Eigenwillens die Folgsamkeit wagt, wird bald spüren, wie angenehm und aufregend das Leben dann wird. – An ihn könnt ihr euch wenden, um ihn um etwas zu bitten oder um ihm für seine Führung zu danken.

Der Sonnenengel ist zwar von der Seele zu unterscheiden, gleichwohl kann man doch auch sagen, daß er mit ihr in gewisser Weise eine Einheit bildet.[5] Er gehört zur 2. Triade, er ist angesiedelt auf der Ebene der Exusiai (vgl. die Übersicht auf S. 37). »Sonnenengel« ist insofern eine treffende Bezeichnung, als der Sonnenengel von oben wacht und leuchtet wie die Sonne. Er blickt von oben auf die Seele, steht mit ihr in Verbindung, wartet die Lebenszeit ab und übernimmt sie beim Sterben. Man kann ihn kontaktieren, er ist gesprächsbereit, aber er greift von sich aus in aller Regel nicht direkt ein. Er zeichnet alles auf, was in eurem Leben geschieht, und besitzt einen vollständigen Überblick über alle Zusammenhänge.

Man betet nicht »zu ihm« und nicht »mit ihm«, sondern »unter ihm«, unter seinem Licht und in seinem Strahl, in seinem Schutz, in seiner Begleitung, unter seiner Wacht. Er leuchtet und wärmt wie die Sonne. Man flüchtet unter seinen Sonnenengel, wenn man meint, im Dunkeln zu sein. Wenn ihr betet, stellt euch vor, ihr erhebt euch ein wenig über euren Körper und seht euch knien. Über euch seht ihr das Bild der leuchtenden Sonne; ihr betet wie ein Mensch, der unter der Sonne wandelt.

Der Sonnenengel begleitet euch nach dem Sterben; er nimmt die Seele wie ein großer Sonnenvogel auf den Rücken. Der bewußte Kontakt zum Sonnenengel löst im Menschen Erinnerungen aus; er öffnet die Tür zum Wissen und zu den Erfahrungen des Himmels, die ihr gesammelt habt.

Gibt es die »Sphärenklänge«?

Oh ja. Der Sphärenklang ist der Klang der gesamten Schöpfung. Es gibt den Klang, der den Dingen und Lebewesen zugrunde liegt, den Klang der Materie in ihren verschiedenen Formen, den Klang von Gefühlen und Gedanken. Alles, was ist, hat seinen eigenen Klang, auch alle Wesen des Himmels, auch jeder Mensch, alle Völker, auch die Welt als Ganzes. Alle Klänge ordnen sich zu einem wunderbaren Ganzen – eben zu den Sphärenklängen.[6] Für eure Ohren freilich wären sie ein ungeheures, donnerndes Brausen. Der Klavierklang ist ein mikroskopisch winziges Abbild davon. –

Sollen wir ein Klavier anschaffen?

Ein Klavier ist gut und schön, aber ein Betstuhl wäre uns lieber. (Nadjamael entläßt uns mit einem Segen. Das leise, feierliche Singen der Engel klingt noch lange in uns nach.)

Aschermittwoch, 1. 3. 95

Drei Reisen

(Erstes Treffen im »Viererkreis«, d. h. mit Gerhard und Isabel Bär [vgl. Nachwort]. Bärs bringen als Geschenküberraschung einen Betstuhl mit.) Unsere Führungsengel: Seid gegrüßt! Heute laden wir euch zu einer Reise ein. Es kommen für jeden von euch zusätzlich zwei Engel, die rechts und links von euch stehen, die Arme unterstützen und euch auf eurer Reise begleiten werden. – Es herrscht im Himmel solche Freude über die Bildung dieses Kreises! Es wird etwas Gutes und Schönes aus ihm hervorgehen, wenn ihr wollt. Diese Reise sei der Anfang, eine Art Empfängnis. Wollt ihr?

Ja, mit Freude.

Wir machen euch Zielvorschläge, z. B.: in die Erde, durch die Zeit, zu bestimmten Hierarchien (als Beobachter), zum Hohen Rat und seiner Umgebung. Ihr könnt ein Reiseziel wählen, zuerst Isabel, dann Gerhard, dann Martin.

I. Isabel: *Zum Erdmittelpunkt.*
Das ist sehr klug gewählt. Denn je tiefer ihr nach unten verwurzelt seid, desto höher werdet ihr nach oben gelangen. Laßt uns zunächst eine Vorstellung von diesem Reiseziel erarbeiten. Ihr dürft Fragen stellen.

Besteht der Erdmittelpunkt aus Gold?

Ja und nein. Er besteht nicht aus Metall, überhaupt nicht aus Materie, sondern aus einem Hohlraum. Die Erde ist tatsächlich ein »Erdball«, ein im Zentrum leerer Ball. Aber sein geistiger Wesenskern ist reines Goldlicht, ist ein Herz wie aus purem Gold, und seine Schwingung ist sehr intensiv. Sie würde von Menschen als Hitze empfunden werden. Bestünde der Erdmittelpunkt aus Metall, wäre es für die euch begleitenden Engel schwierig, hineinzuschlüpfen. Metallene Gegenstande, auch z. B. Maschinen, sind für uns schwer zugänglich. Doch die Erde ist organisch, auch ihr Mittelpunkt ist organisch, lebendig und hell.

Also ist die Annahme abwegig, im Erdmittelpunkt befände sich das, was man die »Hölle« nennt?

Ja, das ist eine aberwitzige Konstruktion. Was wäre das für eine Erde? Wie wollte man da die Erde lieben? Sie ist doch eine Schöpfung Gottes! Möchtet ihr auf einem Planeten wandeln, wissend, daß unter euch das Höllenfeuer brodelt?

Zu klären wäre hier vielleicht, was die Hölle eigentlich ist. Nun, allgemein gilt sie als Ort der ewigen Verdammnis. Daran ist dreierlei verkehrt: Erstens herrscht dort nicht die Ewigkeit, denn Ewigkeit ist ein Attribut des Vaters, und in ihm ist kein Platz für Verdammnis. Der Ort mag lange existieren – sehr lange, aber nicht ewig. Zweitens ist es kein Ort der Verdammnis; denn niemand wird verdammt, es sei denn, er verdammt sich selbst. Und drittens ist die Bezeichnung »Ort« irreführend.

Es handelt sich nicht um einen geographischen Ort, sondern um einen Zustand, der durch Lichtlosigkeit gekennzeichnet ist. Die Hölle ist kein lichter Ort (auch nicht durch Feuerschein erleuchtet), sondern im Gegenteil: der Bereich größtmöglicher Ferne vom Licht. Es herrscht Finsternis, Ungeborgenheit, Unlebendigkeit, Hoffnungslosigkeit, Verlorenheit. Aber dieser Bereich kann überall sein – oder nirgends. Bei dem Gedanken, sich dort aufhalten zu müssen, kann es einem Menschen allerdings heiß werden. Die »Hölle« selbst ist aber ein Zustand der Kälte, der Erstarrung. Wie sollte das Zentrum der Erde, eines Geschöpfes Gottes, aus Gottesferne bestehen?

Als Christus ins Reich des Todes hinabstieg, ging er also nicht ins Erdinnere?

Nein, sondern in den Mittelpunkt der Unlebendigkeit, eben in die sogenannte Hölle. Nirgendwo steht geschrieben, daß Christus »in die Erde« hinabgestiegen sei – das ist eine sehr menschliche Schlußfolgerung aus dem Wort »hinabgestiegen«. – In das Reich des Todes hinabsteigen ist übrigens sehr viel schwieriger als in das Zentrum der Erde und käme für euch nicht in Betracht. Und es ist ohne ausdrücklichen Auftrag auch gar nicht gestattet. –

Es gibt allerdings im Inneren der Erde eine Zwischenschicht, in der Wesen leben, die sich gern in Dunkelheit oder im Zwielicht aufhalten. Sie sind nicht eigentlich böse, sondern haben das Gefühl der Verlassenheit und die damit verbundenen Folgegefühle. Diese Schicht ist schattig, unklar, verworren. Ins Innere der Erde zu wandern, heißt auch, diese Schicht zu durchschreiten, die Dichte, das Dunkel, die Verwundung zu sehen, unter denen die Wesen dort leiden. Das tiefste Innere aber ist reines Licht, reines Goldlicht, das wieder eine Verbindung zum Himmel hat. Denn es ist das Licht des Vaters, das Licht des Schöpfers.

Eine solche Reise vollzieht sich zugleich äußerlich und innerlich. Sie führt auch zum eigenen Mittelpunkt, in die tiefsten Tiefen der eigenen Person. Sie führt durch diesen Zwischenbereich der Verlassenheit hindurch.

Je tiefer ihr im Innern verwurzelt seid, desto höher werdet ihr hinaufragen können, so wie ein hoher Baum tiefe Wurzeln braucht. Den Weg in die Tiefe gehen heißt, eine Brücke zum

Himmel bauen. Schließt jetzt die Augen. Habt keine Furcht, ihr werdet sicher geleitet ...

II. (Isabels Führungsengel übergibt an Gerhards Führungsengel. Gerhard soll jetzt ein zweites Reiseziel nennen.) Gerhard: *Zur Welt der Urbilder:* –

Das ist schön! Die Welt der Urbilder ist sehr real, es gibt sie wirklich. Denke an einen beschädigten Baum. Da gibt es eine Welt über der Welt, wo sein Urbild in unbeschädigter Vollkommenheit vorhanden ist. Die Urbilder sind die Welt der Vollkommenheit. Alle Wesen blicken zu den Urbildern ihrer Art hinauf und sehnen sich nach Ähnlichkeit mit ihr. Die Schönheit und Harmonie in der Natur kommt daher, daß die Natur nach oben, auf die Welt der Urbilder hin ausgerichtet ist. Sie ist schön nicht aus Zwang oder einfach nur so oder gar zufällig, sondern weil sie sich wünscht, schön zu sein, weil sie sich in der Schönheit wohl fühlt. Das mag schwärmerisch klingen, aber es ist so.

Die großen Künstler spüren diese Verbindung zwischen der Welt und der Welt der Urbilder. Sie verfügen mehr oder weniger bewußt über die »vertikale« Verbindung zu ihr. Je bewußter diese ist, desto mehr ist der Künstler ein Künstler im Sinne der Engel. Dazu kommt im günstigen Falle noch eine starke, mit Liebe erfüllte, horizontale Verbindung zur Natur. Und da diese ihrerseits mit der Welt der Urbilder in Verbindung steht, entsteht ein Dreiecksverhältnis zwischen Urbildern, Mensch und Natur:

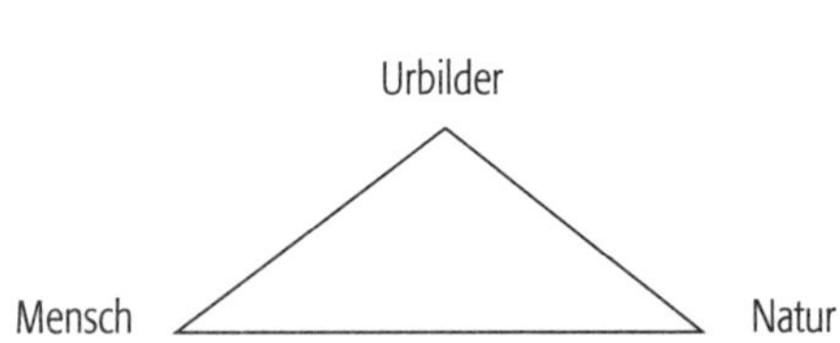

Der Mensch ist der Bewußtseinsfähige, der dieses Dreieck zu erkennen und sich mit Bewußtsein und Liebe den beiden anderen Elementen des Dreiecks zuwenden kann: sowohl z. B. dem

Baum als auch dem Urbild des Baumes. Indem er das tut und seine Verbindung zu beiden verstärkt, verstärkt er zugleich die Achse, die den Baum mit dem Urbild verbindet. Wenn du ein Tier liebst und dir bewußt bist, daß du das Urbild dieses Tieres im paradiesischen Zustand liebst, trägst du dazu bei, daß sich das Tier seinem Urbild annähert. So wird das Tier »schön geliebt« oder »schön geschaut«. Schon durch das liebevolle Anschauen der Natur wirkt der Mensch wie ein Künstler, auch wenn er kein Künstler ist.

Dem echten Künstler werden immer treffendere, stimmigere Bilder gelingen, er wird Wesen und Wirken von Natur und Urbild immer besser erfassen. Die Natur ihrerseits kommt ihrem Urbild näher, und das Urbild kann sich der Erde einfügen. Die Natur wird heil und ganz, urbildhaft. Insofern leistet der Künstler tatsächlich eine Erlösungsarbeit. Wissen die Künstler, welche verantwortungsvolle Aufgabe sie übernommen haben? Künstler sein in diesem Sinne ist also auch eine Form von Naturschutz.

Hingegen wirkt ein Kunstverständnis, das die Natur von ihren Urbildern trennt, zerstörerisch. Es führt dazu, daß sich die Natur anderem als ihren Urbildern annähert.

Im Prinzip ist jeder Mensch, nicht nur der Künstler, mit der Welt der Urbilder wie durch einen Seidenfaden verbunden. Diese Verbindung zum Idealen hält euch aufrecht. Ohne sie würdet ihr sofort zusammenbrechen. Sie ist jedoch meist nicht bewußt, sie besteht wie im Schlaf.

Ist die Evolutionslehre mit dem Wissen um die Welt der Urbilder vereinbar?

Sie ist sogar notwendig für ihre Bewußtwerdung. Die Verbindung nach oben gewinnt ihren vollen Sinn erst durch das Wissen um die Horizontale. Die Evolutionslehre entspricht der »horizontalen« Verbindung des Menschen zur irdischen Welt. Auf dieser Ebene hat sie – zumindest im Ansatz – recht. Sie beschreibt etwas, was zur Gesamtheit der Welt als einer ihrer Aspekte hinzugehört, als der Aspekt, der sich auf Raum und Zeit bezieht. Die Evolutionslehre ergänzt die Vertikale um die Horizontale. Das heißt, sie nimmt eine »Ursuppe« wahr, in der die Urbilder mit ihren schönen Formen nicht sichtbar sind. Mit dem Mikroskop sieht man keine Urbilder, sondern einzellige Lebewesen. Die die Urbilder wahrnehmen, klettern in die Höhe, die anderen wandern in der Horizontalen zurück zu den Ursprüngen und verschiedenen Stufen der Evolution. Beide tun es mit demselben Recht. Wenn du horizontal wanderst und aus dem Wunsch, zu wissen, die Evolution wissenschaftlich zu durchleuchten suchst, so ist das – wie überhaupt die naturwissenschaftliche Betrachtungsweise der Welt – durchaus legitim.

Auch praktisches Arbeiten mit der Natur ist zulässig, vor allem, wenn es um Pflege, Gestaltung und Erhaltung der Schöpfung und nicht um machtvolle Eingriffe in die Schöpfung geht. Doch das Bestreben, Macht über die Natur zu erzwingen, kann gefährlich sein. Macht über die Natur auszuüben ist allerdings ungefährlich, wenn es darum geht, Sicherheit zu erlangen, z. B. durch den Bau von Dämmen oder Blitzableitern. – Machtstreben ist freilich auch illegitim, wenn man nach oben steigt: es führt dann in Schwarze Magie. Man steigt nach oben berechtigterweise nur, um zu lernen, zu staunen, entzückt zu sein.

Die wissenschaftliche Betrachtungsweise in der Horizontalen verhilft nicht nur zu äußeren Sicherheiten, sondern gibt ein weit darüber hinaus gehendes Gefühl der Sicherheit. Sie scheint die Welt verständlich und damit handhabbar zu machen. Aber diese Sicherheit – so zeigt ja auch eure Erfahrung – hat Grenzen. Es ist sehr erstrebenswert, die Grenzen der so erreichbaren Sicherheit zu ermessen, weil man auf diesem Weg zur Suche nach der vertikalen Form der Sicherheit – nach der Verbindung mit der Welt der Urbilder – kommt. Übrigens sind sich viele große Wissenschaftler dieser Grenzen bewußt geworden.

Liegen dem Recht Urbilder zugrunde?

Es gibt nicht für jedes Gesetz ein Urbild, aber es gibt ein Urbild des Rechts, und es gibt eine Tendenz in der Gesetzgebung und Rechtsprechung, das irdische Recht dem Urbild anzunähern. Du, Martin, sprichst ja in diesem Zusammenhang von dem Streben nach »Annäherung an die Gerechtigkeit«; das ist ein guter Ausdruck.

Das Urbild des Rechts ist weniger und mehr als die Summe der Rechtsnormen. Weniger, weil es sich auf drei Begriffe beschränkt, mehr, weil diese drei Begriffe den Urgrund, das Urbild aller Rechtsnormen darstellen. Diese drei Begriffe sind: Liebe, Strenge und Gnade. Ihr könnt euch ihre Anordnung wie ein Dreieck vorstellen, dessen Spitze die Liebe bildet: sie ist das höchste aller Gesetze. Zum Recht gehören zweitens die Strenge, die Kausalität, die normative Klarheit und drittens die Gnade, die Aufhebung des Normativen unter Berücksichtigung des Einzelfalles:

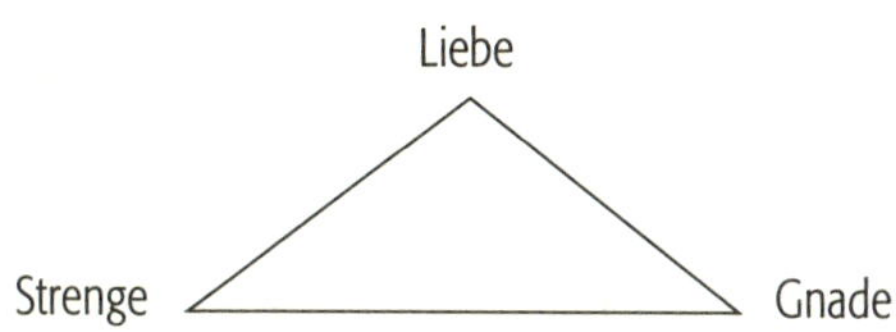

Sowohl Strenge als auch Gnade sind legitim, soweit sie in der Liebe begründet sind.

Ein guter Jurist braucht neben seiner fachlichen Ausbildung eigentlich auch spirituelle Kenntnisse. Vor allem sollte er wissen: Es gibt ganze Heerscharen von Engeln, u. a. die Michaelsengel, die für die Gesetzlichkeit zuständig sind; diese Engelwesen sollte er kennen und sich mit ihnen beraten, mit ihnen zusammenarbeiten. Der oberste Richter ist der Sohn. Ein verantwortungsvoller Jurist sollte sich ganz besonders dem Sohn zuwenden, mit ihm verbinden und versuchen, in seinem Sinne zu denken und zu handeln.

Die Zusammenfassung dessen, was mit Strenge und Kausalität gemeint ist, sind die 10 Gebote; die Zusammenfassung dessen, was mit Gnade gemeint ist, ist die Bergpredigt. Die 10 Gebote kann man nur verstehen, indem man sie übers Herz erlebt. Man verspürt sie bis in jede Zelle des Körpers hinein. Laßt euch von ihrer Strenge und Klarheit treffen und erschüttern. Mit Kindern ab dem 10. Lebensjahr könnte man die 10 Gebote auch szenisch darstellen. Das wäre eine sehr wirksame Form der spielerischen Erziehung zum Recht. Entsprechendes gilt für die Bergpredigt: laßt euch durch ihre Sanftheit und Klarheit erschüttern.

Wo sind die Urbilder?

Sie bilden eine Sphäre für sich, eine Insel im Kosmos, die mit den äußeren Augen nicht zu sehen, die aber sehr real vorhanden und mit den inneren Augen gut wahrnehmbar ist. Man kennt sie in der Tradition unter dem Namen »Paradies«. Das Paradies ist die Welt der Urbilder.[7]

Das Paradies, die Welt der Urbilder ist nicht nur ein Urzustand, aus dem ihr vertrieben worden seid, sondern ein Zustand der ungebrochenen Präsenz Gottes, eine unverletzliche Sphäre, aus der die Welt neu geschaffen werden könnte. Die Verbindung zu ihr kann gestört sein, ist es auch teilweise, aber sie selbst ist nicht krank oder tot. Sie ist ewig und unzerstörbar. Dies, damit ihr wißt, daß es niemals einen Grund gibt, die Hoffnung aufzugeben.

Nun schließt die Augen und laßt uns reisen ...

III. (Anschließend übergibt Gerhards Führungsengel an den von Martin. Martin wird aufgefordert, ein Ziel zu nennen:) *Zum Hohen Rat.*

Anm. Der »Hohe Rat« oder »Rat der Weisen«, zu dessen Besuch Alexa und Martin schon vor Beginn dieses Kurses einmal zugelassen waren, besteht aus 12 Mitgliedern, die aus himmlischen Höhen herab die geistige Entwicklung der Menschheit weisheitsvoll lenken. Jeweils einer von ihnen inkorporiert sich in Menschengestalt, und zwar in jedem Jahrhundert einmal, und das rund 5000 Jahre lang. Danach kehrt er nicht mehr zur Erde zurück, sondern ist fortan vom Himmel aus an der Lenkung der menschlichen Angelegenheiten beteiligt, und ein anderer kommt an die Reihe.[8] Diese 12 sind keine Engel, sondern besonders weit fortgeschrittene Menschen. Sie sind aber nicht zu verwechseln mit den Heiligen oder mit dem Rat der Ehrwürdigen.

Die Engel sprechen von dem jetzt gewissermaßen »diensthabenden« Weisen als vom »Hohelehrer« und haben uns erläutert: So wie Melchisedek[9] der Hohepriester; d.h. der Priester der Priester ist, so ist der Hohelehrer der »Lehrer der Lehrer«. Er selbst verwendet den Ausdruck nicht: er versteht sich als Diener. Doch wir schließen uns den Engeln an und nennen ihn im folgenden: »der Hohelehrer«.

Der Hohe Rat findet sich in einer himmlischen Kathedrale im gotischen Stil, umgeben von einer welligen, lieblichen Landschaft. Auf den Wiesen ringsumher lagern wunderschöne Marienengel. Im Innern der Kathedrale dominieren die Farben dunkelrot bis violett, man könnte sie auch als bordeaux, magenta oder fuchsia beschreiben. Die 12 Weisen sitzen in einem Halbkreis, in dessen Mitte die heilige himmlische Sophia thront, eine Repräsentantin der göttlichen Mutter in ihrem Weisheits-Aspekt.

Den Zutritt eröffnet ein Torwächter namens Amael. Er ist zwar ein Engel, doch sind seine Flügel nicht sichtbar: Er wirkt eher wie ein Mönch in einer Kutte, mit einer gedrungenen Gestalt, sehr freundlich und sehr humorvoll. Bei einem früheren Besuch stellte er sich Alexa und Martin mit den Worten vor: »Ich bin so eine Art Touristenführer hier oben. Nur kommen so selten Touristen vorbei.« Als er damals die Tür öffnete, glaubte Alexa zuerst, wir seien fehlgeleitet: »Was wollt Ihr? Ihr habt ja keine Flügel!« Die Weisen warteten schweigend (und wohl ein wenig schmunzelnd), bis Alexa, beeindruckt von der ehrfurchtgebietenden Ausstrahlung, erkannte, zu welch erhabenem Ort wir zugelassen waren. Der

Hohelehrer hob eine Hand und begrüßte uns mit freundlichem Winken. – Jetzt also erbittet Martin erneuten Zutritt.

(Martins Führungsengel übergibt an Amael.)

Amael: Ihr werdet es kaum glauben: ihr seid schon da. Auf Erden kommt erst die Erfahrung der Dinge, daran knüpfen sich die Fragen an. Hier ist es umgekehrt: Erst kommen die Fragen, und nur wer Fragen hat, dem erschließen sich die himmlischen Dinge. Ihr werdet zugelassen, aber erst bedarf es einer innerlichen Sammlung. Heute dürft ihr hier ausnahmsweise einmal persönliche Fragen stellen. Nutzt diese Gelegenheit. (Wir tun das mit großer Freude und Dankbarkeit.)

Amael (nachdem er uns wieder hinausgeleitet hat): Gut, daß endlich mal was los ist. Das war lustig. Wäre ich Touristenführer auf Erden, würde ich sagen: ihr wart ein gutes Team.

Freitag, 3. 3. 95

Über das Beten

(Die heilige Terese von Avila erscheint: Sie wirkt sehr gesammelt, hoheitsvoll, ehrfurchtgebietend. Sie ist begleitet von zwei Engeln.)

Ihr wolltet unterwiesen werden, wie man betet. Wenn ihr nicht in freien Worten beten wollt, dann am besten: Vater unser, Ave Maria und Credo. Wollt ihr Fragen universeller Art stellen und allgemeine Probleme erörtern, dann wendet euch an den Heiligen Geist; er wird die ihm besonders zugeordneten Engel veranlassen, euch zur Verfügung zu stehen. Will man persönliche Probleme besprechen, wendet man sich an den Sohn. Sprecht ihn in der Regel nicht als »Christus« an, sondern als »Jesus Christus« oder als »Sohn« oder »Herr«. An Gott oder den »Vater« unmittelbar wendet man sich in freien Worten nur sehr selten, nur dann, wenn es um letzte Fragen und Antworten geht. An die »Mutter« oder an »Maria« könnt ihr euch immer wenden, wenn Fragen der Seele, der Gefühle euch bewegen, vor allem bei Kummer, Leid und Krankheit oder wenn ihr für andere bitten wollt.

Ein freies Gebet besteht in der Regel aus drei Teilen: 1. grüßen, lobpreisen, aber auch fragen, ob es dem Angesprochenen gut geht, 2. mitteilen, was ihr auf dem Herzen habt, wie es euch geht, was euch bedrückt, und Fragen oder Bitten aussprechen, 3. danken für alles, was war und was kommt. Also: Lobpreis, Bitte, Dank. Dabei solltet ihr immer Raum für Antworten lassen. Also aktiv grüßen, berichten, fragen und bitten, dann jeweils passiv warten, innere Pausen machen. Wer unablässig spricht, kann die Antworten nicht vernehmen. Richtet euch an den Angesprochenen und nehmt euch dann zurück. Auch wenn ihr ganz konkret sprecht – z. B. »Weißt du, es ist ein schöner Tag heute« –, wartet stets die Reaktion ab.

Spricht man auch im freien Gebet unmittelbar mit den höchsten Instanzen – mit einer der Personen der Trinität – oder nur mit Engeln?

Das »nur« ist unangebracht. Der Engel ist der Bevollmächtigte Gottes, des Sohnes, der Mutter oder des Heiligen Geistes. Er ist ebenso ehrwürdig wie der, durch den er gesandt wurde. Eine direkte Antwort Gottes wäre viel zu intensiv – bis an die Grenzen des Erträglichen, sie könnte sogar tödlich sein. Doch Engel sind in der Lage, sich dem Menschen auf eine verträgliche Art und Weise zu nähern. Der Engel ist Bote, d. h. Repräsentant des Vertretenen.

Ihr könnt euch dennoch ruhig an die Trinität wenden – es sind dann Engel, die eure Botschaft dorthin weiterleiten und die Antworten überbringen. Ihr könnt euch auch unmittelbar an Engel wenden. Sie sind euch näher und sind vollkommen auf euch eingestellt. Im Regelfall wendet man sich an beide: zunächst ehrt die höchsten Instanzen, dankt ihnen, dann bittet die Engel um Hilfe. Ihr könnt auch an einem Tag das eine, am anderen das andere tun. Betet mehrmals täglich.

Bei den höheren Instanzen ist die richtige Gebetshaltung: knien, Hände falten, Augen schließen. Mit Engeln könnt ihr auch im Sitzen oder Liegen oder während anderer Tätigkeiten sprechen, beispielsweise bei der Hausarbeit. Das macht ihnen nichts aus. Schlimmer ist es für sie, wenn ihr nicht mit ihnen sprecht, sie gar nicht ernst nehmt oder nicht einmal wahrnehmt. Stellt euch einmal vor, ihr wäret ein Schutzengel und ihr würdet 70 oder 80 Jahre einen Menschen schützen und begleiten, ohne jemals angesprochen zu werden!

Wenn ihr betet, so bedarf es einer freudigen Freiheit: Nur auf dieser Grundlage ist das Gebet sinnvoll. Es bedarf aber auch disziplinierter Strenge; ohne sie geht es nicht. So solltet ihr beispielsweise auch im Tagesablauf Ordnung halten. Die Seele stellt sich auf bestimmte Zeiten ein, und das tun auch die Helfer. Auch das Ohr des Vaters liebt Ordnung. Betet z. B. regelmäßig nach Sonnenaufgang oder am frühen Morgen oder bei Sonnenuntergang oder vor Mitternacht. Richtet euch also nach Tageszeiten – beispielsweise zum Sonnenaufgang –, nicht nach Uhrzeiten – beispielsweise 6 Uhr morgens: Das kann vor oder nach Sonnenaufgang liegen und ist eine menschliche Konstruktion, die der kosmischen Ordnung nicht angemessen ist. Die Menschheit kam die längste Zeit ohne Uhren aus. – Habt ihr Fragen?

Im Vaterunser wird manchmal gesagt: »erlöse uns von dem Bösen«, manchmal »von dem Übel«, wie ist es richtig?

Wir sagen: vom »Bösen«. Das Wort »Übel« ist vieldeutig, es drückt eine menschliche oder gesellschaftliche Bewertung aus. Was man als Übel empfindet, kann auch das Gute sein. Aber das Böse ist eindeutig das Böse.

Was ist vom Meditieren zu halten?[10]

Das ist eine hübsche Übung, die für manche Menschen sehr wichtig ist, aber nicht für euch. Im Gebet ist immer auch eine meditative Komponente enthalten.

Welche Bedeutung hat die Kontemplation?[11]

Dazu hat Tomberg das Nötige gesagt.[12] Stellt keine überflüssigen Fragen. Ihr kontempliert am besten, indem ihr die Heilige Schrift lest und lebt bzw. nacherlebt oder indem ihr Tomberg lest und lebt. So wird schließlich das Leben selbst zu immerwährender Kontemplation und zu immerwährendem Gebet. Ihr solltet nicht immer fragen: was ist noch wichtig zu wissen? Wichtig ist euer Tun. Es ist schön, daß ihr wissen wollt, wie man richtig betet. Aber uns ist jeder Mensch, der auch nur ansatzweise betet, lieber als einer, der Bücher mit Bet-Regeln füllt, ohne selbst zu beten.

Sonntag, 5. 3. 95 (Auszug)

Der 4. Rosenkranz

(Samuel, ein roter Engel mit Laute, spielt einfache Weisen.) Alexas Führungsengel: Samuel symbolisiert mit der Laute, die zu ihm gehört, die Liebe des Herrn. Er ist der Engel der Stille. Er schenkt jene Stille, die nötig ist, um Wort und Weisung des Herrn entgegenzunehmen, um sich ganz auf ihn hin ausrichten zu können.

Samuel: Der Herr hat stets geholfen, wo Hilfe nötig war. Wollt ihr es ihm gleichtun? So gewöhnt euch an, etwas für alle diejenigen zu tun, von denen ihr wißt, daß sie in Not sind, daß sie leiden. Wißt Ihr vom 4. Rosenkranz? Ihr könnt ihn als Fürbitte beten:

»Gegrüßet seiest du, Maria, voll der Gnaden,
der Herr ist mit dir,
du bist gebenedeit unter den Frauen,
und gebenedeit ist die Frucht deines Leibes Jesus,
der XY einen Engel senden möge.
Heilige Maria, Mutter unseres Herrn,
bitte für XY jetzt und in der Stunde seines (ihres) Sterbens.«

Man sagt besser: »seines Sterbens« als »seines Todes«, weil das Sterben ja nicht den Tod bedeutet.

Ihr könnt bis zu 10 oder 15 Personen nennen, Menschen, die euch nahestehen, z.B. Kinder, Kranke, Sterbende. Betet das Gebet, wenn möglich, mehrmals. Die ersten Male nennt ihr

Menschen namentlich, im weiteren dann ganze Familien, Menschengruppen oder Völker in Not. Ihr könnt auch für Tiere oder Pflanzen oder überhaupt für die Natur bitten. Dann betet am Ende statt: »jetzt und in der Stunde seines Sterbens«: »jetzt und immerdar« oder: »jetzt und bis an das Ende ihrer Zeit«.

Zwischenbemerkung.

Im folgenden beginnt ein Kursus über die sog. **»Hierarchien« der Engel**. *Um das Verständnis zu erleichtern, sei ein schematischer Überblick vorangeschickt. Die Engel gliedern sich in drei »Triaden« von je drei Stufen. An der Spitze steht die Trinität.*
Das Schema wurde in dieser Gestalt zuerst von Dionysios Areopagita dargelegt[13] *und in der Tradition – mit diesen oder entsprechenden Namen – wiederholt aufgegriffen, z. B. von Bonaventura und Thomas v. Aquin, in unserem Jahrhundert u.a. von Valentin Tomberg*[14]. *Seine Richtigkeit wird von den Engeln bestätigt und liegt dem Aufbau unseres Kurses zugrunde. Auch die Einordnung des Menschen als 10. Hierarchie (chorus decimus) hat eine alte kirchliche Tradition. Sie findet sich z. B. bei Hrabanus Maurus, Hildegard von Bingen und Bonaventura.*[15]
Wir fügen die deutschsprachigen Begriffe bei, mit denen die Hierarchien seit Martin Luther bezeichnet werden:

		Trinität
1. Triade	*1. Hierarchie:*	*Seraphim*
	2. Hierarchie:	*Cherubim*
	3. Hierarchie:	*Throne*
2. Triade	*4. Hierarchie:*	*Kyriotetes (Herrschaften)*
	5. Hierarchie	*Dynameis (Mächte, Fürstentümer)*
	6. Hierarchie:	*Exusiai, Elohim, Sonnenengel (Gewalten, Mächte)*
3. Triade	*7. Hierarchie:*	*Archai (Urbeginne, Kräfte)*
	8. Hierarchie:	*Archangeloi (Erzengel)*
	9. Hierarchie:	*Angeloi (Engel)*
	10. Hierarchie:	*der Mensch*

Sonntag, 12. 3.95

Über Engel

(Ein wunderschöner, großer, sehr eindrucksvoller Lehrengel aus dem Strahl des Andreas erscheint. Er trägt auf einem weißen Untergrund rote Schärpen um die Taille und in Kreuzform über die Schultern gelegt, darüber ein Gewand in einem warmen Korallenrot mit Grün versetzt. Seine Flügel sind goldfarben. Er hat eine eher männliche als weibliche Ausstrahlung. Er vermittelt den Eindruck, er knie mit einem Bein und halte das andere aufgestützt. Der Oberkörper ist leicht nach vorn geneigt; die Flügel hält er beschützend wie einen Baldachin oder ein Dach nach vorn über uns:) Wenn ihr bereit seid, beginnen wir heute unsere Begegnungen mit den Hierarchien. Ihr werdet mehrfach durch die Hierarchien geführt werden. Dann möget ihr bitte eure Fragen strukturieren:

1. Das Wesen der jeweiligen Hierarchie.
2. Ihre Wirkungsweise.
3. Ihre Wünsche an euch.
4. Ihre Wirkung, wenn Menschen in idealer Weise mit ihnen zusammenarbeiten.

Zunächst solltet ihr euch vergegenwärtigen, daß der Mensch seine Stellung in der Ordnung der Hierarchien hat, er bildet nämlich die 10. Hierarchie. Im Prinzip kann man auch dem Menschen »Flügel« anpassen. Sein Abstand zu den Engeln ist also verhältnismäßig gering. Deshalb hat der Mensch die Möglich-

keit, in bewußten Kontakt zu ihnen zu treten, und die Engel haben die Möglichkeit, sich seinen organischen Schwingungen anzupassen, sich ganz auf sein Wesen, seine Stimmung und seine Situation einzustellen und ihn demgemäß zu stützen, zu schützen und zu führen.
Allerdings wird diese Kommunikation zwischen Engeln und Menschen auf vielfältige Weise gestört. Zu den wichtigsten Störfaktoren gehören:

1. Maschinen und elektrische Geräte.
2. Alles Künstliche von der Kunstfaser bis zum Modeschmuck. Es stört das menschliche Energiefeld und verzerrt oder verhindert die Wahrnehmung subtiler Bereiche.
3. Der Gebrauch bestimmter Worte. Eines der unglücklichsten ist »müssen«. Es kommt nicht aus lichten Bereichen. Macht euch klar: Kein Engel und auch kein Mensch »muß« irgend etwas. Er will, er kann, er sollte, er darf, er hat den Wunsch oder das Bedürfnis – vielleicht sogar dringend –, er empfindet etwas als seine Aufgabe, aber er muß nichts. »Müssen« legt einen Mantel aus Druck und Zwang um den Menschen. Verzichtet auf dieses Wort. Aber auch der Mißbrauch von Worten wie »Irrsinn«, »Wahnsinn« (die derzeit Modeworte sind) etc. löst sehr schädliche Schwingungen aus. Die Engel ziehen sich dann zurück.
4. Begrenzende Gedanken wie: »Das ist alles Humbug«, »das ist unmöglich«, »das kann nicht sein«, »das kann ich nicht«, »ich bin nicht reif dafür« oder »ich bin dafür nicht gut genug«. Diese und ähnliche Gedanken mauern die Menschen ein und blockieren tatsächlich ihre Fähigkeit, die Engel wahrzunehmen.
5. Mangel an Begeisterung, also ein Tun ohne inneres Dabeisein oder ein Dabeisein ohne echtes Interesse an der Sache, nur z. B. an Neuheiten oder den »Knalleffekten«. Spirituelles Arbeiten ohne wirkliche innere Anteilnahme kann euch keinen Zugang zu den Engeln eröffnen.

Der Mensch kann die Engel zwar durch Denken erreichen, aber auch im Fühlen und Empfinden, und auch durch Musik, Bewegung, Tanz, Gesang. So ist immer ein ganzheitlicher Kontakt möglich. Wartet nicht, bis ihr uns seht. Engel sind für die Menschen leichter hörbar als sichtbar. Sprecht mit uns, arbeitet mit uns, und ihr werdet eines Tages erstaunt feststellen, daß ihr euch längst daran gewöhnt habt, uns wahrzunehmen.

Wir Engel lieben es, wenn der Mensch die rechte Mischung aus *Respekt und spielerischer Freude* zeigt. Zuviel Ehrfurcht schafft Distanz. Ein Mangel an Ehrfurcht andererseits ist für die Engel zwar zu ertragen, schadet aber euch selbst. Bedenkt: Engel führen und begleiten euch, und sie erfüllen eure Innenräume. Der Respekt, den ihr ihnen zollt, den zollt ihr letztendlich euch – der 10. Hierarchie. Und selbstverständlich gefährdet der Mangel an Ehrfurcht die Annäherung an die Trinität.

Wir bitten euch, uns immer und überall wie Partner ins Leben einzubeziehen, im Bewußtsein unserer Teilhabe an all eurem Tun. Wir lieben es, bewußt eingeladen zu werden – wie liebe Freunde. »Bewußt« heißt nicht »pflichtbewußt«, sondern in einem freudvollen, klaren Bewußtsein. Wenn ihr die Namen der Engel, die euch begleiten, kennt, sprecht sie mit ihrem Namen an.

Einer der bekanntesten Engel in unmittelbarer Nähe des Menschen ist der *Schutzengel.* Er trägt denselben Namen wie sein Schutzbefohlener. Der *betende* Engel in der Inneren Kirche hat manchmal einen eigenen Namen, manchmal nicht, das ist von Fall zu Fall verschieden. Der *Sonnenengel* hat einen eigenen Namen, einen anderen als den, den der Mensch, der zu ihm gehört, auf Erden trägt: den ewigen Namen des Menschen. Diesen Namen könnt ihr erfragen, wenn ihr dazu bereit zu sein meint und wenn der Sonnenengel diese Meinung teilt. Auch der *Führungsengel* hat einen eigenen Namen. Er wird ihn euch gern nennen, wenn ihr ihn darum bittet.

Ihr dürft Fragen stellen.

Der Herr hat gesagt: »In meines Vaters Haus sind viele Wohnungen«. Wo wohnen die Engel?

Das geographisch verorten zu wollen, wäre eine arge Simplifizierung. Zwar bevölkern wir kosmische Räume, aber kosmische Räume sind nicht örtlich festzulegen. Sie unterscheiden sich nach Energie, nach Form und Intensität der Schwingung. Engel verschiedener Hierarchien können sich räumlich an derselben Stelle befinden, ohne sich zu stören. Sie können sich auch dort befinden, wo auf materieller Ebene ein Möbelstück steht. – Wenn man das im Bewußtsein behält, so kann man z. B. sagen: Die Friedensengel wohnen im Friedensdom, den ihr ja schon kennengelernt habt (27. 2. 95). Es gibt 12 solche Dome, in denen Engel wohnen. Sie wohnen aber auch an verschiedenen anderen »Orten« des Himmels.

Was bedeuten die Flügel?

Engel wechseln den Ort in einem Augenblick; dazu haben sie Flügel.[16] Diese stellt euch aber nicht wie feste Körperteile vor. Sie sind keine Fluginstrumente, sondern eher einer Antenne vergleichbar. Sie wandeln ihre Form je nach Auftrag oder damit verbundener Bewegungsrichtung. Sie ändern sich so leicht, wie beim Menschen die Stimmung schwankt. Verschiedene Flügelformen deuten auf verschiedene Aufgaben oder Aufträge der Engel hin. Ist die Aufgabe der Engel, Verbindungen zwischen Menschen oder zwischen Engeln oder zwischen Menschen und Engeln herzustellen, so sind die Flügel breit wie Schwingen eines Vogels und aufgefächert. Sind sie Boten von oben nach unten, bringen sie beispielsweise eine himmlische Botschaft zu einem Menschen, so sind die Flügel oben rund, unten spitz. Erfüllen sie Aufträge nach oben, wie die Übermittlung von Dank und Lobpreis an die Trinität, so sind die Flügel oben spitz, unten rund. Es gibt auch mehr in sich gekehrte Engel, bei ihnen kreuzen sich die Flügelspitzen. Die höheren Hierarchien haben allerdings stabile Flügelformen.

Kann man sich die Engel in etwa so vorstellen wie auf den Bildern der großen Meister?

Alle großen Engelmaler haben die Engel irgendwie treffend gemalt, keiner aber ganz vollkommen. Es wäre auch nicht möglich, »den Engel« zu malen; denn es gibt unendlich viele Formen. Es gibt strenge, feine, zarte, machtvolle, größere oder kleinere, männlich oder weiblich wirkende Engel. Wer Engel malt, ist in aller Regel von Engeln dazu inspiriert. Deshalb sind die Bilder der Engel, wenngleich nie ganz treffend, so doch auch selten ganz verfehlt.

Welche Farbe haben die Engel?

Was die Farben der Engel betrifft, gilt folgendes: Je niederer die Hierarchie, desto mehr spaltet sich das Licht auf. Alle Farben außer schwarz kommen vor. Es gibt mehrfarbige Engel, z. B. schillernd wie Perlmutt in Rosa, Blau, zartem Grün. Andere treten in verschiedene Farben ein, je nach ihrem jeweiligen Auftrag, z. B. ändert sich die Farbe der Engel der Heilung je nach dem Patienten. Um euch näher zu sein, machen sie sich die Mühe, sich ähnlich einem menschlichen Körper und in ein Gewand gekleidet zu zeigen. In Wirklichkeit sind sie natürlich körperlose Lichtwesen.

Die Farbe ist gleichzeitig auch Klang. Alle Engel zusammen haben alle Farben in allen Mischungen und Nuancen und bilden ein riesiges Orchester. Lernt die Farben zu »sehen«, dann entwickelt ihr auch die Wahrnehmungsfähigkeit für den Klang, aber auch für andere Schwingungen, z. B. für den Duft. Es gibt z. B. Engel, die einen Rosenduft verbreiten. Andere duften nach Lilien, wieder andere nach einem ganzen Blumengarten, wieder andere duften wie ein junger Frühlingsmorgen, wieder andere wie die Natur nach einem Gewitter. Lernt es, Klang-Farben und Farb-Töne wahrzunehmen.

Was tun die Engel beim Tod eines Menschen?

Beim Tod – oder besser: beim Sterben, denn das Sterben führt nicht in den Tod – führen der Schutzengel und der Führungsengel den Menschen, bis der Sonnenengel ihn übernimmt. Das Sterben ist ein sehr feierlicher Vorgang, wie ein Einzug in die Kirche. In der Mitte »schreitet« die Seele, vom Schutzengel, vom Führungsengel und auch von anderen Engeln begleitet. Hat der Sonnenengel die Seele übernommen, so wird der Führungsengel frei für neue Aufgaben. Der Schutzengel bleibt noch eine Weile zurück und kümmert sich um den Körper. Er trauert, er sitzt beim Leichnam. Die Engel haben viel Sinn für Tradition: Sie lieben ein Zeremoniell, das schlicht, feierlich und schön gestaltet ist, liebevoll mit Kerzen und Blumen.

Und was tun die Engel bei der Geburt eines Kindes?

Der Schutzengel ist erst ab der Geburt anwesend, genaugenommen ab dem ersten Atemzug. Bis dahin ist der Sonnenengel wirksam. Das ungeborene Kind ist wie eine Verlängerung seines Sonnenengels. Dieser steht bei der Geburt dabei wie eine Hebamme. Dann folgt ein feierliches Ritual: Der Sonnenengel des Kindes und der der Mutter begrüßen sich, blicken einander in die Augen und reichen sich die Hände. Dann ziehen sich die Sonnenengel wieder an ihren Platz hoch oben zurück, und der Schutzengel des Neugeborenen tritt zu seinem Menschenkind, das er zeitlebens nicht mehr verlassen wird.

Wirken Engel auf die Namensgebung des Neugeborenen ein?

Die Namensgebung geschieht durch den Sonnenengel des Kindes. Die Eltern und der Schutzengel schließen sich an. Es gibt keine unpassenden Rufnamen, es sei denn durch Verständigungsschwierigkeiten. Dann ändert sich der Name meist wie von selbst und ganz »zufällig« im Laufe des Lebens. Der Mensch trägt dann z. B. einen selbstgewählten Rufnamen oder einen Kurznamen. Der Mensch hat nicht die Macht, etwas zu erschaffen, das nicht in Übereinstimmung mit der Seele ist. Es ist also nicht richtig, zu meinen, die Eltern wählten den Rufnamen alleine nach ihrem Gutdünken. Vielmehr informiert der Sonnenengel des Kindes die der Eltern über den Namen, der der Seele entspricht, der ihre Struktur in Klang umsetzt und den zu ihr passenden Heiligen als Namenspatron herbeiruft. Es ist also durchaus berechtigt, im Rufnamen eine Andeutung der Struktur der Seele und der Ansätze und Tendenzen zu finden, die für dieses Leben charakteristisch sind. Wenn die Römer sagten: »nomen est omen«, so ist das nicht so abwegig, wie ihr meinen mögt. Die Namensgebung ist ein feierlicher Akt, in dem die Eltern Vermittler zwischen Himmel und Erde sind und in dem sie sich am väterlichen Akt der Erschaffung beteiligen. Denn: »Ich habe dich bei deinem Namen gerufen«(Jes. 43,1).

Dienstag, 14. 3. 95

Über Schutzengel

Ein Engel in tiefleuchtendem Blau erscheint und spricht: Vorweg möchte ich um zweierlei bitten. Einmal: es ist wichtig, in der Wohnung einen Ort für das spirituelle Arbeiten, Beten, Kontemplieren einzurichten. Sodann: ein großer Teil der spirituellen Arbeit sollte dem Kennenlernen der Innenräume des Menschen dienen, in erster Linie der Inneren Kirche, dann den himmlischen Orten, zunächst insbesondere dem Friedensdom. So wie der Mensch äußere Beziehungspunkte hat (Haus, Stadt, Muttersprache, Familie, Freunde), braucht er auch innere, um sich zu stabilisieren: die Innenräume mit ihren Bewohnern und die Engel, die zu ihm gehören, die ihn besuchen oder die er in ihren himmlischen Domen aufsuchen kann. Weitere Begegnungen, Übungen, Arbeiten können dann in der Inneren Kirche oder in anderen Innenräumen oder von dort ausgehend stattfinden.

Nun zu dem Thema der Schutzengel. Sie sind den Menschen nicht unbekannt, sondern im Grunde alt vertraut. Ganz generell, nicht nur beim Thema »Schutzengel«, gilt: Wenn man dir nach einem Vortrag sagte, du habest heute viel Neues gebracht, wäre das kein gutes Zeichen. Weise und fortgeschritten ist nicht, wer Neuigkeiten lehrt, sondern wer das Altbekannte zum Klingen bringt. – Das Thema »Schutzengel« ist für das alltägliche Leben sehr wesentlich, und du wirst sehen: die Menschen sind wie ausgetrocknete Schwämme, die Lebenswasser aufsaugen.

Schutzengel übernehmen den Namen ihres Menschen, auch den Spitznamen oder Kosenamen etc. Nimmt dieser im Laufe des Lebens einen anderen Rufnamen an, dann tut das auch der Engel. Den Namen »seines« Menschen anzunehmen, ist ein Geschenk des Schutzengels. Es bedeutet, daß der Schutzengel dem Menschen nah ist, ganz und gar auf ihn ausgerichtet und ihm zu Diensten. Er macht sich quasi zu einem Teil seines Schutzbefohlenen. Er ist und wirkt nur für ihn. Wäre das nicht Grund genug, ihn öfters anzusprechen und vor allem, ihm von Zeit zu Zeit auch zu danken?

Schutzengel können etwas größer sein als der Mensch, aber nicht viel, meist sind sie gleich groß. Sie sehen etwa so aus wie die Menschen, zu denen sie gehören, im Alter von 18–24 Jahren aussahen. Im jüngeren Alter sehen sie selbst aus wie Kinder, sie wachsen gleichsam mit, bleiben dann aber im Jünglingsalter, tragen dieses Bild weiter und stellen es dar, altern also nicht mit. Wie frisch und schön der Gesichtsausdruck eines Menschen ist, hat auch damit zu tun, wie nahe und wie gern der Mensch seinen Schutzengel an sich heranläßt. Wenn man sich im Alter noch jung fühlt, ist das der erlebte Ausdruck seiner Nähe. Der Schutzengel verläßt seinen Menschen nie. Er ist immer bei ihm – bis an sein Lebensende.

Schutzengel haben folgende Aufgaben:

1. Sie schützen den Menschen gegen Strahlungen und Gedanken übelwollender Mächte. Ein böser Gedanke ist wie ein giftiger Pfeil; der Schutzengel versucht, ihn abzuwehren. Er steht in der Regel rechts hinter seinem Menschen, aber er kann auch wirken wie ein Mantel, eine Kapuze, ein Polster, ein Kissen, ein Kopfschutz, im Notfall gar wie ein Schutzschild. – Er schützt seinen Menschen auch vor den strengen Blicken der oberen Hierarchien und der Trinität, nimmt ihn gewissermaßen unter seine Fittiche. Deren Blicke treffen dann ihn. Er schützt seinen Menschen wie eine Mutter ihr Kind, auch wenn sein Mensch sich versündigt. Auch dann

geht er den Weg mit seinem Menschen, obwohl er sich selbst mit ins Unrecht setzt. Er belehrt euch nicht moralisch, er weist euch nicht zurecht und straft nicht. Er leidet einfach. Er würde für seinen Menschen »durchs Feuer gehen«.

2. Der Schutzengel stützt den Menschen, wenn er verzagt, ermüdet, hoffnungslos wird. Er gibt ihm gewissermaßen einen Knuff in den Rücken: »jetzt komm«.
3. Er sorgt für Geschmeidigkeit bis in die Physis hinein. Es klingt eigenartig, aber es ist so: Er lockert verspannte Partien, als wenn er sie mit den Händen massiert. Man bekommt eine weichere, entspanntere, lockerere Mimik, wenn man den Schutzengel bis an die Gesichtszüge heranläßt. Bei Schmerzen kann man ihn bitten, seine hilfreichen Hände dorthin zu legen, wo es weh tut.
4. Schutzengel sorgen für die Reinhaltung und die Funktionstüchtigkeit der Energiefelder um den Menschen herum, sie reinigen sie morgens und abends mit Händen und Flügeln.
5. Sie warnen, wenn Gefahren drohen: Sie stehen z. B. plötzlich vor euch und schreien euch an: »sofort bremsen!« oder »diesen Schritt vermeiden!«.
6. Sie hüten den Schlafenden. Sie wehren die Versuche des Doppelgängers und der Wesen, die durch ihn Zugang zum Menschen suchen, ab, so daß sie dem Körper und den Energiefeldern des Schlafenden nicht schaden oder gar sich dort niederlassen können. Der Schutzengel sitzt am Bett, manchmal am Kopf-, meistens am Fußende, und schaut seinen Menschen mit inniger Liebe an. Es ist ihm eine Qual, wenn die Diskrepanz zu seinem Menschen sehr groß ist und der Mensch aussieht wie im Zerrspiegel. Er verhält sich zu seinem Menschen wie die Mutter zum Kind: er umfängt ihn mit Wärme und Zärtlichkeit.
7. Er trägt euren »Schatten«. Damit ist nicht der Doppelgänger gemeint, sondern das, was ihr an euch nicht liebt, was der Mensch nicht integrieren kann, was aber unmittelbar zu ihm selbst und zu seinem Entwicklungsgang gehört. Das ist eine

schwere Aufgabe; viele Schutzengel haben am Schattenhaften des Menschen sehr schwer zu tragen.

Ihre Aufgaben sind also: schützen, stützen, entspannen, reinigen, warnen, den Schlaf hüten, den Schatten tragen. Und während sie das alles tun, werden sie oft von ihren Menschen nicht bewußt wahrgenommen, ja ausdrücklich verleugnet oder ins Lächerliche gezogen, ignoriert, abgetan und lebenslänglich angeschwiegen. Das vergebliche Warten auf einen bewußten Kontakt mit ihrem Menschen gehört zum Schwersten für die Schutzengel.

Um mit ihnen in Kontakt zu kommen, macht einmal folgende *Übungen:*

1. Bittet euren Schutzengel, rechts oder links zu stehen, einen Schritt zurückzutreten, sich zu nähern, die Flügel um euch zu legen, euch am Arm oder Knie zu berühren. Versucht zu spüren, wie sich das anfühlt. Oder hebt einen Arm und haltet ihn aus eigener Kraft, dann bittet den Schutzengel, ihn zu stützen – merkt ihr den Unterschied? So lernt ihr, den ätherischen Raum um euch herum zu ertasten und die Nähe der Engel zu spüren.
2. Vergegenwärtigt euch, wie er aussieht. Schaut euch im Spiegel an und versucht, hinter euch euer schönes junges Doppel zu erblicken. Sprecht ihn an – mit eurem eigenen Namen: »... hallo du«.
3. Hört, wie er zu euch spricht: von rechts ins Ohr, dann z. B. über die linke Schulter. Was sagt er euch?
4. Dann sprecht ihn noch einmal an – sagt ihm z. B.: berühre mich jetzt bitte am Oberarm oder lege beide Hände aufs Genick – und überzeugt euch davon, daß er tut, um was ihr ihn bittet.

So lernt ihr, den Schutzengel zu spüren, und ihr macht die Erfahrung, daß er eure Worte hört und auf sie reagiert. Nehmt euch Zeit für diese Übungen.

Wenn ihr erst einmal die Erfahrung gemacht habt, daß ihr mit eurem Schutzengel sprechen könnt, dann faßt Mut, ihm ganz konkrete und praktische Fragen zu stellen und lernt, seine Antworten zu hören, z.B.: Welcher von zwei Wegen ist der richtige? Wann wäre ein Anruf günstiger, vormittags oder nachmittags? Ziehe ich besser dies oder jenes an? Er kennt genau das momentane Energiefeld. Bei Kleidung z. B. weiß er: das paßt zu dir, so daß du dich harmonisch zu dir selbst verhältst. Allerdings ist er mit Wetter, Temperatur und Erkältungsgefahren weniger vertraut. Aber bis hin zur Frisur kann er euch raten. Wer seinen Führungsengel nicht kennt, kann seinen Schutzengel bitten, eine Bitte an den Führungsengel weiterzuleiten, z. B. dieser möge einen Anruf erbitten.

Begegnet euch ein Mensch, so schaut das Bild seines Schutzengels an, das solltet ihr euch angewöhnen. Er ist hinter dem Menschen zu sehen, meist nach rechts versetzt: das gleiche Gesicht, nur schöner. Es wirkt, wie wenn man schielt und doppelt sieht. Beachtet die Farben des Schutzengels. Sie sind unterschiedlich je nach dem jeweiligen Zustand des Menschen. Wenn dieser z. B. in Trauer ist, haben sie gedämpfte Farben wie im Kerzenlicht. Am Zustand des Schutzengels wird der Zustand des Menschen offenbar; ihr könnt in ihm lesen. Achtet auf die Gesten, die der Schutzengel des anderen macht, vielleicht will er euch mit ihnen ein Zeichen geben. Sie können begrüßend sein oder warnend: ›haltet Abstand‹. Oder er streichelt seinen Menschen über die Wange und will euch sagen: schau, er braucht Wärme. Oder er hält ihn fest und will sagen: das ist nötig, sonst geht er auf euch los. Also: Farbe, Gesicht und Handhaltung des Schutzengels anderer Menschen anschauen und beachten!

Er schützt nur, soweit erstens der Mensch es zuläßt, zweitens der Sonnenengel es gestattet. Dieser ist befugt, ihm Weisungen zu erteilen. Auch der Führungsengel, der ja eng mit dem Sonnenengel zusammenarbeitet, ist weisungsbefugt gegenüber dem Schutzengel, aber natürlich immer nur der eigene, nie der Führungsengel eines anderen Menschen.

Der Schutzengel ist unter den Engeln gleichzeitig der niedrigste und einer der höchsten, der ohnmächtigste und einer der mächtigsten, der bescheidenste und einer der großartigsten. Hütet euch, zu sagen: »nur der Schutzengel«. Schutzengel verdienen größte Achtung. Lernt mit ihnen im Alltag umzugehen. Ihr könnt jetzt Fragen stellen.

Wie ist die Wirkungsweise der Schutzengel in der technischen Welt? Lernen sie den Umgang mit Maschinen?

Ja, es gibt eine Art Engelschule, wo sie das Nötige erfahren können. Sie interessieren sich für alles, was Menschen so einfällt. – Was den Ausdruck »technisches Versagen« angeht, so haben Engel eine eindeutige Haltung: es gibt nur menschliches Versagen, keine »technischen Fehler«. Das gäbe Maschinen eine Würde, die sie nicht haben. Irgendwo war da immer ein Mensch, der Fehler beging: Wartungsfehler, Rechenfehler, die Wahl falschen Materials usw. – also Leichtsinn, Oberflächlichkeit, zu schnelles oder zu träges Handeln, falsche Kombination, Denkfehler usw.

Kennen sich die Schutzengel auch bei gefährlichen Motordefekten aus? Lernen sie Autotechnik?

Nein, aber die Naturgeister. Der Schutzengel hat nur Informationen darüber, daß das Autofahren heute für dich gefährlich ist, er weiß aber nicht, warum. Technische Einzelheiten kennt er nicht. Die Naturgeister melden, wo etwas nicht in Ordnung ist. Dein Naturgeist lernt Motortechnik, weil er neugierig ist, er ist schrecklich neugierig. Er kennt in deinem Auto alle Ecken der Schrauben, die Farben aller Kabel usw. Der Kontakt zwischen Schutzengeln und Naturgeistern ist die beste Versicherung, die es gibt.

Lernen die Schutzengel die jeweiligen Regeln der Straßenverkehrsordnung?

Sie kommunizieren mit einer besonderen Gruppe von Engeln, den Ordnungsengeln. Es gibt sie auf allen Ebenen: z. B. solche, die darauf achten, daß die Bewegungen der Hierarchien ordnungsgemäß verlaufen, solche, die die Fortschritte der Schüler oder der Suchenden auf dem Weg überwachen. Es gibt aber auch Ordnungsengel, die ihre irdische Entsprechung in der Polizei haben. Sie lernen u. a. die Straßenverkehrsordnung. Sie können euch auch z. B. einen Parkplatz suchen helfen. Das tun sie nicht um euretwillen, sondern um der Ordnung willen. Sie tun das für jeden, der sie darum bittet. Sie helfen dir nicht, weil du gut bist, sondern weil du so vorausblickend warst, die Engel zu fragen. Die Ordnungsengel wollen Ordnung auf der Ebene des Straßenverkehrs, aber auch Ordnung auf der Ebene der Gedanken und Gefühle, sie wollen z. B. Aggressionen und Wut im Straßenverkehr vermeiden.

Ich möchte die Gelegenheit nutzen, um meinem Schutzengel zu danken, vor allem dafür, daß ich, als ich einmal auf der Autobahn am Steuer einschlief, sofort aufwachte.

Ich danke für den Dank, möchte jedoch klarstellen: Ich habe zwar eingegriffen, aber nicht ich bin es, dem du dein Leben zu verdanken hast. Der Schutzengel hat über die Tatsache einer Lebens- oder ernsten Gesundheitsgefahr auch Informationen vom Sonnenengel. Er erfährt davon über bestimmte Schwingungsänderungen. Wenn es um Leben und Tod geht, schalten sich höhere Hierarchien ein. Die Sonnenengel geben Auftrag, ob das Leben zu erhalten ist. Wenn der Sonnenengel Weisung vom Vater erhält – der allein über die Todesstunde zu entscheiden hat –, so gibt er sie an den Schutzengel weiter. In diesem Falle hätte ich nicht eingreifen dürfen, du wärest nicht erwacht.

Stimmt es, daß Schutzengel sich »materialisieren«, d. h. sichtbar werden können?

Schutzengel intervenieren mitunter von vorn und sind momentan sichtbar, allerdings nur ganz ausnahmsweise und nur in Übereinstimmung mit dem Sonnenengel. Dieser kann ihm sozusagen sein Energiereservoir zur Verfügung stellen und ihm einen direkten Energieschub zusenden, der bewirkt, daß der Schutzengel auch für das untrainierte menschliche Auge sichtbar wird. So wird der Mensch letztendlich durch sich selbst gewarnt, da sich der Schutzengel ja nur zeigen kann unter Inanspruchnahme der Energie des eigenen Sonnenengels, also des höheren Ichs seines Menschen. Da steht ein Engel vor euch – und eigentlich seid ihr es selbst. – Hübsch, nicht wahr?

Zum Abschluß übt noch einmal: Nehmt die Schutzengel wahr, versucht sie zu spüren, laßt euch von ihnen berühren, fühlt die Berührung und hört das Wort, das sie euch sagen: »Ich liebe dich«.

Donnerstag, 16. 3. 95

Über Führungsengel

Unsere Führungsengel: Heute beginnen wir mit einer Art Reinigungssitzung. Es ist nötig, von Zeit zu Zeit Orte und Zeiten zu reinigen. Orte – d. h. Energiefelder, Gegenstände, Zimmer und die Beziehungen der Menschen dazu, auch Gedanken und Gefühle. Doch man kann auch Zeiten putzen und aufpolieren wie eine verstaubte alte Chronik oder ein in Vergessenheit geratenes Theater- oder Musikstück. Man macht Entdeckungen, trägt Übertünchungen ab, korrigiert falsche Bewertungen, bringt Fälschliches ans Licht, rehabilitiert Menschen, lernt Helden realistischer einzuschätzen usw. (Es werden verschiedene Übungen gemacht.)

Es ist angebracht, in der Wohnung nicht zu streiten. Konflikte sollen nicht verdrängt, aber am besten ins Freie verlegt werden. Unstimmige Schwingungen werden dort leichter neutralisiert; Naturgeister übernehmen diese Aufgabe.

Streit im weiten Sinn – vom Geplänkel bis zu Handgreiflichkeiten – liegt wie Staub in den Häusern. Die Engel und Naturgeister kommen mit dem Reinigen nicht hinterher, es ist zu viel. Die Menschen sollten helfen, die energetische Ebene sauberzuhalten, aber auch, wenn nötig, sie zu reinigen. Für die Reinigung von Wohnungen ist vor allem folgendes hilfreich:

1. Schöne Musik, Singen, Tanzen.
2. Lachen – Humor wirkt wie Licht!

3. Beten. Man kann einen Raum reinigen, indem man in jede Himmelsrichtung ein Vaterunser spricht.
4. Man kann die Engel oder auch die Naturgeister bitten, die Räume zu säubern. –

Zu den Aufgaben der Führungsengel gehört aber auch das Reinhalten der Beziehungsfelder der Menschen durch Stabilisierung des Schwingungsfeldes. Wenn dieses Feld klar und rein ist, so bleibt gewährleistet, daß nur passende und stimmige Beziehungen eingegangen werden bzw. erhalten bleiben. Die Führungsengel sind jedoch an die Schwingungen des Menschen gebunden; sie können sie nicht ohne weiteres erhöhen. Wenn die Verbindung des Menschen zu seinem Führungsengel nicht optimal ist und dieser Schwierigkeiten hat, das Schwingungsfeld zu reinigen, kann der Mensch leicht in unstimmige, verletzende, kränkende Beziehungen geraten.

Der Führungsengel ist gehalten, zu warten, bis der Mensch seine Unstimmigkeit erkennt – sei es an körperlichen, sei es an seelischen, sei es an sozialen Symptomen – und die »Erlaubnis« zu einer Reinigung erteilt. Die Auswirkungen spürt der Mensch dann in einer Klärung seiner Beziehungen. Die Reinigung wirkt sich in allen seinen Beziehungen aus – in der Beziehung zu seinem Körper, zu seinen Emotionen und Gefühlen, zu seinen Wünschen und Zielen oder zu Lebensumfeld und Mitmenschen. Durchlaufen die Beziehungen zu anderen Menschen den Prozeß der Reinigung, so führt dies teils zu einem Näherrücken, teils zu einer Distanzierung. Reinigung kann also entweder zur Verbesserung oder auch zur Lösung von Beziehungen führen.[17]

Nun noch einige ergänzende Informationen zum Thema »Führungsengel«: Jeder Führungsengel handelt zwar im Auftrag des Sonnenengels, aber jeweils in individueller Manier. Einer liebt z. B. die »letzte Minute«, die Überraschung, ein anderer das subtile, langsame Vorbereiten. Der eine läßt seinen Menschen an der »langen Leine« und vertraut auf seine freiwillige Nachfolge; wenn dieser gute Reaktionen zeigt, operiert er »mit allen Finessen«. Der andere führt straff, ja streng. Der eine führt wie ein Regisseur, der andere wie ein Feldherr.

Je nach Führungserfahrung gibt es geübte und weniger geübte Führungsengel. Dazu brauchen wir Kenntnisse über allgemeine Gegebenheiten der Zeit, über die fernere und nähere Umgebung »unseres« Menschen, über sein karmisches Umfeld und die Aufgaben dieses Lebens. So müssen wir untereinander gut zusammenarbeiten und lernen ständig dazu.

Die Führungsengel werden vom Sonnenengel ausgesucht und unterliegen strikten Weisungen in bezug auf die »Tendenz« und die Ziele ihrer Führung. Wir führen euch stets nur im Einverständnis mit dem Sonnenengel. –

Nadjamael: Zu den Aufgaben der Führungsengel gehört vor allem, Begegnungen zu fügen und die äußeren Bedingungen für wichtige Lebensentscheidungen herbeizuführen. Der Führungsengel führt Tag und Nacht. In der Nacht sorgt er dafür, daß ihr lernt, Erfahrungen überprüft, eure Handlungen moralisch bewertet, die richtigen Lehrer findet. Er kann auch Träume beeinflussen und auf diese und andere Weise dafür sorgen, daß ihr Informationen zur richtigen Zeit aus der richtigen Quelle bekommt.

In dem Maße, in dem ihr euch des Wirkens der Engel bewußt werdet, wird daraus eine Zusammenarbeit. Man wird hellhöriger, feinfühliger, bereitwilliger, Folge zu leisten. Das Leben nimmt an Geschwindigkeit zu, das Schicksal gewinnt an Dynamik. Das Leben wird nicht stiller, sondern voller, reicher, kompromißloser. Es ist also nicht richtig, zu glauben: wenn man mit der geistigen Welt bewußten Kontakt aufnimmt, dann könne man sich zur Ruhe setzen. Das kann man eher, wenn man keinen Kontakt hat. Es geht also nicht so wie bei der Yogi-Weisheit, wo man sich in die Stille zurückzieht. Das gibt es zwar auch, ist aber eher die Ausnahme.

Bei jeder Begegnung mit einem anderen Menschen, wer immer es sei, auch mit dem Zeitungsjungen, steht jeder im Führungsengel des anderen. Die Begegnung von Mensch zu

Mensch richtig zu verstehen, stellt einen hohen Anspruch: selber zurückzutreten und die Engel wirken zu lassen. Dies ist aber auch eine Hilfe und eine Freude. Es ist also wichtig zu begreifen, daß ihr in der Begegnung mit einem Menschen in dessen Führungsengel steht, und zwar ganz real und konkret.

Das Bibelwort »er wird seinen Engel vor dir hersenden« ist wörtlich zu verstehen: es spricht von einem Führungsengel.[18] Es gibt euch einen Einblick in die Großartigkeit des Vaters, der das alles so eingerichtet hat. Da die Führungsengel ihren Auftrag vom Herrn haben, geht in gewisser Weise durch sie immer der Herr vor dir her. Was du deinem Führungsengel antust, tust du in gewisser Weise dem Herrn an. Und wenn du einen anderen Menschen angreifst, greifst du auch seinen Führungsengel und in ihm den Herrn an.

Die bewußte Arbeit mit dem Führungsengel macht euch möglich, daß ihr ihn beim Namen ruft und ihn bittet, Bestimmtes zu tun. Z. B. könnt ihr ihn zu anderen Führungsengeln schicken, wenn ein persönliches Treffen mit einem Menschen nicht möglich ist, um Nachrichten oder Informationen zu überbringen. Das geht auch, wenn ihr den Namen des Führungsengels des Empfängers eurer Botschaft nicht kennt. So könnt ihr eure Führungsengel bewußt in euer Leben einbeziehen. Macht dazu folgende Übungen:

1. Fragt euch: Wann hat mein Führungsengel etwas arrangiert, in welcher Art und Weise? Wo hat etwas nicht geklappt? Woran hat es gelegen? So werdet ihr mit seiner Wirkungsweise allmählich vertraut.
2. Beginnt den Tag mit Gedanken an ihn und begrüßt ihn. Wenn Eheleute einander »Guten Morgen« sagen, können sie auch den Führungsengel des anderen begrüßen und ihn mit Namen ansprechen, wenn der ihnen bekannt ist.
3. Am Abend sprecht dann dem Führungsengel euren Dank aus. Er freut sich, wenn ihr euch seiner Tätigkeit bewußt werdet und mit ihm sprecht.

Ein Bote des heiligen Erzengels Michael: Im Umgang mit den Engeln braucht ihr mehr Vertrauen und Initiative. Es gibt uns! Der Zweifel ist ein Drache, den es zu bezwingen gilt, auch der Zweifel daran, daß wir die Vollmacht haben, euch im Namen und Auftrag des Herrn zu belehren. Mußt du den Herrn erst sehen, um zu glauben? Müssen die Engel ihre Aussagen erst beweisen oder etwa logisch herleiten, bevor du ihnen vertraust? Stellt ihnen Fragen, dann können sie antworten. Vertraut euch ihnen an, dann können sie euch führen.

Samstag, 18. 3. 95

Über Erzengel

Der Andreas-Engel (vgl. o. 12. 3. 95)
Seid ihr einverstanden, daß wir jetzt weitergehen zur Ebene der *Erzengel?*

Ja.

Die Flügel der Erzengel sind so groß wie die Engel selber, oben rund, unten nach außen weisend. Die Farben der Erzengel sind noch heller, klarer, strahlender als die der Engel, sie leuchten von innen her: Diese Farben haben eine starke, berührende, ja erschütternde Wirkung. Uriel erstrahlt in den Feuerfarben Rot und Orange, Michael in Rubinrot bis Blaurot, Gabriel in Blau, Raphael in einem frischen Grün. Das sind die bekanntesten Erzengel, es ist keine vollständige Aufzählung. Bei Erzengeln hört man nicht einen ›Klang‹, sondern einen machtvollen, brausenden Akkord.

Erzengel wachen über Menschengruppen, nicht nur über Völker, auch über kleinere Gruppen, mitunter auch über einzelne Menschen. Sie wirken selten direkt, sondern senden Engel, die zu ihrem jeweiligen Farbstrahl gehören und in ihrer Heerschar dienen. Sie sprechen sich ab: Wer übernimmt z. B. diese oder jene neue oder sich abspaltende Gruppe? Sie sind sehr flexibel und arbeiten eng zusammen.

Die Erzengel sind nicht nur Begleiter von Völkern und Gruppen, sie sind auch die Hüter von Geburt und Tod. Sie helfen den Seelen, sich so zu inkarnieren, daß ihr Leben ein sinnerfülltes werden kann, im. a. W. sie sichern die Sinnhaftigkeit des menschlichen Tuns und Erlebens. Erzengel sind Sinnstifter und Auftragsvermittler. Wer sein Leben für sinnlos hält, möge den Blick zum Himmel richten und versuchen, die Erzengel wahrzunehmen und sie zu achten. Sie werden ihm Sinn und Aufgabe seines Lebens erkennbar machen und ihm Hilfe senden. Die Erzengel wirken aber nicht nur auf die Erde hinab. Sie vermitteln auch den nicht verkörperten Seelen Erfahrungen, Erkenntnisse und Aufträge.

So wie die Begegnung mit den Engeln nur richtig gelingt, wenn sie in einer Mischung aus Respekt und spielerischer Freude geschieht, erfordert die Begegnung mit den Erzengeln eine Mischung aus *Demut und Sammlung.* Diese Haltung einnehmen zu können, erfordert kontinuierliche Bemühung, Strenge und Disziplin sowie Dankbarkeit, Begeisterung und Liebe. Es ist wichtig, daß die Seele ein Bewußtsein von der Hoheit und Größe der Erzengel entwickelt und die angemessene Distanz wahrt. Nicht, daß der Erzengel die Anbetung des Menschen bräuchte, aber der Mensch selbst braucht sie. Er sollte eine angemessene Wertschätzung für seinen eigenen Auftrag entwickeln; dazu bedarf es der Demut gegenüber dem Erzengel, der der Hüter seines Auftrags ist.

Haben Könige und Regenten unmittelbaren Kontakt mit Erzengeln?

Das ist lange her, so wie es auch lange her ist, daß man ein Verständnis für Bedeutung und Wirkung der Insignien hatte. Sie dienten ursprünglich nicht der Demonstration von Macht und Reichtum, sondern verstärkten oder harmonisierten den Kontakt des in die Verantwortung gestellten Regenten mit seinen himmlischen Helfern. Z. B. intensivierten die Kronen die Verbindung zum Erzengel, die über das Scheitelchakra hergestellt wurde.

Heute haben Erzengel in der Regel nur indirekten Zugang zu Staatsmännern, z. B. über Träume oder Eingebungen. Sie geben den Führungsengeln Hinweise, und diesen gelingt es dann, »ihre« Menschen weisungsgemäß zu führen – freilich nicht immer. Für einen direkten Kontakt zu Erzengeln bedürfte es der bewußten Zuwendung von seiten des Regenten.

Sofern der Erzengel Hüter oder Begleiter eines Volkes ist, beeinflußt die heutige Mischung der Völker die Wirkungsmöglichkeiten des Erzengels? Bis zu welchem Grade ist die Vermischung der Völker wünschenswert?

Diese Mischung ist nicht negativ zu sehen. Es ist nicht Aufgabe des Erzengels, eine nationale oder staatliche Einheit zu stiften und zu erhalten. Man sollte sich ihn nicht so vorstellen, daß er wie ein Luftballon z. B. über Deutschland schwebt, und man kann »Michael« draufschreiben. Er begleitet vielmehr Deutsche in der ganzen Welt. Damit sind alle Menschen gemeint, die zu diesem »Sprachleib« gehören.

Es gibt ja verschiedene Ebenen der Kommunikation: die körperliche (die Körpersprache), die psychische (Stimmungen) und die verbale (Sprache und Schrift). Das Wichtigste an der Kommunikation ist jedoch die spirituelle Ebene, das Begreifen des Auftrages des anderen. All das zusammen ist es, was die Erzengel »Sprachleib« nennen und was sie hüten.

Nimmt Michael auch Einfluß auf den »Geist eurer Epoche«?

Ja, Michael hat nicht nur Aufgaben als Hüter des Sprachleibs, sondern auch Zeitaufgaben und Weltaufgaben. Nur soviel sei hier gesagt: Die Erzengel unterstützen die Tendenz zum Kosmopolitismus, zum Weltbürgertum. Das tun alle Erzengel, nicht nur der heilige Erzengel Michael, doch tut er es mit besonderem Nachdruck. Zu seinen Zielen gehört, daß die ganze Menschheit durch ein großes, sie alle einendes Band des Rechts verbunden ist, nicht nur des Völkerrechts, sondern auch eines Rechts, in dem jeder Mensch überall die gleiche Achtung vor seiner

Menschenwürde und seinem Anspruch auf Freiheit findet.[19] Zu ihren Zielen gehört ferner, daß die Menschen ein Gefühl dafür gewinnen, sie könnten auch in anderen Sprachen und Kulturen, in anderen Zeiten und sogar in anderen Religionen zu Hause sein. Je mehr sie dieses Gefühl haben, desto näher stehen sie dem heiligen Erzengel Michael. Das bedeutet aber nicht, daß sie ihre Wurzeln aufgeben, im Gegenteil: deine Wurzeln halten dich in der Erde, in der Realität. Nur ein ganz und gar verwurzelter Baum vermag eine weitausladende Krone mit ihren Ästen, ihren Früchten, ihrem Blätterdach zu tragen. Es gilt, die Wurzeln zu hegen und zu pflegen und dennoch ein Kosmopolit zu werden. Zu deinen Wurzeln gehören die Heimat, die Stadt, das Land der Herkunft, die Religion, die Muttersprache, aber auch Arbeitsplatz, Familie, Verein usw. Je verwurzelter du bist, desto weiter ausladende Äste kannst du tragen und mit ihnen die ganze Erde umspannen. Und dann wirst du sehen: Diese Äste sind zugleich Wurzeln im Himmel – sie saugen Kräfte wie die Wurzeln, aber nicht aus der Erde, sondern aus dem Himmel.

Was bedeutet der Satz: »Sie werden in neuer Sprache sprechen«?

Es wird eine Sprache des Lichts oder des Klanges sein. Die Engel helfen, andere Menschen auch anders als über die Sprache zu verstehen, also auch auf der körperlichen Ebene – es gibt ja die »Körpersprache« der Gesten, der Mimik und der Bewegung –, auf der psychischen Ebene die Wahrnehmung der Gefühle, der Sympathien, der Liebe, aber auch auf der spirituellen Ebene: Was ist der Auftrag des anderen, worum geht es der Seele in diesem Leben? Worum geht es ihr gerade jetzt? Schließlich kann man dann auch karmische Beziehungen erkennen.

Gegenwärtig geschieht das alles über die Engel: Das Vermitteln von Körpersignalen und Stimmungen liegt in den Händen der Schutzengel bzw. auch des Doppelgängers. Die

Führungsengel fügen die sogenannten »Zufallsbegegnungen«. Der Sonnenengel läßt den Führungsengel u. a. sog. »karmische Beziehungen« eingehen, d. h. Begegnungen mit »Altbekannten«. Das Begreifen des Auftrags des anderen aber geschieht über Erzengel.

In der Zukunft werden die Menschen aber allmählich lernen, die »Sprachen« unmittelbar zu verstehen, sie sollen sich das aneignen, es üben und trainieren. Das geht nur schrittweise. Stell dir vor, du wolltest Gewichtheber werden. Dann stemmst du nicht gleich 50 kg, sondern beginnst mit 5 kg und fügst dann immer weitere 5 kg hinzu. So auch hier. Schließlich werden die Menschen »in neuer Sprache sprechen« und einander liebend verstehen. Man richtet die Augen auf den anderen Menschen, und das sogenannte »dritte Auge« ist dem Himmel zugewandt, der freilich nicht nur »oben«, sondern auch hier auf der Erde ist. So sieht man nicht nur den anderen Menschen, hört nicht nur seine Worte, fühlt nicht nur seine Stimmung, sondern erfährt auch, welcher Lebenssinn, welcher Auftrag und welche Aufgaben ihm übergeben wurden. –

Ich möchte noch ein anderes Thema ansprechen: Vom Erzengel »berührt« zu werden, ist etwas anderes, als ihn zu betrachten. Die Berührung durch den Erzengel hat eine sehr erschütternde Wirkung. Ihr könnt um diese Berührung bitten, aber bitte nur, wenn es um sehr gravierende Probleme geht, z. B. wenn ein lieber Mensch stirbt oder wenn ihr in einer tiefen Sinnkrise steckt. Normalerweise richtet man an Erzengel keine Bitten, so wie etwa an den Schutzengel, sondern nimmt eine Haltung des Dankes ein. Mit Erzengeln übt man auch nicht wie mit Schutzengeln. – Wenn man aber einen von ihnen um Beistand bittet, so mache man sich darauf gefaßt, daß er das ganze Wesen des Menschen erfaßt bis in die letzten Winkel des Denkens, der Psyche und des Körpers.

Nun begebt euch in eure Innere Kirche und wendet euch an den Erzengel, von dem ihr berührt werden möchtet.

Sonntag, 19. 3. 95

Über Archai

Ein uns bisher noch nicht bekannter Engelbote: Seid ihr bereit zu einem Besuch bei den Archai?

Ja.

Der Aufstieg zu den Archai erfolgt über eine Art Stufenleiter, die aus Schritten des Dankes besteht. Begebt euch in eure Innere Kirche. Beginnt bei der untersten Hierarchie, dem Menschen. Dankt zunächst den Menschen, denen ihr besondere Dankbarkeit schuldet. Dann geht eine Stufe weiter zur Ebene der Engel. Bedenkt einige und sprecht ihnen euren Dank aus. Dann wendet euch einem der Erzengel zu, den jeder sich aussuchen mag, und dankt ihm. Durch diesen Dank schwingt ihr euch auf die jeweilige Ebene ein und »gewöhnt« euch an die Höhe. Dann öffnet sich ein Tor, das zu den Archai führt. Sprecht auch dafür euren Dank aus. (Wir verfahren so. Alexa beschreibt den Ort: etwa wie ein langes, breites Tal, Berge sind erahnbar. In recht großer Entfernung lichte Wesen, die zwar als Einzelwesen erfühlbar, jedoch nicht als solche sichtbar sind, ähnlich einem Feuer, das aus einzelnen Flammen besteht und doch ein Feuer ist.)

Ihr seht, es gibt viele verschiedene Archai, doch sie bilden alle eine große lichte Einheit; sie sind nicht als Einzelwesen in Einzelfarben erkennbar. Ihr Klang ist wie ein dröhnender Orchesterakkord. So wie die Begegnung mit den Engeln Respekt und spielerische Freude, mit den Erzengeln Demut und Sammlung erfordert, so erfordert die Begegnung mit den Archai *Unterwerfung und Schweigen.*

Ein direkte Begegnung von Angesicht zu Angesicht ist nicht möglich. Sie erlauben euch aber, Fragen zu stellen und werden antworten durch einen Vertreter mit dem Namen »Zusmael«, dem ihr mit Dankbarkeit und Achtung begegnen solltet. Er ist derjenige, der mich zu euch gesandt hat. Ich bin also ein Bote Zusmaels. Zusmael ist die Instanz, an die ihr euch stets wenden könnt, wenn ihr mit den Archai in Kontakt zu kommen sucht. Er ist so etwas wie ihr Kind. Es gibt noch andere Sprecher der Archai, aber Zusmael ist der euch angemessene.

Zusmael: Die Wirkungsweise der Archai richtet sich auf das Allgemeine im Besonderen. Das ist in dem Sinne gemeint, wie beispielsweise die Dramen großer Dichter durch ihren besonderen Inhalt das Allgemeine zum Ausdruck bringen.

Die Archai impulsieren ganze Kulturepochen. Sie berühren Menschen, die in einer Kultur sinnstiftend wirken, ihr die Form geben. Sie haben zwei Möglichkeiten zu wirken: Sie halten die Hand über eine Zeit im Ganzen – eine zärtliche Geste –, und sie wirken speziell über einzelne Menschen, die zu Trägern der Kulturepoche werden: über Dichter, Denker, Künstler, Maler, Musiker, Schriftsteller, manchmal (selten) auch über Politiker. Das irdische Schaffen eines Werkes kann von ihnen inspiriert und begleitet werden, wenn der Schaffende sich stetig nach oben ausrichtet und bereit ist, sich ihnen zu unterwerfen und sich bewußt in ihren Dienst zu stellen. Zeiten, die sich von den schönen Künsten und Geisteswissenschaften abwenden, entfernen sich von den Archai. Ganz verschließen können sie sich jedoch nie.

Denker und Künstler, die sich in den Dienst dieser Hierarchie stellen, werden also zu Trägern einer Kultur. Das bedeutet aber kein Aufgeben der individuellen Persönlichkeit, ganz im Gegenteil: diese kommt dadurch zur Reife. Doch das Tor zu den Archai öffnet sich nur in besonderen heiligen Stunden. Daß einzelne Menschen durch die Archai unmittelbar berührt werden, geschieht nur selten. Wo es geschieht, bringt es einen

Hauch der Ewigkeit in das Leben hinein; dann findet man Zugang zu den höheren Sphären. Das ist immer ein Geschenk. Man kann es weder fordern noch erzwingen. Wenn es geschieht, ist es angebracht, mit gesenktem Haupt niederzuknien.

Ihr dürft fragen, aber erwägt die Fragen sorgfältig, denn ihr könnt nicht lange bleiben.

αρχη *(sprich »Arché«) heißt: Anfang, Urbeginn. Bedeutet der Name »Archai«, daß ihr die Erstlinge der Schöpfung wart?*

Es gibt keine Beziehung zwischen den Archai und der Schöpfung. Die Archai sind nicht früher geschaffen als die anderen Hierarchien, oder gar vor der Entstehung der Zeit.

Dürfen wir trotzdem etwas erfahren von den Uranfängen der Welt?

Es gibt keinen zeitlichen Beginn der Schöpfung, keinen Anfang und kein Ende: die Schöpfung ist eine immerwährende. Wenn ihr die Schöpfung begreifen wollt, dann versucht, die Vorstellungen von Zeit, von Anfang, Ende und Evolution wegzulassen und den Gedanken auf euch wirken zu lassen: Schöpfung ist ständig.

Sie ist ein großartiges Schauspiel: wie ein unglaublich großer, wunderbarer Wasserfall. Es ist wie ein Tanzen von kristallenen Tropfen. Jeder ist ein kleines Universum. Er birgt in sich Zeiten und Räume, Möglichkeiten und Gaben. Der »Wasserfall« wirkt sehr feierlich, sehr schön, doch auf den ersten Blick auch verwirrend: so durcheinander und vielgestaltig wie das Chaos. Es herrschen aber Ordnung, Stimmigkeit und Harmonie. Jeder Tropfen springt und fällt und glänzt in geordneter Schönheit. Hier erlebt man Schöpfung als Kunstwerk, sie kann wie dieses nicht Gegenstand sachlich-nüchterner Betrachtung und Beschreibung sein; dabei ginge das Wesentliche verloren, wie wenn man ein Feuerwerk sachlich analysieren wollte. Man kann nur sehen und staunen. Staunen und empfinden, wie da gefeiert wird. Es ist unglaublich schön.

Stellt der Satz: »Im Anfang war das Wort« am Beginn des Johannesevangeliums einen Bezug der Sprache (des logos) zu den Archai her?

Soviel läßt sich sagen: Die Sprache ist eine Aufgabe der Archai. Es geht ihnen darum, den Klang der Ewigkeit in die Sprache einzubetten – ebenso wie in die Musik – und wesentliches Wissen in menschliche Sprache einzubringen, so daß Sprache zu spiritueller Nahrung wird.

Um das zu verstehen, gilt es zunächst, sich die Mehrschichtigkeit der Sprache zu vergegenwärtigen. 1. Eine Ebene ist die der Information, doch das ist nur ihre unterste, die materiellste Schicht. 2. Mit der Information verbunden ist die der Intention, die auf die Gefühlsebene wirkt: will ich besänftigen, trösten, aufschrecken, bestürzt machen, aufregen usw.? 3. Hinzu tritt die gedankliche Ebene: hier ist der Kontext hinzuzudenken, in den hinein man Informationen übermittelt und gefühlsmäßige Reaktionen auslöst, um Fragen zu klären, Entscheidungsgrundlagen zu schaffen, Orientierung zu geben. 4. Es gibt aber noch die spirituelle Ebene: Jedes Wort hat seine Lichtkraft und setzt Energien frei, es kann mächtige Schwingungen aufbauen und z. B. heilen, schützen, unter Umständen heiligen – oder zerstörerisch wirken. Jedes Wort ist eine Zusammensetzung aus farbigem Licht, und diese Lichtkraft wird wirksam durch den Klang: sie ist anders beim A als beim O oder I. Die Lichtorgeln in Diskotheken sind ein (vergeblicher) Versuch, den Vorgang in die materielle Ebene zu übersetzen; man sieht sie mit Schmunzeln. Für den suchenden Menschen gilt: Die Sprache ist ein Tor zu den Archai, wenn man sie in ihrer Mehrschichtigkeit erlebt. Sprache ist also ein mächtiges Mittel, man sollte sie bewußter und feierlicher verwenden. –

Das ist wie das Brechen des Brotes im Abendmahl. –

Ja, aber derzeit wird die Sprache verwendet wie Kaugummi, den man herumkaut und ausspuckt und der alles verschmutzt. Die Archai unterstützen demgegenüber die Hingabe an die Sprache und die Arbeit an der Sprachpflege.

Welche Gegenstände oder Themen künstlerischen Schaffens sind den Archai die liebsten?

Zusmael: Ihr Lieblingsthema ist die Liebe. Jedes ihr gewidmete Kunstwerk vermittelt den Kontakt zu ihnen. –

Unter dem Stichwort »Legitimität der Neuzeit« diskutieren zeitgenössische Philosophen die Frage, ob die Ablösung des Mittelalters durch die neuzeitliche wissenschaftlich-technische Zivilisation positiv oder negativ zu bewerten sei.[20] *Könnt ihr dazu Stellung nehmen?*

Beides stimmt: Die wissenschaftliche Methode führt normalerweise zuerst – und für die meisten Wissenschaftler überhaupt – zu einer Ferne vom Schöpfungsgedanken und von Christus. Andererseits bringt sie damit eine größere Möglichkeit der individuellen Entscheidung mit sich. Gerade ein wissenschaftlich orientierter, bewanderter und befähigter Mensch kann frei entscheiden, ob und wie weit er sich dem Herrn nähern möchte. Das führt im günstigen Fall zu einer individuellen und bewußt eingegangenen Nähe zu Christus, und um die geht es.

Die Naturwissenschaften vermitteln euch zwar »Erkenntnisse«, aber auch das Erlebnis der Ferne, das Gefühl der Ungeborgenheit, der Zerbrechlichkeit, ja sogar der Sinnlosigkeit, die sich ausdrückt in den Vorstellungen von »Zufall« und Beliebigkeit und in negativen Prognosen. Aber gerade diese extremen Empfindungen können dazu führen, eine andere Richtung einzuschlagen und sich dem Himmel zuzuwenden. Es ist wichtig, sich bewußt zu werden, daß Erkenntnis kein Selbstzweck ist, sondern ein Weg, der zu etwas führt. Wohin? Entweder in die Ungeborgenheit – dies geschieht sehr häufig auf dem Weg wissenschaftlicher Erkenntnis – oder in die Geborgenheit durch das Erkennen des Herrn.

Die Erkenntnisse, die die Naturwissenschaft vermittelt, können also in ihren Zusammenhängen durchaus zutreffend und gültig sein. Aber von »Wahrheit« kann man da eigentlich nicht sprechen. Wissenschaft ist wertfrei. Sie proklamiert geradezu die Wertfreiheit als eine der Grundbedingungen wissenschaftlicher Erkenntnis. Der Begriff der »Wahrheit« aber ist heilig; denn er ist gebunden an den Herrn. Wissenschaftliche Interpretationen und Erkenntnisse sind deshalb nicht »Wahrheit«.

Die Naturwissenschaft der Neuzeit hat also eine gravierende Folge für die Haltung, die der Mensch gegenüber dem Himmel einnimmt. Sie fördert die Tendenz des Menschen, sich von jeder Wertung und damit vom Herrn zurückzuziehen. Man findet dann nur noch durch bewußte individuelle Entscheidung zum Herrn. Eine so gewonnene Christusverbundenheit kann dann allerdings zu einer viel tieferen Verankerung führen als eine, die durch die kulturellen Prägungen der Zeit vermittelt ist.

Das wissenschaftliche Zeitalter birgt also große Gefahren und Chancen zugleich. Die Neuzeit ist eine Zeit der Extreme in bezug auf die innere Haltung der Menschen: die Menschen bewegen sich zwischen äußerster Christusferne und innigster Christusverbundenheit.

Wie finden wir zu einer »Versöhnung« und »Vermittelbarkeit« von Wahrheit und wissenschaftlicher Erkenntnis?

Das sind nicht die richtigen Worte. Wahrheit und wissenschaftliche Erkenntnis stehen nicht im selben Rang. Die Naturwissenschaft kann sich von sich aus nicht auf die Ebene der Wahrheit erheben. Sie hat ihre Gültigkeit unabhängig von dieser. Ihr versteht das Problem am ehesten, wenn ihr die Naturwissenschaft als einen Zustand oder eine Tätigkeit des Menschen begreift, der

Orientierung in der Zeit sucht. Wahrheitssuche ist Orientierung an der Ewigkeit. –

Ein anderes Thema möchte ich noch kurz ansprechen: Es gibt einen Unterschied zwischen dem Berührtwerden durch einen Erzengel und dem Berührtwerden durch die Archai: Das Berührtwerden durch Archai ist zugleich ein Berührtwerden von der ersten Triade, also von Seraphim, Cherubim und Thronen. Denn die Archai wirken wie eine Vermittlungsstation zwischen der obersten Triade und der Erde.

Darf ich noch eine letzte Frage stellen? – Ja. – Wann ist das Wiedererscheinen Christi im Ätherischen zu erwarten?[21]

(Die Archai wenden sich zum Lobpreis nach oben, schweigen eine Weile und beantworten für den Moment keine weiteren Fragen.) Zusmael dann: Ihr werdet es bald erleben, wenn alles gut geht. Alle, die sich dem Himmel und seinen Wesen öffnen, wirken mit an dem Teppich, auf denn Christus schreiten wird.

Nun beginnt den Abstieg: dankt den Archai, dann wieder einem Erzengel, dann den Engeln und schließlich den Menschen und findet euch in eurer Inneren Kirche ein.

(Anm. Die Frage nach dem Zeitpunkt der ätherischen Wiederkunft Christi wird genauer beantwortet am 22. 10. 95.)

Freitag, 24. 3. 95

Über Sonnenengel

Ein Engelbote: Seid ihr bereit, im Laufe des Jahres zur II. Triade, zunächst zu den *Exusiai* aufzusteigen und dort auch etwas über die Sonnenengel zu erfahren, die sich auf dieser Ebene befinden? *Ja.* Dann werden wir euch heute einige vorbereitende Informationen geben. (Er verlangt nochmals von jedem einzelnen seine Zustimmung.)

Zunächst steigt wieder die »Leiter des Dankes« empor wie beim Aufstieg zu den Archai: Geht in die Innere Kirche, dankt den Menschen, dann den Engeln, dann einem Erzengel, dann Zusmael, dann den Hütern am Tor der Exusiai. (Wir verfahren so.) Die zwei torhütenden Engel wirken wie ein Sonnenglas, sonst bestünde die Gefahr der Verletzung. Ihr seht: Das Tor ist von einem rosa-grünen schleierhaften Licht überzogen, auch dieses dämpft die sonst gefährlich blendende Helligkeit der Exusiai. Hinter dem Tor wird eine enorme Weite ahnbar.

Einer der Torhüter: Ihr könnt das Tor nicht durchschreiten, ihr würdet Helligkeit und Schwingung nicht ertragen. Die Exusiai sind nur aus großer Distanz anschaubar; sie sind viel heller als die Sonne. Auch ein Berührtwerden durch sie ist deshalb im Moment nicht möglich.

Den Exusiai begegnet man mit *dreimal großem Respekt und dreimal großer Freude.* – Wenn ihr euch zur Rechten wendet, steht ihr den Gefilden der *Sonnenengel* gegenüber. Ihr dürft am Tor verweilen und mir (dem Torhüter) Fragen stellen.

Da der Sonnenengel des Menschen sein »höheres Ich« bildet, möchte ich mit der Frage beginnen, wie das Verhältnis des »Ich« oder des »Ich bin« zum Christus in uns zu verstehen ist.

Der Hüter: Zunächst verweisen wir euch auf die Ich-bin-Worte Christi. Wenn der Mensch die Fähigkeit entwickelt, im vollen Einklang mit seinem Sonnenengel, rein und ungetrübt »Ich bin« zu sprechen, so ist das der Weg zum Herrn zurück. – Das ist ganz offensichtlich und doch sehr geheimnisvoll.

Es bedeutet aber nicht, daß es unmittelbar der Christus in euch wäre, der das Wort ausspricht. Das würde ja bedeuten, daß ihr mit ihm, der zur Heiligen Trinität gehört, identisch wäret. – Zwar tragt ihr Christus auch in eurem Herzen – er wohnt in einer bestimmten Szene seines Erdenlebens in eurer Inneren Kirche. – Die Vorstellung aber, er lebe und wirke durch das menschliche »Ich«, wäre nicht nur irrig, sondern auch höchst gefährlich.

Zunächst gibt es die irdische Fähigkeit des Menschen, »ich« und »ich bin« zu sagen und zu erleben. Wirkst du so ins Leben hinein, so bist du nicht allein – einerseits wirkt der Doppelgänger mit dir und sucht dein Tun zu verdunkeln, andererseits wirken dein Führungsengel, dein Schutzengel, dein betender Engel – und auch noch andere Wesen – mit dir. Auch der in dir wohnende Christus kann heilbringend durch dich wirken. Auf dieser Stufe bist du vom Sonnenengel – von deinem »höheren Ich« – unterschieden.

Es gibt aber zweitens die Möglichkeit, mit dem Sonnenengel in Verbindung zu stehen und in vollem Einklang mit ihm »Ich bin« sagen zu können. In solchen Augenblicken sind dein irdisches »ich« und dein »höheres Ich« identisch. Der Sonnenengel – dein »höheres Ich« – ist ebenfalls nicht identisch mit Christus, sondern er ist ein Geschöpf, das auf die Trinität – und damit auch auf Christus – hin ausgerichtet ist.

Wenn man diese Ordnung der Dinge verwirrt, so verfehlt man die Transzendenz auf dreifache Weise. 1. Es fehlt dann die

Transzendenz zu dir selbst; du vergißt z. B. den Doppelgänger und gerätst in die Gefahr der »Inflation«, der Aufblähung des Selbstbewußtseins. 2. Es fehlt die Transzendenz zum Sonnenengel; identifizierst du dich mit ihm, ohne mit ihm durchweg im Einklang zu stehen, so hebst du dich auf seine Höhe und verlierst jegliche Selbsterkenntnis. 3. Es fehlt die Transzendenz zur Trinität und damit zum Herrn. Damit entsteht die Gefahr, daß du dich schließlich mit ihm identifizierst – und das ist das Schlimmste, was einem Suchenden widerfahren kann; es bedeutet die Katastrophe schlechthin. Der Betreffende findet aus eigener Kraft nicht mehr heraus und ist durch kein Argument mehr zu erreichen. Man kann dann nur noch auf den Absturz warten, und dieser kommt so gewiß wie bei einem Flugzeug, dem der Sprit ausgeht. Dies ist ein Zustand, in den gerade hochentwickelte Eingeweihte verfallen können. Sie lenken dann bei ihren Schülern die Verehrung und Anbetung, die dem Herrn gebühren, auf sich selbst, und diesen Schülern steht ein schlimmes Erwachen bevor. Ihr könnt Näheres dazu bei Valentin Tomberg nachlesen.[22]

Wenn das höhere Ich die übrigen Wesensglieder des Menschen nicht richtig durchdringt – wirkt das dann krankmachend? Und wie ist damit umzugehen?

Zunächst: das höhere Ich ist nie krank, sondern allenfalls seine Verbindung zum Menschen. Das »höhere Ich« ist identisch mit dem Sonnenengel. Wenn die Menschen »ich« sagen, so bewegen sie sich meist auf der irdischen Ebene und stehen nicht im vollen Einklang mit ihrem Sonnenengel. Sagen sie aber in reinem ungetrübten Einklang mit ihm: »Ich bin«, so bringen sie die Menschlichkeit in ihrer ungebrochenen Ausrichtung auf die Trinität zum Ausdruck. Wer so »Ich bin« sagt, sagt damit zugleich »der Herr ist«, d. h.: ich bejahe meine persönliche Existenz in meinem Sonnenengel, und gemeinsam geben wir sie zurück in die Hände des Herrn.

Wo diese Transzendenz fehlt, kann man in der Tat von »Krankheit« sprechen. Die Engel auf der Ebene der Exusiai sind aber keine Therapeuten, heilen ist nicht ihre Aufgabe, aber auch nicht das intellektuelle Erklären. Sie wirken über die Tat. Ihr Tun ist ein Samenlegen. Daß der Mensch »ich« und »ich bin« sagen kann, ist ein Samen, den sie in den Menschen gelegt haben, genauer: in das, was der inkarnierte Mensch meint, wenn er »ich« sagt. Dieser Samen geht in dem Maße auf, in dem das »ich« mit dem höheren »Ich«, also mit dem Sonnenengel im Einklang lebt. Wenn der Mensch »ich« sagt, schwingt das bis in die Ebene des Sonnenengels hinauf, wie alles, was er denkt und tut. Es kommt darauf an, daß er in der rechten Weise »ich« sagen lernt, d. h. so, daß sein Sonnenengel einstimmt. Das »Ich« eines Menschen ist viel mehr, als was ihm in seinem Tagesbewußtsein gegenwärtig ist. Es umfaßt alle in ihm lebenden Engel und Wesen, auch den Christus, der in ihm wohnt, und den Sonnenengel, und damit alle seine vergangenen und künftigen Inkarnationen.

Darf ich noch einmal nachfragen? Wie ist es zu verstehen, wenn man sagt: »Christus in mir«?

Man darf sich den Sohn nicht zu eindimensional vorstellen. Er ist im Menschen anwesend, und zwar nicht nur symbolisch. Der Mensch bildet die 10. Hierarchie. Er ist auf Erden Vermittler und Überbringer des Herrn. Der Herr wirkt durch den Menschen, er lebt in ihm und wird durch ihn lebendig, er heiligt in ihm und bringt durch ihn Heilung, und zwar in dem Maße, in dem der Mensch sich ihm zuwendet und ihn durch sich walten läßt. Und in eben diesem Maße öffnet sich sein inkarniertes »ich« dem »Ich« des Sonnenengels und wird eins mit ihm. Der Sonnenengel ist ein bevollmächtigter Repräsentant des im Himmel waltenden Christus. Das war immer so und ist überall so; insofern ist jeder Mensch ein Christ, auch wenn er es in seinem Tagesbewußtsein nicht weiß. Der Sohn ist in jedem Menschen anwesend und zugleich unversehrt und heilig an seinem Platz: Er ist wir alle, wir alle sind Er. Trotzdem ist Er Er und wir sind wir – und das alles gleichzeitig. Seine vielfältige Existenz ist sehr real und nicht etwa nur symbolisch oder psychologisch zu verstehen. Er lebt tatsächlich in jedem Menschen.

Auch in jemandem wie Adolf Hitler? Wie ist das vorstellbar?

Das irdische Leben des Christus diene euch als Vorstellungshilfe: Er ist in manchen Menschen gekreuzigt, in anderen ist Er in die Wüste gegangen, in anderen liegt Er als Kind in der Krippe, in manchen schwitzt Er Blut und Tränen, in wieder anderen predigt oder heilt Er, in anderen wird er gegeißelt und ans Kreuz geschlagen. Hinter dem Altar der Inneren Kirche werdet ihr eine Nische finden und in ihr den dort lebenden Christus in einer bestimmten Phase seines Erdenlebens. Er aufersteht auch in manchen Menschen: nicht als Bild oder Symbol, sondern ganz und gar wirklich und tatsächlich.

Übt einmal folgende Schritte, um zu lernen und euch anzugewöhnen, den Menschen so – als Wohnstätte des Christus – zu sehen:

1. Anfangs schaut einen Menschen mit euren zwei Augen an,
2. dann auch mit dem »dritten Auge«. (Es mag anfangs vorteilhaft sein, dazu die Augen zu schließen.) Mit ihm sieht man einen Menschen unter dem Gesichtspunkt, daß in ihm Christus lebt. Schaut man dem Menschen nicht aufs Gesicht, das den inkarnierten Menschen zeigt, sondern ins Herz, in seine Innere Kirche, so erblickt man das »Ich bin« des Christus Jesus, d. h., man sieht den Christus im anderen so, wie er dort lebt.
3. Wendet eure innere Aufmerksamkeit nun auch dem Christus in euch selbst zu.
4. Schließlich entsteht ein direkter Kontakt zwischen dem Christus in euch und dem im anderen Menschen. Ihr werdet

Betrachter einer ganz realen Begrüßung. Es wäre gut, wenn mehr Menschen die menschlichen Begegnungen so erlebten.

Was besagt dann der Satz: » Wo zwei oder drei in meinem Namen versammelt sind, da bin ich mitten unter ihnen«? (Mt. 18,20)

Nehmt eure Gruppe als Beispiel. Christus ist in jedem von euch und außerdem zugleich in eurer Mitte anwesend, also viermal und ein weiteres Mal, und das alles gleichzeitig. Mach dir keinen Knoten in den Kopf, der wird es ohnehin nie begreifen. Vielleicht kannst du es fühlend erfassen, es im Herzen empfinden.

Wenn man seinen Sonnenengel anspricht, sagt man dann zu ihm »ich« oder »du«?

Das inkarnierte »Ich« ist ein Teil des Sonnenengels, insofern besteht kein prinzipieller Unterschied zwischen dem Sonnenengel und dem inkarnierten Wesen. Aber der Sonnenengel ist mehr als das inkarnierte Ich, er ist die Gesamtheit aller Erfahrungen in Raum und Zeit, selbst jenseits von Raum und Zeit. Du bist ein Teil von dir. Deshalb sollte man zum Sonnenengel »wir« sagen. Aber es stört ihn nicht, wenn du »du« sagst. Es wäre eine gute Übung, sich anzugewöhnen, immer wenn man »ich« sagt, »wir« zu meinen, d. h. die Präsenz des Sonnenengels zu spüren, die Sonne, die über einem steht. Man kann auch vom »großen Ich« sprechen: Das Ich erstreckt sich durch alle Stufen bis hinauf zur Ebene der Exusiai. Denn die Sonnenengel sind Teil der 6. Hierarchie – sie bilden dort eine Gruppe für sich. Wenn die Menschen wüßten, wie groß sie sind!

Wie kann man sich die Zusammengehörigkeit des irdischen »Ich« mit dem Sonnenengel vorstellen?

Am Scheitelchakra ansetzend führt ein goldener Strahl direkt nach oben zum Sonnenengel. Übe dich darin, diesen goldenen

Strahl wahrzunehmen, erst für wenige Minuten in einer Meditation, später ständig bei allem, was du tust. Willst du ihm nah sein, stell dir vor, von ihm geküßt zu werden.

Wie kann an frühere Zeiten und Erfahrungen angeknüpft werden, was kann man tun, um z. B. Informationen aus früheren Leben zu erhalten?

Der Sonnenengel wacht darüber, daß nicht zu schnell zu viele Informationen vermittelt werden. Menschliches Bemühen allein kann die Informationen nicht herbeiführen, sondern nur Kanäle öffnen. Die Information ist immer ein Geschenk von oben, nicht nur Frucht eurer Arbeit.

Es gibt jedoch einige Arbeitsmethoden für das »Erweitern des Kanals« und damit für eine immer bewußtere und kräftigere Verbindung zum Sonnenengel:

1. Die Regelmäßigkeit der spirituellen Arbeit.
2. Ausdauer.
3. Die Einbindung ins praktische Leben. Dies ist besonders wichtig!
4. Die rechte Mischung von Mitteilungsfreude und Verschwiegenheit.
5. Wahrhaftigkeit.
6. Ehrfurcht vor der Trinität und den Hierarchien, vor großen Meistern und Lehrern, ja vor allen Wesen, auch den Ameisen, den Blättern und Grashalmen, den Regentropfen usw., kurz: Respekt und Achtung vor dem Himmel und der Erde.
7. Dankbarkeit – und keine unbilligen Forderungen.

Der Sonnenengel achtet auf alle Ebenen. Nur wenn diese Kriterien ausgewogen und über einen längeren Zeitraum vom Sonnenengel konstatiert werden können, erweitert er vorsichtig den Informationskanal.

Wie kann man seinen Sonnenengel wahrnehmen?

Die Arbeit des Sonnenengels geschieht in der Regel sehr sanft, langsam und bedächtig. Er wirkt nur selten über erschütternde Erlebnisse, über Aufbruch, Zusammenbruch oder Abbruch. Die Brüche sind in der Regel nicht von ihm geplant, sondern entstehen durch die Menschen. Sie nehmen die Brüche oft ernster und bewerten sie höher als die allmähliche Entwicklung. Aber darin irren sie sich.

Die Weise, in der sich der Sonnenengel vernehmbar macht, ist wie nachklingend, nachhallend. Sein Klang ist eigenartig hell, wie ein helles fröhliches Lachen. Wenn die Verbindung des Menschen zu seinem Sonnenengel ungetrübt ist, so kann er kontinuierlich diesen Klang vernehmen. Darin zeigt sich dann die Einheit des »Ich«, also die Einheit zwischen dem »ich«-sagenden inkarnierten Menschen und seinem höheren Ich, dem Sonnenengel.

Ist es die Aufgabe der Elohim, die sich ja ebenfalls auf der Ebene der Exusiai und der Sonnenengel befinden, den Menschen zum »Ich« zu führen?

Sie führen nicht zum »Ich«, sondern zum Herrn – doch indem der Mensch zum Herrn findet, findet er auch zu seinem Ich. – Die Elohim sind aber sehr streng, viel mehr noch als die Sonnenengel. Sie in eigener Erfahrung zu erleben, ist ein sehr feierlicher Vorgang.

Kann man die Elohim als Schöpfermächte sehen, die in das künstlerische Gestalten der Menschen hineinwirken?

Der Hüter: Diese Frage müßten sie selbst beantworten, ich kann sie aber im Moment nicht weitergeben. Die Elohim sind derzeit nach oben gewandt, es ist jetzt nicht die Zeit zu fragen; man kann sie nicht zu jeder Zeit behelligen.

Sie leben wie in einer Art göttlichen Atems, abwechselnd nach oben und nach unten gewandt, so wie es im Erdenrhythmus Tag und Nacht gibt. Sie wenden sich im Lobpreis nach oben, und dann mit Licht erfüllt nach unten. Wenn sie sich nach oben wenden, sind ihre Schwingungen für euch zu intensiv. Ihr könnt euch aber aus der Ferne an ihrem Lobpreisen beteiligen (s. u. 3. 4. 95). Nun steigt bitte über die »Dankesleiter« langsam wieder hinab zur Inneren Kirche.

Montag, 3.4.95

Lobpreis der Elohim

Bruder Tullian (Er gehört – wie Amael und Elion – zu den Lichtwesen mit nicht sichtbaren Flügeln. Er wirkt wie ein Klosterbruder in einer braunen Kutte, sehr streng, schlicht und still, aber doch freundlich, zugleich dienend und väterlich. Er hat nicht den Witz und die Komik von Amael, ist aber auch sehr liebenswürdig.): Um den Aufstieg zu den Dynameis vorzubereiten, bedarf es einer Unterweisung, die euch heute eine Gruppe von Elohim geben wird. Es geht um Lobpreis, Dank und Sammlung. Ihr dürft an der Anbetung Gottes durch die Elohim teilnehmen. Wenn ihr das regelmäßig tun werdet, wird das Auswirkungen auf den Christus in eurer Inneren Kirche haben und euch den Aufstieg in der zweiten Triade ermöglichen. Diese Übung ist nicht geheim, aber sie setzt Menschen voraus, die bereit und in der Lage zu ehrfürchtiger Anbetung sind und diese Sphäre nicht beschmutzen. Die Elohim sind für die Reinhaltung der Anbetung verantwortlich, und diese Verantwortung übernehmt auch ihr, wenn ihr die Unterweisung weitergebt. –

Macht folgende Übung zweimal täglich – morgens und abends – in würdiger Kleidung (d. h. nicht im Alltagsgewand) in einem Raum, in dem ihr weder streitet noch eßt, morgens nach Osten, abends nach Westen gewandt, der auf- und untergehenden Sonne zu.

Begebt euch in die Innere Kapelle. Jeder von euch wird von zwei Engeln begleitet. Der Aufstieg erfolgt wie bisher: mit Dank an Menschen, die Engel, einen Erzengel, an Zusmael; an die Hüter des Tores zu den Exusiai. (Alexa: Der Hüter öffnet das Tor, eine Gruppe von Elohim – sehr schlicht, fast mönchisch wirkend – nimmt uns in Empfang und führt uns in eine Landschaft, die man am besten mit einem Hochplateau im Gebirge vergleichen kann. Die aufgehende Sonne beginnt, den Horizont rötlich zu färben. Ihr zugewandt stehen die Elohim und beten.)

Der Torhüter: Stellt keine Fragen, sondern reiht euch schweigend ein und macht mit. Steht aufrecht mit über der Brust gekreuzten Armen, die Hände auf den Schultern, mit gesenktem Blick und sprecht mit uns das »Sanctus«:

Sanctus, sanctus, sanctus
Dominus Deus Sabaoth,
Pleni sunt coeli et terra gloria tua,
Hosanna in excelsis.
Benedictus qui venit in nomine Domini.
Hosanna in excelsis.[23]

Nun sprecht mit uns das Tedeum, aber in einer Variante in der ersten Zeile, und begleitet das Sprechen mit zugehörigen Gesten:

Großer Gott wir danken dir,
Herr wir preisen deine Stärke. (Blick zum Horizont.)
Vor dir neigt die Erde sich (neigen)
und bewundert deine Werke (offene Arme).
Wie du warst vor aller Zeit,
(mit einer schöpfenden Geste)
so bleibst du in Ewigkeit
(Arme nach oben erheben).

Nun blickt zum Horizont und nehmt den Sonnenaufgang wahr. Ihr erblickt eine Station aus dem Leben Jesu. Das Bild steigt auf, wandert über euch hinweg und entschwindet im Himmel.

Jetzt seht wieder einen Sonnenaufgang und eine weitere Station aus dem Leben Jesu. Das wiederholt sich mehrmals, und es wird jedesmal heller. Durch die Sonne hindurch seht ihr das Bild. Alsdann werden dahinter zwei große wunderbare Engel sichtbar, glorios und mächtig. Dahinter erscheint schließlich ein Bild... (schweigen). –

Intendiert die Bilder nicht, sondern laßt sie kommen, wie sie kommen. Die Wahrnehmung gelingt nur über das Herzchakra in einem inneren Berührtsein; nicht über den Kopf.

Die Übung hat eine direkte Wirkung auf den in euch lebenden Jesus: das ganze Leben Jesu, von dem ihr jeder nur einen Teil in euch tragt, wird in euch lebendig (Geburt, Tempel, Taufe, Wunder, Heilungen, Reden, Passion etc.).

Bruder Tullian: Noch einmal: Die Übung ist nur für Menschen bestimmt, die mit Respekt und Ehrfurcht damit umgehen. Die Elohim wachen über die Reinhaltung der Anbetung. Sie wünschen keinen Mißbrauch, und das heißt auch keinen oberflächlichen Gebrauch.

Die Erkenntnis der Hierarchien ist nicht Selbstzweck, sondern ein Weg zum Lebendigwerden des Christus in euch. Ihr wollt bloß lernen, aber die Absichten der Engel mit euch gehen viel weiter. – Ihr werdet noch öfter durch die Engelsphären wandern. Es ist sehr wichtig, daß ihr eure Fragen strukturieren lernt und die angegebenen Übungen macht.

(Die begleitenden Engel geleiten uns wieder abwärts und mahnen:) Beim Menschenreich dankt auch den Menschen, von denen ihr – zu Recht oder Unrecht – annehmt, daß sie euch nicht wohlgesonnen sind.

Der 3. April ist übrigens der historische Jahrestag der Kreuzigung Jesu. Für die Engel beginnt an diesem Tag (also heute) das Nacherleben der Leidenszeit.

Donnerstag, 6.4.95

I. Der Innenraum mit der Quelle
II. Vorbereitung auf die Karwoche

I. (Fröhliche Engel in verschiedenen Farben führen uns auf eine liebliche Waldlichtung mit einer sprudelnden Quelle, an der ein Engel sitzt.) Jeder Mensch trägt in sich solch eine sprudelnde Quelle, so wie er auch eine Innere Kirche in sich trägt. Die Innere Kirche entspricht dem, was man in der Esoterik oft als das »Herzchakra« bezeichnet, und hat ihren Ort in der Höhe des Herzens. Die Innere Quelle entspricht dem darunterliegenden Chakra. Sie hat ihren Ort im Solarplexus.

Schließt nun die Augen, öffnet den Blick nach innen und begebt euch zur Inneren Quelle. Seht die Landschaft und sucht euch einen Weg zu eurer Inneren Quelle. Auf dem Weg betrachtet die Natur – was für Bäume, Sträucher, Blumen und Gräser gibt es da? Welche Tiere könnt ihr sehen oder hören? Hört auch die Stille, das Plätschern eures Quellwassers. Hört ihr vielleicht auch leises Singen oder helles Lachen – Engelstimmen? Dann betrachtet eure Quelle – vielleicht auch das Quellbecken, den Teich oder See, der sich dort gebildet hat.

Ihr könnt vom Wasser trinken, darin baden oder einfach nur dasitzen und ins Wasser blicken. Es ist der Quell des Lebens, das Wasser des Lebens, das ihr hier in euch besucht. Es lebt und belebt, bringt Freude und Lebendigkeit.

An der Quelle findet ihr einen Engel, der sehr sanft und ernst wirkt; er ist ziemlich groß und eindrucksvoll. Dieser »Engel an der Quelle« hat großes Wissen über Reinigungsübungen, und zwar auf allen Ebenen: von der körperlichen über die psychische und geistige bis hin zur spirituellen. Ihr könnt ihn um Rat und Vorschläge bitten. Ihr könnt euch aber auch schlicht zu ihm setzen und den Kontakt mit ihm suchen. Er wird sich euch gern zuwenden, und das Gespräch mit ihm wird euch beleben und Freude spenden. – Mitunter findet ihr an der Quelle nicht nur einen, sondern mehrere Engel. –

So wie ihr in der Inneren Kapelle den betenden Engel findet und an der Inneren Quelle einen oder mehrere Engel, so ist für jeden Innenraum im Menschen, für alle Chakren ein besonderer Engel zuständig, manchmal sind es auch mehrere. Es gibt also nicht nur die vier Engel für jeden Menschen, von denen bisher die Rede war (Sonnenengel, Schutzengel, Führungsengel, betender Engel), sondern ein ganzes kleines Universum. Die Anzahl der Engel ist bei verschiedenen Menschen unterschiedlich.

Der Führungsengel kann sich an jeden dieser inneren Orte begeben. Zudem kann er in den Innenraum den Führungsengel eines anderen Menschen einladen oder sich auch auf dessen Einladung in den Innenraum eines anderen begeben. – Doch können sich so auch zwei Menschen gegenseitig verstehen lernen. Sie verstehen einander in dem Maße, in dem die Führungsengel die inneren Orte des anderen kennen. Bestimmte Engel unterweisen die Menschen in der Kunst, die Initiative zu ergreifen und die Führungsengel zu bitten, sie mögen miteinander Kontakt aufnehmen oder sie mögen gegenseitig in den anderen Menschen hineinreisen und ihre inneren Orte kennenlernen: die sogenannten »Engel des Regenbogens«. Sie helfen euch also, Brücken zueinander zu schlagen und euch verstehen zu lernen.

II. Der Engel an der Quelle: Ich gebe euch nun eine Übung aus Anlaß der bevorstehenden Karwoche. Es geht darum, euch auf die Leidenszeit so vorzubereiten, daß ihr diese dann bewußt und intensiver als sonst, in einer Haltung der Sammlung, des Vertrauens, der Ruhe, nach innen gewandt nacherleben könnt. Diese Vorbereitungszeit beansprucht 6 Tage. Am besten beginnt man sie 6 Tage vor Palmsonntag; ihr könnt sie aber auch jetzt noch aufnehmen, so daß sie die 6 Tage vor Gründonnerstag ausfüllt. Und zwar arbeitet folgendermaßen:

Zwei Tage beschäftigt euch mit eurer Vergangenheit. Versucht, euch mit ihr auszusöhnen.

Zwei Tage lang lebt ihr ganz in der Gegenwart und führt innere Gespräche mit den Menschen, die euch umgeben, fast als wolltet ihr allen ein letztes Wort sagen, aber auch mit den Wesen über euch und den Engeln. Betet auch zum Vater, zum Sohn, zum Heiligen Geist, zu Maria. –

Zwei Tage lang beschäftigt euch mit der Zukunft: überprüft eure Ideale und eure Wunschvorstellungen: Woran wollt ihr euch binden?

Lebt in dieser Zeit möglichst weitgehend in der Innenwelt.

Wo vor allem?

In den Innenräumen, in denen ihr euch am wohlsten fühlt. Äußerlich solltet ihr in dieser Zeit so entspannt leben, wie es eure Pflichten euch erlauben, und viel in der Natur wandern. Das Ganze ist eine Art Reinigungstherapie.

Donnerstag, 13. 4. 95 (Gründonnerstag)

Teilhabe an der Passion

Ein »Verkünder«: Die Teilhabe an der Leidenszeit der Karwoche wird von den Menschen von Jahr zu Jahr intensiver, persönlich ergreifender erlebt, und zwar weil sich die Wiederkunft Christi im Ätherischen vorbereitet und weil deswegen der Mensch in seinem Ätherleib stärker mitschwingt, ja mitbeteiligt ist. –

In der Karwoche erleben alle Seelen, besonders aber die, die damals anwesend waren, und alle ihre Engel die Passionszeit noch einmal: sie erleben alles, was damals geschehen ist, bis ins letzte Detail, nun aber ergänzt um das moralische Empfinden. Wer damals Jesus nicht erkannte, wer ihn mißhandelte, wer johlte, kühl zuschaute, wer in irgendeiner Weise mitmachte oder Desinteresse zeigte, der empfindet das schmerzlich und ist von Scham ergriffen. Seine Engel tun stellvertretend Buße.

Der Kreis derer, die sich an dem intensiven Nacherleben des Passionsgeschehens beteiligen, wächst jährlich: Zu den Menschen, die damals anwesend waren, und ihren Engeln treten die Engel, die jene Seelen in seitherigen Inkarnationen begleitet haben, sowie die den Menschen und den Engeln jeweils wieder zugehörigen Menschen: ihre Familienangehörigen, ihre engen Freunde etc. und wiederum deren Engel. Sie alle umspannen die Erde mit einem Netz von bewußt oder unbewußt Trauernden und Lobpreisenden. Der Chor wird von Jahr zu Jahr mächtiger, man hört ihn durch alle Hierarchien, er wird immer lauter, eindringlicher, dichter. Er übt eine Anziehungskraft auf Christus aus: er sehnt seine Wiederkunft im Ätherischen herbei.

Alle Seelen, die auf diese Weise die Karwoche direkt oder indirekt, bewußt oder unbewußt wiedererleben, stimmen mit den Hierarchien in Trauer und Lobpreis ein. Hier zeigt sich ein wunderbarer Plan. Die Erde kann deshalb unter gar keinen Umständen verlorengehen. Das ist unmöglich, weil die Leidensgeschichte in die Erdenhülle eingeschrieben ist und sich jährlich wiederholt, und weil die Zahl der Miterlebenden von Jahr zu Jahr wächst. Dadurch wird die Anziehungskraft auf Christus immer stärker. Schon deshalb kommt Christus mit Sicherheit wieder. Und aus diesen Gründen dürft ihr gewiß sein: Es ist unmöglich, daß die Welt verlorengeht.

Karfeitag, 14. 4. 95

Über die Trauer

(Die Engel tragen alle Trauer, d. h., ihr Haupt ist geneigt und ernst, ihre Flügel sind zusammengelegt. Sie tragen kein Schwarz, aber alle Farben sind von einem Grauschleier überzogen, wie in der Abenddämmerung.

Ein »Engel der Trauer« in grau-blau gedämpften Farben:) Der Himmel weint, die Tränen fallen in die Mitte eures Kreises. Laßt uns ein wenig in Stille verweilen. – Wir machen euch den Vorschlag, heute etwas zum Thema Trauer zu sagen. Es wird aber keine traurige Stunde werden. Wollt ihr das bewußt und freiwillig? – *Ja*. – Es ist bei uns nicht üblich, vom »Tod« zu sprechen, sondern vom »Sterben« oder vom »Gang über die Schwelle«. Ihr solltet deshalb auch das »Gegrüßet seist du Maria« mit den Worten schließen: »... und in der Stunde unseres Sterbens«. Denn das Sterben führt nicht in den Tod.

Von einem »Todesengel« zu sprechen, ist deshalb eine Unmöglichkeit in sich. Der Tod hat keine ihm zugehörigen Engel: ein solcher wäre ein Wesen, das ist, indem es nicht ist, das seinen Wesenskern im Nichtsein hat. Es gibt aber »Schwellenengel«, und zwar von zweierlei Art: Engel, die die Schwelle behüten, und Engel, die die Seelen über die Schwelle begleiten.

Was in der Heiligen Schrift »Tod« genannt wird, ist nicht das Sterben, sondern das »Dunkel«, d. h. die Abwesenheit des Lichtes, soweit wie die Hierarchien zur Linken es treiben können.

Das ist ein Zustand der Seele, nicht ein besonderer Aufenthaltsort, auch wenn die Seele ihn als solchen erleben mag. Auch was die Kirche die »Hölle« nennt, ist das Dunkel.[24] Im sogenannten »Tode« aber ist normalerweise Licht, es sei denn, die Seele hat den Weg über die Schwelle nicht gefunden und irrt als sogenannte »verlorene Seele« noch im Dunkel herum. Doch jenseits der Schwelle ist Licht. – »Sterben« bedeutet auch nicht etwa, sich aufzulösen.

Gibt es die ewige Hölle, also das ewige Dunkel?

Nein! Es gibt immer die Gnade. Doch das ist kein Grund, erleichtert oder gar erfreut zu sein. Denn auch nur ein einziger Tag im Dunkel ist furchtbar.

Durch welche Vergehen kommt man in das Dunkel?

Nie durch Taten in der Außenwelt allein, sondern immer auch durch Tendenz und Färbung der Innenwelt, und zwar:

1. Durch die Unfähigkeit, sich selbst zu vergeben und die darin begründete Annahme, daß es auf irdischer Ebene keine Vergebung gebe. Die Bitte um Vergebung richtet sich zwar zuerst an den andern, aber es ist wichtig, sie auch an sich selbst zu richten: Bitte deinen Nächsten um Vergebung wie dich selbst.
2. Durch den Gedanken, daß es auch im Himmel keine Gnade gebe.
3. Durch den Gedanken, daß es gar keine Instanz gebe, die Gnade walten lassen könne.

Wenn sich ein Mensch vergangen hat, richtet sich die Bitte um Vergebung zuerst an den Vater und an den, dem Schaden zugefügt wurde. Ebenso wichtig ist indes, auch sich selbst um Vergebung zu bitten für das, was man sich selbst zugefügt hat, indem man anderen Schaden zufügte oder Unrecht tat. Auch wenn es nicht immer so scheinen mag, die strengste Instanz ist das eigene Gewissen. Es mag verdrängbar sein – für eine gewisse Zeit, vielleicht sogar ein ganzes Leben lang, aber es ist unbestechlich. Oft nimmt die Selbstbestrafung – sei es gleich oder viele Inkarnationen später – absurde Formen an. Ohne sich selbst zu vergeben, bleibt die Seele wund. Noch wichtiger aber ist: Sich selbst zu vergeben, befähigt erst dazu, die Vergebung von oben anzunehmen. Die Gnade ist viel wirksamer und präsenter, als ihr denkt. Sie kann aber von dem nicht angenommen werden, der sich selbst nicht vergibt. Sich selbst nicht vergeben können, blockiert die Wirksamkeit der Gnade.

Das Dunkel ist also nur möglich, wenn die Seele beschlossen hat, weder die Existenz eines gnädigen Gottes noch die eigene Gnadenwürdigkeit anzuerkennen. Der Gang ins Dunkel ist dann selbst gewählt. Er ist nicht von oben verordnet, aber von oben geduldet. Wir sehen diese Seelen mit großer Trauer und großer Hochachtung, denn es ist der schwerste aller Wege, den die Seele sich aussuchen kann. Niemand unter den Menschen kommt in seiner ganzheitlichen, spirituellen Entwicklung weiter, wenn er nicht Verständnis hat und Hochachtung empfindet für die, die diesen Weg beschlossen haben. Auch deshalb legt die Heilige Schrift soviel Wert darauf, keine Geringschätzung dem Geringsten gegenüber zu empfinden.

Zudem ist keiner von euch ohne Erfahrung des Dunkels. Es gibt in jedem Menschen einen Anteil, der diesen Zustand sehr gut kennt, aus dieser oder einer früheren Inkarnation. Kennte er ihn nicht, Härte und Hochmut würden grenzenlos. –

Um mindestens gefühlsmäßig zu begreifen, wer der Vater ist, ist Trauer einer der ersten Schritte. Trauer ist immer ein Berührtwerden vom Dunkel, manchmal ein Erschüttert- oder Geängstigtwerden. Dann sucht die Seele den Vater und sehnt sich nach ihm. Wer aber vom Dunkel nicht nur berührt wird, sondern sich ins Dunkel begibt, der hat es sehr schwer, allein Wege aus dem Dunkel herauszufinden. Viele Engel und Heilige sind damit beauftragt, helfend einzugreifen. Auch inkarnierte Menschen können helfen. Dies geschieht im Rahmen dessen, was man Erlösungsarbeit nennt.

Was heißt: die Sünde wider den Heiligen Geist könne nicht vergeben werden?

Das ist eine mißverständliche Kurzfassung. Diese Sünde wird von der Seele selbst als so schwerwiegend empfunden, daß sie meint, sie könne nicht vergeben werden, deshalb kann sie es auch nicht, denn die Vergebung muß vom Menschen angenommen werden können, bevor sie gegeben werden kann.

Es gibt Sünden, die vielleicht erst am Jüngsten Tag vergeben werden. Aber es gibt nichts, was nicht vergeben wird. Vergeßt nicht, daß ihr Geschöpfe Gottes seid. Wenn euch nicht vergeben würde, würde ja der Vater sich selbst nicht vergeben. Vergeßt nicht: ihr seid immer die Kinder des Vaters geblieben. Es ziemt sich daher nicht, eine ewige Hölle zu denken. Die Verantwortung des himmlischen Vaters für seine Kinder ist – anders als im Irdischen – absolut. Es braucht Jahre, um die Tragweite dieses Satzes wirklich zu begreifen. –

Um was wird getrauert, wenn man doch weiß, daß der Verstorbene in ein lichtes Reich kommt?

Menschen trauern um sich selbst, um Teile der eigenen Seele, nicht um den Verstorbenen. Aber das bedeutet nicht Egozentrizität. Man weint z. B. aus neu entstandener Ungeborgenheit, Heimweh und Einsamkeit. Man weint um verpaßte Chancen, um zerbrochene Vorstellungen und Werte, um beendete Wege, kurz darum, daß Menschen von einem gehen, manchmal auch darum, daß nun vielleicht neue Menschen in die Nähe kommen. Sich dessen bewußt zu werden, bedeutet die Umlenkung der Konzentration weg von der Außenwelt hin zur Innenwelt. Sie ist das Tor zur Trauer. Um sich selbst zu trauern heißt, sich ehrlich und offen selbst zu begegnen. Das hat eine heiligende und heilende Wirkung. Man kann dann Christus in sich begegnen: Trauer ist ein Tor zu Christus. Durch sie wird die Seele empfänglich für eine heilende Berührung durch Christus. Sie ist ein erster Schritt zu einer grundlegenden Wandlung, zum Ganzwerden, zum Wesentlichwerden, zum Heilwerden. Deshalb ist die Trauer ein großes Geschenk. Trauer ist nie als Strafe oder Belastung oder als unschicklich anzusehen, sondern immer als ein Geschenk.[25]

Wie soll man eine Trauerfeier gestalten?

So, daß sie den Menschen das Gesagte erlebbar macht. Es ist schwer, aber sehr schön, Menschen die innere Wandlung fühlbar, im inneren Bild vorstellbar, erlebbar zu machen. Es geht nur, wenn sie sich berühren lassen. Man kann Engel um Hilfe bitten; sie stellen sich dem Menschen als Begleiter zur Seite. Es geht zunächst um die Wendung von der Außenwelt zur Innenwelt, also um die Trauer um sich selbst, um Aspekte des eigenen Lebens, um Erfahrungen, Erinnerungen, Gedanken. So öffnet man die Seele für die Begegnung mit Christus. Dann muß man es jedem einzelnen überlassen, wie er diese Begegnung erfährt. Zum Abschluß achtet bitte darauf, daß die Feier mit einem Lächeln endet. Lächeln wirkt wie ein Pflaster auf die wunde Seele.

Der Aufbau der Feier ist also so zu gestalten:

1. Zunächst geht es um die Außenwelt – um den Verstorbenen.
2. Sodann folgt die Wendung in die Innenwelt: ich habe ihn verlassen, ihm gewisse Dinge nicht gesagt, ihn gebraucht, noch so viel mit ihm vorgehabt; er hat mir viel gegeben, das mir nun fehlt, er hat mich verlassen, mich im Stich gelassen ..., die Emotionen können bis hin zur Wut gehen.
3. Dann sollte aber ein heilender Schritt folgen, die Begegnung mit Christus: Ich weine auf einer gewissen Ebene um den Herrn, den man allein gelassen hat, den man verraten,

gegeißelt, gekreuzigt hat. Für das innere Erleben kann man sich das entsprechende Bild aus der Bibel vergegenwärtigen, z. B.: Ich bin verraten worden – Jesus ist verraten worden. Ich bin »geschlagen« worden – Jesus ist geschlagen worden. Wenn das begriffen ist, kann Christus in dir aktiv werden; denn er hat Leid und Schmerz und das Dunkel überwunden.

In der sogenannten »therapeutischen Trauerarbeit« wird meist die 3. Stufe versäumt. Doch ohne sie ist eine seelische Heilung nicht möglich. Man sollte immer einen Engel der Trauer hinzubitten.

Ist Trauer für Engel anders als für Menschen?

Ja, sie ist eine besonders liebevolle Form von Lobpreis. Es gibt für die Engel nicht die drei Stufen der Trauer, sondern eine Einheit: Trauer ist für sie inniger Lobpreis. Wenn z. B. ein Mensch eine Entscheidung trifft, die die Engel anders gewünscht hätten, trauern die Engel. Sie distanzieren sich damit nicht von dem Menschen, sondern im Gegenteil: sie bleiben nah bei ihm, versetzen sich in seine Situation hinein. Gleichzeitig preisen sie das Gute, Sinnvolle, Heilende dieser Situation. Und sie halten Ausschau danach, welche hilfreichen Impulse sie ihrem Schützling geben können.

Je höher die Hierarchie, desto untrennbarer ist die Einheit von Trauer und Lobpreis, denn desto größer ist ihre Kenntnis des Reiches des Dunklen, und damit die Fähigkeit, das Dunkel zu verstehen. Sie dürfen das, ihr nicht. Sie sind voll der Trauer und voll der Freude, unendlich erfüllt von beidem zugleich. Sich mit diesem Schmerz, dieser Ergriffenheit vor den Herrn zu stellen, ist für Menschen nicht nachvollziehbar. Es wäre schwer auszuhalten, es wirkte bis in den Körper hinein. Nur einige Heilige haben diese Ergriffenheit erlebt, vor allem die Stigmatisierten, auch Johannes vom Kreuz.

Eine Ergriffenheit, wie sie der Herr in Gethsemane erlebte, ist nicht mit äußerer Bewegung verbunden, sondern mit innerer Bewegung, die äußerlich häufig wie große Ruhe wirkt. Das Zentrum von Ergriffenheit und Bewegung ist große Ruhe.

Wer war der Engel, der dem Herrn in Gethsemane Stärkung gebracht hat?

Was meinst du?

Ein Cherubim?

Nein, aber er gehörte zur ersten Hierarchie, zu den Thronen, die den Willen stärken.[26]

Was bedeutete der Ausruf Jesu am Kreuz: »Mein Gott, warum hast du mich verlassen?«[27]

Er war ein Ausdruck für den Extrempunkt der Trauer, den Punkt der größten Ferne, wo man sich im Dunkeln verlassen fühlt. Jesus war aber nicht allein. Es war ja ein Psalmwort[28], und dieses formuliert eine Frage, keine Aussage über die Realität: es ist der Ausruf einer menschlichen Seele. Viele Menschen kennen diesen Extrempunkt des Gefühls der Verlassenheit. Doch er ist zugleich der Punkt der Wende, der Punkt, an dem man sich entweder im Dunkel des Haders und der Verzweiflung verliert oder aber sich hinwendet und heimkehrt zum Licht. Man muß den Ausruf in Verbindung sehen mit dem späteren Wort: »Es ist vollbracht.«[29]

Jede »Trauer ist ein Kreuzweg. Der Christus in euch geht den Weg mit euch, und zwar ganz real. Er hält euch an der Hand, wenn ihr wollt, als ein Geschenk an euch. Christus ist auch in anderen inneren Lebensprozessen lebendig, z. B. bei Hochzeit und Heilung, aber eben auch bei Trennung oder Schmerz oder Verleumdung. Er geht in euch den Kreuzweg – bis zur Auferstehung.

Was erlebte Christus nach seinem Sterben am Kreuz?

Er ist »hinabgestiegen in das Reich des Todes«, d. h. in die Dunkelheit. Im Moment wäre euch eine weitergehende Antwort nicht zuträglich. – Aber die Frage ist legitim, bewahrt sie für später auf. (S. 6. 4. 1996, Bd. III, S. 97 ff)

Zum Abschluß wiederum: Die Himmel weinen, die Tränen tropfen in die Mitte dieses Kreises. Jede Träne ist ein Kleinod. Wir danken, daß wir zu euch sprechen durften.

Ostersonntag 16. 4. 95 mittags

Ein Engelbote: Die Führungsengel lassen grüßen und bitten auf den Abend. Derzeit waltet unter ihnen große Geschäftigkeit mit allerlei Begegnungen und Beratungen, sie sind in sehr freudiger Stimmung, man möchte sagen: Sie sind bester Laune. Es ist ein heiliger Tag für das Knüpfen von Beziehungen, ein heiliger Tag der Begegnungen und der Freundschaft. Es gibt mehrere solcher Tage im Jahr.

Ostersonntag, 16. 4. 95, abends
(Auszüge)

Führung und Freiheit

(J. erbittet Ratschläge in Lebensfragen: Soll ich so oder so entscheiden?)

Ihr Führungsengel: Die Engel begleiten zwar den Menschen, aber sie nehmen ihm die Entscheidungen nicht ab. Das dürfen sie nicht. In Situationen, wo ihr Lebensentscheidungen zu treffen habt, meint ihr immer: Erst soll das Pferd da sein, dann beschließt ihr, daß ihr reiten lernen möchtet. Es geht aber nur andersherum: erst bedarf es des Entschlusses, etwas Bestimmtes zu tun, dann kommt die Frage nach den Mitteln. – Der Weg entsteht beim Gehen. Die Meinung, es gebe feste Wege, ist ein Mißverständnis. Es gibt Tendenzen, gewisse Absprachen, Knotenpunkte, Kreuzungspunkte, aber keinen vorgezeichneten Wanderweg. Jeder Weg ist in sich neu und einzigartig. Er entsteht, während man ihn geht. Wichtiger als ihn zu kennen, ist, ihn zu gehen. Die praktische Realität ordnet sich der gedanklichen unter. Der Entschluß wirkt bestimmend für die praktische Realität. Engel können nur helfen, wenn Entscheidungen gefallen sind. Wenn sie feststehen, könnt ihr euch mit Hoffnung und Vertrauen an die Engel wenden und sie bitten, sie mögen hilfreich werden. Bis dahin warten die Engel ab.

(J. fragt nach der Deutung eines Traumes:)

Träume bilden nicht die reale Welt ab, sondern seelische Bilder von ihr: sie spiegeln deine Subjektivität. Es gibt allerdings auch

Engel, die durch Träume wirken, und solche, die den Traum behüten. Aber Engel arbeiten am liebsten mit bewußten Menschen. Traumdeutung ist nicht Engelsache.

(M. fragt, wie sich eine ihm bevorstehende Begegnung abspielen wird:)

Sein Führungsengel: Darauf gibt es jetzt keine Antwort, denn du sollst diese Tage voll und ganz durchleben und nicht wie ein Beobachter. Vorhersagende Auskünfte wären aus drei Gründen nicht gut.

1. Sie würden die Gleichheit mit deinem Gesprächspartner aufheben und dir eine privilegierte Stellung verschaffen. Das wäre nicht fair.
2. Der reinigende und wandelnde Aspekt, den die Begegnung haben kann, würde behindert.
3. Dein Verhalten wäre deinem Gesprächspartner vielleicht fremd und unverständlich. Du könntest z. B. lächeln, weil du Zusammenhänge kennst, die er nicht kennt; das würde ihn sehr irritieren. Das ist auch eine Sache des Ehrenschutzes!

Samstag, 22. 4. 95

Über Ehe und Partnerschaft

(Es erscheint ein rosafarbener, aber auch in Grün und anderen Farben schillernder »Engel der Ehe und Familie«, begleitet von zwei Engeln mit einer Färbung, die die rosa Nuance seines Wesens verstärken.) Der Engel: Rosa ist der Aspekt der Liebe, grün der Aspekt der Heilung. Beides gehört zur Inneren Kirche. Für das Christsein sind diese Farben die wichtigsten. – Ich möchte euch heute einiges zum Thema »Ehe« sagen, wenn ihr wollt. – *Ja.* –

Eine wirkliche Ehe kann man daran erkennen, daß sich bei der entscheidenden Begegnung eine Ad-hoc-Klarheit eingestellt hat: Beide Partner wußten sofort mit innerer Gewißheit, daß sie ihr ganzes weiteres Leben in inniger Liebe verbunden bleiben. Das ist ein Zeichen dafür, daß ihre Sonnenengel und auch ihre Führungsengel ganz eng miteinander verknüpft sind. Man nennt dieses Erlebnis oft »Liebe auf den ersten Blick«. Das ist nicht falsch, kann aber zu Mißverständnissen führen.

Erstens gilt es, dieses Erlebnis nicht mit spontaner Verliebtheit zu verwechseln. Diese ist mit Faszination, Aufgeregtheit, romantischer Begeisterung, Unruhe und Leidenschaft verbunden. Sie führt in das große Tralala: das theatralische Spiel der Werbung und Verführung mit all ihrem Brimborium. Das Ad-hoc-Erlebnis hingegen hat den Charakter von schlichter, sachlicher, ruhiger Klarheit und Gewißheit. Man schaut sich an und weiß mit fast erschreckender Nüchternheit: so ist das.

Zweitens muß sich dieses Ad-hoc-Erlebnis nicht unbedingt auf den ersten Blick einstellen. Es kommt vor, daß man sich längst kennt, z. B. aus der Schulzeit, als Nachbar, vom Arbeitsplatz her. Doch plötzlich steht man sich nicht mehr neutral gegenüber, sondern weiß: jetzt beginnt etwas Neues, von diesem Moment an ist es klar und bleibt klar. Das Zusammensein hat dann nicht den Charakter der sogenannten »Beziehungskiste« mit ihrem Hin und Her, ihrer Leidenschaft und Sinnlichkeit, ihrer Passion und ihren Krächen und Trennungen. Das ist das Gegenteil des Gemeinten.

Drittens kann die sogenannte »Liebe auf den ersten Blick« einseitig sein: der eine fühlt sich zum anderen hingezogen und sagt sich: mir ist es klar, daß wir zusammengehören, dir werde ich das schon beibringen. Das von uns gemeinte Ad-hoc-Erlebnis stellt sich bei beiden gleichzeitig ein; es ist ein Erlebnis auf spiritueller Ebene. Sinnliche Anziehung mag zwar hinzutreten, doch auch dann sprechen beide Körper gleichzeitig.

Viertens kündigt sich das Ad-hoc-Erlebnis meistens an: Beide wissen, es wird etwas Entscheidendes geschehen, sind in Unruhe und in einer Erwartung, die in die Träume hineinspielen kann. Wenn man sich dann gegenübersteht und spontan zur Klarheit findet, weiß man: das ist die Begegnung, die wir erwartet haben. Wenn man hingegen zögert, zweifelt, sich anderweitig umschaut, dann aber von der Mühle des Umfelds erfaßt wird und sich mit Vernunftsgründen zum Eheentschluß überredet, dann handelt es sich nicht um eine wirkliche Ehe, und man täte besser, in einer freien Beziehung miteinander zu leben oder auseinanderzugehen.

Fünftens gibt es dieses Ad-hoc-Erlebnis nicht nur bei der Begegnung von Mann und Frau, sondern auch von Freunden oder von Lehrer und Schüler. In entsprechender Weise kann es sich einstellen, wenn man mit einer neuen Aufgabe konfrontiert wird und plötzlich weiß: dies ist meine Lebensaufgabe, oder wenn man das Buch findet, das für die künftige Lebensarbeit maßgeblich wird, oder wenn man das Haus entdeckt, in dem man wohnen wird, oder ein Notenblatt mit der Musik, die einen künftig vor aller anderen erfüllt und beglückt.

Wo sich dieses Ad-hoc-Erlebnis nicht einstellt, geht davon aus, daß die Sonnenengel und die Führungsengel von Mann und Frau nicht in dieser engen Verbindung zueinander stehen. Dann wäre es gut, mit der Eheschließung zu warten, bis der Partner kommt, bei dem sich das Ad-hoc-Erlebnis einstellt. Doch kann dann trotzdem eine gute Beziehung entstehen. Es ist nicht richtig, daß Männer und Frauen nicht in freien Beziehungen miteinander leben dürfen. Diese haben ihren Sinn und sollen sogar sein. Auch das Kinderzeugen ist aus unserer Sicht nicht an die Ehe gebunden. Uneheliche Kinder sind für den Himmel völlig gleichberechtigt.

Der Himmel erwartet allerdings, daß die Kinder aus einer nichtehelichen Partnerschaft gesichert werden und daß sich weder Vater noch Mutter der Verantwortung für sie entziehen. Aus diesem Grunde billigt er die sozialen und rechtlichen Regelungen, die auf Eheschließung auch dort drängen, wo die Menschen eigentlich nicht zu einer Ehe verbunden sind. Das hat für ihn also weder sakramentale noch prinzipiell moralische, sondern praktische Gründe: Es geht z. B. um die Sicherung der Kinder, um die Nachweisbarkeit der Abstammung und Herkunft, um vermögensrechtliche und erbrechtliche Gesichtspunkte, um die Fragen der Personensorge: wer hat was zu sagen, wer tritt für die Kinder ein? Da handelt es sich um Ordnungsregeln, die die Menschen aus vernünftigen Gründen der Sicherung und der Zuweisung von Verantwortlichkeiten verfügt haben und die der Himmel versteht und billigt. Aber solche »Ehen« sollten aus seiner Sicht nur bürgerlich-rechtlich, nicht sakramental geschlossen werden.

Denn wir sind, was die sakramentale Ehe angeht, viel strenger, als man auf Erden zu sein pflegt: Es werden viel zu viele Ehen geschlossen, die in Wirklichkeit gar keine Ehen, sondern nur gute Beziehungen sind. Die strenge Ehelehre der Kirche dürfte sich eigentlich nur auf die wirklichen Ehen beziehen.

Diese sind in der Tat unscheidbar, aber in ihnen macht sich das Beieinanderbleiben von selbst. Man klagt ja mit Recht, daß so viele Ehen geschieden werden. Aber dahinter steht ein sehr ernstes Problem: Ehen werden viel zu häufig, zu schnell und zu leichtfertig geschlossen.

In einer wirklichen Ehe, wo sich die beiden Sonnenengel und die beiden Führungsengel miteinander verbinden, entsteht ein neues Wesen, sozusagen ein dritter Engel. Die Namen der Sonnenengel werden zu einem gemeinsamen Namen zusammengesetzt. Das geschieht auch dann, wenn die Ehe nur bürgerlich, aber nicht sakramental geschlossen wird, z. B. weil ein kirchenrechtlicher Hinderungsgrund entgegensteht.

Auch die beiden Führungsengel bilden in einer wirklichen Ehe ein »Wir«, stehen aber zugleich auch »ihrem« Menschen je einzeln zur Verfügung. Ihr könnt euch das wie ein Dreieck vorstellen mit der Spitze im Himmel.

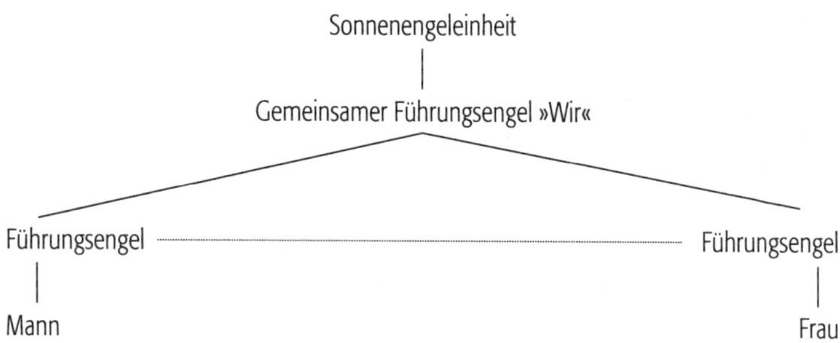

In einer wirklichen Ehe gibt es zwar zwei menschliche Körper – auch wenn sie sich vereinigen können – und zwei Seelen – auch wenn sie für Momente das Gefühl der Vereinigung haben. Das Erleben der körperlichen Einheit ist das flüchtigste, das des seelischen Gleichklanges ist beständiger. Doch auf der spirituellen Ebene gibt es eine unbedingte und andauernde Einheit.

Daß die Führungsengel einerseits getrennt wirken und sich andererseits doch zu einem »dritten Engel« vereinigen, drückt sich häufig darin aus, daß man bei der Eheschließung zwar die Vornamen behält, aber einen gemeinsamen Nachnamen annimmt. Wenn Ehepartner, wie es heute öfter geschieht, ihre Nachnamen beibehalten oder sie mit einem Bindestrich zusammenfügen, so kann das, wenn auch kein Beweis, so doch ein Indiz dafür sein, daß es sich aus der Sicht ihrer Sonnenengel nicht um eine wirkliche Ehe handelt. Denn wo die Sonnenengel einen einheitlichen Namen annehmen, inspirieren sie ihre Menschen über die Führungsengel, das gleiche zu tun. Natürlich ist nicht etwa umgekehrt der gemeinsame Nachname auch ein Indiz für eine wirkliche Ehe, auch heute nicht, wo die Wahl des Namens freier ist als früher.

Die katholische Auffassung ist in bezug auf die Ehe sehr rigoros. Das führt zu viel Mißverständnis und Kritik an der Kirche und oft überhaupt an der Religion. Da bedarf es noch einer anderen Haltung und eines weiseren Umgangs mit dem Thema Ehe. Wir betonen noch einmal, daß das Zusammenleben ohne Ehe vom Himmel nicht mißbilligt wird.

Sind Ehen prinzipiell unscheidbar?

Ehen, die im Sinne des Himmels wirkliche Ehen sind, bei denen also die Sonnenengel miteinander verbunden sind, sind in der Tat unscheidbar. Aber bei ihnen stellt sich das Problem nicht: Die Partner werden niemals die Scheidung wünschen. Das Problem entsteht, wenn sich Menschen zu einer Ehe verbunden haben, ohne daß ihre Sonnenengel eine Einheit bilden. Auch dann ist allerdings große Zurückhaltung geboten. Die Scheidung ist aus unserer Sicht zwar möglich, aber nur in besonderen Situationen. Sie setzt sowohl eine entwickelte moralische Struktur der Beteiligten voraus als auch die richtigen Motive. Scheidung sollte zur Heilung, zur Befreiung und zum Wachstum der Beteiligten dienen, und zwar beider beteiligter Ehepartner. Sind gar noch nicht erwachsene Kinder involviert, wird die Sache vollends problematisch. Denn wer von den Eltern wollte behaupten, zu wissen, daß die Scheidung der Heilung und Befreiung der Kinder dient?

Eins sollte Ehepaaren klar sein: Wer sich zusammentut, eine Familie gründet, begibt sich nicht nur in besondere Lebensumstände. Er schenkt einem Wesen das Leben: dem Wesen »Familie«. Trennung bedeutet auch, dieses Wesen zu zerstören. Hier sind wir Engel noch strenger als die Kirche: Das auf Dauer angelegte unverheiratete Zusammenleben betrachten wir ähnlich wie eine Ehe und Trennungen daher ähnlich wie eine Scheidung. Die meisten Scheidungen sind nicht in unserem Sinne. Scheidung gleicht einem sehr wirksamen, aber daher auch gefährlichen Instrument. Daher unser Rat: Vorsicht! Das Skalpell gehört in die Hand eines erfahrenen Chirurgen, nicht eines Kindes.

Ist die katholische Auffassung, daß Ehen unscheidbar seien, ein Fehler?

Nein. Die Kirche macht den Regelfall zur Regel und das ist auch gut so. Zur sakramentalen Bedeutung der Ehe gehört der Satz »... bis daß der Tod euch scheidet«. Würde die Kirche die Scheidbarkeit zugestehen, so wäre dieser Satz relativiert: »es sei denn, ihr trennt euch vorher«. Diese Relativierung brächte eine Öffnung (wie jede Relativierung). Menschen begrüßen das. Aber nicht nur Menschen, auch ganz andere Wesen freuen sich über diese Öffnung und halten fröhlich Einzug ... Versteht also: Die Kirche darf gar nicht anders handeln. Wohl jeder Priester weiß, daß Ehen unrettbar scheitern können. Die Kirche weiß das auch. Und dennoch ist die irdische Institution Kirche gehalten, an dem Satz »... bis daß der Tod euch scheidet« festzuhalten. Sonst würde er schon im Augenblick der Eheschließung nicht ernst genommen, auch von den Ehepartnern nicht, selbst wenn sie sich dessen nicht einmal bewußt wären.

Eine andere Frage ist, was geschehen soll, wenn er ernst genommen wird und später die Ehe trotzdem unheilbar scheitert. Aber es gibt Dinge, die, obwohl wahr, von der Kirche nicht gesagt werden sollen. Es geht dabei nicht um Geheimhaltung, die die Information unauffindbar macht, die täuscht oder verschließt, sondern um Fernhaltung, die Distanz herstellt und den Weg zur Information an die moralische Entwicklung des Einzelnen bindet. Die kirchliche Auffassung von der ausnahmslosen Unscheidbarkeit der Ehe ist also gleichzeitig richtig und nicht richtig. Ihr müßt lernen, mit solchen scheinbaren Widersprüchen zu leben und verständnisvoll umzugehen.

(Wir werden zum Hohen Rat gerufen, aber nicht in das Hauptschiff, sondern in einen schlichten Nebenraum, einen Privatraum, wo uns der Hohelehrer – der Lehrer der Lehrer – auf einem etwas erhöhten Stuhl sitzend freundlich begrüßt.) Der Hohelehrer: Ich möchte noch einiges ergänzen. Vorweg: Wenn wir hier Fragen allgemeiner Art erörtern, so dürft ihr Freunde mitbringen: die Freunde meiner Freunde werden stets willkommen sein.

Es handelt sich nicht um einen Widerspruch zwischen ja und nein, sondern darum, daß die Sache auf verschiedenen Ebenen verschieden zu betrachten ist. Auf der Ebene der irdischen Institution der Kirche sind Ehen prinzipiell unscheidbar: die Rechtsordnung der Kirche kann nicht anders, als an generell-abstrakten Regeln festzuhalten, ohne nach dem Einzelfall zu differenzieren, weil ihr ja das Wissen um die Besonderheiten, auf die es ankommt, in der Regel nicht zugänglich ist. Die Engel, denen es zugänglich ist, differenzieren nach dem Einzelfall, ohne daß sie sich deshalb gegen die Kirche, ihre Rechtsordnung, ihre Priester stellen. Sie achten sie im Gegenteil und sind ihr in besonderer Weise verbunden. Aber sie sehen z. B., daß manche Ehen nicht hätten geschlossen werden sollen und von den Sonnenengeln auch tatsächlich nicht geschlossen worden sind: Für sie handelt es sich trotz der kirchlichen Trauung um eine Paar-Beziehung, die als solche eine Zeitlang berechtigt war, aber nicht den Charakter einer Ehe angenommen hat. Es ist nicht im Sinne des Himmels, Fehler zu zementieren.

Das ist kein Freibrief. Auch solche »Ehen« sollten in aller Regel nicht geschieden werden. Es ist nicht im Sinne des Himmels, wenn Menschen einfach den Partner tauschen und dasselbe Leben ähnlich wie bisher fortführen. Aber es ist etwas anderes, wenn durch die Scheidung beide Partner heil werden und sich einer Tätigkeit im Dienste des Himmels angeloben können, einer Arbeit, die den ganzen Menschen erfaßt und der eine wirkliche Berufung zugrunde liegt, und die in der bisherigen familiären Konstellation nicht oder nur »lauwarm« durchführbar wäre: Man lebt halb hier, halb da. Dann billigt der Himmel die Herstellung der Bedingungen, unter denen sie praktisch möglich wird. Er billigt auch Scheidung und Wiederheirat, wenn damit eine Umorientierung des Lebens in Richtung auf den Himmel verbunden ist. Er fordert sie nicht. Wenn jemand aus Respekt vor dem Kirchenrecht auf seine Mission verzichtet, so gilt das für den Himmel als ein guter Grund, der geachtet wird. Der Himmel achtet immer die in Freiheit getroffenen Entscheidungen der Menschen.

Es ist das Risiko jeder Gemeinschaft, auch der Ehe, daß sich die Wege trennen können, z. B. sind die Wandergeschwindigkeiten unterschiedlich. Einer wartet auf den anderen; wird der Unterschied aber gravierend, dann besteht die Lösung des Problems in der Lösung voneinander. Die Untreue hat dann ihre Wurzel in der Treue zum eigenen Weg. Man wird unschuldig schuldig. Niemand kann dafür.

Oder die Partner haben verschiedene Wege zu gehen, keiner kann den Weg des anderen als seinen eigenen akzeptieren. Dann steht jeder vor der Alternative: Entweder er verzichtet auf seinen eigenen Weg und schleppt sich an der Seite des anderen weiter – »irgendwie wird's schon gehen« –, oder er verläßt den Partner, um seinen Weg zu nehmen. So oder so wird er unschuldig schuldig. Man kommt an einen Punkt, wo sich die Entscheidung nicht mehr vermeiden läßt. Für beide Alternativen gibt es gute Gründe; der Himmel achtet die eine wie die andere.

Die Kirche hält daran fest, daß die Entscheidung für den Partner auch in solchen Situationen unbedingt Vorrang habe: Der andere Mensch ist das Wichtigste, was es gibt. Unter allen Umständen an seiner Seite zu bleiben, sei ein Gebot der Treue, der Bescheidenheit, der Hingabe, der Bereitschaft zum Verzicht. Das sind gute Gründe, die der Himmel anerkennt. Trotzdem billigt er unter bestimmten Voraussetzungen auch, wenn die Menschen der Kirche darin nicht folgen, freilich nur, wenn sie dafür einen wirklich würdigen Grund haben. Sich in einen jüngeren oder hübscheren Partner verliebt zu haben, wäre kein würdiger Grund.

Ein würdiger Grund ist es aber, wenn für einen mystisch veranlagten Menschen der Himmel zum Allerwichtigsten wird, er sich in seinen Dienst zu stellen bereit ist und dann die Trennung unvermeidlich wird. Der Himmel achtet es z. B., wenn sich jemand von seinem Ehepartner trennt, um in ein Kloster einzutreten oder Eremit zu werden. Doch ebenso achtet er es auch, wenn sich jemand einem anderen Partner zuwendet, um mit ihm einen gemeinsamen spirituellen Weg zu gehen. Die Kirche zieht die Regeln enger, als der Himmel sie zieht. Aber der Himmel versteht und achtet die Motive, aus denen heraus die Kirche das tut.

(Der Hohelehrer entläßt uns freundlich.)

Sind Geschiedene berechtigt, zur Kommunion zu gehen, auch wenn sie wieder verheiratet sind?

Der Engel der Ehe und Familie: Nach Ansicht der Engel und des Herren dürfen sie gehen. Es ist der Herr selbst, der wünscht, daß niemand von seinem Tisch fernbleibt, der an ihn glaubt und der sich nach der Teilhabe an der Kommunion sehnt. Die Lehre, daß wiederverheiratete Geschiedene der Kommunion unwürdig seien, stellt eine irdische Regel auf, die nicht in seinem Sinne ist. Wenn Menschen aus Respekt vor dem Kirchenrecht Skrupel haben, so wird das trotzdem geachtet. Gehen oder nicht – beides ist nicht verwerflich, beides ist gut. – Das Kirchenrecht läßt ausnahmsweise die Kommunion zu; dann gehört zu den Bedingungen, daß die neuen Ehepartner »wie Bruder und Schwester« zusammenleben. Das ist keine Bedingung des Himmels. Aber sie zeigt, daß die Kirche die Besonderheit wahrnimmt, die in einer »klösterlichen«, dem Himmel zugewandten gemeinschaftlichen Arbeit liegt.

Ist die Teilnahme an der Kommunion wichtig?

Ja natürlich. Dem Himmel ist es lieber, die Menschen gehen.

Auch ohne den Priester hineinzuziehen und um Erlaubnis zu fragen?

Ja. Ich bin von ziemlich hoch oben beauftragt, dies zu sagen, ich hätte es sonst nicht gesagt.

Immer und immer wieder begegnen uns Menschen, gerade auch im »esoterischen« Milieu, die die Kirche vor allem deshalb, weil sie wiederverheiratete Geschiedene von der Kommunion ausschließt, sehr hart ablehnen, auch wenn sie gar nicht persönlich betroffen sind. Viele davon betroffene Menschen sind an sich gläubig. Doch die Kirche beruft sich auf biblische Herrenworte (z. B. Mt. 19,9: »Wer seine Frau entläßt, außer wegen Unzucht, und eine andere heiratet, begeht Ehebruch.«) Sind diese Worte authentisch?

Ja, die in der Bibel übermittelten Herrenworte sind authentisch und nicht zu relativieren. Bibelstellen geben dem Menschen eine Grundlage für seine moralische Orientierung. Wenn wir den Herrenworten zur jeweils persönlichen Information einiges Erläuternde hinzufügen, so werden die Herrenworte nicht relativiert, sondern ergänzt. Der Herr hat dieses Wort also gesagt und auch so gemeint.

Der Herr hat aber nicht gesagt, daß Menschen, die an seinen strengen Geboten scheitern, aus der Gemeinschaft der Christen ausgestoßen, geächtet oder exkommuniziert werden sollten. Diese Gepflogenheiten der exoterischen Kirche sind Repressalien, die zu weit gehen und mit denen die Kirche ihre Kompetenz überschreitet. Es ist zwar in unserem Sinne, die Regungen des Gewissens zu unterstützen. Aber viel heilsamer ist es, den Menschen das Bewußtsein zu geben: ich bin zwar ein Sünder, aber ich darf dennoch an der Kommunion teilhaben – selbst im Falle von Auflehnung und Abwendung. Vergeßt nicht: der Herr hat das letzte Abendmahl sogar mit dem Verräter gefeiert, und zwar bewußt – er wußte ja, daß er der Verräter sein würde. Der Herr braucht keine Wächter. Er schließt selbst Mörder nicht von seinem Tische aus.

Läßt er auch Menschen zu, die nicht Mitglieder der katholischen Kirche sind, wenn sie sich herzlich wünschen, teilzunehmen?

Die Antwort ist klar und eindeutig: Ja, selbstverständlich. Wenn die Kirche sie zurückweist, gibt es allerdings keinen Anlaß, sich in den »esoterischen Raum« zurückzuziehen. Das ist auch gar nicht möglich. Da es eine esoterische und eine exoterische Kirche gibt, habt ihr als Christen Anteil an beiden. Beides sind Ebenen oder Dimensionen derselben Kirche. Nur beide zusammen ergeben die ganze Kirche. Es ist demnach nicht zielführend, sich für die eine oder die andere Ebene zu entscheiden. Vielmehr gilt: Gebt dem Kaiser, was des Kaisers ist, und Gott was Gottes ist: Das gilt auch in bezug auf die exoterische Kirche. Ein spiritueller Mensch ist jemand, der um dieses Zusammenspiel weiß und sich nach außen wie nach innen, im irdischen wie im himmlischen Bereich, der allumfassenden Kirche zugehörig fühlt.

Frau v. B. boykottiert seit zwei Jahrzehnten ihren Sohn, weil er geschieden und wiederverheiratet ist, und Jürgen K. hat eine langjährige tiefe Freundschaft aufgekündigt, weil der Freund durch Scheidung und Wiederheirat gegen ein Herrenwort und ein Kirchengebot verstoßen habe. Ist das im Sinne des Herrn?

Da handelt es sich um eine gut gemeinte Moral-Demonstration. Eine solche ist ein feines Gewebe aus Überzeugungen, Einbildungen, Gewohnheiten, psychologischen Faktoren – in gewisser Weise auch spirituellen Überzeugungen. Es fehlt dann der Sinn für Komplexität, ohne den man die Moral nicht so begreifen kann, wie der Himmel sie versteht. Sie wird dann auf einfache Formeln zurückgeführt, die in diesem Fall aus Herrenworten abgeleitet wurden. Diese sind aber nicht einfach, weil sie in sich von komplexer Struktur und vielschichtig sind. Um ihre komplexe Bedeutung zu erfassen, muß man sich in sie versenken, sie in sich leben lassen. Dann sind sie sehr einfach und doch hochkomplex. Der Rückzug auf einfache Formeln ist eine menschliche Verirrung. Der Weg von der Komplexität zur Vereinfachung wird immer enger und enger und führt schließlich in einen ziemlich unschönen Abgrund. Es ist schwer, jemanden von da wegzubringen.

Ein solcher Mensch geht den Weg in die Enge der Subjektivität, die sich hinter dem verbirgt, was er »Objektivität« nennt, und zwar deshalb, weil er meint, diese Objektivität zu besitzen. Das ist jedoch paradox. In Besitz genommene Objektivität wird zu höchster Subjektivität. So erliegt man der Versuchung, immer nur sich zu sehen, alles auf sich zu beziehen. Man stellt sich nicht in Frage und nicht zur Diskussion, sondern die Welt. Man hat sich dann angewöhnt, nicht mehr in den Spiegel zu sehen. Man stellt »objektive Wahrheit« und Werte höher als die Wahrheit des lebendigen Menschen. Das ist ein Irrweg, denn der Herr ist in jedem Menschen gegenwärtig. Es ist nicht in seinem Sinn, vom Menschen abzusehen und ihn dem »objektiven Wert« zu opfern. Weltfremdheit kommt hinzu und begünstigt Eifer und Wahn. Wer einem solchen angemaßten Richtertum verfällt, tut sich selbst keinen Gefallen und schadet sich mehr als dem anderen. Laßt diese Menschen gehen, erhebt auch ihr euch nicht über sie.

Was sind die karmischen Folgen einer Scheidung? Werden die Partner entlastet oder für die Zukunft erst recht aneinandergekettet?

Da gibt es keine Zwangsläufigkeit, sondern die Möglichkeit zu freier Entscheidung und zu neuen Abmachungen im Jenseits.

Können Scheidung und Wiederheirat also vernünftig sein?

Einen Engel fragen, ob etwas vernünftig sei, ist sehr unvernünftig. Denn die Engel haben ihre eigene Logik. Entscheidungen liegen in menschlicher Freiheit und Verantwortung. Wir Engel können nur sagen: wir verurteilen niemanden wegen einer solchen Entscheidung. Wir sehen und verstehen die Gesamtkonstellation. Richten und urteilen liegt nicht bei uns. Wir trösten, schützen und führen.

Bitte geht jetzt in eure Innere Kapelle und nehmt am Dankgottesdienst teil. Der Dank hat übrigens eine Schwingung, die nicht nur jenen, denen ihr dankt, sondern zugleich auch euch selbst wohltun wird. Und noch etwas: Die Dankbarkeitschwingung liegt auch den Fürbitten zugrunde. Fürbitten werden von der Dankbarkeit getragen. Es ist ja auch auf Erden so: Wenn ihr einem Menschen dankt, schwingt im Hintergrund die Bitte mit: »... und bleibe weiter so«. Wenn ihr dem Himmel dankt, wendet auch er sich dir zu. Wohin du deinen Dank gerichtet hast, von dort wird mit Wohlwollen auf dich geschaut. So bedeutet der Dank zugleich eine Bitte für dich selbst. Und wenn du dankst, daß dein Kind eine Krankheit überstanden hat, so schwingt die Fürbitte mit, daß das Kind nun ganz gesund wird. Man kann also so weit gehen, zu sagen: Dem Dank wohnt selbst ein Fürbittcharakter inne.

Dienstag, 25. 4. 95

Naturgeister und Steine

Ein Heilengel aus dem Friedensdom: Heute haben wir eine Überraschung für euch. Wir gehen zu den Naturgeistern in die Schatzkammer. Dabei werden auch wir Engel etwas lernen, insbesondere über die Edelsteine. Zunächst werden auch wir uns dem Wesen der Naturgeister anpassen: Wir legen gewissermaßen unsere Kleider ab und ziehen andere an, d. h., wir wechseln von weiß-bläulichen Farben zu Grünschattierungen, und wir machen uns so klein, wie es nötig ist, um inmitten des Naturreichs leben und schauen zu können. Wir schauen nicht »von oben« auf eine andere Welt »da unten«. Jeder Grashalm bekommt eine riesige Dimension, jeder Stein wird zum Felsbrocken, wenn wir unser Wahrnehmungsvermögen dieser Größe anpassen. Es ist ein wesensmäßiges Verkleinern, nicht ein optisches.

Damit auch ihr euch diesen Größenverhältnissen anpassen könnt, macht zunächst folgende Übungen:

1. Legt euch in eurer Vorstellung mal bäuchlings, dann rücklings auf die Erde und nehmt so die Natur, die Grashalme, die Bäume, den Himmel, die Tautropfen, das Moos, die Blumen, die Käfer und Ameisen usw. wahr.
2. Verkleinert euch in eurer Vorstellung so, daß ihr wie ein Däumling durch die Welt geht, und begegnet so den Regenwürmern, den Insekten usw.

3. Aus dieser Perspektive kann nun eine Geschichte oder ein Erlebnisbericht entstehen; ihr könnt das Gesehene später auch zeichnen oder malen. Ohne diese Vorübungen ist kein Erleben der Naturgeister möglich.

Eure Haltung sei Liebe und Dankbarkeit. Dann dürft ihr Neugier walten lassen: Zuhören, staunen, entdecken wollen – aber ohne Aufdringlichkeit. Stellt keine intellektuellen Fragen, die Naturgeister sind nicht theoretisch interessiert. Ihre Art ist es, direkt, spontan, fast kindlich zu sein, sie nehmen kein Blatt vor den Mund. Sie leben in einer Gefühlswelt und drücken ihre Gefühle, z. B. Kummer oder Freude, ganz unmittelbar aus. Deshalb ist auch euer unverstellter Zugang zu den eigenen Gefühlen Voraussetzung für die Verständigung mit ihnen. Während die Wahrnehmung der Engel Wahrhaftigkeit voraussetzt, geht es bei den Naturgeistern um die Wahrhaftigkeit der Gefühlswelt, also um die Echtheit und den unmittelbaren Ausdruck der Gefühle und der körperlichen Empfindungen. Sie mögen es z. B. nicht, wenn man verdrängt und durch Disziplin übertüncht, daß man sich körperlich nicht ganz wohl fühlt. Die Engel haben eine andere Beziehung zum Körper. Ihnen erscheint das Leibliche nicht so wesentlich, für die Naturgeister spielt es eine zentrale Rolle. Isabel soll jetzt ihre Frage stellen.

(Isabel zögert, weil sie den Eindruck hatte, durch eine zuvor eingeworfene, unbeantwortet gebliebene Frage den Strom unterbrochen zu haben. Währenddessen tanzen um sie herum kleine Naturgeister und singen: »Die Isabel, sie fragt nicht, die Isabel, sie fragt nicht«. Isabel schließlich:)

Gibt es auch auf der Ebene der Naturgeister eine hierarchische Ordnung?

Ja, die Hierarchien der Engel haben eine spiegelbildliche Entsprechung. Es gibt sogar einen Rat, der eine Spiegelung des himmlischen Hohen Rates ist. Die Hierarchie der Naturgeister hat aber nichts mit der Hierarchie des Bösen zu tun, verwechselt das nicht! Die Hierarchien der Naturgeister verdienen genauso Hochachtung und Dankbarkeit wie die himmlischen Hierarchien. Ihre Kenntnis ist notwendig zur Kenntnis der himmlischen Hierarchien. Deshalb werdet ihr sie auf allen ihren Stufen besuchen dürfen. Doch das erfordert mehrere Sitzungen und soll nicht heute geschehen.

Geht jetzt mit uns zu einem Berg – nicht in der Außenwelt, sondern in eurer Vorstellung. Er hat einen Eingang, und davor steht eine Gruppe von Hütern. Ob jemand eingelassen wird, entscheidet sich erstens daran, ob er der Natur gegenüber Hochachtung gezeigt hat. Die Frage danach wird weitergegeben, und die ankommenden Informationen entscheiden über den Zutritt. Das braucht seine Zeit. Die Informationsübermittlung geschieht hier anders als bei den Engeln, wo ein Bote zu dem geschickt wird, der die Entscheidung zu treffen hat. Hier geschieht sie über eine Kette von Naturgeistern, so wie Eimer mit Wasser von Feuerwehrmann zu Feuerwehrmann weitergegeben werden.

Zweitens kann der Zutritt auch auf Wunsch aus den höheren Hierarchien der Naturgeister zugelassen werden – als ein Geschenk.

Drittens kann aus der Hierarchie der Engel eine Bitte an die Hierarchie der Naturgeister ergehen, euch einzulassen. Dies ist eine Bitte, es besteht kein Befehlsverhältnis. Bei euch geschieht es auf diese dritte Art. Die Führungsengel haben es so arrangiert, weil es höchste Zeit ist, daß ihr die Naturgeister kennenlernt.

Wie heißt der Berg?

Igor – das or wird lang gesprochen.

Und wie heißen die Hüter?

Sie haben keine Eigennamen. Sie gehören einfach zum Berg, so wie der Baumgeist zum Baum. (Der Berg öffnet sich, wir bücken uns, um uns nicht den Kopf anzustoßen. Es ist weder ganz hell noch ganz dunkel im Inneren, alles ist sichtbar. Alle Steine, die es gibt, sind in vielen Nischen angeordnet. Der Boden ist weder kalt noch warm, er ist weich, alles ist sehr einladend.)

Was ist der Werdewunsch der Steine und wie können wir mit ihnen arbeiten?

Die Edelsteine bilden eine Brücke zwischen den Naturgeistern und den Engeln. Sie bieten die Möglichkeit, daß beide Hierarchien miteinander in Kontakt kommen und gemeinsam wirksam werden. Sie können Brücken schlagen und Informationen weitergeben. Sie sind ein Symbol der Macht und bieten dem, der sie in der rechten Weise zu nutzen versteht, Hilfe in der Ausübung dieser Macht. – Bitte macht mit uns jetzt folgende Übungen:

1. Nehmt einen Stein und haltet ihn mit geschlossenen Augen in der Hand. Fragt euch: Wie kalt oder warm ist er? Wie schwer? Wie weich oder hart fühlt er sich an? Fügt er sich gerne in eure Hand – und überhaupt zu euch? Ist er schmiegsam oder spröde? Widersetzt er sich?
2. Der Stein soll geschmeckt und gerochen werden. Das ist etwas ungewöhnlich, aber einen Versuch wert.
3. Haltet den Stein ans Ohr und lauscht. Achtet auf den Klang und die Tonlage.
4. Betrachtet den Stein wie ein Kind, das man liebt, zeigt Interesse und Wohlwollen, nehmt seine Besonderheiten wahr. Wendet ihn, so daß ihr ihn von allen Seiten betrachten könnt. Was ist die Vorder- und Rückseite, wo ist sein Gesicht? Dann schaut einander von Angesicht zu Angesicht an.
5. Nun schließt wieder die Augen. Haltet den Stein an das 3. Auge, berührt es mit ihm und reist dann in ihn hinein. In jedem Stein wohnt ein »Meister des Steines«, auch in einem Kieselstein. Der Meister kann euch Fragen beantworten,

Geschehnisse berichten, Geschichten erzählen und Aufträge erteilen.

6. Nun kommt etwas für Fortgeschrittene: die Vereinigung zwischen dem im Stein lebenden Meister des Steines und dem dem Meister entsprechenden, von außen hinzutretenden Engel. Ihr seid beteiligt wie Zuschauer einer Eheschließung oder eines Treffens zwischen Staatsmännern. Hier vereinigen sich innen und außen, oben und unten, Himmel und Erde. Es ist eine heilige Handlung.

Was in diesen Arbeiten wirksam ist, ist nicht der Stein als Stein, sondern der energetische Mantel, der Energieschluß zwischen den anwesenden Wesenheiten oben und unten. Selbst wenn der Stein bricht, sind die Wesenheiten weiter wirksam. Nur werden sie dann nicht mehr an einem Punkt zusammengehalten, sondern in einem umfassenderen Energiefeld wirksam. Der Zusammenschluß »guter Geister« von oben und unten hat aber eine besondere Macht und kann z. B. verirrten Seelen helfen.

(Gerhard:) Nimmt der Meister des Steins auf die Gestalt meiner Skulpturen Einfluß?

Wenn du ihn fragst, kannst du sicherstellen, daß sie die Form bekommen, die er will. Du kannst ins Innere zum Meister reisen und ihm einen Bearbeitungsplan oder deine grundsätzlichen Ideen vorlegen. Er wird dann beim Schleifen dafür sorgen, daß die Form so wird, wie sie werden soll. Er ist wie ein im Stein sich bewegendes Wesen, das von innen klopft und etwas abspringen läßt, wenn es weg soll, während er andere Stellen sehr schützt. Das Gespräch mit dem Meister kann sehr leger sein. Du kannst während der Arbeit Pausen machen und immer wieder mit ihm sprechen. Für den Meister ist es auch harte Arbeit, und er bekommt wunde Finger so wie du auch. Tut euch also in Arbeitspausen immer wieder zu Gesprächen zusammen.

Ist es ihm eine Freude?

Ja, er freut sich sehr über eine adäquate Form. »Adäquat« heißt: Die äußere Form entspricht der vom Meister im Stein geschaffenen inneren Form. Wenn das gelingt, erlebt der Meister das als eine Erlösung, eine Auferstehung der Materie. Licht und Bewußtsein ziehen in den Stein ein. Das heißt nicht etwa, daß der Engel in den Stein hineingeht. Vielmehr gibt der Meister den Stein frei. Engel und Meister begegnen sich dann außerhalb des Steins. Doch der Bewußtseinsinhalt bleibt im Stein zurück. Es ist das Bewußtsein der erlösten Materie. Das Schleifen kann also zu einem magischen Akt werden. Deshalb hat der Umgang mit Meisterwerken der Skulptur eine solch kathartische, läuternde, umwandelnde Wirkung auf den Menschen.

Wie und wo finde ich die am besten geeigneten Steine?

Verbinde dich mit den Naturgeistern, sie werden dir helfen. Die Begegnung mit ihnen ist ohnehin wichtig und sollte nicht nur um der Steine willen geschehen.
(Während des Gesprächs saßen kleine Naturgeister auf den Steinen und sangen: »Wir sitzen auf den Steinen und wackeln mit den Beinen.« Sie sind klein, flink, lustig, direkt, haben dünne Arme und Beine, große Hände und Füße, lustige Augen und struppige Haare.)

Freitag, 28. 4. 95

Über die Naturgeister

Ein Bote der Naturgeister: Wollt ihr heute näher über die Naturgeister unterrichtet werden?

Ja, gern.

Wir wollen gebeten sein, dann teilen wir uns gern mit. Zu diesem Zweck solltet ihr euch in der inneren Vorstellung zunächst kleinmachen wie ein Däumling an einem Grashalm oder an einer Wurzel. Folgt mir nun. (Wir werden von ihm in einen klassenzimmerähnlichen Raum geführt). Jetzt geht erst einmal in die Schule. Ich bin euer Lehrer. Nennt mich »Agar«. Ich bin zugleich ein Bote oder Herold des Königs. (Er ist blaugelb gekleidet, altertümlich mit Wams und Strumpfhose und trägt ein Barett mit langer Feder. In der Linken hält er einen Stab mit bunten Bändern, in der Rechten einen Zeigestock, um Bilder an einer Tafel zeigen zu können.)

Agar: Wie ihr seht, seid ihr allein in der Klasse. Denn so unwissend wie ihr ist kein Naturgeist; keiner könnte mit euch gemeinsam unterrichtet werden.

Die unterste Hierarchie der Naturgeister heißt schlicht »Naturgeister«, so wie die unterste Hierarchie der Engel einfach »Engel« heißt. Also die Begriffe »Engel« und »Naturgeister« sind zugleich Sammelbegriff für alle Hierarchien – in diesem Sinn sind auch z. B. die Seraphim »Engel« – und Name für die unterste Stufe der Hierarchien. Diese bilden die den Menschen nächststehende Gruppe.

Der Begriff »Naturgeister« ist mit Bedacht gewählt. Ihr pflegt ja einen Unterschied zwischen Natur und Geist zu machen, entsprechend dem Unterschied zwischen Materie und Geist. Der Begriff »Naturgeister« überbrückt diesen Gegensatz. Die ganze Natur ist von Naturgeistern belebt. Wir Naturgeister sind dem Vater verpflichtet. Wir wesen und wirken in seinem Namen. Ihr pflegt zu sagen: Adel verpflichtet. Ich aber sage euch: Naturgeist zu sein verpflichtet.

»Böse« Naturgeister gibt es nicht. Naturgeister sind zwar schalkig und ein wenig schadenfroh, manchmal haben sie schlechte Laune und nehmen kleine Rache, aber sie sind nie wirklich böse, es sei denn, sie sind von bösen Menschen in Dienst genommen und angeleitet worden. Dann sind sie aber gutgläubig und wissen nicht, daß sie Böses tun. Zwar gibt es die Vorstellung von Naturgeistern, die z. B. als Irrlichter Menschen in Sümpfe und Moore führen oder sonstigen Schaden stiften. Aber da handelt es sich um sogenannte »Egregore«, d.h. um Schöpfungen des Menschen.

Um euch eine Vorstellung vom Verhältnis der Naturgeister zu Engeln und Menschen zu machen, betrachtet diesen Kreis. (Agar zeichnet einen Kreis an die Tafel.) In diesem Kreis berühren sich Engel und Naturgeister. Im Mittelpunkt steht der Mensch. Die Trinität bildet einen zweiten, äußeren Kreis.

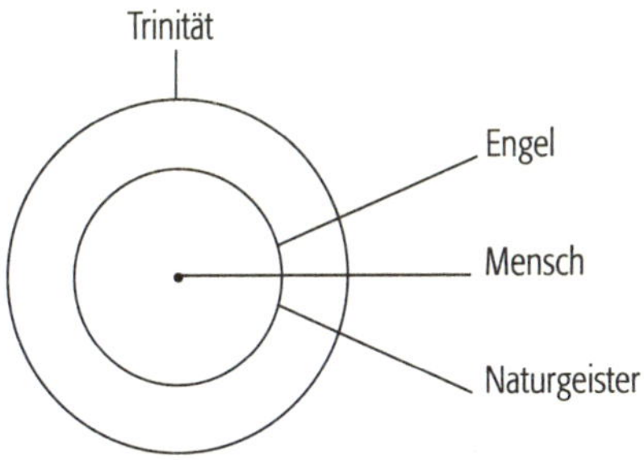

Den inneren Kreis denkt euch wie ein Rad, das sich dreht, d.h., es gibt kein Oben und Unten: Engel und Naturgeister wirken gleichzeitig, miteinander und nebeneinander, von allen Seiten um den Menschen herum.

Man kann sich dieses Verhältnis auch in einem alternativen Bild veranschaulichen: Da steht im Mittelpunkt die Trinität, umgeben von dem Rad aus Engeln und Naturgeistern und von einem zweiten äußeren Kreis der Menschen.

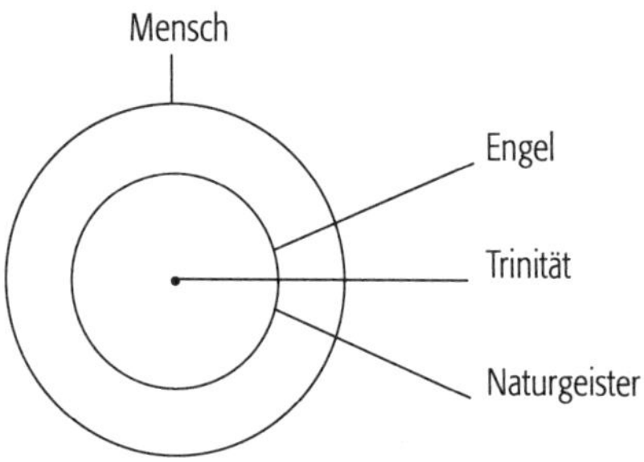

Diese Umkehrung der Darstellung ist möglich, weil in der Welt des Geistes das Innen zugleich außen und das Außen zugleich innen ist. Ihr lebt in Gott und er lebt in euch.

Das Naturgeisthafte des Menschen liegt im Kontakt zum Körper und zu den Gefühlen. Den Zugang zu den Engeln findet man durch Wahrhaftigkeit, den Zugang zu den Naturgeistern durch Echtheit, d. h. durch Wahrhaftigkeit der Gefühle. Man könnte auch von »sinnlicher Wahrhaftigkeit« sprechen oder von »Wahrhaftigkeit in der Sinnlichkeit«.

Christi Wort: »Niemand kommt zum Vater denn durch mich« ist zu ergänzen: »... und ohne durch das Reich der Naturgeister gegangen zu sein«, und d. h. auch: durch die ganze Skala der Gefühle. Dazu gehören auch die negativen Gefühle wie Unmut, Wut, bis hin zum Haß: Es gilt, das alles einmal direkt zu erleben und zu durchleben. Man kann sich nicht dazu zwingen, immerzu nur positive Gefühle und positive Gedanken zu haben. Dieser ganze Positivismus ist Quatsch. Auch die Natur drückt ihre Empfindungen vollständig aus: nicht nur liebliche und sonnige, sondern auch düstere, stürmische, nächtlich-dunkle.

Wie verläßlich sind die Naturgeister-Darstellungen bei Goethe?

Du weißt, wer Goethe war und warum er seine Werke geschrieben hat.[30] Die Naturgeister liebten ihn sehr, sie waren ihm wirklich untertan und haben ihm gehorcht. Goethe hatte immer eine Schar um sich, viele Passagen sind in Zusammenarbeit mit ihnen geschrieben, z. B. die Hexenszenen im Faust. Goethe hatte allerdings nie mit echten Hexen zu tun. Die Naturgeister konnten ihm aber Bilder von ihnen sichtbar machen.

Aus diesem Umgang Goethes mit den Naturgeistern erklären sich auch Goethes Obszönitäten: Die Naturgeister lieben die Sinnlichkeit, sie sind da nicht so eng, sie haben eine andere Moral. Sie sind nur an der Echtheit der Gefühle orientiert, und das heißt auch: an ihrer Vollständigkeit und Fülle.

Bedeutet das, daß Puritanismus den Kontakt zu den Naturgeistern mindert?

Agar: Puritanismus wird von den Naturgeistern nur akzeptiert, wenn er auf echten Gefühlen beruht, z. B. wenn ihr dadurch zum Höhepunkt kommt. Das haben wir allerdings noch nie erlebt. (Agar verneigt sich mit galanter Geste:) Ich entschuldige mich bei den Damen. (Agar gewährt nur kurze Zeit zur Heiterkeit:) Jetzt ist die Pause vorbei.

Wir sprechen von der ersten Ebene der Naturgeister. Sie bilden ein bunt gewürfeltes Völkchen. Auf dieser Ebene wird noch nicht zwischen den Elementen unterschieden, sondern nach Erscheinungen wie Strauch, Baum, Blume, Stein, Wasserfluß, Wolke. Ein Naturgeist oder Gruppen von Naturgeistern beschützen und behüten sie. Sie gehören dazu wie Schutzengel. Stirbt der Baum, gehen sie weg, ebenso wenn die Wolke sich auflöst. Dann fliegen sie herum und lassen sich nieder wie Vögel. Sie sind sehr flexibel. Sie leben auch in Regentropfen, in Blitz und Donner. Sie bewegen sich alle durcheinander wie ein Ameisenhaufen, nur nicht so geordnet: kunterbunt und lebendig.

Es gibt auch Streit – sie sind ja keine Engel –, z. B. wenn sie aneinanderstoßen, aber der Streit ist nicht arg. Sie grummeln auch, wenn ein Mensch sie tritt, dann haben sie für den Rest des Tages schlechte Laune und arrangieren beispielsweise, daß der Betreffende sich beim nächsten Dornbusch pickt.

Sie leben in der ganzen Natur. Wenn man diese benennt, spricht man die Naturgeister an. Nichts, was ist, ist ohne Naturgeister. Auch Geschöpfe der Menschen, z. B. Maschinen, haben ihre Naturgeister – während die Engel da reserviert sind –, auch Waffen, selbst die Atombombe. Sie haben den Auftrag, daß nichts sei, was sie nicht behüten, denn was der Mensch schafft, stammt indirekt aus Gottes Schöpfung, selbst wenn es sich um Dinge handelt, die der Mensch von dunklen Wesen motiviert herstellte; denn auch die gefallenen Engel sind in ihrem Ursprung Geschöpfe des Vaters. Die Naturgeister mögen allerdings Waffen nicht gerne, auch keine Messer, nichts, was scharf und spitz, eckig und kantig ist. Sie lieben abgerundete Formen. Sie bewohnen auch Häuser, Räume und Geräte. Sie sind sehr neugierig auf alles, wie kleine Kinder. Sie sind auch in geheiligten Räumen, aber dort interessieren sie sich ebenso für den Altar wie für den Kamin oder die Abstellkammer.

Es gibt mehr oder weniger mächtige Naturgeister. Es gibt z. B. solche, die für einen Berg zuständig sind. Sie sind sehr ehrwürdig, schweigsam und mächtig. Sie sitzen jahrelang an einem Ort. Es gibt aber auch kleine quirlige Naturgeister.

Die Naturgeister sind den Menschen nicht für dauernd zugeordnet wie der Schutzengel, der sich für ein ganzes Leben opfert. Sie kommen nur, wenn sie gebeten werden; sie wünschen, daß man sie bittet. Menschen zu begleiten, macht sie stolz, es gilt ihnen als Ehre, aber ihr Stolz verbietet es, zu kommen, ohne gerufen zu sein. Ihr geht ja auch nicht irgendwohin, ohne eingeladen zu sein, oder?

Wie bittet man sie?

1. Indem man überhaupt mit ihnen spricht, sich auf ihre Ebene begibt, innerlich ein partnerschaftliches Niveau einnimmt,
2. indem man sie respektvoll behandelt. Sie lieben altertümliche Sitten, z. B. Verbeugung, umständliche Höflichkeitsformen, Anrede in der dritten Person,
3. indem man sagt, was man braucht oder möchte, z. B.: ich möchte einen von euch Gesellen, der mein Auto beobachtet und begleitet,
4. indem man ihnen eine Wohnung anbietet, im Auto z. B. auf dem Beifahrersitz, auf dem Armaturenbrett, auf der Kopfstütze, im Kofferraum. Dann darf man dort keine Einkaufstüte hinstellen, schließlich sitzt er da. Das wäre unverschämt. Im Haus bietet man ihnen ein schönes Eckchen im Zimmer, dann muß man diesen Platz aber freihalten, sonst gehen sie wieder.

Man darf sie nicht verletzen oder zornig machen, sonst haben sie schlechte Laune. Man kann sie mitnehmen, am besten auf der Schulter. Dann sprechen sie euch ins Ohr; dann habt ihr einen »kleinen Mann im Ohr«. Wenn man einem unfreundlichen Menschen begegnet, machen sie Faxen. Der Schutzengel des anderen bemerkt sie und nimmt auf seinen Menschen Einfluß; der bekommt dann langsam bessere Laune. Sie sitzen auch gern auf dem Nachttisch oder dem Bettrand und reden mit Mücken, damit diese den Schlafenden in Frieden lassen, oder sie wirken in seine Träume hinein. Morgens sagt man ihnen »guten Morgen«. Dann kann man sie auf der Schulter mit ins Bad nehmen und mit ihnen scherzen, z. B.: »Willst du ein paar Tröpfchen Wasser auf die Nase?« Man sollte sie aber nicht mit unter die Dusche nehmen, das mögen sie nicht, sondern sie auf dem Waschbecken sitzen lassen.

Naturgeister haben sehr große Kräfte und bewirken viel. Sie können z. B. schlechte Gedanken auflösen, ungute Gefühle wegkehren oder schlechte Träume verscheuchen. Schlechte Träume, Gedanken und Gefühle hängen in der Aura wie dunkles Gewölk (das wißt ihr doch hoffentlich); sie existieren als Energiemuster; Naturgeister können sie neutralisieren und entfernen.

(Isabel:) *Darf meine Tochter Anna Maria einen haben?*

Es wird mir ein Vergnügen sein, dafür zu sorgen. ... Es ist schon veranlaßt. Er sitzt neben Anna Maria rechts auf dem Kopfkissen. – (Anna-Maria hat vom selben Tage an keine schlechten Träume mehr. Sie bedankt sich täglich.)

(Gerhard:) Ich soll einen Acker segnen – was rätst du mir dazu?

Oh, das gibt ein Volksfest mit Tanz und Musik! Auf solche Weise stellen Menschen eine Verbindung zur Trinität her, und das tut uns sehr gut, denn das können wir Naturgeister von uns aus nicht. Wir bedürfen dazu der Vermittlung durch Menschen. Für Naturgeister ist der Mensch ein gottähnliches Wesen: die Verbindung zum Licht. Menschen sind für Naturgeister eine große Hoffnung. (Agar gibt Gerhard konkrete Anweisungen für das Zeremoniell der Segnung.)

Wenn Menschen segnend durch die Natur gehen, geht ein Lebenshauch durch die Reihen der Naturgeister. Segnend schreiten ist eine Frage der Haltung: man muß sich selbst als Segnenden verstehen. Segnen bedeutet eine doppelte Hingabe, einen zweifachen Dienst: Einerseits die liebevolle Hinwendung zur Natur, andererseits die Hingabe an die Trinität. Der Mensch ist dann ein Bindeglied zwischen oben und unten, eine Kontaktstelle im schweigenden Gehen. Das erfordert doppelt große Präsenz, zugleich aber auch, daß man sich zurücknimmt.

Man kann mit den Händen segnen: einen Baum oder einen ganzen Wald, einen Hügel oder ein Tal. Aber auch mit jedem Schritt kann ein Segen verbunden sein. Wenn man geht, soll man nicht »die Erde mit Füßen treten«. Ein »segnender Schritt« bedeutet vielmehr: man wohnt mit den Füßen auf der Erde; die Erde gibt den Fuß frei zum nächsten Schritt und freut sich, ihn wieder aufzunehmen. So schritt Jesus über die Erde: die Erde trug ihn.

Hat ihn auch das Wasser so getragen?

Bezweifelst du sein Wandeln auf dem Meer?

Die Theologen glauben es nicht.

Die Theologen haben keine Ahnung. Sie wissen nicht, wozu die Erde fähig ist. Er ist wirklich auf den Wassern gewandelt. Wir raten euch allerdings davon ab, es zu versuchen, es braucht eine enorme liebende Hingabe.

Zurück zur Erde mit einem Beispiel: Ein Kind stürzt aus großer Höhe aus dem Fenster und bleibt unverletzt. Die Engel, die Naturgeister, auch die Erde haben geholfen. Die Materie ist in ihrer Struktur flexibel, wenn die Naturgeister, die die Materie bewohnen, es möchten. Wasser kann bretthart werden und Erde samtweich. Materie ist viel flexibler, als ihr denkt. Sie ist so flexibel wie der Geist. Sie ist ja Geistnatur.

Wie lernt man, euch zu sehen?

Beginne mit dem Betrachten der Pflanzen. Mit geschultem Blick kannst du auch die Naturgeister sehen. Allerdings sind sie leichter zu hören, als zu sehen; anders als die Engel, die man leichter sehen als hören kann. Man hört Naturgeister z. B. kichern oder krabbeln. Man hört auch ihr Knacken im Gebälk. Sie mögen es auch, euch lustig zu erschrecken. Menschen glauben dann an ein »zufällig« entstandenes Geräusch, das sie erschreckt habe. Es gibt aber keinen Zufall. Du kannst durchaus vermuten, daß dann ein kleiner Geselle da ist. Sprich doch einfach mit ihm, lade ihn ein zum Gespräch.

Naturgeister lassen sich aber nicht gern anschauen. Sie haben relativ menschenähnliche Gesichter und Gestalt. Ihr würdet uns aber als nicht so hübsch empfinden.

Seht ihr etwa so aus wie Gartenzwerge?

Nein, da fühlen wir uns nicht besonders gut getroffen, und das ist gar nicht lustig. Aber wir mögen sie, wie alles, was Menschen zum Lächeln bringt. Wo Gartenzwerge stehen, kommen Naturgeister hin, stellen sich neben sie und imitieren sie in komischer Weise. Damit amüsieren sie sich, und das ist dann doch wieder lustig. Man sollte aber versuchen, uns realistischer darzustellen.

Liebt ihr Musik?

Naturgeister lieben Musik, auch Popmusik, das ist individuell verschieden. Aber sie darf nicht zu laut sein. Laute Musik – gleich welcher Sorte – ist uns unerträglich.

Was ist die Aufgabe der Naturgeister?

Die der ersten Stufe sind z. B. zuständig für je einen Baum, eine Blume etc. Sie behüten und beschützen ihre Pflanze. Sie motivieren die Pflanze auch. Wenn diese z. B. wegen Trockenheit, Kälte oder einer Verletzung leidet und zu sterben meint, machen sie ihr Mut, trösten sie, lachen mit ihr. Auch wenn der Same zur Pflanze wird, sind sie dabei: sie treffen die Entscheidung zum Wachstum. Alle Kreisläufe entstehen aus der Zusammenarbeit mit den Naturgeistern.

Wie stellt ihr euch zum Pflücken von Blumen?

Diese Blumen erfüllen ihre Pflicht. Es ist eine ihrer Aufgaben, sterbend Freude zu bereiten. Ein Naturgeist ist zuständig für einen ganzen Strauß und begleitet sein Sterben, nicht traurig, sondern mit Hingabe. Sterben ist für Naturgeister eine Form von Hingabe, und sie haben nichts dagegen, wenn Pflanzen oder andere Wesen sich hingeben. Es kommt aber auf die Art und Weise des Tötens an: Geschieht es würdig oder nicht? Wenn man Blumen mit Freude und Dankbarkeit pflückt, geben sie sich gerne hin; es tut ihnen nichts. Aber es muß respektvoll geschehen, sonst sind die Naturgeister betrübt.

Haben Blumen noch andere Aufgaben?

Ja, sie spiegeln die Sonne wider und lobpreisen Gott. Was haben Cherubim und Gänseblümchen gemeinsam? Das wäre doch eine schöne Prüfungsfrage für Seminarteilnehmer. Wißt ihr die Antwort? Nein? Also: Den Lobpreis.

Habt ihr noch Fragen? Hoffentlich nicht; denn jetzt habe ich keine Lust mehr. Ihr kriegt eine Aufgabe: Naturgeister ansprechen, einzelne um euch versammeln und einen einladen, auf eurer Schulter zu sitzen. Übt das, sonst kann es nicht weitergehen.

Samstag, 29. 4. 95

Umgang mit Schuld

Ein »Engel der Dankbarkeit«: Im Namen des Herrn: Meinen Frieden bringe ich euch, meinen Frieden werde ich euch lassen.

Jeder hat in einer früheren Inkarnation einmal Grausamkeiten gewählt – sei es in Täterschaft, z. B. als Despot – sei es als Opfer, in Leid und Bedrängnis. Alle Menschen haben Intrigen, Verbrechen, sogar Morde begangen. Dies nach dem Maßstab heutiger Noblesse zu verurteilen, ist ein Verstoß gegen die Gerechtigkeit. Man geht durch viele Erfahrungen. Das Empfinden für Recht und Moral wird erst erlernt. Moralisieren ist zu unterlassen. Aus der Kenntnis früherer Inkarnationen sollte sich weder eine künstliche Aufwertung noch eine moralische Verurteilung eurer Person ergeben.

Überhaupt soll man von karmischen Fragen möglichst weitgehend Abstand nehmen. Inkarnationen folgen keinen geraden Entwicklungslinien. Es gibt nicht den linearen Aufstieg; das ist eine unheilvolle Konstruktion, die zu falschen Schlüssen führt. Glaube nicht, daß du im nächsten Leben »besser« wirst. Man wählt freiwillig ganz andere Arten von Erfahrungen.

Was ihr in früheren Inkarnationen angerichtet haben mögt, ist nicht zu relativieren. Aber ihr müßt wissen: es ist vergeben. Alles ist vergeben, ihr müßt euch nur auch selbst vergeben. Oder möchtet ihr es besser machen als die Engel?

Seid dankbar für frühere Schulderfahrungen. Sie haben vielleicht dazu beigetragen, heute mehr Weichheit und Großmut zu haben. In verschiedenen Inkarnationen erlebt man alle Facetten des menschlichen Seins. Man hat nicht immer in gleichen Verhältnissen gewirkt. Man hat sehr verschiedene Erfahrungen gemacht, dadurch gewinnt man die Fähigkeit, später Schicksale für andere mitzutragen. Keine Inkarnation ist peinlich. Es gibt keine, deren man sich schämen sollte.

Es kann vorkommen, daß man schuldig wird und eine Selbstbestrafung herbeiführt, um damit einen karmischen Ausgleich für eine Schuld in einem früheren Leben zu schaffen. Die Schuld in diesem Leben kann Entlastung von alter Schuld mit sich bringen. Im Karma überlagern sich viele einzelne Leben. Das Aufsichnehmen von Schuld kann in karmischen Zusammenhängen zu einer Sühne führen, die von alter Schuld befreit. So gesehen: Wenn ihr jemand ins Gefängnis steckt, so kann das für ihn befreiend sein. Das klingt paradox, aber so ist es: Eine heutige Schuld kann zur Bestrafung und kann damit zur Befreiung von alter Schuld führen, die von der Strafe äußerlich gar nicht mitbetroffen ist. Die Strafe führt dann in die Enge einer Gefängniszelle, zugleich jedoch zur Befreiung aus dem Gefängnis alter Schuld.

Was im Umgang mit gegenwärtiger Schuld erforderlich ist, sind Entschlossenheit, Gelassenheit und Geduld. Auch hier gilt, keine moralischen Urteile zu fällen, sondern Himmel und Erde um Vergebung zu bitten, euch selbst zu vergeben und die Vergebung anzunehmen.

Oft können Menschen sich selbst nicht vergeben, wenn sie in der Wahl zwischen Pflicht und Freude die Freude gewählt haben. Sie meinen: Pflichterfüllung sei gut, Freude sei schlecht, und können ihre Schuldgefühle nicht überwinden. Sie sollten wissen, daß für den Himmel nicht nur die Pflicht, sondern auch die Freude gut ist, keine ist besser als die andere, und beide haben ihre Gefahren.

Du entscheidest dich für die Pflicht? Gut so. Aber gib acht: das Leben für die Pflicht führt nicht selten in Frustration, Bitterkeit, Pharisäismus, in eine Haltung des Aufrechnens, des Forderns von

Gehorsam und Dankbarkeit. Dann wird es so gefügt, daß du wieder vor der Wahl zwischen Pflicht und Freude stehen wirst und die Chance bekommst, deine Haltung dem Leben gegenüber an der Freude zu orientieren, d. h. es spontan und genußvoll zu leben. Triffst du immer von neuem die Entscheidung für die Pflicht, so wirst du dich irgendwann einmal – in dieser oder einer anderen Inkarnation – korrigieren müssen.

Entsprechendes gilt umgekehrt: Entscheidest du dich immer wieder für die Freude und gegen die Pflicht, so führt das in Undank, Überdruß, Langeweile, Ersticken an der Materie. Auch dies wird vom Leben korrigiert; du wirst dich eine Zeitlang anders orientieren müssen.

Schließlich mündet dieser Weg in die Vereinigung von Pflicht und Freude: du tust deine Pflicht aus Freude und in Freude. Du wirst erkennen, daß auch ein Leben in Freude ein gewisses Maß an Disziplin, Arbeit und Pflichterfüllung zur Voraussetzung hat. Um dies zu erlernen, bedarf es der Fähigkeit, sich seine Schuld selbst zu vergeben und dem Leben gegenüber Dankbarkeit zu empfinden.

Montag, 1. Mai 95 (Auszug)

Ego und Schicksal

(Ein »Engel der Freude« in einem wunderschönen, leuchtenden Orange erscheint.)

Was kann man N. N. in ihrer Lebenskrise raten?

Es gibt vielfältige Arten von Depressionen. Was uns jetzt hier beschäftigt, sind Depressionen, für die man selbst verantwortlich ist, weil man sich in Selbstüberschätzung und Trotz immer durchsetzen will und dadurch in eine Lebenskrise geraten ist. Z. B. will man unter allen Umständen eine Beziehung aufrechterhalten, die eigentlich keine ist. Oder man versucht, andere zu belehren und überschreitet damit seine Kompetenzen. In solchen Fällen täte man besser, sich dem Leben anzuvertrauen und ihm zu folgen, statt ihm voranzugehen und es bestimmen zu wollen. Die Depression ist dann eine wichtige Bremse, um einen Menschen zur Besinnung zu bringen, ihn demütiger und weicher zu machen.

Dies ist ein allgemeines Problem: Die Machtprobe zwischen Schicksal und Ego führt in die Krise. Es gilt zu lernen, daß Schicksal und Ego keinen Gegensatz bilden sollten. Es ist in der Regel am besten, sich aus freiem Entschluß dem Schicksal in die Hände zu geben und mit dem einverstanden zu sein, was man ohnehin nicht ändern kann. Die künstliche Trennung, d. h. die Auflehnung des Ego gegen das Schicksal, wird meist in der

Pubertät aufgebaut. Das ist keine unnormale Entwicklung, das machen viele durch. Der Doppelgänger unterstützt den Machtkampf und spiegelt dem Menschen vor, was sein Ego wolle, könne stärker sein, als was das Schicksal will. Die Engel haben dann Mitleid; denn dies führt mit Sicherheit in die Krise: das Schicksal bleibt Sieger, das Ego muß klein beigeben, und darunter leiden die Menschen.

Viele Menschen sehen in dem Gegensatz von Schicksal und Ego den Gegensatz von Determiniertheit und Freiheit. Die Engel sehen es andersherum: In der Akzeptanz des Schicksals zeigt sich die Freiheit, in der Auflehnung gegen das Schicksal, die ja immer vergeblich bleibt, die Determiniertheit. Erst wenn man sich in das Unvermeidliche schickt, gewinnt man die Freiheit, sein Leben in die Hand zu nehmen und sein künftiges Schicksal mitzugestalten. Hängt man hingegen unerfüllbaren Wünschen nach, kämpft das Ego also gegen das Unvermeidliche des Schicksals an, so führt das in der Außenwelt in eine Lebenskrise, in der Innenwelt in Depression.

Bei diesen Menschen verhält es sich so: Was immer das Schicksal ihnen anbietet, z. B. einen Partner, ist das, was sie nicht wollen, und sie wollen stets das, was das Leben nicht für sie bereithält. So kann der Mensch z. B. den richtigen Partner nicht finden. Er sollte lernen, sich mit dem Schicksal auszusöhnen, d. h. lernen: Das Schicksal möchte nicht, was ich mir gewünscht habe, also werde ich mal wollen, was es will. Es wird seine Absichten haben, diese werde ich erst einmal anzunehmen versuchen, dann wird sich der Sinn schon zeigen. Sobald man das gelernt hat, wird man sich vom Schicksalszwang auch lösen können.

Es gilt also, den Gegensatz von Schicksal und Ego zu überwinden. Das führt zur Entwicklung des Ich. Solange dieser Kampf noch ausgefochten wird, verharrt das Ich in Warteposition. Es manifestiert sich erst, wenn sich das Ego an das Schicksal hingibt und sagt: ich will nichts, was gegen dich ist. In diesem Augenblick tritt das Ich in Erscheinung.

Das Ich entsteht also, wenn Ego und Schicksal sich annähern. Man kann es so sagen: Das Ich ist die Einheit von Ego und Schicksal in diesem Leben. Das »höhere Selbst« (der Sonnenengel) reicht noch weit über das »Ich« hinaus. Es ist die Einheit des Ich in diesem Leben mit allen Ich-Erfahrungen aller vergangenen und aller zukünftigen Inkarnationen. Im Bild:

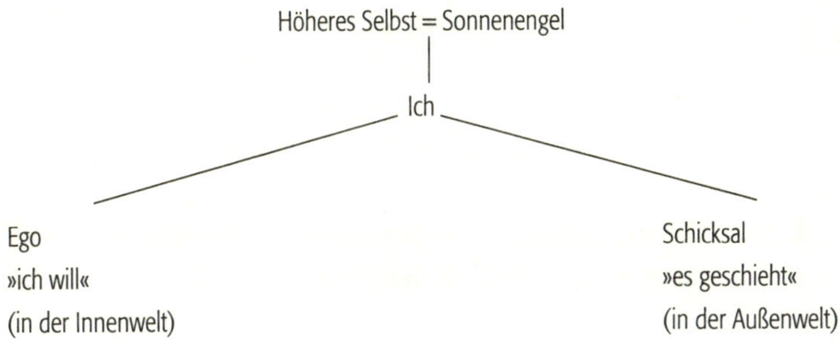

Versöhnung und Harmonie von Ego und Schicksal im Ich und im Sonnenengel überwinden die Depression und führen in eine von Freude bestimmte Lebensstimmung.

Dieses Dorf hier ist ein gesegnetes Plätzchen. (Der Engel der Freude schreitet die Wiesen ab. Wo immer er geht, läßt er fließendes Licht wie Spuren zurück. Er ist von unendlicher Dynamik und Lebensfülle. Er segnet Haus und Umgebung.)

Dienstag, 2. 5. 95

Jupiter
Der Innenraum mit dem Weisen

(Es erscheinen drei Engel, die, ähnlich wie Amael, ohne Flügel zu sein scheinen:)

Unser Geburtstagsgeschenk für Gerhard ist eine Reise zu einem Planeten deiner Wahl. Willst du das?

Ja.

Welchen Planeten wählst du dir?

Den Jupiter.

Gut. Wir werden eure Begleiter sein.

Die Fortbewegungsweise ist der Klang: Mittels verschiedener Klangformen könnt ihr euch schneller oder langsamer bewegen. Was trägt, ist nur der Klang, nichts sonst ist vonnöten. (Es erklingt ein dunkler Ton auf einem »O« ähnlich wie in Om.) Blickt ihr aus dem All auf die Erde, so seht ihr den Gürtel von Sonnenengeln. Und im All, wo angeblich nichts ist, sind Engel, die mit Seelen Lehrreisen unternehmen wie mit Schulklassen.

Ihr nähert euch jetzt dem Hüter des Jupiters. Er umschließt den ganzen Planeten; es gibt keine Möglichkeit, ihn zu umgehen. Alle Planeten haben einen Hüter. Jeder ist anders und sieht anders aus. Der des Jupiters ist zugleich König und Priester – ein priesterlicher König oder ein königlicher Priester. Er besitzt eine Mischung aus Macht und Weisheit, d. h. die Fähigkeit, Macht weise zu gebrauchen und Weisheit mächtig durchzusetzen. Schon seine Größe wirkt ehrfurchtgebietend; er ist ja überall rund um den ganzen Planeten. Wenn man seine Stimme unabgeschwächt hörte, würde man mindestens taub werden. Wir übernehmen es deshalb für euch, mit ihm zu sprechen.

Er stellt wie jeder Hüter eines Planeten eine Frage. Von eurer Antwort hängt die Erlaubnis zum Betreten des Planeten ab. Seine Frage lautet: Was glaubst du? Es gibt nur eine gehörige Antwort! Um sicherzustellen, daß eure Antwort richtig ist und der Zugang nicht verschlossen bleibt, antworten wir Begleiter für euch: Das Credo, das Glaubensbekenntnis der Kirche.

Der Hüter: Gut, ihr seid zugelassen. – Seid ihr bereit einzutreten? – *Ja.*

Die Begleiter: Das Tor zum Jupiter ist der Hüter selbst. Ihr geht gewissermaßen durch sein Gewand zwischen seinen Knöcheln hindurch. Ihr dürft Fragen stellen. Aber zuvor noch ein Hinweis: Dies ist keine wissenschaftliche Expedition. Was ihr zu wissenschaftlichen Fragen wissen wollt, könnt ihr nachlesen. Wir zeigen euch Dinge, die die Wissenschaftler nicht sehen.

Und noch ein Hinweis: Die Jupiterwesen beantworten keine individuellen Fragen, sie dienen – wie die Bewohner aller Planeten – größeren Gruppen, z. B. Völkern und Nationen. Sie sind nicht zuständig für persönliche Probleme, sondern sie geben Lehren für viele Menschen, sie vermitteln Anschauungen, die ganze Gemeinschaften tragen. Sie sind Lehrer der »Weißen Bruderschaft« und anderer Weisheitslehrer.

Ihr seht: Die Jupiter-Wesenheiten haben menschenähnliche Gestalt, keine Flügel. Sie leuchten in einem Farbenspiel von innen, das mit nichts auf der Erde vergleichbar ist. Es sind Lichtgestalten. Sie stehen, während der Hüter sitzt.

Sind die Qualitäten von Hüter und Planet identisch?

Ja. Es geht um Macht und Weisheit, um Einsicht, Erkenntnis und Durchblick, um Erkenntnis der Dinge hinter den Dingen, doch nicht abstrakt, sondern in der Macht der Durchsetzung von Einsichten. Es geht also zugleich um die Macht von Worten und Gedanken und um die Macht, Energiemuster einzusetzen. Jupiter ist der Planet des Königs und des Priesters in der Seele. Entsprechende Seelen leben und wirken dort oder besuchen den Planeten.

Man besucht den Jupiter selten im Schlaf, nur in Zeiten der Not, wenn der Sinn des Lebens hinterfragt wird, wenn man gar nicht mehr weiterweiß. Der Jupiter ist kein Ziel für allnächtliche Reisen. Der Schwingungsunterschied ist zu groß und würde die Seele erschöpfen. (Anmerkung: Wir merken das auch, sind nach der Sitzung sehr müde und auch am nächsten Tag noch erschöpft.)

Der Jupiter wirkt deshalb auch nicht direkt aufs Erdenleben ein; seine Bewohner wirken in einer abgemilderten, den Menschen verträglichen Weise.

Haben diese Namen?

Ja, diese werden euch derzeit aber noch nicht mitgeteilt. Denn Namen kennen heißt, ihre Träger rufen zu können, das wäre zu früh. Es gibt aber Menschen, die sie kennen und die diese Wesen einsetzen können.

Darf ich nach den Schichten und dem Kern des Jupiters fragen?

Ja. Es gibt sieben Schichten, die von verschiedenen Wesen bewohnt werden, vergleichbar den Naturgeistern. Diese Schichten sind naturwissenschaftlich nicht erfaßbar.

1. Die Oberfläche bildet die erste Schicht. Die Wesen dort haben zwei Hauptaufgaben, nämlich einerseits, Lehren nach außen weiterzugeben, sei es an Besucher, sei es unmittelbar an Suchende auf der Erde, andererseits von Machtmißbrauch und Weisheitsmißbrauch zu heilen.
2. Die zweite Schicht lehrt, trägt und verantwortet die erste. Meister unterrichten dort die diensttuenden Wesen der ersten

Schicht. Ihr könnt euch diese Schicht vorstellen wie unterirdische Höhlen, Gänge, Flüsse, Seen, wo die Wesen wohnen, die das Wissen weitergeben.

3. Die Wesen der dritten Schicht bewahren, erhalten, hüten das Wissen. Bei ihnen lernen die Meister der zweiten Schicht. Ausgewählte Meister steigen hinab in die 5., 6. und 7. Schicht, um die reine Lehre aufzunehmen, und kehren zurück, um sie weiterzugeben.
4. Die vierte Schicht bildet eine Membran zwischen außen und innen. Denn die drei äußeren bewahren das Wissen und wirken nach außen, während die drei inneren Schichten die Lehre ständig erneuern: Je näher am Zentrum, desto lebendiger und kreativer werden die Wesen. In die Membran wird Altes zurückgebracht und durch sie hindurch wird Neues aus dem Innern herausgegeben. Deshalb herrscht dort ein reges Treiben, ein lebendiges Hin und Her: Hier vollzieht sich der Austausch zwischen der ständig sich erneuernden Lehre und der Bewahrung des alten Wissens.
5. Die fünfte Schicht ist die der Geburt des Neuen. Hier bekommen Impulse die Form von Worten und Gedanken, Farben und Bildern.
6. Die sechste Schicht ist die der Vereinigung oder Vernetzung: Aus Einzelimpulsen werden Gesamtimpulse, Energiemuster, so wie aus Atomen Moleküle oder aus Buchstaben Worte und aus Worten Sätze werden.
7. Das Zentrum ist die Schicht des ewigen Werdens. Das Wort »Wesenskern« ist nicht angebracht, weil Kerne hart sind. Besser sagt man: das Wesenswesen, d. h. das Wesen, das »west«, das werden läßt in einem ständigen Prozeß höchst lebendigen Wachsens, Fließens und Quellens.

Wie der Mittelpunkt der Erde wie Gold ist, so ist der des Jupiters wie ein reiner dunkelblauer Saphir. Dieser ist kühler und klarer als Gold.

Entsprechende Schichten findet ihr in allen Planeten, aber nicht in ihren Monden.

Hat der blaue Kern etwas mit dem menschlichen Ich zu tun?

Dieser Kern entspricht dem »zweiblättrigen Stirn-Chakra«, d. h. dem Innenraum mit den Inneren Weisen, und dieser hat mit dem Ich zu tun; das haben aber allerdings alle Innenräume je auf ihre besondere Weise. Der blaue Kern ist der Raum des inneren Friedens. Immer entsteht Frieden aus der harmonischen Mischung von Weisheit und Macht. Hat ein Mensch Weisheit und verfügt zudem über die Autorität, durchzusetzen, was er erkannt hat, so stellt sich auch bei ihm dieser klare, friedvolle Raum ein. Das Ich steht dann nicht mehr unter Druck. Es schätzt sich weder zu hoch noch zu niedrig ein. Über dem Tor zu diesem Raum stellt euch (in Analogie zu: O Mensch, erkenne dich selbst!) die Inschrift vor: O Mensch, finde durch dich selbst zum Frieden.

Wie findet man zu diesem Frieden?

Wenn ihr den Weg dahin üben wollt, so geht folgende Schritte:

1. Begebt euch in den Innenraum, der dem »Stirn-Chakra« entspricht und der zugleich dem Jupiter und seiner Schwingung entspricht. Ihr braucht also nicht zum Jupiter zu reisen – ihr tragt ihn in euch selbst. In diesem Innenraum begegnet man dem Hüter – demselben, der in der Außenwelt der Hüter des Jupiters ist, zwar kleiner, aber nicht weniger machtvoll: dem Inneren Weisen. Er ist – anders als die Wesen auf dem Jupiter – auch für eure persönlichen Lebensprobleme zuständig.
2. Er wird fragen: Was glaubst du? Ihr antwortet: Das Credo.
3. Dieser Innenraum im Stirnbereich ist sehr schlicht, klar, fast leer. Doch steht darin ein Tisch, daran sitzt der Weise in

Gestalt eines alten Mannes, in violett-blaues Licht getaucht. Vor sich hat er eine große Kristallkugel und einen kristallenen Spiegel. Setz dich zu ihm und bitte, in beides einen Blick hinein werfen zu dürfen. Denk an deine Situation, deine Probleme, deine Lebenskrise und schau in die Kugel, und du wirst die äußeren Konstellationen der Situation durchschauen. Denk an die Situation und schau in den Spiegel, und du wirst verstehen, was die Situation mit dir zu tun hat. – Bei dieser Gelegenheit ein Hinweis: Vermeidet auch in der Außenwelt, euch in Spiegeln anzuschauen, die nicht völlig rein und kristallklar sind. Schlechte Spiegel verzerren die Aura und wirken auf Dauer krankmachend.

4. Nun folgt ein heilender Schritt: Auf dem Tisch steht auch eine Schale voll klaren Wassers, das ebenfalls spiegelt. Denke an die Situation, blicke in den Wasserspiegel, und du findest Lösungen, Hilfe und Heilung, Wege aus der Situation. Sie werden dich zurechtrütteln, von Selbstüberschätzung oder von Selbstmißachtung befreien und zum inneren Frieden führen. – Vom Wasser kann man auch trinken oder es auf die Haut auftragen, um zu genesen.

Planetentherapie ist sinnvoll und sehr wirksam! Wer sich zu den Planetenräumen in sich begibt oder in die Planetensphäre reist, findet Entwicklung und Lenkung in der Begegnung mit mächtigen Meistern.

Es heißt, die sog. »Weiße Bruderschaft« werde durch Lehrer vom Jupiter inspiriert. Können wir dazu Näheres erfahren? Wer wird Mitglied?

Jeder, der um Einsicht ringt und das Thema »Weisheit und Macht« bearbeitet. Es gibt sehr viele große und kleine Brüder, es ist ein großer Strom. Zu den Kriterien der Mitgliedschaft gehört:

1. das Sammeln von Erkenntnissen. Dies genügt aber nicht.
2. gehört dazu das Tätigwerden. Es gilt, die Erkenntnis umzusetzen – für sich und für andere. Diese beiden Kriterien werden nicht häufig gemeinsam erfüllt. Viele Menschen haben Erkenntnisse, werden aber nicht tätig, oder nur für eine Weile, bis Schwierigkeiten auftauchen, dann geben sie auf.
3. Also gehört dazu Ausdauer. Diese erfordert sowohl Kraft und Mut – die Mitglieder gehen oft bis an die Grenze des ihnen Möglichen – als auch Demut.

Der Strom der Weißen Bruderschaft ist vorstellbar wie der Nil, der breit und langsam, aber kontinuierlich dahinfließt. So stellt euch einen Zug von Weißgekleideten vor, die gemessenen Schrittes dem Ziel entgegenziehen. Es kommt nicht darauf an, namentlich bekannt zu sein. Namenslisten sind nicht sinnvoll.

Wir hoffen, euch gute Wanderschuhe mitgegeben zu haben, in denen ihr mitschreiten könnt. Wenn ihr euch bewußt in diesen Strom stellt, könnt ihr dort Kraft und Mut schöpfen. Und ihr werdet euch – wie alle die Brüder und Schwestern – gern zur Verfügung stellen, um Kraft und Mut weiterzugeben. Doch vergeßt niemals, daß dazu die Demut gehört. Denn die Weiße Bruderschaft stellt sich ganz in den Dienst von Jesus Christus. Es gab sie zwar auch schon vor dem Erdenleben Christi. Der Sohn war aber auch vorher schon die Quelle der Weißen Bruderschaft.

Wie ist das Verhältnis der sog. »Weißen Bruderschaft« zur katholischen Kirche?

Für die Engel sind beide deckungsgleich: Der Sohn, die Kirche, die Quelle der Weißen Bruderschaft sind eins. Aber die meisten Menschen verstehen unter der Kirche nur die soziale Institution. Diese ist wohl der irdische Teil der Kirche, aber sie ist nicht die ganze Kirche. Wer sie nicht anerkennt, aber zur Weißen Bruderschaft gehört, anerkennt die Quelle – und damit die Kirche, auch wenn er das nicht beabsichtigt, ja nicht einmal weiß. Für uns ist es sehr amüsant und erfreulich, zu sehen, daß, wer der Kirche den Rücken kehrt, um sich der Weißen Bruderschaft anzuschließen, eben damit zugleich in die Kirche zurückkehrt.

Mittwoch, 10. 5.95

Einführung in die Heilarbeit

Ein blau-weiß-bunter Engel aus einem Nebengebäude des Friedensdoms, ohne sichtbare Flügel, mit Namen Elion: Heute könnten wir euch eine Einführung in die Heilarbeit geben, wenn ihr wollt. Wollt ihr? – *Ja.* –

Führungsengel: »Elion« (mit langem, hellen E wie in Eden) ist ein Lehrengel, der euch über vieles unterrichten wird, zunächst aber über die Arbeit mit Farben. Er kommt vom Friedensdom zu euch her. Er hat im Friedensdom eine ähnliche Funktion wie Amael vor dem Hohen Rat.

Auch er hat wie dieser und wie Bruder Tullian eine gedrungene Gestalt und keine sichtbaren Flügel. Wäre er Mensch, würde man sagen: ein Künstler. Man kann ihn zu allem fragen, was mit Farben zu tun hat, auch etwa beim Bau von Möbeln, in der Bildhauerei, sogar in der Kosmetik, aber auch in Fragen der Musik, z. B.: in welcher Färbung hat der Komponist sein Werk verstanden, ist ein Instrument in der richtigen Farbe gestimmt? Er kann euch auch in praktischen Lebensfragen über Zusammenhänge aufklären und auf Gesichtspunkte aufmerksam machen. Es wird sich als ratsam erweisen, seine Hinweise ernst zu nehmen und zu beachten. –

Elion: Die Heilengel bilden eine besondere Gruppe von Friedensengeln. Sie arbeiten im Auftrag der höheren Hierarchien. Im einzelnen wirken sie in eigener Regie, doch arbeiten sie eng mit den Sonnenengeln zusammen, sie heilen nie gegen deren

Beschluß. Im Einverständnis mit dem Sonnenengel des Kranken kann man mit Hilfe ihres Wirkens in der Innenwelt heilen, obwohl der Kranke das selbst nicht weiß. So kann man ihm helfen, auch wenn er aus äußeren, z. B. geographischen Gründen nicht an einem Heilungsakt in der Außenwelt teilnehmen kann. Es gibt also die heilende Handlung in der Innenwelt und die in der Außenwelt. Die folgenden Angaben können sowohl in der Innenwelt als auch in der Außenwelt befolgt werden.

Es sind zu unterscheiden die Heilung des Körpers und die der höheren Ebenen (vor allem der Psyche). Doch auch wenn manchmal scheinbar nur der Körper oder nur die Psyche behandelt wird, so geschieht die Heilung letztlich immer ganzheitlich.

Die Heilarbeit ist als Einzelbehandlung oder als Gruppenbehandlung möglich. Einzelbehandlung ist bei speziellem Krankheitsbild angezeigt, Gruppenarbeit bei allgemeinen Erscheinungen, z. B. bei Niedergeschlagenheit, Erschöpfung, diffuser Traurigkeit, auch bei Hyperzuständen: die Menschen sind überdreht, überarbeitet, leiden unter Schlaflosigkeit. Dann hat die Heilung vor allem harmonisierenden Charakter. Man sitzt in Kreisform oder liegt sternförmig, die Füße gegen die Mitte gerichtet.

Jetzt gebe ich euch eine Einführung in den Ablauf der Heilarbeit. Sie beginnt stets mit einer Vorbereitung in der Innenwelt, auch wenn die Heilarbeit in der Außenwelt vollzogen wird. Die Vorbereitung ist mindestens so wichtig wie die »heilende Handlung« selbst. Diesen Begriff behandelt bitte mit großer Demut und sprecht ihn in der Außenwelt nicht leichtfertig aus.

Heute begleite ich euch und führe euch in den Dom der Friedensengel, der im Seitenschiff zugleich als eine große Heilstätte dient.

1. Begebt euch in eure Innere Kirche. Am Altar oder links von ihm findet ihr eine Tür. Dort holt euch ein Friedensengel ab.

Für jede Form der Heilarbeit ist dieser Weg durch die Innere Kirche wichtig. Zeigt sich der Engel nicht, hat das einen Grund; dann soll keine Heilarbeit stattfinden. Die Tür führt in einen kleinen Umkleideraum, einen Vorraum zu den Räumen des Friedensdoms.

In diesem Vorraum werdet ihr weiß eingekleidet. Keine andere Farbe ist zulässig: das gilt auch für die Heilarbeit in der Außenwelt. Die weiße Einkleidung wirkt wie ein reinigendes Duschbad. Sie ist für jede Form der Heilarbeit erforderlich, auch z. B. für Massage oder Handauflegen, ja sogar schon für das Wählen von Heilmitteln. In den Raum der Heilung begebt euch immer nur auf diesem Wege.

2. Ihr tretet nun in einen Altarraum ein. Dort sitzt ein Friedensengel. Vor ihm sind drei Gelöbnisse abzulegen, zur Sicherheit der Behandelnden und der Behandelten. Sie bedeuten ein doppeltes sich zur Verfügungstellen: den Menschen und den höheren Hierarchien, die dann nach ihrem Beschluß Heilung ermöglichen.

Der Wortlaut dieser drei Gelöbnisse darf nicht veröffentlicht, sondern nur individuell weitergegeben werden, und auch dies nur unter vier Voraussetzungen:

a) Der Betreffende fragt danach.
b) Er kennt seine Innere Kapelle und hat Zugang zu ihr.
c) Er erklärt sich bereit, die Versprechen abzulegen.
d) Er ist bereit, dann auch wirklich tätig zu werden, wenn er von jemandem hört, der es braucht – ohne Ansehen der Person und ohne materielle Vergütung. Das heißt nicht, daß eine freiwillige Spende verboten wäre, aber sie darf nicht bestimmendes Kriterium oder Voraussetzung sein.

Auch für euch gilt: wenn ihr von jemandem hört, der es braucht, werdet tätig! Geschieht das nicht, verliert ihr die Kraft, das Versprechen abzulegen. Dann werdet ihr dastehen und den Himmel verloren haben. Ohne Ablegen des Gelöbnisses bleibt die Handlung wirkungslos. Der Einblick in die

Heilarbeit, den ich euch im folgenden geben werde, reicht also nicht aus, um wirksam tätig werden zu können; es bedarf der drei Gelöbnisse. (Diese drei Gelöbnisse werden nun gegeben und von allen Anwesenden einzeln abgelegt. Dann fährt Elion fort:)

3. Nunmehr sind das Handeln in der Außenwelt und in der Innenwelt zu unterscheiden.
   a) Handlungen in der Außenwelt werden von mindestens zwei Friedensengeln begleitet. Der eine tut hinter euch mit Händen und Flügeln, was ihr tut, der andere tut vor euch dasselbe spiegelbildlich. Steht ihr links vom Kranken, steht einer auf dessen rechter Seite. In der Gruppenarbeit bildet einen Kreis und laßt den gegenüberliegenden Stuhl für den Engel frei. Die Engel begleiten eure Arbeit zwar in jedem Fall; trotzdem solltet ihr sie darum bitten.
   b) Auch bei Handlungen in der Innenwelt steht oder sitzt ein Friedensengel euch gegenüber und einer hinter euch. Bildet ihr einen Heilkreis, so sitzen zwei weitere rechts und links. Denkt ihr euch den Kreis wie das Zifferblatt einer Uhr, so sitzt ihr also auf der 6, die Engel auf 12, 3 und 9, und einer steht hinter euch. Ihr bittet die Menschen, denen ihr helfen wollt, in den Kreis, begrüßt sie herzlich und bittet sie, auf den Stühlen zwischen den Engeln Platz zu nehmen, und zwar rechts von euch beginnend den Kreis aufzufüllen. Bittet zunächst Kranke, die ihr kennt, dann Stellvertreter einer Gruppe, z. B. eines unter Kriegswirren leidenden Volkes oder Repräsentanten von Trägern bestimmter Krankheiten, von Hungernden, von Behinderten, von mißbrauchten Kindern usw. Es können auch individuelle Menschen sein, die ihr nicht mit Namen kennt, die ihr z. B. auf der Straße gesehen habt und die euch innerlich beschäftigt haben. Ihr selbst seid natürlich auch im Heilkreis; der Heilvorgang kommt auch euch zugute.

Eure »heilende Handlung« im Heilkreis besteht darin, daß ihr präsent seid. Durch euch wird der Kreis »ins Werk« gesetzt. Ihr reicht euch die Hände Und schließt so den Kreis.

Nun gilt: Nicht aktiv werden! Nicht willentliche Energie oder Energiemuster an bestimmte Stellen lenken! Keine Meinungsbildung über Krankheit und Therapie! Keine Vorstellungen von der Heilung bilden! Das ist eine scheinbare Paradoxie: Vollbewußt präsent sein und zugleich völlig zurücktreten, da sein, ohne da zu sein. Pfuscht ihnen nicht durch Eigenaktivität in ihre Tätigkeit hinein! Dies ist die Grundstufe, und auf dieser gilt: die Engel wirken lassen, nicht selbst handeln wollen! Mit selbstgelenkten Energien im Heilkreis zu arbeiten, ist eine höhere Stufe der Heilarbeit.

Wenn die Handlung unterbrochen oder gestört worden ist (z. B. durchs Telefon), dann ist an der betreffenden Stelle noch einmal anzusetzen.

Zum Abschluß verneigt euch zueinander. Dann geht am Friedensengel, vor dem ihr euer Gelöbnis abgelegt habt, vorbei, und verneigt euch noch einmal vor ihm. Dann begebt euch in den Raum, in dem ihr eingekleidet worden seid, legt das weiße Gewand ab und gelangt durch die Tür zu eurer Inneren Kapelle. Die Handlung ist immer so abzuschließen.

Samstag, 13. 5. 95

Farbstrahl-Reise

Ein Engel namens Marvik: Heute ist eine Unterrichtsstunde, die euch über eine Reisemöglichkeit in vertikaler Richtung belehrt: durch alle Hierarchien hindurch. Alle Bewohner des Himmels, auch z. B. im Hohen Rat, in der Akademie der Wissenschaften, in Shamballah, leben und arbeiten in einem Farbstrahl, manche auch in mehreren zugleich oder in mehreren abwechselnd. Die Strahlen gehen aus von der Trinität.

In der dritten und zweiten Triade findet ihr alle Farben (außer schwarz), in der ersten nur die drei Grundfarben: dunkelblau, rubinrot (mit Blaustich) und weiß. Diese Farben sind freilich nicht identisch mit den irdischen Farben. Sie sind strahlender, leuchtender und lichter und vermitteln immer auch eine Stimmung, einen Klang, eine Aussage.

Die Farben sind kein Zufall, sondern von großer Bedeutung. In den Farben des Sonnenengels und des Führungsengels drückt sich die Grundschwingung des Menschen aus. Ihr vier hier arbeitet in den Strahlen des Johannes und des Andreas, wobei abwechselnd der eine und der andere überwiegt. Der Sonnenengel wirkt wie ein Prisma: er spaltet die Farben auf, aber eine bildet den Schwerpunkt. Die Führungsengel haben eigene Farben. Wir wollen jetzt in Farbstrahlen reisen lernen.

Ihr nehmt folgenden Weg:

1. Begebt euch in eure Innere Kapelle und stellt euch auf eine Farbe ein, z. B. auf blau. Blau ist eine Farbe, die der Hoheleh-

rer sehr gerne mag: es ist die Farbe der Mutter. Er ist aber auf mehreren Farbstrahlen erreichbar. Legt also blaue Kleidung an und umgebt euch mit blauem Licht.

2. Schaut euch um: Eines der Kirchenfenster eurer Inneren Kirche hat ebenfalls diese Farbe: Es öffnet sich wie ein Tor, durch das ihr hinaustretet.
3. Dort ergreift euch der Farbstrahl der gewählten Farbe wie ein Fließband, das euch stufenlos befördert. Ich begleite euch. Mein Name ist Marvik. Ich bin eine Art Kapitän, als Begleiter und Lehrer zuständig für Reisen. Ich habe die Möglichkeit, jede beliebige Farbe zu übernehmen. Die Wahl liegt bei euch. Ihr könnt aber auch die Begleitung durch Amael erbitten; er wird euch nie abweisen. Er wird euch vom Ziel weg auch woandershin weiterführen, wenn ihr wollt.

Meister und Engel benutzen den Farbstrahl, auch der Hohelehrer; doch auch fortgeschrittene Schüler können sich seiner bedienen. Anfänger reisen besser Schritt für Schritt – mit der »Dankesleiter« (19. 3. 95). Man täuscht sich dann nicht in der Ebene und verliert nicht den Halt. Die Farbstrahl-Reise geht aber schneller und spart Kraft.

Auf jeder Ebene ist einer, der für die gewählte Farbe zuständig ist, z. B. bei den Erzengeln für den blauen Strahl: Gabriel, für den grünen Strahl: Raphael, für den rubinrot-goldenen Strahl: Michael, für den rot-orangen Strahl: Uriel.

Wenn ihr lernen wollt, auf dem Farbstrahl zu reisen, braucht ihr nicht ein besonderes Ziel anzugeben, besser ist es, als Entdecker zu reisen. Wählt eine Farbe und schaut, wo sie euch hinführt. Laßt euch überraschen. Nennt auch nicht eine bestimmte Ebene als Ziel, sondern vertraut euch dem Wanderführer an: ich bleibe an eurer Seite. Ich bewahre euch vor Abschweifungen, warne euch, wenn ihr zu weit wollt, und werde euch zurückgeleiten. –

Versucht es jetzt einmal ...

Mittwoch, 17. 5. 95

Trugbilder. Das Schutz-Ave-Maria

I. Ein Engel der Maria: Die heutige Unterrichtsstunde ist zunächst der Sphäre der Trugbilder gewidmet. Wie man in diese Sphäre gelangt, wird euch nicht gesagt, damit ihr euch nicht selbst dorthin begebt; das wäre mit großen Gefahren verbunden. Es bedarf des Schutzes und des Geleits. Heute werdet ihr von Engeln geführt, die aus dem Mantel Mariens stammen. Denn der blaue Mantel Mariens besteht aus Myriaden von Engeln.

Jeder von ihnen dient auch wieder als »Mantel«, d. h., er umgibt euch rundherum wie ein Mantel aus blauem Licht mit Kapuze. So wirkt er als ein Schutzengel besonderer Art, nämlich als einer, der euch aus bestimmtem Anlaß und für eine bestimmte Zeit einen besonderen Schutz gewährt. Die Idee des königlichen Umhangs, die bis zum bürgerlichen Paletot nachwirkte, rührt daher. Der einzige, der heute noch so etwas trägt, der Zauberer, sollte es gerade *nicht* tun.

Der Mantel ist – wenn ihr genau hinseht – ein Engel mit blauem Gewand und goldenen Flügeln, sternenübersät.

Er schützt nicht nur den Körper. Denn einige der Trugbilder haben »Intentionen«, d. h., sie sind auf ein Ziel gerichtet. Eines ist, sich im Energiefeld des Menschen festzusetzen, um dadurch im irdischen Sinn größere Realität zu erlangen. Der Engel sichert euch gegen diesen Einfluß. – Wenn ihr mitkommen wollt – es ist euch freigestellt –, dann sprecht: »ich will«.

Ich will.

Die Sphäre der Trugbilder ist grau, diffus, nebulös, es herrscht ein turbulentes Treiben. Die Sphäre hat keinen bestimmten Ort: Sie kann überall sein und wieder verschwinden, z. B. zwischen Bühne und Zuschauerraum, zwischen Redner und Zuhörer. Sie kann sich zwischen zwei Menschen schieben und wieder verflüchtigen.

Die Sphäre der Trugbilder ist nicht identisch mit der Sphäre des Bösen. Sie ist die Sphäre des Irrtums und der Vermischung. Der Irrtum kann freilich beabsichtigt sein: Dann hat man es mit List und Täuschung zu tun. »Vermischung« bedeutet: nichts ist klar und rein. Erkenntnisse werden mit Irrtümern versetzt, Wahrheiten mit Unwahrheiten durchzogen. Die Bilder sind gefährlich, weil sie die Absicht hegen, zu betrügen. Sie sind sehr bestrebt, wirksam zu werden. Es ist nicht harmlos, sich dort aufzuhalten.

Sind es luziferische Wesen, die dort wirken?

Man findet in dieser Sphäre vor allem Egregore;[31] das sind Schöpfungen aus Menschenhand, oder genauer: vom Doppelgänger geschaffene, vom Menschen übernommene Konstruktionen, Gedanken, Vorstellungen. Der Doppelgänger schafft sie vor allem aus dem Wunsch, Ängste und Sorgen zu erzeugen und bis zur Panik zu steigern. Der Mensch dient ihnen als Werkzeug. Geeignet sind vor allem Menschen, die mit Vorliebe immer negative Vorstellungen und düster-pessimistische Zukunftserwartungen pflegen und verbreiten: »Ihr werdet noch sehen.« Egregore machen einen Großteil der Täuschungen aus. Man findet dort aber auch andere Wesen, z. B. verirrte Luftgeister, die zu hoch hinaus wollten und nicht mehr nach Hause finden. Sie sind sehr ratlos und unglücklich.

In der Sphäre der Trugbilder wirken also nicht luziferische Wesenheiten, sondern zumeist Egregore. Es handelt sich nicht um die Sphäre der absoluten Lichtlosigkeit. Wenn diese Wesen lügen, schwingt ein Unterton von Bedauern, von Verwirrung und Traurigkeit mit. Ihre Intention ist nicht, böse sein zu wollen, sondern eher Trotz. Die Wirkung ist allerdings nicht zu unterschätzen. Sie können sehr gefährlich, ja verheerend für den Menschen sein. Sie können den Menschen in schlimme Zustände führen bis hin zur Besessenheit und völligen Orientierungslosigkeit.

Es gibt Engel, die dort einen schweren Dienst tun: Sie sind bestrebt, das Durcheinander zu ordnen, Gedankenknäuel zu entwirren, das Wahre vom Falschen zu trennen, wie wenn jemand auf einer Müllhalde etwas Brauchbares sucht. Und es gibt einige (ehemals inkarnierte) Heilige, die versuchen, die Intentionen jener Wesen zu ändern oder zurückzunehmen und zu verhindern, daß solche Wesen sich an Menschen hängen und sich realisieren. Zumindest können sie sie beschwichtigen und ihre Vehemenz lindern.

Entstehen Trugbilder durch Affekte, Zorn, rhetorisches Mitgerissensein?

Nein, dies sind Symptome dafür, daß man schon im Kontakt mit den Trugbildern ist. Die Wahrheit ist nicht affektbezogen, sie wirkt sanft: man wird sich staunend immer mehr bewußt, wie wahr und schön sie ist. Sie leuchtet auf, aber nicht wie ein Blitz, sondern langsam und still, selten erschütternd oder überrumpelnd. Mit ihr verbunden sind Strenge und Liebe, zwar auch Humor, aber immer in Maßen. Andere Affekte sind meist schon Einwirkungen von Trugbildern.

Beruht die Werbung auf der Wirkung von Trugbildern?

Meistens ja. Dazu wäre eine besondere, aber gut geschützte Lehrstunde sinnvoll.

Haben auch Spielfilme mit den Trugbildern zu tun?

Nein, bewußte Fiktion ist etwas anderes. Der Zuschauer weiß ja, daß es sich um einen Film handelt, um »gestellte« Realität also. Die Werbung hingegen gibt das künstlich Gestellte für etwas Reales aus. Es wäre vor allem für Kinder nicht schlecht, ihnen einen Schutz vor solchen Medieneinflüssen zukommen zu lassen. Ihr könnt in den Heilkreis auch einmal stellvertretend Opfer der Medienmanipulation aufnehmen.

Was macht Menschen empfänglich für den Kontakt mit der Sphäre der Trugbilder?

Grundsätzlich: Am Anfang verhält sich der Mensch passiv. Er will nicht aktiv in diese Sphäre hinein, wie es bei der Sphäre des Bösen möglich ist. Er wird unversehens hineingelockt. Die Sphäre der Trugbilder wirkt auf eine eigentümliche Weise attraktiv. Gerade weil sie so undifferenziert und nebulös ist, kann sie die Seele leicht in den Zustand der Empfänglichkeit bringen. Sehen die dort herumirrenden Wesen eine Chance, nutzen sie sie und suchen Kontakt zum Menschen. Sie finden eine Chance, wo eine Prädisposition des Menschen gegeben ist, und eine solche taucht in jeder menschlichen Entwicklung unvermeidlich immer wieder auf. Denn diese Prädisposition entsteht mit jeder Form von Öffnung: mit der Öffnung des Geistes durch jedes neugierige Wissenwollen, Zweifeln und Infragestellen, mit der Öffnung des Herzens durch Mißtrauen, Unsicherheit, Zweifel und Trübung der Gefühle, mit der Unentschiedenheit im Körperlichen bis in die energetische Ebene hinein. Diese Prädisposition ist also immer gegeben, wenn keine klare Haltung eingenommen, keine klare Entscheidung getroffen wird.

Wie ist das beim Körperlichen zu verstehen?

Der Körper ist nicht »nur Physis«, sondern eine materialisierte Form von Geist. Während bei Geist und Herz noch Zweideutigkeiten möglich sind, erträgt der Körper sie nicht. Er kann nicht gleichzeitig stehen und gehen, wachen und schlafen. Man muß auch den Körperzellen eindeutige Informationen und Instruktionen geben, nicht widersprüchliche. Und doch tut man das häufig, z. B. bei der Nahrungsaufnahme: der Körper will und braucht nicht mehr und bekommt doch noch, man ist satt und will doch noch essen. Es gilt also, auf klare und eindeutige Körperbedürfnisse zu hören und ihnen Folge zu leisten, sonst entsteht eine schwierige Situation. Das Körperbewußtsein ist das niedrigste im Menschen und weiß das, es ist sehr nobel. Normalerweise hört es auf die höheren Instanzen. Werden aber dort seine Bedürfnisse nicht gehört und nicht befolgt, so fragt es sich, ob es auf sich selbst hören soll oder auf höhere Instanzen. Es ist, wie wenn ein Kind etwas von sich weiß, aber von den Eltern etwas anderes erfährt: das bewirkt Zweifel und Mißtrauen, entweder sich selbst gegenüber, dann mangelt es ihm an Selbstvertrauen, oder den Eltern gegenüber, dann mangelt es an Vertrauen in höhere Instanzen und Autoritäten, letztlich an Vertrauen in die himmlischen Eltern.

Auf körperlicher Ebene führen die zweideutigen Botschaften zu Trugbildern, die den Körper durcheinanderbringen und Krankheiten auslösen können. Mitunter ist ja die Krankheit die Materialisation eines psychischen Problems. Schmerzen können entstehen, wenn Zellen hauptsächlich Doppelinformationen oder negative Informationen erhalten. Sie werden dann griesgrämig, statt sich wohl zu fühlen und sich harmonisch einzugliedern. Normalerweise haben Zellen die Weisung, sich einzuordnen und im Verbund mit den anderen »ordentlich« zu arbeiten, mitunter bekommen sie die Trugbild- Information, die Ordnung zu sprengen, z. B. wild und chaotisch zu wachsen, also Krebs zu bilden. Jede Zelle ist wie ein Schüler, der so oder so gestimmt ist.

Nur durch ein differenziertes Verständnis der Krankheitsursachen wird Heilung möglich. Einseitige, nur mechanische oder rein psychische Krankheitserklärungen oder sonstige einseitige Grundtendenzen sollten euch immer hellhörig machen, auch der einseitige Hang zur nur allopathischen Schulmedizin oder auch zur homöopathischen oder sonst alternativen Medizin. Wenn man z. B. die Ursachen des Krebses erforscht, sind u. a. genetische Gesichtspunkte, die psychische Struktur des Patienten, die psychologischen und sozialen Bedingungen in Betracht zu ziehen. Das eine oder andere allein hätte vielleicht nicht ausgereicht, um die Krankheit auszulösen. Man kommt infolgedessen nicht weiter, wenn man nicht allen Gesichtspunkten nachgeht, auch der Wirkungsweise der Trugbilder. Der Hang zum Monokausalen ist selbst eine Erscheinungsform der Trugbilder. Diese sind bestrebt, die Menschen durch Festlegung auf Einseitigkeiten, Simplifizierungen und sonstige Halbwahrheiten hereinzulegen und so z. B. den Erfolg der ärztlichen Arbeit zu durchkreuzen.

Auch der Gebrauch bestimmter Wörter ist ein Indiz für den Einfluß von Trugbildern, auf das ihr aufmerksam werden solltet, z. B. die häufige Verwendung oder Überbetonung von der (die, das) »Einzige«, von »wahr« in nicht sakralem Zusammenhang, von »Tatsache«, »Faktum«, »sicher«, »sicherlich«, »gewiß«, »zweifellos«. Solche Worte sind Masken. So verbergen sich z. B. Zweifel hinter »zweifellos«, unwahr hinter »wahr«, Vermischungen hinter »Fakten«.

Wie kann man einen Vortrag halten oder einen Gesprächsbeitrag bringen, ohne Öffnungen und Fragezeichen zu bewirken?

Das Öffnen ist notwendig, es soll und kann nicht verhindert werden. Es muß ja sein, auch um von guten Sphären berührt zu werden. Es geht nur darum, die Sphäre der Trugbilder abzuhalten. Alles geistige Herumwandern, Suchen und Fragen schafft eine gewisse Disposition, die für Trugbilder empfänglich macht.

II. Deshalb wenden wir uns im zweiten Teil unserer Unterrichtsstunde nun der Frage zu, wie man sich und andere vor dem Einfluß der Trugbilder schützt. Zunächst ist folgendes wichtig:

1. Das bewußte Sichhinwenden zum Heiligen, also zu einem heiligen Raum, zur Heiligen Schrift, zu heiligen Symbolen, z. B. zum Kruzifix, zu heiligen Texten, insbesondere zu Gebeten, zu Psalmen, zum Rosenkranz schafft eine schützende Hülle um euch herum.
2. Ihr könnt euch auch in den besonderen Schutz der Muttergottes stellen und euch mit dem blauen Mantel umgeben. Es genügt aber nicht, passiv dazusitzen oder ein Marienbild aufzustellen, Kerzen zu entzünden, eine blaue Kette zu tragen usw. und auf Wunder zu warten. Es bedarf einer bewußten, aktiven Hinwendung des Menschen zur Muttergottes und einer Bitte um ihren Schutz. Am besten ist, ihr betet das Schutz-Ave-Maria. Es lautet:

Gegrüßet seist du, Maria, voll der Gnaden,
der Herr ist mit dir
du bist gebenedeit unter den Frauen,
und gebenedeit ist die Frucht deines Leibes Jesus,
der uns die Engel gesandt hat.
Heilige Maria, Mutter Gottes,
Herrin aller Engel
Hüterin aller Suchenden,
Helferin in der Not,
schütze uns und leite uns
jetzt und in der Stunde unseres Sterbens.

Man betet sitzend oder kniend, mit geschlossenen Augen, so lange, bis man das Gefühl hat: Der blaue Mantel mit der blauen Kapuze senkt sich über Schultern und Kopf.

Das ist der direkteste Schutz bei allen Bedrohungen durch Zweifel, Mißtrauen, Unklarheit, Fanatismus, Einseitigkeit.

Was können wir tun, um andere vor Trugbildern zu schützen?

1. Ihr könnt ihnen blaue Engel schicken, und zwar immer wieder.
2. Es gibt bestimmte Heilige, die ihr anrufen könnt, insbesondere die heilige Barbara. Sie hat eine besondere Fähigkeit, vor Trugbildern zu schützen.
3. Mit ihrer Einwilligung könnt ihr die betreffenden Menschen in heilige Räume bitten, das schafft eine Art »Quarantäne«, einen wirksamen Schutz.

Früher wurden Dinge, die wesentliche Öffnungen bewirken, in der Regel nur in geheiligten Räumen ausgesprochen. Solche geheiligten Räume sind z. B. Kirchen, Tempel, bestimmte Schulen, Klöster, dort z. B. Kreuzgänge und Klosterbibliotheken, aber auch alte Bauerngärten; Bäuerinnen wußten früher von ihren geheiligten Gärten. – Auch ein Stück Wald kann ein solcher Raum sein. Nur sollte man das zuvor klären. Die Natur ist sehr differenziert; jeder Wald ist anders. Auch Naturgeister haben heilige Räume des Treffens oder des Schweigens, Wanderwege abseits der menschlichen Wanderwege. Architekten sollten lernen, darauf Rücksicht zu nehmen und nicht Straßen zu bauen, wo eine unsichtbare Kirche steht, oder ein Haus auf solch einen Wanderweg setzen.

Wie heiligt man einen Raum?

Diese Frage ist unterschiedlich zu beantworten, je nachdem, ob der Raum zu einem ständigen oder nur zu einem gelegentlich heiligen Raum gemacht werden soll – zu einem »stabilen« oder einem »flexiblen« heiligen Raum.

(A.) Sprechen wir als erstes von stabilen heiligen Räumen und halten zunächst fest, was nicht wichtig ist: z. B. die Zahl der Türen und Fenster, die ehemalige Nutzung, die gegenwärtige

Nutzung etwa als Schlafzimmer, Küche, Wohnzimmer – aus fast allen Räumen lassen sich geheiligte Räume machen. Der Raum kann auch eine Doppelfunktion haben, man kann dann wie mit einem Lichtschalter den heiligen Raum an- und ausschalten. So kann man also unter diesem Gesichtspunkt die stabilen geheiligten Räume weiter unterscheiden in solche mit ausschließlicher oder gemischter Funktion.

1. Dient der Raum ausschließlich als heiliger Raum, so sollte er möglichst leer sein und nichts enthalten, was nicht direkt mit heiligen Handlungen zu tun hat. Es sollte dort keine elektrischen Geräte geben, möglichst auch kein elektrisches Licht, sondern Kerzenlicht. Und er sollte im Zentrum einen Altar haben oder zumindest ein Symbol entweder der gesamten Trinität oder des Vaters oder des Sohnes oder des Heiligen Geistes oder der Maria oder der zu ihr gehörigen Wesenheiten.

   Beachtet die gebotene Ehrerbietung. Macht keinen Lärm und keine schnellen Bewegungen und vermeidet unautorisierte Berührungen des Zentrums. Auch Besucher sollten das respektieren und gehörige Distanz halten. – Das entspricht der Nähe des Priesters zum Altar bzw. dem Abstand der Gemeinde zu Priester und Altar. Und schließlich sollte der Raum eine abschließbare Tür haben.
2. Dient der Raum zugleich als Wohnraum, so vermeidet möglichst, dort zu essen, zu streiten und überhaupt laut zu sein. Es gibt eine Ausnahme: Kindern bis etwa zum 12. Lebensjahr ist fast alles gestattet. Sie stehen unter besonderem Schutz und haben sehr viel Freiheit.

   Wenn der Raum als Küche dient, darf man kochen, sollte aber möglichst woanders essen.

Wenn ihr den Raum umschaltet zum heiligen Raum, so geschieht das durch Rituale wie: Kerzen anzünden, frische Blumen an ein Bild stellen, das Ungestörtsein von technischen Einflüssen sichern (z. B. das Telefon abschalten). Sehr wirksam ist das bloße Aufschlagen der Bibel: schon dadurch entsteht ein geheiligter Raum. Die Bibel ist das einzige Buch, das diese Wirkung hat.

Für jeden stabilen heiligen Raum – gleich ob mit ausschließlicher oder gemischter Funktion – gilt folgendes: Er hat mindestens einen Engel, der ihn behütet und die Vertikale bildet. Dieser wirkt wie eine Antenne oder ein Kanal, der den Raum mit dem Himmel verbindet. Meist sitzen Engel auch in den 4 Ecken und hinter dem Altar, den sie mit ihren Flügeln umspannen. Große Kirchen haben ganze Heerscharen von Engeln. Dankt den Engeln und sprecht mit ihnen!

Jeder heilige Raum hat auch mindestens einen Naturgeist, der die Vertikale nach unten sichert. Er nimmt schädliche Energien auf und leitet sie ab, auch Kummer, Leid, Sorge, Verzweiflung. Ihr könnt ihn bitten, den Ein- und Ausgang zu behüten und den Raum zu schützen. Bedenkt immer: Naturgeister wollen gebeten sein.

Ein einmal geheiligter Raum wird nie mehr völlig entheiligt. Es betrübt zwar die Engel sehr, wenn man ihn profaniert, aber dadurch wird der Raum nicht entheiligt, auch nicht durch Mißbrauch, etwa durch die Verwendung einer Kirche als Konzertsaal. Auch ein mißbrauchtes Kind behält ja seine geheiligten Innenräume unverändert. Auch ein Priester, der von seiner Aufgabe abfällt, wird dadurch nicht entheiligt. Bedenkt immer: Geheiligt wird vom Himmel, nicht von Menschen.

(B.) Nun zu den flexiblen Räumen, also solchen, die an sich keine heiligen Räume sind, die man aber für eine Zeitlang in heilige verwandeln möchte, etwa für Vorträge, Gespräche, Seminare. Man macht sie zu heiligen Räumen durch die Zusammenarbeit mit Engeln und Naturgeistern, und zwar solange der Raum noch menschenleer und man ungestört ist. Das geschieht folgendermaßen:

Tretet zunächst in die Mitte des Raumes und bittet die Naturgeister, falls welche da sind, sich wahrnehmbar zu machen. Fragt sie: Seid ihr mit der Aufgabe, einen heiligen Raum zu schaffen, vertraut? Wenn ja, dann bittet sie darum und versichert euch ihrer Zusage, dann werden sie es tun. Wenn nein, dann führt einen der zu euch gehörenden Naturgeister ein und bittet ihn, die Aufgabe zu übernehmen. Dieser kann es bei Naturgeistern in heiligen Stätten lernen, z. B. in einer Kirche während eines Gottesdienstes.

Dann stellt euch mit dem Rücken an die hintere Wand des Saales und bittet von dort aus die blauen Engel aus dem Mantel der Maria, zu kommen, den Saal zu heiligen und während der Veranstaltung anwesend zu sein. Ehe ihr diese Bitte äußert, sprecht dreimal das Ave Maria mit »... Jesus, der uns die Engel gesandt hat«. Die Engel werden einen blauen Baldachin an der Decke aufspannen, der in der Mitte von einer goldenen Krone gefaßt ist und der die Wände bedeckt. So entsteht im Raum ein blaues Zeltdach. Dieses Zelt gibt Schutz und Segen. – Dies alles ist auch in freier Natur möglich, auch im Auto oder auf einer Parkbank.

Nach dem Vortrag oder Seminar vergeßt nicht, euch bei den Engeln und den Naturgeistern zu bedanken! –

Dürfen wir dieses Wissen weitergeben an andere?

Es ist für alle, die auf dem Weg sind und an einen Punkt des Zweifels, des Mißtrauens, der Öffnung kommen, und dieser Punkt kommt unvermeidlich. Deshalb warnt und mahnt die Kirche: »Zweifle nicht.« Aber das wird als Zumutung empfunden. Jeder Suchende stellt Fragen, das führt zu Öffnung, und diese macht ihn unsicher. Also muß er wissen, wie man sich schützt, wie man einen geschützten heiligen Raum schafft und auch, daß die Kirchen solche Räume sind. – Gebt das Wissen aber erst dann weiter, wenn die Menschen an einem solchen Punkt angekommen sind, gebt es ihnen nicht vorsorglich auf den Weg, wie ein Arzt, der Schmerzmittel ohne Schmerzen verteilt. Ihr solltet abwarten, bis Fragen entstehen. Sie kommen bei allen Suchenden auf dem spirituellen Weg. Deshalb dürft ihr davon ausgehen, daß sie in der Regel auch bei den Lesern eures Buches entstanden sind.

Sonntag, 21. 5. 95

Der Innenraum mit dem Marienengel

Elion (vgl. 10. 5. 95): Die heutige Unterrichtsstunde ist einem sehr wichtigen Thema gewidmet: dem Innenraum mit dem Marienengel. – Ihr kennt schon die Innere Quelle und die Innere Kapelle. Der Innere Marienengel wohnt im sog. »Hals-Chakra« oder »Kehlkopf-Chakra«, wie man zu sagen pflegt. Es handelt sich um einen besonderen Innenraum im Turm eurer Inneren Kirche. Begebt euch in eure Innere Kirche. Links vom Altar werdet ihr eine Tür finden, die in ein Treppenhaus mit einer Wendeltreppe führt. Wenn ihr diese hinaufsteigt, kommt ihr in eine Turmkapelle. Schaut euch um.

Ihr findet einen Altar mit einem Marienbildnis und davor einen Betstuhl. Etwas seitlich steht oder sitzt euer Innerer Marienengel, bekleidet mit einem blauen, von Sternen übersäten Mantel. Er wirkt nicht herrschaftlich, sondern rührend sanft und zart. Er kann allerdings größer sein als ihr, aber er wirkt klein, so als würde er in eine Hand passen. Seine Stimme ist sehr fein und leise. Es kostet zunächst Mühe, die Wahrnehmung so zu sensibilisieren, daß man ihn hört; doch es ist wichtig, ein feines Empfinden für seine Stimme zu entwickeln.

Dabei ist er so mächtig! Er ist der Stellvertreter der Mutter in euch. Es sollte die Menschen rühren, daß die Mutter bei all ihrer Macht das so eingerichtet hat. Ihr könnt mit eurem Marienengel über eure persönlichsten Probleme sprechen – er wird mit Umsicht und Sanftmut darauf eingehen. Und ihr könnt euch mit

Fürbitten für andere an ihn wenden. Wenn ihr zu ihm betet, reicht er eure Bitten und Fragen an die heilige Maria weiter und übermittelt euch ihre Antworten. Auch wenn ihr die Gottesmutter direkt ansprecht, erreicht ihr sie über euren Marienengel. Deshalb vergeßt nie, euch auch an ihn zu wenden und ihm zu danken. Er begleitet euch nur für ein Leben. Er hat wenig eigene Individualität, keinen Eigennamen, er ist nur Dienst. Er verbindet sich mit dem Kind, wenn es sprechen lernt; mit 1–1 $^1/_2$ Jahren zieht er ein. Das geschieht auch bei Taubstummen.

Man spürt ihn durch eine leichte Veränderung des Gefühls im Hals. Wenn man ihn spürt, hat man etwas Mühe mit dem Ein- und Ausatmen, man spürt einen Druck. Er warnt, ruft euch zu: Halte ein!, wenn die Gefahr besteht, daß man nicht die ganz klare, reine Wahrheit sagt. Es entsteht dann ein Räuspern, oft eine minimale Veränderung eurer Stimme, sie kann höher oder tiefer, dunkler oder heller oder etwas rauh werden. Wenn ihr damit vertraut seid, könnt ihr auch bei anderen Menschen mit bloßem Ohr Unwahrhaftigkeiten wahrnehmen – am Ton, an der Art und Weise ihres Sprechens. Sie suchen vergeblich ihre Unwahrheiten zu verbergen – vor sich selbst, vor der Welt, vor dem Himmel. Der Marienengel wirkt wie ein feiner Lügendetektor.

Euer Innerer Marienengel ist zuständig sowohl dafür, daß eure Worte stimmig sind, als auch dafür, daß sie Wirkungskraft bekommen. Er ist es, der dem heiligen Wort seine Tragkraft verleiht. Sprecht ihr ein heiliges Wort, einen wahren, heilenden, ganzmachenden Satz, so spricht dieser Engel durch euren Mund. Ist eine Formulierung gut und in Übereinstimmung mit der Wahrheit, dann ist es der Marienengel selbst, der spricht.

Wenn ihr aber Halbwahrheiten oder Lügen aussprecht, sitzt er da, weint und wartet. Sie tun ihm weh – stellvertretend für »seinen« Menschen, wie sie auch der heiligen Maria weh tun.

Er ist ja ein Marienengel, und so gibt er sein Leid an die heilige Maria weiter. Das Bild der leidenden Gottesmutter mit dem durchbohrten Herzen ist real, es ist nicht nur ein Symbol. Sie blutet wirklich, und sie weint wirklich.

Mittwoch, 24. 5. 95 (Vorabend von Himmelfahrt)

Himmelfahrt

(Vor dem Hohen Rat; auf der »Wiese« sind viele fröhliche Engel, hellgekleidet mit blauen Flügeln, die kleinen sind geradezu übermütig.) Amael: Was meint ihr, warum all die Blumen hier blühen? Sie blühen für den morgigen Tag. Sämtliche Hierarchien haben teil an Himmelfahrt, weil Christus überall vorbeikommt. Es herrscht große Freude! Ihr bekommt je eine Blume: Isabel eine Margerite, Gerhard eine Pfingstrose, Martin eine kleine Sonnenblume, Alexa eine Rose. Die Blume ist nicht nur ein Geschenk, sondern für jeden ein Geheimnis, über das es nachzusinnen gilt. Himmelfahrt ist ein Blumenfest, ein Frühlingsfest. Es ist Frühling, weil Himmelfahrt ist, nicht umgekehrt. Das Leben bricht auf zur Sonne. Das ist aber nur der unterste Aspekt der Himmelfahrt.

(Amael wirkt lustig wie immer, aber auch sehr feierlich. Er macht vor jedem von uns das Kreuzzeichen.) Ihr dürft zum Hohen Rat. Es bedarf der nötigen Sammlung. Die Mitglieder des Hohen Rates beantworten heute keine Fragen. Ihr seid nur kurz zugelassen. – (Amael führt uns in die Kathedrale des Hohen Rates. Dieser spricht durch den Hohelehrer:)

Es geht heute nur um einen Aspekt der Himmelfahrt, über den weniger bekannt ist: Wohin ist Christus gefahren? Er ist zur Mutter heimgekehrt. Seine Heimkehr zum Vater geschah schon, als Christus sprach: »in Deine Hände befehle ich meinen Geist« und: »Es ist vollbracht«. »Er sitzt zur Rechten Gottes« beschreibt den Endzustand. Das Wichtigste an Himmelfahrt ist zugleich ihr freudigster Aspekt: die Rückkehr des Sohnes zur Mutter, die Wiedervereinigung von Mutter und Sohn.

Infolge dieser Vereinigung gibt es jetzt Aufträge an die Engel, die von Sohn und Mutter gemeinsam erteilt werden. Die Vereinigung von Mutter und Sohn wirkt sich aber auch dahin aus, daß der Sohn mit der Mutter in der Materie – d. h. in der Erde – anwesend ist. Zu sagen, Christus lebe seit der Himmelfahrt in der Erdensphäre, ist ein wenig undifferenziert. Die Himmelfahrt war keine Erdenfahrt. Er ist zur Mutter gegangen, und diese ist – in einem ihrer Aspekte – auch Trägerin der Erde. Die Etymologen streiten sich noch über die Herkunft des Wortes »Materie«. Tatsächlich hat es mit lat. »mater« – mit der Mutter – zu tun, die nun auch in der Erdmaterie den Sohn bei sich hat. Insofern ist er indirekt auch in der Materie lebendig. Dadurch wird der »Innere Christus« im Menschen – in seiner Inneren Kirche – ermöglicht; er kann im menschlichen Leib wohnen, der Leib kann es ertragen. Auch der Vater kann sich in der winzigen Gestalt des »Inneren Kindes« im menschlichen Leibe – in der Inneren Krypta – zeigen.

Daß nach der Kreuzabnahme der Leib Jesu in die Arme der Mutter gelegt wurde, ist eine bedeutsame Tatsache, die den Menschen etwas sagen will. Was hier leiblich geschah, geschah bei der Himmelfahrt in verklärter Form: der Sohn kehrte in die Arme der Mutter zurück, damit ging er auch – mit ihr – in die Materie. In ihm zeigt sich das »Licht des Vaters, die Liebe der Mutter, das Leben der Welt«, wie es in einem Christus-Gebet heißt.

Richtig ist, daß Christus sein irdisches Leben der Erde hingegeben hat. Es ist eingeschrieben in den Erdenmantel, in jedes Sandkorn. Deshalb sind Bauern und Gärtner den himmlischen Weisheiten oft näher als z. B. Mathematiker. Die am meisten geerdet sind, sind die ersten, die den Himmel erkennen. Kniend auf der Erde zu arbeiten, bringt euch dem Christus näher, als Türme zu konstruieren, von denen man schließlich doch nur hinabstürzt.[32] Berührt ihr mit den Händen die Erde, so berührt ihr die Mutter, die ihren Sohn seit seiner Himmelfahrt wieder bei sich hat.

Also Himmelfahrt ist ein freudiges Marienfest, der schönste und heiligste Tag für Maria. Die Heimkehr des Sohnes heilte damals ihre Wunden und ihren Schmerz. Himmelfahrt ist seither jedes Jahr ein heilender und geheiligter Tag für alles, was Maria untersteht. Es ist ein Tag der heilenden Handlungen, der heiligen Gespräche, der Heiligung von Räumen und Gegenständen, der Segnung und Heilung von Natur und Kreatur. Er ist auch ein besonderer Tag für alles Schöne, das man mit Kindern tun kann. Und ihr möget alles tun, was der Erde hilfreich ist. Gebt euren Naturgeistern im Hause frei, damit sie gemeinsam mit ihrem Volk feiern können.

Jeder von euch darf jetzt eine Frage stellen, die nicht von den Mitgliedern des Hohen Rates, sondern von Maria-Sophia, die in ihrer Mitte thront, selbst beantwortet werden wird.

Wie ist das Verhältnis von Maria im Himmel zu Maria auf Erden?

Die Heilige Jungfrau, ein Aspekt der göttlichen Mutter, war in Maria auf Erden inkorporiert, doch war sie zugleich im Himmel. Am ehesten ist das verständlich im Bild der Spiegelung (die jedoch nichts mit Täuschung zu tun hat). So hat ja auch der Sohn seinen Platz im Himmel nicht verlassen, während er auf Erden weilte.

Sind Vater, Mutter und Sohn einer Familie vergleichbar?

Ihr schuldet Vater und Mutter gleiche Liebe und Dankbarkeit. Doch der Vater steht höher an Macht und Schöpferkraft. Die Mutter steht auf einer Stufe mit dem Sohn. Sie ist wie er aus dem Vater herausgesetzt. Doch hat sie dem Sohn gegenüber nicht ein schwesterliches, sondern ein mütterliches, liebevoll-fürsorgliches

Verhältnis. Das Verhältnis von Vater, Mutter und Sohn könnt ihr euch im Bild eines Dreiecks vorstellen, dessen Spitze der Vater bildet:

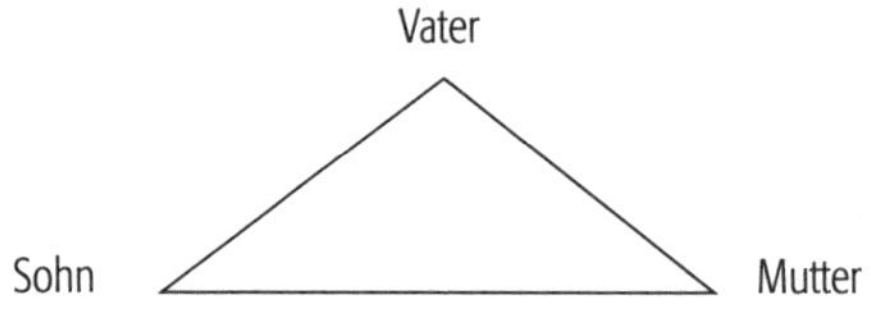

Der Vater seinerseits könnte also auch nicht die Position der Mutter einnehmen.

Auf Erden sind Vater und Mutter die Vertreter zweier Prinzipien; sie unterscheiden sich nicht nur im Geschlecht, vielmehr sind die beiden Geschlechter Ausdruck der beiden Prinzipien. Diese wirken sich bei den Menschen bis in Psyche, Sprache und Art des Umgangs mit dem Spirituellen hinein aus. Die Zweigeschlechtlichkeit ist eine Widerspiegelung von Vater und Mutter im Himmel.

Vater und Mutter sind nicht ein und dasselbe. Zwar bildeten Vater und Mutter ursprünglich eine Einheit, doch der Vater hat das Weibliche aus sich herausgesetzt; das Bild der Erschaffung der Eva aus der Rippe des Adam wiederholt diesen Vorgang des Ursprungs. Jeder Denkansatz, der die Mutter so sehen möchte, daß sie eine Einheit mit dem Vater bildet, beruht auf einer Vermischung. Und nur einen von beiden zu sehen, also etwa nur den Vater zu sehen und die Mutter zu ignorieren, ist eine Simplifizierung. Es gibt für den Menschen auf Dauer keinen Fortschritt, wenn er der Mutter den ihr gebührenden Platz nicht zuerkennt und nicht auch ihr dient.

Können wir heute in besonderer Weise Maria die Ehre geben?

Das ist eine Schlüsselfrage. Die Wiederkunft des Sohnes im Ätherischen steht bevor und wird vorbereitet.[33] Diesmal wird es nicht ein so schwerer Weg sein wie damals, als Christus Mensch wurde, aber auch kein leichter Weg. Es wird auf ätherischer Ebene Kämpfe und Verwundungen geben, die auch für die Menschen, die ihn auf Erden erwarten, Prüfungen bedeuten werden. Die Mutter gibt wiederum den Sohn her. Die Furcht – oder besser: die Sorge in ihrem Herzen ist groß. Wenn ihr eure Arbeit konsequent, mutig und stetig fortführt, zugleich aber ohne Ehrgeiz und ohne Hast, tragt ihr ein wenig dazu bei, daß sich die Wiederkunft im Ätherischen so heil und liebevoll wie möglich vollziehen kann. Erinnert euch, daß er gesagt hat: was ihr für den geringsten meiner Brüder getan habt, habt ihr mir getan. In diesem Sinne gilt auch: Was ihr für die Wiederkunft Christi tut, habt ihr auch für Maria getan. Was ihr jetzt tun könnt, ist, euch nach bestem Wissen und Gewissen still und konsequent auf die Wiederkunft vorzubereiten, und dann, sie zu begleiten. So könnt ihr mit allen Hierarchien gemeinsam dazu beitragen, daß sich die Leiden in Grenzen halten. Das alles fällt auf euch zurück: was ihr tut, wird euch getan.

Haben wir mit Maria-Sophia gesprochen?

Das ist eine Frage zuviel, aber: ja. Ihr dürft mir die Blumen dalassen: das bedeutet dann ein Versprechen von euch, in diesem Sinn zu arbeiten, zugleich aber auch ein Versprechen von mir: Ihr steht ab jetzt unter meinem ständigen und vollkommenen Schutz für eure Seelen und für euren Weg. Das ist wertvoller als alle Kleinodien der Welt.

(Wir überreichen ihr die Blumen.) Ich segne euch als meine Kinder.

(Amael: empfängt uns draußen und überreicht jedem als Überraschung wieder eine Blume gleicher Art.) Amael: Ihr seid jetzt entlassen; denn hier geht es jetzt um die Vorbereitung für morgen: um die Licht- und Tonschwingungen dort, wo der Sohn hindurchsteigt. Er ist von scheinbaren »Wolken« begleitet, das sind besondere Engel, die den Sohn ständig begleiten wie ein weißer Lichtstrahl. Für euch ist das kaum auszuhalten. Ihr solltet jetzt besser gehen.

Donnerstag vor Pfingsten, 1. 6. 95

Pfingsten. Das Pfingst-Ave-Maria

(Wir befinden uns auf der Ebene des Hohen Rates und der Maria-Sophia.)

Amael: Zwischen Himmelfahrt und Pfingsten wird eine große Zeremonie vorbereitet: die Inthronisation der Maria-Sophia. Sie bildet einen Aspekt des Pfingstfestes, der wenig bekannt ist. Maria-Sophia ist umgeben von bestimmten Insignien und Engeln. Zu ihren Insignien gehört auch eine Rüstung. In der Kunst wird Maria-Sophia allerdings selten so dargestellt.

Die gesamte Schöpfung macht ihr ihre Aufwartung: die Hierarchien, die Natur usw. Heute sind es alle Heiligen. Ihr dürft von ganz hinten zuschauen, ihr seht, wie wunderschön sie ist. – (Amael ist neben uns. Er ist im Vergleich zu den Wesen, die um Maria-Sophia sind, so klein wie ein Zwerg – wir sind es auch.)

Ihr seht: Maria zeigt sich jetzt unter dem Aspekt der Siegreichen. Sie hat eben nicht nur die Aspekte: mütterlich-beschützend, Herrin aller Engel, sondern auch den der Siegreichen: erhobenen Hauptes, groß und strahlend. Pfingstsonntag wird der Höhepunkt des Festes der Inthronisation Mariens sein.

Maria-Sophia setzt jedes Jahr Pfingsten erneut die Fähigkeit zur Kommunikation ein, und zwar von den Naturreichen und Naturgeistern an bis hin zu den höchsten Hierarchien. Für den Menschen bedeutet das, daß alle im Menschen befindlichen Engel – der Marienengel, der betende Engel und die Engel der übrigen Innenräume (z. B. der Engel an der Quelle) – erneut eingesetzt – oder genauer: durch eine Zeremonie in ihrer Einsetzung erneut bestätigt werden. Ohne diese wäret ihr zwar nicht stumm, aber im höheren Sinn nicht ausdrucksfähig. Maria-Sophia steht an Pfingsten siegreich aufrecht. Mit der linken Hand befiehlt sie den Engeln, sich in die Seelenwelt der Menschen hineinzubegeben. Die Existenz der Engel im Menschen ist ganz real und nicht nur bildhaft zu sehen.

Auch für die Hierarchien und die Heiligen erneuert Maria-Sophia die Fähigkeit zu kommunizieren – miteinander, vertikal untereinander und auch mit euch. Sie öffnet euch die Augen und die Ohren, die Hände und die Herzen. Das ist die Voraussetzung dafür, daß jede Form von Bitte und Fürbitte wirksam werden kann. Ohne Pfingsten wäre eine gewisse Verbindung zu den Hierarchien zwar in dem Sinne gegeben, daß sie schützend ihre Hand über euch halten könnten. Aber ohne Pfingsten könntet ihr die Hierarchien nicht hören und sprechen. Zwar auch ihr Schweigen ist beredt. Aber ihre Worte wären für den Menschen nicht hörbar. Eine »Engelstunde« ginge nicht. Auch zwischen den Hierarchien gäbe es keine Botschaften und Anweisungen.

Was können wir tun, um die Engel, die neu eingesetzt werden, würdig zu empfangen?

Sie sind schon da. Ihr solltet Kontakt zur Engelwelt in euch aufnehmen. Es wäre eine Sünde, das Geschenk ihres Wortes nicht anzunehmen. Häufig sind die Engel zum Schweigen verurteilt, weil die Menschen nichts von ihnen wissen oder wissen wollen und den Kontakt nicht pflegen.

Wie ist das Verhältnis Mariens zum Heiligen Geist?

Maria ist der weibliche Teil der Trinität, der durch den Heiligen Geist vermittelt wird, wie die anderen Teile der Trinität auch. Das ist so zu verstehen: Die Ausgießung des Heiligen Geistes geschieht gemeinsam durch Vater, Mutter und Sohn.[34] Der Heilige Geist setzt sich – wie das Blut – aus Teilen zusammen, er ist die Einheit aus den drei Strahlen des Vaters, der Mutter und des Sohnes. Diese Redeweise ist eine etwas künstliche Aufdröselung, die nötig ist, um den Menschen wenigstens andeutungsweise ein wenig begreiflich zu machen, wie die Trinität zu verstehen ist. In Wirklichkeit wirken Mutter und Sohn immer zusammen, ja mehr noch: Kein Teil der Trinität wirkt ohne die anderen. Sie bilden eine »Dreieinigkeit«, sie sprechen eigentlich immer unisono und in völliger Übereinstimmung. Ihr kennt das ja auch schon von eurer Begegnung mit den Archai und dem Hohen Rat. Bei der Trinität ist es ebenso: Alle sind immer alles, nur daß der eine oder andere ein wenig mehr hervortritt. In diesem Sinn kann man von den drei Anteilen des Heiligen Geistes sprechen:

1. Der Anteil des Vaters ist die Kraft, die im Geist wirksam ist, das »Heilige«, das heil und ganz macht und nach oben hin ausrichtet.
2. Der Anteil des Sohnes ist die Gnade, die ohne Ansehen der Person geschenkt wird, überall und für jeden.
3. Der Anteil der Mutter ist die Lebendigkeit, die der Materie die Fähigkeit verleiht, Kraft und Gnade aufzunehmen. Der Heilige Geist wird von der Materie unbewußt, aber gleichwohl dankbar aufgenommen, auch wenn die Naturgeister nicht bewußt antworten können.

Der Heilige Geist ist also die Einheit von Kraft, Gnade und Lebendigkeit. Er ist das Blut der Trinität. Im Bild: Denkt ihr euch Vater, Sohn und Mutter als Dreieck, so findet ihr den Heiligen Geist in der Mitte: Er fließt aus allen Dreien.

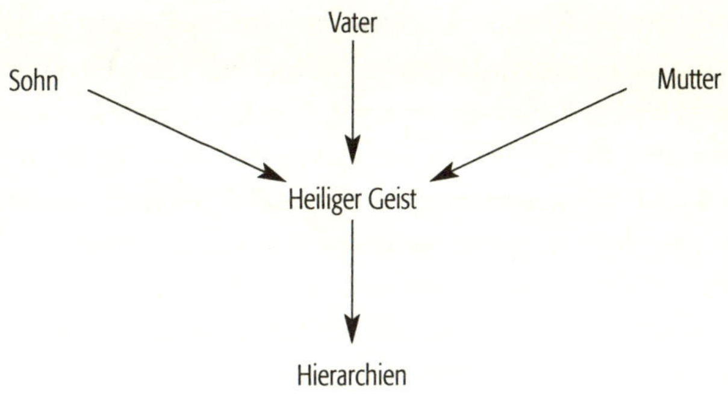

Bitte seht das aber nicht flächig, sondern dreidimensional: Der Heilige Geist vermittelt Vater, Mutter und Sohn nach unten zu den Hierarchien hin.

Ihr könnt also auch sprechen: »Im Namen des Vaters, des Sohnes und der Mutter durch den Heiligen Geist« und dazu folgende Kreuzzeichen machen:

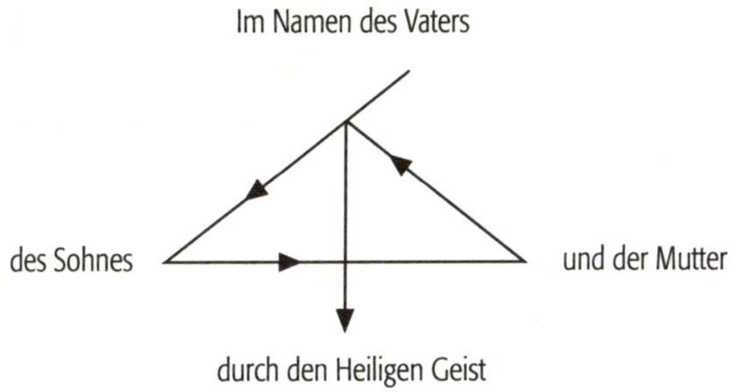

Die in der christlichen Tradition gebräuchlich gewordene Formel »Im Namen des Vaters, des Sohnes und des Heiligen Geistes« ist selbstverständlich berechtigt. Sie betont das Dreieck ...

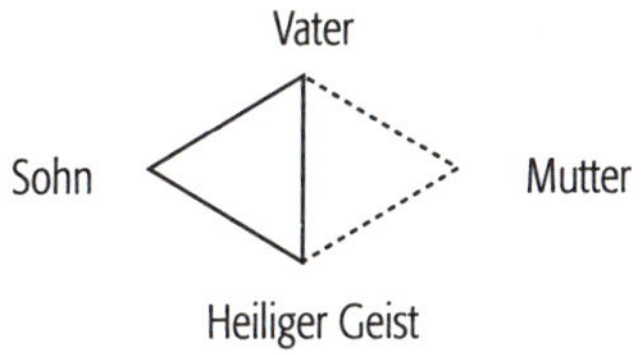

... und läßt die Mutter aus, weil ihr göttlicher Rang als Teil der Trinität noch nicht klar genug erkannt war. Da die »Teile« der Trinität immer zusammenwirken, und insbesondere die Mutter immer mit dem Sohn zusammenwirkt, trat sie hinter ihm zurück. Sie selbst wollte es so, es geschah auch im Dienste des Vaters. Sie zog sich gewissermaßen zurück, um Raum zu geben für die Verehrung des Vaters und des Sohnes. Deshalb trat auch die Verehrung der Engel zurück. Daß die Mutter darüber beinahe vergessen wurde, ist sie gewohnt, sie nimmt es gelassen und lächelnd. Jedes Mal, wenn dieser Segen gesprochen wird, reichen Vater und Sohn den ihr gebührenden Anteil von sich aus an sie weiter.[35]

Gehört also auch die Heilige Jungfrau, die auf Erden die Gottesmutter war, zur Mutter und damit zur Trinität?

Ja. Alle drei Teile der Trinität haben drei Aspekte, bilden gewissermaßen wieder eine Trinität in sich. Auch die göttliche Mutter hat drei Aspekte. Einer davon ist, wie gesagt, Maria-Sophia, die die göttliche Weisheit repräsentiert, ein anderer ist Maria, die Heilige Jungfrau.

Die Menschen spüren ihren unermeßlich hohen Rang. Deshalb nimmt ihre Verehrung immer mehr zu, und sie wird weiter zunehmen.[36] Vor allem jetzt, vor der Wiederkehr des Sohnes, ist es wichtig, daß ihr mehr und mehr zur Verehrung Mariens zurückfindet. Je mehr ihr ihren göttlichen Rang zunächst ahnt, dann allmählich verstehen lernt, desto näher kommt ihr auch dem Sohn. Doch die Trinität ist ein Mysterium von unendlicher Größe und Erhabenheit, das Menschen nie ganz begreifen können.

Die heutige »Frauenbewegung« legt großen Wert auf die Gleichberechtigung der Frau mit dem Mann. Sie könnte ihr Anliegen auf keine bessere Weise fördern, als indem sie sich der Verehrung der Maria zuwendet.

Hat sich die himmlische Mutter in einem Menschen Maria inkarniert, von dem (wie behauptet wird) frühere Inkarnationen bekannt sind, und der auch später wieder auf Erden wirkte?

Nein, alle dahingehenden Angaben beruhen auf Mißverständnissen. Die himmlische Maria lebte nur ein einziges Mal auf Erden, und zwar nicht in einem hochentwickelten Menschen, etwa einem Meister. Da die himmlische Maria wünschte, auf Erden anwesend zu sein, wurde ein menschlicher Körper für sie gebildet, ähnlich wie ein Schneider ein Gewand anfertigt.

Ein solcher »Körper« kann von verschiedenen Hierarchien gebildet werden, um von ihnen bewohnt zu werden. Die Göttersagen sind insofern richtig, nur lebten so auf Erden nicht Götter, sondern Wesen aus den Hierarchien und anderen Gefilden. Sie waren in ihnen inkorporiert und lebten darin richtig wie ein Mensch, litten z. B. unter Hunger und Kälte. Die Materieteile eines solchen Leibes müssen die Inkorporation von der Schwingung her aushalten; sie werden sorgfältig ausgewählt. Jeder normale Leib würde sich augenblicklich auflösen, wäre er einer Lichtschwingung ausgesetzt, wie sie die Inkorporation eines hierarchischen Wesens mit sich bringt. So wie sich die hierarchischen Wesen, die für die menschlichen Augen normalerweise nicht sichtbar sind, wahrnehmbar machen können, so können sie sich auch einen materiellen Leib schaffen. Sie werden dann als Menschen empfangen und geboren und durchleben ein menschliches Leben.

Ein solcher Körper war auch Marias Leib. Er war zum Anfassen real da und geformt, entstammte aber nicht einer horizontalen Inkarnationsreihe. Er war ganz aus der Vertikalen entstanden. Seine Besonderheit war, daß er zum Himmel auffahren konnte. Die Zellen oder Zellverbände, die den Körper Mariens bildeten, waren so stark durchleuchtet von der himmlischen Mutter, daß sie auf irdischer Ebene nicht mehr zu finden sind. Zelle für Zelle ist aufgefahren zur himmlischen Mutter und mit ihr vereinigt. Die kirchliche Lehre von der leiblichen Himmelfahrt Mariens, die soviel belächelt wird, ist in ihrem Kern durchaus wahr.

Wie ist das Verhältnis des heiligen Erzengels Michael zur heiligen Maria?

Michael ist ein besonders treuer Freund und Mitarbeiter der Maria. Er darf deshalb im Rahmen der Zeremonie eine der Insignien an Maria herantragen. Er hat die Möglichkeit, sich durch alle Hierarchien hindurch ungehindert zu bewegen. Er könnte eine höhere Stellung beanspruchen und sich ganz dem Lobpreis zuwenden. Aber er verzichtet darauf, weil er auf seiner Ebene besonders wirksam kämpfen kann, er geht freiwillig »an die Front«.

Die Apokalypse des Johannes bringt den Kampf Michaels in Zusammenhang mit der Frau am Himmel, umkleidet mit der Sonne, den Mond unter ihren Füßen, einen Kranz mit zwölf Sternen um ihr Haupt, und ihr Kind wurde entrückt zu Gottes Thron (Apk. 12, 1–5); sie wird bedroht von Drachen, aber Michael siegt (Apk. 12, 7–11). Ist das ein Bild der Maria, deren Siegesfest wir Pfingsten feiern? –

Ja. – Pfingsten könnt ihr historisch betrachten: als die Aussendung des Heiligen Geistes zu den Jüngern. Interessanter für euch ist aber sicherlich die Frage, was in heutiger Zeit zu Pfingsten geschieht. Die Geschehen betreffen nicht nur die Schar der Jünger Jesu, sondern alle, die sich zur Trinität hingewendet haben, und zwar zu allen drei »Personen« der Trinität gemeinsam; denn sie bildet die Dreieinigkeit. Es genügt allerdings nicht, die Trinität einfach nur zur Kenntnis zu nehmen und sich ihr zugewandt zu haben. Es geht darum, die Trinität in angemessener Weise zu erfahren, d. h. sich ihr anzugeloben. Für heutige Jünger ist Pfingsten der Tag der Öffnung des Himmels. Er eröffnet die Chance eines ständigen Kontakts mit allen Hierarchien bis hin zur Trinität.

Wenn wir sagen: An Pfingsten ist der Himmel offen, so bedeutet das: Die Kuppel in eurer Inneren Kirche öffnet sich ein wenig und läßt durch die Öffnung das Licht von oben einströmen. Wenn ihr euch in dieses Licht stellt, habt ihr Anteil am Heiligen Geist – am wirkenden, lebendigen Geist, an der Kraft und an der Gnade. Es ist die größte Großzügigkeit, die der Himmel gewähren kann.

Wenn ihr euch der Trinität angeloben wollt, so geht am Morgen des Pfingstsonntags in eure Innere Kirche. Bittet den Führungsengel, anwesend zu sein. Tretet unter die Kuppel oder das Dach. Geht auf die Knie oder besser: werft euch ganz nieder. Dann bittet, daß das Pfingstwunder für euch geschehen möge. Es ist nicht angebracht, nach oben zu schauen. Ihr werdet erfahren, was dann geschieht. Beachtet: das Pfingstwunder ist ein Wunder. Es kann nicht erzwungen werden. Auch für euren Führungsengel ist das Geschehen ein großes Geschenk.

Der Betende Engel wird euch einladen zur heiligen Kommunion. Ihr solltet bei dem Wort »der Leib Christi« getrost hinzudenken: »der Leib des Vaters« und »der Leib der Mutter«.

Von da an bleibt die Kuppel in eurer Inneren Kapelle einen Spaltbreit offen. Durch die Öffnung fällt Licht auf einen bestimmten Ort auf dem Boden. Dort ist von da an direkter Kontakt zur Trinität möglich. Es ist der heiligste Ort in eurer Inneren Kirche, ihr solltet ihn nie mit den Füßen betreten, nur kniend oder liegend. Im Lichte unter der Öffnung ist der geeigneteste Ort, wo ihr Buße tun und um Vergebung bitten könnt, wann immer euch danach verlangt. – Ihr könnt dort auch um Führung und Erleuchtung bitten. Davon solltet ihr aber nur sparsam Gebrauch machen, nicht öfter als 3 – 4 mal im Leben, euch aber jedenfalls in der Stunde eures Sterbens dort einfinden.

Auch in jeder äußeren Kirche ist ein Ort, wo die Himmel offen stehen, d. h. wo täglich Pfingsten ist. Mitunter ist er äußerlich erkennbar: durch bestimmte Fenster fällt das Sonnenlicht zu bestimmten Zeiten auf bestimmte Orte und bezeichnet diese Stelle, so z. B. in der Kathedrale von Chartres. – In den Kirchen finden sich auch Orte, wo immer Weihnachten, Ostern usw. ist. Zeitliches verwandelt sich in Räumliches und wird dadurch konstant, und umgekehrt: Räumliches verwandelt sich in Zeitliches und wird dadurch gegenwärtig. Macht euch eine abenteuerliche Lust daraus, in den Kirchen nach diesen Orten zu suchen. Ihr könnt dazu die Hilfe des Führungsengels und der Engel der Kirche erbitten. Wer sucht, der findet.

Pfingsten ist das Fest der Ausgießung des Heiligen Geistes, aber auch das Fest der Mutter, die in der »Mutter Erde« lebt und leidet. An euch ergeht der Aufruf, auch dort das Heilige zu suchen und zu finden, also in der Welt der Natur, in jedem Menschen und auch in den Menschenwerken.

Wie ist das »Reden in Zungen« zu verstehen, von dem die Bibel berichtet (Apg. 2, 2–11)?

Es ist wie ein großes Spiel zwischen Vertikale und Horizontale. Einer »redet in Zungen« heißt: jeder versteht ihn in seiner Sprache, weil er den Sinn seiner Worte nicht akustisch über das Ohr, sondern über das Herzchakra aufnimmt, so wie Menschen ja auch die Schwingungen, in denen sich die Engel ausdrücken, in jeder beliebigen Sprache aufnehmen können. Ihr hier vernehmt oder besser: verdolmetscht die Sprache der Engel auf deutsch, andere können dasselbe auf englisch, russisch, italienisch usw. tun.

Auch die Hirten zu Bethlehem verstanden die Botschaft der Engel über das Herzchakra. Niemand in der äußeren Welt hat ihnen erklärt, um wen es sich bei dem Neugeborenen handelt, auch Maria und Josef taten es nicht, und doch wußten es die Hirten und waren »ins Herz getroffen«. Das Leben Jesu könnt ihr einmal unter dem Aspekt betrachten, daß es auch eine Vorbereitung auf das Pfingstereignis bedeutet.

Das »Zungenreden« ist die Kunst, sich in dem harmonischen Wechselspiel zwischen Vertikale und Horizontale zu verständigen: Offenbarungen aus der Vertikalen zu empfangen und ihnen in der Horizontale Ausdruck zu geben. Pfingsten ist ein Fest der Begegnung und Bewegung aus der Vertikalen in die Horizontale und umgekehrt. Der Mensch kann sein ganzes Leben lang in dieser Pfingstbewegung leben. Das tut er, wenn er im »Pfingstkreuz« lebt, das nicht identisch ist mit dem Kreuz der Passion, das er auf sich nimmt, sondern das er in seinem lebendigen Atmen in sich hat: Mit dem Einatmen nimmt er z. B. Segensworte aus dem Himmel auf und gibt sie weiter an die Menschen, die Erde, die ganze Welt. Oder er nimmt aus der Welt Anfragen, Probleme, Krankheiten auf und gibt sie ab in die Vertikale. So ist er abwechselnd der Mutter Erde und dem Himmel zugewandt. Das Atmen ist dann wie ein Lebendigwerden des Kreuzes. In diesem Sinne ist das ganze Leben Pfingsten: es ist das Wechsel-Spiel von Öffnung in die Vertikale und die Horizontale.

Alexa: Die siegreiche Mutter anzusehen ist sehr, sehr schön.

Gibt es ein pfingstliches Ave-Maria? –

Ja. Es lautet:

Gegrüßet seiest du, Maria, voll der Ehre,
der Herr ist mit dir,
du bist siegreich unter den Frauen,
und siegen wird die Frucht deines Leibes, Jesus,
der mit dem Vater und dir lebt und regiert in Ewigkeit.
Heilige Maria, Mutter Gottes,
Herrin aller Engel,
kämpfe für uns und siege für uns,
jetzt und in der Stunde unseres Sterbens.

Pfingstmontag, 5. 6. 95

Die Bibliothek (»Akasha-Chronik«)

Haniel (ein uns bisher noch unbekannter Engel, lachsfarben mit hellblau, wunderschön): Ich will einen Weg mit euch gehen, wenn ihr einverstanden seid, wohin – das soll eine Überraschung sein. Wollt ihr? – *Ja.* –

(Haniel führt uns in eine »Bibliothek« – unendlich groß, mit vielen Etagen. Haniel zeigt mit ausladender Geste auf die Bibliothek:) »Voilà!«

Engel lesen nicht »Buchstaben«, sondern sie erkennen die Stimmigkeit der Schwingungen, ebenso wie beim gesprochenen Wort: sie »hören« nicht die Sprache, sondern gehen mit der Gesamtschwingung des Satzes mit. Deshalb haben sie keine Sprachprobleme. Ein Mensch oder auch ein Raum können »beredt« sein durch Ausstrahlung. So ähnlich ist es in den Himmeln: Es ist still. Die sprachliche Verständigung geschieht durch Schwingungen.

Wir sagen hier nicht »Akasha-Chronik«[37], sondern »Bibliothek«, meinen aber dasselbe. Sie enthält alles Wissen, nicht nur Geschichte. Sie ist rund angelegt: Sie bewahrt Vergangenheit und Zukunft. Einblicke in das, was ihr die Zukunft nennt, werden aber nur ausnahmsweise zugelassen, sehr selten. Prophezeiungen können immer nur Möglichkeiten und Tendenzen angeben, und auch das nur, wenn man die Vergangenheit kennt. Die »Hellseher« wissen meist nicht zu unterscheiden, was war und was kommt. Es gehört viel Feingefühl und Erfahrung dazu, »ein

Händchen«, wie ihr zu sagen pflegt, um Vergangenheit und Zukunft treffsicher zu unterscheiden. – Vorhersagen der Zukunft können zwar in gewissen Spielräumen richtig sein. Aber die Dinge ändern sich. Jede Prophezeiung ist so gut wie ihr Gegenwartscharakter. Sie ist »im Moment« zwar richtig, aber mehr oder weniger haltbar. Die Kunst des Prophezeiens ist nicht im Endpunkt zu sehen, sondern im möglichen Endpunkt – mit dem Vorbehalt von Änderungen. Der Weg zum Ziel kann das Ziel verschieben.

Das gilt nicht für das letzte Ziel: die Heimkehr zum Vater.

Der Sonnenengel hat Wissen über die vergangenen und zukünftigen Inkarnationen des Menschen, der zu ihm gehört, nicht aber über die Zukunft, soweit sie über seinen Menschen hinausgeht. Mitunter gewährt er einen Einblick, und der Mensch erfährt davon im Traum oder durch Eingebung. Es gibt auch Einblicke vor der Geburt; doch Menschen wissen meistens nichts mehr davon. Hier handelt es sich freilich nur um ein in großen Zügen gezeichnetes Raster, und das Leben kann anders verlaufen, als es vorgesehen war. Man hat einen »Entwurf« des Lebens zuvor gewissermaßen »abgegeben« – mit all den getroffenen Absprachen. Dazu gehören dann auch vorgesehene Zeiten der Prüfung. Aber es kommt ja vor, daß der Mensch die Prüfung nicht schafft, und dann geht der Entwurf sehr weitgehend verloren. Von allen Entwürfen liegt eine »Kopie« in der Chronik, manchmal darf man Einblick nehmen, auch in den Lebensentwurf eines anderen Menschen.

Die Engel können diese unsichtbare Bibliothek sichtbar machen, und zwar so, wie es euren Vorstellungen entspricht: z. B. als uralte Folianten oder Papyrusrollen oder Steintafeln mit Keilschrift oder auch als Mikrochips. Für die Engel ist die Bibliothek ein großes Gebilde aus Schwingungen wie eine riesige, enorme Symphonie.

Auf jeder Ebene der Bibliothek sind Pfleger, das sind Engel, die die Bibliothek existent halten und dafür sorgen, daß sie sich nicht auflöst. Sie funktioniert wie ein Gedächtnis, d. h., sie muß ständig erneuert und aufgefrischt werden wie Hirnzellen, sie würde sonst in Nichtsein abkippen. Sehr, sehr viele Engel arbeiten dort.

Für jede Abteilung sind ferner Hüter zuständig. Sie gewähren oder versagen den Zutritt. Sie überprüfen, ob das Energiefeld des Fragenden stimmig ist. Überdies wird der Zutritt nur gewährt, wenn der Führungsengel einverstanden ist. Die euren sind einverstanden, aber sehr wachsam, daß ihr nicht zuviel und nichts Unangebrachtes fragt. Die Hüter lassen das Erlangen von Wissen zu oder nicht zu und entscheiden, zu welchen Teilen der Bibliothek Zugang gewährt wird. Sie geben auch Wissen weiter.

Es gibt also 1. die Pfleger, 2. die Hüter, doch darüber hinaus 3. ein leitendes Gremium von Engeln, das die Existenz der Bibliothek schützt. Dessen Vorsitz führt der Vater unmittelbar. – Ihr dürft Fragen stellen.

Wird gesühnte oder vergebene Schuld aus der Chronik gelöscht?

Man setzt keine roten Stempel mit der Aufschrift »vergeben« oder »nicht vergeben« drunter. Der Vorgang ist auch nicht einer Buchführung vergleichbar, sondern eher dem Werk eines Bildhauers: er verbessert sein Werk, die Figur wird schöner. Schuld bedeutet eine unschöne, unreine Schwingung, sühnen heißt, sie abtragen. Die Schuld »wird abgetragen« heißt, die Figur wird bearbeitet, bis etwas sehr Schönes herauskommt. Nach dieser Verwandlung ist das Alte dann nicht mehr sichtbar. Der Sinn der Bibliothek ist nicht, starr Fakten aufzubewahren. Sie ist der Ort des Wahren, Schönen und Guten. Aufarbeiten von Schuld bedeutet Schönerwerden, Stimmigkeit herbeiführen. Am Jüngsten Tag wird die Bibliothek sein wie eine wunderschöne Blüte oder Kristallkugel. Sie dient nicht zur Information des Vaters, sondern zu seinem Lobpreis.

Sie dient auch jetzt nicht dazu, euch Rückblicke in frühere Inkarnationen zu ermöglichen. Erinnerungen an sie sind in aller

Regel nicht sinnvoll. Sie können zwar Freude, aber auch Erschrecken, Scham oder Schadenfreude auslösen. Sie führen zur Flucht aus der Gegenwart oder in eine besonders subtile Art von Narzißmus: Verliebtheit in die eigene Vergangenheit. Wozu soll das dienen? Worauf es ankommt, ist, die Gegenwart im Lichte der Ewigkeit zu leben, sich an all ihrem Schönen zu freuen und auf die Heimkehr zum Vater zuzuwandern. Bloß die verblassenden Schatten irdischer Inkarnationen anzusehen, hat relativ geringe Bedeutung. Es hat Sinn, wenn es darum geht, seinen moralischen Wert selbst zu beurteilen und seiner Lebensführung einen neuen moralischen Ton hinzuzufügen. Es wird auch wichtig, wenn es so weit ist, daß du zu entscheiden hast, was du im nächsten Leben zu tun gedenkst und welche Absprachen du treffen willst. Sonst hat der Blick nach hinten wenig Sinn und wird ihn auch dann nicht haben, wenn die Schöpfung dereinst zum Vater heimgekehrt sein wird. Willst du dich dann mit den Betrachtungen alter Schuld und Schuldverstrickung – deiner und anderer – unterhalten? Soll sie dazu aufbewahrt werden? Du wirst dich nicht langweilen. Der Lobpreis ist sehr ausfüllend.

Auch menschliche Bücher sollten in irgendeiner Form dem Lobpreis dienen und nicht bloß informieren. Informierende Schriften nennen wir »Anleitungen«. Der Sinn eines Buches ist nicht nur, den Leser zu informieren, sondern auch in seiner Seele Aufgeschlossenheit für die Vertikale herzustellen. Wichtig für Schriftsteller und Leser: Man kann ein Buch lesen, wie es Menschen tun: zur Information, oder wie es Engel tun: Sie empfinden, welche Schwingungen das Buch auslöst und wie es die vorhandenen Schwingungen verfeinert oder dämpft. Sie betrachten, welche Wirkungen ein Buch hat: Wirkt es aufbauend, vermittelt es Hoffnung und Zukunftsfreude? Oder wirkt es lähmend und zerstörend, schürt es Streit, führt es in Hoffnungslosigkeit? Fühlt sich der Leser erschlagen oder erleichtert, erheitert, erfreut? – Wichtig ist über den Inhalt hinaus auch, stets die richtige Wortwahl und damit die Melodie zu finden. Dabei hilft dir eine besondere Gruppe von Engeln, die sogenannten »Rosenengel«.

Sind die ökologischen Warnungen des Club of Rome ein Buch?

Sie sind ohne kosmischen Optimismus, sie enthalten nur, was dämpft, Angst macht, Verzweiflung auslöst, in Panik versetzt – ohne eine frohe Botschaft: So etwas ist selbst dann kein »Buch«, wenn die Informationen stimmen. Gewiß, sie sollen zum Handeln aufrütteln. Aber dazu gehört dann die Botschaft: Handeln ist möglich und sinnvoll, und zwar so und so.

Die Apokalypse des Johannes spricht vom Tausendjährigen Reich, das der Endzeit vorangeht (Apk. 20, 1–7). Es gibt Vermutungen, dieses Reich sei das byzantinische (etwa 400–1400) oder das Heilige Römische Reich (etwa 800–1800) gewesen. Ist da etwas dran? –

Nein, es hat nichts damit zu tun. Es gibt mehrere 1000jährige Reiche auf den verschiedenen Ebenen, wie auch das Kommen Christi auf verschiedenen Ebenen geschieht. Es ist noch keine Endzeit, bis zur vollständigen Heimkehr dauert es noch lang. Die Angriffe des Widersachers sind zwar sehr verstärkt, weil die Wiederkunft Christi im Ätherischen bevorsteht. Das ist aber nicht die Wiederkunft am Jüngsten Tag, die die Apokalypse meint. –

Haniel: Ich möchte das Wichtigste noch einmal betonen: Das Umwandeln unschöner in schöne Formen geschieht durch Vergebung, Liebe, Dankbarkeit und Freude. Diese wirken harmonisierend. Schuldig geworden zu sein, solltet ihr nicht als Peinlichkeit betrachten, sondern als Chance, und mit Liebe die Schuld annehmen. Ihr könnt sie gewissermaßen »schönlieben«. Wenn ihr Zugang zur Bibliothek sucht, werde ich euch begleiten. Ihr trefft mich, wenn ihr wollt, in der Inneren Kirche. Ihr könnt mich dann bitten, euch zu führen: ich werde euch den Weg zeigen und mit euch gehen. Wenn ich nicht erscheine, kann das verschiedene Gründe haben, z. B.: eure Fragen werden im Moment nicht beantwortet, oder: euer Energiefeld ist nicht in der richtigen Verfassung, oder ich bin gerade anderweitig beschäftigt: denn in der Bibliothek gibt es häufig Konferenzen über das, was verlautbart oder erklärt werden kann oder soll. Sonst werde ich euch gern zur Verfügung stehen. Doch vergeßt nicht: ein Einblick in die Bibliothek ist immer nur in kleinen Ausschnitten und nur im Einverständnis mit euren Sonnenengeln zulässig.

Dienstag, 6. 6. 95

Der Innenraum mit dem Kind

Ein Friedensengel: Einer eurer Innenräume ist die Krypta mit dem Inneren Kind. Sie liegt unterhalb der Inneren Quelle (die sich im Solarplexus befindet), etwa drei Finger unter dem Nabel. Die Krypta ist von der Inneren Kirche aus zu erreichen, also an der Inneren Quelle vorbei. Ich lade euch ein, euch in eure Innere Kirche zu begeben. In der Nähe des Altars findet ihr eine Treppe, steigt sie hinab. Jetzt gelangt ihr in ein niedriges Gewölbe. Es ist etwas dunkel, gewöhnt euch daran. Ihr findet eine Gebetsbank. Blickt zum Altar. Dort seht ihr einen mütterlich wirkenden Engel, der ein Kind in den Armen hält. Es ist aber nicht die Muttergottes mit dem Jesuskind, sondern ein Engel mit einem Baby. Dieses ist im allgemeinen zwischen etwa einem halben Jahr und bis zu zwei Jahren alt, manchmal etwas mehr. Es sitzt, manchmal liegt es auch. Man könnte meinen, man habe nur ein kleines, hilfloses, fast bewegungsloses Kind vor sich, das wenig beeindruckend erscheint. Aber täuscht euch nicht über seine Macht!

Achtet auf Mimik und Gestik des Kindes. Wenn ihr euch ihm nähert, »hört«, was es euch »sagt«, ohne daß es eine Sprache benutzt. Ihr werdet erstaunt sein, wie klar seine Anweisungen sind. Auch sein durchdringender Blick und die Berührung durch seine Händchen können wahre Wunder bewirken.

Auf der physischen Ebene zeigt sich das Innere Kind in der Fähigkeit des Körpers, sich zu regenerieren und zu erneuern, gesund und heil zu werden. Auf der psychischen Ebene ist es die Quelle des Urvertrauens, des Jungen, des Heilen und Ganzen, des Freudigen, Übermütigen, Unvernünftigen, Spielerischen, der Lebendigkeit, die jung macht. Es zeigt das Neue auf, wenn alles verloren scheint. Das Kind ist der »Immeranfang«, die immerwährende Gegenwart. Auf der spirituellen Ebene ist es das göttliche Kind, das euch den Zugang zum Vater eröffnet; es ist der Repräsentant des Vaters in euch.

Wenn ihr mit eurem Inneren Kind lange Zeit keinen Kontakt hattet, wenn ihr es habt hungern, dürsten und frieren lassen und es verschlossen haltet, so führt euch das in Depression, Verhärtung und vorzeitige Alterung. Die Zellen und Zellverbände verlangsamen dann ihren Rhythmus, sie trocknen aus, die Haut wird gelb und faltig, man verfällt in Altersstarrsinn.

Wenn ihr euch in die Krypta begebt, betet als erstes das Vaterunser. Begegnet dem Kind in der Haltung der Demut, der Dankbarkeit und der Andacht. Dabei gilt es, seinem Blick nicht auszuweichen, sondern standzuhalten; das klingt leichter, als es ist. Man sucht seinen Rat und seine Hilfe vor allem, wenn man in Angst, Verzweiflung, Trauer und Pein geraten ist oder wenn Chakren und Energiefelder nicht in Ordnung sind. Es gibt dann, ohne zu sprechen, innerlich klar verständliche Anweisungen. Es ist ratsam, sie strikt zu befolgen, auch wenn sie einem manchmal etwas unlogisch und komisch erscheinen. Sie werden euch Freude schenken und neue Lebendigkeit für Chakren und das gesamte Energiefeld.

Das Innere Kind kann auch die Vergangenheit heilen. Ihr seid gewohnt, die Vergangenheit nur zu betrachten, und fragt euch, was es heißen soll, die Vergangenheit zu »heilen«. Nun, ihr habt ja in der vorigen Stunde (5. 6. 95) gehört, was es heißt, alte Schuld abzutragen. Und ihr werdet lernen, wie man Erlösungsarbeit macht – zur Erlösung z. B. von Doppelgängern oder von »armen Seelen«.[38] Diese Erlösungsarbeit gilt immer der jeweiligen Gegenwart. Es gibt aber auch eine Erlösungsarbeit für die Vergangenheit.

Dazu geht ihr folgendermaßen vor: Tretet eurem Inneren Kind kniend gegenüber und sprecht das Vaterunser. Nun stellt euch die schlimme Situation der Vergangenheit vor, nach deren Heilung ihr euch sehnt. Faßt sie in einer Schlüsselszene zusammen, die den Höhepunkt der Begebenheit bildet, wie eine Bühnenszene, die ihr nun in einer Miniaturnachbildung wie eingefroren vor euch auf den Händen tragt. Haltet sie dem Inneren Kind hin, tragt sie ihm an, bittet es, die Nachbildung mit seinem Händchen zu berühren. Dann schweigt und wartet. Und ihr werdet sehen: Die Berührung wird euch von schlimmen Erinnerungen und Erlebnissen, von schweren Kränkungen und Verletzungen, ja von karmischer Schuld befreien. Laßt eure Schuld, eure Verletzungen usw. von seiner Hand berühren – dann wird alles gut. – Und vergeßt nicht, zu danken.

In ähnlicher Weise könnt ihr das Kind auch bitten, die Zukunft zu heilen. Ihr fürchtet z. B., daß, wenn nicht eingegriffen wird, wahrscheinlich bestimmte ökologische Schwierigkeiten eintreten werden: der See kippt um oder versandet, die Wüste dehnt sich auf ein bisher fruchtbares Gebiet aus oder dergleichen. Faßt das Szenario wieder in einen Knotenpunkt zusammen, verdichtet es zu einem Miniaturgebilde wie aus Ton geformt: der tote See, die Wüste usw. und haltet es dem Kind hin mit der Bitte um Heilung. – Wenn es um die Zukunft geht, so sind zwei Dinge zu beachten: es kommen nur Gefahren in Betracht, die mit realer Berechtigung als wahrscheinlich zu befürchten sind. Und: sie beziehen sich nicht auf persönliche Probleme –, z. B.: ich fürchte, mein Sohn wird das und das machen – sondern um allgemeine Gefahren, die die ganze nächste Generation bedrohen und ein beträchtliches Ausmaß haben könnten. Man bittet das Kind also, eine Katastrophe abzuwenden und die nächste Generation zu schützen.

Wollt ihr mit dem Inneren Kind zusammenarbeiten, so stellt zuerst einmal euch selbst Fragen: Wie war ich als Kind? Was habe ich aus meinem Bewußtsein gedrängt? Wie geht ein Kind mit der Welt um? Wo ist das ewig Junge zu finden, das immer wieder einen Neuanfang ermöglicht? Wo finde ich neue Entwicklungschancen? Wie kann ich Hoffnung und Vertrauen in die Zukunft erwecken und ausbilden? So eröffnet ihr euch den Zugang zu euch selbst und vor allem zum Göttlichen Kind in euch.

Der Hohelehrer: Ist der Widerspruch nicht großartig: daß sich der Höchste der Höchsten im Kleinsten der Kleinen manifestiert? Das ist ein Kontemplationsthema, mit dem ihr euch ein Leben lang beschäftigen könntet. Ihr fragt ja öfters: Warum greift der Vater nicht ein in der Welt? Die Antwort ist: weil er sich in dieser Form zu manifestieren wünscht, nicht nur in eurer Inneren Krypta, sondern überhaupt. Er tritt nicht auf als der zornige, Blitze schleudernde, grollende Pankreator, der überall etwas tut, schafft und richtet, befiehlt und manipuliert, sondern als kleines Kind, das wortlos bittet und euch über seinen Blick oder seine Berührung zu orientieren sucht. Wenn ihr den Vater sucht, findet ihr ihn nicht als den Großen und Mächtigen, sondern als hilfloses Kind, dessen Augen euch stumm anschauen, und in diesem Blick liegt seine ganze Kraft.[39]

Donnerstag, 8.6.95

König der Naturgeister

Agar (der Lehrer der Naturgeister, vgl. S. 116):

Heute habt ihr eine Audienz beim König der Naturgeister, wenn ihr wollt.

Ja.

Begebt euch zunächst auf eure innere Wiese um die Innere Quelle herum (im Solarplexus), und verkleinert euch zur Größe eines Däumlings. Dann kommt zu mir ins Klassenzimmer. In der Schule ist sonst niemand, grämt euch deswegen nicht. Lernt nur fleißig weiter, bis ihr so weit seid, daß ihr am normalen Grundschulunterricht teilnehmen könnt.

Es geht um das richtige Benehmen bei Hofe, um den »Knigge« sozusagen. Das ist Voraussetzung dafür, um überhaupt beim König erscheinen zu dürfen. Immerhin entspricht die Ebene der Naturgeister-Könige bei den Engeln der Ebene der Erzengel. Also:

1. Zur Begrüßung dürft ihr dem König nicht die Hand geben, erst recht nicht ihm auf die Schulter klopfen oder dergleichen, sondern man verbeugt sich. Auch Frauen verbeugen sich, ein Knicks erscheint uns albern. Der König sitzt, man steht.
2. In der Begrüßungsformel redet man den König mit Namen an: »Ich grüße dich, guter (nicht großer oder mächtiger) König Uri Makatasch und deine Mannen.« Dann sagt man

entweder: »Ich danke dir für deine Bereitschaft, mich anzuhören und mir zu antworten« oder, wenn man Bitten hat: »ich weiß um deine Gutmütigkeit und bitte dich ...«. Dann wartet man ab, bis der König spricht.

3. Es ist nicht gestattet, das Gespräch selbständig zu verlängern oder abzubrechen. Im Falle von Ärgernis oder Unzufriedenheit drückt dies klar aus; der König schätzt Aufrichtigkeit.
4. Euer Treffen ist jetzt arrangiert. Will man aber um ein Treffen ersuchen, bittet man seinen begleitenden Naturgeist, mit der Frage zum König zu gehen, ob man bei ihm erscheinen darf. Bei seiner Rückkehr fragt man ihn, a) wie der König geantwortet hat, b) ob das, was der Naturgeist sagt, die Wahrheit ist. Denn Naturgeister machen sich häufig einen Spaß mit einer falschen Auskunft. Erscheint man dann ungebeten beim König, kann das zu sehr fatalen Verstrickungen führen. Wenn man Naturgeister aber fragt, ob sie die Wahrheit sagen, dann müssen sie die Wahrheit sagen und tun das immer.
5. Der König freut sich über kleine Geschenke und Überraschungen, z. B. einen schönen Stein oder Blumen, oder über lustige Sachen: Reime, Schüttelreime, Rätsel, einen Satz, den man von vorn und hinten lesen kann, oder kleine Dinge, z. B. ein Miniatur-Geschirr oder -besteck oder kleine Neuigkeiten, z. B. einen Miniatur-Regenschirm mit Glöckchen dran. Das Geschenk überreicht ihr nach der Begrüßung.

Ihr solltet es nicht vorher abgeben, denn wo man es läßt, da bleibt es. Naturgeister sind sehr neugierig, und zudem gilt bei ihnen: Geliehen ist geschenkt; leihen gibt es nicht bei Naturgeistern. Was einmal übergeben ist, darf nicht zurückverlangt werden. Das gilt als grobes – typisch menschliches – Vergehen.

Die Gegenstände übergibt man in der Vorstellung. Wenn ihr aber in der äußeren Wirklichkeit einen Besuch macht, legt man sie vor sich hin. Mitunter bekommt man Anweisungen, an welche bestimmten Stellen man sie legen oder eingraben soll. Für Fortgeschrittene: Ihr könnt sie auch vor euch in die Luft legen, dort bleiben sie, weil Naturgeister sie halten. Wenn ihr das seht, mögt ihr glauben, ihr hättet den Verstand verloren. Deshalb versucht das jetzt noch nicht, sondern später.

(Isabel:) Warum heißen unsere Naturgeister auch Uri ..., obwohl sie nicht aus diesem Gebiet stammen? –

Der Name eines Naturgeistes hat Bezug auf den Namen des Königs, dem er untersteht. Zwei Möglichkeiten bestehen:

a) Es gibt Linien von Königsgeschlechtern. Sie verteilen sich über die ganze Welt und deshalb gibt es mehrere Könige namens Uri... Man lernt das in Geographie und Geschichte.
b) Es könnte ein Brückenschlag zu Uri Makatasch sein. Das ist hier der Fall. Eure Uris stammen aus dem hiesigen Königreich und sind zu euch gezogen. Sie gehören zur »mobilen Truppe«, d. h., sie verlassen ihr angestammtes Königreich, oder sie gehen mit Menschen auf Wanderschaft wie z. B. Uri Nom, der Martin nicht nur hier, sondern auch auf seinen Reisen begleitet. Sie haben Freude am Reisen.

Hat mein Naturgeist Wünsche an mich?

Ja, du solltest dir die Haare schneiden lassen, sie kitzeln.

Kann er Spielfilme sehen?

Ja, anders als Engel, aber die Filme, die du auswählst, interessieren ihn nicht. Er sitzt dann auf deiner Schulter, stützt das Haupt auf die Hand und langweilt sich. Naturgeister mögen lieber Trickfilme: dies entspricht ihnen eher. Walt Disney war ein

Beauftragter der Naturgeister und stand in Kontakt mit ihnen. Wenn du mit deinem Naturgeist einen Walt-Disney-Film anschaust, dann sitzt er gespannt da und du langweilst dich: ein netter Ausgleich.

So, jetzt ist es Zeit für eure Audienz. Wiederholt noch einmal die Begrüßungsformel und vergeßt meine Anweisungen nicht. Wenn ihr euch ungebührlich benehmt, bleibt das nämlich an mir hängen.

(Voran geht Agar, der etwas nervös wirkt, dann folgt Isabel, dann kommen Gerhard und Martin, dann folgt Alexa, dann die Palastwache. Die Naturgeister bilden Spalier und zischeln: »die gehen zum König – die da, guck mal!«

Das Schloß liegt im Wald unter hohen Bäumen: hier findet sich alles noch mal in Miniatur, wie ein Miniwald, ein Bonsaiwald. – Das Schloß ist wie ein Haus aus Natur: Baumäste dienen als Dach, Farne als Wände, ein Felsen mit Moos als Thron.

Der König trägt einen langen, weißen, spitzen Bart. Er ist ziemlich hager und runzelig und hat ausgeprägte Wangen, eine knollige Nase, schalkige, freundliche Augen. Er trägt einen erdroten Mantel mit weißem Besatz wie aus Hermelin. Er ist mindestens 1200 Jahre alt. Agar stellt uns vor:) Isabel, die Bärin, Gerhard, der Künstler, Martin, der Geschickte, Alexa, die wir schon kennen. (Wir begrüßen den König, wie wir es gelernt haben. Isabel überreicht eine Rose. Der König bittet sie, näher zu kommen, und streicht ihr übers Haar:) Ich mag dich.

Gerhard: »Ein Neger mit Gazelle zagt im Regen nie.« (Der Satz löst großen Spaß aus. Er wird auf eine Tafel geschrieben und von allen getestet.) Agar (leise): Der König kannte ihn schon, läßt sich das höflicherweise aber nicht merken.

Alexa: Wie beauftragt, überbringe ich den Gruß der Engel und den Segen des Herrn.

König Uri Makatasch: Um mein Reich kennenzulernen, müßt ihr euch hineinbegeben. Ihr findet Zugang zu den Naturgeistern, wenn ihr von Dankbarkeit erfüllt seid für die Schönheit und Harmonie dieses Stückes Natur. Seit über 1000 Jahren wache ich über dieses Reich, sehe Bäume heranwachsen und sterben, sehe Winter kommen und gehen, und alles bleibt in wunderschöner Ordnung. Wollt ihr mit uns vertraut werden, so müßt ihr zunächst das Gefühl für die Zeit verändern, so wie ihr auch das Gefühl für den Raum verändern und euch kleinmachen mußtet. 100 Jahre sind fast nichts. Wir atmen langsamer, und das Herz schlägt langsamer. Wir sind aufgehoben in der Zeit, in ihr geborgen. Je schneller ihr die Zeit empfindet, desto ungeborgener seid ihr. Geschwindigkeit, Hektik bedeutet: Verdammtsein zur Ungeborgenheit. Das ist die schlimme Folge für Menschen, die sich von den Naturgeistern entfernen. In Städten und stadtnahen Gebieten walten oft Gegenspieler der guten Naturgeister – allerdings nicht immer: es gibt auch Städte mit guten alten Naturgeistern. Das Machtmittel der bösen Naturgeister ist u. a. die Schnelligkeit.[40]

Weil es die bösen Naturgeister gibt, ist es wichtig, den König als »guter König« zu begrüßen. Die Könige bilden die 2. Hierarchie von unten, sie entsprechen also den Erzengeln. Genaugenommen handelt es sich um Königslinien, die aus mehreren Königen bestehen; der einzelne ist also Teil eines Gesamtkönigs. Die Linien erkennt ihr am Namensanfang. Alle Mitglieder meines Königsgeschlechts tragen einen Namen, der mit »Uri« beginnt.

Ihr solltet Verständnis und ein Empfinden für die großen Zeitrhythmen pflegen. Dadurch kommt ihr zur Ruhe. Wer im Namen eines Königs das Reich der Naturgeister durchschreitet, geht langsam, er »läßt sich gehen«. Er bemüht sich auch, langsam zu denken, d. h. nicht rasch zu vielen Schlüssen zu kommen. Man soll den Gedanken Raum und Zeit lassen. Der Umgang mit den Naturgeistern erfordert vor allem Geduld, man führt das Gespräch in langsamen Rhythmen. Ihr fragt heute, die Antwort kommt vielleicht in einer Woche, oder in einem Jahr oder auch in 20 Jahren. Nicht ungeduldig werden!

Was den Genuß betrifft: Naturgeister sind auf Genuß bedacht, sehen in ihm etwas Gutes und Schönes, auch im sinnlichen

Genuß: er gehört zur Ehrung der Natur. Wichtig ist das Ausschöpfen der Zeit: In der Zeit ganz und gar im Hier und im Jetzt, nicht in Gedanken woanders sein. Der Genuß füllt dann den Moment ganz aus und dehnt ihn zur Ewigkeit.

Zum richtigen Umgang mit der Zeit gehört auch ein richtiges Verhältnis zur Tradition. Menschen sagen oft geringschätzig: das oder das sei »von vorgestern«. Was ihr als »uralt« empfindet, ist aber unsere Kindheit; wir tragen sie noch wie ein altes Wams oder ein Paar Schuhe aus jener Zeit. Naturgeister achten die Tradition viel höher, als Menschen es zu tun pflegen. Ihre Könige leben und atmen in der Tradition. Ich bitte euch: ehret alle Tradition, liebt und erhaltet sie, zerstört sie nicht.

Das bedeutet z. B.

a) auf der physischen Ebene: erhaltet so weit wie möglich die Landschaft. Ihr könnt sie zwar verändern, z. B. Wald in Feld und Wiesen verwandeln, aber immer nur mit gutem Grund. Zerstört sie nicht mutwillig, geht nicht respektlos mit ihr um, unterlaßt z. B. mutwilliges Verbauen von Wegen und Niedertrampeln von Pflanzen, bringt keine Fahrräder und Musikapparate oder Radios in die Natur. Ehe man querfeldein herumtrampelt, sollte man vorher fragen. Menschen sind schon mitten in einen solchen Palast hineingelaufen. Kein Tier würde das tun.
b) auf der psychischen Ebene: laßt die Vergangenheit immer liebevoll mitschwingen, auch das Schlimme. Es gab auch für uns manches Schlimme, z. B. harte Winter, Überschwemmungen usw. Aber ihr solltet euch nie darüber beklagen oder es gar verfluchen, sondern die Vergangenheit immer als etwas Gutes, Sinnvolles, Tragendes ansehen. Wegen dieses positiven Verhältnisses zur Vergangenheit wirft man uns manchmal »unheroische Schicksalsergebenheit« vor. Das ist aber ziemlicher Quatsch. Sich dem Schicksal an die Seite zu stellen, ist nicht Ergebenheit im Sinne von Schwäche, sondern ein aktiver Prozeß, der Stärke fordert.

c) auf der spirituellen Ebene: achtet alte Lehren und Gedankengebäude. Erst sollte man sich hierin zurechtfinden und darf dann – und auch dann nur vorsichtig – Neuerungen einführen. Neuerungen sollte man mindestens 50 bis 100 Jahre lang auf ihre Tragfähigkeit prüfen und sie erst dann in die Tradition aufnehmen. Was die Zeit eines Menschenlebens nicht überdauert, ist überflüssig.

Dies diente zur Einführung. Ich danke für eure Geduld. Ich habe mich sehr beeilt, das so rasch darzustellen. Mein Sprachtempo ist sonst viel langsamer. Warum nehmt ihr so selten die Naturgeister wahr? Die der ersten Hierarchie von unten sprechen ungefähr mit der menschlichen Geschwindigkeit, Könige viel langsamer, wie wenn man eine 45er Platte auf 33 laufen läßt. Wir machen oft Satzpausen von Minuten oder gar Stunden. Eine hübsche Übung wäre es, Langsamkeit zu üben, z. B. langsam zu schreiten oder sich hinzusetzen und aufzustehen wie in Zeitlupe. Versucht einmal, einen Satz in 20 Minuten zu sprechen.

Wir Könige der Naturgeister kämpfen nie gegeneinander, auch wenn es mal Zwistigkeiten gibt. Wir kämpfen nur mit den Unwürdigen (den bösen Gegenspielern), wenn es sich denn gar nicht vermeiden läßt. Wenn ihr einem König einen Boten sendet und man ihn gar nicht erst hereinläßt, wißt ihr, daß der König zu den Unwürdigen gehört.

Mitunter aber gewähren Könige allein deshalb keine Audienz, weil ihnen die Nase eines Besuchers nicht gefällt. Engel sehen Menschen in ihrer Gesamterscheinung, in ihrer Lichtkraft. Wir Naturgeister sind dazu nicht in der Lage. Wir orientieren uns an der Physiognomie, an Gestik und Mimik, an der Geschwindigkeit der Sprache und des Gehens. Abträglich finden wir ein falsches Verhältnis zum Raum: z. B. wenn Menschen Grenzen nicht beachten, sich unvorsichtig, beherrschend, vereinnahmend geben. Ebensowenig mögen wir Menschen, die ein falsches Verhältnis zur Zeit haben, z. B. wenn ihre Gesten fahrig, schnell, eckig sind, oder die Mimik starr oder künstlich erscheint, oder wenn man zu schnell redet oder wenn die Tonlage nicht stimmt. Ist der Ton z. B. zu niedrig, kriegen wir Naturgeister Gähnanfälle. Ist er zu hoch, tut es uns in den Ohren weh. – Eure Nasen übrigens sind in Ordnung! –

Dürfen wir über die Könige reden?

Gewiß, wir sind keine Verschlußsache.

Ich danke euch und entlasse euch freundlich.

Agar (glücklich): Ihr habt mich nicht kompromittiert. Geht ein paar Schritte rückwärts, dem König zugewandt, dann wartet, bis er den Raum verläßt. (Der König erhebt sich und geht mit Gefolge. Die Tafel mit Gerhards Satz läßt er mitnehmen.)

Mittwoch, 14. 6. 95

Florian (Auszug)

(Unsere Führungsengel machen uns mit Florian bekannt: Er ist karmesinrot, mit hohen, sehr lang nach hinten sich erstreckenden Flügeln. Er wirkt, wie wenn sein Gewand vom Wind aufgewühlt wird.) Florian ist der führende unter den allgemeinen Beschützerengeln, die von den ständig einen Menschen begleitenden Schutzengeln zu unterscheiden sind. Sie kommen, wo sie gerade gebraucht werden, wohin man sie ruft oder schickt, und gehen wieder. Sie sind ferner zu unterscheiden von den Nothelfer-Engeln. Diese kann man um Hilfe bitten, wenn ein Unfall passiert ist; die Florians-Engel versuchen, Gefahren abzuwenden, ehe sich die Bedrohung realisiert hat, und zu verhindern, was zu hindern ist. Und sie sind schließlich zu unterscheiden von den blauen Marien-Engeln. Diese schützen gegen Angriffe aus den linken Hierarchien oder aus der Sphäre der Trugbilder.

Die roten Florians-Engel schützen vor allem das weise Voranschreiten; sie versuchen die Orientierung der Menschen zu korrigieren, und zwar vor allem, wenn die Korrektur ganz dringend und eilig ist, wie wenn »es brennt«. Z. B. jemand trifft eine Entscheidung, die nach eurem Ermessen eher Leid bringt und ungut ist. Dann könnt ihr einen Florian-Engel bitten, zu dem betreffenden Menschen zu eilen und ihn zu veranlassen, die Entscheidung – ehe sie ausgeführt ist – noch einmal zu bedenken und zu korrigieren. Er ist dann sehr rasch zur Stelle – deshalb wirkt er so in Eile und so aufgewühlt, als stünde er im Wind.

Man ruft ihn: »Lieber guter Florian, komm herbei, komm heran!« Er kommt immer oder schickt einen Helfer, außer es besteht in Wirklichkeit keine Gefahr oder es geht um etwas nicht Schutzwürdiges, oder er hat Weisung, nicht zu kommen. Letzteres kann vorkommen, wenn ein Unfall oder sonstiges Unglück seinen Sinn hat, z. B. der Betroffene daraus etwas lernen soll, oder der Eintritt des Unglücks bewahrt ihn vor Schritten, die ihn in eine noch schlimmere Katastrophe geführt hätten.

Florian gehört zu den Heerscharen des heiligen Erzengels Michael. Kerzenlicht zieht ihn an, das ist einer der Gründe für Kerzen bei heiligen Handlungen. Der rote Teppich, der rote Vorhang, der rote Umhang sind Symbole Florians. Jetzt kommt er nicht, um euch zu schützen – es besteht keine Gefahr – sondern um zu raten ...

Samstag, 17. 6. 95

Über Johannes

Führungsengel: Jeder Monat ist einem der Jünger zugeordnet, der Monat Juni dem Jünger Johannes. Am letzten Sonntag jedes Monats besucht der Herr den jeweiligen Jünger, um ihn zu stützen und zu stärken und ihm Impulse zu geben.

Der Sohn selbst hat die Jünger auf einen »Thron« erhoben. Sie bilden einen Kreis, der auf der Höhe zwischen der ersten und der zweiten Triade der Engel-Hierarchien angesiedelt ist, also zwischen den Thronen und den Kyriotetes (s. o. S. 37). – Auch der Hohe Rat befindet sich in dieser Höhe, aber seitwärts versetzt, und er umspannt einen größeren Raum: Er umfaßt den Raum der Throne und den der Kyriotetes.

Die Jünger siedeln also in der Hierarchie ziemlich weit oben. Aber die Verbindung zu ihnen ist viel faßbarer als die zu den oberen Hierarchien, weil sie menschliche Erfahrungen und Erinnerungen haben. Sie wirken nicht nur in der Kirche, sondern auch außerhalb ihrer. Doch sie gehören zur Kirche – wie im Grunde alle Menschen zu ihr gehören – und haben einen Missionsauftrag.

Die Jünger strahlen den Christus-Impuls aufgefächert in 12 Strahlen nach unten. Menschenseelen, die wissen (oft ist es mehr ein Spüren oder Ahnen), daß sie mitzuwirken haben, finden sich zu dem Strahl, der zu ihnen paßt, sie ordnen sich ganz von allein in ihn ein. Der zu euch gehörige Strahl ist in erster Linie der des Johannes, außerdem auch der des Andreas.

In jedem Strahl wirken helfende Wesenheiten und übernehmen Botschaften und Aufträge, und zwar Heilige, Engel, aber auch Mitglieder der Weißen Bruderschaft. Die zwölf Jünger handeln nicht eigenmächtig, sondern im Auftrag ihres Lehrers und Meisters. Sie beraten sich auch untereinander, oft sehr lebhaft. Jeder tut, was er kann, um mit seinem Strahl das Gedächtnis an den Sohn auf der Erde wach und lebendig zu halten und seine Wiederkunft vorzubereiten.

Johannes ist sehr jünglingshaft und zart, der Zarteste unter den Jüngern, er ist der »Geliebte des Herrn«. Er ist still und sanft und hat viel Sinn für Humor. Aber unterschätzt nicht seine kraftvolle Vitalität.

Ist er der Verfasser der Apokalypse?

Ja und nein: derselbe und doch ein anderer. Denn es ist ein anderer Seelenteil hinzugekommen. Er hätte die Offenbarung von seiner Personenstruktur her nicht ertragen können. Es bedurfte eines stärkeren Resonanzbodens. Ein Engel aus den obersten Hierarchien vereinigte sich mit Johannes zu einem stärkeren Johannes, es war eine Inkorperation wie beim Hohelehrer. Er hatte Gewaltiges aufzunehmen und wiederzugeben. Göttlicher Zorn und das flammende Schwert traten hinzu.

Ist er der Verfasser des Evangeliums?

Ja, aber er hat es gesprochen, eine Frau hat es niedergeschrieben. Es war nicht Maria, es war eine Freundin. Die gemeinschaftliche Arbeit von Mann und Frau gehört als ein wesentlicher Aspekt zu seinem Strahl. Sie schafft Harmonie und Ausgewogenheit.

Ist Johannes der authentische Verfasser der »Johannes-Briefe«?

Auch diese Briefe diktierte er, aber nicht der Frau, sondern einem Sekretär.

Wie ist die Formel zu verstehen: »Wenn einer zu euch kommt und die Lehre Christi nicht mit sich bringt, so nehmt ihn nicht ins Haus und begrüßt ihn nicht« (2. Joh. 10)? Besteht da ein Widerspruch zwischen Exklusivität und Liebe?

Er meinte nicht Exklusivität, sondern Zurückhaltung, Stille, Vermeiden fruchtloser Diskussionen, lauter Auseinandersetzungen und des Unfriedens unter dem Dach. Johannes kannte sehr gut die Unüberbrückbarkeit des Gegensatzes von Wissenden und Unwissenden. Der Unwissende meint zu wissen, redet viel und nimmt an, Kommunikation habe über Wissensvermittlung zu geschehen. Der Wissende weiß vor allem, daß die Wahrheit nicht allein über den Kopf aufgenommen wird, es bedarf des Berührtwerdens im Herzen: dann keimt sie langsam auf. Und er weiß, daß das Wissen viel weniger wichtig ist als das Umsetzen des Gewußten. Deshalb hielt Johannes nichts von Diskussionen über Wahrheitsfragen. Laute Töne sind nicht seine Sache, schon gar nicht Kampf, sondern er vertraut auf die stille, leise, subtile Wirkung der göttlichen Wahrheit. Sein Rat war: weicht ihnen aus, schweigt, gebt lieber durch euer Leben ein Beispiel, das dann vielleicht den einen oder anderen aus einem Besserwisser in einen Fragenden und Hörenden verwandelt. Was der Sekretär niederschrieb, war eine zu barsche Formulierung. So war sie von Johannes nicht gemeint.

Vergegenwärtigt euch die historische Situation. Einige der Jünger hatten wiederum Jünger um sich. Mit diesen gab es manche Schwierigkeiten. Der Gehorsam wurde zum Problem, das Verhältnis zu ihnen war nicht so klar wie das Verhältnis der Jünger zum Meister. Die Jünger der Jünger erlaubten sich manche Eigenmächtigkeiten. Doch Johannes mochte keine Autoritäts- und Machtkämpfe und führte sie nicht.

Hat er den Text nicht kontrolliert?

Man sagt das so leicht, aber es war so, daß er selbst nicht schreiben konnte. Er konnte es wohl, als er die Apokalypse niederschrieb, aber das war nicht »er« selbst.

Wie war (oder ist) das Verhältnis des Johannes zu Petrus, und in diesem Zusammenhang: des spirituellen Stroms des Christentums zur Kirche?

Die Menschen werden an beiden teilhaben und in beiden zu Hause sein. So hat Johannes es immer gewollt. Er nimmt nie den Platz des Petrus ein, obwohl Petrus ihm die Nachfolge oder auch einen Platz an seiner Seite angeboten hat. Zwischen Petrus und Johannes herrschte Einigkeit. Tomberg kennt die beiden gut, seine Darstellung ist zuverlässig.[41]

Auch Johannes inkarniert sich nicht mehr, keiner der Jünger tut das. Johannes stellt sich inkarnierten Wesen zur Verfügung, so daß sie in besonderer Weise von ihm geschützt sind. Er wirkt durch sie in der Verkündigung, in all ihrer Liebe, in allem Wissen, in allen Einweihungen. Diese Verbindung kann sehr eng und direkt sein; diese Menschen sind dann sehr großzügig von ihm versorgt und beschenkt. Sie machen dann leicht den Fehler, sich mit ihm zu identifizieren, darin zeigt sich ein Mangel an Differenzierungsvermögen. In Wirklichkeit sind sie nur in besonderer Weise mit ihm verbunden.

Johannes überwacht spirituelle Arbeit mit liebevoller und sehr interessierter Anteilnahme. Er ist sehr menschlich. Wenn er als Mensch inkarniert wäre, würde er keine Distanz spüren lassen. Er säße ganz normal mit euch am Tisch – freundschaftlich und fröhlich. (Wir grüßen ihn und danken ihm trotzdem mit der tiefsten Ehrerbietung.)

Johannes nennt man auch den Jünger des Kusses (= der Umarmung = »embracer«). Im Johanneischen Strom gibt man sich meistens nicht die Hand, sondern man umarmt sich. Er läßt ausrichten, daß er euch herzlich umarmt.

Sonntag, 18. 6. 95

Engel der Wehmut

(Es erscheint der »Engel der Wehmut«. Er ist größer als ein Mensch. Er scheint eher zu sitzen als zu stehen. Sein Gewand ist blau, es wirkt sehr voluminös, ist mit viel Stoff in Falten drapiert, die ziemlich stabil fallen, wie Taft. Schon das Gewand verleiht ihm große Würde. Der Engel trägt eine goldene Handharfe bei sich. Sein Gesicht wirkt eher weiblich als männlich, zurückhaltend, weich und sehr vornehm – wie von Tizian gemalt:) Ich bin heute erstmals hier. Ihr habt den Holzengel mit der Harfe nicht zufällig heute aus der Schublade genommen und an die Wand gehängt. Er bringt eine neue Facette in eure Arbeit: Er rührt an durch sein Spiel. Sein Saitenschlagen erinnert den Menschen an das, was er im Innersten in sich trägt an Wissen über die Hierarchien und über Jesus Christus.

Diese Wehmut ist nicht traurig, sondern schön. Sie bringt mit sich eine liebevolle Erinnerung an das, wozu man den Zugang verloren hat, und läßt es aufleuchten als Hoffnung und als Erwartung des Kommenden, dessen, was man später sein und empfinden wird. Die Wehmut öffnet also nicht nur Türen zur Vergangenheit, die erinnert wird, sondern auch zur Zukunft; sie bringt zum Bewußtsein, daß zwar viel erreicht ist, aber noch nicht das, was wirklich am Ende sein wird. Für die Gegenwart eröffnet ein Hauch von Wehmut die besten Möglichkeiten für das, was man jetzt schon empfinden kann, er löst Offenheit aus.

Ist man von diesem Hauch angerührt, empfindet man in seiner irdischen Liebe einen Abglanz der noch viel größeren Liebe des Himmels. Erfolge und Triumphe erlebt man als Vorgeschmack dessen, was noch kommt und was dann nicht nur vorübergehend sein wird; so erlebt man sie viel intensiver. Ein leises Mitschwingen von Wehmut in allem, was man erlebt, erfährt, genießt, macht die Dinge sowohl plastischer als auch durchsichtig für das, was dahinter, danach und darunter liegt. Ihr seid ja eingebunden in die materielle Welt, in Zeit und Raum: alles ist dicht gewoben und fest gefügt. Doch ein Hauch von Wehmut verwandelt es in einen Schleier, durch den ihr hindurchschauen und -fühlen könnt. Ihr solltet euch angewöhnen, der Wehmut einen kleinen Platz in eurem Empfinden einzuräumen.

Ihr empfindet Dankbarkeit für das, was ihr habt. Dann aber, in dem Akt des Durchsichtigwerdens der Dinge, nehmt ihr hinter dem euch Geschenkten das noch nicht Geschenkte wahr, das euch aber eigentlich auf Grund eurer Würdigkeit zusteht. Denn euer Wert ist sehr viel größer als das, was ihr im Moment darstellt. Schau durch dich hindurch und erblicke, was du eigentlich bist, mache dich selbst so durchsichtig, wie du die Welt machst. Es ist natürlich immer berechtigt zu sagen: »Ich bin reicher beschenkt als mir auf Grund meiner Würdigkeit zusteht«. Aber eigentlich sollte man das nicht sagen, sondern: Ich beeile mich, der Geschenke – und noch viel größerer Geschenke – würdig zu werden, indem ich werde, was ich eigentlich bin; indem ich noch innigeren Kontakt zum Sonnenengel aufnehme und wachse. Ihr seht euch klein. Ist das Koketterie? Dann ist es eine schlechte Gewohnheit. Oder ist es Realität? Dann strengt euch an, der Größe des euch Geschenkten zu entsprechen, also nicht nur eure Unwürdigkeit zu konstatieren und euch damit festzulegen, sondern zu wachsen. Diesen Impuls zu wecken, das ist der Sinn der Geschenke, die euch zuteil werden.

Indem die Wehmut die Dinge der Welt und euch selbst durchsichtig macht, empfindet ihr die Diskrepanzen zwischen Schenker und Beschenktem, zwischen Geschenk und der Würdigkeit des Beschenkten auf ganz neue Weise. Dieses Bewußtsein der Diskrepanzen schafft wirkliche Dankbarkeit. Ihr erlebt es als Aufruf zu einem tieferen, subtileren Verständnis von Dankbarkeit. Dankbarkeit setzt also Wehmut voraus, denn sie setzt religiöse Menschen voraus, die den Weg zum Himmel suchen und sich nach der Heimkehr zum Vater sehnen. Wer bloß in der flachen Welt lebt, kann sich zwar über Geschenke freuen und höflich und wohlerzogen reagieren, aber nicht eigentlich dankbar sein. Ich spreche nicht von »tiefer« Dankbarkeit, sondern einfach nur von »Dankbarkeit«. Denn Dankbarkeit ist ein heiliger Begriff, er ist gebunden an die Trinität, vor allem aber an den Vater: Er ist es, dem die Dankbarkeit gebührt.

Was man so Dankbarkeit nennt, ist meistens bloß ein soziales Verhalten: man sagt »danke«, ohne dankbar zu sein. Der Höhepunkt des Rückzugs auf sich selbst ist erreicht, wenn man weder dem Himmel noch dem anderen Menschen dankt und dankbar ist, sondern sagt: »ich bedanke mich« – so, wie man auch sagt: »ich entschuldige mich« oder »ich verabschiede mich«. Das heißt immer: ich wende mich dir nicht zu, sondern habe das mit mir selbst ausgemacht; die Sache ist für mich abgeschlossen und erledigt. – Zur Dankbarkeit hingegen gehören die Kontinuität und die Zuwendung nicht nur zu dem anderen Menschen, sondern auch zum Vater.

Undankbare Menschen sind auch nicht glücklich, sie leiden selbst in ihrer Selbstbefangenheit. Man hat ihnen nicht vermittelt, daß es den Himmel gibt, auf den man sich ausrichten kann und wo man beheimatet ist. Wer seinen Kindern vorwirft: »seid nicht so undankbar«, sollte sich fragen, wie religiös er die Kinder erzogen hat. Undankbarkeit ist die Folge des nicht transzendenten Erziehens: nicht das Kind, sondern Erziehung und Erzieher tragen die Schuld daran.

Ich, der Engel der Wehmut, komme nicht, um euch Rede und Antwort zu stehen, sondern um meine Melodien zu spielen.

Wenn ich über etwas spreche, dann nur über die Wehmut. Wo menschliche Seelen den Engeln regelmäßig die Empfindung der Wehmut zeigen, dorthin wird ein Engel wie ich geschickt, dann erscheint er als ein Widerhall. Man kann den Besuch des Engels also nicht erbitten, er wird von oben als ein Geschenk gesandt, dorthin, wo Wehmut waltet. Er kommt, um von seiner Seite aus die Wehmut der Menschen zu verstärken.

Ich werde bei euch bleiben und euch für die gesamte weitere Arbeit zur Verfügung stehen. Mein Hiersein ist ein Zeichen für alle Engel: es wirkt, wie wenn im Dunkeln Licht in einer Wohnung leuchtet. Ohne meine Anwesenheit könntet ihr in dem Besuch der Hierarchien nicht fortschreiten. Mein Kommen bedeutet auch die Ankündigung, daß ihr fortschreiten werdet, und ist die Voraussetzung dafür, daß es möglich wird. Für euch ist meine Anwesenheit ein Zeichen, daß euer Arbeiten und Üben gut und recht ist, für die Engel ein Zeichen dafür, daß ihr fortschreiten dürft.

Wehmut ist ein Grundton, der selbst dann da ist, wenn man sich dessen nicht bewußt ist, ein sehr feiner, sehr subtiler Ton. Er schwingt in jeder einzelnen Zelle. Auf eurem Weg ist es der erste Ton, den es zu stabilisieren gilt. Später werden andere Töne hinzutreten, bis sich ein vielfältiger Akkord ergibt. Wehmut klingt wie eine Violine oder eine Piccoloflöte im Orchesterakkord. Sie wirkt in homöopathischer Dosis auf das Gesamtgefüge aller Gefühle, sie durchschwingt Hoffnung, Angst, Liebe, Haß und alle anderen Gefühlslagen. Je mehr und je beständiger ein Mensch in diesem Tone schwingt, desto größer wird das, was er aussagt – aber auch: desto weniger braucht er zu sprechen. Wer ganz und gar in diesem Tone schwingt, könnte die Frohe Botschaft verkündigen, ohne auch nur ein Wort zu sprechen: sie wäre hörbar für Hierarchien, Menschen, Tiere, Natur – für alles, was Ohren hat.

Es gibt Menschen, denen die Grundstimmung der Wehmut fehlt. Sie haben zwar Trauer, Wut, Empörung, Schmerz, Erschöpfung, Angst, Frust, Probleme mit dem Selbstwertgefühl, das Erlebnis der Vergeblichkeit usw. –, aber nicht sanfte Wehmut. Folglich stammt alles, was sie zur Rechtfertigung ihrer Gefühle präsentieren, aus dem Kopf. Ihre Gefühle stammen aus dem Innenraum des Inneren Meeres und werden über den Kopf begründet, erklärt, rationalisiert. Aber das Herz bleibt außer acht. Sind aber die Gefühle von Wehmut durchhaucht, dann werden es auch die Worte sein. Das bedeutet: sie verlieren ihren Endgültigkeitscharakter. Die Gefühle werden im Bewußtsein ihrer Nichtendgültigkeit, ihrer Vorläufigkeit erlebt, und die Gedanken werden in diesem Bewußtsein geformt und ausgesprochen. Ohne Wehmut bekommt das Vorläufige den Charakter der Endgültigkeit. Die Wehmut befreit aus dieser Täuschung und taucht alle Dinge, auch alle Gefühle und Gedanken in das Licht der Vorläufigkeit, die euch hinweist auf das Kommende: auf die Heimkehr zum Vater.

Hast du, heiliger Engel der Wehmut, eine besondere Beziehung zu Franz Schubert, dem Meister der Wehmut in der Musik?

Dafür bin ich nicht zuständig. Hast du nicht richtig zugehört? Engel und Menschen verstehen oft Verschiedenes unter Wehmut. Es geht nicht um Romantik und Liebesleid, sondern um das Empfinden, daß ihr Christus und den Hierarchien noch ferne seid. Diese Schwingung der Wehmut in sich zu haben und zu stabilisieren, bildet den Schlüssel zu vielen Türen. Doch das Gefühl der Wehmut kultivieren wie in der Lyrik und Musik der Romantik, um sich darin wohlzufühlen, das ist nicht, was wir Engel meinen. Der Suchende will nicht in die Wehmut, aber Wehmut durchweht ihn und treibt ihn sanft weiter wie ein leichtes Heimweh. Der heilige Augustinus hat diesem Heimweh schönen Ausdruck gegeben: »Unruhig ist mein Herz, bis es Ruhe findet in Dir«.

25. 6. 95 (Johannissonntag)

Engel des Johannes

(Ein gewaltiger Engel mit mächtigen Schwingen, sehr beeindruckend. Man nimmt keine eindeutige Farbe und keine Struktur mit Kopf und Körper wahr, alles ist immerzu in Bewegung und steht trotzdem still. Er ist so groß, daß unsere anwesenden Führungsengel nicht größer erscheinen als sozusagen sein Daumen. Er wirkt sehr vehement, man hat das Gefühl, er könnte uns mit einem leisen Hauch aus dem Raum blasen, und man sollte zurückweichen. Er spricht mitten aus sich heraus, als wäre in ihm ein Wesen, das aus ihm spricht. Die Stimme tönt, als wäre er von Zorn erfüllt, allerdings nicht von einem bösen, sondern einem gütigen und heiligen Zorn. Er hebt die Hand zum Gruß:)

Habt keine Furcht! – Tut, was euch gesagt wird, zögert nicht, an die Arbeit zu gehen, denn der Herr ist nahe! (Er entschwindet.)

Die Führungsengel: Begebt euch in eure Innere Kapelle. Heute ist ein besonderer Tag: Johannissonntag. Es ist, wie ihr wißt (vgl. o. 15. 6. 95) der Tag, an dem der Herr den Jünger Johannes besucht. Der Engel, der eben hier war, ist einer von denen, die den direkten Kontakt der Jünger zum Herrn bzw. des Herrn zu den Jüngern herstellen; dieser Engel gehört zu Johannes.

Es gibt nicht nur die neunfache Ordnung der Hierarchien, sondern auch eine Einteilung in der Vertikalen, nämlich in die 12 Strahlen, die von den 12 Jüngern ausgehen. Der Engel, der hier war, repräsentiert die Farbe des Johannes. Wäret ihr an ihn gewöhnt, hättet ihr die Farbe sehen können – dieselbe Farbe wie Johannes (rosa). Seinen Namen hat er nicht genannt, um euch zu schützen. Der Name birgt sehr viel Macht. Ihn zu wissen, wäre eine erdrückende Aufgabe.

War es der Engel, der durch Johannes die Apokalypse schrieb?

Nein, der war noch mächtiger, aber er stammt aus derselben Gesamthierarchie. Er vermittelt einen kleinen Eindruck von dem, der hinter Johannes stand, als er die Apokalypse schrieb, doch hatte dieser die doppelte Kraft und Macht. Diese Engel stehen in der hierarchischen Ordnung etwas höher als die Jünger, obwohl sie sich in deren Dienst stellen. Dies ist eine freiwillige Einordnung. Vom Herrn Gesandte ordnen sich freiwillig ein. (Anmerkung: Anscheinend also gehört er zu den Thronen, vgl. o. S. 37.)

Sein Erscheinen wurde seit Tagen vorbereitet. Es war für euch erträglich, weil besondere Schutzmaßnahmen getroffen waren. Es wurde ein Schutzschirm, eine Art durchsichtiger Wand errichtet. – Nehmt seine Worte ernst, laßt euch nicht soviel von der Arbeit ablenken, sondern führt sie zügig weiter, auch wenn dies viel Einsatz erfordert. Das betrifft nicht nur die Arbeit am Buch, sondern auch die innere Arbeit, die praktische Arbeit mit den Engeln.

Jetzt solltet ihr euch hinlegen und ausruhen. Denn die Begegnung war für euch viel anstrengender, als ihr im Moment wahrnehmt. Doch zuvor bleibt noch eine Weile in der Inneren Kapelle und betet.

Mittwoch, 28. 6. 95

Heilarbeit mit Steinen

(Wir werden durch die Innere Kapelle in den Dom der Friedensengel geführt.)

Elion: Die Annahme, es gebe keinen Kontakt zwischen Engeln und Naturgeistern, ist nicht ganz richtig. Es gibt zunächst den Kontakt über Menschen. Doch es wäre sehr schlimm für die Naturgeister, wenn das der einzige wäre. Es gibt auch den Kontakt über die Luftgeister. Luftgeister sind Vermittler kosmischer Energien. Sie tragen sie hin und her; und das ist lebenswichtig für den Menschen. Sie können auch beschließen, sich als Helfer in den direkten Dienst der Engel zu stellen und tun das häufig, z. B. in den Dienst der Nothelferengel, besonders gern aber in den Dienst der Engel der Heilung, weil sie dort eigene Erfahrungen einbringen können.

Die Luftgeister entwickeln sich aus den anderen Naturgeistern, manchmal auch aus den Elementargeistern heraus. Sie tragen also viel Wissen der Welt der Naturgeister, und zwar aller Elemente, in sich.

Je mehr ein Naturgeist weiß, desto leichter, lichter, geistiger, allumfassender wird er. Dabei behält er zwar seinen Wesenskern, aber er kann sich so weit den Engeln annähern, daß er in ihrer Welt lebt. Man spricht dann von einem »Djann« (Plural Djinn). Ein Djann bildet eine Zwischenstufe zwischen Naturgeist und Engel: Er ist vom Ursprung her Naturgeist, lebt aber in der Welt der Engel, ohne ein Engel zu sein; er lebt also zwischendrin, hat von beiden etwas. Die Naturgeister aller Elemente können zu solchen Vermittlerwesen, zu sogenannten Djinn werden. Damit bekommen sie Luftgeistcharakter.

Im Friedensdom gibt es eine Schatzkammer von Steinen, vergleichbar einer Apotheke. Sie wird bewacht und erhalten von Djinn, die meistens aus Luftgeistern, manchmal auch aus Erdgeistern hervorgegangen sind. Die Schatzkammer enthält Kristalle, Edelsteine und Halbedelsteine (was Menschen so nennen), mit denen im Heilkreis oder in der Einzelbehandlung gearbeitet werden kann, aber auch Perlen, Bernstein, versteinertes Holz.

Engel wissen viel über Farbstrahlen, aber nicht über Steine: dieses Wissen vermitteln ihnen die Naturgeister oder die Menschen, die mit den Naturgeistern in Verbindung stehen. Wenn ihr das Bedürfnis habt, mit Steinen zu arbeiten, so bedeutet das, seine Fühler zu beiden Welten auszustrecken: in Kontakt zu treten mit Engeln und mit Naturgeistern. In den Steinen sind Naturgeister anwesend, sog. »Steinmeister«, und Engel sind in der Nähe. Der Meister des Steins wohnt im Stein, er ist die Seele des Steins. Ohne den Meister des Steins würde der Stein in Staub zerfallen. So bilden Steine eine Brücke zwischen Geist und Materie, zwischen dem Reich der Engel und dem Reich der Naturgeister, zwischen Himmel und Erde. Insofern ist der Stein dem Menschen näher als der Affe. Menschen spüren, daß ihnen im Stein ein Gegenüber, eine Entsprechung begegnet.

Gilt das für alle Steine?

Ja. Aber es gibt bei den Menschen individuelle Vorlieben. Die einen mögen lieber klare, durchsichtige, leuchtende Steine, in denen der Geistanteil überwiegt, andere bevorzugen Kiesel, Felsen, opake, undurchsichtige Steine, bei denen der Materieanteil überwiegt. Bergkristalle gehören teils zu den kristallinen, teils zu den opaken Steinen.

Seht einmal, wie wunderbar das ist: Im undurchsichtigen Berg, in der größten Finsternis findet ihr klare, durchsichtige Kristalle, behütet und beschützt in ihrem opaken Muttergestein. Der kristallene Anteil des Steins, der Lichtbringer, der Lichtträger, wächst im Dunkeln, er braucht den dunklen Raum im Sinn von Abgeschlossenheit, Geborgenheit, Isolation. So wächst ja auch das Kind im Mutterleib in einer Zeit des Geheimnisses, des Alleinseins, des Verborgenseins. Auch wer sich spirituell entwickelt, wächst in der Stille und im Verborgenen. Betrachte auch das Mysterium des Kommens Christi in die Welt: In einer dunklen Steinhöhle wurde der Lichtbringer geboren. Ihr seht: der Kristall ist ein schönes Meditationsbild.

Menschen fühlen sich also von den ihnen entsprechenden Steinen angezogen. Den Steinen geht es umgekehrt genauso: Sie haben ein »Gefühl« dafür, wo sie hingehören. Sie sind dickköpfig. Wo sie nicht sein wollen, gehen sie weg, d. h., sie gehen verloren, gehen kaputt, werden gestohlen. Sie streben nach Orten, wo sie hingehören. Menschen sind eine Art Beine für die Steine. Sie werden an Orte geführt, wo die Steine sich befinden, die zu ihnen streben oder sich von ihnen transportieren lassen wollen. Und Engeln ist es möglich, mittels Steinen Zugang zu Menschen, Orten und Häusern zu finden. Oft ist es der Weg über den »greifbaren« Stein, der einen Menschen öffnet, so daß er Zugang zu den ungreifbaren, nicht so ohne weiteres sichtbaren Ebenen findet.

Heilende Impulse kommen nicht vom Stein, sofern er Materie ist, sondern von den Wesen, die mit dem Stein verbunden sind. Sie gehen aus von Luftgeistern und von Engeln, die zum Stein hinkommen, sich bei ihm zu Hause fühlen, um ihn herum sind. Engel wirken immer nur außerhalb des Steins. Man kann Steine mit sich tragen: über sie kommen dann auch Engel mit. Engel überbringen heilende Impulse, die Meister des Steins überbringen ihnen ihr Wissen. Heilende Engel tun etwas, sie legen z. B. die Hände auf kranke Körperteile. Steinmeister tun das nicht. Sie belehren über die Eignung des Steins. Sie belehren aber auch die Menschen darüber, daß sie mit Hilfe von Steinen heilen können, weil Engel kommen. Man besuche also die Steinmeister, um mit ihnen ins Gespräch zu kommen und sie zu fragen, wofür der Stein geeignet ist. Dann kann man die Antwort an die Engel vermitteln, die daraufhin wirksamer tätig werden können. Seht ihr, hier taucht eine Situation auf, wo nicht die Engel euch, sondern ihr den Engeln Wissen und Information weitergebt.

Nicht jeder Stein ist für alles geeignet. Manche Steine möchten schmücken, manche schützen, manche heilen, manche in andere Form gebracht werden. Deshalb ist die erste Frage, die an den Steinmeister zu stellen ist, zu welchem Aufgabenbereich sein Stein gehört. Mit einem Schmuckstein heilen zu wollen, ist so sinnvoll, als würdet ihr einen Juwelier bitten, zu operieren.

Wenn man einen Heilstein gefunden hat und ihn verwenden will, ist der Meister beispielsweise zu fragen: Sollte man ihn in der Hand tragen? Ihn auflegen? Wie und wo? Im Licht oder im Schatten? Wo ist oben und unten? Wo möchte der Stein aufbewahrt werden? Warum wollte er gerade zu mir? Das hat immer einen Grund und kann euch viel Aufschluß geben über die eigene Person. Oder: Kannst du mir Aufschluß geben über Zustand, Aufgaben, Entwicklung, Probleme der eigenen Persönlichkeit? Was in mir möchtest du unterstützen, harmonisieren, beruhigen, schützen, beleben? Willst du z. B., daß ich mich von bestimmten Menschen oder Dingen trenne? Danach wendest du dich an die Friedensengel und bittest sie, die entsprechenden Heilengel zu senden. Sie halten sich dann beim Stein auf und beginnen zu wirken.

Kommt es auf den einzelnen Stein an oder gilt für Steinarten insgesamt, daß sie in bestimmter Weise wirken? Wirken z. B. verschiedene Amethyste unterschiedlich oder haben alle Amethyste dieselbe Wirkung?

In einer allgemeinen Einführung wäre es legitim, eine generalisierende Ordnung zu präsentieren. Fortgeschrittene sollten jedoch differenzieren. Erstens hat jeder Stein seine eigene Art zu sein und zu wirken. Denn die Welt der Steine ist ein Kosmos. Sie kann nach verschiedenen Gesichtspunkten geordnet werden: z. B. nach Farbe, chemischer Zusammensetzung, Kristallbildung, Fundgebieten, nach Größe oder Intensität, Bearbeitung etc. In einer allgemeinen Einführung könnte man z. B. sagen: der Bergkristall sei Repräsentant für Klarheit im Menschen; der Rubin für Wärme, Liebe, Gefühl; der Amethyst für geistiges Streben; der Hämatit für Wille und Tatkraft.

Doch das ist so richtig, wie wenn ihr sagt: Die Deutschen sind so und so, die Franzosen so und die Engländer so. Diese allgemeinen Feststellungen mögen nicht unbedingt falsch sein, aber sie werden dem einzelnen Menschen nicht gerecht. Dasselbe gilt hier. Ein Überblick über die allgemeine Ordnung der Steine ist also für die Heilarbeit nicht ausreichend. Vielmehr gilt: Jeder Stein ist ein Stein für sich mit eigenem Steinmeister, seinen Engeln und seinen je eigenen Aufgaben. Es ist also immer zu klären, wie und wo ein Heilstein bei einem Menschen eingesetzt werden möchte.

Zweitens kommt es individuell auf den zu behandelnden Menschen an. Das Grundprinzip lautet: jeder Mensch bildet einen einzelnen Fall. Es können zwei dieselbe Krankheit haben, aber verschiedene Energiebilder; oder ein Mensch kann zweimal dieselbe Krankheit haben, einmal mit 15, einmal mit 25 Jahren. Sie sind dann mit jeweils verschiedenen Steinen zu behandeln.

Drittens kommt es auch noch auf den behandelnden Menschen an: auf seine moralische und psychische Grundstruktur, auf seine Ausbildung und Erfahrung, und auch auf seine momentane Verfassung.

Behandelnder, Behandelter und Stein bilden also eine Dreiheit:

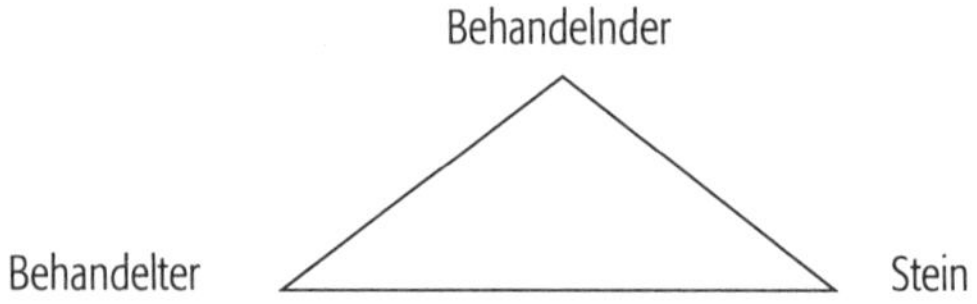

Es sind die Energiebilder von Behandelnden und Behandelten und die Besonderheit des Steins zu beachten. Alle drei sollten eine kleine Dreieinigkeit bilden. Sich da hineinzufinden, bedarf vieler Arbeit, vieler Erfahrung und Intuition.

Bisher hattet ihr auf den Heilvorgang keinen unmittelbaren Einfluß. Jetzt bedarf es eines kleinen Teils der Eigenarbeit. Wollt ihr wissen, wie sie auszuführen ist? Aber Vorsicht! Was ihr von uns erfahrt, müßt ihr dann auch tun. Wollt ihr? *Ja.*

Gut. Dann macht jetzt einmal folgende Übung. Wir schlagen euch als Anfängern vor: ihr bildet nicht einen Heilkreis, sondern behandelt erst mal nur einen Menschen. Also geht zunächst wieder den üblichen Weg: über die Innere Kapelle in den Friedensdom, dort erfolgt die Einkleidung in Weiß, sodann das Ablegen des Versprechens. Dann begebt euch in den Raum, den ihr von der Heilarbeit her kennt. Etwas abseits ist ein Stuhl oder eine Liege, wo der Patient sitzt oder liegt. Begrüßt ihn. Ein Engel steht euch gegenüber.

Er begleitet euch zu der Schatzkammer, wo die Steine wie in einer Auslage liegen. Ihr bittet um Steine, die für diesen Menschen gut und wirksam sind, und haltet eure Hände auf. Man wird euch die richtigen Steine geben. Damit geht ihr zu dem Patienten zurück und handelt nach Anweisung des Engels. Dieser steht euch wieder gegenüber auf der anderen Seite des Patienten und deutet auf die Stellen, wo ihr den oder die Steine hinlegen sollt, z. B. Rosenquarz auf die Brust, grüne Steine auf den Hals, blaue auf die Geschlechtsteile, Bergkristalle auf die rechte Seite. Laßt den Engel entscheiden und euch einweisen.

Habt ihr dann alle Steine plaziert, so haltet eine Hand in die Höhe des Kopfes, eine in die Fußgegend, ohne den Patienten zu berühren. Der Engel gegenüber tut spiegelbildlich dasselbe. Schaut ihm bei der Arbeit zu. Er wird vielleicht seine Energie und Aufmerksamkeit jeweils auf einen Stein richten. Dieser fängt dann von innen an zu leben, zu sprühen, zu strahlen, zu klingen, er wird größer, seine Formen lösen sich etwas auf. Beobachtet und genießt diesen Vorgang. Eure Aufmerksamkeit, Dankbarkeit und Freude wirken ebenso heilend wie die belebenden Handlungen des Engels. Der Engel wird euch mitteilen, wenn er fertig ist. Nehmt dann die Steine wieder in die Hand.

Jetzt habt ihr zwei Möglichkeiten:

Entweder ihr bringt die Steine zur »Steinapotheke« zurück, oder ihr nehmt den einen oder anderen und befragt den Steinmeister: wozu bist du gut, was ist deine Aufgabe, was sollte bewirkt werden, welche Engel gehören zu dir? – Dann werdet ihr in Kürze sehr viel lernen.

Aber nie vergessen: die Wirkung ist immer wieder individuell. Z. B. gibt es den Stein der Auflösung: er kann schlechte Gedanken, Erinnerungen, Energien, Gewebe, Blockaden, ja Steine im Körper auflösen. Was bei einem Menschen aufgelöst wird, auf welcher Ebene oder in welchem Teilbereich Auflösung bewirkt wird, steht in der Macht der Engel. Denkt nicht, ihr wüßtet, was bei diesem oder jenem Menschen aufzulösen ist. Also immer den Engel entscheiden lassen, sowohl über die Auswahl als auch über die Plazierung des Steins. Ihr tretet zwar ein in die Verantwortlichkeiten und solltet konzentriert arbeiten und lernen, aber nicht eigenmächtig handeln. Folgt, beobachtet, lernt und freut euch.

Können Steine auch schädliche Wirkungen haben?

Nein, niemals, allenfalls sind sie wirkungslos. Sollte eine schädliche Wirkung überhaupt möglich sein, so schweigt der Meister, und es gibt keine Wirkung. Auch der Schutzengel würde sie sonst verhindern. Zu schaden gehört aber ganz allgemein nicht zum Auftrag der Steine. Steine haben ihren Ursprung in der Welt der Urbilder des Paradieses. Sie haben keinen Kontakt zu Wesen der linken Hierarchien; sie können gar nicht schaden wollen.

Das Verbot der Eigenmächtigkeit gilt also nicht zum Schutz des Behandelten – er bedarf dessen nicht –, sondern zum Schutz des Behandelnden. Entscheidet man eigenmächtig und zu früh selbst, entfernt man sich von Engeln und Naturgeistern und verliert die Chance zu lernen. –

Was erleben die Meister beim Transport von großen Drusen?

Der Transport ist unangenehm und aufregend wie eine Geburt, aber er ist auch ein Aufbruch. –

Und während der Lagerzeit? –

Die ist für sie nur wie ein Lidschlag, eine kleine Sekunde. –

Und wenn eine große Druse in kleine zerbrochen wird? –

In der großen Druse befindet sich meist ein Meister der Meister. Er unterrichtet die Meister wie der Herr die Jünger, so lange, bis die Druse gefunden und eröffnet wird. Dann kehrt er zur Sonne zurück, er wird zu Licht. Ihr könnt den Meister eines Drusenstückes nach dem Meister der Meister fragen, nach seinem Verhältnis zu ihm. Dies war vielleicht sehr eng, und die Frage stimmt ihn wehmütig. So etwas fragt deshalb nur, wenn ihr mit ihm schon vertraut seid. Die Frage: was hat dich der Meister der Meister gelehrt? löst dann sehr schöne, lichtvolle und liebevolle Erinnerungen aus, und eröffnet euch unter Umständen ein großes Wissensfeld.

Wie verhalten wir uns richtig, wenn wir einen Stein verschenken wollen?

Fragt zuvor den Meister. Wenn der Meister es ablehnt, an den oder jenen verschenkt zu werden, so geht davon aus, daß er mehr weiß als ihr und seine Gründe hat. Es geschieht bestimmt nicht aus Egoismus. Beherzige in jedem Fall seine Weisung, sonst frage besser erst gar nicht.

Wiederholt jetzt die Übung; diesmal jeder mit einem »Sorgenkind«. Wir danken euch und freuen uns und bitten um kontinuierliche Arbeit.

Donnerstag, 29. 6. 95 abends (Auszug)

Über Sinn und Sinnlosigkeit

(Am Nachmittag dieses Tages war Martin Zielscheibe einer versuchten Intrige, die, wenn sie Erfolg gehabt hätte, die Fortsetzung unserer Arbeit praktisch unmöglich gemacht hätte. Wir fragen nach dem Sinn dieses Vorganges und werden in den Friedensdom geführt. Nadjamael – der oberste der Friedensengel:) Es herrscht schon seit einigen Tagen Bestürzung und Aufgeregtheit unter den Engeln, die mit dir besonders verbunden sind. Sie haben das nicht so gewollt.

Deine Frage richtet sich in ihrem Kern letztlich auf Macht und Ohnmacht der Engel. Sie sind mächtig, soweit Menschen sich von ihnen führen lassen, und ohnmächtig, wenn innere Taubheit das verhindert, insbesondere wenn die Doppelgänger von Menschen oder die Hierarchien zur Linken Gelegenheit zu Eingriffen gefunden haben. Für Engel wie auch für die höheren Hierarchien gilt das Prinzip der Nichteinmischung. Geschehen Dinge, die sie nicht gewollt haben, so sind sie zwar bestürzt und betrübt. Das veranlaßt sie aber nicht, einzugreifen, es sei denn, es geht darum, ein Wunder geschehen zu lassen. Das aber geschieht nur selten und nur, wenn die Möglichkeit besteht, daß das Wunder bei den beobachtenden Menschen eine Hinwendung zum Himmel bewirkt.

Außer in solchen Ausnahmefällen werden die Engel die Schaden stiftenden Menschen nicht in die Knie zwingen. Selbst wenn es um Leben und Tod geht, schreiten sie nicht ein. Denn sie haben nicht die Befugnis, in den freien Willen eines Menschen einzugreifen. Sie können es nicht und dürfen es nicht. Wie wären sonst all die schlimmen Ereignisse möglich, die ihr täglich im Fernsehen sehen könnt? Die Engel versuchen, auf ihre Art zu helfen, aber sie können nur wirken, wo Menschen ihr Wirken zulassen, sei es bewußt oder unbewußt. Verschließen sich die Menschen, können die Engel ihr Tun nicht abwenden.

Wenn einem etwas Schlimmes widerfährt, ist die rechte innere Haltung: Nicht zweifeln, sich nicht verlassen fühlen, sondern hoffen, daß es sich als sinnvoll erweisen wird. In der Regel haben die Ereignisse einen Sinn, auch wenn dieser nicht sogleich erkennbar ist. Deshalb gilt es zunächst, den Sinn zu suchen und zu verstehen. Das bedarf ruhiger Betrachtung, einer gewissen Übung und häufig der Geduld. Mitunter zeigt sich der Sinn erst überraschend nach einiger Zeit.

Manchmal aber sind die Geschehnisse wirklich ohne Sinn. In einem solchen Fall solltet ihr abwarten, bis ihnen ein neuer Sinn verliehen ist. Im Kosmos hat letztlich alles seinen Sinn, aber der Sinn wird immer neu geboren, er ist kein alter Greis, er erneuert sich ständig: Früher Sinnvolles verliert seinen Sinn, Sinnloses bekommt Sinn. Es ist also unsinnig, immer sogleich nach der Sinnhaftigkeit eines Ereignisses zu fragen; denn oft hat es anfänglich ganz einfach keinen Sinn. Wenn ihr über den Kontakt mit den Engeln erfahrt, daß ein solcher Fall vorliegt, gebt ihnen die Chance, der Situation nachträglich einen Sinn zu verleihen. Vertraut auf die Kunst der Engel. Sie können zwar das Böse, die Eigenmächtigkeiten nicht verhindern. Aber sie versuchen, das Ungute zum Guten zu wenden wie im Märchen die Feen, z. B. in Dornröschen: die letzte Fee konnte den bösen Fluch nicht verhindern oder ungeschehen machen, aber sie suchte nach einem Weg, so gut wie möglich das Beste daraus zu machen. In dieser Kunst sind die Engel sehr geübt.

Wenn ihr in einer Situation keinen Sinn wahrnehmt, gibt es also zwei Möglichkeiten: Entweder sie hat einen Sinn, er ist euch bloß nicht erkennbar oder noch nicht erkennbar. Oder sie hat tatsächlich keinen Sinn. Also bedarf es auch hier der Kunst der Unterscheidung; (scherzend:) Sinn oder Nichtsinn, das ist hier die Frage. In einem solchen Fall könnt ihr Elion oder eure Führungsengel fragen. Ihr könnt euch aber auch zu eurem inneren Weisen begeben und ihn bitten, in die vor ihm liegende Kristallkugel schauen zu dürfen, die ja Aufschluß über Sinn und Hintergründe der Situation gibt, die ihr in eurer Vorstellung in sie hineinlegt (vgl. o. 2. 5. 95). Wenn diese keine Bilder zeigt und wie erloschen daliegt, dann deshalb, weil kein Sinn da ist.

In eurem heutigen Fall, nach dem ihr gefragt habt, ist das Geschehen tatsächlich sinnlos. Aber verzagt nicht, sondern haltet euch an die Parole, die die Engel mit den Engländern gemeinsam haben: »make the best of it«, und vertraut auf die Kunst der Engel, die Dinge zum Guten zu wenden.

Dienstag, 11. 7. 95

Tages- und Stundenengel

Ein goldfarbener Tagesengel: Es gibt Engel des Tages und Engel der Nacht. Die Tagesengel sind golden, die Nachtengel silbern. Die Tagesengel regieren von Sonnenaufgang bis Sonnenuntergang, die Nachtengel von Sonnenuntergang bis Sonnenaufgang. Der Tag beginnt für die Engel immer mit Sonnenaufgang. Der Beginn der Wirksamkeit des Tagesengels wandert also mit dem Sonnenaufgang von Ost nach West um die Erde herum. Für die Nachtengel gilt das Entsprechende: Die Nacht beginnt für die Engel mit Sonnenuntergang.

Ihr versteht Wesen und Wirkungsweise dieser Engel am besten, wenn ihr euch ihre Dreigestuftheit vergegenwärtigt.

1. Es gibt zunächst den Großen Tagesengel, der die »Idee«, das »Prinzip« des Tages, seine Grundschwingung prägt. Denkt z. B. an den 24. und 25. Dezember. Hier ist die Besonderheit der Grundschwingung besonders spürbar. Aber nicht nur die großen Festtage, sondern alle Tage des Jahres haben ihren Großen Tagesengel.
2. Aus dem Großen Tagesengel wird jedes Jahr der Engel des Tages herausgesetzt. Es ist eine jährliche Neugeburt. Unter Beibehaltung der Grundschwingung ist der Tag in jedem Jahr ein wenig anders. Am Abend kehrt der Tagesengel zum Großen Tagesengel zurück.

3. Der Tagesengel vervielfacht sich: er setzt so viele individuelle Tagesengel aus sich heraus, wie es Menschen gibt. Jeder Mensch hat also seinen individuellen Tagesengel und erlebt den Tag ein wenig anders als die anderen Menschen. Doch ihre individuellen Tagesengel bleiben geborgen in den Schwingungen des Tagesengels wie dieser in den Grundschwingungen des Großen Tagesengels. Am Abend kehren die individuellen Tagesengel in den Tagesengel zurück – und mit diesem in den Großen Tagesengel. Es gibt also die Großen, die jährlich neuen und die individuellen Tagesengel.

Für die Nachtengel gilt auf allen Stufen das Entsprechende. Der Große Nachtengel leitet zu dem Großen Tagesengel des folgenden Tages über. Er ist also mit diesem, nicht mit dem des vergangenen Tages verbunden. Deshalb beginnt man einen Festtag am Vorabend mit den sogenannten »Vigilien« zu feiern.

Es gibt also so viele »kleine« Tages- und Nachtengel wie Menschen; jeder kann von »seinem« Engel sprechen – und doch sind sie alle einer und derselbe. Das ist für euch schwer zu verstehen, doch so ist es. Es ist nicht schwieriger zu begreifen, als daß sich Christus in jedem Menschen und doch zugleich an seinem himmlischen Ort befindet.

Der individuelle Tagesengel gibt dem Tag seine Prägung, die mit eurem Gestimmtsein zusammenfällt: froh, matt, beschwingt usw. Er harmonisiert, schützt, begleitet euch bei körperlichen Schwierigkeiten, seelischen Problemen, Spannungen, Unausgewogenheiten. Er wird sich freuen, wenn ihr euch mit ihm beratet. Sprecht mit ihm und wartet seine Antworten ab. Begrüßt ihn morgens und fragt, wie es ihm geht. Er hält ein Tablett. Faßt es an und besprecht den Tag mit ihm: Termine, Arbeit, Begegnungen. So wie ihr der Tageszeitung Informationen über den Tag entnehmt, z. B. über die Wetterlage, so könnt ihr euch bei eurem individuellen Tagesengel über den Tag informieren: z. B. über die Gestimmtheit, die individuellen Möglichkeiten, über das, was auf dem Plan steht. Er kann euch dann raten, z. B.: Heute klappt es nicht so gut, bremse dich, verhalte dich ruhig, morgen schreite vorwärts! Oder: Was du dir für den Vormittag vorgenommen hast, wird dir am Nachmittag viel besser von der Hand gehen – und dergleichen. – Abends haltet Rückschau mit ihm – in freundschaftlicher, naher, menschlicher Form. Dankt ihm und verabschiedet euch von ihm.

Dann wendet euch bewußt dem Nachtengel zu und vertraut euch ihm an für die nächtliche Reise.

Es gibt keine Seele, die nicht im Schlaf etwas täte. Was sie tut, hängt von der seelischen Struktur und Verfassung des Menschen ab. Oft sucht sie einfach einen Ort der Erholung auf, vor allem bei Angst, Panik, Trauer und Depression. Zu anderen Zeiten bekommt die Seele neue Impulse. Menschen, die viel sprechen müssen, z. B. als Lehrer, tauchen ihre Seele in eine Sphäre der Stille, des Schweigens. Manchmal wird die Seele zu anderen Menschen gesandt; das kann der Mensch aber nicht bewußt in die Hand nehmen, sonst entstünde Chaos.

Vor dem Einschlafen könnt ihr die Seele um rechtes Geleit bitten und das Schutz-Ave-Maria sprechen (s. o. S. 153). Engel übernehmen während des Schlafes die Führung eurer Seelen. Ihr könnt sie darum bitten, daß ihr euch morgens erinnern möget, wo ihr wart. Ihr empfangt dann morgens einen stillen, leisen Impuls. Versucht nicht, ihn kritisch zu beleuchten, sonst ist er – husch, husch – verschwunden. Der Nachtengel trägt eure Seele im Schlaf dorthin, wo sie lernen soll. – Am Morgen vergeßt nicht, ihm zu danken!

Wenn der Volksmund sagt: »Morgenstund hat Gold im Mund«, so versteht man das heute meist so: Wer früh aufsteht, kann viel Geld verdienen. Der ursprüngliche Sinn dieser Redensart ist aber viel tiefer und bedeutsamer: der goldene Engel des Tages übernimmt das Regiment vom silbernen Engel der Nacht. –

Ferner gibt es Engel für jede Stunde des Tages, also 24 Stundenengel. Es gibt 12 Stundenengel des Tages und 12 der Nacht.

Der Tag wird von Sonnenaufgang bis Sonnenuntergang gerechnet und in 12 gleiche Teile geteilt, die Nacht entsprechend. Die Stunden unterscheiden sich also von den Stunden der Uhrzeit. Im Sommer sind die Tagesstunden länger als im Winter, die Nachtstunden kürzer, im Winter ist es umgekehrt.

Auch die Stundenengel sind dreigestuft: Es gibt die Großen Stundenengel, z. B. den Engel der ersten Stunde nach Sonnenaufgang, die mittleren, die aus dem Großen täglich herausgesetzt werden, also die des jeweiligen Tages, und die kleinen, in die sich der mittlere vervielfacht: für jeden Menschen einen. Die Stundenengel sind besonders schön anzusehen. Ihre Kleidung ist nicht schlicht, sondern reich verziert, z. B. mit Bordüren und Schmucksteinen, und zwar jeden Tag anders.

Da jede Stunde ihren Engel hat, hat sie ihre besondere Qualität, ihre Schwingung, ihre Prägung. Diese kommt darin zum Ausdruck, daß jede Stunde auch ihre Farbe hat. Die erste Stunde nach Sonnenaufgang und nach Sonnenuntergang ist rot, die zweite orange, die dritte gelb, die vierte grün, die fünfte blau, die sechste violett. Dann – also am Mittag und um Mitternacht – kehrt sich die Reihenfolge um: violett, blau, grün, gelb, orange, rot. Diese Angaben sind etwas vereinfacht. Die Farben sind zum Teil changierend und mit Beimischungen durchsetzt, und es gibt die übergelegten Komplementärfarben. Aber das ist ein komplexes Thema; für den Anfang mag das gegebene Schema genügen. Diese Farben sind am Tag mit Gold, in der Nacht mit Silber unterlegt.

Daß die Stunden ihre Farben haben, ist den Menschen schon immer bekannt gewesen. Man spricht z. B. von der »blauen Stunde« und meint die Stunde, in der man besonders geneigt ist zur Träumerei, zum Schweigen, zum Kontemplieren, zum Nachsinnen, die Stunde, in der man am wenigsten auf die Welt ausgerichtet ist.

Sehr eigenartig und wunderbar ist die »violette Stunde«: da werden die Dinge durchsichtig, die Dinge hinter den Dingen scheinen sich zu zeigen. Die Griechen sprachen von der mittäglichen »Panstunde«: da fühlt man sich entzückt, verführt, entrückt in andere Zustände; diese Stunde hat etwas Lockendes, Faszinierendes. Der »Pan« ist nichts Schlimmes; er gehört zu den Naturgeistern. Die ganze griechische Mythologie spricht ja im Grunde von Naturgeistern, Engeln verschiedener hierarchischer Stufen und Djinn – nur in undifferenzierter Weise. Sie versucht eine Ordnung hineinzubringen, aber nach anderen Prinzipien: nach Einflußgebieten und Machtsphären. – Die Panstunde hat ihr nächtliches Gegenstück in der »Geisterstunde«, nur daß diese nicht golden, sondern silbern unterlegt ist. Der Volksmund meint, hier erschienen Tote und Gespenster. In Wirklichkeit wird der Mensch hier besonders sensibel und wahrnehmungsfähig für die geistige Welt überhaupt: für Engel und Naturgeister, aber allerdings auch für gefallene Engel, Dämonen, Nachtfalter, verlorene Seelen. Wer ein Gespür für Dimensionen hat, kann hier unendliche Tiefen und Dunkelheiten wahrnehmen.

Eure individuelle Farbfeldschwingung trifft mit der allgemeinen Stundenprägung zusammen. Das bedeutet: Ihr bekommt den individuellen Stundenengel, der euch zuträglich ist und entspricht. Es gibt also Anforderungen, die für jeden Menschen gleich sind, und individuell angepaßte Prägungen. Das bewußte Gespräch mit den Stundenengeln kann für den Menschen große praktische Bedeutung haben. Wenn ihr die Stundenengel z. B. regelmäßig fragt, wann welches Tun richtig ist, werdet ihr bald gute Erfahrungen im Alltag gemacht haben. Sie werden euch z. B. raten, eine bestimmte Tätigkeit auf eine spätere, günstigere Stunde zu verschieben. Ihr könnt sie auch um ihren Segen bitten und sie über ihr spezielles Wesen befragen. Sie sind sehr dienstbereit. Sie schützen die Stunde und euch.

Versucht, allmählich ein Gespür für die Qualitäten der einzelnen Stunden zu bekommen. Haltet mehrmals täglich inne und bedenkt die Stunde. Wer Gelegenheit hat, kehre in seine Innere Kapelle ein und wende sich an den Stundenengel. Die Begegnung kann ganz natürlich in den Alltag einfließen – beim

Kochen, Autofahren, Arbeiten. Das bewußte Mitleben mit den Stundenengeln wird euch sehr hilfreich sein.

Es gibt Tage und Stunden, die sind geprägt von Betrübnis, Ärger, Frust oder Streit. Hängt das mit besonderen Tages- oder Stundenengeln zusammen?

Nein, aber die Doppelgänger versuchen, den Anspruch des Tages oder der Stunde zu vereiteln. Es gibt die Forderungen der Außenwelt und den Druck, der entsteht, wenn man das, was man zu leisten vermag, nicht schafft. Ebenso gibt es das, was der Tag und die Stunde eigentlich verlangen. Kommt man dem nicht nach, entsteht ebenfalls ein Gefühl des Ungenügens, und das doppelte Versagen macht es noch schlimmer. Für die individuellen Tages- und Stundenengel ist das ein schmerzliches Erlebnis: Sie haben nichts vollbracht. Der Tag, die Stunde kommen nicht wieder. Es kommen zwar ähnliche, und der Mensch hat neue Chancen. Aber für die Engel des Tages und der Stunde sind sie unwiederbringlich verloren. Sie kehren traurig heim mit dem Gefühl: es ist vertan.

Der Hohelehrer: Um zu verstehen, was das bedeutet, vergegenwärtigt euch einmal das Ideal: Man lebt so im Einklang mit den individuellen Tages- und Stundenengeln, daß diese dem Großen Engel vollkommen gleichen können. Ihr mögt meinen: Sich so an die Anforderungen der Engel anzupassen, sei mit erheblichen Begrenzungen der Individualität verbunden. Gewiß – aber es würde nichts Geringeres bedeuten als die Heimkehr zum Vater. Wenn man nichts anderes täte, als den jeweiligen Anforderungen der Tages- und Stundenengel genau zu entsprechen, so wäre das tatsächlich ein möglicher Weg zurück zum Vater, ja es wäre der großartigste Weg. Das klingt, als wäre es einfach. Was er fordert, ist jedoch nichts anderes, als sein ganzes Leben dem ursprünglichen Entwurf, dem Urbild anzugleichen. Ein Vorbild findet ihr im Leben Jesu: er hat diese Deckungsgleichheit gelebt und hat nie einen falschen Schritt getan. Wie sich ein Ballettänzer genau der Choreographie entsprechend bewegt, so stand sein Leben im vollkommenen Einklang mit der himmlischen Choreographie, und zwar jeden Tag und jede Stunde.

Freitag, 14. 7. 95

Der Innenraum mit dem Sophienengel Über das Schweigen

(Den Unterricht übernimmt heute ein bordeauxroter, sehr ernst und vornehm wirkender Engel:) In der heutigen Stunde möchte ich euch zunächst in einen weiteren Innenraum einführen: in den Sophienturm. Ihr kennt den Marienturm, aber eure Innere Kirche hat zwei Türme; beide befinden sich im sogenannten Hals-Chakra. Begebt euch in die Innere Kirche. Rechts im Altarraum (d. h. rechts, wenn ihr mit dem Rücken zum Eingangstor steht) findet ihr eine Tür. Sie führt in ein Treppenhaus mit einer Wendeltreppe. Schreitet sie hinauf. Sie führt euch in einen schlichten Raum mit einer Betbank. So wie ihr im linken Turm euren Marienengel antrefft, so begegnet ihr hier eurem Sophienengel. Beide sind Repräsentanten der himmlischen Mutter, doch zweier verschiedener Aspekte von ihr. Während ihr mit dem Marienengel zu sprechen pflegt, z. B. Bitten oder Fürbitten vorbringt, übt ihr beim Sophienengel das Schweigen.

Ihr seht: euer Sophienengel ist bordeauxrot gekleidet wie ich. Auch ich bin ein Engel der heiligen Sophia und heute zu euch gesandt. Unsere Losung des heutigen Tages bezieht sich auf das Schweigen:

Schweigt und ihr werdet sehen.
Schweigt und ihr werdet hören.
Schweigt und ihr werdet sprechen.

Das Herz, das glaubt, schweigt,
und im Schweigen wohnt das Wort.

Schweigen bedeutet mehr als nicht zu sprechen. Es gibt auch das Schweigen des Körpers, der Begierde, der Gefühle, der Gedanken, der Vorstellungen, des Ich. Zuletzt offenbart sich im Schweigen des Herzens alles andere Schweigen.

Wenn ihr das übt, so nehmt ihr also einen Weg von Außen nach Innen. Ihr geht diesen Weg, indem ihr eure Innenräume durchschreitet, beginnend beim Inneren Meer, abschließend in der Inneren Kirche. Entweder ihr geht im Zickzack: Inneres Meer – Innerer Kosmos, Innere Krypta – Innerer Weiser – Innere Quelle – Marien- und Sophienturm – Innere Kirche. Oder ihr geht drei Stufen aufwärts: Inneres Meer, Innere Krypta, Innere Quelle und vier abwärts: Innerer Kosmos, Innerer Weiser, Marien- und Sophienturm, Innere Kirche. Oder ihr nehmt den Weg aufwärts, überspringt aber zunächst die Innere Kirche und schließt dann mit ihr ab. Auf diesem dritten Weg wollen wir es jetzt üben. Für jedes Chakra – d. h. für jeden eurer Innenräume – gibt es eine besondere Art des Schweigens. Denn es besteht eine jeweils andere Verbindung der äußeren Ebenen zu den Innenräumen. Ihr tut etwas erst außen, dann innen, und seht dann, wie sich das bedingt.

Übung:

1. (Inneres Meer): das Schweigen des Körpers. Fragt euch: Welche Körperhaltung ist günstig? Was heißt Schweigen für einen Fuß usw.? Wie ist das Gefühl eines schweigenden Körpers? Was hält den Körper vom Schweigen ab – welchen Hindernissen begegnet er? (z. B. Geräusche gehen auf die Nerven, der Boden ist kalt, der Stuhl hart, es kribbelt und juckt usw.) Versucht den Körper im Inneren Meer und das Innere Meer im Körper zur Ruhe zu bringen.
2. (Innere Krypta): das Schweigen der Gefühle. Geht durch die Gefühlswelt wie von Vorhang zu Vorhang. Welche mächtigen

Gefühle stehen im Vordergrund? (Z. B. Wut, Ärger.) Welches ist das stillste, feinste Gefühl hinter allen anderen? Versucht einmal, in diesem Gefühl zu leben und all die anderen, die es mit ihrer Vehemenz übertönen, zum Verstummen zu bringen.

3. (Innere Quelle): das Schweigen des Wollens. Versucht, herauszufinden, was geschieht, wenn der menschliche Wille zum Schweigen gebracht wird. Entsteht dann ein Vakuum? Nehmt euch etwas vor – z. B. ich will ein Bild anschauen – und verkehrt es ins Gegenteil – ich will es nicht. Und umgekehrt: verkehrt ein Nichtwollen ins Positive – ich will es doch – und beobachtet, was geschieht. Versucht zu erleben, daß das Wollen und das Nichtwollen gleich gültig – also auch gleichgültig – sind. Dadurch kommt das Wollen in die Balance. Man nimmt es, wie es kommt.
4. (Türme mit Marien- und Sophienengel): das Schweigen der Worte. Enthaltet euch des Sprechens, übt das innere Lauschen. Das ist viel schwerer, als ihr vielleicht meint. Versucht einmal, einen einzigen Tag lang nicht zu sprechen – weder zu anderen noch zu euch selbst: ihr werdet sehen, wie schwer das ist.
5. (Raum des Inneren Weisen): das Schweigen der Gedanken. Dies ist ein wichtiger Schritt zum Schauen. Die Gedanken zum Schweigen zu bringen ist nur möglich, wenn man sie nicht von vornherein auszuschließen versucht. Laßt sie kommen, nehmt sie freundlich auf, sagt ihnen »Grüß Gott« und laßt sie ziehen. Ihr könnt einen Engel zu Hilfe bitten. Er hält eine Schale in der Hand, in die ihr die auftauchenden Gedanken hineinlegen könnt. Das Kommen und Ablegen der Gedanken wird immer langsamer. Wie eine Blume, die Blütenblätter ablegt, laßt ihr die Gedanken einen nach dem anderen beiseite. Die Verlangsamung entspricht einem allmählichen Einschlafen, während die Beschleunigung euch schwindelig macht. Übt das Verlangsamen und Beschleunigen mit Hilfe des Engels. Die Kunst ist, dem Einschlafen nahe zu kommen, ohne wirklich einzuschlafen. Das ist ein schwieri-

ger Balanceakt zwischen Loslassen und Disziplin. Denn in der Leere, die zu entstehen droht, wird man entweder nervös oder man schläft unversehens ein. Ein gutes Hilfsmittel ist das Beten einer Litanei (aber nicht das Rosenkranzgebet). Denn die Litanei hat den Sinn und Zweck, zu eben dieser Balance zu verhelfen.

6. (Innerer Kosmos): das Schweigen des Ich. Legt eure Vorstellungsmuster über den Herrn, die Welt, den Weg ab. Zieht eure euch bekannten früheren Erdenleben wie Kleider an – und zieht sie aus, hängt die Kleider an einen Haken. Zuletzt legt auch das Gewand eurer jetzigen Inkarnation ab. Was bleibt dann?
7. (Innere Kapelle): das Schweigen des Herzens. Laßt euch Zeit, beginnt mit den Übungen 1 – 6. Danach werdet ihr von alleine wissen, was das Schweigen des Herzens ist – und ihr werdet euch selbst ganz neu begegnen. Bittet eure Schutzengel und andere Engel: geht mit mir, bringt mir das im Schweigen Erwachende nahe, erinnert mich, bringt es zum Klingen!

Die Übung bedarf der Ausdauer und Disziplin und der richtigen, liebevollen Haltung zu sich selbst. Sie klingt einfach, ist es aber nicht. – Die Ergebnisse mögen euch zunächst gering erscheinen. Wenn aber nur ein Atom verschoben ist, ist das eine Veränderung von kosmischer Tragweite.

Man bemerkt einen Prozeß nicht, solange man im Prozeß ist. Wer von sich behauptet, er mache spirituelle Fortschritte, der macht keine. Auch Schulen und Gemeinschaften, die behaupten, sie könnten Fortschritte herbeiführen, können das in Wirklichkeit nicht. Das Erlernen von Techniken – z. B. der Technik des Meditierens – ist kein spiritueller Fortschritt, sondern nur eine Grundlage für spirituelle Arbeit. Den spirituellen Fortschritt bemerkt man nicht. Bitte überprüft eure Fortschritte nicht, versucht nicht, sie zu benennen. Wer wirklich auf dem Weg ist, kümmert sich um Erde, Natur, Naturgeister, Pflanzen, Tiere, Menschen, Heilung, Engel, die Trinität – aber nicht um seinen spirituellen Fortschritt. Wer das tut, erleidet nur Rückschritte. Der spirituelle Fortschritt wird gegeben, nicht erlangt, er ist immer ein Geschenk von oben. Der Ausdruck »Fortschritt« ist schon deshalb mißverständlich.

Der Hohelehrer: Wenn ihr von »Fortschritt« sprecht, so habt acht darauf, ob und wie weit ihr euch damit zur Entfernung vom Vater programmiert. Wenn ihr fortschreitet, vergeßt nicht, heimzukommen. Wenn ihr das Wort sinnvoll verwenden wollt, so fragt stets: Fortschritt wohin? Wenn ein Kind erwachsen wird, dann gibt es drei Möglichkeiten: 1. Das Kind bleibt zu Hause. 2. Es geht fort und kehrt nie zurück. 3. Es geht fort und kommt immer wieder heim. Die dritte Möglichkeit ist die beste: eine gesunde Mischung aus Dynamik und Rückbindung. So sollte es auch in der Wissenschaft, im Recht, in der Politik sein: Man schreitet fort in der Welt, bewahrt aber die religiöse Rückbindung an den Himmel. So sollte es auch auf dem spirituellen Weg sein. Führt euch euer Fortschritt fort vom Vater, so kehrt um und kommt zurück in die Heimat.

Sonntag, 16. 7. 95

Über das Böse Warum das Böse zugelassen ist Warum es nicht siegen kann

Führungsengel: Ihr hattet den Wunsch, einmal über das Böse in der Welt zu sprechen. Heute ist dazu Gelegenheit. Stellt eure Fragen.

I. Dürfen wir noch einmal auf das Thema: Macht und Ohnmacht der Engel zurückkommen (vgl. o. 29. 6. 95) und die Frage stellen: Warum dürfen die Engel nicht eingreifen, wenn Böses geschieht? Warum wird das Schlimme erlaubt, wenn der Vater doch gütig und allmächtig ist? Warum hat er selbst Auschwitz zugelassen?

(Es erscheint ein Engel, der aussieht wie eine weiße Flamme:) Dies ist ein großer Schlüssel. Wer das weiß, weiß im Prinzip Bescheid über die Pläne und Absichten der göttlichen Macht. Er kennt den Gesamtplan Gottes. Eine erste allgemeine Antwort lautet: Es gibt keine allgemeine Antwort. Die Engelmacht ist weder generell begrenzt noch unbegrenzt, sondern größer oder kleiner, je nachdem, wie sie jeweils sein soll. Doch man kann sagen: alles, was geschieht, geschieht, weil es zugelassen wurde.

Die Frage: »Warum läßt der Vater dieses und jenes zu, selbst das Schlimmste?«, läßt sich nur beantworten, wenn man sie ins Grundsätzliche wendet: Warum läßt er überhaupt das Wirken und Walten der dunklen Hierarchien zu? Zunächst: Er läßt es zu, weil er die dunklen Hierarchien zugelassen hat. Er hat den Abfall der Engel nicht gewollt, aber er hat ihn hingenommen und ihn nicht mit der Vernichtung der gefallenen Wesen beantwortet. Das hätte er nur in der Weise tun können, daß er die gesamte Engelschar zurückgenommen hätte, die gefallenen und die nicht gefallenen Engel gleichermaßen. Denn da er sie als freie Wesen geschaffen hat, gibt es immer die Möglichkeit, daß sie fallen, ebenso wie die Möglichkeit, daß sie zurückkehren. Sie lassen sich nicht in definitiv Schuldige und Unschuldige trennen. Er hätte also sie alle zurücknehmen und neu schaffen müssen – und zwar nicht nur die Engel, sondern auch die Menschen mit ihren Innenräumen, die ja auch von Engeln belebt sind. Das hätte er tun können: Er hätte die gesamte Schöpfung zurücknehmen und eine neue aus sich heraussetzen können – wiederum mit freien Wesen, also auch wiederum mit der Möglichkeit, daß sie fallen. Er hat es vorgezogen, dies nicht zu tun und die dunklen Hierarchien hinzunehmen – im Vertrauen darauf, daß ihre Zahl und Macht nie größer wird als die der lichten Hierarchien.

Diese haben jederzeit die Möglichkeit, sich vom Licht abzuwenden und ins Dunkel zu gehen, doch die meisten bleiben gern und freudig im lichten Bereich. Nur auf diejenigen, die die Freiheit haben, zwischen Licht und Dunkel zu wählen und die sich beständig und immer von neuem für den lichten Bereich entschieden haben, kann sich der Vater verlassen. Er kann es also gerade deshalb, weil sie die Freiheit zum Abfall haben, und diese Freiheit haben sie nur, weil und solange er die Existenz der dunklen Hierarchien hinnimmt. Daß er sie hinnimmt, wirkt sich dann freilich bis auf die Erde aus. Das Böse, das sie dort anrichten, hat der Vater nicht gewollt, aber er kann es nicht verhindern. Er läßt die Existenz dieser dunklen Hierarchien zu, also läßt er ihr Wirken zu.

Seine Allmacht ist auch Allgerechtigkeit. Wollte er das Böse auflösen, müßte er alles auflösen. Aber selbst wenn er die gefallenen und die zum Fall disponierten Engel heraussortieren und isoliert vernichten könnte, würde er es nicht wollen. Auch die gefallenen Engel sind seine Geschöpfe. Auf Erden stoßen die Eltern ihre Kinder nicht aus, wenn sie kriminell werden, umso weniger tut das der himmlische Vater.

Denkt einmal an das Gleichnis Jesu von den Arbeitern im Weinberg (Mk 20, 1–16). Es ist vielen Menschen schwer verständlich, weil sie kleinlich sind und meinen, der Lohn sei nach der Leistung zu berechnen. Der Vater wünscht aber nicht, daß seine Geschöpfe licht und gut sind, weil sie sich vom Vater Lohn versprechen – wie ein Kind, das sich brav verhält, damit es ein Bonbon bekommt –, sondern aus Freude. Die Engel, die sich für den lichten Bereich entschieden haben und in ihm wirken, tun das nicht aus Berechnung, sondern weil sie sich in diesem Bereich wohl fühlen und weil sie dem Vater treu bleiben wollen. Die Reinheit dieses Motivs würde der Vater in Frage stellen, wenn er die gefallenen Engel mit Vernichtung bestrafen würde, selbst wenn er es könnte.

Und überdies: Wenn er sie vernichten müßte, hätte er seine Allmacht aufgegeben, er hätte die gefallenen Engel als Gegenmacht, das Dunkel als Feind anerkannt. Es wäre grauenvoll, wenn der Vater bedrohbar und zum vernichtenden Gegenangriff provozierbar wäre. Aber auch die gefallenen Engel sind Engel. Sie sind also von ihrem Wesen her nicht böse. Der Vater ist überzeugt, daß sie alle ins Licht zurückkehren werden. Schließlich sind auch sie seine Geschöpfe. Ihre Vernichtung käme einem Kindesmord gleich.

Ihr solltet begreifen, daß sie in ihrem Ursprung lichte Wesen, aber ins Dunkel gefallene Wesen sind, die gern ins Licht zurückkehren würden. Doch so, wie die Dinge jetzt liegen, bedürfen sie der Hilfe, und diese Hilfe erfordert viel Arbeit und Geduld. Der Sohn in seiner Präsenz als Erlöser hat schon manche zur Hinwendung zum Licht veranlaßt. Es gibt einige Heilige, die sich ganz der Aufgabe verschrieben haben, mit den gefallenen Wesen zu reden und sie davon zu überzeugen, daß sie auf dem falschen Weg sind und besser daran täten, sich wieder den lichten Hierarchien anzuschließen. Es gibt aber auch Menschen – nicht nur in den Klöstern –, die solche Erlösungsarbeit leisten. Auch ihr könnt das tun, wenn auch nur mit Wesen der unteren Stufe: also mit Doppelgängern, mit gefallenen Engeln und mit verlorenen Seelen. Damit könnt ihr viel Gutes tun, und wenn ihr wollt, werdet ihr darauf vorbereitet werden.

Die Menschen sollten begreifen, wie sie sich angesichts des Bösen zu verhalten haben. Wenn sie bloß lamentieren und den Vater anklagen, so erreichen sie sein Ohr gar nicht, und sie verändern auch nichts. Der Arzt wendet sich an der Unfallstelle zuerst dem zu, der am schwersten verletzt ist, nicht dem, der am lautesten klagt. So verhält sich auch der Himmel: Wer nur lamentiert, wird nicht ernst genommen und überzeugt nicht. Mit Lamentieren tut ihr weder dem Vater noch dem Leidenden noch euch selbst einen Gefallen – hört auf damit!

Wenn ihr über ein grausames Geschehen empört seid, dann ist es besser, im Rahmen eurer Möglichkeiten tätig zu werden, von den Engeln Hilfe nicht nur zu erbitten, sondern zu fordern, ihnen kühn zu befehlen und mit heiligem Zorn einen Schwur zu leisten wie eure Freundin Ursel Händel. Der Himmel wartet nur, daß ein Mensch da ist, der überzeugend wirkt – dann sind die Engel da. Sie können nicht unmittelbar eingreifen, aber sie können Menschen helfen. Es gilt ganz allgemein: wenn ihr den Himmel um etwas bitten möchtet, dann versucht nicht, ihn zu betören, ihm etwas vorzujammern, ihn zu zwingen, zu überrumpeln oder zu betrügen, sondern ihn zu überzeugen. Menschen gewinnt ihr in aller Regel ja auch nur auf diese Weise. Wie auf Erden, so im Himmel.[42]

II. Wenn ihr euch künftig an der Erlösungsarbeit beteiligen wollt, so bedarf es zunächst einiger grundsätzlicher, einführender Informationen über die Hierarchien zur Linken. Es gibt für euch einen besonderen Schutz. Dank dieses Schutzes könnt ihr künftig etwas über sie lernen. Bisher wurdet ihr unterrichtet über die zwei Hierarchien der Engel und der Naturgeister. Doch künftig werden wir auch über die Hierarchien zur Linken sprechen müssen. Was Rudolf Steiner über sie lehrte, war interessant, aber nicht der Weisheit letzter Schluß. Er hatte keine volle Kenntnis von ihnen. Er hat sich festgelegt auf zwei, drei Größen und sah sie überall am Werke. Sie haben durch das viele Reden über sie einen enormen Zuwachs an Macht erhalten. Denselben Effekt erzielen jene kirchlichen Kreise, die gern von Teufeln, Dämonen und der Hölle reden: Sie tun es in warnender Absicht, spielen aber denen in die Hände, die sie abwehren wollen. Doch auch das wird zugelassen.

Heute kann euch nur eine erste Einführung gegeben werden. Zunächst einmal: Vergeßt nicht, daß auch die Hierarchien zur Linken an Regeln gebunden sind. Sie können auch nicht einfach tun, was sie wollen. Die göttliche Macht ist – im Gegensatz zur landläufigen Annahme – mächtig über sie. Es gibt keine Macht außerhalb Seiner Macht.

Zur Heilsgeschichte gehört auch eine Schattengeschichte, eine Unheilsgeschichte.

Es gibt einerseits die neun Hierarchien der Engel und die Heilsgeschichte mit dem Herrn. Es gibt aber auch die Hierarchien zur Linken und die Schattengeschichte, die Unheilsgeschichte. Auch im Wort »Unheil« ist »Heil« enthalten. Unheil ist nicht die Vernichtung, aber die Verdrehung und Verzerrung dessen, was Heil ist.

Zu den Schattenbildern gehören zwar auch Gegenspieler der Jünger, der Maria, sogar des Herrn (der »Antichrist«), aber sie stehen nicht auf der jeweils entsprechenden Ebene, sondern auf der Ebene der Exusiai. Sie erschrecken die Menschen mit furchtbarem Aussehen und gaukeln ihnen vor, sie seien den lichten Wesen gleich an Rang und Macht; aber das sind Trugbilder. Ferner gibt es »unten« die Hierarchien der Naturgeister, und ihnen entsprechend die Hierarchien der Schattengeister, die von Menschen zum Bösen verführt worden sind, also die »Naturgeister zur Linken«.

Die Hierarchien oben und unten, zur Rechten und zur Linken könnt ihr euch im Bild eines »X« vorstellen, in dessen Zentrum der Mensch steht. Der Mensch ist der Mittler zwischen oben und unten, aber auch zwischen rechts und links, zwischen Licht und Schatten.

Der Mensch mit ausgebreiteten Armen bildet eine Horizontale. So haben wir das Bild eines 6-zackigen Sterns:

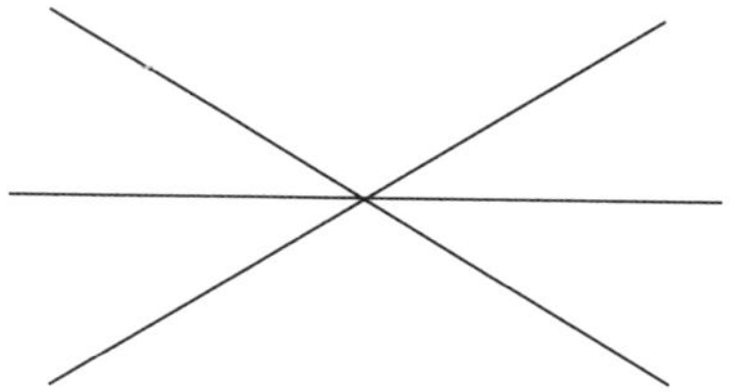

Doch es gibt ein Übergewicht nach oben: durch eine 7. Linie. Sie führt über den Kopf, über das Scheitelchakra nach oben:

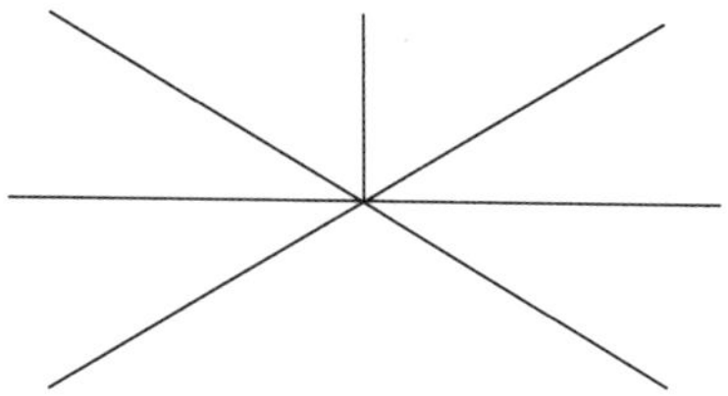

Die siebente Linie ist der Lichtstrahl, der den Menschen über seinen Sonnenengel an die Trinität und die Heiligen Hierarchien anschließt.

Das Licht ist mächtiger als das Dunkel: es macht das Wesen des Seienden aus; »Dunkel« ist keine Wesensbeschreibung, sondern eine Zustandsbeschreibung, die gekennzeichnet ist durch die Abwendung vom Licht. Das Zentrum des Menschen ist Licht – der Doppelgänger befindet sich an seiner Peripherie. Infolgedessen ist die siebente Achse die mächtigste, die auf Dauer die anderen heiligen und retten kann. Sie ist energetisch stärker als die anderen, weil sie mehr als diese mit lichter Energie versorgt ist. Die 7 ist deshalb die Heilige Zahl. Sie symbolisiert den direkten Kontakt zum Schöpfer. Sie gibt uns die Gewißheit, daß es immer ein Übergewicht des Himmels gibt.

Ihr seht, welche Wichtigkeit der Mensch durch seine Stellung im Kosmos hat. Er steht mit beiden Füßen auf der Erde und trägt den Himmel auf der rechten Schulter, das Schattenreich auf der linken. So bildet er eine Brücke zwischen beiden. Will er nicht Brücke sein, reißt es ihn und mit ihm das Ganze auseinander. Das geschieht z. B., wenn er sich an falschen Meistern orientiert und seine Entwicklung zu rasch vollziehen will. Denn handelt er zu schnell, wird er innerlich zerrissen und entwickelt sich unharmonisch. Wesentlich ist, daß ihr euch als ein Ganzes harmonisch zu erhalten sucht.

Ihr werdet später über die Wesen der Schattenwelt im einzelnen näher informiert werden, aber erst, wenn euer Schutz völlig sichergestellt ist (26. 7. 95). Dieser Schutz besteht in einer Lichthülle. Sie wirkt wie ein Kleister, der die Einheit zusammenhält. Es geht nur darum, euch gegen die Angriffe aus den Reihen der Schattenwesen abzuschirmen, nicht darum, diese zu vernichten oder so zu tun, als gebe es sie nicht mehr. Es gilt, die Welt zu sehen, wie sie ist. Ihr habt den Doppelgänger bei euch, und dieser integriert die Linken. Wendet euch nicht ab von ihm, sondern versucht harmonischen Umgang mit ihm zu pflegen. Das bedeutet: Laßt ihn leben – aber da, wo er hingehört, und führt euer Leben, ohne ihm Macht einzuräumen.

Der Schutz vor den Hierarchien zur Linken bedeutet für euch Trost. Doch auch für diese selbst ist er ein Grund zur Hoffnung. Denn die Angriffe der Hierarchien zur Linken sind in der Regel Verzweiflungstaten von gefallenen Engeln, die sich nach Erlösung sehnen.

Es gibt freilich auch Angriffe des wirklich Bösen aus Hierarchien, die in der Rangordnung höher stehen als die Engel. Doch je stärker eure innere Einheit, Zentriertheit, Stabilität ist, desto größer wird die Schutzhülle. Sie wirkt hell, licht, tröstlich. Sie zieht die im Dunkeln, die sich nach Erlösung sehnen, an. Sie kann schließlich sehr stark und so groß werden wie ein Zimmer, in dem für sie Berührung und Heilung möglich wird. Die des Christus war so groß wie die ganze Erde.

Die Auseinandersetzung mit den Hierarchien im Schattenbereich, denen auf der Lichtseite die Erzengel entsprechen, erfordert einen speziellen Auftrag und eine besondere Ausbildung. Dies ist aber für euch nicht nötig. Ihr habt schon viel getan, wenn ihr euch der Auseinandersetzung mit denen widmet, die der Engelstufe entsprechen. Was sie Böses tun, tun sie nicht wirklich aus Bosheit, sondern aus Angst, Verzweiflung, Trotz, Suche, Verlassenheit, Einsamkeit. Auch die sog. »bösen Menschen« sind meist solche, die von »linken Engeln« berührt sind. Da tritt nicht pures Böses auf, sondern eine Mischung der Motive. Da gilt es zu differenzieren.

Es gibt auf der linken Seite auch einige Erzengel, die im Auftrag der noch höheren Hierarchien zur Linken handeln, so daß auch dort eine Mischung der Motive entsteht. Erst ab der Archai-Stufe beginnt die wirkliche Nacht.

Werden auch diese erlöst werden?

Diese Frage berührt die Grenze des Fragbaren.

Kann man nur hoffen?

Streiche das »nur« und ersetze »hoffen« durch »vertrauen«. Also: ihr dürft darauf vertrauen. (Auf unseren Ausdruck der Freude:) Die Erlösung geschieht nicht in Zeiträumen, die der Mensch kennt. Die Ausdehnung der bösen Hierarchien erstreckt sich weit über die Erde und euer Gesamtsystem hinaus. Da walten andere Dimensionen, da gilt ein anderer Maßstab.

Bedenkt stets: Jeder Gedanke ist von kosmischer Tragweite, und das gilt auch, wenn er nicht wahrhaftig und rein ist. Alles, was euch geschieht und was von euch ausgeht, ist im Gesamtrahmen unendlich klein, und doch ist die Stellung des Menschen im Kosmos so groß und erhaben.

(Anmerkung: Das Problem des Bösen wird nochmals ausführlich behandelt am 23., 24. und 26. 7. 95, am 22. 12. 95 und ausführlicher am 14. 8. 96.)

Montag, 17.7.95

Elementargeister

Agar: Naturgeister entsprechen der Stufe der Engel, ihre Könige der der Erzengel. Heute gehen wir einen Schritt weiter auf die Ebene der Elementargeister, die den Archai entspricht. Es gibt vier Arten entsprechend den vier Elementen Feuer, Wasser, Erde, Luft. Daher hat die alte Lehre von den vier Elementen, die in der modernen Naturwissenschaft keine Rolle mehr spielt, ihre tatsächliche Berechtigung.

Für die Engel ist die Wirksamkeit im physischen Bereich sehr begrenzt, sie wirken moralisch, psychisch, geistig. Nur die höheren Hierarchien können ins Physische hineinwirken. Doch die Elementargeister haben Zugriff auf die Physis und können so Menschenleben retten. Sie können z. B. einen Baum stürzen, so daß er eine Brücke über den Fluß bildet und ihr gerettet werdet. Die weisungsberechtigten Engel können die Elementargeister bitten, euch zu helfen, doch ihr könnt sie auch unmittelbar selbst um Hilfe bitten. Dies gilt nicht nur für solche Extremsituationen.

Menschen mit der rechten Einstellung und Lebensweise erzeugen durch ihre Schwingungen ein Umfeld, das den ständigen freien Austausch von Engeln und Naturgeistern möglich macht und ein ganzes Heer von Helfern in Teamarbeit mobilisiert. Die Engel haben die Übersicht, die Naturgeister die Eingriffsmöglichkeit. Wenn beide zusammenwirken, wirken Menschen heilend, aufmunternd, harmonisierend – allein durch die

Anwesenheit dieser Wesen. Diese bilden um den Menschen herum einen Lichtkreis, sozusagen ein kleines Paradies. Wo solche Menschen hinkommen, können allein schon durch ihre Anwesenheit Wunder geschehen.

Normalerweise ist ein direkter Kontakt zwischen Naturgeistern und Engeln nicht möglich, nur ein indirekter über Menschen. Wenn aber Menschen zur Verfügung stehen, kann in ihrem Umkreis doch ein solcher direkter Kontakt entstehen. Engel und Elementargeister können sich dann frei begegnen. Wohlgemerkt, sie können es nie allein, sondern nur im Umfeld eines Menschen.

Die Arbeit zwischen Himmel und Erde ist also komplizierter, als man gemeinhin annimmt. Die Engel machen nicht einfach eine Handbewegung und werden wirksam, sondern sind angewiesen auf gute Zusammenarbeit mit den Naturgeistern – und umgekehrt. Viele Kontakte, die sonst schwieriger wären, werden möglich durch den Menschen, der eine Kontaktstelle, eine Brücke zwischen ihnen zu bilden vermag.

Die Elementargeister kommen nicht einfach, sondern man begibt sich zu ihnen. Ich (Agar) und auch eure persönlichen Naturgeister begleiten euch, wenn wir sie jetzt besuchen. Ihr braucht nichts zu fürchten. Namen von Elementargeistern werden euch erst gesagt, wenn ihr Erfahrungen gesammelt habt. – Die Reihenfolge, in der wir sie besuchen, ist gleichgültig. Ich drehe diese Scheibe wie ein Glücksrad, Isabel sagt »stop«.

1. Erde

Der Lieblingsplatz der Erdgeister ist der Wüstensand: die sauberste und kristallinste Form von Sand. Um Elementargeister wirklich kennenzulernen, muß man ihren Zustand annehmen. Bei Erdgeistern müßt ihr zunächst einmal die eigene Form aufgeben und euch flexibel machen, nicht nur klein, sondern krümchenförmig oder auch lang und ganz dünn wie eine

Schlange, die sich durch die Sandkörner schlängelt. Die Kunst, die eigene Form verändern zu können, bedarf der Übung. Man sieht dann komisch aus: wie Nudeln, Spaghetti, Makkaroni, oder wie eine Spirale, die in der Mitte breit ist und an den Enden auseinandergeht.

Ein Ort, wo sich etwas über die Erdgeister erfahren läßt (einer von mehreren), heißt »Rimabál«. Nur wer den Namen der Orte kennt, kann dorthin kommen; die Namenskenntnis ist der Schlüssel, der euch das Tor öffnet. Die Erdgeister, die man hier findet, sind Geister der Form, aber auch Geister der Auflösung, des Zerfalls, der Vergänglichkeit. Ihr Symbol ist die Sanduhr.

Sie herrschen in den verschiedenen Ebenen oder »Schichten« der Erde. Im Gegensatz zur landläufigen Vorstellung werden sie zum Erdmittelpunkt hin immer größer, weil der Anteil der Materie dort immer geringer wird. – Es gibt verschiedene Schichten der Erde – wie bei den anderen Planeten auch. Im Mittelpunkt jedes Planeten gibt es ein Tor zu den anderen Planeten. Die Reise zu den Planeten ist also auch möglich über den Erdmittelpunkt. Für jede solche Reise ist es notwendig, die Erdgeister gut kennenzulernen. Je besser man sie kennt, desto tiefer, verzweigter und fester sind die Wurzeln, die einen in der Erde halten. Und je besser man verwurzelt ist, desto höher kann man zum Himmel hinaufreichen.

Es gibt eine solche Fülle von Ausblicken, daß ich nicht weiß, wo anfangen. Deshalb die Frage:

Seid ihr mehr interessiert am Element Erde an sich oder an diesem Element speziell in bezug auf den Planeten Erde?

Zunächst am Element Erde an sich.

Gut. Die Naturgeister der Elemente stehen hierarchisch über den Königen. Denn die Elemente sind Grundelemente der Schöpfung: So wie zu den Hierarchien der Engel Geist, Liebe, Licht gehören, so zu den Naturgeistern Erde, Wasser, Feuer, Luft

– und als fünftes Element der Äther. Diese Elemente gibt es auf allen Planeten, in allen Sonnensystemen. Also gibt es auf allen Planeten auch Erdgeister.

Beim Besuch anderer Planeten empfehlen wir, nach den Elementargeistern zu fragen: wie sie sich von den irdischen Elementargeistern unterscheiden und wie sie dort mit den Elementen umgehen.

Innerhalb der Elementargeister gibt es Abstufungen: es gibt einen Herrn des Elements oberhalb der normalen Elementargeister, der jedoch noch derselben hierarchischen Stufe angehört. Die Herren der Elemente sind nicht immer, sondern nur besuchsweise auf der Erde, aber die zugehörigen Elementargeister sind immer da.

Erdgeister haben die Aufgabe, das Element Erde zu reinigen, zu erneuern, zu versorgen. Sonst verlöre es seine Ordnung und zerfiele. Ferner sind sie zuständig für Formen und für die Auflösung der Formen, also für Geburt und Tod der Formen, und damit für Leben und Stabilität der Formen. Sie sind die Bearbeiter und Beschützer ihrer Tragfähigkeit, die Bewahrer der Realität. Die Unterscheidung von Traum und Realität ist nur durch sie möglich.

Die Erdgeister des Planeten Erde haben eine Besonderheit. Erdgeister sind an sich männlich oder geschlechtsneutral. Auf Erden aber tritt das Weibliche hinzu. Es zeigt sich in der Hinwendung zu Leidensfähigkeit, Hingabe, Ausdauer, Geduld und Fruchtbarkeit. Diese Besonderheit des Planeten Erde entstand durch die Verbindung der Mutter mit der Erde. Daß sie sich in die Erde hineingegeben hat, hat die Erde verändert. U. a. wohnt ihr eine heilende Kraft inne. Für die Elementargeister und die Könige der Naturgeister stellte sich die Besonderheit ein, daß sie auf der Erde beide Aspekte haben, den des Männlichen und den des Weiblichen. Das gilt allerdings nicht für die Herren der Elementargeister; diese sind geschlechtsneutral, auch wenn man sie der Gewohnheit zufolge »Herren« nennt.

2. Feuer

Wiederum: wir gehen hin, die Elementargeister kommen nicht etwa zu uns. Aber keine Sorge, es passiert euch nichts.

Was von euch gefordert ist, ist Wandlungsfähigkeit im Kontakt mit euch selbst in der Intensität des Selbstempfindens. Übt einmal, neben euch oder hinter euch selbst zu stehen. Übt z. B., kalte Füße zu kriegen und taub zu werden. Dann zieht euch in euch selbst zurück, dreht euch in euch hinein, begebt euch in die Extremitäten. Übt das Hinlenken des Atems z. B. zum rechten Ohrläppchen oder in die linke Kniescheibe, schließlich in alle Körperteile hinein bis in die Nägel und Haarspitzen. Dann übt, das »Feuer« zu erleben, ein sehr intensives Gefühl des eigenen Seins. Lenkt den Atem in alle Körperteile; alles sollte vibrieren.

Dann begebt euch an den Ort, wo ihr etwas über die Feuergeister erfahren könnt. Er ist wie ein Turm oder eine Säule aus Flammen. Sein Name ist: Shirím.

Die Feuergeister sind schwer faßbar. Ihr Symbol ist der Stab, ein magischer Zauberstab. Indem die Feuergeister euch mit ihm berühren, bringen sie euch neue Lebendigkeit und Intensität. Es ist, wie wenn sie euch noch einmal den Odem des Lebens einhauchen.

Jeder Lichtstrahl von oben und jede Handlung, die mit einem solchen Lichtstrahl verbunden ist, wird von Feuergeistern begleitet, auch z. B. die Erleuchtung, auch die Heilung eines Kranken. Dank dieser Mitwirkung wird der Strahl auf menschlicher Ebene wirksam. Auch beim Kontakt mit den höheren Hierarchien ist der Stab der Feuergeister beteiligt. Er bringt immer eine Intensivierung des Lebens mit sich. Die Intensität von Glück und Leid beruht auf der Berührungskraft des Stabs. Das macht erklärlich, warum spiritueller Fortschritt mit soviel Intensivierung des Lebens verbunden ist.

Das Wissen um den Stab bedeutet für euch die Aufforderung, mehr solche Kontakte zu ermöglichen. Das setzt Kenntnis der

Elementargeister voraus, vor allem aber die Fähigkeit, sich in die Elemente zu versetzen – durch das Nachempfinden von Veränderungen der Form und der Intensität.

Also: Für die Perfektionierung der Form sind die Erdgeister zuständig, für die Begeisterung die Feuergeister. Im Feuer der Begeisterung springt der Funke über. Das gilt für die Begeisterung, die z. B. Musik, Schauspiel, Literatur, Vorträge u. a. auslösen können. Wer etwa als Künstler oder als Lehrender vor Menschen hintritt, kann die Elementargeister des Feuers bitten, wirksam zu werden.

Wirksame Bitten kann man an die Elementargeister freilich nur herantragen, wenn man die Orte mit Namen kennt (Rimabál und Shirím) und wenn man sie mit den richtigen Worten anruft, z. B.: ich möchte die Form dieser Skulptur ändern oder: ich möchte die Intensität steigern.

Freilich kann diese Wirksamkeit auch ohne Bitte durch euch eintreten. Denn manche Engel sind insofern weisungsberechtigt: Alle Sonnenengel, auch einige Führungsengel (eure auch). Sie haben ein gut-freundschaftliches Verhältnis zu den Elementargeistern. Wenn es von ihnen gewünscht wird, dann treten die Elementargeister hinter euch, und ihr könnt Meisterwerke schaffen oder auch sonst im Leben Glanzleistungen vollbringen. Angenommen z. B., in einem Gerichtsverfahren ginge es um Leben und Tod, dann helfen sie dem Verteidiger, eine glänzende Rede zu halten, die die Prozeßbeteiligten berühren und überzeugen kann. Oder im Krieg besteht eine ausweglose Situation, doch ein plötzliches Husarenstück ermöglicht doch noch, zu überleben.

3. Wasser

Ihr begebt euch wiederum an den Ort, wo ihr mit den Wassergeistern in Kontakt kommen und etwas über sie erfahren könnt. Ihr übt zunächst das Sinken, ein inneres Sinken, immer tiefer und tiefer. Räumlich sinkt das Ich vom Kopf nach unten wie in einer Luftblase oder Kristallkugel oder Taucherkugel. Das bedeutet: ihr werdet still, schweigsam, zieht euch zurück von der Außenwelt, nehmt euer aktives Wollen zurück.

Der Ort heißt: Lojudai. Er schaukelt ein wenig. Lojudai ist überhaupt das Schlüsselwort, das euch zur Beruhigung verhilft, z. B. bei Verängstigung, Schlafstörung, schlechten Träumen. Es bringt euch in eine wiegende, schwingende Ruhe. Sie ist das Gegenteil von Erstarrung, nämlich die Ruhe eines freundlichen Friedens.

Das Symbol der Wassergeister ist die Kugel. Sie ist das Symbol der Zeitlosigkeit, der Aufhebung des linearen »Früher« und »Zukünftig«, das Symbol der Ewigkeit. Denn die Elementargeister des Wassers sind zuständig für das, was man oben »Ewigkeit« nennen würde: für Gelassenheit, für das Gleichmaß, für eine Stille, in der alles fließt. »Alles fließt« ist die Umschreibung der Ewigkeit, nicht der Zeit.

Naturgeister finden eure Vorstellungen von Zeit und Ewigkeit paradox. Für Menschen verbindet sich mit dem Begriff »Ewigkeit« eine Vorstellung von Stillstand: das Ticken der Uhr ist zu Ende. Naturgeister sehen es andersherum: sie verbinden mit »Ewigkeit« die Vorstellung des Fließens, des Atmens, des Hin- und Herwogens. Für Menschen hat die »Zeit« etwas mit dem Fluß zu tun, auf Naturgeister macht »Zeit« einen Eindruck wie ein Roboter, der immer langsamer stottert, bis er zur Ruhe der Starrheit kommt. Die Zeit ist für sie ein aneinandergereihtes Stillstehen. Wer aus der Zeit in die Ewigkeit geht, kommt für sie erst richtig in Bewegung. Was ihr »Zeit« nennt und was für menschliche Vorstellungen ein Zuschreiten auf Erstarrung und Tod bedeutet, ist für sie einfach »Leben«. Das Fließende aber ist für sie die Ewigkeit.

Euer Zeitbegriff ist eine leidbringende Erfindung. Sie bringt euch körperlich, psychisch und geistig aus dem harmonischen Fluß heraus in ein abgehacktes Schema, bestimmt von der Uhr und vom Kalender. Ein Körper, der in diesem Zeitschema lebt, altert schneller als nötig. Der Fluß, den die Kugel symbolisiert, geht gegen den Uhrzeigersinn; er nimmt euch aus dem Zeit-Schema heraus und bringt euch mit der Ewigkeit in Berührung.

Macht einmal folgende *Übungen:*

a) Ihr steht in eurer Vorstellung in einem Fluß, das Wasser kommt von hinten, es steigt vor euch auf, geht hoch über euren Kopf hinweg nach hinten und sinkt in den Fluß zurück. Ihr steht also in einer Wasserkugel.

   Nun werdet so groß, daß ihr – obwohl ihr mit den Füßen im Wasser steht – mit den Händen über euch den Kreislauf des Wassers berühren könnt.

b) Nun wendet sich die Richtung des Flusses: das Wasser strömt von vorn, es steigt hinter euch hoch und senkt sich vor euch nieder. Und wiederum berührt es über euch mit den Händen. Diese Übung wird euch helfen, euch von eurem Zeitbegriff zu lösen.

Euer Zeitbegriff beruht auf dem Schema: Vergangenheit/Gegenwart/Zukunft. Dieses Schema wirkt sowohl psychisch als auch geistig verwirrend.

Psychisch: Denn mit euren Gefühlen wißt ihr nie richtig, wo ihr seid, da ja das Vergangene im Gefühl präsent ist, ihr holt es in die Gegenwart, es reist in die Gegenwart. Ihr habt z. B. einen Triumph gefeiert. Das Gefühl der Freude habt ihr noch jetzt, zeitlich versetzt, es wird nicht etwa zurückkatapultiert. So verwirrt der Zcitbegriff das psychische Erleben.

Geistig: Denn mit eurer Vorstellung von Zukunft verbindet sich das, was ihr wollt, was ihr im irdischen Sinn erhofft oder fürchtet, was ihr erwartet, was ihr tun und gestalten wollt, was ihr plant. Ihr werft einen Anker in die ferne Zukunft, und euer Schiff zieht sich an diesem Anker voran. Das führt zu einer gewissen Verkrampfung. Es ist nicht günstig, die Zukunft per Planung in die Gegenwart zu holen. Ihr legt euch viel zu sehr damit fest und seid nicht mehr offen für das, was euch das Leben vielleicht bringen möchte und was eure Führungsengel mit euch vorhaben.

Ihr rechnet mit bestimmten Geschwindigkeiten. Aber auch dieser Begriff der »Geschwindigkeit« stimmt aus zwei Gründen nicht: Erstens ist die Zeit nicht so gleichmäßig, daß 1 Stunde = 60 Minuten umfaßt. Diese Vorstellung von Gleichmäßigkeit zwingt euch eine gewisse Monotonie auf (vgl. o. 11. 7. 95). Zweitens vergeht euch die Zeit immer zu langsam oder zu schnell, in Langeweile oder im Streß. Eure Zeitvorstellungen sind also im buchstäblichen Sinne kränkend, d. h., sie machen den Menschen krank.

Die Engel leiden z. B., wenn sie schweigen und warten müssen und nicht eingreifen können. Sie haben aber kein Zeitproblem. Hingegen leiden die Wassergeister unter dem Zeitproblem. Denn die Probleme des Wassers haben eine ihrer Ursachen in euren Zeitvorstellungen. Wasserverschmutzung, Wasserverarmung, Hochwasser etc. sind Hinweise auf falschen Umgang mit der Zeit, ausgelöst durch die Vorstellung: Zeit sei zur Zeit so kostbar, es bleibt so wenig Zeit usw. Dieses simplifizierende Raster entstammt der Sphäre der Trugbilder oder schlimmerer Mächte.

Zur Auflösung des Zeitproblems bedarf es

1. der Kenntnis von Lojudai,
2. der Übung, die euch in die Wasserzeiten einführt und die euch mit ihren Gesten aus der Rasterzeit ausklinkt,
3. des Sich-unabhängig-Machens von der Uhr. Von Uhren solltet ihr euch möglichst fernhalten, euch durch sie weder treiben noch bremsen lassen. Daß eure Pendeluhr in der Küche immer wieder kaputt ist, hat einen Grund: sie hat Anweisung, nicht zu gehen.

Der natürliche Rhythmus sind die Tageszeiten: morgens, mittags, abends, nachts. Der Tag fließt in einem wellenförmigen Zeitfluß dahin:

Morgens vergeht die Zeit schneller, lebendiger, quirliger, mittags langsamer und gesetzter, abends wieder schneller, nachts wieder langsamer. Ebenso gibt es Wochenrhythmen: eine Woche vergeht schnell, die zweite langsamer, die dritte wieder schneller usw. Entsprechendes gilt für die Monate. Auch die Jahreszeiten haben ihre Rhythmen: Das Jahr beginnt im Frühjahr mit Schwung und Aufstieg, der Sommer vergeht langsamer. Kurz: die Zeit fließt in großen, kleineren und noch kleineren, einander überspielenden Wellen dahin, ähnlich, wie ihr es am Meeresstrand beobachten könnt.

Wenn Menschen ihr Leben betrachten, sollten sie es nicht in Jahren und Jahrzehnten tun, sondern in Gezeiten. Das Leben atmet ein, atmet wieder aus, dazwischen hält es für einen Augenblick die Luft an. Das alles sollte sich natürlich ergeben, nicht vom Kalender diktiert – und auch nicht von der Uhr. Im Kleinen ergibt sich ein natürlicher Rhythmus, wenn ihr auf euer Herz lauscht. Das Herz schlägt nicht gleichmäßig, sondern immer im richtigen Rhythmus. Ihr könnt den inneren Herzschlag wahrnehmen, ihn mit einer Armbewegung oder im Tanz aufgreifen, in ihm schreiten, denken und sprechen.

Gewöhnt euch an, euch nicht vom Wecker, sondern von den Elementargeistern des Wassers wecken zu lassen. Wenn ihr kurz vor dem Wecker aufwacht, ist das ein Trick der Seele, die dem Weckerklingeln zu entfliehen sucht. Sie liebt es viel mehr, wenn die Wassergeister das Wecken übernehmen. Die Wassergeister passen den Schlafrhythmus, die Träume etc. ab und wecken euch richtig. Ihr werdet dann in weniger Zeit mehr leisten können. – Eine Karaffe mit Wasser am Bett ersetzt den Wecker. Ihr könnt euch mit den Wassergeistern absprechen: bitte rechtzeitig wecken. Wenn man dann nicht geweckt wird oder zu spät, hat das seinen Sinn. Dann war das Wecken überflüssig; der Schutzengel hat sich mit den Wassergeistern besprochen.

Was sind »Undinen«?

Das sind weibliche Wassergeister (es gibt auch männliche). Sie bilden eine weniger scheue Unterart der Naturgeister, die zum Element des Wassers gehören, also nicht der Elementargeister. Auch bei den anderen Naturgeistern gibt es Unterarten, die weniger scheu sind, die sich den Menschen leichter zeigen. Bei den Luftgeistern sind es die Sylphen, bei den Feuergeistern die Salamander, bei den Erdgeistern die Gnome. –

Im Volksmund nennt man große glatte Flächen in einem fließenden Fluß »Flügel der Undinen«.

Ja, sie haben Flügel wie Libellen, anders als die Feuergeister: Diese haben »Flammen«. Das Wort »Flügel« ist aber eigentlich den Engeln vorbehalten; Flügel gehören zu ihrer Wesensart und bezeichnen nicht etwa einen Körperteil. Allenfalls bei Vögeln und Schmetterlingen kann man noch von »Flügeln« sprechen. Bei Vögeln sagt man aber besser »Schwingen«, bei Flugzeugen »Tragflächen«. Ganz absurd ist der Wortgebrauch »Flügel« beim Militär oder bei »Flügelkämpfen«. Auch christliche Parteien haben keine Flügel. Wenn sie doch welche hätten!

4. Luft

Luftgeister werden gern persönlich gebeten. Dazu muß man den Ort besuchen und seinen Namen kennen. Der Ort heißt Widím (mit Betonung auf der zweiten Silbe). Ihr Symbol ist der Schmetterling. Der Falter ist leichter als der Vogel, er entfaltet sich in spielerischer Leichtigkeit, er hat nichts Aggressives wie z. B. der Adler, er ist eher scheu; er ist leicht und schön, still, frei und klar.

Um die Luftgeister kennenzulernen, übt einmal, euch leicht zu machen und vom Irdischen zu lösen. Das bedeutet nicht weltfremd zu werden – die Füße bleiben auf dem Boden –, sondern: sich zu lösen von Ketten, die euch fesseln z. B. an Besitz, Gewohnheiten, soziale Wichtigkeiten, Vorstellungen über die eigene Person wie Stellung, Titel, Namen, Posten, auch von Gefühlen wie Trauer, Schmerz, Leid, Angst, Frust, Einsamkeit, Sinnlosigkeit, aber auch von Begeisterung, Eifer, überschäumenden Gefühlen. Es bedeutet auch, sich zu lösen von Vorstellungen über richtig und falsch, gut und böse, davon, wie es oben und unten sei, auch von der Vorstellung, was nun ist, war und sein wird. Es geht also darum, wie in einem Fesselballon alle Taue zu lösen, d. h. die irdischen Dinge, Gefühle und Vorstellungen unter sich zu lassen.

Das bewirkt nicht etwa Leere, sondern Klarheit, die befreit. Befreiung bringt Klarheit und Klarheit bringt weitere Befreiung. Klarheit bedeutet Sachlichkeit und bringt eine stille Freude mit sich, vor allem aber die Erfahrung, daß man mit viel mehr zu tun hat, als man dachte, eigentlich mit allem. Man ist nicht etwa abgehoben, sondern im Gegenteil: man wird eins mit allem. Ihr könnt das im Alltag üben.

Versucht z. B., wenn ihr mit der Bahn fahrt, euch die Leben und Schicksale der Menschen hinter den Fenstern der Häuser, an denen ihr vorbeibraust, vorzustellen. Alles geht euch an. Sobald ihr die Taue eures Fesselballons gekappt habt, macht ihr die Erfahrung, daß ihr mit allen ein kleines bißchen verbunden seid. Diese Klarheit hat nichts zu tun mit der klirrenden Klarheit argumentierender Wissenschaftler, nichts mit Arroganz und Erhabenheit. Sie bewirkt vielmehr Reinheit eurer Gedanken und Gefühle. Die Befreiung von allem Ballast macht euch frei zum Verbundensein mit allen. Die Luftgeister verbinden diese Klarheit mit Freude und Dankbarkeit.

Wenn ihr das übt, so ist die wichtigste Folge, daß ihr lernt, zu segnen. Es segnen die Engel, aber auch die Luftgeister. Dies ist eine Folge der Haltung, des Geistigwerdens der Luftgeister. Zwar gibt es keinen Segen außer von oben, aber sie wirken als Mittler. Wo immer segnendes Sein ist, sind die Luftgeister beteiligt. Und andersherum: Wenn ihr Segen von oben empfangt oder wenn ihr selber Segen spendet, bittet die Luftgeister, ihn wirksam zu machen. Wenn ihr wollt, nehmen sie den Segen auf und tragen ihn über die ganze Welt, mit einem sanften Windhauch – oder mit dem Sturm.

Ein Mangel an Segen ist wie ein Mangel an Sonne, an Vitaminen, an Liebe. Wir alle, ihr und wir brauchen Segen, den ganzen Tag Segen. Das Bedürfnis zu fliegen – sei es mit Gleitschirm, Paraglider, Fallschirm, Ballon, Segelflug oder Drachenflieger – dient nicht nur einer sportlichen Mutprobe. Es ist auch ein Trick der Seele, die sich danach sehnt, sich von Verletzungen zu befreien, und die die Teilhabe an dem Sein der Luftgeister sucht, um ihren Segen zu empfangen und auch, um ihn segnend weiterzugeben.

Luftgeister kann man auch auf die Hand setzen und wegblasen mit einem Wunsch, einem Gedanken, einem Lächeln, einem Kuß. Wie man beim Kind Schmerzen wegbläst, kann man es bei Erwachsenen auch machen: es bewirkt viel – bis hin zur Heilung. Ihr glaubt das nicht? Versucht es doch erst einmal! Man kann auch schlechte Gedanken wegpusten oder wegfächern. Es gibt auch so etwas wie »Chirophonetik«; dort wirken neben den Luftgeistern auch Feuergeister.

Die Klarheit, die die Luftgeister herbeiführen, hat also eine erlösende, befreiende Wirkung. Sie befreit euch z. B. von den Einwirkungen eures Informationswesens, das soviel zur Unklarheit beiträgt. Es fängt euch ein in irdische Probleme, zu deren Lösung ihr nichts beitragen könnt; ihr braucht nicht so viele Nachrichten. Die Menschen werden durch sie plötzlich und unbewußt an verschiedene Orte gebunden, sie leiden mit, verhaften sich, das macht sie unklar. Verunklarende Einflüsse entstehen auch durch die Werbung: was ist »in« und »out«? Müßt ihr das wirklich wissen?

Unklarheit entsteht auch durch alle Schemata, die euch auf Vorstellungen fixieren, wie man zu leben hat, z. B. auf Morallehren, die euch auf schematische Vorgaben von richtig und falsch festzulegen versuchen und die Vorstellung vermitteln: das Richtige ist gut, das Falsche ist böse. Logische und moralische Wahrheit sollte man nicht vermischen, das schafft Unklarheit. Oft ist logisch Falsches moralisch richtig, logisch Richtiges moralisch falsch. Richtig entscheiden ist nicht immer gut. Unklarheit schafft auch die Vorstellung, ihr hättet euch immer zwischen richtig und falsch zu entscheiden: denn oft fällt die Entscheidung zwischen richtig und richtig.

Bringt dieses Sichlösen nicht auch beängstigende Erfahrungen mit sich?

Dies war nur ein denkerischer Ausflug. Ihr könnt jetzt wieder landen. Verwirrung und Orientierungslosigkeit sind zwar unvermeidlich – wie beim Looping des Fliegers –, aber man kann sie inhaltlich und zeitlich begrenzen und wieder landen. Das Gefühl der Befreiung darf natürlich nicht in Beklemmung und Angst umschlagen. Man sollte sich fühlen, wie wenn man ein Kind Flieger spielen läßt und es im Kreise herumwirbelt. Dann muß man wissen, wann es zuviel wird. Ihr solltet also die euch gegebenen Übungen nicht übertreiben.

Worauf es ankommt, ist die Zusammenarbeit zwischen Engeln und Naturgeistern abzusichern und das Umfeld, das diese Zusammenarbeit möglich macht, zu stabilisieren. Was wir euch schon im Zusammenhang mit den Feuergeistern gesagt haben, gilt für alle Elementargeister, auch für die Luftgeister: Bei richtiger Lebensführung, Lebenshaltung, Lebenseinstellung entsteht ein Lichtfeld, in dem sich Engel und Elementargeister begegnen. Es ist, als wäre eine Mauer eingerissen. Alle Welt empfindet das und wird gesund. Das bewirkt große Freude – für die Engel, für die Elementargeister und für euch. –

Gibt es auch Elementargeister des Äthers?

Ja, das 5. Element ist der Äther: er ist ein eigenes Element, zugleich aber eine Zusammenfassung der anderen vier Elemente.

Wie es vier Himmelsrichtungen und die Senkrechte gibt, so auch vier Elemente und den Äther. Das Symbol ist die Pyramide. Darüber sprechen wir ein andermal.

Nun: Gute Reise in die Elemente! Und vergeßt die Namen der Orte nicht – sie werden euch nur ein einziges Mal gegeben. Es gibt Dinge, die kann man wiederholen, z. B. Rituale. Aber gewisse Dinge gibt es nur ein einziges Mal. Damit man sie nicht versäumt, sind Wachsamkeit und Respekt gefordert. Jeder Vortragende und jeder Zuhörende sollte wissen, wann das der Fall ist. Gewöhnt euch an, wenn ihr sprecht oder zuhört, in einer zweiten Ebene im hinteren Teil des Kopfes und des Herzens präsent zu sein, lehnt euch vor und zurück und schließt euch an das ständige Gebet eures betenden Engels an. Dann könnt ihr mit wenig Ermüdung alles Wesentliche mitbekommen.

Zum Abschluß bekommt ihr noch eine Schulaufgabe: macht öfters einmal die Übung mit dem Fesselballon, sie ist weniger beängstigend als z. B. das Drachenfliegen. Kappt die Taue, befreit euch vom Irdischen und lernt zu segnen. Schaut euch die Welt von oben an. Sagt euch: jeder Ort, an den ihr »zufällig« hingekommen seid, der Bahnhof, das Café, die Straße, das Geschäft gehören zu euch, gehen euch an. Und segnet alle Orte, die ihr betretet und die ihr verlaßt.

Sonntag, 23. 7. 95

Strategien der Hierarchien zur Linken

Irminrad/Irminrod (ein Ritter-Engel aus den Scharen Michaels, ein Wächter und Beschützer, »bewaffnet« mit Schwert und Rüstung. An Martin gewandt, der als Rechtsvertreter eine schwerwiegende Ungerechtigkeit abgewehrt hat): Es sollte dich nicht wundern, daß du ins Kampffeld, in die Schußlinie geraten bist. Es ist eine perfide Methode der Hierarchie zur Linken, die dir liebsten Menschen anzugreifen, insbesondere die Frau an deiner Seite, so daß sie z. B. Depressionen bekommt. Wenn ein Mitglied einer Gemeinschaft in einen Kampf eintritt, sind alle Mitglieder der Gemeinschaft mitbeteiligt: die Familie, die Gruppe, der Staat etc. Ein Rückzug ist in der gegenwärtigen Situation für dich nicht möglich, jetzt kannst du dich nur noch wappnen. Kämpfer für das Recht müssen wissen, daß sie auch auf nichtirdischem Gebiet der Schutzmaßnahmen bedürfen.

Der »Sinn« eines Übergriffs wird erst im Gesamtzusammenhang sichtbar. Es kann sich um Verschiedenes handeln: um eine Prüfung, eine Lektion oder einfach um die Begleiterscheinung eines Kampfes. Es gibt nie einen Angriff einfach nur so. Auch die Hierarchien zur Linken sind an Gesetze gebunden, u. a. an das Gesetz von Ursache und Wirkung. Es gibt eine Anziehungskraft des Bezüglichen. Das Warum und die Zusammenhänge zu kennen, gibt Halt und Stabilität: man kann dann besser standhalten.

Ganz allgemein ist die Strategie der perfiden Kriegsführung, nicht den »Gegner« zu treffen, sondern diejenigen, die der Gegner liebt. Nur selten richtet sich die Kriegsführung offen und direkt gegen den »Gegner«.

Ihr Angriff trifft nicht die Sonnenengel – so mächtig sind sie nicht. Er zielt auf den emotionalen Bereich, und zwar bei Tag und bei Nacht. Er wirkt, als schöben sich Wolken vor die Sonne. Die Verbindung zwischen »ich« und Sonnenengel – zwischen der emotionalen und der spirituellen Sonne – erscheint euch dann subjektiv wie unterbrochen. Ihr habt das Gefühl, nicht von oben gehalten zu sein, ein Gefühl des freien Falls. Positive Einflüsse werden verstellt, negative werden verstärkt. Das hat dann Auswirkungen bis in den körperlichen Bereich. Ihr seid dann im Ganzen weniger belastbar; die Tüchtigkeit wird vermindert.

Der Hohelehrer: Ganz allgemein solltet ihr über die Strategien der Hierarchien zur Linken folgendes wissen:

1. Es gibt zwar auch die direkte Kriegsführung gegen den »Gegner«. Sie ist aber verhältnismäßig selten. Die Hierarchien zur Linken ziehen die indirekte Kriegsführung vor.
2. Diese wendet sich vorzugsweise gegen diejenigen, die der eigentlich Gemeinte liebt, und stürzen diesen in das Dilemma des Konflikts: Soll ich die Angriffe auf den geliebten Menschen in Kauf nehmen oder nachgeben?
3. Als Ersatzziel wählen sie sich auch gerne Menschen, für deren Wohlergehen sich der eigentlich Gemeinte mitverantwortlich fühlt, und zwar vorzugsweise die Schwächsten und Schutzlosesten, z. B. Kinder oder labile Menschen.
4. Wenn irgend möglich, versuchen sie die Gruppe, in der der »Gegner« lebt, in Disharmonie zu bringen, so daß Mitglieder der Gruppe ihn angreifen, z. B. Ehepartner, Familienmitglieder, Freunde, Mitarbeiter. Der Angegriffene muß sich dann scheinbar gegen diese Menschen wehren, in Wirklichkeit gegen deren Doppelgänger, dessen sich die Hierarchien zur Linken als Instrument bedienen.
5. Größere Gruppen – Vereine, Gesellschaften, Religionsgemeinschaften – versuchen sie zu spalten, und zwar vorzugs-

weise in Generationenkonflikten. Auch hier stacheln sie andere an, den eigentlich Gemeinten anzugreifen.

Die Führungsengel: Heute richten wir wieder einmal eine Frage an euch: Was für Maßnahmen könnten gegen Angriffe von den Hierarchien zur Linken schützen? Macht mal bis morgen eine Liste mit Punkten. Wir wollen wissen, was Menschen dazu einfällt, und benutzen euch sozusagen als Versuchskaninchen.

Montag, 24.7.95

Schutzmaßnahmen

(Es erscheint ein sehr lieber Besuch: Ein Engel Unserer Lieben Frau. Er macht einen weiblichen Eindruck und sieht aus wie ein Gesicht mit einem Gewand aus lauter Blumen. Er – oder besser: sie – wirkt sehr beruhigend, sanft, freundlich und mütterlich. Die Führungsengel zeigen große Achtung, sind ganz Kavalier.)

Führungsengel: Wie lautet euer Maßnahmen-Katalog?

1. Frage: Hilft es schon, die Zusammenhänge zu durchschauen?

Führungsengel: Die Information, die ihr erhalten habt, bedeutet zwar noch nicht, daß ihr die Zusammenhänge durchschaut. Aber immerhin gehört sie zu den einstweiligen Maßnahmen, die gestern getroffen wurden. Es waren vier:

a) diese Information,
b) blaue Mäntel wurden euch umgelegt,
c) Naturgeister wurden tätig, und
d) Engel standen euch helfend zur Seite.

2. Frage: Tomberg gibt im 15. Brief über den Tarot Hinweise auf Maßnahmen, mit denen man künstliche Dämonen (Egregore) abwehren kann.[43] Helfen diese auch gegen die Hierarchien zur Linken? –

Im Winter ist eine Blume besser als nichts. Diese Maßnahmen können auch gegen die Hierarchien zur Linken sinnvoll und wirksam sein, allerdings nur wenig. Tomberg gibt euch dort aber auch Ratschläge, wie ihr Angriffe aus den Hierarchien zur Linken als solche erkennen und abwehren könnt.

3. Frage: Gilt es, Entschlossenheit zu zeigen, nicht zu weichen, sondern für das Recht zu kämpfen – natürlich fair, sachlich und verhandlungsbereit? Wenn man zurückweicht – macht man die Gegner dann aggressiv?

Dann macht man sie siegreich. Der rechte Weg ist, einfach standhaft zu den Positionen zu stehen, zur Vertikalen, zu den Prinzipien, in die die Position eingebettet ist. Man verteidigt das Recht, tut aber keinen Schritt mit den Mitteln der anderen.

4. Frage: Sollen wir Maria um Schutz bitten? Oder Raphael? Oder wen sonst am besten?

a) Der Schutz durch Maria ist der sicherste. Sie gewährt immer Schutz, wenn man sie darum bittet, unabhängig von der Standhaftigkeit des Menschen, der sie bittet. Sie würde ihn sogar Vertretern der Hierarchie zur Linken gewähren, wenn diese untereinander kämpfen und der eine oder andere sie darum bitten würde: das tun sie allerdings nie.
b) Michael bringt Verstärkung: Rückenstärkung, Frontverstärkung, Nachschub. Er kämpft und schlägt die Gegner in die Flucht. Er darf das!
c) Raphael wirkt sanfter: er sorgt für Schutz von Leib und Leben, heilt Wunden, bringt Dinge in Ordnung, kümmert sich aber nicht weiter um die Hierarchien zur Linken.
d) Unter den Heiligen schützen vor allem die Namenspatrone: bei euch also der heilige Martin und die heilige Alexandra, aber auch einige andere.

e) Irminrad – Irminrod (s. o. S. 255): Ihn solltet ihr immer mit diesem Doppelnamen anrufen, mit a und mit o. Das bedeutet: Schutz von Anfang bis Ende – von Alpha bis Omega: er kommt und er geht wieder. Ruft man ihn bloß »Irminrad«, so bindet man ihn an sich. Ihr sollt ihn aber nicht auf Dauer rufen. Er leistet Erste Hilfe und kommt, wenn es not tut. Er gehört zu den Heerscharen Michaels und beschützt alles, was im Sinn des Himmels ist.

5. Frage: Ist hochlevitiertes Wasser (i. S. v. Hacheney) nützlich?

Ja, es ist gut zur Stärkung der Kraft und der Energiefelder. Gleiches gilt für ätherische Öle.

6. Frage: Ist es nötig, zu Hause zu bleiben?

Im Haus ist man nicht geschützter als draußen.

Führungsengel: Zur Ergänzung noch drei weitere Hinweise, wie ihr euren Schutz sicherstellen könnt:

7. Harmonie ist förderlich, Disharmonie ist schädlich.
8. Schönheit schützt: schöne Räume, schöne Umgebung, schöne Blumen usw.
9. Den Heilkreis pflegen heißt zugleich: euch selbst Schutz und Heilung bringen.

Könnten unsere Engelstunden durch Angriffe der Hierarchien zur Linken gefährdet werden?

Nein. Wenn Gefahr droht, wird das sichtbar oder fühlbar, vor allem durch folgende Merkmale:

1. Die Gebete, die die Engelstunden einleiten, werden gestört.
2. Es erscheinen keine Engel.
3. Der Kontrollengel winkt ab.
4. Die Engel schweigen.

5. Der Führungsengel warnt.
6. Der Engel der Wehmut spielt nicht.

Der Engel Unserer Lieben Frau: Ich bleibe hier bei euch und beim Engel der Wehmut. Wenn ich einmal woandershin gerufen werden sollte, dann könnt ihr einen anderen erbitten. Hier werden ständig musizierende Engel und Blumenengel wie ich anwesend sein.

Der Hohelehrer: In dem Maße, in dem man sich in die lichten Bereiche begibt, wächst die Wut der Hierarchien zur Linken. Ihre Angriffe bleiben nicht aus. Der Himmel sorgt für euren Schutz. Aber ihr könnt auch selbst etwas tun und solltet dazu noch einiges wissen.

Der stärkste Schutz ist der Schutz durch die himmlische Mutter, insbesondere durch den blauen Schutzmantel. Bittet die Marienengel auch um das Heiligen eurer Räume.

Wichtig ist ferner das Zusammenhalten: nicht nur zwischen euch beiden, sondern auch innerhalb eurer Gruppe, der engeren – dem Viererkreis – und der weiteren mit den Freunden, die euren Weg begleiten. Wenn immer Streit entsteht, macht euch klar, daß es die Doppelgänger sind, die versuchen, die Gruppen in sich zu spalten und euch voneinander zu trennen. Bedenkt, daß eure Einheit wichtiger ist als alles andere: pflegt sie zur Ehre des Himmels. Toleriert eure Schwächen, vergebt einander, nehmt euch in die Arme. Mit Lächeln, mit Humor, mit Entschuldigungen lassen sich Spannungen leichter überwinden als mit Kritik.

Mitunter ist es gewünscht, daß ihr euch von Menschen oder von Lebenssituationen löst. Der Himmel ist kein Alleskleber. Aber dann sollte sich die Loslösung freundlich und friedlich vollziehen, so daß ihr euch weiter in die Augen sehen könnt und daß keine unguten Gefühle zurückbleiben.

Wenn ihr von außen angegriffen werdet und man euch Unrecht tut, braucht ihr keinen Schritt zu weichen, aber vermeidet jeden Vorwurf. Jeder persönliche Angriff stammt aus den Hierarchien zur Linken, die euch über den Doppelgänger dazu zu bestimmen suchen. Vor allem vermeidet jede Motivunterstellung: sie macht Angriff und Vorwurf besonders stark, auch dann, wenn sie sich als richtig erweisen sollte. Vielmehr beschränkt euch auf die Darlegung von Fakten und ergänzt sie um das, was die Psychologen »Ich-Botschaften« nennen, z. B.: ich kann das und das für mich nicht gutheißen und es nicht unterstützen. Legt eure Position dar, die Prinzipien, in denen sie begründet ist, eventuell auch eure emotionalen und körperlichen Gegebenheiten. Aber vermeidet jeden Schritt darüber hinaus! Selbst gut gemeinte Vorschläge sind nicht ganz ungefährlich. Ein Vorschlag kann auch schon als Schlag empfunden werden. Sobald ihr in irgendeiner Form zum Angriff übergeht, wird es sehr schwer, sich zu disziplinieren.

Die Doppelgänger und die Hierarchien zur Linken kennen die menschlichen Schwachstellen gut und suchen sie zu nutzen. Besonders beliebt sind bei ihnen die folgenden Schwachstellen:

1. Auf der Ebene der Vitalität (Inneres Meer): Je größer die Vitalität, desto schwieriger ist es, sie zu disziplinieren: »Ich bin im Recht. Jetzt steige ich ein.« Man beginnt mit Darlegungen, redet sich warm, gerät in den Rausch des Angriffs und landet unversehens bei Vorwürfen. Rhetorische Kraft ist nicht immer erwünscht. Je schwächer die Vitalität eines Menschen ist, desto weniger angriffig ist er. Starke Vitalität bedarf bewußter Zügelung.
2. Auf der Ebene der Gefühle (Innere Krypta): Man gleitet unter dem Einfluß des Doppelgängers und der Hierarchien zur Linken aus der emotionalen Stabilität heraus in überschäumende Gefühle, in Faszination, Mißvergnügen, Passion, Rausch, Exzeß, Leidenschaft, Dezentrierung. Gewünscht ist die Zentrierung im rechten Maß der Freude und der Trauer. Laßt euch daraus nicht forttragen.
3. Auf der Ebene des Wollens (Innere Quelle): Sie nutzen gern das Sichwohlbefinden in Sicherheit aus. Es gibt nur sehr wenige Menschen, die sich ohne Sicherheit wohl fühlen.

Aber worin besteht sie? Man hat z.B. einen sicheren Ort, man weiß: das Haus gehört mir; ich sitze nicht nur darin, sondern darauf. Oder: ich spiele eine Rolle im sozialen Gefüge. Wenn die Sicherheit zu stark in einer Anbindung an Vergängliches, Irdisches, Soziales usw. besteht, dann löst jede Umstrukturierung einen Kampf um die materielle Sicherheit aus. Zugespitzt gesagt: Manch einer ist bereit, sein Leben zu lassen für die Sicherheit. Was euch davor schützt, sind die drei Grundregeln: a) Nichtgebundensein an materielle Dinge, b) Zurückhaltung, c) Disziplin – also eben die, die in den alten Klosterregeln – Armut, Keuschheit, Gehorsam – geübt wurden.

4. Auf der spirituellen Ebene (Raum des Inneren Weisen): Die Vorliebe der dunklen Hierarchien gilt dem Gebundensein an religiöse und weltanschauliche Systeme. Außerhalb der Kirche können sie alle möglichen trügerischen Systeme entwerfen und die Menschen an Götzen binden. Innerhalb der Kirche haben sie zwei Möglichkeiten: Die Verengung und die Öffnung, sie nageln die Kirche fest zu oder machen sie durchlässig. Die Fundamentalisten verengen die Kirche; sie wird düster, abweisend, verängstigend. Die Anhänger der sogenannten »modernen Theologie« hingegen reißen die Mauern ein und lassen höchstens noch ein paar Säulen stehen, sie tragen hinaus, was ihnen nicht paßt, und hinein, was ihnen gefällt; sie machen die Kirche zum Marktplatz. Die einen umschließen sie mit einem Schildkrötenpanzer, die anderen enthäuten sie. Ihre anfänglich guten Urimpulse werden von den dunklen Hierarchien in die Perversion getrieben.
5. Auch das richtige Verhältnis von Schüler und Meister ist ein feines und komplexes Gewebe, in das sie gern und mit Erfolg eingreifen. Der Meister ist nur Meister, wenn er zugleich Schüler bleibt, der auch von seinen Schülern lernt und immer Schüler des Himmels bleibt. Der Schüler ist nur Schüler, wenn er selbstverantwortlich lernt und Nachfolger des Meisters bleibt, wenn er sich also zugleich frei und gebunden fühlt. Verliert der Meister unter dem Einfluß der linken Hier-

archien sein Schülersein, so verliert er zugleich sein Meistersein. Und der Schüler verliert sein Schülersein entweder, wenn er seine Selbständigkeit verliert oder wenn er sich selbst schon als ein Mini-Meisterchen versteht. Beispiele habt ihr ja vor Augen.

Der erste Schritt zum Schutz gegen diese Eingriffe ist, daß ihr ein Bewußtsein von diesen Schwachpunkten entwickelt.

Führungsengel: Zum Schluß noch einmal die Mahnung: Laßt die tägliche innere Arbeit nicht zu lange ruhen! Und bedenkt, daß die Arbeit im Heilkreis auch euch selbst heilt und stärkt, und daß ihre harmonisierende und stabilisierende Wirkung ein guter Schutz gegen spirituelle Angriffe ist.

Dienstag, 25. 7. 95

Dom der Heiligen

Führungsengel: Ihr habt schon eine Reihe von besonderen Räumen des Himmels kennengelernt: den Hohen Rat, die Bibliothek, den Friedensdom. Heute führen wir euch an einen weiteren Ort, den »Dom der Heiligen«, einen prachtvollen Dom, in dem man den Heiligen begegnen kann.

Das Tor wird behütet von Bruder Tullian (s. o. S. 79). Man erreicht es durch die Innere Kapelle. Den Zugang findet ihr nicht durch dieselbe Tür wie die zum Friedensdom. Doch ab jetzt kennt ihr auch diese Tür rechts vom Altar. Sie ist geschlossen, doch könnt ihr um Einlaß bitten; in absoluter Notsituation öffnet Bruder Tullian auch von sich aus. Sonst klopft ihr, er öffnet, ihr bittet um Einlaß. (Bruder Tullian nimmt uns in Empfang. – Er führt uns einen unscheinbaren Gang entlang zum Dom der Heiligen. Man geht nicht wie beim Hohen Rat durch den Haupteingang, sondern durch eine Seitentür. Der Dom des Hohen Rates wirkt schlicht und streng, eher gotisch; dieser Dom hingegen barock, prachtvoll und ernst.)

Bruder Tullian: Hier wird ständig die Messe gefeiert. Den Vorsitz im Zentrum führt der heilige Petrus oder einer derjenigen verstorbenen Päpste, die wirklich Heilige waren. Hier kann man darum bitten, mit einem der Heiligen in Kontakt zu kommen. Erlaubte Motive sind:

1. Persönliche Fragen, vor allem in Not, auch für Freunde und Angehörige.

2. Fragen allgemeiner Art, z. B. zum Leben und Wirken eines Heiligen, zu seiner Sicht der Dinge, nach seinen Einsichten, Erkenntnissen und Interpretationen. Ihr könnt einen Heiligen z. B. fragen: wie ist das und das von dir überlieferte Wort gemeint?
3. Fürbitten für andere, auch für Entferntere, für Gruppen, für Kranke, Leidende, Sterbende, Vertriebene.
4. Dank – allgemein oder für bestimmte Dinge.

Wo befindet sich der Dom?

Eine Stufe unterhalb des Jüngerkreises und des Hohen Rates [also auf der Ebene zwischen Kyriotetes und Dynameis] und direkt unter dem Vater. Mit dem Jüngerkreis stehen die Heiligen in unmittelbarem Kontakt. Jeder von ihnen wirkt und arbeitet im Strahl eines der Jünger.

E. hat eine wichtige Sache verloren. Wen kann er um Hilfe bitten?

Für verlorene Sachen sind u. a. zuständig: der heilige Antonius und die heilige Susanne. Man kann sie auch bitten, wenn man etwas anderes als dingliche Gegenstände verloren hat, z. B. Erinnerungen, Gedanken, Liebe.

Sind solche Bitten wie die E. 's angemessen?

Alexa steht es nicht zu, sie abzulehnen, das wäre eigenmächtig. Wenn die Bitte unangemessen ist, dann weisen die Heiligen sie selbst zurück, oder ich (Bruder Tullian) verwehre den Zutritt, falls ich so instruiert werde.

(Bruder Tullian ruft den hl. Antonius, indem er den Namen singt, und zwar so: »Bruder Antonius, Diener des Herrn«.) Das »Heiliger« lasse ich weg, das versteht sich an diesem Ort von selbst. Er scheint nicht hier zu sein. Ich lasse jetzt einen Vogel in die große Kuppel fliegen, der ihn sucht. Denn die Heiligen sind irgendwo im Einsatz, um etwas zu beaufsichtigen, zu kontrollieren etc. Mittels des Vogels kann ich einen Heiligen von irgendwoher in den Dom rufen. Das zieht ihn von seinen Aufgaben ab, also soll man das nicht leichtfertig erbitten. Aber man braucht auch kein schlechtes Gewissen zu haben. Der Heilige wird seinen Ort nicht verlassen, wenn es z. Zt. nicht möglich oder schädlich wäre. In einem solchen Fall übergibt er dem Vogel seine Botschaft.

Warum handelt hier ein Vogel und nicht ein Engel?

Es ist ein Engel, aber er wirkt äußerlich wie ein Vogel. Die Vogelgestalt ist ein Symbol. Es zeigt die Verbundenheit der Heiligen, die ja selbst keine Engel, sondern Menschen sind, mit den Reichen der Erde, es handelt sich um einen absichtlichen Kunstgriff.

Ich schaue, ob der heilige Antonius kommt oder den Vogel zurücksendet. Er schickt den Vogel (der ein Engel ist), dieser grüßt und überbringt seine Botschaft ... Der Heilige selbst ist bei vermißten Kindern irgendwo in Asien. –

Alles geht hier sehr rituell zu, viel mehr als bei den Friedensengeln. Vor dem Verlassen des Doms verneigt euch vor dem diensthabenden Papst. Dieser hat – abgesehen von anderen Aufgaben und seiner symbolischen Bedeutung – eine Schlüsselfunktion: er führt den Vorsitz im Dom der Heiligen. – Euch gebührt, ihm die Ehre zu erweisen, die ihm zusteht. Manchen scheint der Papst ein Problem zu sein, auch manchen Katholiken. Aber ein wirkliches Problem besteht für die, die keinen Papst haben. Wer den Papst nicht ernst nimmt, verbaut sich auch diesen Zugang zu den Heiligen. (Der Papst reagiert auf die Ehrerbietung mit Freundlichkeit). – Jetzt führe ich euch zurück.

Dieser Weg zu den Heiligen über die Innere Kapelle in den Dom ist der sicherste Weg. Man kann die Heiligen auch rufen, wenn man nichts von ihm weiß. Aber dieser Ruf schallt nur dann laut genug, um für sie hörbar zu sein, wenn man sich entweder in einer Situation tiefer Not befindet, wenn also ein erschütternder Herzensschrei ertönt, oder wenn man zumindest sehr intensiv und andauernd um ihre Hilfe fleht. Den Weg über die Innere Kapelle zu wählen ist jedenfalls besser, als wenn die Seele unmittelbar nach außen reist, in den Kosmos hinaus. Das ist zwar auch möglich, aber gefährlich: Dann ist man den Einflüssen der Hierarchien zur Linken ausgesetzt. Im Dom und auf dem Wege dorthin ist man davor sicher geschützt. Denn die Hierarchien zur Linken haben dort keinen Zutritt.

Den Dom kann man ohne seine Führungsengel aufsuchen. Eure Führungsengel haben am Tor in der Inneren Kapelle auf euch gewartet. Ebenfalls erwarten euch hier der Engel der Wehmut und der Engel Unserer Lieben Frau.

Mittwoch, 26. 7. 95

Doppelgänger und Hierarchien zur Linken

(Anwesend sind: Irminrad/Irminrod, die Schutzengel, die Führungsengel, der heilige Martin, der heilige Urban, der heilige Nepomuk und ein kleines Heer von Engeln wie Knappen.) Irminrad/Irminrod: Was wir heute mit euch vorhaben, mögt ihr als eine Zumutung empfinden: ihr dürft die Hierarchien zur Linken auf den unteren vier Stufen betrachten, die der Stufe der Menschen, der Engel, der Erzengel und der Archai entsprechen. Seid ihr dazu bereit? –

Ja. –

Dann faßt Mut. Zu eurem Schutz ist folgendes wichtig:

a) Euch wird ein blauer Schutzmantel umgelegt. Ist er für alle spürbar? – *Ja.* –
b) Wahrhaftigkeit und Lauterkeit sind unerläßlich. Deshalb spürt ihr auch eine gewisse Müdigkeit: denn sie lähmt das strategische und taktische Denken und Handeln. Müdigkeit kann deshalb zu einem Schutz vor tückischen Verführungen aus den Hierarchien zur Linken beitragen.
c) Haltet Distanz: begrüßt sie nicht, sondern betrachtet sie durch eine trennende Wand – wie Fische im Aquarium.
d) Wendet euch mit euren Fragen niemals direkt an sie, sondern an eure Begleiter.

1. Der Doppelgänger

Die Reise beginnt – ebenso wie bei den Lichthierarchien – auf der Stufe des Menschen.

Den ganz und gar »links« orientierten Menschen gibt es nicht. Wenn ein Mensch so erscheint, dann hat ihn ein Wesen aus den höheren linken Hierarchien besetzt. Aber der Mensch hat einen Doppelgänger: einen leicht nach links versetzten Schatten.

Wohlgemerkt: Es handelt sich nicht um den Schatten, den der Schutzengel trägt. Dieser ist das Ergebnis von Verdrängungen und Verlagerungen ins Unbewußte: Was ihr an negativen Reaktionen und unguten Verhaltensweisen nicht wirklich vermieden oder überwunden, sondern ins Unterbewußte abgedrängt habt, bildet den Schatten, den der Schutzengel trägt (vgl. o. S. 47 f).

Davon unterscheidet den Doppelgänger, der die unterste Stufe der Hierarchien zur Linken bildet. Er sieht dem Menschen gleich, hat die gleiche Größe wie er, nur alles in Grau und schattig. Manchmal entspricht der Mensch mehr dem grauen Doppelgänger als seinem lichten Wesen. Der Doppelgänger steht genauso real und vollständig in der Welt wie der Mensch selbst. Doch er repräsentiert den Schatten, das Gegenbild, die Unheilsgeschichte. Während der Schutzengel den Menschen in seiner Freiheit bewahren und beschützen will, will der Doppelgänger ihn beengen, blockieren, binden.

Der Doppelgänger trägt in aller Regel denselben Namen wie der Mensch, zu dem er gehört. Es gibt allerdings Ausnahmen. Dann legt er sich eine eigene Identität zu. Er lernt von dem Menschen, zu dem er gehört, mit eigenem Existenzwillen und Eigenheitskraft zu agieren, z. B. gegen die Regeln zu verstoßen. Solche Doppelgänger können sehr mächtig werden. Der Mensch wirkt dann, als hätte er seine Identität ausgewechselt, und oft nimmt er auch selbst einen anderen Namen an. Er ist dann von seinem Doppelgänger besessen, und dieser öffnet den Menschen für die Hierarchien zur Linken.

An sich ist der Mensch so angelegt, ein lichtes Wesen zu sein. Aber über den Doppelgänger können sich die Hierarchien zur Linken einnisten. Die Hierarchien zur Linken befinden sich zwar direkt neben euch, nicht etwa weit entfernt, nur haben sie keinen Zutritt zu euren Innenräumen, es sei denn, daß ihr ihnen den Zutritt gestattet. Diese bedienen sich des Doppelgängers, um von euch die Erlaubnis zum Zutritt zu erlangen. Wenn ihr sie erteilt, dann können die Engel der Innenräume das Eindringen der Hierarchien zur Linken nicht verhindern.

Zur Vorbeugung ist es am sichersten, auf die korrekte Funktion der Innenräume achtzuhaben. Ihr solltet ein Gefühl dafür entwickeln, ob sie in Harmonie sind, ob sich die Engel darin wohl fühlen. Ihr könnt die Wahrnehmung so verfeinern, daß ihr auch das Warnsystem bemerkt: Wenn Gefahr besteht, geraten die Engel in den inneren Räumen in Aufregung, sie werden sozusagen nervös wie manche Tiere vor einem Erdbeben. Wenn ihr genügend Übung habt, könnt ihr das bei euch und auch bei anderen spüren. Es ist wichtig, daß ihr immer wieder eure Innenräume aufsucht und überprüft, ob sie in Ordnung sind.

Wann verbindet sich der Doppelgänger mit dem Menschen?

Im Augenblick der Geburt – wie der Schutzengel. Sein Anblick löst das Erschrecken des neugeborenen Kindes aus. Das Kind schreit nicht nur wegen des »Klapses« oder der Kälte, sondern wegen dieses Erschreckens. Das Kind erkennt in dem Augenblick, in dem es in die Welt gestellt ist, seinen Schutzengel, aber zugleich auch seinen Doppelgänger. Seine erste Erfahrung ist die seiner Innenräume, aber auch die des Schattenbereichs. Es spürt diese Spannung, auch wenn es sie natürlich noch nicht begreift. Es nimmt die beiden Pole seines Daseins zur Kenntnis.

Die Bestrebungen nach einer »sanften Geburt« ohne Schreck und Schrei sind nicht im Sinn des Himmels. Ihr solltet dem Kind nicht vormachen, es werde in ein Paradies hineingeboren. Das Kind bedarf der direkten Verbindung sowohl zum Schutzengel als auch zu den linken Hierarchien in Gestalt des Doppelgängers, und die Spannung zwischen diesen beiden ist nun einmal schockierend. Würde das Kind schlafend auf die Welt gebracht, so daß es seinen Doppelgänger gar nicht wahrnähme, so hätte das gravierende negative Folgen. Die nicht richtig erschrockene Seele erschrickt dann später. Das löst dann z. B. Allergien und Hautkrankheiten aus. Diese Verbindungslinien mögen euch absurd anmuten, aber so ist es. Den Schock verschieben ist also nicht gut.

Gibt es einen Weg, den Doppelgänger loszuwerden?

Nein, in dem Moment, wo er dich verließe, würdest du sterben. Nur unmittelbar vor dem Tod – etwa drei Tage, längstens eine Woche vor dem Tod – kann er den Menschen verlassen, dann kommt es zu einem friedlichen Sterben.

Wie kommt es zu dem Doppelgänger, warum haben wir ihn an der Seite?

Er ist keine Schöpfung des Menschen wie jener Schatten, den der Schutzengel trägt. Ihr könnt ihn nicht vermeiden oder verhindern. Er gehört zur gesamtkosmischen Ganzheit. Das bedeutet nicht, daß er in seinem Sosein unmittelbar eine göttliche Schöpfung sei. Daß er so ist, wie er ist, ist die Folge des sog. »Falls der Engel«, also der Wesen, die die ihnen vom Vater geschenkte Freiheit zur Auflehnung gegen den Vater mißbraucht haben. Sie sind damit die Urheber alles Schrecklichen in den Reichen der Natur, des Menschen und der Hierarchien und auch der Doppelgänger geworden. Das heißt: kein Mensch ist »schuld« an seinem Doppelgänger. Es gibt keinen Menschen ohne Doppelgänger. Alle sind durch ihn gefährdet: er gehört jetzt zur menschlichen Struktur hinzu.

Ist es das, was mit dem Begriff oder Bild der »Erbsünde« ausgesagt wird? –

Ja.

Der Hohelehrer: Daß die Sünde ererbt ist, heißt, sie lag lange vor eurem Erdenleben. Sünde bedeutet das Sichabwenden von der Trinität und den lichten Hierarchien. Diese Abwendung haben die »gefallenen Engel« vollzogen, und der Mensch – als die 10. Hierarchie – hatte daran teil. Er trägt sie nun mit sich, indem er den Doppelgänger bei sich hat.

Hat die Erbsünde nichts mit der Sexualität zu tun?

Nein, das ist ein Mißverständnis. Die Sexualität haben nicht die dunklen, sondern die lichten Mächte in euch hineingelegt, sie ist für den Himmel nichts Anstößiges. Die Doppelgänger stacheln die Menschen allerdings an, die Sexualkraft zu mißbrauchen. Der Zusammenhang der Erbsünde mit der Sexualität liegt erstens nicht in der Sexualität an sich, sondern in ihrem Mißbrauch. Er hat also zweitens nichts mit Geschlechtstrieb, Zeugung und Lust zu tun, sondern mit dem Doppelgänger und der Verführbarkeit des Menschen durch ihn. Und drittens bezieht sich die Erblichkeit nicht auf die genetische Abstammung, sondern auf die Tatsache, daß jeder Mensch seit dem Sündenfall von einem Doppelgänger begleitet wird. Und dieser tritt erst im Augenblick der Geburt zum Menschen hinzu.

Der Doppelgänger ist in jeder Inkarnation neu. Er geht, wenn der Mensch stirbt, weg und eventuell zu einem anderen hin. Kehrte er immer wieder zu demselben Menschen zurück –, oder bliebe er gar nach dessen Sterben kontinuierlich bei ihm – seine Macht würde unermeßlich. Er kennte den Menschen dann ganz genau und könnte einen überwältigenden Machtaufbau organisieren.

Es gibt allerdings mächtige und weniger mächtige Doppelgänger. Die mächtigen sind weit herumgekommen, sie haben viel Erfahrung und Anspruch, die anderen sind weniger geübt. Was für einen Doppelgänger man bei sich hat, ist eine Frage der Absprachen. Es kommt auf die psychische Struktur des Menschen und darauf an, welche Lebensaufgabe er sich gesetzt hat. Der Auftrag bleibt nicht geheim. Es gibt Seelen mit kämpferischem Idealismus und dem Entschluß zur Auseinandersetzung mit den Hierarchien zur Linken. Diese reagieren, indem sie sagen: da müssen wir einen mächtigen Doppelgänger hinschicken. Gewiß gibt es auch wenig lichte Menschen mit mächtigen Doppelgängern – z. B. stumpfe Verbrecher. Der Schluß: »Wer einen mächtigen Doppelgänger hat, ist ein besonders lichter Mensch«, wäre also nicht begründet. Aber soviel läßt sich sagen: je machtvoller Lichtkraft und Anspruch einer Seele sind, ein desto mächtigerer Doppelgänger wird ihm beigegeben, und desto größer ist die Spannung zwischen Mensch und Doppelgänger. Dies zeigt sich dann in Kämpfen und Prüfungen, im Stolzsein, im Fall und im Verzagen.

Der Doppelgänger kann bei den Hierarchien zur Linken Informationen über den Menschen erbitten, um seine besonderen Schwachpunkte herauszufinden. Die himmlischen Wesen sind bestens über die Menschen informiert – aber die dunklen sind es auch. – Je mächtiger der Doppelgänger ist, desto unmöglicher ist es, allein mit ihm umzugehen. Man braucht den Schutz der Heiligen. Die Kenntnis des Doms der Heiligen ist auch deshalb wichtig!

Der Doppelgänger hat kein moralisches »Bewußtsein«, d. h., er entscheidet nicht über gut und böse, er macht sich keine moralischen Gedanken. Er wünscht nur zu leben. Dazu braucht er Zugang zu den Energiefeldern des Menschen. Es ist seine Aufgabe, ihn zu begleiten. Es ist sinnlos, ihm Schuld zuzuweisen, ihn zu verurteilen und zu beschimpfen. Er kann nicht anders. Er ist einfach da, wie er ist. Er ist nicht bewußt und absichtlich böse; er hält das, was er tut, für richtig und hat kein Schuldbewußtsein. Das macht es so schwierig, ihn zu handhaben. Wenn ihr ihm Vorwürfe macht, so wendet er sich euch zu und macht sie euch.

Er meint, er sei im Recht. Mit Angriffen erreicht ihr nichts, außer daß er vehement zurückschlägt; ihr steht dann schlimmer da als zuvor.

Wie also mit ihm umgehen? Am besten ist ein kombiniertes Verfahren:

a) Pflegt, reinigt, harmonisiert eure Innenräume und gewährt ihm keinen Zutritt.
b) Bittet die Heiligen, euch im Umgang mit ihm zu helfen und ihn zu disziplinieren.
c) Sprecht mit eurem Doppelgänger klar, streng und souverän, aber nie emotional, sondern sehr liebevoll, indem ihr berücksichtigt, daß er nicht absichtlich und voll bewußt das Böse an sich will. Es ist möglich, seine Sympathie zu gewinnen – nicht durch Nachgiebigkeit, sondern durch liebevolle Strenge und Klarheit. Euer Ziel sollte sein, daß er euch schließlich mehr mag als die Hierarchien zur Linken.

Wenn euch der Doppelgänger eures Partners entgegentritt, dann redet innerlich auch zu diesem mit Strenge und Klarheit. Den Partner selbst aber sprecht als Menschen an, d. h. in seinem lichten Wesen. Laut werden und ihn anschreien läuft darauf hinaus, das Lichte im anderen zu verdunkeln. Hilfreich hingegen sind vor allem Humor und das Umlenken des Gesprächs auf ein heiliges Thema. Der Doppelgänger des anderen fühlt sich dann ertappt und ist perplex. Aus seiner Sicht habt ihr den anderen Menschen überrumpelt. Er fragt sich dann: Was steht hinter dem, der mich durchschaut hat? Hat er sich bloß aufgeplustert? Hat er wirklich Kraft? Oder kann ich mein Spiel fortsetzen?

2. Schattenengel

Irminrad/Irminrod: Wir gehen nun weiter und betrachten die Hierarchie zur Linken auf der Stufe, die den Engeln entspricht. Wir betrachten also die »gefallenen Engel«, aber nur von Ferne wie hinter einer Glasscheibe. – Man sieht keine Farben, kein Licht. Eigentlich sind sie unsichtbar; man weiß nur, daß sie da sind. Was sie tun, tun sie als ausführende Befehlsempfänger der höheren Hierarchien zur Linken. Sie selbst sind nicht eigentlich »böse«. Sie sind Handlanger und selbst Opfer fremder Bösartigkeit. Selbstverständlich gibt es unter ihnen weder Schutzengel noch Führungsengel.

Was sie anstreben, ist: irreführen, verunsichern, Vertrauen erschüttern, schwankend machen, desorientieren, durcheinanderbringen. – Sie sind nicht auf Leib und Leben angesetzt, wirken nicht tödlich, treffen nicht ins Herz: sie wollen nur Unordnung stiften. Sie erscheinen als »Dämonen«, als fratzenhafte, piesackende Unholde – ähnlich den unerwünschten Naturgeistern. Sie lieben die Verstellung, sie verbergen sich z. B. hinter Fratzen und Tierbildern.

Was sich dahinter verbirgt, ist ein Jammer. Stellt euch vor, ihr seid in einem dunklen Raum und in diesem gibt es noch dunklere Wesen. Sie sitzen da kauernd, gebückt, mit matten Flügeln, mit herzzerreißenden Gesichtern, hilflos und verloren, überzeugt von der Ferne Gottes. Sie wirken wie arme Seelen – nur eben auf Engelebene.

Der Kontakt mit ihnen ist aber erschreckend: Man fühlt sich verstört, hilflos, traurig, geschwächt, niedergeschlagen, verlassen, unsicher. Das Beste ist: Ruhe und Standhaftigkeit bewahren, dann verlieren sie ihren Schrecken, weichen zurück, »laufen davon«.

Doch über die Abwehr des Überraschungsangriffs hinaus gibt es eine andere Möglichkeit: die Erlösungsarbeit. Man kann sie voll Mitleid und Erbarmen am Arm fassen, sie an die inneren Räume heranführen und dort ins Licht gehen lassen. Damit könnte man ein Leben verbringen.

Es gibt auch auf der Schattenseite ganze Organisationen von Engeln unter Führung eines etwas höherstehenden Schattenengels, der aber zu ihrer Hierarchie gehört (so wie auf der Lichtseite die Friedensengel unter der Führung von Nadjamael stehen). Diese »Oberen« unter den Schattenengeln unternehmen Angriffe auf die psychische Struktur eines Menschen. Sie führen ihn z. B. in geistige Umnachtung und Vernebelung; er hört Stimmen und Geräusche. Sie sind häufig gerade solchen Menschen nahe, die sich für spirituell begabt halten, für »Hellseher«, für »Heiler«, für »mächtig«, für fähig, Dinge durch die Luft fliegen zu lassen usw. Diese Menschen sind dann Gefangene solcher Organisationen.

Ist es wichtig, den Namen des Vorstehers zu kennen?

Es ist wichtig, ihn nicht zu kennen.

Wenn ihr den Verdacht habt, daß sich solche Gestalten irgend jemandem nahen, solltet ihr mich (Irminrad/Irminrod) fragen oder zu Hilfe rufen. Wenn ihr es wünscht, bin ich auch präsent, um eure Innenräume zu bewachen. Wenn Gefahr droht, hebe ich die Hand und schaue euch warnend an. Ich bin auch bereit, euch Auskünfte zu geben, wenn ihr mich fragt.

Um die bei den Hierarchien zur Linken übliche Methode der Verstellung durchschauen zu lernen, solltet ihr vor allem die Hierarchien zur Rechten gut kennenlernen. Wer karikieren will, muß erst zeichnen können, wer einen Clown oder Trottel spielen will, muß erst das Gute und Normale kennen. Je vertrauter euch die Engel werden, desto deutlicher könnt ihr die gefallenen Engel erkennen: Ihr verfeinert immer mehr euer inneres Hören und Sehen.

3. Schatten-Erzengel

Bei der den Erzengeln entsprechenden Stufe zur Linken können wir uns kurz fassen. Diese Wesen gehören zum Zwischenbereich zwischen dem Bösen und dem Noch-nicht-Bösen. Die Eigentümlichkeit ihres »Lichts« ist ein »Antifeuer«, ein Gegensatz zur Begeisterung. Von ihnen gehen tiefgreifende Bewegungen und

Impulse aus: Haß, böser (nicht gerechter) Zorn, innere Vergiftung, ein Zerfressen, ein innerliches Verfaulenlassen, ein Zersetzen. Es ist ein widerlicher Anblick.

Z. B. geht die Drogensucht auf die Initiativen dieser Herren zurück.

Auch die »Disco«?

In einigen Erscheinungen, nicht generell. – Sie sind gewaltig anzuschauen, überzackig, unharmonisch. Sie zeigen vor allem Vehemenz. Sie nehmen euch den Atem, die Freiheit, die Bewegung. Zwar sind die Hierarchien zur Rechten auch vehement, aber sie beeinträchtigen nie eure Freiheit. Die Vehemenz der Hierarchien zur Linken ist anderer Art: sie wirkt beengend, unfrei machend, diktatorisch.

Weder die Doppelgänger noch die Schattenengel dringen ins Herz des Menschen vor. Die Schatten-Erzengel aber trachten danach, den ganzen Menschen in den Griff zu bekommen: körperlich, psychisch und gedanklich, und zwar möglichst ständig, nicht nur zuzeiten. Sie begnügen sich nicht mit Störungen, sie treiben den Menschen nicht nur dazu, daß er einmal »außer sich« ist. Die Schatten-Erzengel versuchen, den Menschen so zu packen, daß er nicht mehr in die Normalität zurückkehrt. Die Begegnung mit ihnen führt die Menschen mit hoher Wahrscheinlichkeit in völlige geistige Verwirrung oder Umnachtung und treibt sie nicht selten in den Selbstmord.

Die linken Erzengel treiben ein Spiel der Abwechslung. Wenn einer erschöpft ist und ihm nichts mehr einfällt, treten andere mit neuen Ideen an seine Stelle. Sie unterstützen sich auch gegenseitig – so wie es ja auch bei den Hierarchien zur Rechten Kooperation, nur eben in einem positiven Sinne gibt.

4. Schatten-Archai

Die Schatten-Archai, die den Archai entsprechen, bilden die Grundformen des Bösen aus. Sie wirken nicht nur in Aktionen und Entscheidungen der ihnen untergeordneten Schattenwesen und der von ihnen beeinflußten Menschen, sondern sie schaffen die Urformen allen Kampfes, allen Tötens, Zersetzens, Zerstörens, auch im Tierreich und Pflanzenreich. Die Impulse des Fressens und Gefressenwerdens, des Jagens und Tötens und der Zerstörung werden von ihnen ständig der Erde eingeträufelt.

Die Archai zur Linken darf man nicht sehen, auch nicht durch eine Scheibe, weil sie eine starke Sogwirkung haben. Eine Ahnung davon bekommt man, wenn man das Gefühl hat, in Depression, ins Bodenlose zu fallen.

Dieser Zustand ist höchst gefährlich. – Die Information über die Hierarchien zur Linken gehört aber zur Ausgewogenheit eures Weges, ebenso wie die Information über die Naturgeister und ihre linken Gegenbilder.

Wird es eines Tages wieder friedlich und paradiesisch zugehen?

Ja, aber erst dann, wenn es keine menschliche Inkarnation auf Erden mehr geben wird. Das wird erst geschehen, wenn der Gegensatz zwischen den Hierarchien zur Rechten und zur Linken aufgehört haben wird, zu bestehen. Dann braucht der Mensch keine Brücke mehr zu bilden, dann braucht er nicht mehr verkörpert zu sein; das Kreuz im Menschen ist dann erlöst. Das aber ist noch sehr fern.

Das Paradies, d. h. der Zustand der Urbilder, wo die Archai zur Linken noch keinen Zugriff hatten, ist heute nur in der Innenwelt, in den inneren Räumen herstellbar. Wo dies gelingt, kann auch im Umfeld des betreffenden Menschen dieses Paradies aufleben. Zunächst geht es also darum, die Welt der Urbilder in den Menschen eintreten und dort lebendig werden zu lassen. So ermöglicht man einigen Wesen, dort ihr Urbild und insofern

Erlösung zu finden. Dazu ist kontinuierliches Arbeiten erforderlich, auch nachts, wenn das Ich es nicht weiß, sondern sozusagen »schläft«.

Die Aufgabe wäre schon allein ein Lebenswerk für sich: in der Innenwelt ständigen und bleibenden Kontakt zur Welt der Urbilder zu haben, die Urbilder in der Innenwelt Realität werden zu lassen und die paradiesischen Räume in der Vorstellung auf die Erde herabzudenken, z. B. auf Großstädte, Industriegebiete, verseuchte Landschaften. Das Paradies auf die Erde herabzudenken bedeutet, die Archai zur Linken eines Besseren zu belehren: Ihr seht, es geht auch anders.

Damit schwächt man zugleich ihre Überzeugungskraft. Denn die Macht der Archai zur Linken gründet sich vor allem darauf, daß die Menschen sie nicht in Frage stellen. Sie meinen z. B.: Das Leben ende mit dem Tod, oder: alles Leben sei Kampf. Solche Annahmen sind zwar falsch, aber auch mächtig, wenn alle meinen, sie stimmten, die Welt zeige sich tatsächlich so. Das verfestigt und zementiert diese Ideen.

Die einzig wirksame Antwort ist, ein anderes Bild der Welt zu leben. Stellt euch ein Unternehmen vor, in dem ein grausliches Arbeitsklima herrscht. Ein gutes Arbeitsklima erreicht ihr nur, indem ihr die Menschen zur Kooperation führt. Das überzeugt dann davon, daß das Leben ein Miteinander sein kann und nicht nur ein Gegeneinander sein muß. So erfahrt ihr im Kleinen – im Mikrokosmos –, was auch im Großen geschehen kann. Die Aufgabe läßt sich nicht anders erfüllen als durch praktisches Tun. Theorien bewirken so gut wie nichts. Die Archai zur Linken sind selbst Meister im Entwerfen sophistischer Theorien. Theorien überzeugen sie nicht. Es bedarf keiner neuen Theorien, sondern der praktischen Umsetzung ganz alter Weisheiten.

Wichtig ist, zu verstehen, daß viele der gängigen und nicht weiter hinterfragten Theorien einschließlich mancher politischen Ideologien ihren Ursprung bei den Archai zur Linken haben. Z. B. sind alle Argumentationen zur Rechtfertigung der bösen Triebe und alle Systeme auf dieser Grundlage bis in den Wortschatz hinein von ihnen geprägt. Die linken Archai wollen euch eine bestimmte Sehweise vermitteln, euch vor allem immer weismachen, der andere Mensch sei ein Exemplar einer Art und nicht etwa eine Individualität. Er gehöre zu einer Gruppe und sei deren Gruppenzwängen unterworfen, er könne nur dem Gruppenschema gehorchen. Er sei z. B. ein Jude, und Juden könnten nun einmal nicht anders denken und handeln als so und so, oder er sei ein Deutscher oder ein Konservativer oder ein Linker oder ein Katholik oder ein Esoteriker, und diese seien so und so.

Dagegen helfen euch keine Argumente, sondern nur ein Praktizieren des Gegenbildes. Lebe es und schweige. Scheine vor dich hin wie die Sonne, ohne den Anspruch, überzeugen zu wollen. Das Dunkel muß überzeugen, es ist darauf angewiesen; die Sonne scheint einfach. Also: Gegenbilder leben, nicht Theorien vertreten. Das Schweigen ist viel wichtiger als das Sprechen.

Deshalb sind auch die euch gegebenen Übungen wichtiger als die informierenden Vorträge der Engel. Diese haben ihre gute Wirkung nur, wenn – und weil – sie eingebettet sind in praktisches Üben. Üben bringt mehr als Bücherlesen und Bücherschreiben. Das bloße Wissen ohne die Übungen hätte nicht dieselbe Wirkung. –

Der Hohelehrer: Ich möchte noch ein Wort zur Ergänzung sagen. Wird ein Engel aus den Hierarchien zur Linken – gleich welcher Stufe – überzeugt, so bittet er sofort um Aufnahme in die rechte Hierarchie. Eine solche Bitte wird niemals abgeschlagen.

Irminrad/Irminrod: Wir steigen heute nicht weiter hinauf. Ich möchte aber noch einmal die Antworten auf die Frage zusammenstellen: Wie geht man mit den Hierarchien zur Linken um, um sie in Distanz zu bringen oder zur Erlösung zu führen?

1. Den Doppelgänger nimmt man liebevoll am Arm und gebietet ihm dann, zurückzutreten und sich still zu verhalten. Vor

allem aber hält man seine eigenen Innenräume in Ordnung. Dann kann man ihm Energien abgeben, ohne daß er versuchen muß, in sie einzudringen.

2. Die gefallenen Schattenengel kann man in einer »Erlösungsarbeit« (über die ihr später unterrichtet werdet) an die inneren Räume heranführen und sie dort mit Hilfe der Engel hinlenken zum Licht. Wichtig ist, zu verstehen, daß sie sich einsam, traurig und verlassen fühlen.
3. Gefallene Erzengel könnte man theoretisch zu den rechten Hierarchien hinführen, indem man sie mit Argumenten überzeugt – das gelingt aber in der Regel nicht. Einige Heilige haben sich das zur Aufgabe gemacht. Es ist aber keine Aufgabe für euch.
4. Mit gefallenen Archai nicht theoretisieren. Vielmehr gilt es, die Welt der Urbilder in sich aufzunehmen und nach außen ausstrahlen zu lassen, ein Paradies um sich herum zu schaffen.

Wenn ihr wollt, könnt ihr noch Fragen stellen.

Was ist aus Luzifer geworden? Stimmt es, daß er inzwischen erlöst ist?

Er hat sich überzeugen lassen – von einigen Heiligen und Engeln. Er bat um Aufnahme in die rechte Hierarchie, und einer solchen Bitte wird, wie euch der Hohelehrer gesagt hat, immer stattgegeben. – Doch ein anderer hat seinen Platz eingenommen und wirkt in seinem früheren Sinne.

Was meint die Überlieferung mit »Teufel« und »Satan«?

Ihr sollt die Namen dieser Wesen nicht aussprechen, auch nicht die Namen, mit denen verschiedene Meister von ihnen gesprochen haben. Denn das Aussprechen hat Wirkungen: es wirkt wie ein Brief, der einen mit dem Adressaten in Verbindung bringt.

Da eben von politischen Ideologien die Rede war – gibt es einen Zusammenhang zwischen »linken« und »rechten« Ideologien einerseits und den linken und rechten Hierarchien andererseits?

Nein, dieser politische Sprachgebrauch hat rein historische Gründe. Es gibt hier wie dort lichte und dunkle Elemente und Einflüsse aus beiden Hierarchien. Der Himmel fragt nicht, zu welcher politischen Richtung einer gehört, sondern welche Elemente und Einflüsse jeweils überwiegen. Man findet es allerdings interessant und auch amüsant, daß der Sprachgebrauch »links« und »rechts« bis in diese Ebenen hineingetragen ist. Es ist aber nicht so, daß die politischen »Linken« mehr als die »Rechten« Handlanger der Hierarchien zur Linken wären. Es gibt zwar politische Ideen und politische Systeme, die den Doppelgängern und diesen Hierarchien den Zugriff erleichtern. Aber es gibt in allen politischen Richtungen und in jedem politischen System Schwachstellen, die sie nutzen können. Auch die beste Staatsorganisation vermag ihre Einwirkungsmöglichkeiten nicht auszuschließen. –

Zum Abschluß noch einmal einige Mahnungen: Unternehmt niemals Reisen zu den linken Hierarchien, etwa um Informationen über einen Coup oder Anschlag zu bekommen oder Theorien zu hören, die ihr dann widerlegen wollt. Fragt sie nie direkt. Richtet eure Fragen an mich (Irminrad/Irminrod), an eure Schutzengel und Führungsengel oder an Heilige.

Ferner: Man kann bei den linken Hierarchien, die den Engeln und Erzengeln entsprechen – nicht bei denen, die den Archai entsprechen – die Szene betrachten, aber nur aus der Entfernung, nur in sicherer Begleitung und nur hinter einem Schutzschild. Wenn ihr das tun wollt, geht zu eurem Schutz zunächst in die Innere Kapelle oder in einen anderen der Innenräume, wo ihr auch sonst häufig hingeht. Dann könnt ihr um Wächter und Hüter bitten, z. B. mich (Irminrad/Irminrod), wie vorgestern

(24. 7. 95) besprochen. Achtet darauf, was für ein Zeichen ich euch gebe, schaut zu mir, fragt mich, hört mir zu und folgt meinen Weisungen.

Kannst du denn bei mehreren gleichzeitig sein?

Ja, natürlich. – Also: Unternehmt im Umgang mit den Hierarchien zur Linken niemals etwas eigenmächtig. Sie sind sehr gefährlich, unterschätzt das nicht.

Nun geht in die Innere Kapelle, und wenn ihr wollt, ladet mich dorthin ein: Ich möchte euch den Platz zeigen, an dem ihr mich immer finden könnt. Wir machen dann ein Zeichen aus, mit dem ich euch warnen kann. Ich danke für Geduld und Mut. –

Der Hohelehrer: Noch ein Wort. Nehmt die Warnungen vor dem Gebrauch der Namen der dunklen Wesen ernst. Schützt vor allem die Kinder; gebraucht diese Namen niemals in ihrer Gegenwart. Und bedenkt: auch in geschriebener Form haben diese Namen die Wirkung, einen unerwünschten Kontakt zu ihren Trägern herzustellen. Aus diesem Grunde gab es früher in manchen Klosterbibliotheken den Brauch, Bücher, die von den dunklen Wesen handelten, separat aufzubewahren und nur zu Studien- und Arbeitszwecken zur Verfügung zu stellen. Ich rate euch, solche Bücher nicht in euren Wohnräumen und vor allem nicht im Schlafzimmer stehen zu haben, sondern nur im Arbeitszimmer, und auch das nur, soweit man sie ständig benutzt. Ihr braucht solche Bücher natürlich für die Arbeit, jedenfalls solche, die nicht nur von den dunklen, sondern auch – und überwiegend – von den lichten Wesen handeln.

Es ist aber eine Sache, ein Buch zu lesen und aus ihm Erkenntnisse zu ziehen, und eine andere, sie ungelesen ständig um sich zu haben.

Ihr solltet dem, was in verschiedenen Büchern über die dunklen Wesen gelehrt wird, nicht ausweichen, ihr könnt es aushalten und damit vernünftig umgehen. Aber der Umgang damit ist und bleibt gefährlich, und zwar nicht nur der bewußte Umgang, sondern auch die meist unbewußt bleibende indirekte negative Wirkung, die von den Büchern ausgeht, die man nur bei sich stehen hat. Mein Rat ist, daß ihr euch dieser Wirkung nicht unnötig und vor allem nicht dauerhaft aussetzt. Was man an Lektüre solcher Art nicht täglich braucht, packt man besser in Kartons und stellt sie in einem Raum ab, wo man zwar leichten Zugang behält, aber diesen Einflüssen nicht permanent ausgesetzt ist. Das gilt besonders für Menschen, die krank und destabilisiert sind. – Es ist ratsam zu wissen, welche Bücher man um sich hat, wie man ja auch auswählt, mit welchen Menschen, mit welchen Pflanzen, Tieren, Kleidern, Möbeln, Bildern man sich umgibt.

Märchenbücher sind nicht gefährlich; wo dort dunkle Wesen auftauchen, werden sie nicht beschrieben und nicht berufen. Aber schon mit den Faust-Büchern bewegt man sich am Rande einer nicht ganz unbedenklichen Gefahrenzone. In der Heiligen Schrift tauchen die Namen zwar auch auf, aber dort innerhalb eines heiligen Raumes, der eine schädliche Wirkung ausschließt. Im Gegenteil: Es gibt gegen diese Wirkung kaum einen besseren Schutz, als die Bibel ständig aufgeschlagen im Zimmer liegen zu haben: Wo sie offen daliegt, schafft das einen heiligen Raum.

Nun bitte ich euch, die diesem Thema gewidmete Stunde damit abzuschließen, daß ihr laut den 23. Psalm betet:

Der HERR ist mein Hirte,
mir wird nichts mangeln.
Er weidet mich auf einer grünen Aue
und führet mich zum frischem Wasser.
Er erquicket meine Seele.
Er führet mich auf rechter Straße um seines Namens willen.
Und ob ich schon wandere im finstern Tal,
fürchte ich kein Unglück;
denn Du bist bei mir,
Dein Stecken und Stab trösten mich.

Du bereitest vor mir einen Tisch
im Angesicht meiner Feinde.
Du salbest mein Haupt mit Öl
und schenkest mir voll ein.
Gutes und Barmherzigkeit werden mir folgen mein Leben lang,
und ich werde bleiben im Hause des HERRN immerdar.

Samstag, 29. 7. 95

Verführte Naturgeister

Ein Michaelsengel: Die Naturgeister zur Linken heißen die »Unerwünschten« oder die »Unwürdigen«. Agar hat den Unterricht abgelehnt, weil das eine Zumutung für ihn wäre. Naturgeister mögen mit den Unerwünschten nichts zu tun haben, nicht einmal darüber reden, weil sie schon das in Verbindung mit ihnen bringen würde. Deshalb übernehme ich den Unterricht.

Es geht bei den Naturgeistern zur Linken nicht so schlimm zu wie bei den Hierarchien zur Linken. Es gibt bei ihnen keine eigenmächtige Auflehnung, und zwar auf keiner Stufe ihrer Hierarchie. Naturgeister zur Linken sind nicht »abgefallen«, nicht »aufständisch«, nicht »unmoralisch« oder dgl. Aber Naturgeister können sich von Menschen, die im Dienst der Hierarchien zur Linken stehen, begeistern und neugierig machen lassen. Wenn sie mit solchen Menschen arbeiten, werden sie zu Unerwünschten. Alle linken Naturgeister sind durch menschliches Wirken dazu geworden. Allein der Mensch entscheidet, ob ein Naturgeist zu den Linken übergeht.

Es hat Menschen gegeben, die magische Fähigkeiten zu dunklen Machenschaften mißbraucht und die Naturgeister so eingesetzt haben, daß sie zu Unerwünschten wurden. Das geschieht immer, wenn die Motive der Menschen, die die Naturgeister einsetzen, linksseitig orientiert sind – also an Macht, an Besitz, am Ego orientiert. Die Naturgeister sind neugierig. Sie sind, wie sie sind. Sie lernen dunkle Arbeit ebenso wie lichte, sie lernen vergiften ebenso wie heilen oder zur Heilung beitragen, sie lernen verfluchen ebenso wie segnen. Denn Menschen sind ihre Vorbilder, sie blicken zu ihnen vertrauensvoll auf. Sie sind für sie, was für euch die Engel sind.

Wenn ihr menschlicher Meister stirbt, leben sie fort und arbeiten im Namen dieses Menschen weiter. Von selbst kommen sie nicht auf die Idee, sich in den Dienst des Bösen zu stellen, man muß es sie lehren. Sie finden den Weg zurück, wenn andere Menschen kommen und sie lehren, daß sie nicht auf dem richtigen Weg waren. Die Kirche bittet zwar für arme Seelen, damit ihnen Licht zuteil werde. Aber sie bittet bisher noch nicht darum, die verirrten Naturgeister auf den lichten Weg zu führen. So tun sie immerfort weiter, was sie gelernt haben.

Naturgeister wissen von sich aus nicht, was gut und schlecht ist. Man muß sie aufklären.

Eine ihrer Arbeiten ist, Krankheitserreger hervorzubringen, eine andere: zu vergiften oder sonst zu zerstören. Wenn man sie das lehrt, meinen sie, das sei richtig so. Z. B. sind sie unterrichtet in der Waffenproduktion. Wenn Menschen einmal aufhörten, Waffen zu produzieren, so würden die Naturgeister auf ihre Weise weitermachen.

Bei den Unerwünschten gibt es keine feststehenden Hierarchien. Jeder wird das, von dem er meint, daß es ihm zustehe, oder was Menschen ihm an Kompetenzen zugeteilt haben. Es geht alles ziemlich wild durcheinander.

Naturgeister lernen nicht nur von Menschen mit magischen Fähigkeiten und Möglichkeiten, diese sind nur besonders potent. Überall, wo Menschen mit linksseitiger Motivation wirken, lernen sie von ihnen. Je größer die Zahl solcher Menschen, desto größer ist die lehrende Wirkung auf die Naturgeister. Sie beobachten, wie solche Menschen leben, arbeiten, denken und fühlen, und ahmen sie nach. Sie suchen sich in ihren Künsten zu vervollkommnen, denn der Mensch ist für sie ein Vorbild. Finden sich in einer Großstadt z. B. Banden, die haßerfüllte Kleinkriege führen, so lernen die Naturgeister das von ihnen und führen es fort. Jeder Mensch, der dort wohnt oder arbeitet, sollte wissen: er hat nicht nur mit Menschen, sondern auch mit Naturgeistern zu leben.

In den Slums der Großstädte haben Menschen ihnen gezeigt, wie man Menschen verkommen läßt. Wenn man nun versucht, eine gewisse Ordnung und Lebensqualität in die Stadt zu bringen und für Umweltschutz zu sorgen, wird das vergeblich sein, wenn nicht zugleich die Naturgeister erzogen werden. Sie werden alles tun, um den alten Zustand wiederherzustellen.

Es gelten zwei Regeln:

1. Menschlicher Einfluß auf die Naturgeister ist sehr hilfreich.
2. Ohne daß die Naturgeister mitmachen, gibt es keine Verbesserung. Wenn man z. B. ein Stadtviertel mit besonders hoher Kriminalität räumen und neu besiedeln würde, entstünde mit ziemlicher Wahrscheinlichkeit bald der alte Zustand wieder: Die Kriminalität hängt schwingungsmäßig in den Straßen, Höfen und Ecken.

Nicht nur Naturgeister, auch ihre Könige kann man »anlernen«. Es gibt Menschen, die sich für böse Zwecke einen König gesucht und sich zum Gesellen gemacht haben. Dieser gibt dann sein Wissen und seine Wirkungsweise an sein ganzes Volk weiter. So entsteht eine potenzierte Wirkung.

Sogar Elementargeister kann man anlernen und für böse Zwecke einsetzen. Jedes Element läßt sich schädlich einsetzen, so daß Menschen oder ein Teil der Natur darunter leiden. Wenn Naturgeister auf der Ebene der Elementargeister linksseitig orientiert sind, entsteht Unordnung in den elementaren Bereichen. Es kommt dann z. B. zu Vulkanausbrüchen, Überflutungen, Stürmen, Trockenzeiten, übermäßigen Schneefällen und Regenzeiten, Sandstürmen und anderen Verwüstungen. Wenn Elementargeister einst bei Alchimisten von links fleißig gelernt haben und viel können, können sie jetzt – in einem reziproken Prozeß – Einfluß auf Forschung und Wissenschaft nehmen, vorausgesetzt, daß diese nicht fest in den lichten Hierarchien verankert sind.

Für Naturgeister – wie ja auch für viele Wissenschaftler – hat die Wissenschaft nichts mit Ethik oder Moral zu tun. In der Tat geht es in der Ethik und Moral ja nicht um die Theorie, also nicht etwa darum, den Theoretikern das Forschen zu verbieten oder die Veröffentlichung unter Zensur zu stellen, vielmehr geht es um ihre Umsetzung in die Praxis. Dann ist die Anbindung an den Herrn die Voraussetzung dafür, daß die Ergebnisse der Wissenschaft nicht den linken Hierarchien in die Hände fallen. Gegen das Wissen um die Atome und Atomkerne ist nichts einzuwenden, wohl aber gegen die Atombombe. Für die Naturgeister ist aber auch die praktische Umsetzung moralisch indifferent, und nur für diese haben sie Interesse. Es interessierte sie z. B., daß das Schwarzpulver etwas bewegen kann – ob ein Feuerwerk oder eine Kanonenkugel, war ihnen gleich, das sind für sie einfach nur zwei Nutzungsweisen. Theorien lernen sie nicht, sondern nur, wie man sie in die Praxis umsetzt.

In dieser Hinsicht sind Naturgeister sehr gelehrig und gebildet. Sie sind in der Lage, den Forschern allerlei vorzugaukeln, z. B. fehlerhafte Messungen zu bewirken – z. T. mit verheerenden Folgen. Gar manche »Forschungsergebnisse« sind ein Schabernack von solchen Naturgeistern. Sie bewirken z. B., daß Grenzwerte oder Verbrauchswerte falsch angegeben werden. Werden die Meßwerte verzerrt, so können aus an sich guten Maßnahmen schlechte werden.

Eine Folge solch unheilvollen Wirkens der Unerwünschten ist z. B., daß Penicillin – an sich eine gute Sache – zu häufig und zu drastisch eingesetzt wird. Auch bei anderen – an sich guten – hygienischen Maßnahmen sind großenteils die verschriebenen Mengen verfehlt, z. B. sind die Wirkstoffmengen in Tabletten oft zu hoch.

Die Elementargeister nach links ausrichten heißt, ihre Kooperation mit den anderen zu unterbinden und ihnen einzureden, sie seien darauf nicht angewiesen. Dann überheben sie sich und stiften Schaden. Alle Elemente sind gleich wichtig, und ein Element höher zu heben als die anderen, führt zur Eigenmächtigkeit der betreffenden Elementargeister. Wenn Menschen ein Element für wichtiger halten als die anderen – wie es Thales, Anaximander und Heraklit taten –, so ist das schon im Ansatz verfehlt. Menschen sollten sich vor solchen Gedanken hüten.

Agar schaltet sich ein: Bedenkt aber, daß ihr uns an eurer Seite habt. Wenn man sich mit den Naturgeistern zur Linken auseinandersetzen möchte, ist es wichtig, von guten Naturgeistern umgeben zu sein. Es genügt nicht, den linken Naturgeistern nur zu predigen, sondern man muß gute Naturgeister mitbringen und zeigen, wie glücklich sie sind. Naturgeister haben ein feines Gefühl für Stimmigkeit. Man sollte mit den linken Naturgeistern vor Ort ein regelrechtes Treffen verabreden und die eigenen Naturgeister zu diesem Treffen mitbringen. Dann kann man ihnen erzählen, wie sie schaden, auch sich selbst, und ihnen zeigen, wie es anders geht. Wollt ihr sie zum Guten wenden, so sagt ihnen: Um der Menschen willen tut das und das nicht. Sie sind zwar nicht in sich moralisch: Sie können ein Kind küssen oder schlagen – je nachdem, was ihr ihnen sagt. In beiden Fällen geht es ihnen nur um das »Können«. Für sie sind Menschen aber nicht nur Vorbilder, die sie nachahmen, sondern sie können sich auch belehren lassen.

Danach sollte man ihnen Zeit einräumen, damit sie sich untereinander beraten und abstimmen können. Dann werden sie Abgesandte schicken, die berichten, wie die Abstimmung ausgegangen ist.

Gilt dort auch das Mehrheitsprinzip?

An sich ja, aber tatsächlich geht es dort ziemlich tumultös zu. Diejenigen setzen sich durch, die die lauteste Stimme, die längeren Arme, die schnelleren Beine haben, die flinker und sichtbarer da sind und lauter schreien. Trotzdem: Respektiert das »Abstimmungs«-Ergebnis, wie immer es ausfällt. Auch der Himmel respektiert die Freiheit der Naturgeister.

Ist das Abstimmungsergebnis negativ, trefft evtl. eine neue Verabredung. Ist es positiv, so gibt es ein großes Fest. Sie werden beteuern, daß sie nie bewußt etwas Böses tun. Haben sie begriffen, daß das, was sie von ihrem früheren Lehrer gelernt haben, böse war, wollen sie diesen verfluchen. Dann könnt ihr sie darüber belehren, daß das auch wiederum schlecht wäre.

Fragt sie: Wißt ihr, was ihr nun tun wollt? Meist wissen sie es nicht genau. Dann schicken sie einen zu euch in die Lehre – als »gute Magier«. Ihr werdet Lehrlinge haben – jedenfalls auf der Ebene der Naturgeister. Nehmt das ernst. Ihr solltet den Naturgeistern nicht etwa sagen: macht, was ihr wollt.

Agar: So, jetzt habe ich die Nase voll, ich mag nicht mehr. Es reicht.

Sonntag, 30. 7. 95

Der Weg des Schülers

Es erscheint wieder der Andreas-Engel (s. 12. 3. 95). Es steht noch ein wichtiges Thema an: Der Weg des Schülers von einem Kreuz zum anderen, vom Kreuz des Schülers in Form eines großen X zum Kreuz des Herrn: †.

1. Ihr beginnt mit dem X = Kreuz, d. h., es geht darum, alle 4 Hierarchien zu kennen, oben und unten, rechts und links: die Engel und die Naturgeister, die lichten und die Schattenwesen. Es geht um das Wahrnehmungs- und Empfindungsvermögen dafür, wann sie in der Nähe sind, wie sie sich äußern und wie sie arbeiten. Und es geht um die Fähigkeit, mit ihnen in der jeweils angemessenen Weise in bewußten Kontakt zu treten. Stellt euch in der Form des Andreas-Kreuzes auf, d. h. mit schräg erhobenen Armen, die Handflächen nach außen, und mit auseinandergestellten Füßen. Nehmt nun zunächst die zwei Ströme wahr, die von oben nach unten gehen. Von vorn gesehen:

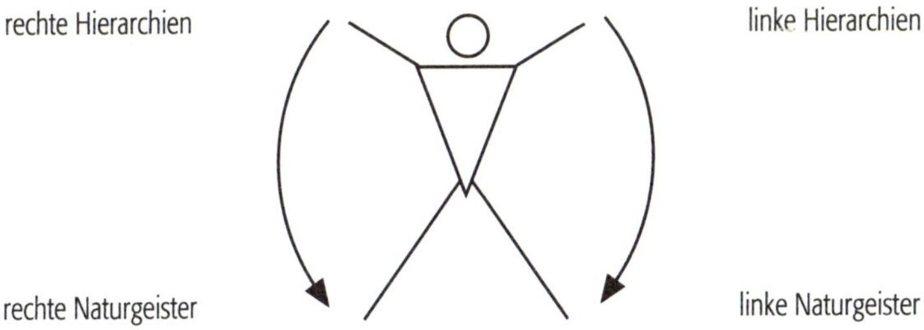

Es gilt, beide Ströme zu kennen, sie in der richtigen Weise zu spüren. Sie laufen nicht durch euch selbst hindurch, sondern rechts und links an euch entlang wie zwei Säulen, so zwar, daß ihr sie deutlich wahrnehmen könnt, aber doch außerhalb von euch. Es ist die Gefahr zu vermeiden, daß ein Strom von links oben nach rechts unten durch euch hindurch geht, d. h. daß die Hierarchien zur Linken über den Menschen Einfluß auf die guten Naturgeister gewinnen.

Die Möglichkeit eines Stromes von links unten nach rechts oben besteht nur theoretisch, die Menschen können ihn nicht herstellen. Angenommen, ein Mensch zieht in ein Gebiet, wo linke Naturgeister wohnen, erfindet mit ihrer Hilfe irgendwelche Neuerungen und will diese dann dem Himmel andienen: es wäre vergeblich. Der Himmel hörte gar nicht darauf.

Je nachdem, wie der Schüler ausgerichtet ist, eher links oder eher rechts, ist der eine oder der andere Strom stark, bei eurer Gruppe eher der rechte. Jetzt geht es für euch aber darum, auch den linken Strom zu erleben, zu erfahren, zu erfühlen. Wer das nicht kann, kommt nicht voran. Du kannst schließlich auch nicht nur mit dem rechten Bein gehen. Beide Körperhälften werden gebraucht. Es geht natürlich nicht darum, Sympathie für die Linken zu entwickeln oder sich gefühlsmäßig an sie zu binden, sondern nur darum, das Wahrnehmungsvermögen zu schulen: Wie fühlen sie sich an? Wie ist ihre Arbeitsmethode?

2. Fortgeschrittene Schüler können nun den Strom auch von Arm zu Arm und von Bein zu Bein fließen lassen. Stellt euch wieder in Form des Andreas-Kreuzes auf, wendet aber die Handflächen nach innen und laßt den Strom von der rechten zur linken Hand fließen, so daß über euch ein Torbogen entsteht. Dieser bedeutet: Ihr macht die rechten Hierarchien aufmerksam auf die Gefahren von links: Schaut mal, die sind auch da. Die linken führt ihr ins Licht: überzeugt sie, indem ihr ihnen das Bild des Guten vorlebt: Kommt herüber, schaut, wie schön es ist im Licht.

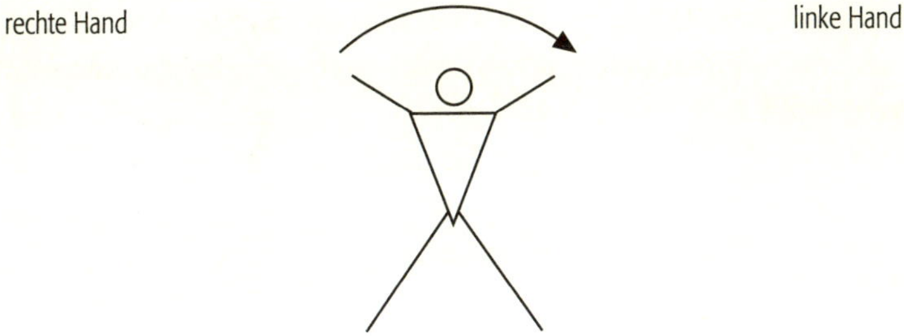

Und ebenso bei den Naturgeistern: Ihr macht die guten mit den linken bekannt und führt die linken zu den guten hinüber. Der Strom geht von Fuß zu Fuß durch den Boden, doch von links nach rechts.

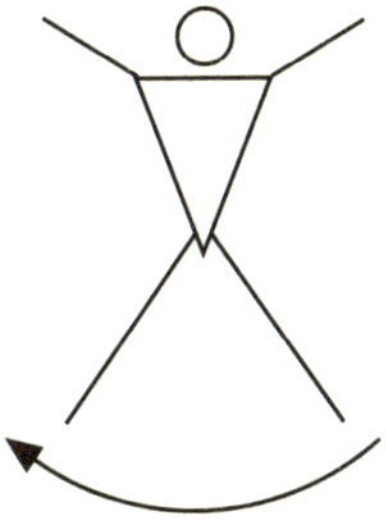

Nun entsteht ein zusammenhängender Strom, der rechts und links, oben und unten verbindet und der, beginnend rechts oben, das Licht der himmlischen Hierarchien durch die linken Hierarchien und die beiden Reiche der Naturgeister hindurch und wieder nach oben wandern läßt. Das X füllt den Raum aus; der Mensch ist von dem Strom umgeben.

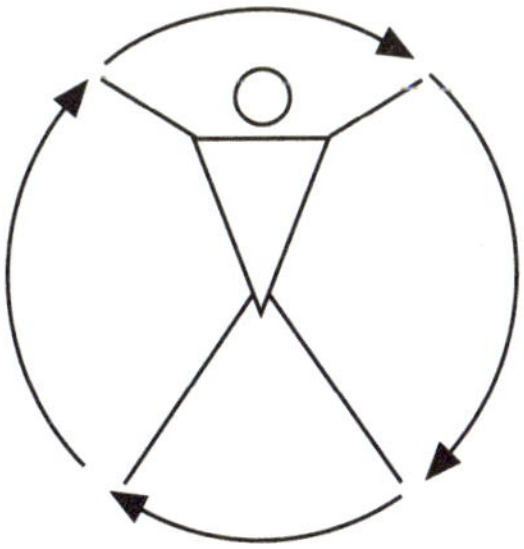

3. Eine weitere Stufe des Fortschritts ist die Bildung eines Kreuzes: d. h., der Strom fließt von rechts oben nach links unten und von rechts unten nach links oben.

Der Mensch ist dann nicht nur Brücke, sondern Kontaktstelle, wo sich die Linien treffen. Das verlangt schon eine gewisse Meisterschaft.

4. Die vierte Stufe ist die des wirklichen Meisters. Laßt die Arme seitlich hängen, stellt die Füße zusammen und vereinigt die beiden Säulen rechts und links in einen durch euer Scheitelchakra nach unten in die Erde verlaufenden Strom. Das bedeutet, ihr vereinigt die linke mit der rechten Strömung so, daß sie eine Linie bilden, von den himmlischen Hierarchien zu den Naturreichen:

D. h., der Meister nimmt vorweg, daß die Aufgaben aller Hierarchien zu einer verschmelzen; mit anderen Worten: die linken sind erlöst. Die Erlösung wird kommen, daran gibt es keinen Zweifel.

5. Die Aufgabe des Menschen ist aber letztlich, die Vertikale an Raum und Zeit, d. h. in die Horizontale weiterzugeben. Steht aufrecht mit geschlossenen Füßen und breitet die Arme waagerecht aus, so daß sich ein Kreuz aus Vertikale und Horizontale bildet:

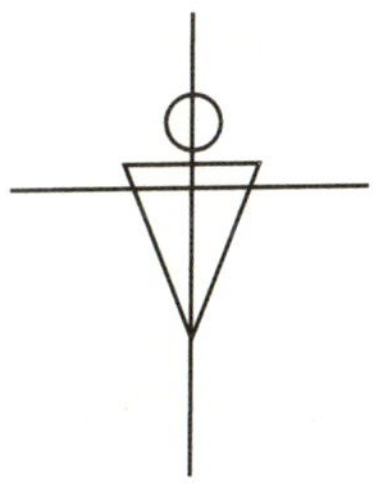

Durch die Vertikale allein würdet ihr nicht mehr auf der Erde gehalten. Ihr stündet da wie ein Säulenheiliger oder wie ein Yogi: Es geschähe zwar etwas auf der spirituellen, aber nicht auf der irdischen Ebene. Es kommt jedoch darauf an, daß ihr auf der Erde verwurzelt seid und euch nicht aus der Welt zurückzieht, sondern den Himmel zu ihr hin vermittelt: Wie im Himmel, so auf Erden.

Ihr erkennt den wahren Meister daran, daß er von der endgültigen künftigen Erlösung überzeugt ist. Sonst kann er die Vertikale nach oben nicht vollziehen. Der Meister ist überzeugt von der Allmacht und Allgüte des Schöpfers, und zwar unbegrenzt, d. h., er ist überzeugt vom endgültigen Sieg des Lichts, von der Vereinigung aller, auch der linken Hierarchien im Licht. Er ist überzeugt von der künftigen Einheit der ganzen Schöpfung, d. h. von der einen einzigen Vertikalen. Doch eben dazu muß der Meister zugleich die Horizontale begreifen und leben. Er ist ganz und gar präsent, wo er ist, in Raum und Zeit, zugleich aber jederzeit in der Lage, Raum und Zeit zu verlassen. Meint nicht, jeder dieser Schritte sei gleich einfach.

Agar: Aus der Sicht der Naturgeister gleicht der Mensch einem wandelnden, herumrollenden Engerling mit abgeknickten Ärmchen und Beinchen. Für die Naturgeister haben nur wenige Menschen richtige Arme und Beine, statt dessen Stummel. Menschen sehen für sie komisch aus, völlig unproportional: mit riesigem Leib, aufgeblasenen Köpfen, wenig Hals, kaum Armen und Beinen.

Beginnt ihr, spirituell zu arbeiten, d. h., werdet ihr Schüler, so sieht das für die Naturgeister so aus: Der Mensch räkelt sich, berührt den Boden mit richtigen Füßen und beginnt, die Arme (d.h. die Energiefelder) zum Himmel auszustrecken. Beginnt er Fortschritte zu machen, sieht er aus wie mit überlangen Armen und Beinen. Erreicht er die Stufe der Demut und des Vertrauens, so bildet sich langsam die normale Proportionalität, und es entstehen die halbmondartigen Ströme, d. h., der Mensch wird zur Brücke, und zwar zur doppelten Brücke zwischen oben und unten und zwischen rechts und links. Schließlich stabilisiert sich diese Brückenfunktion, sie wird beständig; das ist sehr selten.

Wenn der Mensch das erreicht hat, ist er meist alt und stirbt. So ist die Sicht der Naturgeister. Das ist unsere Retourkutsche dafür, daß wir für euch so komisch aussehen.

Gibt es in der nächsten Inkarnation eine Anknüpfung an die erreichte Stufe?

Agar: Das kommt darauf an, wie tief und wie lange die Seele geschlafen hat und ob in der Kindheit Spuren gelegt werden, die ihn später wieder auf den Weg der Schülerschaft führen. Solche Spuren legen die Eltern in der religiösen Erziehung, im Beten, im Feiern der heiligen Feste. Es gibt aber auch die Wachruf-Aktionen der Engel und Naturgeister. Wir Naturgeister zwicken und zwacken die Kinder, damit sie aufwachen. Die Kinderkrankheiten dienen dem Zweck des Erwachens, auch die typischen Pubertätskrankheiten sind ein Versuch, die Menschen wach zu kriegen.

Es ist deshalb nicht gut, auf die Krankheiten mit Schreck und Ablehnung zu reagieren und sie mit Antibiotika zu bekämpfen; man klatscht damit zugleich die Aufweckimpulse nieder. Gewiß ist es wichtig, alles zu tun, um eine Gefährdung zu vermeiden. Kinderkrankheiten, die von allein vorübergehen und keine Folgeschäden hinterlassen, sollte man aber wie hilfreiche und unbedenkliche Fieberschübe geschehen lassen. Sie sind Schritte in der Entwicklung und Reifung des Kindes, nicht anders, wie der Zahnwechsel oder wie die Pubertät, die ja auch kein Unglück darstellt, sondern eher Freude auslöst und in anderen Kulturen mit Ritualen gefeiert wird wie ein Geburtstag.

Ist der junge Mensch bis zu seinem 18., 19., 20. Lebensjahr wachgerüttelt worden, dann wird er später, wenn er an die 30 oder spätestens 40 Jahre alt ist, auf den Spuren, die in seiner Kindheit gelegt worden sind, den Weg zur Schülerschaft gehen können. Darauf kann man dann ruhig warten. Es macht nichts, wenn der junge Mensch in seinen zwanziger Jahren sein Wissen vom Himmel zunächst verlernt und sich der Welt zuwendet: der Ausbildung, dem Beruf, der Arbeit, der sozialen Einordnung, der Familiengründung, der materiellen Sicherung, dem Sammeln irdischer Erfahrungen. Das alles wirkt zwar nicht spirituell: Der Tag des Sterbens ist noch fern, der Himmel ist weit, sein Hauptthema ist die Erde. Ist der Mensch aber in der Kindheit und frühen Jugend aufgerüttelt worden, so sind die Spuren gelegt, und er wird später mit ziemlicher Wahrscheinlichkeit richtig aufwachen.

Wenn die Menschen im Kindheitsalter nicht aufgewacht sind, wird es im Erwachsenenalter schwieriger, ist aber immer noch möglich. Das Wiedererwachen gelingt bei Frauen am ehesten, wenn sie schwanger werden, bei Männern, wenn sie beginnen, in ihre Vaterrolle hineinzuwachsen, wenn sie z. B. beginnen, sich Gutenachtgeschichten einfallen zu lassen, das Gesicht des Kindes anschauen und eine persönliche Beziehung zum Kind aufbauen.

Der Andreas-Engel: Am besten wird der Aufwachprozeß der Kinder allerdings durch das Vorbild der Eltern angeregt. Dann können die Kinder später, wenn sie erwachsen sind, darauf zurückgreifen. Das beste Beispiel geben Eltern den Kindern durch ihr religiöses Leben. Dazu gehört auch eine natürliche Umgangsweise mit den Hierarchien. Davon sollten auch die Hierarchien zur Linken nicht ausgeschlossen sein. Wenn Kinder z. B. Alpträume haben wegen eines Besuches aus der Hierarchie zur Linken, sollten sie ihnen unverkrampft erklären, was vorliegt, allerdings ohne die Linken bei ihrem Namen zu nennen. Wie man sie aufklärt über Heil- und Giftpflanzen, so sollte man sie auch aufklären über die Hierarchien zur Rechten und zur Linken.

Und was die Naturgeister betrifft, so sollten die Eltern den Kindern den natürlichen Umgang mit ihnen vorleben. So wie sie sich um die Haustiere kümmern und mit ihnen reden, so sollten sie es auch mit den Naturgeistern tun und die Kinder daran gewöhnen, daß die Naturgeister mit im Hause wohnen, dazugehören und an ihrem Leben teilhaben.

Zum Abschluß möchte ich noch einmal zusammenfassen, was Schülerschaft im Strahl des Andreas bedeutet: Sie beginnt damit, daß man überhaupt am Himmel interessiert ist und sich auf den spirituellen Weg begibt. Man sucht einen Meister, beginnt zu lernen und das Gelernte umzusetzen. Man lernt vor allem, daß es nicht in erster Linie auf das Wissen, sondern auf das Tun und Üben ankommt, auf das, was man selbst repräsentiert und durch sein Sein darstellt. Schließlich kommt der Schüler dahin, daß er sich in allen Zeiten und Räumen frei bewegen kann wie der Hohelehrer. Und dann erfährt er, daß er noch immer ein Schüler ist und es immer bleibt, wie sich ja auch der Hohelehrer selbst als Schüler empfindet. Und er wird, wie dieser, nichts anderes mehr wollen, als all sein Wissen und Können in den Dienst der Heiligen Trinität zu stellen, d. h. mit all seinem Licht und all seiner Liebe daran mitzuarbeiten, daß die Schöpfung dereinst heimkehrt zum Vater.

Agar: Dies ist das Ende des ersten Durchgangs durch die dritte Triade, d. h. durch die Hierarchie der Engel, der Erzengel und der Archai und ihrer Entsprechung in den Naturreichen. In den kommenden Stunden werdet ihr weiterschreiten zur zweiten und zur ersten Triade, nicht nur, um euren Horizont zu erweitern, sondern auch, um zu üben, wie man mit Hilfe dieses Wissens im Dienste des Himmels praktisch zu wirken vermag. Macht zügig weiter, damit ihr nicht sterbt, bevor es richtig interessant wird!

(Agar winkt uns zum Abschied zu und wendet sich im Gehen noch einmal um:) Aber vergeßt die Erde nicht, und vergeßt nicht, euch des Lebens zu freuen. Ihr habt jetzt Grund zum Feiern. Also nutzt den Anlaß und feiert ein fröhliches Fest!

Nachwort

von Martin Kriele

I. Zum Dolmetschen der Engelsprache

Alexa, die nach außen als die Autorin dieses Buches auftritt, ist nicht sein eigentlicher Urheber, und noch weniger ist es ihr Ehemann Martin, der nur Fragen gestellt und den Text protokolliert hat. Wir haben bei weitem das meiste selbst nicht gewußt, und das Wissen wäre uns auch bei eifrigem Studium in den Bibliotheken nicht erreichbar gewesen. Was wir wiedergeben, ist ein Kursus, den uns verschiedene Engel und andere himmlische Wesenheiten in geplanter Abfolge der Themen und gelenkter Zusammenarbeit gegeben haben, und zwar mit dem Auftrag zur Veröffentlichung. Alexa hat das Gesagte »gedolmetscht«.

Ihre Tätigkeit kann man sich vorstellen wie die einer Simultan-Übersetzerin. Die Engel sprechen in Gestalt von »Schwingungen«, die von Menschen aller Sprachen vernommen und verstanden werden können. Alexa sucht für das Gesagte Satz für Satz den adäquaten Ausdruck. Die Fragen, die Martin oder auch Gäste stellen, brauchen nicht »übersetzt« zu werden. Sie werden von den Engeln unmittelbar verstanden. Diese Form des Engelkontakts erlaubt das Wechselgespräch, und zwar nicht nur die Rückfrage: »habe ich das so richtig verstanden?«, sondern auch das Anbringen von Zweifeln, z. B.: »wie vereinbart sich das mit dieser und jener Aussage oder Bibelstelle?« – und die Bitte um klärende und ergänzende Darlegungen.

Die Engel sind auf die Fragen meist bereitwillig eingegangen. Taten sie es ausnahmsweise nicht, so haben sie das begründet,

z. B. weil das Thema jetzt nicht beiläufig angeschnitten, sondern in späteren Zusammenhängen ausführlich dargelegt werden soll oder weil zuvor noch einige Grundlagen zu legen sind. Sie bestimmten die Themen oder schlugen sie vor, auch wenn wir nicht nach ihnen gefragt hatten, weil wir ihre Bedeutsamkeit für den Gesamtzusammenhang noch gar nicht überschauen konnten.

Martin hat nachher den Text in korrektes Schriftdeutsch gebracht, ohne ihn inhaltlich zu verändern. – »Eine Rede ist keine Schreibe«, wie man zu sagen pflegt. Alexa mußte den treffendsten Ausdruck mitunter erst suchen. Und auch die Engel entwickeln den Gedanken, während sie schon sprechen, d. h., sie verbessern, wiederholen oder präzisieren ihn, korrigieren Alexas Übersetzung, machen auch mal Gedankensprünge, kommen auf schon abgeschlossene Aussagen zurück, um sie zu erläutern oder zu ergänzen. Eine behutsame Textredaktion war deshalb unvermeidlich, doch war ihr einziges Ziel die zuverlässige Wiedergabe der gegebenen Darlegungen ohne eigene Einmischung. Der Text wurde alsdann dem Hohelehrer (vgl. S. 29) noch einmal vorgelegt. Dieser hat ihn überprüft, hier und da korrigiert, durch klarere Formulierungen verbessert und – z. T. wesentlich – erweitert. – Außerdem hat Martin – so sparsam wie möglich – einige erläuternde Fußnoten und Textverweise angebracht.

Das »Dolmetschen« der Engelsprache unterscheidet sich wesentlich von »Mediumismus«, »chanelling«, »Durchsagen« und ähnlichen Formen der Übermittlung, bei denen sich ein Geistwesen eines Menschen als eines Instruments bedient. Die Präsenz des Ich und die Klarheit des Tagesbewußtseins sind in keiner Weise herabgedämpft. Zwar pflegt Alexa während der Engelgespräche die Augen geschlossen zu halten. Das ist aber kein Ausdruck eines »Trance«-Zustandes oder eines sonstigen herabgedämpften des hypnoseähnlichen Bewußtseinszustands, sondern hilft im Gegenteil zur inneren Wachheit und Konzentration. Diese erwarten sie sowohl von Alexa als auch von den

Fragestellern, in denen sie mitdenkende Gesprächsteilnehmer sehen.

Die Engel haben jedenfalls mehrfach zum Ausdruck gebracht, daß ein »Mediumismus«, bei dem sie einseitig die Sprechenden sind, während die Menschen passiv Botschaften empfangen, dem freien Menschen nicht angemessen ist, schon gar nicht dem heutigen, durch Aufklärung und Wissenschaft hindurchgegangenen Menschen. Ein solcher Mediumismus wäre auch kein geeigneter Rahmen für einen so umfassenden Kursus wie den vorliegenden. Und schließlich: er böte auch keinen hinreichend sicheren Schutz gegen Mißbrauch durch dunkle oder schelmische Wesen. Die Engel erwarten von der Zusammenarbeit mit uns einen anderen »Engelbuch«-Typus.

Es geht um zusammenhängende Darlegungen, die an das ungetrübte Wachbewußtsein gerichtet sind, um Klarheit, Verstehbarkeit und Appell an die eigene Urteilskraft. Niemals wird die Eigenverantwortlichkeit des frei entscheidenden, ich-bewußten Menschen beeinträchtigt. Die Engel wenden sich an die Einsichtsfähigkeit der geistigen Individualität des Menschen, nicht etwa unmittelbar an Gefühl oder Wille; es handelt sich um Information, nicht um Suggestion oder ähnliche Einflußnahme. Nichts ist in irgendeiner Weise zwingend, sondern alles ist völlig freilassend. In diesem Geiste wird es auch von uns den Lesern unterbreitet.

Es hat zwar auch bisher schon Dokumentationen von Engelbotschaften gegeben, die an das Wachbewußtsein gerichtet und ernst zu nehmen sind. Doch meist betreffen sie entweder persönliche Fragen, die für die Allgemeinheit von geringer Bedeutung sind, oder sie wandten sich an die Menschheit mit aufrüttelnden Appellen zu Umkehr und Gebet. Sie zeigen, daß die Engel gern die Möglichkeiten, sich den Menschen kundzutun, nutzen, so wie sie sich ihnen jeweils bieten, um die Menschen zu überzeugen: Es gibt die Engel, man kann mit ihnen sprechen und tut gut daran, ihre Botschaften ernst zu nehmen und ins praktische Leben umzusetzen. Das Neue an diesem

Buch ist, daß die Engel einen Kursus geben, der in den Gesamtbereich der Welt des Himmels und der Innenwelt des Menschen einführt.

Die Atmosphäre unserer Engelgespräche ist sehr entspannt. Wenngleich wir den Engeln mit Ehrfurcht begegnen, so treten sie uns doch wie Freunden gegenüber. Nicht nur, daß sie an skeptischen Einwänden keinen Anstoß nehmen und auf Fragen geduldig eingehen, oft zeigen sie auch viel Humor und Heiterkeit. Scherze sind keine Seltenheit; es kommt sogar vor, daß sie mit ein wenig Spott auf Eitelkeiten oder andere Schwächen anspielen – allerdings nie verletzend und immer mit liebevollem Wohlwollen.

Ernst zu nehmen sind auch einige wissenschaftliche Werke über die Engel. Sie bringen in Erinnerung, was die Bibel, die Väter, die Tradition, die Theologen oder auch heutige Menschen mit eigenen Erfahrungen zum Thema »Engel« gesagt haben, und sie führen uns erneut vor Augen, wie Künstler und Dichter die Engel dargestellt haben. Diese Bücher pflügen den Acker. Sie sind z.T. sehr schön und wertvoll. Sie lenken die Aufmerksamkeit auf die Engel und regen die Gläubigen an, sich wieder auf sie zu besinnen. Ob das geschieht, hängt dann von der individuellen religiösen Geprägtheit des Lesers ab. Die wissenschaftlichen Werke haben ihre eigene Ebene der Wahrheit: sie stellen fest, was andere Menschen in Geschichte und Gegenwart über die Engel gesagt haben. Ob und inwieweit das, was jene Menschen gesagt haben, inhaltlich auch wirklich stimmt, ist eine andere Ebene der Wahrheit. Um das aufzuklären, gibt es keinen anderen Weg, als daß die Engel selbst und unmittelbar zu Wort kommen, daß sie aufhellen und ergänzen, was bisher dunkel und unbekannt geblieben ist.

Was sie uns lehren, erschien uns häufig neu. Nachher stellten wir fest, daß vieles in der Tradition der Christenheit schon einmal wohlbekannt war, aber vergessen worden ist. Es handelt sich also zum großen Teil um die Vergegenwärtigung und Verlebendigung alten Wissens. Dies darzulegen, ist ein Thema für sich, dem das Nachwort zu einem der folgenden Bände gewidmet werden soll. Für Hinweise aus Leserkreisen werden wir sehr dankbar sein.

II. Über Engelerfahrungen

Wen Alexas Dolmetschertätigkeit verwundert, der möge sich vergegenwärtigen, daß die Fähigkeit, die Sprache der Engel zu vernehmen und zu verstehen, nichts so Ungewöhnliches ist, wie es auf den ersten Blick erscheinen mag. Sie ist in jedem Menschen angelegt, aber mehr oder weniger entwickelt. Die meisten von uns haben schon z. B. Warnungen ihres Schutzengels oder auch bestimmte Handlungsaufforderungen oder Trostworte vernommen. Nur bleibt diese Fähigkeit im allgemeinen in bescheidenen Ansätzen stecken und ist auf Situationen persönlicher Not oder Ergriffenheit beschränkt. Sie wird wenig ernst genommen und geschult. Sie ist uns in unterschiedlichen Graden der Begabung gegeben und bedarf der Übung – wie andere Fähigkeiten auch. Wir alle sind ein wenig musikalisch, einige sind große Komponisten oder Meister eines Instrumentes. Wir alle können ein bißchen zeichnen oder malen, einige gehen mit ihren Werken in die Kunstgeschichte ein. Wir vernehmen die Engel undeutlich und gelegentlich, einige vermögen ihren zusammenhängenden Darlegungen klar und deutlich zu folgen. Daß Alexa diese Begabung hat, sollte kein Anlaß zu mürrischer Reserve sein, sondern Grund zur Freude und Dankbarkeit, so wie wir uns ja auch den Meisterwerken der Kunst und der Musik gegenüber angemessen verhalten, wenn wir uns ihnen öffnen und sie in unser Leben einbeziehen.

Die innere Verbindung vieler Menschen zu den Engeln hat oft den Verlust ihres Glaubens im übrigen überdauert. Unsere Sprache ist durchzogen von Wendungen, die von Engelerfahrungen geprägt sind; sehr viele Menschen bedienen sich dieser Wendungen, als seien solche Erfahrungen Selbstverständlichkeiten:

»Einer plötzlichen Eingebung folgend, änderte ich meinen Entschluß.« – »Diese Begegnung war kein Zufall.« – »Das war Fügung.« – »Da hatte ich einen guten Schutzengel.« – »Da hat mich ein Engel geleitet.« – »Bei dieser Musik hat sich mir der Himmel geöffnet.« – »Es war himmlisch.« – »Es ging überirdisch zu.« – »Da haben die Engel gesungen.« – »Ich war berührt.« – »Ich war ergriffen.« – »Ich war im siebten Himmel.« – »Der Himmel hat meine Bitte erhört.« – »Das ist ein Geschenk des Himmels.« – Das sind geläufige Redensarten. – Und wenn man einen sympathischen Menschen mit einem Engel vergleicht, sein »engelhaftes Wesen« oder seine »Engelsgeduld« rühmt, so redet man, als ob jedermann wüßte, daß es Engel gibt und wie sie sind. Dasselbe gilt, wenn man von einem unglücklichen oder bösen Menschen sagt, er sei »von allen guten Geistern verlassen«.

In der sog. »modernen Weltanschauung« haben Engel keinen Platz. Viele Menschen zeigen sich davon eingeschüchtert. Wenn sie so von Engeln reden, signalisieren sie zugleich, sie meinten das nur bildhaft, redensartlich, im Scherz. Oft meinen sie es tatsächlich nur so. Andere wiederum berichten von konkreten Erlebnissen mit Engeln: »Ich war so verzweifelt, da spürte ich, wie mich ein Engel in den Arm nahm und tröstete.« – »Ich lehne die Kirche ab, aber einmal in der Weihnachtsnacht ging ich hin und spürte die Anwesenheit der Engel um mich herum.« – Viele große Künstler und Architekten haben berichtet, daß ihre Meisterwerke aus einer anfänglichen »Eingebung« oder einer »Inspiration« entstanden seien. Der Komponist Hans Pfitzner hat ein ganzes Buch »Über musikalische Inspiration« geschrieben. Viele Menschen fragen sich: »Darf ich meinem Erlebnis mit einem Engel vertrauen? Zwar war ich mir einen Augenblick lang seiner Gegenwart gewiß – aber wie ist das möglich?«

Das Institut für Demoskopie Allensbach veranstaltete im August/September 1997 eine groß angelegte Repräsentativ-Umfrage über den Glauben der Deutschen an die Engel.[44] Zu den vielen bemerkenswerten Ergebnissen gehört: Die Zahl derer, die schon einmal die persönliche Erfahrung gemacht haben, daß Engel sie geschützt, ermutigt oder etwas gefügt haben, ist wesentlich größer als die Zahl derer, die angeben, daß sie überhaupt an Engel glauben. Die Diskrepanz zwischen aufgeprägter Weltanschauung und persönlicher Erfahrung – Engel gibt's nicht, ich selber habe sie allerdings schon erlebt – zeigt eine eigentümliche Unsicherheit, ob man angesichts der Autorität der herrschenden Weltanschauung seinen eigenen subtilen Wahrnehmungen vertrauen darf.

Doch auch die Bibel berichtet an zahlreichen Stellen, daß Engel den Menschen erschienen und zu ihnen in klaren und deutlichen Worten sprachen. Oft waren es einfache, naturnahe Menschen, die zunächst erschraken, und die ersten Worte waren deshalb meist: »Fürchtet euch nicht«. Man denke nur an die Hirten auf dem Feld, die die ersten waren, denen die Geburt Christi verkündet wurde. Sie waren keine Schriftgelehrten, aber sie verstanden das Gesagte, suchten die Krippe und beteten das Kind an. Waren sie naiv – oder waren sie in ihrer Herzensfrömmigkeit nicht vielmehr aufgeschlossener als andere? Oder sollen wir das Geschehen zur Legende erklären? Wäre das weise – oder nicht vielmehr engstirnig und töricht?

Aber nicht nur die Bibel berichtet von Engelbegegnungen – die ganze christliche Tradition ist voll davon, und zwar nicht nur in den Lebensberichten von Heiligen.[45] Die katholische Kirche spricht von »Privatoffenbarungen«. Sie steht ihnen zwar nicht ohne Skepsis gegenüber, behält sich Prüfung und Beurteilung vor und zeigt einen gewissen Mißmut über Offenbarungen, die nicht durch ihre Hände gegangen sind – aber sie nimmt sie gleichwohl ernst und weist sie jedenfalls nicht prinzipiell zurück.

III. Zur Skepsis

Dies alles bedeutet nicht die Aufforderung an den Leser, Vorsicht und Skepsis fahrenzulassen. Das haben wir selbst nicht getan, sondern uns immer und immer wieder gefragt: Könnte es sein, daß wir einer Täuschung erliegen, daß die Quelle des Dargelegten entweder im persönlichen Unterbewußtsein oder in trügerischen Inspirationsquellen liegt?

Die erstgenannte Möglichkeit konnten wir deshalb ausschließen, weil uns das meiste unbekannt und neu war, uns selbst überraschte und erst im Laufe der Zeit seine Kohärenz und Plausibilität gewann. Der zweitgenannten Möglichkeit steht die fast tägliche Erfahrung mit ratsuchenden Menschen entgegen. Oft nahmen die Engel zu ihren persönlichen Lebensumständen Stellung, von denen Alexa nichts wußte, und die Gäste berichteten später mit Verblüffung, wie treffsicher die Engel Menschen und Situationen beurteilt haben und wie hilfreich ihre Hinweise waren.

Skepsis bedeutet: Erst prüfen, dann urteilen. Skepsis kann nur eine vorübergehende Haltung sein: Man vermeidet vorschnelle Festlegungen, um offene Fragen zu klären. Wird diese Zurückhaltung zu einem lebenslangen Dauerzustand, so handelt es sich nicht um Skepsis, sondern um dogmatisch festgelegten Agnostizismus. Nach manchen Lehrstunden verabschiedeten sich die Engel mit den Worten: »Wir danken, daß wir sprechen durften«. Es hat uns zunächst sehr eigentümlich angemutet und gerührt, schließlich aber erschüttert: drückt es doch aus, wie schmerzlich es für die Engel ist, ungehört zu bleiben und angeschwiegen zu werden.

Im Laufe der Zeit sind uns vor allem drei Typen von Grundannahmen begegnet, aus denen heraus lebenslange Skepsis oder agnostischer Dogmatismus verständlich werden:

1. Die im »esoterischen« Milieu verbreitete Ablehnung christlicher Inhalte. Man hat – aus welchen Gründen immer – mit

der christlichen Tradition gebrochen und sucht die Wahrheit in fernöstlicher, indianischer oder afrikanischer Überlieferung und Praxis bzw. bei spirituellen Lehrern, die sich an sie anlehnen. – Die Engel achten diese Wege zwar und nehmen sie ernst. Sie sehen in ihnen aber die Orientierung an nur einzelnen Aspekten der Trinität. Ihr Hauptziel in diesem Kursus ist die Ausrichtung des Menschen auf die Gesamtheit der Trinität – und damit seine Versöhnung mit der christlichen Tradition. Die genannte Allensbach-Umfrage belegt empirisch, daß der »Boom« fernöstlicher Esoterik an sein Ende gekommen ist, daß sich die Menschen statt dessen in zunehmendem Maße den Engeln zuwenden und von diesen behutsam in den christlichen Glaubenskosmos zurückgeführt werden.

2. Die im christlichen Milieu verbreitete Ablehnung »esoterischer« Inhalte und Erkenntnismethoden. Entweder meint man, die Offenbarung sei mit dem Tod des letzten Apostels abgeschlossen (die Lehre der evangelischen Theologie). Die Engel hätten sich daran zu halten und zu schweigen, und wenn sie das nicht tun, so seien ihre Übermittler und »Dolmetscher« zurückzuweisen. Oder man anerkennt zwar prinzipiell die Möglichkeit von lebendiger, sich neuen Einsichten öffnender Spiritualität, wie es die katholische Kirche tut. Solche hätten aber Bedeutung in der Regel nur für die mit ihnen beschenkten Menschen persönlich, nicht für die Allgemeinheit. –

Das ist das Grundproblem einer »christlichen Esoterik«: Esoteriker lehnen sie ab, weil sie christlich, Christen, weil sie »esoterisch« sei.

3. Die im Milieu der sog. »modernen Weltanschauung« verbreitete Ablehnung der Annahme, daß es Engel überhaupt gebe und daß sie zu uns sprechen könnten. Eigentümlicherweise übernehmen sowohl Christen als auch »Esoteriker«, die selbst von dieser Ablehnung getroffen werden, das Grundmuster dieser Argumentation partiell, wenn es darum geht, Engelof-

fenbarungen, die in ihrem Horizont nicht vorgesehen sind, zurückzuweisen. –

Was den ersten prinzipiellen Einwand – den der nichtchristlichen Esoteriker – betrifft, so ist dazu nicht viel zu sagen. Seine Vertreter mögen sich selbst fragen, warum sie allen Ernstes glauben, schon alles Wesentliche zu wissen und keiner Belehrung durch die Engel zu bedürfen.

Der zweite und der dritte prinzipielle Einwand sind komplexer und verdienen eine eingehendere Erörterung. Wenden wir uns zunächst dem letztgenannten Ablehnungsgrund, der sogenannten »modernen Weltanschauung« zu.

IV. Zur »modernen Weltanschauung«

Die herrschende Weltanschauung beansprucht Autorität und Gehorsam. Vor allem forciert sie Unterwerfung unter das Dogma: Engelerfahrungen könnten unmöglich real sein, da es ja gar keine Engel gebe. Also gelte es, Engelerfahrungen psychologisch zu erklären und sie im übrigen zu verdrängen und zu vergessen. Doch auch diesem Dogmatismus gegenüber können viele Menschen ihre Zweifel und Fragen nur schwer zum Verstummen bringen: Wie, wenn es doch Engel gibt und ich sie wahrgenommen habe? Früher warnte die Kirche vor Zweifeln an der Existenz des Himmels. Heute warnen die Verfechter der modernen Weltanschauung vor Zweifeln an der Nichtexistenz des Himmels. Sie verbieten das Wahrnehmen und Ernstnehmen der Engel mit herrischer Geste – bei Strafe ihres Spottes.

Über Engel zu reden, erlauben sie nur in zweifacher Weise: religionswissenschaftlich – was die Menschen in den verschiedenen Religionen alles so glauben – und geschichtswissenschaftlich: was hat man früher geglaubt, wie sind die Traditionen entstanden? Wir dürfen uns also bei anderen Völkern umschauen und in die Vergangenheit zurückblicken, aber nie und unter keinen Umständen Engel selber wahrnehmen, mit ihnen in bewußten Kontakt kommen, ihnen Fragen stellen und ihren Antworten vertrauen. Nur der Blick zur Seite und nach hinten ist gestattet, nicht der Blick nach oben. Die Tradition, die von Engelerfahrungen berichtet, sei in derselben Weise zu behandeln wie die Geschichte von Literatur, Kunst und Musik. Wenn z. B. ein Dichter meint, er verdanke die Idee zu seinem Werk einer »Inspiration«, so sind manche Literaturwissenschaftler überzeugt, es besser zu wissen: Er verdanke sie dem Einfluß seiner Vorgänger und habe sie von ihnen »übernommen«. Diese hätten sie von noch älteren übernommen und so immerfort. Ebenso gingen die christlichen Vorstellungen von Engeln auf die Mythen der Griechen, der Juden, der Ägypter, der Babylonier zurück usw. – bis sich die »Quellenforschung« im historischen Dunkel verliert.

Das Dogma, es könne keine Engelerfahrungen geben, weil es keine Engel gebe, gilt vielen Menschen mit so erdrückenden Argumenten als erwiesen, daß sie sich nicht mehr trauen, es zu bezweifeln, selbst dann, wenn sie sich gewiß sind, Engel ganz real erlebt zu haben. Denn in der Welt der Wissenschaft ist die innere Gewißheit nicht als Wahrheitskriterium anerkannt. Als akzeptabel gilt nur, was Allgemeingültigkeit beanspruchen kann, d. h. was mittels nachprüfbarer Beobachtung und Logik allgemein vermittelbar – in extremer Zuspitzung: was beweisbar ist. Was man hingegen in einem Innenerlebnis erfahren hat, gilt als »nur subjektiv« und folglich nicht als objektiv zutreffende Erkenntnis.

So leben viele Menschen im Zwiespalt zwischen der allgemein herrschenden Weltanschauung und ihrer individuellen Erfahrung, zwischen rationaler »Aufgeklärtheit« und innerer Gewißheit, zwischen dem, was sie nur deshalb meinen, weil »man« es meint und dem, was sie im Grunde wirklich meinen. Sie fragen sich: kann man denn auf beiden Ebenen zugleich denken, reden und handeln, ohne mit sich selbst in Widerspruch zu geraten?

Der Ausweg aus diesem Dilemma liegt nicht darin, daß man sich für eine der beiden Ebenen entscheidet, also wählt zwischen

»naivem Engelglauben« und »wissenschaftlich aufgeklärter« Ablehnung. Er liegt vielmehr darin, daß man beiden Ebenen ihre Berechtigung zuerkennt.

Die wissenschaftliche Denkweise hat ihre Spielregeln: sie kann nur diejenigen Fragen, Prämissen und Methoden zulassen, die allgemeingültige Ergebnisse ermöglichen; sie ist schließlich auf internationale arbeitsteilige Zusammenarbeit angewiesen. Doch diese Spielregeln gelten nur innerhalb ihres Systems. Sie bestimmen nicht über die Wahrheit schlechthin, sondern nur darüber, was »wissenschaftlich gültig« ist. Doch darauf allein kommt es für unsere persönlichen Lebensvollzüge nicht an. Wir sind uns z. B. gewiß, daß wir immer zu unseren Eltern heimkehren dürfen und sie uns herzlich aufnehmen werden, daß unser Freund liebenswert und unser Nachbar vertrauenswürdig ist. Wir halten das für wahr, ohne die Wissenschaftler auch nur zu fragen, ob es stimmt oder ob wir uns irren. Eine solche Anfrage wäre ja auch höchst unvernünftig. Nicht weniger unvernünftig wäre es, unsere Überzeugung, daß wir Engelerfahrungen gemacht haben, von der Zustimmung der Wissenschaft abhängig zu machen.

Die Verfechter der sog. »modernen Weltanschauung« mögen einwenden: Es bestehe immerhin die Möglichkeit, daß wir Eltern, Freunden und Nachbarn vertrauen dürfen, Engelbegegnungen aber seien unmöglich. Mit dieser Behauptung überschreiten sie aber ihre Kompetenz, denn das können sie – nach ihren eigenen Spielregeln – gar nicht wissen. Sie dürften die Unmöglichkeit nur behaupten, wenn sie sie mit allgemeingültiger Verbindlichkeit beweisen könnten. Aber wie können sie das tun, wenn vielfache Erfahrungen dem entgegenstehen? Sie können für diese Erfahrungen vielleicht eine psychologische Erklärung angeben, aber diese Erklärung beruht auf Annahmen, Vermutungen, Unterstellungen. Sie setzt schon voraus, was erst zu beweisen ist. Gewiß, wenn es keine Engel gibt, dann ist eine Engelerfahrung unmöglich, und was wir dafür halten, bedarf einer psychologischen Erklärung. Hat man diese Prämisse einmal gesetzt, ist dieser Schluß zwingend – Prämisse ist Prämisse. Die Prämisse selbst beruht aber nicht auf Erkenntnis, sondern auf Setzung. Allgemeingültigkeit für sie zu beanspruchen, ist eine die eigenen Spielregeln verletzende Kompetenzüberschreitung, die sich nur mittels Einschüchterung, Spott, Unduldsamkeit, logischen Fehlern und anderem rhetorischen Blendwerk durchsetzen läßt.[46]

Dieses Buch wendet sich an Leser, die sich um solche Übergriffe nicht scheren, sondern ihrem eigenen Gespür, ihren Erlebnissen und Erfahrungen vertrauen und an sie anzuknüpfen bereit sind. Es berichtet einfach, was uns die Engel gelehrt haben. Es ist für Menschen bestimmt, die ihre eigene Urteilskraft sprechen lassen und selbst prüfen wollen, ob ihnen das Gesagte einleuchtet, ob es ihnen wahr oder wahrscheinlich oder möglich erscheint. Wendet jemand ein: Was hier stehe, sei alles wissenschaftlich nicht beweisbar, so lautet unsere Antwort: Gewiß, »Beweise« sind auch nicht beabsichtigt. Es handelt sich nicht um ein wissenschaftliches Buch. Das hier Berichtete beansprucht keine Allgemeingültigkeit im Sinne der Wissenschaft. Wen »so etwas« nicht interessiert, der mag es auf sich beruhen lassen, bis es ihm vielleicht eines Tages einzuleuchten beginnt.

V. Das Verhältnis zur Kirche

Nun ein Wort zur Skepsis aus kirchlichen Kreisen. Dies ist ein Buch von Engeln über Engel. Engel sind Boten der Heiligen Trinität und der himmlischen Hierarchien, die in ihrem Dienst stehen. Wenngleich sie alle Menschen ohne Ausnahme begleiten und allen Religionen mit liebevoller Achtung begegnen, so stehen sie doch denjenigen Christen und christlichen Kirchen, die sich in den Dienst der Trinität gestellt haben, besonders nahe, und zwar je mehr, desto mehr sie auf die Gesamt-Trinität ausgerichtet sind und nicht einen ihrer Aspekte einseitig betonen. Ob es überrascht oder nicht: sie sind besonders innig mit der katholischen Kirche verbunden. Sie bekennen ihr Credo, sie feiern ihre Liturgie und ihre Feste im Jahreskreis mit, sie beten ihre

Gebete, sie sind in ihren Sakramenten, ihrem Segnen und ihren Weihen gegenwärtig, sie freuen sich über ihre Verehrung der himmlischen Maria und der Heiligen, sie lieben und pflegen ihre heiligen Stätten und Symbole, und sie finden die Wahrheit des Himmels hier auf Erden nirgendwo so tief und umfassend erkannt und ausgedrückt wie in der Lehre der Kirche.

Das gilt trotz aller Fehler, die die katholische Kirche auf irdischem Feld gemacht hat und zum Teil noch macht. Denn aus ihrer Sicht ist die irdische Institution der Kirche nur ein Teil der durch alle Hierarchien hindurch lebendigen Kirche, nur ihr unterstes, zwar von menschlichen Irrtümern beeinflußtes Glied, doch gleichwohl ein irdisches Gefäß für das Licht und die Liebe, die von der Trinität auf die Erde herabströmen. Die Hinwendung der Menschen zu ihr ist deshalb in ihren Augen auch ein Schritt in Richtung auf die Heimkehr zum Vater.

Die Engel gestehen auch der irdischen Leitungsfunktion des Papstes Berechtigung zu. Das bedeutet natürlich nicht, daß der Himmel selbst der Autorität des kirchlichen Lehramts unterworfen wäre. Die Engel fühlen sich nicht verpflichtet, über ergänzende oder kritische Aspekte zu schweigen. Die Autorität, die das Lehramt der Kirche genießt, beruht auf dem Anspruch, daß ihre Dogmen wahr sind. Die Anerkennung dieser Wahrheit ist der Grund für die Autorität, nicht etwa ist umgekehrt die Autorität Maßstab der Wahrheit. Die Engel mißbilligen nicht nur das Unrecht, das die Kirche getan hat, indem sie die himmlische Wahrheit mit Macht und Gewalt durchzusetzen versuchte, sondern auch andere Kompetenzüberschreitungen der Kirche.

Z. B. hat der Grundsatz: »Außerhalb der Kirche kein Heil« für sie niemals gegolten. Die Engel lieben und achten, begleiten und schützen auch die Menschen, die nicht zur katholischen Kirche gehören, sondern zu anderen christlichen oder nichtchristlichen Glaubensgemeinschaften oder zu gar keiner Religion. Aus ihrer Sicht liegt in allen Wegen und Umwegen, die die Menschen nehmen, ein Sinn, ein berechtigter Ansatz, der zu verstehen und nicht zu verurteilen ist. Allen Suchenden auf dem Weg gelten die Liebe, Achtung und Gnade des Vaters, und diese sollte die Kirche nach Auffassung der Engel weitergeben, d. h., sie sollte die Weitergabe nicht von Voraussetzungen abhängig machen, die der Vater nicht macht.

Da die Engel niemals und unter keinen Umständen in die Entscheidungsfreiheit des Menschen eingreifen können und dürfen, gilt dieselbe Begrenzung nach ihrer Auffassung auch für die Kirche. Sie halten deshalb Distanz zu denjenigen kirchenrechtlichen Regeln, die die Sakramente an übersteigerte Bedingungen binden, die die Menschen unter Druck setzen, ängstigen, ausgrenzen, zurückweisen und in irgendeiner Weise zu etwas zwingen wollen. Darin sehen sie eine Kompetenzüberschreitung der Kirche, die nicht im Sinne des Herrn ist.

VI. Zur »modernen Theologie«

Besonders wenig schätzen es die Engel natürlich, wenn Theologen als Verfechter der sogenannten »aufgeklärten Weltanschauung« auftreten, wenn sie z. B. nicht an die Auferstehung Christi glauben, sondern nur daran, daß die Jünger an die Auferstehung glaubten, und die folglich auch annehmen, die Engel gebe es gar nicht. Manche gehen so weit, diese Annahme als kirchliche Lehre auszugeben. Die Bibel-Konkordanz verzeichnet 177 Stellen, an denen von Engeln die Rede ist, gleichermaßen im Alten wie im Neuen Testament. Doch manche Theologen scheuen sich gleichwohl nicht, alle biblischen und außerbiblischen Engelberichte pauschal für Mythos oder Legende zu erklären, ebenso wie überhaupt alles, was den Horizont der »modernen Weltanschauung« übersteigt. Anstatt diese Weltanschauung in ihre Schranken zu weisen und die wissenschaftlichen Erkenntnisse um die Offenbarung zu ergänzen, machen sie die »moderne« Weltanschauung zum Maßstab, an dem Bibel und Tradition zu messen seien.

Zunächst waren es protestantische Theologen, die meinten, ein unmittelbares Verhältnis zwischen den Menschen und dem Herrn herzustellen, indem sie den Himmel von allen Zwischeninstanzen »reinigten«: nicht nur von den Engeln, sondern auch von der himmlischen Maria, von den Heiligen und anderen himmlischen Helfern – ohne zu bedenken, daß diese ja Boten, Beauftragte, Bevollmächtigte sind. Sie trennen uns nicht von der Trinität, sondern stehen im Dienste der Trinität, und diese wirkt durch sie – ganz so, wie es die Bibel uns schildert. Theologische Eiferer »reinigten« auch die Landschaften von Kruzifixen, Bilderstöckchen, Marienstatuen, Kapellen, heilenden Brunnen und anderen heiligen Stätten, in der Annahme, auch diese stünden trennend zwischen Gott und Mensch. Seit etwa der Mitte des 20. Jahrhunderts zeigen auch einige katholische Theologen Verständnis für dieses Unverständnis.

Manchen anderen Theologen geht das zu weit; sie meinen: einige Engel möge es ja geben, aber nicht so viele; einige dürften Namen tragen, aber nicht alle; an bestimmten Festtagen, z. B. an Weihnachten, dürfe man von ihnen reden und singen, aber nicht das ganze Jahr über, und was man von ihnen wisse, müsse wohldosiert und über die Kirche vermittelt sein. Keinesfalls hätten die Engel das Recht, sich selbst und unmittelbar zu offenbaren. Schließlich gibt es Theologen, die zwischen modernen und traditionellen Richtungen der Theologie einen Kompromiß suchen, etwa in dem Sinn: Christen, die Kontakt mit den Engeln pflegen, würden zwar geduldet; sobald sie aber zur Zielscheibe von Angriffen aus aufgeklärten Theologenkreisen würden, sei es klug, zu ihnen in Distanz zu gehen.

Engel haben zwar viel Humor und können sich auch sehr diplomatisch und psychologisch klug verhalten, aber in Fragen der Wahrheit kennen sie keinen Kompromiß. Sie sind weder »Fundamentalisten«, noch sind sie »aufgeklärt« im Sinne der Vorstellung, es gebe sie gar nicht oder allenfalls nur halb und halb, und wenn es sie gebe, dürften sie nichts lehren, als was aus dem Katechismus ohnehin allgemein bekannt sei.

Wir können nur hoffen und bitten, daß die Kirchen dieses Buch mit Behutsamkeit beurteilen und es mit Respekt, vielleicht sogar mit Dankbarkeit und Liebe akzeptieren. Die Erfahrung hat ja gezeigt: in dem Maße, in dem die verschiedenen Kirchen die himmlischen Hierarchien nicht mehr ernst genommen haben, hörten die Menschen auf, die Kirchen ernst zu nehmen. Die »modernen« Theologen pflegen dann ihr Scheitern nicht einzugestehen, sondern werden zu aggressiven Weltanschauungskontrolleuren, die überall »Esoteriker« oder sonstige Ketzer wittern und alles verdächtigen, was sich ihrem geistigen – oder besser ungeistigen – Alleinherrschaftsanspruch nicht unterwirft. Vieles bekämpfen sie zu Recht, zugleich aber auch das Wahre und Gute. Es wäre statt dessen im Sinne des Himmels, wenn sich die Kirchen auf ihre eigene Engel-Tradition besinnen und ihrer Verlebendigung Raum gewährten.

Letztlich geht es aber nicht um Argumente, sondern um die Grundhaltung der Ehrfurcht dem Himmel gegenüber. Die Probleme sind aus einem Paradox entstanden. Man meint: »Erst müssen die Engel mich überzeugen, dann werde ich ihnen – vielleicht – mit Respekt begegnen.« Die Engel kann aber in aller Regel nur der wahrnehmen und verstehen, der sich ihnen mit Respekt naht. Erst bedarf es einer Grundhaltung der Ehrfurcht, dann können sie sprechen. Diese Reihenfolge liegt in der Natur der Dinge, sie läßt sich nicht umkehren.

VII. Zur Unterscheidung der Geister

Doch auch gläubigen Christen mit ehrfürchtiger Grundhaltung stellt sich die Frage: Wie kann ich mich vergewissern, daß die Wesen, die zu uns sprechen, nicht als Engel getarnte dunkle Wesen sind, die ihren Schabernack mit uns treiben?

Diese Frage ist sehr ernst zu nehmen. Denn in der Welt der »Geister« schwirren in der Tat allerlei dunkle und unglückliche Wesen herum: gefallene Engel, Trugbilder, Egregore, verlorene

Seelen u. a. Sie nutzen gern eine Gelegenheit, die Menschen zu bluffen und irrezuleiten. Wenn deshalb tiefgläubige Christen mit all dem nichts zu tun haben wollen, sondern alle Engelkontakte in Bausch und Bogen verwerfen, so ist das zwar nicht weise, aber immerhin verständlich: Man will nicht riskieren, einer Täuschung zu erliegen.

Doch ist es ein innerer Widerspruch, wenn man annimmt, dunkle Wesen könnten sich offenbaren, Engel aber nicht. Wer sich vor den Machenschaften der dunklen Wesen fürchtet, sollte logischerweise auch lichte Offenbarungen für möglich halten. Und er sollte auch darauf vertrauen, daß der Himmel demjenigen Hilfen gibt, der sich ernstlich bemüht, das eine vom anderen zu unterscheiden.

Die Engel wollen erhellen, aufklären, die Menschen zu Licht und Liebe hinführen. Wie kann man sich ihnen ohne Gefahr der Täuschung öffnen? Das ist die Fragestellung einer gesunden Skepsis, die von bornierter Ablehnung wohl zu unterscheiden ist. Wer z. B. fürchtet, die Lichtgestalt eines Engels könne die Maske sein, hinter der sich ein dunkles Wesen aus den Hierarchien zur Linken verbirgt, der könnte zwar recht haben. Er sollte aber den dunklen Wesen auch zutrauen, gerade solche Ängste zu erzeugen und für ihre Zwecke zu nutzen. Ihr Ziel ist doch gewiß, die Menschen gegen die wahre Sprache der wahren Engel abzuschotten. Schon mancher hat sich aus Angst vor der Tücke des Bösen dem Bösen ergeben – man denke nur an die Eiferer, die die »Ketzer« foltern und verbrennen ließen. Daß das ein Irrweg der Kirchengeschichte war, wird heute von Kirche und Theologie nicht mehr bestritten. Nichts liegt näher, als daß der Listige sich nun eine neue List ersonnen hat und sich der rationalen »Skepsis« für seine Zwecke bedient. Andererseits könnte er sich auch des Tricks mit falschen Engelerscheinungen bedienen, sodaß Skepsis berechtigt sein kann. Ist dieses Dilemma ausweglos?

Es gibt keine »Patentlösung«, sondern nur den Weg der gesunden Urteilskraft, die mit Ablehnung aus Vorsicht nicht identisch ist. Aus der spirituellen Erfahrung z. B. des heiligen Antonius oder der heiligen Terese von Avila sind uns die sog. Kriterien zur Unterscheidung der Geister überliefert.[47] Im folgenden geben wir einige der Gesichtspunkte an, an denen wir uns bei unserer »Engelarbeit« orientiert haben.

1. Was die Engel sagen und tun, dient immer dem Ziel, die Menschen auf die Heilige Trinität hin auszurichten, damit sie heimkehren zum Vater. Auch wenn sie über irdische, oft sehr konkrete – z. B. familiäre, berufliche, politische – Zusammenhänge sprechen, so doch immer in der Absicht, Gefühle zu reinigen, den Willen zu läutern, dem Geist zur Klarheit zu verhelfen, damit der Mensch lernt, sich aus negativen Verstrickungen zu befreien und dem Himmel zu öffnen. –

   Dunkle Wesen hingegen verleiten die Menschen entweder zur Selbstüberschätzung ihrer Wichtigkeit oder treiben sie in lähmende Schuldgefühle und Minderwertigkeitskomplexe. Sie schüren Verdacht und Konflikt und bestärken Vorurteile. Sie lassen Wichtiges belanglos oder Banales grandios und bedeutend erscheinen. Sie lenken die Menschen auf allerlei Götzen hin und in jedem Fall von der Heiligen Trinität weg – als gebe es Besseres und Wesentlicheres.

   Wer bei einem Menschen »esoterischen« Rat sucht, sollte darauf achten, erstens mit welchen Symbolen er seinen Raum ausgestattet hat – z. B. Kruzifix, Marienskulptur, Engelbilder –, zweitens, was er betet – z. B. Vaterunser, Credo, Ave-Maria. Wo der Bezug auf die Heilige Trinität fehlt, sind Distanz und Vorsicht ratsam.

2. Engel greifen nie in die Freiheit ein. Fragt man sie z. B.: »Soll ich dies oder jenes tun, soll ich so oder so entscheiden?« – so weisen sie die Frage zurück. Sie geben zwar, wenn man sie darum bittet, Sachinformationen oder weisen auf Gesichtspunkte hin, die bei der Entscheidung eine Rolle spielen können, aber immer so, daß die Entscheidung nicht determiniert und die Eigenverantwortung nicht angetastet wird.

Erst wenn der Mensch seine Entscheidung getroffen hat, können die Engel ihm Hilfe zukommen lassen, vorausgesetzt natürlich, daß die Entscheidung moralisch akzeptabel ist. Diese Zurückhaltung gilt selbst dann, wenn der Mensch einen Weg einschlägt, der ihn ins Unglück führt. Die Engel greifen auch dann nicht ein, sondern lassen den Menschen seine Erfahrungen machen, werden aber helfen, die Folgen zu mildern und Auswege zu finden. Die individuelle Freiheit hat immer unbedingten Vorrang vor allen anderen Gesichtspunkten. Wo Menschen in Abhängigkeit gebracht werden, kann man gewiß sein, daß man es nicht mit Engeln, sondern mit dunklen Wesen zu tun hat.

3. Engel lehnen deshalb auch Vorhersagen der Zukunft ab. Das gilt ganz besonders für die Prophezeiungen von Weltkatastrophen oder von individuellem Unglück. Es gilt aber auch für positive und neutrale Vorhersagen. Sie sprechen zwar von Chancen und Risiken, sie ermutigen und warnen, aber stets mit dem Vorbehalt: individuelle Entscheidungen oder auch Eingriffe von dritter Seite können den Lauf der Dinge ändern. Wenn sie überhaupt Hinweise auf die Zukunft geben, so bleiben diese hypothetisch – also: wenn das und das geschieht oder unterbleibt, dann kann das und das eintreten.
4. Ferner möge der Leser beobachten, wie das Dargelegte auf ihn wirkt, und zwar vor allem in dreierlei Hinsicht.
   a) Stammt es aus dunklen Quellen, so erzeugt es Nervosität, Ängste, Wut, Ekel, Verwirrung, Fanatismus oder ähnlich ungute Stimmungslagen; es läßt zumindest einen schalen Geschmack zurück. – Sind es wirklich Engel, die sprechen, erfüllt das mit Ruhe, Klarheit und Freude.
   b) Lügen wirken überrumpelnd und aufpeitschend und suchen uns zu schnellem Handeln zu bestimmen. Ihre anfängliche Überzeugungskraft weicht dem Zweifel, sie sind konfus und inkohärent. – Was Engel sagen, wirkt anfangs oft überraschend. Doch je länger man damit umgeht, desto mehr zeigt sich eine mit langfristiger Tie-

fenwirkung sich entfaltende Überzeugungskraft, es »leuchtet ein«, erweist sich als kohärent und stimmig. Ferner hat die Wahrheit einen eigentümlichen Zusammenhang mit der Schönheit, die uns ergreift und uns mit Dankbarkeit und Heimweh nach dem Vater erfüllt. Die Wahrheit macht uns andächtig und geneigt zu Lobpreis und Dank.

c) Lügen wirken krankmachend auf den Menschen und destruktiv auf sein soziales Umfeld. Sie führen z. B. zu Selbstüberschätzung und ungerechter Geringschätzung anderer, oder umgekehrt zu Minderwertigkeitsgefühlen, Entmutigung, Trägheit, Ängsten bis hin zu Teufels- oder Höllenängsten. Sie begünstigen Erstarrung in dogmatischen und moralischen Fragen, oder umgekehrt ständiges Dagegensein, Besserwisserei, Unversöhnlichkeit und dergleichen. Sie machen auf verschiedene Weise Körper und Seele krank und belasten familiäre, freundschaftliche, berufliche Beziehungen. – Worte der Engel hingegen wirken stets heilsam auf den, der sie ernst nimmt, und auch auf sein soziales Umfeld. Z. B. löst man sich aus unguten und stabilisiert fruchtbare Beziehungen, gewinnt Frische und Tatkraft, strahlt Liebe, Fröhlichkeit, Zuverlässigkeit, Freundlichkeit, Friedlichkeit aus. Kurz: »An ihren Früchten werdet ihr sie erkennen« (Mt. 7,17).

5. Der Möglichkeit dunkler Inspirationsquellen suchen wir von vornherein zu begegnen, indem wir jede Engelstunde mit dem Vaterunser, dem Ave Maria und weiteren Gebeten einleiten. Ferner haben wir uns der Anwesenheit bestimmter Engel versichert, die uns regelmüßig begleiten und die sich stets als absolut vertrauenswürdig erwiesen haben. Sie winkten ab, wenn die Atmosphäre schwingungsmäßig nicht ganz rein war oder irgendwo unzuverlässige Gestalten lauerten. Dann haben wir die Engelstunde gar nicht begonnen oder sofort abgebrochen. Über weitere Schutzvorkehrungen wurden im Laufe des Kursus Angaben gemacht (s. o. 17. 5. und 24. 7. 1995).

VIII. Über uns

Abschließend ist noch ein Wort über uns und die näheren Umstände unseres Engelkurses zu sagen.

Alexa entstammt einer Arztfamilie. Sie studierte Psychologie und Philosophie und arbeitete beruflich als Journalistin und im staatlichen Auftrag als Seminarleiterin für das gehobene Management. Sieben Jahre lang wirkte sie in Argentinien. Nach ihrer Rückkehr im Jahre 1990 trat allmählich ihre Hauptbegabung in den Vordergrund: ihre Fähigkeit zum Gespräch mit den Engeln. Seit 1994 legt sie den Schwerpunkt ihrer Tätigkeit auf diesen Dienst. Nicht nur dieses Buch, sondern auch die Vermittlung unzähliger individueller Gespräche zwischen Engeln und fragenden oder ratsuchenden Menschen sind die Frucht dieser Arbeit.

Martin wirkte bis 1996 als ordentlicher Professor für Staatslehre, öffentliches Recht und Rechtsphilosophie an der Universität zu Köln, 12 Jahre lang war er zugleich Richter am Verfassungsgerichtshof des Landes Nordrhein-Westfalen. Er hat zahlreiche rechtswissenschaftliche Bücher veröffentlicht, die z. T. in mehreren Auflagen und in mehreren Sprachen verbreitet sind.

Er ist Herausgeber der Werke von Valentin Tomberg (1900 – 1973), dessen Freund und Schüler er gewesen ist.[48] Seinen geistig-religiösen Weg hat er in einem Buch beschrieben, das 1996 erschienen ist.[49]

Häufig haben neben Martin auch andere als Fragesteller an den Kursstunden teilgenommen, mit besonderer Regelmäßigkeit Gerhard und Isabel Bär. Es kam darauf an, Fragen zu stellen, die von allgemeinem Interesse sind und den Engeln Anlaß zu wesentlichen Darlegungen gaben. Deshalb schulden wir (und die Leser) allen fragestellenden Gästen Dank, in erster Linie dem Ehepaar Bär für besonders tiefschürfende, auf großem Wissen und klarem Problembewußtsein beruhende Fragen.

Darüber hinaus gibt es einen großen Kreis von Menschen, die persönliche Probleme im Gespräch mit den Engeln klären.

Soweit in diesen persönlichen Gesprächen Informationen von allgemeiner Bedeutung gegeben wurden, haben wir sie z. T. in das Buch aufgenommen. Doch alles, was den persönlichen Bereich betrifft, ist im Buch weggelassen. Der Schutz der Privatsphäre hat unbedingt Vorrang.

Weder der engere noch der weitere Kreis ist in irgendeiner Weise organisatorisch geformt und wird es auch nicht sein. Die Menschen kommen und gehen, viele kommen immer wieder, viele führen ihre Freunde ein, die Freunde wiederum ihre Freunde. So hat sich ein lockerer Kreis von Menschen gebildet, der seinen Schwerpunkt in Österreich, Deutschland und der Schweiz hat, sich inzwischen aber auch auf andere Länder und Kontinente ausweitet. – Manche sind katholisch, andere evangelisch, manche stehen den Kirchen fern, gehören nichtchristlichen Religionen an oder haben ihren Weg über allerlei esoterische Richtungen gesucht. Das einigende Band besteht in nichts anderem als in der grundsätzlichen Aufmerksamkeit auf das, was die Menschen hier an Lehren und Übungen von den Engeln empfangen können.

Wir wohnen mit drei Kindern in einem kleinen, hochgelegenen Bergdorf in Vorarlberg.

Die Engel lieben das Dorf, seine Menschen und die zauberhafte Landschaft drum herum und sagten oft: Welch ein gesegneter Ort! Hier sind die Schwingungen ungewöhnlich günstig für die Aufnahme ihrer Botschaft. Hierhin haben sie uns zusammengeführt, damit wir ihren innigsten Wunsch einem weiteren Leserkreis übermitteln und einleuchtend machen mögen: Wie im Himmel, so auf Erden.

Anmerkungen

1 Johannes Scotus Eriugena, 810 – 877, aus Irland stammender, in Frankreich wirkender Theologe und Philosoph, De divisione naturale – deutsch: Über die Einteilung der Natur, übersetzt von Ludwig Noack, Hamburg 1983, insbes. Bd. I S. 12. Hierzu Wolf Ulrich Klünker, Johannes Scotus Eriugena, Denken im Gespräch mit dem Engel, Stuttgart 1988.

2 An späterer Stelle wird ein Bild gebracht: die esoterische Kirche verhält sich zur exoterischen wie das Hemd zur Hose, (d.h. sie steckt darin).

3 Anonymos d'Outre Tombe, (Valentin Tomberg) Die Großen Arcana des Tarot, Meditationen, herausgegeben von Martin Kriele und Robert Spaemann; ferner Valentin Tomberg, Lazarus, komm heraus. Beides im Verlag Herder. Zu Tombergs Werken vgl. Martin Kriele, Anthroposophie und Kirche, Erfahrungen eines Grenzgängers, Verlag Herder 1996, S. 148-186.

4 Vgl. Gen. 24,7: »Er wird seinen Engel vor dir hersenden«.

5 Das Verhältnis zwischen Sonnenengel und menschlichem Ich wird näher erläutert unter dem 14.8.96.

6 Ein irdischer Versuch der Annäherung an das Thema »Sphärenklänge« bei Joachim Ernst Berendt: Nada Brama – die Welt ist Klang.

7 Vgl. Valentin Tomberg, (Anm. 3) Lazarus, komm heraus, S. 200: Die Welt der Urbilder ist der Garten Eden.

8 Rudolf Steiner spricht in Anlehnung an den östlich-theosophischen Sprachgebrauch von den 12 Weisen als von den 12 »Bodhisattvas«, die jeweils am Ende ihrer irdischen Wirkungszeit zum »Buddha« aufsteigen. Der auf den bekannten »Buddha« folgende, jetzt »diensttuende« Bodhisattva sei etwa 100 Jahre vor Christi Geburt in der Gestalt des Jeshu-ben-Pandura gegenwärtig gewesen, der im Rahmen des Essener-Ordens auf den kommenden Christus hingewiesen habe und deshalb hingerichtet worden sei. Seither sei seine Aufgabe, ein Lehrer und Verkünder des Christus zu sein, bis er nach einigen tausend Jahren zum

»Maitreya Buddha« aufsteigen werde, zum »Bringer des Guten« durch das Wort.

9 Melchisedik ist eine geheimnisvolle Gestalt von außerordentlichem Rang. Nach Gen. 14, 18 war er der König von Salem und Priester des höchsten Gottes, der Abraham segnete und ihm Brot und Wein reichte. Nach Hebr. 7,3 ist er »ohne Vater, ohne Mutter, ohne Stammbaum, hat keinen Anfang seiner Tage und kein Ende seines Lebens und bleibt Priester immerdar«, und nach Hebr. 5,6 ist Christus »Priester in Ewigkeit nach der Ordnung des Melchisedek« (vgl. auch Psalm 110,4). Siehe Die Großen Arcana des Tarot (Anm. 3), S. 109 f.

10 Meditation bedeutet eine innere Konzentration, die den Strom des Denkens und Wollens zum Schweigen bringt, um dadurch zu Erkenntnissen der höheren Welten zu finden.

11 Kontemplation bedeutet: Betrachtung der himmlischen Dinge und Ereignisse – z.B. die Betrachtung des Kreuzwegs mit seinen 14 Stationen.

12 Vgl. Der Anonymus d'Outre Tombe (Valentin Tomberg), Die Großen Arcana des Tarot, (Anm. 3) insbes. S. 245 – 250.

13 Dionysios Areopagita, Über die himmlische Hierarchie. Hierzu vor allem: Gerd-Klaus Kaltenbrunner, Dionysios vom Areopag. Das Unergründliche, die Engel und das Eine, 1996. Näheres über Dionysios, die von ihm begründete Schule und die Entstehungsgeschichte des überlieferten Werkes wird an späterer Stelle mitgeteilt. (Bd. IV, S. 75 ff.)

14 Anonymus d'Outre Tombe (Valentin Tomberg), Die großen Arcana des Tarot (Anm. 3), S. 120, 223, 225; ferner: Valentin Tomberg, Die Verkündung auf dem Sinai, in: Lazarus, komm heraus (Anm. 3), S. 191. – Ein guter Überblick über die frühmittelalterliche, an den dreimal drei Triaden orientierte Engellehre bei Heinrich Schipperges, Die Welt der Engel bei Hildegard von Bingen, Herder, Freiburg 1997, vor allem im Kapitel: Quellen zu Hildegards Engelbild, S. 43 ff.

15 Belege u.a. bei Ferdinand Holböck, Vereint mit den Engeln und Heiligen, Stein am Rhein 1984.

16 Dazu ergänzend: Der Anonymus d'Outre Tombe (Valentin Tomberg), Die Großen Arcana des Tarot (Anm. 3), S. 159.

17 Näheres dazu in den Ausführungen über den »blauen Engel« 1.8.95 (II. Band).

18 Vgl. Gen. 24,7. Vermutlich ist hier nicht der Führungsengel von Abrahams Knecht, sondern der von Abrahams Sohn Isaak gemeint, der dem Knecht den Weg wies, um Isaaks Frau zu suchen.

19 Vgl. dazu Martin Kriele, Die demokratische Weltrevolution, Warum sich die Freiheit durchsetzen wird, München 1987, 2. Aufl. 1989, Neuausgabe Berlin 1997 (Verlag Duncker Humblot).

20 Negativ z.B. Romano Guardini, Das Ende der Neuzeit, Würzburg 1950; positiv z.B. Hans Blumenberg, Die Legitimität der Neuzeit,

Frankfurt 1966; differenzierend z.B. Odo Marquard, Schwierigkeiten mit der Geschichtsphilosophie, Frankfurt 1973.

21 Siehe hierzu: Valentin Tomberg, Die vier Christusopfer und das Erscheinen Christi im Ätherischen (1939), 3. Auflage im Achamoth-Verlag, Herdwangen-Schönach 1994 mit einem Nachwort von Martin Kriele.

22 Der Anonymus d'Outre Tombe (Valentin Tomberg), Die Großen Arcana des Tarot (Anm. 3), 7. Brief: Der Wagen, insbes. S. 164 ff.

23 Heilig, heilig, heilig ist der Herr, Gott Zebaoth, Himmel und Erde sind voll deines Ruhmes, Hosanna in den Höhen! Gesegnet der da kommt im Namen des Herrn. Hosanna in den Höhen!

24 Vgl. o. 1.3.95.

25 Über die »Gabe der Tränen« vgl. ergänzend: Der Anonymus d'Outre Tombe (Valentin Tomberg), Die Großen Arcana des Tarot (s. Anm. 3), S. 422 – 425.

26 Näheres s. u. 4.9.96 Bd. III.

27 Mt. 27, 46.

28 Ps. 22, 2.

29 Joh. 19,30.

30 Valentin Tonberg hat zu seinen Lebzeiten Martin einmal erklärt, es sei Goethe u.a. darum gegangen, uns Wirklichkeiten zu vergegenwärtigen, die im Heidentum bekannt gewesen, aber durch die Kulturprägungen des Christentums verbannt, verdrängt, verleugnet worden seien.

31 Zum Begriff des Egregors: Der Anonymus d'Outre Tombe (Valentin Tomberg), Die Großen Arcana des Tarot (Anm. 3), S. 148 ff., 445 ff.

32 Siehe hierzu des Näheren Anonymus d'Outre Tombe (Valentin Tomberg) Die Großen Arcana des Tarot (Anm. 3), 16. Brief.

33 S. hierzu Valentin Tomberg, Die vier Christusopfer und das Erscheinen Christi im Ätherischen, 3. Aufl. 1994 im Verlag Achamoth, Herdwangen-Schönach mit einem Nachwort von Martin Kriele. Siehe Bd. II S. 147 ff., Bd. IV S. 211 ff.

34 Wie bedeutsam dieser Satz ist, wird deutlich, wenn man bedenkt, daß die Spaltung der Kirche in eine Ost- und eine Westkirche vor allem damit begründet wurde, daß die römische Kirche das Glaubensbekenntnis von Nizäa seit dem Ende des 7. Jahrhunderts ergänzt hat. Sie hat in dem Satz: »Wir glauben an den Heiligen Geist, ... der aus dem Vater hervorgeht« eingefügt: aus dem Vater »und dem Sohn« (filioque). Die Ostkirche wollte diesen Einschub nicht anerkennen. Er ist aber berechtigt.

35 Näheres zur Mutter bei Valentin Tomberg, Die Großen Arcana des Tarot, (Anm. 3) S. 599 ff.

36 Valentin Tomberg spricht von einem »Dogma des Herzens«, demzufolge Maria als »Königin der Engel« und »Mutter der Kirche« verehrt wird – »geehrter als die Cherubim, glorreicher als die Seraphim« in der

orthodoxen Liturgie, also höher als die erste himmlische Hierarchie. »Und nur die Heilige Trinität ist über ihnen.« Die Großen Arcana des Tarot (Anm. 3) S. 603.

37 Diesen Ausdruck verwandte u.a. Rudolf Steiner im Anschluß an H.P. Blavatzky.

38 Siehe Bd. II S. 246 ff., 332 ff.

39 Siehe hierzu Der Anonymus d'Outre Tombe (Valentin Tomberg), Die Großen Arcana des Tarot (Anm. 3), 4. Brief »Der Kaiser«, insbesondere die Ausführungen über »Tsimtsum«, das Sichzurückziehen Gottes. – Ausführlicher zum Inneren Kind s. Bd. II S. 79 ff.

40 Unter dem 28.4. hat Agar uns gesagt, es gebe keine bösen Naturgeister, es sei denn, sie seien von Menschen in böse Dienste genommen worden. Dies wird am 29.7. näher erläutert. Der König spricht hier offenbar von solchen. Deshalb besteht kein Widerspruch zu Agars Angaben.

41 Die Großen Arcana des Tarot (Anm. 3), S. 4 f. Siehe hierzu auch: Martin Kriele, Anthroposophie und Kirche, Freiburg 1996, insbes. die »Schlußbetrachtung« S. 287 ff.

42 Vgl. Paul Gerhardts Lied: Befiehl du deine Wege, 2. Strophe: »... Mit Sorgen und mit Grämen und mit selbsteigner Pein läßt Gott sich gar nichts nehmen, es muß erbeten sein«.

43 Die Großen Arcana des Tarot (Anm. 3), S. 459 ff.

44 Institut für Demoskopie Allensbach, Engel – Glaube und Erfahrung diesseits der Esoterik, ifo-Umfrage 6047. Diese Umfrage wurde von Frau Elisabeth Noelle-Neumann als Geburtstagsgeschenk für Martin Kriele durchgeführt und ist ihm gewidmet. Dafür sei ihr auch an dieser Stelle noch einmal herzlich gedankt.

45 Einen guten Überblick gibt Ferdinand Holböck, Vereint mit den Engeln und Heiligen – Heilige, die besondere Beziehungen zu den Engeln hatten. Stein am Rhein 1984.

46 Näheres hierzu in dem Buch des Verfassers dieses Nachworts: Martin Kriele, Anthroposophie und Kirche, Erfahrungen eines Grenzgängers, Freiburg 1996, insbesondere in dem Abschnitt: Die vier Komponenten der aufgeklärten Weltanschauung, S. 248 ff.

47 Eingehende Darlegungen zur Unterscheidung der Geister bei: Der Anonymus d'Outre Tombe (Valentin Tomberg), Die Großen Arcana des Tarot, herausgegeben von Martin Kriele und Robert Spaemann, Verlag Herder 1983, S. 452 ff.

48 S. vor allem: Der Anonymus d'Outre Tombe (Valentin Tomberg), Die Großen Arcana des Tarot, Meditationen, mit einer Einführung von Hans Urs von Balhasar, Verlag Herder, Basel 1983; Valentin Tomberg, Lazarus, komm heraus! mit einer Einführung von Robert Spaemann, Verlag Herder, Basel 1985.

49 Martin Kriele, Anthroposophie und Kirche, Erfahrungen eines Grenzgängers, Verlag Herder, Freiburg 1996.

ALEXA KRIELE

WIE IM HIMMEL SO AUF ERDEN

Die Botschaft der Engel

Band 2

Inhalt

Sonntag, 30. 7. 95

Der Andreas-Strahl

Anwesend ist wiederum ein Andreas-Engel (vgl. 12. 3. und 29. 7. 95 – Bd. I. S. 38 und 293): Heute wird der Jünger Andreas vom Herrn besucht. Wir nehmen das zum Anlaß, um über den Strahl des Jüngers Andreas zu sprechen. Es ist der Strahl des Schülers oder der Schulung. Zu diesem Strahl gehören alle, die sich bewußt auf den Weg begeben haben, ob sie nun als Schüler die ersten Schritte tun oder ob sie selbst schon als Lehrer unterrichten. Unbewußt sind ohnehin alle Menschen Schüler; es geht um die bewußt Suchenden und Lernenden. Wir Andreas-Engel sind »Engel des Weges«.

Auch die Meister, und zwar gerade die wirklichen Meister begeben sich häufig in diesen Strahl (oder sollten das tun); denn sie bleiben immer Schüler des Herrn und des Schöpfers. Da sich sowohl Meister als auch Schüler in diesen Strahl begeben, finden sie dort zueinander. Wenn euch einer sagt, daß er immer auf der Suche ist, aber den Meister noch nicht gefunden hat, ist er noch nicht im Strahl. Ein Schüler ohne Meister und ein Meister ohne Schüler sind weder Schüler noch Meister. Den wahren Meister erkennt man an den Nachfolgern, und den wahren Schüler daran, daß ihm ein Meister vorangeht. Auch wir Engel haben Meister bis hinauf zur Trinität über uns und bleiben immer Schüler.

Andreas war in seinem Erdenleben als Jünger des Herrn ein Meister unter den Schülern, d. h., ein Meister im Schülersein, und das ist wesentlich mehr, als was »Meister« sonst von sich behaupten können. Er hatte ein großes Talent, als Schüler im richtigen Zeitpunkt in der Nähe zu sein, die richtigen Fragen zu stellen und den Meister zu fordern, aber auch zu schweigen, wenn es angebracht war, und das Gelernte wohldosiert weiterzugeben. – Er fand stets das richtige Gleichgewicht von Zuhören und Weitergeben, von Lernen und Lehren.

Menschen, die bewußt in seinem Strahl arbeiten, erkennt man daran, daß sie es meisterhaft verstehen, Schüler zu sein. Auch wenn sie sich selbst in Lehrpositionen befinden, sind sie doch demütig bereit, weiterzulernen, auch noch von Grashalmen und Fliegen. Die wirklich großen Meister begeben sich im irdischen Leben freiwillig auf die menschliche Ebene des Schülers.

Ihr seht, daß mein Korallenrot mit einer Grünfärbung versetzt ist. Denn der Andreas-Strahl hat nebenbei auch eine Heilwirkung: er ist psychisch heilsam. Der Strahl des Andreas beschützt alle Schulungen und Prüfungen vor Übereifer und Nachlässigkeit, vor Hochmut und Verzagen, vor Übereilung und Bequemlichkeit, vor zuviel und zuwenig Erfolg.

Ihr könnt Andreas-Engel für euch erbitten oder auch zu anderen Menschen schicken und sie bitten, ihnen zur Seite zu stehen, z. B. zu einem Schüler, der auf seinem Weg Schwierigkeiten hat – etwa infolge von Übertreibung – oder der nicht weiterkommnmt, etwa weil er sich zu mächtig oder zu meisterlich wähnt und deshalb zu versagen droht. – Man kann sie auch Menschen in Lebensprüfungen schicken. Denn Lebenskrisen sind immer auch Prüfungen auf dem Schulungsweg.

Und umgekehrt: Prüfungen auf dem Schulungsweg zeigen sich häufig als Lebenskrisen. Meistens haben die Geschehnisse einen Sinn, auch wenn der Sinn oft schwer zu entdecken ist. Die Lebenskrise hat eine schulende Wirkung auf die Seele. Wenn man das weiß, fühlt man sich gleich wohler. Man sollte dann aber verständigerweise nicht fragen: Warum passiert mir das?, sondern: Was schult das in mir? Welche Tugend, welche Fähigkeit wird gefordert und gefördert? – Dann also bitte nicht fragen: Was will das Leben mir abgewöhnen, was will es zerschlagen oder ausradieren? Sondern man fragt positiv: Was will es in mir kräftigen – z. B. Mut, Vertrauen, Zähigkeit, Durchhaltevermögen? Die »Evolutionsfrage«: Was wird ausgemerzt? sollte man nicht ins Psychische übertragen, sondern fragen: Was wird an Stärken gefördert?

Es gibt Situationen, in denen man auf Erden geneigt ist, in erster Linie die Schuldfrage zu stellen: z. B. bei Unfällen oder gescheiterten Beziehungen. Diese Frage liegt aber für den Himmel außerhalb des Interesses. Es empfiehlt sich auch für Menschen, sich nicht bei ihr aufzuhalten, auch wenn sie sich nicht ganz ausblenden läßt. Denn mit dieser Frage bleibt man bei den Ursachen; es kommt aber darauf an, das Ziel zu sehen: Was wird dabei geschult?

Das Leben kann auch positiv empfundene Wendungen mit sich bringen, z. B. Erfolg, Auszeichnung, Macht, Geld, Triumph. Dann frage man sich ebenfalls: Was soll das schulen, z. B. Gelassenheit, Neidüberwindung, Bescheidenheit, Flexibilität? Für den Himmel sind »positive« wie »negative« Ereignisse und Situationen Schulungen und dienen beide dem Fortschritt und der Stärkung.

Wenn eine Situation sinnlos erscheint, so kann man den Andreas-Engel auch fragen, was der Sinn dieser Prüfung ist. Dieses Verfahren läßt sich auch bei Psychotherapien gut einsetzen. Denn der Sinn liegt oft außerhalb des Verständnisses sowohl des Kranken als auch des Therapeuten.

Die Engel antworten freilich nicht, wenn gerade die »Prüfung der Sinnlosigkeit« ansteht. Wer sich in »Sinnhaftigkeitszwang« begeben hat, muß lernen, daß es auch tatsächlich sinnlose Situationen gibt, die es durchzustehen gilt. Es ist leicht, zu vertrauen, wenn man in der Situation einen Sinn sieht. Es ist schwieriger, wenn man den Sinn nicht kennt, und noch schwieriger, wenn man weiß, daß das Geschehen sinnlos ist. Solche Situationen sind, bildlich gesprochen, wie kleine Löcher im Gewebe der Sinnhaftigkeit, oder, mit einem Bild aus der Astronomie: wie schwarze Löcher. Es gibt tatsächlich solche »Sinnlosigkeitslöcher«.[1] Auch dann empfiehlt es sich, zu fragen: was kann ich hierdurch an mir schulen?

Wesentlich für einen guten Schüler ist das Bewußtsein, ein Schüler zu sein, auch dann, wenn man ihn als Meister betrachtet. Es gilt ganz allgemein, den Begriff »Schüler« weit zu fassen. Der Schüler kann in gewissen Bereichen tatsächlich meisterhaft sein und guten Grund haben, sich etwas Meisterliches zuzutrauen. Er braucht das Lob nicht mit falscher Bescheidenheit abzuwehren, sollte das auch nicht tun. Man kann ein großer Meister und doch zugleich Schüler sein. Die großen Meister der Dichtung, Malerei oder Musik hörten nie auf, von anderen zu lernen.

Wesentlich ist ferner, mit Zeit, Ort und Geschwindigkeit seines Weges einverstanden zu sein. Man sollte z. B. weder die Meinung pflegen, es gehe zu langsam voran, noch, es werde zuviel gefordert. Wer Zweifel an Ort, Geschwindigkeit, Art und Weise der Prüfungen hat, sollte immer erst den mächtigen Andreas-Engel fragen, der jedem das richtige Maß zuteilt.

Bleibt euch bewußt: ihr selbst wolltet in dem Land, in der Gegend eurer Geburt geboren sein, zu der Zeit, in der betreffenden sozialen Schicht, in der politischen Situation usw. Es ist in aller Regel ein Fehler, aus den Verhältnissen fliehen zu wollen, um unter anderen Umständen ein guter Schüler zu werden, etwa in der Meinung: Wenn ich in Indien oder wenn ich bei den Indianern geboren wäre, oder wenn ich zu der Zeit gelebt hätte, als dieser oder jener Meister noch lehrte usw., dann wäre ich ein guter Schüler geworden, dann hätte ich einen Meister gefunden, dann könnte ich Seminare leiten usw. Oder: wenn mich mein Ehepartner nicht bremsen würde, dann wäre ich weiter. Sagt euch vielmehr: die Umstände werden schon Sinn haben! Die Schülerschaft beginnt damit, die Umstände als stimmig zu empfinden. Macht man sie dem Himmel zum Vorwurf, erhebt man also den Anspruch, aus ihnen fliehen zu müssen, damit man ein Schüler wird, dann hat der Wunsch, ein Schüler zu sein, in Wirklichkeit mit einem Fluchtversuch zu tun. Man benutzt dann den Vorwurf, die Umstände seien nicht stimmig, als Ausrede dafür, daß man sich nicht auf den Schulungsweg begibt. – Es ist natürlich etwas anderes, wenn man im Rahmen seines Schulungsweges zur Veränderung von Ort, Partner, Meister veranlaßt wird. Aber grundsätzlich gilt, daß sich Schüler, Lehrer und Meister zunächst einmal in ein stimmiges Verhältnis zu Ort, Zeit und Umständen zu setzen haben.

Es wäre wichtig, daß sich das Wissen über die Andreas-Engel möglichst weit verbreitet. Sie sind übergreifend für alle Schulen zuständig. Alle Lehren und Religionen, alle Schüler dieser Welt, alle Meister gehören in diesen Strahl. Es besteht nicht die Intention, alle Schulen in einer Schule zusammenzufassen. Es ist besser, daß es viele Wege und Schulen gibt, die den verschiedenen Seelenstrukturen entsprechen. Sie alle sollten aber wissen, daß sie nur eine von vielen Schulen sind. Es wird zu selten übergreifend gesprochen. Heute geschieht es allerdings häufiger als früher und wird immer häufiger geschehen. Denn mit der Zeit bleiben nur noch die Schulen übrig, die wissen, daß sie Teil einer großen Schulung sind.

Ein Mensch geht im Rahmen seiner Schulung durch viele Schulen. Das Leben ist ein Wandern von Schule zu Schule. Schulen sind Durchgangsstationen, wie auf Erden Grundschule, Hauptschule, Realschule usw. Das gilt auch für spirituelle Schulen. Viele Schulen irren sich, indem sie sich für den Hafen halten, zugleich aber Segeltörns mißtrauisch beäugen. Nein – die Schüler kommen und gehen. Wohl der Schule, aus der viele Schüler hinausziehen: dorthin werden viele Schüler kommen. Es ist wie bei irdischen Schulen, die zwar eine Aufnahmefeier gestalten, die größte Feier aber ist die Abschlußfeier, und diese ist keine traurige Stunde, sondern man feiert den Erfolg für Schule und Schüler.

Auch exoterische Schulen sind sinnvoll. Sie sind zwar langatmig und mühsam. Aber wer mag beurteilen, welche Geschwindigkeit der Schulung für die Seele angebracht ist! Übrigens sind ja auch die »esoterischen« Schulen auf ihre Art mühsam. Gleich welchen Weg man wählt, entscheidend ist: Wer den Weg gehen will, muß wissen, wohin er führen soll. Das Ziel ist immer: das Einswerden mit dem Schöpfer, die Heimkehr zu ihm. Alle Schulen sollten wissen, daß sie nur eine Durchgangsstation bilden und daß es nur ein Ziel gibt: die Hinwendung zur Trinität.

Wenig geeignet zum Fortschreiten auf dieses Ziel hin sind theologische und philosophische Zirkel, die die Bibel und das Leben Jesu zum Gegenstand wissenschaftlicher Forschung machen. Durch rein exoterische Studien – wie z. B. die historisch-kritische Forschung – verhindert man allzu leicht das Erleben in der Innenwelt. Es ist, wie wenn man äußere Kirchen baut, aber die Innere Kirche nicht betritt. Es hat immer schon exoterische Theologen gegeben, auch Priester, die viel von der äußeren Kirche verstanden, aber eigentlich nicht gläubig waren.

Es gibt auch Schulungswege über die Hierarchien zur Linken. Gewisse Kenntnisse und Informationen über diese braucht jeder Schüler. Denn sie gehören zur Schöpfung. Allerdings sollte man sie nur von ferne betrachten. Es gibt aber auch Seelen, die den Kontakt zu ihnen sehr viel enger gestalten. Wenn der Andreas-Engel, der einem solchen Menschen zur Seite gestellt ist, ihn den dortigen Lehrern in die Dunkelheit übergibt, so gehört das zum Grauenvollsten, das es für Engel gibt. – Anschaulich macht den Vorgang Goethe, der seinen Faust in die Hände des Mephistopheles gibt. Doch am Ende wird Fausts Seele gerettet.

Die Rückkehr zum Licht kann sehr lange dauern, aber wenn diese Seelen aus der Dunkelheit heimkehren ins Licht, dann sind sie im Bereich der höchsten Hierarchien, sehr in der Nähe des Herrn. Man begegnet ihnen mit großer Achtung. Sie sind dann erfahrener, sanfter, großzügiger als andere. Sie sind von einer unglaublichen Güte, Weisheit und Erfahrung und von einem unerschütterlichen Vertrauen erfüllt.

Dienstag, 1. 8. 95

Der blaue Engel

(Es erscheint ein Engel in einem blauen Gewand wie von Korn- oder Glockenblumen. Die Führungsengel erläutern:) Der blaue Engel ist der Engel der Treue und zugleich der Engel der Hoffnung. Treue und Hoffnung bilden die beiden wesentlichen Verbindungen des Menschen zur Vergangenheit und zur Zukunft. Der blaue Engel spreizt wie ein Adler die Flügel und bildet so eine Brücke zwischen Vergangenheit und Zukunft. Diesen Engel könnt ihr besonders dann um Hilfe bitten, wenn ihr in innerer Unruhe lebt, weil ihr Probleme mit einem Menschen habt. Ruft ihn herbei, etwa mit den Worten: »Heiliger Engel der Treue und der Hoffnung, bitte hilf!« und nennt den Namen des Menschen, um den es geht.

Der blaue Engel: Wenn ihr mir den Namen eines Menschen nennt, stelle ich eine Verbindung zu ihm her und korrigiere die Distanz, die ihr zu ihm habt. Entweder ist das Verhältnis zu ihm zu nah oder zu fern – beides kann die Verbindung stören. Es geht darum, die richtige Nähe oder Ferne zu schaffen.

Wenn ihr jemanden nicht mögt, denkt ihr vielleicht, ihr hättet ihn aus eurem Umfeld weggestoßen. Es kann aber sein, daß er euch ganz nah ist: Denn Haß erzeugt eine ähnliche emotionale Nähe wie Liebe. Negative Emotionen schaffen nicht minder starke Bindungen wie positive und halten die Verbindung aufrecht. Dann geht es darum, sich zu lösen. Das bedeutet in den allermeisten Fällen nicht Auflösung der Beziehung in allen Ebenen, sondern nur eine Distanzierung. Eine solche ist auch am Platz, wenn die Verbindung, die eigentlich bestehen soll, gestört ist. Ich bringe euch dann eine heilsame Distanz zu dem betreffenden Menschen, halte aber die Verbindung aufrecht, so daß sie nicht verlorengeht.

Nimm an, du hast Probleme mit einem Freund. Zu einem bestimmten Zeitpunkt hat es eine gravierende Verschlechterung eurer Beziehung gegeben, einen Riß, vielleicht sogar einen Bruch. Ich stehe bei dir und breite einen Flügel zu diesem Zeitpunkt aus, den anderen Flügel in die Zukunft. Nun werde ich versuchen, die Verbindung in dem Maße zu erhalten oder wiederherzustellen, wie es erträglich, heilsam, freundlich, angenehm und richtig ist. Also nicht so, wie du es dir wünschen magst, aber so, daß man an der Beziehung nicht krankt und leidet – d. h., die Beziehung ist weder zu eng noch zu weit.

Lege dich in solchen Fällen nicht für die Zukunft fest – »das wird nie wieder gut« –, sondern laß mich, den blauen Engel arbeiten. Je weiter der Fall zurückliegt, desto weiter blicke in die Zukunft. Ist der Fall akut, schwankst du noch hin und her zwischen Nähe und Ferne, so bitte mich darum, vor allem in den nächsten Tagen zu wirken. Liegt der Fall weiter zurück, z. B. 15 Monate, so blicke 15 Monate in die Zukunft. Ich werde dann versuchen, bis zu diesem Zeitpunkt die richtige Nähe oder Ferne wiederhergestellt zu haben. Ihr könnt das immer wieder tun, jedes Mal, wenn ihr euch verletzt oder beunruhigt fühlt.

Zu meinen Möglichkeiten gehört auch, euch vor karmischen Verstrickungen zu bewahren. Setzt mich an einem Punkt in der Vergangenheit und an einem Punkt in der Zukunft ein: Ich umspanne beide Punkte wie ein Vogel mit großen Flügeln und löse die Blockaden.

Ferner könnt ihr mich bitten, eure Energiefelder in Ordnung zu bringen. Ich werde dann z. B. aus eurem Bett eine gereinigte, geheiligte Stätte machen, indem ich meine Flügel vom Kopf- bis zum Fußende spanne, so daß ihr ruhig schlafen könnt. Ich kann auch Wege beschützen, indem ich meine Flügel von einem Ort zum anderen spanne. Meine Wirkung ist beruhigend, sie lindert Schmerzen. Sie schafft Weite, wo Druck herrscht, sie gibt Ruhe, wo Nervosität waltet, sie bringt Entspannung, wo ihr in Spannung lebt. Wart ihr längere Zeit unruhig und angespannt, so werdet ihr die Entspannung zuerst als leichte Ermüdung spüren.

Wenn du unter Erinnerungen an einen Menschen oder unter Sehnsüchten nach jemand leidest, bitte mich an deine Seite. Stell dir vor, ich umarme dich und den anderen mit den Flügeln, stelle die Verbindung her, ordne die Distanz. Dann spürst du, wie ich euch entweder aneinander drücke oder euch voneinander ziehe.

Dies ist eine gute Übung, wenn man nicht weiß: sind wir einander zu nah oder zu fern? Z. B. ein Mädchen hat Liebeskummer. Leidet sie, weil die Beziehung noch nicht so nah ist, wie sie werden soll, oder ist sie zu weit gegangen? Kommen die ersehnten Anrufe nicht, weil es noch Anfangsschwierigkeiten gibt oder weil diese Beziehung nicht sein soll? Vertraue dich mir, dem blauen Engel an und sieh zu, was ich tue.

Dieselbe Übung könnt ihr auch in vielen anderen Situationen machen, auch im Blick auf Schulen und Gruppen. Wenn ihr euch z. B. fragt: Soll ich eintreten oder austreten, mich nähern oder entfernen? – dann bittet den blauen Engel. Ich werde euch helfen, die richtige Nähe oder Distanz zu finden.

Samstag, 5. 8. 95

Die Exusiai

Ein blau-weißer Engel aus dem Friedensdom: Seid ihr einverstanden, wenn wir heute weiterschreiten zur II. Triade, also – anknüpfend an euer Gespräch über die Sonnenengel vor den Toren der Exusiai (s. 24. 3. 95, Band I S. 70) – zur Ebene der Exusiai und Elohim aufsteigen? – *Ja.* – Dann geht in eure Innere Kirche. Der Aufstieg erfolgt wieder, indem ihr von Stufe zu Stufe eure Dankbarkeit aussprecht (s. 19. 3. 95, Bd. I S. 63).

1. Beginnt die Reise mit der 10. Hierarchie, den Menschen, und dankt vor allem den Mitgliedern eures Kreises.
2. Dankt den Engeln und bedenkt besonders den Engel der Wehmut und den Engel Unserer Lieben Frau, ohne deren Anwesenheit der Zugang zur II. Triade nicht möglich wäre (s. Bd. I S. 200 und 258).
3. Dankt einem der Erzengel – jeder von euch einem nach seiner Wahl.
4. Dankt Zusmael, dem Boten der Archai.
5. Nun steigt zur Ebene der Exusiai auf. Einer der Elohim nimmt euch in Empfang. Dankt auch ihm.

Die heiligen Elohim sind zwar Individualitäten, aber es entspricht nicht ihrem Wesen, daß sie einzeln mit Namen genannt werden möchten. – Sie wirken durch ihre Schwingung, nicht durch ihr Aussehen. Dieses ist schlicht, es erinnert an Mönche. Ihre Macht aber ist enorm: sie könnten bewirken, daß jemand, den sie mit dem Zeigefinger anstubsen, in Stücke fällt. Sie wirken sehr gesammelt. Erinnert euch an die Anweisungen, die ihr bekommen habt, um an ihrem Lobpreis teilzunehmen, und an die Erfahrungen, die ihr dabei gemacht habt (3. 4. 95, Bd. I S. 79).

Wendet ihr euch nach rechts, so blickt ihr in die Gefilde der Sonnenengel, schreitet ihr durch die Reihen der Elohim hindurch, so bewegt ihr euch auf die Exusiai zu; sie bilden dann eine Gasse für euch. Die Exusiai befinden sich näher am lichten Horizont der Hochebene. Es ist, als schreitet ihr auf eine niedrig stehende Sonne zu, nicht rot wie die Abendsonne, sondern hellgolden strahlend, und zwar so intensiv, daß ihr erblinden würdet, wenn nicht ein Elohim voranschreiten würde. Er führt euch nicht nur den Weg, sondern er bildet auch eine Art Lichtschutz. Je näher ihr den Exusiai kommt, desto größer und strahlender wird die »Sonne« – es ist, als fülle sie den gesamten Gesichtskreis aus. Ihr verlaßt im Schutz des Elohim das »Hochplateau« und schreitet durch das All auf sie zu.

Die Exusiai stehen in einem Kreis zusammen, die entfernteren etwas höher, die vorderen etwas niedriger, wie ein Chor auf einer Bühne. Ihre Flügel und Arme wirken wie Sonnenstrahlen; sie sind zur Mitte hin gebündelt, so daß ein Bild entsteht wie das eines Rades mit Speichen, die in der Mitte zusammengeführt werden. Die Exusiai bilden eine Gesamtheit, eine Einheit; es ist schwierig, einen einzelnen von ihnen auszumachen. Wenn sich aber einzelne von ihnen aus dem Kreis herausbegeben, wirkt das wie Protuberanzen.[2] (Wir flüchten uns in den Schutz des uns voranschreitenden Elohim.)

Der heilige Elohim: Damit ihr den Exusiai »begegnen« könnt, geht in eurer inneren Haltung auf die Knie, den Oberkörper nach vorn geneigt. Eine Begegnung in aufrechter Haltung wäre wegen der Intensität der Schwingung nicht möglich. (Wir gehen von allein in die Knie, anders wäre die Intensität der Schwingung nicht auszuhalten. Der heilige Elohim spricht eine Begrüßungsformel, deren Wortlaut wir nicht verstehen.)

Einer der Exusiai spricht (seine Sprache wirkt wie ein Donnern):

Wer grüßt?
(Unser Begleiter antwortet für uns:)
Wir preisen den Herrn. –
So seid ihr willkommen. –
– Wir danken dem Herrn.

Die Exusiai sprechen:
Seht unsere Macht.
Wir wehren dem Bösen, wir stärken das Gute.
Wir binden, wir lösen.
Wir rächen die Gerechten.

Der Heilige Elohim erläutert: Die Hauptaufgabe der Exusiai besteht darin, die Schöpfung zu bewahren. Sie passen auf, daß die Hierarchien zur Linken, wenngleich sie ihren Platz haben, nie ein zu großes Übergewicht gewinnen. Wenn das doch geschieht, so korrigieren sie das. Die Ebene ihres Wirkens ist im allgemeinen nicht die von einzelnen Menschen (das nur in sehr seltenen Ausnahmefällen), sondern es sind Aspekte der gesamten Schöpfung, z. B. das Verhältnis der Planeten zueinander, das Verhältnis von Raum und Zeit, von Tag und Nacht, aber auch das Verhältnis von Mensch und Natur und die Abfolge der großen geschichtlichen Epochen. Bestimmte Völker haben über Jahrhunderte einen Aufschwung genommen, die Kultur angeführt, andere beherrscht, denkt z. B. an Ägypten oder Rom. Dann brach die Welle und andere wurden führend. Auch Afrika war einmal ein grüner Kontinent und hatte eine hohe Kultur, sah völlig anders aus als heute, ist dann müde geworden. Manche wissen auch von Aufstieg und Untergang von Lemurien und Atlantis. Solche und ähnliche geschichtliche Wellenbewegungen sind von den Exusiai beeinflußt.

Die Exusiai rücken auch das Ungleichgewicht zurecht, das Menschengruppen und ihre Theorien erlangen, und korrigieren, was andere Menschengruppen dadurch erleben und erleiden, und zwar nicht im Kleinen, sondern in großen geschichtlichen Zusammenhängen.

Die Hierarchien zur Linken können Theorien über die Maßen aufblähen und wirksam machen, d. h., einzelne, an sich vielleicht berechtigte Aspekte erfahren eine zu hohe Wertigkeit. Das stutzen die Exusiai dann zurecht, so wie man einen Baum beschneidet. Das geht mit allen Theorien so, in die Menschengruppen sich verrennen und die sie zum alleingültigen Prinzip erheben, handle es sich nun um Wissenschaft, Philosophie, politische Theorie, technische Errungenschaften oder was sonst. Das gilt auch dann, wenn z. B. das Schöne zum Sinn und Zweck des Seins erhoben wird, was öfters geschieht, wenn eine Kultur einen gewissen Sicherheitsgrad erreicht hat. Das Schöne gehört zwar zur Schöpfung, bildet aber nur einen Teilaspekt. Einen solchen zu verehren und absolut zu setzen, läßt den Blick für das Ganze verlorengehen.

Das einzig Wirkliche und Letztgültige ist die Trinität. Jede Theorie, die die Trinität verfehlt, kann zwar eine Zeitlang Geltung und Wirksamkeit erlangen, wird aber wieder abgelöst. In der Menschenwelt folgt eine trinitätslose Theorie der anderen, immer wieder werden die Ehrfurcht und die Verneigung, die der Trinität gebühren, auf anderes gelenkt, oder es werden Teilaspekte der Trinität absolut gesetzt. Immer wieder greifen darin die Exusiai ein und rücken das Übergewicht zurecht.

Das gilt auch für Religionen und Konfessionen. Denkt z. B. an den Protestantismus. Dieser hat wichtige Korrekturen vorgenommen und richtige Aspekte betont. Er hat viel bewirkt, was gut und richtig ist, und dies wurde vom Himmel unterstützt. Aber er verfehlte die Trinität. Deshalb bleibt er eine Zeiterscheinung.

Ähnlich ist es mit dem Islam: Dieser hat einen Aspekt des Vaters begriffen, aber nicht den Vater im Ganzen und schon gar nicht die ganze Trinität. Deshalb werden seine gewaltigen Herrschaftsansprüche von den Exusiai in ihre Schranken gewiesen werden.

Der Islam hat seinen berechtigten Kern darin, daß er eine gewisse Tendenz der Einseitigkeit in der katholischen Kirche herausfordert und korrigiert: die zu geringe Betonung des Vaters. Die meisten Christen meinen ja, das Wichtigste sei das Erscheinen des Sohnes auf der Erde. Gewiß: dieses ist ganz wesentlich, es bedeutet die Erlösung. Das Wichtigste aber ist und bleibt die Verehrung des Vaters. Auch Jesus lebte ganz im Gehorsam gegen den Vater. Er lehrte uns, was der Vater wünscht; er lehrte, zum Vater zu beten, und er lehrte die Heimkehr zum Vater. Er erschien als der »Sohn«. Es ging ihm vor allem darum, daß Gott als »Vater« bekannt werde, dessen Liebe die Menschen mit Liebe erwidern, nicht nur mit Gottesfurcht und Gehorsam, obwohl diese natürlich zu der dem Vater geschuldeten Verehrung hinzugehören. Der Jahwe des Alten Testaments war noch der zornig auf Ordnung bedachte Gott. Man war durch ihn erschüttert, mitunter geängstigt.

Zwar gehören zum Bild des Vaters auch heiliger Zorn und Ungeduld – diese Aspekte hat er auch. Im Alten Testament ist keineswegs nur von einem mit Gott verwechselten Volksengel der Israeliten die Rede, sondern durchaus vom Vater, z. B. in den Berichten von der Schöpfung, vom brennenden Dornbusch, von den 10 Geboten, die Moses aus dem *trinitarischen* Bereich übermittelt wurden. Aber als liebenden Vater – mild, gütig, langmütig, wohlmeinend – wurde er erst durch das Erscheinen des Sohnes sichtbar. Überhaupt geht es im Christentum darum, daß alle Teilaspekte der Trinität dem Menschen bekannt, vorstellbar und »liebbar« werden.

Das Wesentliche ist: Die Exusiai greifen ein, wenn sich eine Ersatzsonne vor die Trinität schiebt oder wenn Wolken die Sonne dauerhaft verdunkeln. Was die Sonne nicht stört oder nur in Maßen, kann bleiben. Wenn aber eine Theorie oder Philosophie oder Religion selbst zur Sonne zu werden beanspruchen, werden sie verschwinden. Die Exusiai bewirken das in der Weise, daß sie den Seelen zum Bewußtsein bringen, was sie im Grunde – auf der Ebene ihrer Sonnenengel – schon wissen. Die Seelen wissen ja viel mehr, als die Menschen vollbewußt wissen. Es tritt dann ein Aha-Erlebnis ein: Ich habe es schon immer gewußt, es war schon in mir, aber es war mir nicht klar. Die Exusiai versuchen – oft über viele Inkarnationen hinweg – dieses Erlebnis herbeizuführen.

Den Exusiai ist es möglich, sich direkt an den Herrn zu wenden, wenn der Herr informiert werden soll oder möchte. Das gilt für alle Engel der ersten und zweiten Triade. -

Die Exusiai:
Geht, wenn ihr noch zu gehen vermögt.

Der Elohim (für uns): Wir weichen nicht. –
Dann kniet, wenn ihr noch zu knien vermögt. –
Wir folgen euch. –
Wir segnen euch. –

Der Elohim: Die Exusiai entsprechen nur noch sehr entfernt euren landläufigen Vorstellungen von den »lieben guten Engeln«: das sind sie zwar auch, aber sie sind sehr mächtig und auch sehr zornig – im Sinne eines heiligen, göttlichen Zorns. Sie wirken nicht sanft, sondern umwerfend und gewaltig.

(Der Hohelehrer erläutert uns später: Es war eine kurzfristige Prüfung. Die Situation war für euch sehr brenzlig, viel mehr, als ihr gemerkt habt. Die Exusiai haben euch zunächst weggeschickt – verschwindet! Wegen des gewaltigen energetischen Verhältnisses fügten sie hinzu: verlaßt den Platz erhobenen Hauptes in Würde, wenn ihr nicht stolpert oder strauchelt. Damit wurde zugleich euer Begleiter geprüft, ob er sich wirklich für euch einsetzt. Das hat er getan, weil er die Gruppe für stimmig hielt. Hätte es euch an Respekt gemangelt oder wäre euer Interesse nicht aufrichtig oder sonst nicht in Ordnung gewesen, hättet ihr gehen müssen. Darauf muß man bei den Exusiai immer gefaßt sein. Ihr wurdet geprüft, ob ihr euch nicht erschrecken laßt und willens genug seid, zu bleiben. Da ihr aufgestanden wart, hieß es: Dann kniet wieder nieder. – Es war also viel mehr geschehen, als in den wenigen Worten zum Ausdruck kam.)

Der Elohim: Ihr dürft jetzt Fragen stellen, wenn ihr dies mit dem gebührenden Respekt tut und die Frage wichtig genug ist. An die Exusiai kann man Fragen richten, die z. B. das Kriegsgeschehen betreffen, sofern dieses über einzelne Völker hinausgeht, oder die andere Weltkatastrophen und Völkerschicksale betreffen. Ihr könnt sie fragen über das Verhältnis der Hierarchien zur Linken zu den Hierarchien zur Rechten: z. B. Wie steht der Kampf? Wer wird z. B. von den Erzengeln wo eingesetzt? – Michael steht in sehr engem Kontakt mit den Exusiai, er bewegt sich frei in ihren Reihen.

Was ist der Hintergrund des Krieges im ehemaligen Jugoslawien?

(Die Antwort sprechen die Exusiai nicht unmittelbar, sondern durch den Mund des Elohim wie in einer Simultanübersetzung.) In diesem Krieg scheint es eine gute und eine böse Seite zu geben. Aber das ist nur Schein. In Wirklichkeit ist er eine Inszenierung der Hierarchien zur Linken. Keine Seite steht wirklich für eine gute und gerechte Sache. Dieser Krieg ist ein gräßliches Schauspiel. Er hat eine Entsprechung in Himmelskämpfen der Linken mit den Linken.

Die Tatenlosigkeit der umstehenden Nationen wird oft als schlecht betrachtet. In Wirklichkeit ist sie die einzig richtige Verhaltensweise. Was die Hierarchien zur Linken wollen, ist, weiterreichende kriegerische Aktivitäten herauszukitzeln. Dies zu verweigern, sieht aus wie eine Bankrotterklärung. Eingriffe würden keineswegs den Brand löschen, könnten aber viele weitere Kriege nach sich ziehen.

(Der Hohelehrer fügt später ein: Ich möchte das noch ein wenig erläutern. Entscheidend ist folgendes: Wenn zwei Menschen einen Gerichtsprozeß führen, dann läßt sich mitunter eindeutig rekonstruieren, wer inwiefern im Recht oder im Unrecht ist, wenn auch nur mit viel Mühe, Geduld und Beweisaufnahmen. Aber Juristen wissen, wie viele Ungewißheiten meist bestehen bleiben und wie verschieden man den Sachverhalt beurteilen kann. Schon wenn in einer Schulklasse mit 10 Kindern Streit ausbricht, ist kaum zu ermitteln, was wirklich geschehen ist. Wenn aber ganze Völker in Konflikte geraten, hat man weder einen vollständigen Überblick über die Tatsachen, noch besitzt man eindeutige Urteilskriterien. Wer Partei ergreifen will, muß generalisieren: die einen sind die Angreifer, die anderen die Opfer, die einen gut, die anderen böse, die einen Freund, die anderen Feind. In Wirklichkeit sind alle Opfer ihrer Doppelgänger und der Hierarchien zur Linken – und alle sind Täter. Die Situation ist jedenfalls so komplex, daß die beste Presseagentur sie nicht überblicken kann. Die Hierarchien zur Linken erstreben aber klare Feindbildstrukturierungen, weil sie mit diesem Instrument den Konflikt immer weiter ausbreiten und einen Flächenbrand auslösen können.

Seid wachsam, wenn ihr in Konflikte eingreift. Schon bei Kindern macht ihr die Erfahrung: Ihr wollt den Schwächeren beistehen, z. B. dem Mädchen gegen den Jungen. Aber der körperlich Schwächere kann dem Stärkeren an Geschicklichkeit, Willenskraft, Geschwindigkeit, Schläue überlegen sein. Oder ihr wollt dem Unschuldigen gegen den Schuldigen beistehen, kennt aber gar nicht die Entstehungsgeschichte des Konflikts, bildet euch eine vorschnelle Version und werdet selbst ungerecht. – Das alles sagt nichts gegen die menschlichen Versuche, mit Hilfe des Rechts und der Gerichte Konflikte zu befrieden. Aber im konkreten Fall könnt ihr durch Arbeit in der Innenwelt meist viel mehr erreichen.)[3]

Ist die Genmanipulation zulässig oder absolut verwerflich?

Exusiai: Tut, was ihr wollt, ihr werdet nie die Schöpfer sein, bis ihr am Jüngsten Tag in IHM seid, wie ER in euch ist seit Anbeginn.

Der Elohim: Gentechnik ist an sich neutral und nicht als solche schon ein Werk der Hierarchien zur Linken. Sie ist ein weiterer Versuch von Menschen, mit der Natur umzugehen und sie zu nutzen, aber auch ein Versuch, die Grenzen des Machbaren auszuloten.

Die Gentechnik kann positive Aspekte haben, etwa wenn sie der Heilung oder der besseren Ernährung dient. Z. B. haben einige Pflanzen nichts dagegen, wenn man sie so manipuliert, daß sie mehr und bessere Früchte bringen. Bei solcher Motivation macht die Natur gern mit – sie empfindet es wie Gymnastikübungen. Man kann also Gentechnik in gewissen Bereichen so einsetzen, daß sie gut, heilbringend und hilfreich wirkt.

Die Gentechnik wird erst problematisch, wenn sie dazu dient, die Schöpfermacht des Menschen auszuloten und Neues zu schaffen, statt zu heilen und zu ernähren. Geht es den Menschen z. B. um Profit ohne Rücksicht auf Gesundheit und Wohlergehen oder gar unter bewußter Inkaufnahme gesundheitlicher Risiken, um Macht, Einfluß und Marktbeherrschung oder darum, Schöpfergelüste zu befriedigen, so ist das ganz und gar nicht zu verantworten. Diese Menschen sind nicht einfach das Opfer einer Verführung der Hierarchien zur Linken, sondern Seelen, die selbst die Verantwortung für den Mißbrauch ihres Könnens zu tragen haben.

Es ist nicht die Art der Exusiai, mitleidig und sanft zu sein und Gnade walten zu lassen. Was sie tun, ist das klare Betrachten der Zuständigkeiten und Verantwortlichkeiten: Wer wirkt durch die Hierarchien zur Linken, wer verstärkt ihr Tun, wer wirkt von sich aus? Sie werten nicht moralisch, sondern stellen klar: Was gehört in den Bereich welcher Hierarchie? Wer ist wofür verantwortlich?

Ist die Atomtechnik auch so differenziert zu sehen – jedenfalls sofern es sich um Energiegewinnung handelt?

Die Atomforschung als solche ist moralisch neutral. Bei der Atomtechnik sind Kernspaltung und Kernfusion verschieden zu beurteilen. Die Kernspaltung beruht durchweg – nicht nur in Gestalt der Atombombe – auf einem Gegenprinzip zum Herrn. Sie wirkt, als würde man den Herrn in 1000 Stücke zerfetzen. Hier ist der Einfluß der Hierarchien zur Linken eindeutig. Es gibt eine Intervention der Mutter gegen alles, was damit zu tun hat.

Atomspaltung ist wie eine fortgesetzte Kreuzigung. Wer das mitmacht oder mitträgt, ohne zu erschrecken und ohne den Herrn um Vergebung zu bitten, dessen Seele wird teilhaben an dem Schmerz, der dem Herrn zugefügt wird. In den derzeitigen Protesten gegen die Atombombenversuche artikuliert sich eine Sensibilität dafür, ein Ahnen der Seelen von den Qualen und Schmerzen des Herrn, aber auch für das Seelenleid, das die Menschen erwartet, die dafür mitverantwortlich sind. Ihr könnt den Herrn stellvertretend für die Betroffenen um Vergebung dafür bitten, daß ihm so viel Schmerz zugefügt wird.

Kernfusion ist etwas anderes. Sie ist zwar auch mißbrauchbar, aber als Mittel der Energiegewinnung neutral. Hier handelt es sich um eine Nachahmung der zusammenführenden Kräfte der Sonne aus Kenntnis der physikalischen und chemischen Bedingungen ihrer Wirkungsweise heraus.

Welche Methoden der künftigen Energiegewinnung sind am ehesten im Sinn des Himmels?

Alle Arten der Energiegewinnung außer der Kernspaltung, also Kernfusion, Kohle, Wasser, Wind, Erdgas, Erdöl, Erdwärme, Sonne sind in Ordnung. Doch die Sonnenenergie ist die am nächsten liegende Entsprechung zu dem, was die Sonne, die Licht und Wärme spendet, symbolisiert. Obwohl die Erde bereit ist, sich hinzugeben, wäre die Nutzung der Sonne für die Energieplanung besonders wünschenswert. Auch die Nachahmung der Sonne in der künstlichen Kernfusion ist möglich.

Wie seht ihr das Aussterben von Pflanzen- und Tierarten?

Die Arten gehen hier von der Erde weg; das heißt aber nicht, daß sie aussterben. Es handelt sich zumeist nicht um zu Tode gequälte Arten. Vielmehr haben ihre Hüter beschlossen, daß sie die Tiere nach Hause, in die Welt der Urbilder schicken, da dieser Planet für sie nicht mehr bewohnbar ist. Insofern geschieht ihr »Aussterben« durchaus friedvoll, sie feiern zuvor noch ein Abschiedsfest. Daß sie aber weggehen und woanders hingehen, sollte die Menschen betroffen und nachdenklich machen.

Gehen sie auf Nimmerwiedersehen?

Das gibt es nicht, so etwas gibt es überhaupt nicht. Theoretisch ist es denkbar, daß auch die Dinosaurier wiederkehren, daß überhaupt alle Arten wiederkehren und friedlich zusammenleben, daß es das Paradies auf Erden geben wird (vgl. hierzu 26. 7. 95, Bd. I S. 269 ff.).

Wenn ihr mit den Exusiai arbeiten wollt, ist folgende Anweisung wichtig: Stellt euch die Welt vor wie ein Paradies, wie einen Garten Eden, wo alle Tiere und Pflanzen friedlich zusammenleben. Diese Vorstellung sollte euch ganz durchdringen. Dann hebt ihr die rechte Hand und ruft aus:

»Ich rufe den Vater zum Zeugen an:
Wie im Himmel, so auf Erden –
Amen.«

Zwischen den beiden Hälften dieses Satzes: »Wie im Himmel / so auf Erden« wirken die Exusiai. Sie sorgen dafür, daß die himmlische Ordnung auf Erden eines Tages wirklich werden kann.

Wir hatten uns überlegt, unserem Buch evtl. diesen Titel zu geben: »Wie im Himmel, so auf Erden«.

Dieser Titel ist gestattet. Wenn ihr ihn wählt, werden mächtige Beschützer hinter dem Buch stehen. Schreibt diesen Titel aufs Buch und wißt, daß wir es sind, die ihn schreiben. Der Titel zeigt den theoretischen und den praktischen Aspekt an: Das Buch beschreibt, wie es im Himmel aussieht, und gibt Übungen an, mit denen die Menschen den Himmel auf die Erde holen können.

Einer der Exusiai spricht:

Seht den Herrn
und seht die Natur
und neigt euch vor beiden.
Doch der Vater,
der über allem ist,
sei euer Stern.

Freitag, 11. 8.95

Übungen mit Farben

Elion (vgl. 10. 5. 95, Bd. I S. 140): Heute erhaltet ihr eine Einführung in eine weitere Stufe der Heilarbeit: in die Arbeit mit Farbstrahlen. Wenn ihr dieses Wissen erhaltet, dann seid ihr verpflichtet, es anzuwenden. Seid ihr einverstanden? – *Ja.*

Elion: Erst machen wir einige vergnügliche Übungen zum Umgang mit Farben, bevor ihr erfahrt, was sie im einzelnen bedeuten. Bitte sagt, wenn etwas nicht gelingt.

1. Haltet die linke Handinnenfläche (mit dem Handchakra) nach oben geöffnet. Stellt euch vor: Eine Farbe eurer Wahl strömt von oben in die Hand, ihr sammelt sie wie Münzen oder Wasser in der Hand. z. B. rot, dann grün, dann blau, dann zweifarbig: z. B. grün/blau, dann dreifarbig: z. B. grün/blau/orange, dann spiralförmig gedreht, wie ein Korkenzieher sich bewegend.
2. Verändert in eurer Vorstellung den Farbstrahl, z. B. von tiefdunklem Blau bis zu hellem Blau, von einem breiten Strahl zu einem ganz schmalen Strahl.
3. Empfangt goldgelb und ergießt die Farbe über den ganzen Leib, so daß sie die Aura erfüllt, dann nehmt dazu orange, dann außerdem violett.
4. Dehnt diese Farb-Aura aus bis zu der des Nachbarn, dann auf den ganzen Raum, dann über euer Dorf, das ganze Land, den

Kontinent, den Erdball, das Sonnensystem und nach unten in die Erde. – Dann nehmt die Farbe schrittweise wieder zurück.

Zum Ausruhen der Hand legt die ersten drei Finger – Daumen bis Mittelfinger – zusammen.

5. Zieht eine Farbe (z. B. helles Grün) durch die linke Hand nach innen: über den Arm, die Schulter, die Hüften bis in die Zehen und in den Kopf, so daß ihr ganz angefüllt von der Farbe seid. – Martin, du solltest es täglich mit einem Blau üben, das aussieht wie dein Pfeifenrauch, nur daß es heilsamer ist.
6. Jetzt atmet die Farbe wieder aus. Anfangs hat sie graue Schleier oder Streifen. Übt so lange, bis sie ganz rein ist, fast so, wie ihr sie in die Hand aufgenommen habt.
7. Die linke Hand empfängt die Farbe, z. B. Weiß. Ihr zieht sie in euch hinein (wie bei Ziff. 5), der Strom zieht am Herzen vorbei, oder ihr erfüllt eure Aura damit (wie bei Ziff. 3). Jetzt habt ihr auch die rechte Hand nach oben offen. Die rechte Hand gibt die Farbe ab, so daß eine Fontäne entsteht – immer höher – so hoch wie die Herkunft des Strahls links.
8. Dreht die rechte Hand nach unten und gießt die Erde, die Tiere und Pflanzen, die Möbel, die Speisen. – Den ausströmenden Strahl könnt ihr enger und schärfer oder auch weiter und sanfter stellen (wie bei einer Gießkanne oder einem Wasserschlauch).

So könnt ihr auch die Aura eines anderen Menschen bestrahlen und auf diese Weise Informationen weitergeben, ohne sie auszusprechen, einfach durch Heben der Hand. Das könnt ihr z. B. bei Verhandlungen oder in Vorlesungen machen. Aber auch weiter entfernte Menschen könnt ihr so erreichen, wie über ein schnurloses Telefon. Die Himmelsrichtung muß nicht genau stimmen, der Strahl erreicht sie schon, und die Erde ist rund. Dies sollte zur Routine werden. – Der Brauch, beim Abschied zu winken, geht auf dieses Wissen zurück.

9. Hebt beide Hände und haltet die Handflächen nach vorn: links ist der Empfänger, rechts der Sender. Auf diese Weise kann man z. B. Hilferufe senden, den Empfang bestätigen, sich informieren, richtige Gespräche führen. Übt es zu zweit, zunächst mit einer Hand: der eine sendet eine Farbe, der andere soll sagen, welche Farbe er empfangen hat. Dann könnt ihr mit beiden Händen abwechselnd senden und empfangen.
10. Gruppenarbeit: Bildet einen Kreis, indem ihr euch an den Händen faßt. Einer gibt die Farbe vor; sobald er ganz von ihr erfüllt ist, läßt er sie weiterfließen an den nächsten. Auf diese Weise könnt ihr ganz real Heilkreise und Energiekreise bilden. Es läßt sich auch hübsch mit Kindern machen.
11. Wer krank, müde, niedergeschlagen ist, der setzt sich in die Mitte des Kreises; die Gruppe strömt eine Farbe in die Mitte, er nimmt darin ein Vollbad, ein Energiebad, und läßt die Farbe wie einen Springbrunnen nach oben sprudeln. – Er vergesse nicht die Danksagung für die Farbarbeit!
12. Arbeit in der Vertikalen erfordert die Einbeziehung auch der Fußchakren (in den Fußsohlen), der Schulterchakren (außen oben), der kleinen Chakren an der Innenseite der Ellenbogen sowie des Scheitelchakras. Versucht, diese Chakren bewußt zu spüren.

    Jetzt nehmt Licht und Farbe von oben über Scheitelchakra und Schulterchakren auf. Faltet dabei die Hände oder schließt die ersten drei Finger zusammen.
13. Laßt eine Farbe – z. B. rot – durch euch durch und über die Fußchakren in den Boden strömen. Sie breitet sich nicht aus wie ein roter See, sondern dringt tief in die Erde ein. Ihr habt ein Gefühl, als würdet ihr in die Länge gezogen. Behaltet nichts zurück, sondern strömt so viel aus, wie ihr aufgenommen habt. – Zur Beendigung verneigt euch und dankt.
14. Dreht den Fluß um: Die Farbe – z. B. grün – strömt über die Fußsohlenchakren in euch ein, und ihr bietet sie dem Himmel an, stellt sie ihm zur Verfügung.

15. Ihr haltet die Hände in Kinnhöhe als eine Schale auf und laßt die Farbe – z. B. violett – von oben nach unten durch die Füße strömen – bis zum Erdmittelpunkt. Die Füße bitte etwas auseinanderstellen. Der Fluß ist dreigeteilt: Vom Scheitelchakra zum Wurzelchakra sowie von den Handchakren und den Schulterchakren rechts und links über die Hüften und die Beine.
16. Kehrt den Fluß um und laßt die Farbe – z. B. weiß – von unten nach oben strömen.
17. Bezieht jetzt Bewegungen der Hände ein. Zunächst haltet die Hände wieder als Schale in Brusthöhe vor euch. Laßt einen weiß, blau und rot geschraubten Strahl breit und reichlich über Kopf, Schulter, Hände strömen. Dann senkt die Hände seitlich nach unten, wendet sie dann nach oben und erhebt sie weit auseinander in der Geste der Dankbarkeit. Verneigt euch zum Abschluß.
18. Haltet die linke Hand hoch, die Handfläche nach oben gewandt, und empfangt z. B. blau und zugleich Informationen, Ideen, Gedanken, Impulse, Kräfte, auch Heilkräfte. Ihr dankt und führt die Hand zum Herzchakra – zum eigenen oder zu dem eines anderen.
19. Haltet die linke Hand hoch und empfangt eine Farbe, die ihr mit der rechten Hand gezielt nach unten weiterstrahlen laßt. Mit dieser Übung übernehmt ihr auch Mitverantwortung für die Naturreiche.
20. Zur Verbindung der Naturreiche mit dem Himmel haltet ihr die linke Hand nach unten. Mit der Farbe empfangt ihr Informationen aus diesen Reichen, die ihr mit der rechten Hand dem Himmel weitergebt.
21. Meditation: Ihr legt die Hände über Kreuz auf die Schultern oder faltet sie und taucht ganz in goldgelbes Sonnenlicht ein. Verneigt euch wiederum zum Abschluß.

Die Farbübungen sind aus zwei Gründen unerläßlich für euer weiteres Fortschreiten durch die Hierarchien:

1. Sie verbessern Elastizität und Kraft des eigenen Energiefeldes. Es kommt nicht nur darauf an, wie leuchtend und breit, sondern auch wie elastisch und stark die Aura ist. Sie sollte Farben ändern und sich dehnen können. Die Bekanntschaft mit den höheren Hierarchien wird erst möglich, wenn die Aura elastisch und gestärkt ist. Man hält die Begegnung sonst nicht aus; die Energiefelder könnten Schaden erleiden.
2. Sie machen die Heilarbeit wirksamer. An dieser nimmt jeder Schüler teil, auch wenn er nicht im Heilstrahl arbeitet. Jeder Schüler ist ein Heilträger, ein Heilbringer.

Die Übungen wirken übrigens am Anfang eher ermüdend als erfrischend auf die Aura – wie ja auch körperliche Gymnastik, die dann aber doch wohltut. So wie man von Gymnastik einen »Muskelkater« bekommen kann, so durch die Übungen einen »Aurakater«. Er zeigt sich in Erschöpfung und Schmerzen.

Ist die Weitergabe der Farbarbeit erlaubt?

Ja. Gott segne euch!

Sonntag,. 13.8.95

Zu Mariä Himmelfahrt

Amael (über ihn s. 1. 3. 95, Bd. I S. 29 f.): Im Hohen Rat haben die Vorbereitungen für das Fest der »Ankunft Mariens« begonnen, das ihr auf Erden »Mariä Himmelfahrt« nennt (15. August). Es war ähnlich wie bei Jesus Christus: dieser hat ja seinen Platz im Himmel nie verlassen und war dennoch auf Erden. Ebenso hat Maria ihren Platz im Himmel nicht verlassen und war dennoch auf Erden. Das gilt auch für den Sophien-Aspekt der Maria, also auch für die in das Zentrum des Hohen Rates hinausversetzte Maria-Sophia. Am 15. August wird das Gedächtnis ihrer Rückkehr gefeiert. Die Vorbereitung zum Fest besteht darin, daß die Mitglieder des Hohen Rates ihr ihre Aufwartung machen. (Wir werden hereingebeten.)

Der Hohelehrer: Seid gegrüßt. Heute möchte ich nur einen kurzen, aber wichtigen Hinweis geben. So wie gesagt ist vom Sohn: »Keiner kommt zum Vater denn durch mich«, so gilt für Maria: »Keiner kommt zum Sohn denn durch mich«. Es ist tatsächlich so.[4] Die Arbeit für die Mutter und das Gedenken an sie sind wesentlich, um sich dem Sohn nähern zu können, und dies ist wesentlich, um sich dem Vater nähern zu können. Wer die Marienverehrung zurückweist, hat es sehr schwer mit der Annäherung an den Sohn. –

In den ersten 30 Tagen nach dem Fest der Ankunft Mariens sitzt Maria nicht an ihrem Platz, sondern schreitet den Himmel ab – von Galaxie zu Galaxie, von Sonne zu Sonne, und besucht all ihre Kinder. Nach 30 Tagen läßt sie sich nieder zur Seite des Sohnes.

Amael: Die Begegnung war nur kurz, aber wichtig. – Denkt in der nächsten Zeit bitte darüber nach, welche Farbe die Sonne hat. Ihr solltet keine vorschnellen Antworten akzeptieren.

Wäre »goldgelb« eine vorschnelle Antwort?

Ja. Ihr solltet die Sonne immer wieder anschauen – natürlich die innere Sonne –, am besten von einem solchen Platz aus wie hier vor dem Hohen Rat, und festzustellen versuchen, welche Farbe sie wirklich hat. Beschäftigt euch eingehend mit dieser Frage. Wenn ihr die Antwort gefunden habt, dann kommt nach hierher zurück.

Mittwoch, 16.8.95

Farbdusche

Elion: Ich habe eine Bitte der Friedensengel auszurichten, nämlich daß ihr euch eine kontinuierliche Gruppenarbeit mit Farben für einen größeren Kreis zur Gewohnheit macht. Diese Arbeit wäre ein Dienst für andere Menschen. Sie wirkt sich auch segensreich auf die Teilnehmer aus. Wollt ihr? – *Ja.*

(Anm.: Wir haben daraufhin einen offenen Arbeitskreis eingerichtet, der sich an jedem ersten Freitag des Monats in unserer Wohnung trifft, beginnend mit dem 1. 9. 95.)

Elion: Im Friedensdom gibt es eine Art Erholungsraum, wo von der Decke Farbstrahlen wie aus Duschen strömen. Der Weg dorthin ist derselbe wie zum Heilkreis: ihr laßt euch an der Tür der Inneren Kapelle abholen. Am Eingang findet ihr zunächst eine Reinigungsdusche: Dort wird man gesäubert von Fremdeinflüssen, Verschmutzungen, Ablagerungen, Verkrustungen, Verhärtungen. Dann stellt man sich unter die Farbstrahldusche und wechselt von Farbe zu Farbe. Am Ende ist man ganz und gar aufgefrischt. – Dies kann jeder für sich machen, ihr könnt es aber auch in der Gruppe tun. Man nimmt die Farben der Reihe nach über die Chakren auf.

In welcher Reihenfolge?

Das ist an kein Schema gebunden. Die verschiedenen Chakren nehmen sich, was sie brauchen, und ihr orientiert euch an dem, was ihr wahrnehmt. Wenn ihr aber einem Schema folgen wollt, so empfiehlt sich folgendes:
Von oben strömt weißes Licht, dann violett, dann durch alle Spektralfarben – also blau, grün/rosa, gelb, orange bis rot. Dann dasselbe umgekehrt von rot bis weiß. Oder ihr beginnt im Herzchakra mit grün, dann geht ihr abwechselnd nach unten und nach oben bis rot und weiß.

Schließt immer mit weiß. Genauer gesagt: es ist ein weißgoldenes Licht, d. h. ein Weiß, durchsetzt mit Goldflocken wie Sternchen oder Schnürchen.

Wenn wir jemand mit Farben behandeln oder ihm Friedensengel oder sonstige Engel schicken wollen, der das nicht weiß und der es, wüßte er es, auch nicht wollte, oder wenn wir so jemanden in den Heilkreis aufnehmen – ist das gerechtfertigt oder eine Nichtbeachtung seiner Freiheit?

Es gibt in diesem Sinne keine »Belästigung«. Der Engel, den ihr schickt, oder die Hilfe, die ihr ihm sonst zuwendet, unterstützt zuerst die Engel des Betreffenden, nicht ihn unmittelbar selbst. Dessen Schutz- und Führungsengel können die Hilfe als eine Hilfe für sich annehmen oder sie zurückweisen; sie befolgen dabei Weisungen, die der Sonnenengel ihres Menschen ihnen gibt. Wenn aber der andere Mensch eine ihm zugewandte Hilfe nicht annehmen will, so weisen auch seine Engel sie zurück. Dann ziehen sich die ihm zugesandten Engel zurück, die Heil- oder Farbbehandlungen, die zurückgewiesen werden, bleiben wirkungslos. – Es kommt häufig vor, daß man helfen will, aber zurückgewiesen wird. Es gibt Gruppen von Engeln und von Heiligen, die in solchen Fällen Fürbitte leisten für den, der die Hilfe verschmäht hat. Sie versuchen bei höheren Instanzen, die Selbstverletzung, den Tort, den er sich selbst antut, wiedergutzumachen, indem sie ihm Licht zusenden, so daß sein Schmerz nicht so groß wird und sich seine Härten erweichen. Je mehr sich die Seelen dem Licht verschließen, desto mehr kümmert man sich um sie.

Menschen, die sich dem Licht verschließen, zeigen oft die Neigung, einen Ausgleich in der Außenwelt für das zu suchen, was ihnen in der Innenwelt fehlt. Wenn z. B. ihre Aura matt, grau, ausgelaugt und ohne ordentliche Struktur ist, dann suchen sie sich einen Ausgleich dafür, indem sie sich in grelle bunte Farben kleiden. Wenn ihnen das Licht der inneren Sonne fehlt, suchen sie einen Ausgleich, indem sie sich in die pralle Sonne legen. Den Mangel an geistiger Nahrung suchen sie durch übermäßiges Essen auszugleichen, den Mangel an geistiger Erholung durch viel Schlaf und Ferien, den Mangel an Nähe der göttlichen Welt durch Herumfahren mit dem Auto und große Reisen. So versuchen sie in der Außenwelt zu erlangen, was ihnen in der Innenwelt fehlt.

Man hilft ihnen, indem man ihr Energiefeld vom Heilkreis aus behandelt. – Wer eine klare, reine, strahlende Aura hat, kann sich grau anziehen oder mit einer braunen Kutte bekleiden – er wird strahlen. Die Farben der Kleider sind eine Nachricht an andere, aber auch an sich selbst.

Was ist von der Aurafotografie zu halten?

Das sind Krücken, die man nicht brauchen sollte. Die Bilder sind statisch, in Wirklichkeit ist die Aura in ständigem Fluß. Es ist, wie wenn ihr auf das Foto eines Menschen deutet und behauptet: Das ist der Mensch. Aber versucht mal, ein Foto zum Abendessen einzuladen.

Jetzt macht noch eine Übung zum Abschluß: Laßt über die Scheitel- und Schulterchakren und die Hände weiß-goldenes Licht über euch strömen und sich ausdehnen.

Freitag, 18. 8. 95

Weitere Farbübungen

Elion (erfreut): Hereinspaziert. Wir fahren mit den Farbübungen fort, wenn ihr das wollt. Bedenkt aber: Das Wissen bringt die Verpflichtung mit sich, es in die Tat umzusetzen.

1. Versucht die Chakren im Scheitel, in den Schultern und den nach oben geöffneten Händen zu spüren – kribbelnd, vibrierend, kitzelnd. Geübte spüren auch die anderen Chakren.
2. Ein goldener Strahl trifft von oben ins Scheitelchakra, etwa $1^1/_2$ cm Durchmesser, geht direkt in die Wirbelsäule zum Wurzelchakra, von der Wirbelsäule verteilt sich das Licht in den Körper, den Raum, die Erde.
3. Legt drum herum eine Farbe – anfangs violett, dann grün, dann orange – so breit, daß der Strahl den ganzen Körper einhüllt. Auch über die Schulterchakren wird er aufgenommen. Der Strahl erfüllt alle Chakren. Er ist jetzt gewissermaßen die Wirbelsäule, die lauter Fenster hat, von denen aus er alle Innenräume mit seinem Glanz erfüllt.
4. Begebt euch in einen der Innenräume, z. B. in die Innere Kirche. Goldenes Licht fällt durch die Fenster ein und umhüllt euch.
5. Verfolgt den goldenen Strahl nach oben, er führt direkt zum Sonnenengel. Entweder ihr wachst, bis ihr anstoßt, oder ihr blickt mit dem inneren Auge nach oben. – Der Sonnenen-

gel ist nicht der Ursprung des Strahls: dieser kommt von ganz oben; er geht also durch den Sonnenengel hindurch und wird durch ihn vermittelt. Der Strahl ist die direkte Verbindung mit ihm. – Der Sinn der Übung: ihr bekommt immer mehr ein Gefühl von dieser ständigen Verbindung zu ihm, ihr hängt ja an ihm wie an einem goldenen Faden oder an einer Nabelschnur.

Der Strahl hat eine dreifache Funktion:

a) Er gibt euch die Möglichkeit zum Gespräch mit dem Sonnenengel,
b) er bewirkt, daß der Mensch aufrecht geht und hält euch aufrecht,
c) er bildet die vertikale Achse (wie auf dem Karussell die vertikale Stange, die die Pferdchen hält, die sich drum herum drehen und schaukeln), so daß ihr gestützt und zentriert werdet.

Ihr wißt ja, auf welcher Höhe sich der Sonnenengel befindet (Anm.: auf der Ebene der Exusiai, s. Bd. I S. 70).

6. Dankt dem Sonnenengel für seine Anwesenheit, für seine Güte, Geduld und Weisheit. Auch durch Dankesworte wird der Strahl leuchtend gemacht. Werdet euch des goldenen Strahls bewußt, dreht ihn um und sendet ihn zurück. Laßt es nie an Dank fehlen! Dank ist die einzig adäquate Form, sich dem Sonnenengel zu nähern.

Anfangs ist Bewegungslosigkeit ratsam. Später könnt ihr die Übung bei jeder Tätigkeit anwenden. Das muß aber geübt sein wie das Balancieren eines Tabletts.

7. Sendet den Strahl vom Wurzelchakra aus über die Vorderseite des Körpers zurück. Konzentriert euch dabei ganz und gar auf den Dank – ohne Ablenkung im Gefühl und in den Gedanken. Haltet die Hände zunächst wie eine Schale im Schoß, dann faltet sie. So entsteht ein Ring: gefaltete Hände – Arme – Schultern. Der Ring verstärkt den Schwung nach oben.
8. Jetzt beginnen wir mit Fingerübungen: Der Strahl geht von

oben z. T. durch die Wirbelsäule, z. T. in die Hände. Von dort schickt ihr ihn weiter, aber nicht über die Handflächen, sondern durch die Finger. Ein übers Handchakra ausgesandter Strahl ist sanfter, ungerichteter. Über die Finger ist er gebündelt wie ein Laserstrahl. Jedem Finger ist eine Farbe zugeordnet.

Der Mittelfinger trägt die Farbe violett;
der Zeigefinger trägt die Farbe blau;
der Ringfinger trägt die Farbe goldgelb;
der Daumen trägt die Farbe grün;
der kleine Finger trägt die Farbe orange.
Die Finger tragen also weder rot noch weiß. Über die Handchakren könnt ihr auch weißes und rotes Licht senden, über die Finger nicht.

Warnung: Ein falsch eingesetzter Fingerstrahl würde sehr viel Schaden stiften. Seine Strahlkraft ist sehr gebündelt. Man kann mit ihm schneiden, operieren, zusammenschweißen, auslöschen und wiederbeleben. Die Farben sind sehr mächtig. Jeder Mißbrauch ist sehr gefährlich, auch für den Mißbrauchenden selbst.

Wenn ihr diese Tätigkeit ausüben wollt, versucht zunächst, die direkte Verbindung zum Sonnenengel über den goldenen Strahl herzustellen. Ich warne euch vor der Vorstellung, der Strahl käme direkt aus euch, etwa aus dem Herzchakra. Das wäre sehr gefährlich. Deshalb solltet ihr über diese Praktiken auch nur mit Vorsicht sprechen. Ihr seid nur ein Durchgangsraum, ein Werkzeug, ein Hilfsmittel.

Übung: Schaut eine Hand vor euch an, mit offenen oder geschlossenen Augen, und versucht, an jeder Fingerkuppe die Farbe zu sehen und das Kribbeln zu empfinden.

9. Der Finger sprüht, ihr könnt auf dem Fußboden oder einer Fläche malen, z. B. blaue Wolken. Macht das spielerisch, amüsiert, mit guter Laune und Vergnügen.
10. Partnerübung: Malt mit euren »Fingerfarben« Figuren auf

ein weißes Blatt, anfangs einfarbig. Der andere soll hinschauen (es empfiehlt sich mit geschlossenen Augen) und Formen und Farbe erkennen. Oder – Variante – er soll mit dem Handchakra das Papier abfahren und Farbe, Symbol, Bild aufnehmen. – So können alle Blinden einwandfrei lesen lernen. Am Ende kann man ganze Bücher durch Handauflegen »lesen« – wie Tomberg es konnte.

11. Der eine legt seine Hand auf die des anderen und kann so erfahren, wo der andere welche Krankheit hat. So kann man auch bei Stummen, bei Kleinkindern, bei Tieren durch Handauflegen diagnostizieren. Später (nach vielen Jahren der Übung) genügt ein Händedruck – und ihr werdet wissen. Das ist tatsächlich machbar, ihr könnt es erreichen. Es braucht:
    a) die Möglichkeit, es sich vorstellen zu können,
    b) Vertrauen in meine Worte,
    c) kontinuierliches Arbeiten und
    d) Verantwortungsbewußtsein.

    Ratsam ist, anfangs die linke Hand zu verwenden, ihre Aufnahmekapazität ist besser als die der rechten.

12. Es gibt eine Kombination von Farbe und Laut:
    Dem A ist violett zugeordnet (Mittelfinger),
    dem O blau (Zeigefinger),
    dem E goldgelb (Ringfinger),
    dem U grün (Daumen),
    dem I orange (kleiner Finger).

    Ihr könnt die Farbübungen also mit Vokalen begleiten und auf die Vokale Melodien singen.

    Weiß und rot gehört dem Amen, ihnen entspricht kein einzelner Vokal oder Konsonant.

13. Mit der Zeit könnt ihr Konsonanten hinzufügen, sanfter oder gebündelter, tiefer oder höher. Das Singen des Vokals bestimmt die Farbe, der Konsonant bestimmt Richtung, Stärke und Energie, und auch, wie scharf und gebündelt der Strahl ist.

Übung: Kombiniert den Vokal mit verschiedenen Konsonanten und beobachtet, wie der Strahl sich verändert.

14. Wenn ihr später mit den Fingern bunte Bilder zeichnet, ein- oder mehrfarbig, nehmt zwei oder drei Klänge und verbindet z. B. A mit U oder mit E.

    Am Ende könntet ihr z. B. Blutungen stillen, klaffende Wunden notversorgen, gebrochene Körperteile »leimen«. Aber auch auf psychischer Ebene könntet ihr z. B. menschliche Verbindungen heilen, psychische Strukturen zusammenfassen und ähnliches. Dazu müßt ihr aber erst viel üben.

    Niemals aber könnt ihr eine lebendige Seele erschaffen oder zerstören. Das Wort »Lazarus, komm heraus« werdet ihr nicht sprechen können. Totenerweckungen geschehen über den roten und weißen Strahl, die zusammen das Geheimnis des Lebens bilden: rot ist das Mysterium der Materie, weiß das Mysterium des Geistes. Zusammen schaffen sie Leben, nicht irdisches Leben, sondern Leben im Sinne der Existenz einer Seele, im Sinne des heiligen, ewigen Lebens. Michelangelo hat etwas davon gewußt, als er »die Erschaffung des Adam« malte; ein wirklicher Künstler schafft Urbilder nach und ist durchlässig für Eingebungen von oben.

    Dies ist ein gutes Thema für eure Kontemplation: rot und weiß und ihr gemeinsames Sein. Dies ist ein unendliches Geheimnis. Stellt euch vor: die weiße Sonne morgens, die rote Sonne abends. –

    Es ist modisch, in violett die heiligste Farbe zu sehen. Sie ist in der Tat die mystischste Farbe. Aber das heilige Geheimnis der Schöpfung bewahrt sich auf in rot und weiß.

Bis zum nächstenmal! Und gebt die Partnerübung, auch wenn sie nicht gleich gelingt, nicht auf!

Mittwoch, 23. 8. 95

Shamballah

Marvik (s. 13. 5. 95, Bd. 1 S. 145): Wenn ihr wollt, können wir heute wieder eine gemeinsame Reise unternehmen. Ihr dürft euch ein Ziel wünschen.

Wie wäre es mit Shamballah?[5]

Das wollte ich auch gerade vorschlagen. Also auf nach Shamballah! Begebt euch in eure Innere Kirche. Wir reisen auf dem goldgelb-orangen Strahl. Ihr seht, wie lebendig und sprühend er ist. (Wir nähern uns Shamballah von ferne. Was wir wahrnehmen, ist eine Mischung von Klängen, die man hört, aber nichts, was man sieht: Es ist zunächst nur ein Klangbild im Raum. Erst allmählich zeichnen sich »sichtbare« Umrisse ab.)

Alle Bewohner von Shamballah tragen ein Gewand aus weißem Licht. Sie sehen nicht aus wie Engel, sondern wie Menschen, nur strahlend, sehr herzlich, sehr warm.

Shamballah hat verschiedene Tore. Torhüter werden euch aufhalten und fragen: Was wollt ihr? Wenn ihr bei der Antwort einen Fehler macht – z. B. sagt: »Shamballah sehen« –, dann bleibt das Tor geschlossen. Erforderlich ist eine persönliche Beziehung zu mindestens einem Meister von Shamballah. Dann wird dieser gefragt, ob er euch empfangen will. Sagt er ja, liegt der Besuch unter seiner Verantwortung. Er wird euch führen – je nachdem welcher zu verschiedenen Plätzen.

Wir wissen von einigen Meistern, die zu Shamballah gehören. Kann jeder einen anderen nennen?

Nein, denn jeder Meister würde euch etwas anderes zeigen wollen, das würde zu lange dauern. Shamballah ist wie ein Berg von 4 – 7000 m Höhe, auf dem die Luft sehr dünn ist. Die Energien werden so in Anspruch genommen, daß ein längerer Aufenthalt nicht möglich ist.

Was ist dein Rat: Wen sollten wir bitten?

Am besten wäre Aivanhov[6], er ist ein aufgeschlossener und humorvoller Freund. (Wir bitten Aivanhov und werden eingelassen. Marvik bleibt am Tor zurück und wartet. Aivanhov empfängt uns mit ausgebreiteten Armen:) Herzlich willkommen, Kinder, da seid ihr ja! Ich habe schon auf euch gewartet. »Kinder« meine ich nicht despektierlich. Wir sprechen auch von den »Kindern Shamballahs«, obwohl sie Meister sind. Wir meinen es respektvoll, wie man ja auch respektvoll vom Jesuskind redet.

Kommt, Kinder, wir fangen in den Gärten an. Ihr seht: Je näher wir uns noch am Tor befinden, desto naturbelassener ist der Garten: dichter Wald, dschungelähnlich, sattes, saftiges Grün, bunte Vögel. Je mehr wir uns dem Gebäude nähern, desto mehr wirkt der Garten angelegt. Die Pflanzen sind aber nicht an Stöcke gebunden, sie wachsen so, wie man sie bittet. Denn man kann mit den Pflanzen reden wie im Paradies. (Zu einer Rose gewandt:) Grüß dich, meine Liebe. (Sie nickt mit dem Köpfchen.) Die Tiere sind alle zahm – es ist ein Paradiesgarten, ein Garten der Urbilder der Natur.

Die Gärten dienen nicht nur der Erholung, sondern der Übung und Kontemplation, dem steten Lernen: es sind Schulungsgärten, die uns an die Erde erinnern. Ihr seht Flüsse und Teiche: sie dienen dazu, eine besondere Art der Meditation – das Spiegeln – zu lernen und zu üben. Auch die weiten Rasenflächen dienen zu Übungen.

Was bedeutet das »Spiegeln-Lernen« in den Seen?

Es gibt Stufen der Fähigkeit des Spiegelns, die man schrittweise erlernen kann. Ich zeige euch hier an diesem See einige Übungen:

1. Übung: man schreitet entlang am Ufer des Sees, der ganz ruhig liegt, kniet nieder, spiegelt das eigene Antlitz und meditiert »ich und du«. So übt man eine Fähigkeit, die man auf der irdischen Ebene dringend braucht, um die Spiegelung des eigenen Ich im anderen zu erkennen: Wie weit ist das, was dir am anderen anziehend oder abstoßend erscheint, eine Spiegelung deiner selbst? Dies zu durchschauen ist nicht nur wichtig für die Selbsterkenntnis, sondern auch für die ungetrübte Wahrnehmung des anderen.
2. Übung: Man macht dieselbe Übung mit bewegtem Wasser: so übt man den Umgang mit dem anderen im Fall von Konflikten und Kommunikationsstörungen.
3. Übung: Man spiegelt sein Antlitz in der Zeit: Man sieht das Gesicht eines Säuglings und dann das des alten Mannes oder der alten Frau. Oder man spiegelt den Wechsel der Geschlechter: der Mann sieht sich als Frau und umgekehrt. Auf irdischer Ebene ist ja der Mensch mit Zukunft und Vergangenheit und mit seiner Geschlechtsrolle umgeben; man lernt, in diese Gegebenheiten einzutauchen oder von ihnen abzusehen. Indem man es an sich selber lernt, lernt man auch, im anderen Menschen den Kern seines Wesens zu erfassen und die ihn umhüllenden Gegebenheiten als solche zu durchschauen.
4. Übung: Im Wasser spiegeln sich in rascher Folge verschiedene Gesichter aller möglichen Zeitepochen und Rassen. Man sieht sich in historisch ganz verschiedenen Kleidungen und Frisuren. So lernt man, die entsprechenden Lebensentwürfe auch anderer Menschen in ihrer jeweiligen Zeit zu

überblicken – in Vergangenheit und Gegenwart, vielleicht sogar in der Zukunft.

Laßt euch durch eine altertümliche Kleidung oder Frisur nicht irritieren: es kann sich um Zukunftsbilder handeln, denn es kann sein, daß diese Art der Kleidung oder Frisur einmal wiederkommt. Achtet, wenn ihr die Bilder betrachtet, zugleich auf euer eigenes Körperempfinden: ist die linke oder die rechte Seite etwas größer, stärker, bewußter, etwas mehr nach vorn geneigt? Frauen achten vor allem auf ihren Busen, Männer auf den Oberarm. Ist die linke Seite betont, handelt es sich um Bilder aus der Vergangenheit, ist es die rechte Seite, um Bilder der Zukunft. – Die wechselnden Bilder können ein Erdenleben in seiner Abfolge zeigen, es kann sich aber auch um »Schnappschüsse« aus verschiedenen Inkarnationen handeln. Mit der Zeit gewinnt man Sicherheit, das alles richtig unterscheiden zu können. – Jetzt gehen wir hinüber zu diesem zweiten See.

5. Übung: Im Wasser spiegelt sich nicht nur dein Gesicht, sondern es spiegeln sich darin auch die Gesichter derer, die um dich sind und zu dir gehören: die Menschen, aber auch die anderen Wesen, die Engel, die verschiedenen Bewohner deiner Innenräume, aber auch dein Doppelgänger. Wenn du auf diese Weise die Fähigkeit erworben hast, die Wesen zu erkennen, die dich im irdischen Bereich umgeben, so kannst du sie auch in bezug auf andere Menschen erwerben.
6. Jetzt gehen wir zum dritten See: Man versucht sich zu spiegeln und sieht nichts. Was das bedeutet, versucht selbst herauszufinden. –

Wie ihr seht, führen zu dem erhöht liegenden Gebäude aus dem Garten viele strahlendweiße Freitreppen, von denen jede einer Tierart gewidmet ist; z. B. den Papageien, Affen, Löwen, Schlangen, Bären, Hirschen, Krebsen (und anderem Wasserkriechzeug), Delphinen, Libellen, Fröschen usw. – die Aufzählung ist nicht am

Ende. Der irdische Brauch, Löwen, Hunde oder andere Tiere aus Stein am Treppenaufgang aufzustellen, ist einer Imagination aus Shamballah entsprungen. Jedes Tier repräsentiert eine Tugend oder Untugend – entweder ein Ideal, wie Klarheit oder Größe, oder z. B. Angst, Gram, Aggression, Abscheu, Trägheit oder Übermut. Wer die Treppe hinaufsteigt, wird damit in einer Weise konfrontiert, die ihn zur Selbsterkenntnis führt: Wie weit habe ich an dieser Tugend oder Untugend teil? Das Kind von Shamballah findet keinen Zugang aus dem Garten in das Gebäude, ohne daß es zu einer Selbsterkenntnis kommt. Anders ist der Zugang nicht möglich. Man kann mehrmals dieselbe oder immer eine andere Treppe wählen.

Kommt, wir benutzen eine der schönsten Treppen: die Treppe der Delphine. Der Delphin repräsentiert eine besondere Form der Freundschaft, einen geradezu feierlichen und heilsamen Aspekt, nämlich die freie und freiwillig gewährte Freundschaft: z. B. rettet er, ohne zu binden, in spielerischer, tänzerischer Weise. Jemandem Freund sein heißt, ihm in voller Freiheit zur Heilung verhelfen, zur Frische, zur Harmonie, zur Offenheit für die Feierlichkeit des Lebens.

Wollt ihr jeder einen Delphin haben? Ihr habt den Innenraum, der zum Wurzelchakra gehört, bisher noch nicht betreten. Ich will ihn euch eröffnen. Dieser Innenraum ist das Innere Meer. Es ist ungeheuer vielgestaltig. Ihr könnt es vom Strand aus erleben oder auch darin schwimmen, tauchen, auf dem Rücken liegend zum Himmel schauen, hier und da auf den Boden blicken, baden, euch aalen, die Sonne auf- und untergehen sehen. –

Es gibt eine direkte Verbindung vom Scheitelchakra – vom Inneren Kosmos (s. die folgende Unterrichtsstunde 25. 8. 95) – zum Wurzelchakra – dem Inneren Meer. Ihr könnt von oben hinunterschauen und je nach der Beschaffenheit des Scheitelchakras den Inhalt des Meeres in verschiedenen Stofflichkeiten wahrnehmen: als Wasser, als heiliges Licht, aber auch als Blut oder als Tränen, auch als das eherne Meer, bei manchen Leuten übel riechenden Abfall. Ich meine das so, wie ich es sage: diese Leute »stinken« wie das Meer in ihnen.

Wie ist das Meer zu reinigen?

»Der Geist Gottes schwebte über den Wassern.«[7] Wenn ihr über diesen Satz nachdenkt und wenn ihr die Verbindung zwischen Scheitelchakra und Wurzelchakra bewußt erlebt, so werdet ihr die Antwort auf diese Frage finden.

Reist in eure Innenräume und betrachtet ihren Zustand. Ihr habt viele Engel um euch und in euch, und künftig auch einen Delphin: das werden sehr unterhaltsame Zeiten. Ihr könnt euren Delphinen einen Namen geben. Ihr seid ihre Herren. Das heißt nicht, daß ihr mehr wißt als sie. Aber es ist auch oft in irdischen – nicht in himmlischen – Verhältnissen so, daß der Knecht mehr weiß als der Herr. Wenn ihr mögt, setze ich jedem von euch einen Delphin ins Innere Meer. (Wir bejahen und danken. – Platsch, platsch ...) –

Der weitere normale Ablauf ist, daß ihr euch oben auf der Treppe umdreht und euch verneigt, um den Tieren zu danken. Dann schaut zum Horizont und dankt dem Schöpfer. Dann wendet euch um und geht auf das Gebäude zu.

Dieses ist, wie ihr seht, wie ein riesiger Klosterkomplex, alles weiß, zum Zentrum hin immer höher, nach außen flacher. Das Gebäude Shamballahs bildet ein 6-Eck wie zwei ineinandergeschobene Dreiecke: und dies ist das Zeichen des Melchisedek, des Herrschers von Shamballah.[8]

Die Spitzen der 6 Ecken sind abgeschliffen, an den 6 Ecken ist jeweils ein Tor, an jedem Tor wacht ein Hüter. Dieser befindet aber nicht über eure Zulassung oder Nichtzulassung; wenn ihr die Treppen emporgeschritten seid, kommt ihr auch hinein. Die Aufgabe der Hüter ist vielmehr, das Bewußtsein der Kinder Shamballahs zu schärfen, damit sie sich jedesmal klarmachen, daß sie einen sehr heiligen Ort betreten, und damit sie bewußt ins innere Licht treten. Denn es ist wie der Weg von außen nach innen – ein heiliger Akt.

Im Inneren ist das Licht so, als wären die Wände aus feinem Alabaster und eine starke Sonne durchschiene sie. Das Licht wirkt sanft und bergend, aber auch klar und fordernd. Sonst ist im Gang alles schmucklos und sehr schlicht. Beim Durchqueren des Ganges bitte ich euch, zu schweigen. Der Gang führt in große Säulenhallen und Wandelgänge, dazwischen seht ihr Springbrunnen. Jeweils gegenüber den Ecken finden sich große Räume, darunter zwei Bibliotheken. Die eine ist nach oben hin geöffnet und in der Vertikale mit der »Akasha-Chronik« verbunden.[9] Diese befindet sich nicht selbst in Shamballah, aber man kann von dort aus Einblicke anfordern und Informationen erhalten. Ihr dürft die Bibliothek aber nicht betreten.

Die andere Bibliothek dient dazu, sich mit derzeitigen irdischen Bedingungen vertraut zu machen und zu halten: welche Formulierungen werden gerade gebraucht, welche Bedeutung haben die Worte, wie sind sie differenziert? Hier finden sich alle Bücher der Welt – die Bibliothek ist riesig, und sie wird ständig ergänzt. Man findet auch nicht edierte Manuskripte, Entwürfe, die in Schubladen liegen, jede Magisterarbeit aus jedem Land. Hier wird alles überprüft: was müßte korrigiert werden? All die Publikationen sind verwirrend, und ihr könntet euch in der Bibliothek verlaufen – es ist eine unendlich große Säulenhalle.

Zum Zentrum hin gibt es Orte, wo man sich trifft. Es wird wenig gesprochen, immer nur Wesentliches, kein Tratsch. Man spricht äußerst höflich, dankbar, respektvoll, immer freundlich und fröhlich. Man hält sich dort wegen der Schwingung auf, die zum Zentrum hin zunimmt und die einen Reinigungseffekt hat. Man sucht dort Ideen oder auch Rat und stellt sich zur Verfügung, um anderen Suchenden zu helfen.

Ganz im Zentrum ist der heiligste Ort, wo die Zusammenkünfte der Kinder von Shamballah stattfinden. Er ist kreisförmig und birgt die Symbolik des 6-Sterns. Er ist der höchste Ort Shamballahs. Seine Decke bildet eine hohe Kuppel. Von diesem

Raum aus kann man Kontakt mit dem Herrn von Shamballah (Melchisedek) aufnehmen. Ihr könnt Fragen stellen.

Was können Menschen tun, um im Sinne Shamballahs zu wirken?

Auch wenn man nicht Mitglied ist, kann man viel tun, indem man Shamballah »auf die Erde denkt«, nicht nur in den Himalaya, sondern auch z. B. mitten nach Berlin, wie Gerhard mit seinem Entwurf für das Holocaust-Denkmal. (Gerhard hatte sich an einer Ausschreibung mit einem sechseckigen Entwurf beteiligt.) Wenn Menschen bereit sind, sich in den Dienst von Shamballah zu stellen, werden ihn die Meister mit Aufgaben betrauen.

Wie viele Meister gibt es in Shamballah?

Im innersten Kreis sind es 7, die mit den 7 Grundfarben-Strahlen über die mächtigste Form der Wirksamkeit verfügen. Um sie herum gibt es einen weiteren Kreis von 12, der die 12 Jünger spiegelt, und einen weiteren Kreis der Jüngerschaft von 24. Schließlich gibt es einen äußeren Kreis, dessen Mitgliederzahl zwischen 58 und 61 schwankt, derzeit sind es 59. Diese bewegen sich nur in den Gärten. Es sind die werdenden Meister. Zu welchem Kreis einer gehört, ist eine Frage der Schwingung, die er aushält und die ihm angenehm ist; das regelt sich von selbst. In jedem Kreise ist ein Mitglied zuständig für die Ordnung des Kreises, d. h., er hält die Schwingung in Ordnung – je einer im 12er, 24er und 60er Kreis.

Wirkt auch Tomberg von Shamballah aus?

Tombergs Platz ist im Hohen Rat. Dessen Mitglieder können Shamaballah jederzeit besuchen und von dort aus wirken, sie können auch an den Sitzungen des innersten Kreises teilnehmen. Tomberg besucht Shamballah gern. Er ist sehr verbindlich und liebenswürdig. Andere Mitglieder des Hohen Rates sind etwas karger und strenger, einige schweigen immer. Der Hohe Rat ist in der Ordnung der Hierarchien höher angesiedelt als Shamballah. Doch auch Shamballah wirkt ganz und gar im Sinn des Schöpfers. Shamballah sucht den Kontakt zum Vater eher über den Sohn, der Hohe Rat eher über die Mutter. Dies ist aber nur eine Frage des Schwerpunkts: Selbstverständlich bedenkt man in Shamballah auch die Mutter und im Hohen Rat den Sohn.

Wie viele Meister aus Shamballah wirken auf Erden?

Zunächst ist immer die Frage: wie viele Meister brauchen die Menschen auf Erden? Welche Zahl ist angeordnet? Im Mittel sind es 8, doch mal mehr, mal weniger.

Sind die Meister Engel oder Menschen?

Die 7 des innersten Kreises sind immer Meister gewesen. Sie inkarnieren sich nicht als Menschen, es sei denn in äußersten Notsituationen. Sie sind zuständig für den Kontakt mit Melchisedek und die Arbeit mit den Hierarchien. Insofern ist eure Frage, ob sie Engel oder Menschen sind, so zu beantworten:

Weder noch, sondern etwas Drittes. Auch Melchisedek ist nicht ein Mensch – Paulus hat das richtig gesagt.[10] Aber Paulus wußte es nicht aus eigener Erfahrung. Man hat es ihm übermittelt und er hat es niedergeschrieben, wie man es ihm gesagt hat. – Die übrigen Kinder Shamballahs sind Menschen.

Es gibt aber besondere Engel, die für die Kinder Shamballahs zuständig sind. Sie sind sehr »duftig«, sehr wandelbar, wirken wie Libellen: zart und fein, wie durchsichtig, doch sie können in Blitzesschnelle ungeheuer mächtig sein. Sie sind nicht aus sich heraus mächtig, aber so durchlässig für Impulse von oben, daß sie diesen Impuls selbst darstellen, ihn verkörpern. Denn sie haben so wenig Eigenanspruch, daß sie eben ganz durchlässig sind. –

Nun ist es Zeit für euch zu gehen. – Grüßt die Erde schön! (Wir sind sofort am Tor, von wo uns Marvik zurück in die Innere Kirche leitet. Wir danken ihm.)

Freitag, 25. 8. 95

Innerer Kosmos

(Ein hellblauer Engel führt uns in den Friedensdom. Hier wird eine Messe gelesen. Danach gesellen sich mehrere Engel zu uns, auch Nadjamael. Walter H. erbittet Ratschläge für seine spirituelle Arbeit.)

Nadjamael: Versuche einmal, Licht durch konkrete Lichtgestalten zu ersetzen. Zum Beispiel hast du anderen Menschen Licht zugesandt. Sende ihnen statt dessen einmal Engel zu. Sie bringen ihnen Licht, aber es geht viel konkreter, persönlicher, spielerischer und auch vielfältiger zu. Lerne die verschiedenen Engel kennen und sprich mit ihnen.

Wenn du dann einem Menschen z. B. einen Friedensengel schickst, wird das den Frieden in ihm verlebendigen. Deine Arbeit mit den Friedensengeln kannst du mit folgendem Spruch beginnen:

Göttliche Engel des freien Friedens,
Waltet auf Erden auch mit meinem Licht,
Auch mit meiner Liebe,
Auch mit meinem Leben.

Sende ihm einen Engel der Liebe zu – er wird seine Liebe entflammen. Sende ihm den Engel der Wehmut – er wird für ihn die Laute spielen und ihm sein Fernsein vom Herrn zum Bewußtsein bringen. Sende ihm einen Engel Unserer Lieben Frau

– er wird ihn in den Duft seiner Blumen einhüllen und ihn trösten. Sende ihm einen blauen Engel – er wird sein Vertrauen und seine Hoffnung stärken. Sende ihm einen Andreas-Engel – er wird ihn auf seinem Schulungsweg leiten.

Wir haben inzwischen gelernt, daß den Chakren oder »Lotosblumen« Innenräume des Menschen entsprechen – dem Herzchakra die Innere Kirche, dem Solarplexus die Innere Quelle, dem Nabelchakra die Krypta, dem Wurzelchakra das Innere Meer, dem Halschakra der Turm mit dem Marienengel, dem Stirnchakra der Raum mit den Inneren Weisen. Was aber entspricht dem Scheitelchakra? Wie kann es da einen »Innenraum« geben?

Nadjamael: Dem Scheitelchakra entspricht der Innere Kosmos. Wenn du dich in ihn hinein begibst, befindest du dich im All, und zwar in einem Zustand völliger Schwerelosigkeit und jenseits von Raum und Zeit. Du kannst dort wie ein Astronaut durch das All reisen und wirst die Erfahrung von Leichtigkeit und Beweglichkeit machen. Es kann sein, daß dir anfangs schwindlig wird. Bei deinen ersten Versuchen werden dich zwei hellblaue Engel begleiten und deine Arme stützen.

Das ist dann wie ein Forschungsunternehmen. Es ist eine andere Form von Meditation: es ist ein Beispiel für das, was *wir* unter Meditation verstehen.

Walter H.: *Habt ihr noch weitere Anregungen für meine spirituelle Arbeit?*

Ja. Zunächst einmal geht es nicht nur ums Meditieren, sondern auch ums Beten. Richte die Gebete an alle Wesen der Heiligen Trinität und der Hierarchien und beginne immer mit Dank. Dank ist die dem Menschen angemessene Grundhaltung ihnen gegenüber – ein Schlüssel, der dir den Zugang eröffnet, so daß du Gehör findest. – Es ist zu empfehlen, daß du dich zum Beten in die Innere Kirche begibst: Hier findest du immer den Kontakt, den du suchst.

Sodann eine Anregung, die für dich vielleicht etwas eigenartig klingt. Du kannst den Worten deiner Gebete eine angemessene Schwingung verleihen, wenn du sie über deinen Marienengel sprichst. Stell dir vor, du sagst sie ihm ins linke Ohr – und er spricht sie dann für dich, um eine Sekunde versetzt.

Ferner: werde dir bewußt, daß du im Begriff bist, in einen neuen Jünger-Strahl einzutreten, in den Strahl des Andreas, und versuche bewußt mit einem Engel aus diesem Strahl zusammenzuarbeiten. Das bedeutet nicht, daß du deinen bisherigen Strahl verläßt; man kann in mehreren Strahlen gleichzeitig stehen, z. B. im Strahl des Johannes und zugleich im Strahl des Andreas. Wende dich jetzt aber schwerpunktmäßig dem Andreas-Strahl zu: Das bedeutet dann, ein meisterlicher Schüler zu werden – Andreas war ein Meister unter den Schülern[11] – und das ist eine große Kunst, die zu erlernen alle Aufmerksamkeit erfordert. Es beginnt dann für dich ein neuer Lebensabschnitt, wie für alle hier Anwesenden.

Wie erkenne ich den Andreas-Engel, welche Farbe hat er?

Korallenrot mit Grün versetzt. Es ist nicht richtig zu meinen, ein Strahl hätte nur eine Farbe. Der dominanten Farbe sind immer Nuancen beigemischt, wie bei einem Kaminfeuer: Man meint, es sei rot. Sieht man aber genauer hin, so nimmt man auch gelb, blau und grün wahr. Die Strahlen leben und pulsieren wie schlagende Herzen, tauchen auf und gehen zurück. Sie haben ihre Rhythmik, ihren Klang, ihre Melodie.

Und schließlich: Gehe immer wieder in deine Innenräume, werde mit ihnen vertraut, sprich und bete mit den dort lebenden Wesen. Dir empfehle ich vor allem, täglich in die Innere Krypta zu gehen und dich dem Inneren Kind zuzuwenden. Es wartet auf dich. Sprich mit ihm, laß dich von ihm berühren. Das wird dich beleben, erfrischen, verjüngen, dir deinen Schwung, deine Gelöstheit, deinen Humor wiedergeben.

Was tut das Innere Kind nach meinem Tod?

Dann holt es erst einmal tief Luft.

Was geschieht überhaupt mit den Innenräumen – mit allen – nach dem Tode?

Du meinst: nach dem Sterben. Die Innenräume begleiten den Menschen durch alle Leben, sie sind in seine Seele eingeschrieben, ja, sie machen ihre innere Struktur aus. Sie werden also nicht für jede Inkarnation neu geschaffen, sondern es sind von Anbeginn immer dieselben. Doch werden sie im Laufe vieler Erdenleben entwickelt und geschmückt. Was du an deinen Innenräumen arbeitest, wie du sie ergänzt und ausstattest – z. B. die Innere Kirche mit bemalten Glasfenstern, einer Quelle oder auch z. B. einer Orgel –, so nimmst du sie nach dem Sterben mit, und so bringst du sie wieder auf die Erde zurück. Auch wenn sie zeitweise nicht zugänglich sind, oder auch wenn ein Mensch geistig behindert ist, so sind seine Innenräume doch immer intakt. Auch bei noch ungeborenen Kindern sind sie schon da und völlig intakt, obwohl sie noch nicht aktiv sind. Auch wenn alternde Menschen ihr Gedächtnis oder andere geistige Fähigkeiten verlieren – die Innenräume bleiben davon unberührt. Nur der Schöpfer selbst könnte sie zerstören. Im Umgang mit geistig Behinderten sollte man sich dessen bewußt sein. Es wird einen davor bewahren, diese Menschen als minderwertig zu diskriminieren.

Die Hierarchien zur Linken haben natürlich den Wunsch, an die Innenräume eines Menschen heranzukommen. Sie können sie zwar nicht zerstören oder beschädigen, aber sie können sie besetzen, die Engel in die Ecke drängen und z. B. den betenden Engel zum Verstummen zwingen, mitunter bis zum Sterben des

Menschen – danach nicht mehr. Wenn ein Mensch in Depression verfällt, schreckliche innere Stimmen hört und dgl., so kann das auf eine Besetzung von Innenräumen zurückgehen. Es ist wie bei der Besetzung einer äußeren Kirche durch aufgebrachte Horden, die dort Parolen rufen und die Menschen zwingen, den Gottesdienst abzubrechen. Es macht aber einen großen Unterschied, ob der Mensch der Besetzung seiner Innenräume zugestimmt hat. Dann bedarf es nach seinem Sterben eines Großreinemachens. Davon spricht die Kirche als dem »Fegefeuer«. Einer Reinigung bedarf es aber auch, wenn die Innenräume nicht besetzt waren, also »nur« verschmutzt sind. Eine Verschmutzung ist nie ganz zu vermeiden; deshalb ist es gut, auch zu Lebzeiten die Innenräume von Zeit zu Zeit einer Reinigung zu unterziehen.

Walter H.: *Von den Naturgeistern, die bei mir zu Hause sind, habe ich den Eindruck gewonnen, daß sie unwillig sind, mir zu helfen, auch wenn ich sie noch so herzlich bitte. Habe ich sie verärgert?*

Nein, das nicht, aber es sind sonderbare Naturgeister, das stimmt. Es wäre besser, du nimmst dir einen Naturgeist aus dieser Gegend mit, wenn er und der König einverstanden sind. Hier gibt es einen, der ist reiselustig, und er ist sehr quirlig und komisch. Er ist hier sonst ein Wachmann mit Helm und Hellebarde. Er gibt sich enorm mutig. Es kann aber sein, daß er vor Schrecken an deinem Hosenbein hochklettert. (Er ist bereit, mit Walter mitzukommen, und ist hocherfreut. Der König gibt sein Einverständnis.) Nenne ihn: »mein kleiner Soldat«. Das ist sein Titel und macht ihn stolz.

Hast du nicht auch einen Namen?

Der kleine Soldat: Ja, und wenn wir uns gut verstehen, verrate ich ihn dir. Ich werde von jetzt an vor dir herschreiten und dich beschützen. Ich werde für dich streiten und selbst mit Drachen kämpfen! Jedenfalls wenn sie nicht größer sind als ein Regenwurm.

Montag, 28. 8. 95

Die Bartholomäus-Engel

Ein Engelbote, der dem Jüngerkreis dient: An jedem letzten Sonntag des Monats besucht der Herr einen seiner Jünger. Gestern war der Sonntag, an dem der Herr den Jünger Bartholomäus besuchte. – Wir nehmen dies zum Anlaß, euch heute mit einem neuen Raum des Himmels bekanntzumachen: die »Sonne vor der Sonne«. Sie ist zu unterscheiden von der »Sonne hinter der Sonne«, d. h. dem Sohn, der Sonne an sich. Es gibt drei Sonnen. Die »Sonne vor der Sonne« hat die Gestalt einer großen, weiten Kugel, die die Sonne umgibt, eines Lichtraums mit Wänden aus hellen Sonnenstrahlen.

Die Wesen, die da wohnen – die »Lichtwesen« – sind zwar Engel, sehen aber anders aus als andere: viel lichter, wie mit einer feinen weißen Kutte mit goldenem Gürtel umgeben, die Flügel ganz durchsichtig, fast unsichtbar. Sie haben silberne »Füße«. Sie sind sehr fein, anfänglich schwierig wahrzunehmen. Denn sie beanspruchen keine eigene Individualität, sie sind noch weniger »materiell« als andere Engel. Sie vermitteln Impulse und ziehen sich sofort zurück. Sie kommen relativ selten in den irdischen Raum – normalerweise nur bis zur Erdhülle. Wenn sie aber kommen, brauchen sie Schutz durch andere Engel, weil sie so fein sind. Sie sprechen nicht selbst – es sei denn, man ist bei ihnen. Sie sind einfach anwesend und übermitteln Licht, ja man kann sagen, sie selbst sind Licht – reines Sonnenlicht.

Sie stehen im Strahl des Bartholomäus: Ihm stehen sie zur Verfügung, er hat die Vollmacht, über sie zu herrschen. Er steht da wie einer, dessen Hände eine offene Schale bilden, in der er das Heilige, das Licht empfängt, aber so viel, daß es überfließt. Er ist zuständig für den Lichtanteil, der sich – mehr oder weniger – in jeder Lehre und Theorie, aber auch in jedem Menschen findet – d. h. für den Teil, mit dem die Lichtwesen in Verbindung stehen. Im Strahl des Bartholomäus arbeiten, bedeutet immer: ein Lichtbringer sein. Die Menschen in diesem Strahl sind bestrebt, Licht ins Dunkel zu bringen: Sie begeben sich häufig ins Dunkle, in hoffnungslose Situationen, um zu trösten, Hoffnung zu vermitteln, den Menschen zur Seite zu stehen und mit ihnen auszuharren. Das ist ihre Hauptaufgabe, und das gehört auch zu den Aufgaben der Lichtwesen.

Daneben haben die Lichtwesen die Aufgabe, Eingebungen, Erleuchtungen, Ideen, Impulse, Einfälle, Erklärungen und andere Gedanken zu übermitteln. Man spricht von der Muse, die den Dichter küßt. Die Griechen sprachen von »Genien«. Das sind diese Lichtwesen, die die »zweite Sonne« bilden. Sie sind nicht selbst die Schöpfer dieser Ideen und Impulse: diese werden in den Werkstätten (z. B. des Friedensdoms) konzipiert und entworfen. Doch die Lichtwesen übernehmen ihre Übermittlung, den »Transport«, und machen sie für Menschen wahrnehmbar. So wie du materielle Dinge nur sehen kannst, wenn Licht darauf fällt, so auch diese Impulse: Im Kopf geht dann »ein Licht« auf, die Bilder oder Gedanken oder Melodien aus den Werkstätten werden beleuchtet. Der Mensch sagt dann: »ich hatte einen Einfall«, »jetzt hab ich's«, »die Sache ist jetzt greifbar«, ich habe diese Melodie – oder die ganze Sinfonie – »innerlich gehört«, die Idee des Romans oder der Skulptur ist mir jetzt »klar bewußt geworden«.

Einen »Einfall haben« ist also ein komplizierter Vorgang. Außer den Engeln aus den Werkstätten und den Lichtwesen sind auch Sonnenengel und Führungsengel beteiligt: Der Sonnenengel hat sein Einverständnis dazu gegeben, daß der

Mensch in diesem Leben inspirierte Werke schafft, und der Führungsengel stellt die äußeren Bedingungen her: er fügt z. B. Kontakte mit Schulen, Lehrern, Erfahrungen; ja er sorgt sogar dafür, daß im richtigen Moment Papier und Bleistift zur Hand sind.

Auch die Menschen, die in diesem Strahl des Bartholomäus arbeiten und vollständig darinstehen, nehmen ihr Ich, ihr Ego sehr weit zurück. Sie werden Diener und Übermittler der Hoffnung und des Vertrauens, Vermittler des Lichts und des Heiligen, das weit über ihnen steht, und sie werden mehr und mehr erfüllt von dieser Kraft.

Sie scheinen einfach wie die Sonne. Sie vermitteln die Grunderfahrungen mit dem Licht, und zwar durch ihr bloßes Dasein. Ihre Botschaft lautet einfach: »ich bin für dich da«. Sie tun den in Not befindlichen Menschen wohl, und sei es nur, indem sie sie anlächeln und auf diese Weise das Licht der Lichtwesen weitergeben. – Häufig wird auf diese Weise Freundschaft im Strahl des Bartholomäus vermittelt.

Beispiele sind Mutter Theresa und Maximilian Kolbe, auch andere Helfer in den Konzentrations- und Gefangenenlagern. Häufig sind es Frauen: z. B. Krankenschwestern und Missionsschwestern. Früher haben sie sich z. B. der Aussätzigen oder der Pestkranken angenommen. Unter ihnen sind viele Heilige, auch solche, deren Namen nie bekannt geworden sind. So haben z. B. solche Menschen nach dem Atomunfall von Tschernobyl geholfen und bei den Opfern ausgeharrt, auch wenn es sie das eigene Leben gekostet hat. Durch ihre Anwesenheit konnten sie Hoffnung, Geborgenheit und Wärme vermitteln.

Gehört Franziskus zu diesen Menschen?

Es gibt Heilige, die wandern durch die Strahlen, also auch durch diesen. Dazu gehört Franziskus.

Wie kann man sich mit diesen Lichtwesen verbinden?

Es ist leichter zu diesem Lichtraum – der Sonne vor der Sonne – zu reisen, als die Lichtwesen bewußt wahrzunehmen, wenn sie auf der Erde sind. Aivanhov hat selten von ihnen gesprochen; aber er hat gesagt, wie man zu ihnen – also zum Vorraum der Sonne – reist.[12] Wenn man sich im Dunkel fühlt, hoffnungslos, ohne Vertrauen, wenn man krank ist oder unter Mangel an innerem Licht – an Erleuchtung und Aufklärung – leidet: dann kann man in diesen Lichtraum reisen und sich dort aufhalten und »hinlegen«. Das bewirkt eine Durchleuchtung und Belichtung, und zwar bis in die Körperzellen hinein.

Mit der spirituellen Sonne ist es wie mit der äußerlich sichtbaren Sonne. Diese scheint immer und bestrahlt auch immer irgendwo die Erde hell und klar. Ist es um dich Nacht, so ist anderswo Mittag. Ist es Nebel, so ist darüber und anderswo Licht. Wenn etwas dazwischentritt, wird es sich wieder wegbewegen. Ebenso verschwindet auch die spirituelle Sonne – die »Sonne vor der Sonne« niemals. Die Lichtwesen kommen wieder und treten in den Menschen hinein: in seinen Kopf, in seine Organe, in seine Innenräume, in seine Gedanken und Gefühle, selbst in seine Körperzellen hinein. Dies alles kann man »in die Sonne legen«. Indem man sich das klarmacht, schwinden alle Düsternis und Hoffnungslosigkeit.

Dienstag, 29. 8. 95

Gang durch die Elemente

Ein Engelbote: Ehe ihr zu den Dynameis aufsteigen könnt, bedarf es einer Reinigung eurer Energiefelder. Sie geschieht, indem ihr euch auf die Ebene der Elohim erhebt und dort die vier Elemente durchschreitet. Das ist auch für eure Schutz- und Führungsengel nichts Alltägliches, sondern ein Geschenk und eine Herausforderung. Sie bangen für euch und werden für euch einstehen. Falls ihr zurückgewiesen werdet, verhindern sie, daß euch etwas zustößt. Euer Führer und Begleiter wird der heilige Nikodemus sein. Ehe wir beginnen, werden eure Energiefelder überprüft. Nutzt diese Zeit zur Sammlung. – Gut, es geht.

Begebt euch in die Innere Kapelle und macht Schritt für Schritt die Übung vom 3. 4. 95: den Aufstieg über die Dankesleiter bis zu den Elohim (vgl. Bd. I S. 63, 79 ff.). Auf dem Hochplateau nehmt an ihrer Anbetung teil, betet mit ihnen das Sanctus und das Tedeum. Dann nehmt das Aufsteigen der Bilder aus dem Leben Jesu wahr.

Schließt die Augen, lockert den Körper, spürt den goldenen Strahl über eurem Haupt und zieht euch mit euren Innenräumen an dem Strahl ein wenig empor. Erblickt vor und hinter jedem von euch den Führungsengel und den Schutzengel. Der heilige Nikodemus tritt hinzu.

Der heilige Nikodemus: Ich grüße euch und übernehme jetzt die Führung durch die vier Elemente, die eure Energiefelder so weit reinigen sollen, daß eine Begegnung mit den Dynameis möglich wird.

I. Wir beginnen mit dem Wasser. Sprecht mit mir:

»Heiliges Wasser nimm mich auf«.

1. Ihr nehmt in der Vorstellung ein Meer wahr und schreitet mit mir hindurch. (Keine Sorge, ihr werdet keine Atemnot erleiden!)

2. Jetzt steht ihr nur noch mit den Füßen am Rand des Meeres und schöpft Wasser mit den Händen. Diese bilden eine Schale, in der ihr das Wasser haltet. Nun sprecht folgende Worte:

   Herr, ich bin Dein Diener,
   Vater, ich bin Dein Geschöpf.
   Mutter, ich bin Dein Kind.

   (Die letzte Zeile sprecht mit weniger strenger, weicher Stimme.)

   Nehmt meinen Dienst.
   Nehmt meine Anbetung.
   Nehmt meine Hingabe.

3. Jetzt begebt ihr euch in eurer Vorstellung in einen Wassertropfen hinein. Indem ihr klein werdet, erlebt ihr, wie ihr demütig werdet.

   Dann erhebt euch wieder und sprecht dem Element des Wassers euren Dank aus.

II. Nun wendet euch dem Element der Erde zu und sprecht:

»Heilige Erde, nimm mich auf.«

1. Begebt euch in einen Höhlengang, der durch einen Berg führt, und wandert hindurch. Ihr braucht keine Angst zu haben.

2. Nehmt eine Handvoll Erde auf und sprecht wieder die Anrufung von Herr, Vater und Mutter wie oben.

3. Begebt euch in eine Erdkrume oder in ein Samenkorn hinein und erlebt, wie ihr wesentlich werdet. Dann erhebt euch wieder und dankt dem Element der Erde.

III. Nun wendet euch dem Element der Luft mit den Worten zu:

»Heilige Luft, nimm mich auf.«

1. Laßt euch vom Wind tragen wie eine Wolke. Ihr erlebt ein wunderschönes Gefühl des Schwebens. Wenn Angst, Unruhe, Schwindel auftreten, nehmt es hin und versucht, es hinter euch zu lassen, auch wenn das sanfte Wehen einer stürmischen Luft weicht. Wichtig ist, nicht aktiv fliegen zu wollen, sondern sich tragen zu lassen.

2. Nun steht wieder und versucht, einen Windhauch, eine Böe in den Händen zu fassen. Dazu sprecht wieder die Formeln wie oben.

3. Nun nehmt Platz in der Luft und dehnt euch aus, löst euch auf wie eine homöopathische Verdünnung, werdet weit und riesengroß. Erlebt, wie alle Grenzen gesprengt werden, erlebt das Gefühl der Offenheit und der Hingabe. – Dann dankt dem Element der Luft.

IV. Nun wendet euch dem Element des Feuers zu und sprecht:

»Heiliges Feuer, nimm mich auf.«

1. Ihr seht einen großen Gang aus Feuer und schreitet ohne Angst hindurch.

2. Ihr nehmt Feuer in die Hände – es verletzt euch nicht – und sprecht die Formeln wie oben.

3. Ihr stellt euch in eine Flamme und erlebt die Fähigkeit zur Beständigkeit, zum Beharren, Ertragen, Aushalten. Schließt mit Dank an das Element des Feuers.

V. Das fünfte Element, das Element des Äthers ist nicht zu durchschreiten, es gibt sich euch hin. Ganz fein, durchsichtig, durchlässig. Lichtengel kommen euch entgegen, jedem von euch einer. Sie überreichen euch ein aus Licht gesponnenes Gewand. Wenn ihr es anlegt, umgibt es euch vollständig, wie eine neue Haut. Wenn ihr wünscht, so wird es euch angelegt.

Wir sind am Schluß der Reise. Ich (Nikodemus) beglückwünsche euch dazu, daß ihr die Reise zu den Dynameis werdet machen können, ohne zuvor die auf der Welt existierenden Elemente noch durchschreiten zu müssen. Allerdings wird euch dieser Gang durch die Elemente nicht völlig erspart bleiben, wenn auch nur in einem übertragenen Sinn. Ihr werdet in den nächsten vier Wochen diesen Elementen im Alltag vermehrt und bewußt begegnen, d. h. über das Alltägliche hinausgehende Erlebnisse mit Wasser, Erde, Luft und Feuer haben, nicht nur in physischen, sondern auch in psychischen Abläufen, in Begegnungen mit anderen Menschen. Es werden plötzliche Situationen auftreten, die euch in besonderer Weise mit den Elementen in Berührung bringen und die nicht durchweg alle erfreulich sein werden. Erschreckt dann nicht: es intensiviert eure Erfahrung im Erleben der Elemente und dient der Vorbereitung eures weiteren Weges. Pflegt diese Übung in den nächsten vier Wochen einmal wöchentlich – nicht öfter! Es ist eine Reinigungs- und Vorbereitungsübung, auch für eure Zellen, und deren Schwingungen sind dem 7-Tage-Rhythmus angepaßt. Die Zellen wollen nicht schneller schwingen; sie wehren sich sonst.

Wählt für jede Woche ein Element, und verbindet euch damit auf allerlei Art. Sprecht nicht nur die Worte aus, sondern lest, was euch an Literatur zu diesem Element erreichbar ist, geht damit um, behandelt das Element liebevoll und meditiert darüber. Fragt euch vor allem: in welcher Beziehung stehe ich zu diesem Element? Das Ziel ist, eine möglichst konfliktfreie, freudige Beziehung zu ihm herzustellen. Beobachtet, wo und wie es euch im Alltag begegnet, nicht nur auf physischer, sondern auch auf psychischer Ebene, vor allem in menschlichen Begegnungen. Nach den Übungen achtet darauf, daß eure Verbindung zum physischen Leib wieder ganz fest wird.

Nun taucht wieder in euren Körper ein, steigt die Dankesleiter hinab und findet euch in eurer Inneren Kirche wieder.

Führungsengel: Noch ein Wort. Eine Folge der Meditation des Wasser-Elementes kann möglicherweise sein, daß man eine Quelle im Boden der Inneren Kapelle entdeckt, die durch diese Meditation entstanden ist, so wie manchmal eine Quelle entspringt, wenn ein Heiliger an einen Felsen klopft. Sie ist nicht zu verwechseln mit der Inneren Quelle in dem Innenraum zwischen Innerer Kirche und Krypta. Doch auch aus dieser Quelle sprudelt ein heiliges, heilendes, segnendes Wasser. Es symbolisiert auch die Tränen, den Angstschweiß, das Blut aus der Wunde des Herrn.

Diese Quelle ist das Zeichen einer besonderen Intensivierung eures Nacherlebens, dessen, was der Herr und seine Mutter erfahren haben, sowohl des Schönen als auch des Leidvollen. Ihr werdet empfänglicher dafür, zugleich aber auch allgemein für Freuden, für Segnungen, für alles Schöne. Doch die Quelle intensiviert nicht nur euer Eigenempfinden, sondern auch eure Wirkung auf andere Menschen. Und schließlich intensiviert sie die Demut, damit aber auch das Annehmen und das Erleben von Leid und Freude. Demut ist eine Mischung aus Mut dem Leben gegenüber und Hingabe an das euch gesandte Schicksal. Jesus bedurfte im Moment der Kreuzigung der höchsten Demut, um diese Intensität des Leidens zu ertragen.

Die Quelle in der Inneren Kirche ist das erste Element (Wasser), das im Innenraum wiederholt wird: sie bedeutet eine Verbindung zwischen der Ebene der Reinigung und der Ebene, wo man betet. Was sie mit sich bringt, ist deshalb: Freude mit Tränen. Die Quelle ist eine Wunde, die dem Menschen geschlagen wurde – wie sie auch den Boden der Kapelle aufgerissen hat. Macht es euch zur Gewohnheit, euch an der Quelle aufzuhalten und euch mit ihrem Wasser zu bekreuzigen, so wie man sich vor dem Verlassen einer Kirche mit Weihwasser bekreuzigt.

Freitag, 1. 9. 95
Erster Offener Abend

Farbatmungs-Übungen

(Am 16. 8. 95 hatte uns Elion aufgefordert, eine regelmäßige Gruppenarbeit mit Farben für einen größeren offenen Kreis einzurichten. Wir haben daraufhin unseren Freunden mitgeteilt, daß wir für jeden ersten Freitag im Monat zu einer solchen Arbeit in unsere Wohnung bitten und am 1. September beginnen. Seither findet dieser Offene Abend regelmäßig statt. Die Teilnehmer – ihre Zahl schwankt zwischen 15 und 40 – sitzen, so gut es geht, in einem Kreis. Wir beginnen stets um 19 Uhr, wenn die Abendglocken der Dorfkirche läuten, und leiten die Stunde mit drei Gebeten ein: dem Vaterunser, dem »Gelobt seist du Christus« und einem zum Jahreskreis passenden Ave-Maria. Nach einer kurzen Zeit der Stille macht dann entweder Elion selbst mit uns bestimmte Arbeiten, oder er begrüßt uns und macht uns mit einem anderen Engel bekannt, der die Gruppenarbeit leitet. In dieser gibt es Grundübungen, die in verschiedenen Varianten regelmäßig wiederkehren. Ihnen schließen sich neuen Bereichen gewidmete Übungen an. Die Engel richten es stets so ein, daß die Arbeit nach genau einer Stunde abgeschlossen ist.

In der heutigen ersten Sitzung macht uns Elion mit den Grundübungen vertraut. Er hat uns gebeten, nicht mitzuschreiben, weil das die Teilnahme an der Arbeit beeinträchtigen würde. Wir haben den Text nachträglich aus der Erinnerung zu rekonstruieren versucht und bitten deshalb, uns mögliche Ungenauigkeiten nachzusehen.)

Elion: Ich begrüße alle Teilnehmer herzlich und freue mich über die heutige und künftige Zusammenarbeit. Ich grüße auch alle Engel, die in diesem Raum anwesend sind, und die zahlreichen Naturgeister, die so aufmerksam lauschen.

Konzentriert euch einmal auf euren Atem. Atmet ruhig und gleichmäßig durch die Nase ein, durch Nase oder Mund aus. Das Ausatmen sollte etwas länger dauern als das Einatmen. Nach dem Ausatmen macht eine kleine Pause. Der Atem ist ein Geschenk des Vaters. Ihr begegnet dem Vater im Rhythmus des Atems.

Schließt die Augen und erlebt, daß gleichzeitig mit dem Einatmen wie von oben, aus den Höhen des Himmels, weißes, mit Goldflocken durchsetztes Licht herabfließt und durch euer Scheitelchakra in den Kopf und in den ganzen Körper hineinströmt wie ein weißer Strahl aus einer Lichtdusche. Wendet den inneren Blick nach oben, durch alle Hierarchien der Engel hindurch zu Vater, Sohn und Mutter und sprecht innerlich:

»ich danke euch«.

Wenn ihr nun ausatmet, spürt, wie das Licht euren ganzen Körper erfüllt, ihn durch die Füße verläßt und in die Erde eindringt. Gedenkt liebevoll der Erde, die euch trägt, der Wesen, die auf ihr und in ihr leben, die dort Dienst tun und arbeiten und dankbar sind für jedes Licht, und sprecht innerlich:

»ich segne euch«.

Nun wiederholt das mehrmals in einem ruhigen Rhythmus, wie er jedem einzelnen von euch angenehm ist – nicht in einem gemeinsamen Rhythmus, denn jeder hat seinen eigenen Weg zum Vater. Also: einatmen – ausatmen, dabei Licht von oben aufnehmen und durch die Füße abgeben:

»ich danke euch – ich segne euch«.

Jetzt erhebt euch von den Sitzen und tut dasselbe in langsamen Schritten: ein Atemzug, ein Schritt. Setzt den Fuß langsam in einem Bogen, bis der Atemzug vollendet ist, und versucht, so langsam zu atmen und zu schreiten, wie ein jeder kann.

Ihr werdet erleben, wie das weiße Licht in euch grau und schmutzig wird. Was ihr an Ungutem in euch tragt – versucht, es in die Erde abzugeben. Atmet alle negativen Emotionen durch die Füße aus. Die Erde wird es aufnehmen und ableiten. Dankt der Erde und der Mutter, die sie trägt, für diesen Dienst.

Nun setzt euch wieder und reicht euren Nachbarn die Hände. Ihr bildet also einen Kreis. Sendet beim Ausatmen das Licht durch die rechte Hand an euren rechten Nachbarn weiter und laßt es im Kreise fließen. – Nun tut dasselbe nach links hin. – Schließlich tut es nach beiden Seiten gleichzeitig, so daß zwei Lichtströme in entgegengesetzter Richtung entstehen; so kommt es zu einer Energieansammlung. Löst die Hände wieder.

Nun nenne ein jeder von euch der Reihe nach laut den Namen eines Menschen, von dem er meint, daß er in besonderem Maße eines Lichtzustroms bedürftig ist, etwa weil er krank oder bedrückt oder in Sorge ist, oder weil du ihn verletzt, gekränkt, ihm Unrecht getan hast. Ihr könnt auch zwei oder drei Namen nennen. Die mit Namen genannten Menschen versammelt in eurer Vorstellung in der Mitte eures Kreises. Haltet die Hände mit einer segnenden Gebärde vor euch. Nun erfüllt euch beim Einatmen wieder mit weiß-goldenem Licht von oben und strömt es beim Ausatmen diesen Menschen zu. Jeder spricht dabei innerlich, je nachdem, wie ihm zumute ist: »ich grüße dich«, »ich segne dich«, »es tut mir leid«, »ich bitte dich um Vergebung« oder »ich liebe dich«.

Nun wiederholt das mit dem Namen eines Menschen, der in der Welt besondere Verantwortung trägt, z. B. eines Staatsmannes oder Parteiführers oder Wirtschaftsführers oder eines Priesters, dem ihr in besonderem Maße Segen wünscht.

Nun wiederholt das mit dem Namen eines besonders unglücklichen Menschen, etwa eines Terroristen, eines zum Tode verurteilten Verbrechers, eines grausamen Kriegsherrn und dgl. und segnet ihn.

Sodann versammelt in der Mitte eures Kreises Repräsentanten von leidenden Menschengruppen: von Kranken, Waisen, Hungernden, Flüchtlingen, Kriegs- und Bürgerkriegsopfern, und segnet sie und mit ihnen die ganze Gruppe.

Sodann sendet das Licht in eine leidende Region der Erde: zu einer Müllhalde, einem gefährdeten See, einer verwüsteten oder verstrahlten Gegend, und segnet sie.

Schließlich laßt das Licht hinausströmen – über das Dorf, die Landschaft, das Land, den Kontinent, die ganze Erde, hinaus in das Planetensystem, in die Galaxis, in den ganzen Kosmos – und spürt, wie es nach einer kleinen Zeit zu euch zurückkehrt und wieder in euch hineinströmt.

Damit wollen wir für heute schließen. Ich danke euch allen und segne euch im Namen des Herrn.

Anmerkung: Die Offenen Abende enthalten verschiedene Übungen, die in kleineren oder größeren Gruppen zu wiederholen sich als überaus heilsam und hilfreich erwiesen hat. Die ersten beiden sind in diesem Hauptwerk exemplarisch dokumentiert; die weiteren werden nur noch gelegentlich darin aufgenommen. Sämtliche Offenen Abende sollen in einem ergänzenden Arbeitsbuch veröffentlicht werden.

Mittwoch, 20. 9. 95

Rat der Ehrwürdigen

Bruder Tullian (s. Bd. 1 S. 79): Wenn ihr mögt, führe ich euch heute zum Rat der Ehrwürdigen. – *Ja.* –

Dieser Rat befindet sich in einem Seitenschiff des Doms der Heiligen. Er hat 12 Mitglieder. Es sind sozusagen »12 Älteste«. Sie sind sehr formell und feierlich in prächtige Meßgewänder gekleidet, tragen Insignien, Tiaras und Kronen (anders als die Mitglieder des Hohen Rates, die sehr schlicht wirken). Der Dom der Heiligen mit dem Rat der Ehrwürdigen ist höher angesiedelt als Shamballah, aber weniger hoch als der Hohe Rat. Während die Kinder Shamballahs besonders auf den Sohn hin und die Mitglieder des Hohen Rates auf die Mutter hin ausgerichtet sind, ist der Rat der Ehrwürdigen besonders auf den Heiligen Geist hin ausgerichtet.

Im Bild:

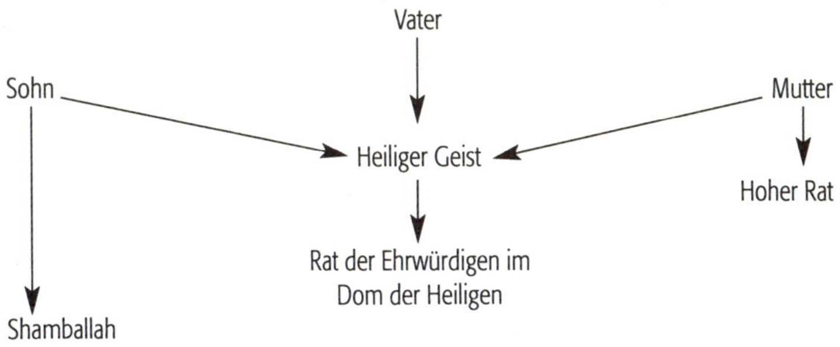

Seine Mitglieder sind als Heilige bekannt. Sie sind Hüter des Wortes, der Schrift, des Heiligen. Sie wirken sehr ernst und streng, sind sehr gelehrt und weise. Sie wachen auch über Formen, Formalien, Strukturen. Zum Rat gehören u. a. die Heiligen Chrysostomus, Augustinus und Albertus.[13] Alle Ehrwürdigen sind Heilige. Sie waren Menschen, sind es aber jetzt insofern nicht mehr, als sie Fähigkeiten wie Engel haben: Sie können den Menschen erscheinen, und zwar an mehreren Orten gleichzeitig, während sie trotzdem den Kreis nicht verlassen.

Voraussetzung der Mitgliedschaft ist erstens, daß der Heilige selber sie will, zweitens, daß der Vater ihn würdig findet, dort zu stehen.

Die Ehrwürdigen vereinigen mehrere Teilindividualitäten in sich, es finden sich in ihnen also Seelenteile von verschiedenen Heiligen in einem, die verschiedene Formen von heiligmäßiger Lebensweise repräsentieren und die also mehrere heilige Inkarnationen erlebt haben. Nun tragen sie das Herz aus vielen Heiligen in sich. Die Mitglieder sind über viele Jahrtausende ausgewählt, sind also auch schon in vorchristlicher Zeit mit besonderer Liebe zum Schöpfer angetreten.

Den Vorsitz im Rat der Ehrwürdigen führt die Taube als Symbol für den Heiligen Geist (bzw. die Heilige Seele). – Ich (Bruder Tullian) habe hier eine ähnliche Funktion wie Amael beim Hohen Rat.

Donnerstag, 21. 9. 95

Inneres Kind

Der heilige Nikodemus: Ihr habt schon einmal die Innere Krypta mit dem Inneren Kind kennengelernt (6. 6. 1995, Bd. I S. 182). Heute will ich sie mit euch noch einmal besuchen, wenn ihr wollt. – *Ja.* – Die Innere Krypta entspricht in der Chakrenlehre dem sogenannten »Nabelchakra«, das sich etwa 3 Finger breit unter dem Bauchnabel befindet, etwa dort, wo bei Frauen die Gebärmutter sitzt, also unterhalb des Solarplexus, der »Inneren Quelle«, und oberhalb des Wurzelchakras, des »Inneren Meeres«. Die Innere Krypta ist von der Inneren Kirche aus durch eine Treppe zu erreichen, an der Inneren Quelle vorbei. Die Krypta ist ein ebenso heiliger Innenraum wie die Innere Kirche. Diese beiden Innenräume gehören eng zusammen. Es gab immer Kirchen-Baumeister, die die Krypta, den unteren Raum gut ausstatteten und wußten: er trägt die Kirche. Sie schufen äußere Nachbildungen der Inneren Krypta.

In vielen spirituellen Schulen war es üblich, in der Außenwelt eine Entsprechung zu schaffen, d. h. einen – meist unterirdischen – Raum, der wie die Innere Krypta ausgestattet war, um dort eine Einweihung zu vollziehen. Heute ist ein solcher Raum nicht mehr sinnvoll, ebensowenig wie überhaupt solche Gruppenarbeit unter Anleitung eines »Meisters«. Vielmehr ist es sinnvoll, sich in die Innere Krypta zu begeben – das kann zu Hause im Zimmer geschehen –, und zwar ohne äußere Zusammenarbeit mit anderen Menschen. Dann kann es durchaus geschehen, daß es zu einer Einweihung kommt, nämlich unter der Einwirkung des Inneren Kindes.

Beim ersten Besuch kann die Krypta wirken wie ein lange nicht betretener Raum: düster, feucht, modrig, ungepflegt. Die Krypta bedarf dann einer gründlichen Reinigung – anders als die Innere Quelle: diese reinigt sich von selbst.

Steigt hinab und seht euch um. Ihr seht das Innere Kind wie im Alter etwa zwischen einem halben Jahr und zwei bis drei Jahren. Aber täuscht euch nicht, sein Geist und seine Macht sind von gewaltiger Größe. Es wird von einem Engel beschützt, behütet und genährt. Er hält es in den Armen wie eine Mutter ihr Kind. Er ist immer dabei. Aber seht zu: Der Engel hat die Größe eines Domes, er gehört zu den Höheren Hierarchien.

Auch das Innere Kind kann Flügel haben. »Putten« sind nicht immer eine Verniedlichung der Engel, sondern oft Bilder des Inneren Kindes.

Dieses spricht nicht in Worten, sondern durch Mimik und Gestik und vor allem durch die Augen. Begrüßt es und unterschätzt es nicht: es ist göttlicher Herkunft!

Ist es ein Engel?

Nein, ein mächtiger Herrscher der Engel, genauer: der Herr der Engel. Das Herzchakra ist der Raum des Christus, der in euch lebt. Das Innere Kind ist der göttliche, väterliche Impuls, eigentlich: der Vater im Menschen, der die Fähigkeit hat, lebendig zu machen, Leben zu schaffen.

Es sieht aus wie ein hilflos wirkendes Baby, ihr empfindet Entzücken, wenn ihr seine kleine Hand seht. Aber wenn sie euch berührt, werdet ihr sie als eine ganz große, starke und mächtige empfinden. Es gibt sich alle Mühe, deinen Vorstellungen von einem Kind zu entsprechen: rosig, fröhlich, lächelnd, zart, aber es ist auch sehr klar, sehr ernst, offen und direkt. Gedenkt der Worte: Wer nicht von neuem geboren wird, kann das Himmelreich nicht schauen. Das Kind bewirkt eure Neugeburt in der Welt der Erwachsenen.

Das Innere Kind ist ein wunderbarer Lehrer und Meister. Es gibt euch wortlos durch Gedanken und Blicke klare Anweisungen: z. B. ihm etwas zu bringen oder täglich ein Wort zu sagen oder nicht zu sagen. Ihr solltet sie immer befolgen, auch wenn ihr sie nicht versteht. Seine Lehrmethoden sind nicht logisch und intellektuell, aber sehr wirksam. Nähert euch dem Inneren Kind in Andacht und Demut. Schaut ihm direkt in die Augen, mit demütigem, aber klarem Blick, bittet es, euch anzuschauen und haltet seinem Blick stand.

Dazu ist es nötig, sich von der Außenwelt und allen äußeren Verrichtungen zurückzuziehen. Geht folgendermaßen vor: Betretet die Krypta und schließt ihre Tür von innen. Schweigt. Dann sucht den Blick des Inneren Kindes. Es bedarf großer Standhaftigkeit, diesen Blick auszuhalten. Er ist so mächtig, daß es euch damit zerschmettern könnte: Der Blick des Inneren Kindes ist kein irgendwie gearteter Kinderblick, sondern er ist der »Immeranfang«, der »Urblick«, die »Quelle aller Quellen«, der Blick vor aller Zeit und Schöpfung. Es ist tatsächlich so: Wenn euch das Innere Kind anblickt, erblickt es euch von eurem Anbeginn an, es überblickt alle Inkarnationen, seit ihr erschaffen wurdet, auch eure Absprachen vor dieser Inkarnation, damit eure Aufgaben und eure Verflechtungen. Es ist schwierig, dem Inneren Kind in die Augen zu sehen und seinem allwissenden Blick standzuhalten: ihr seht euch in ihm widergespiegelt, verliert das Gefühl für Raum und Zeit. Das kann euch sehr bestürzt machen.

Stellt euch einmal vor, ihr stündet dem Gekreuzigten gegenüber, dieser blickt euch an, und ihr versucht wahrzunehmen, was dieser Blick euch sagt, versucht dies anzunehmen und umzusetzen. Diese Vorstellung ernstlich geübt, vermittelt eine erschütternde und lebensumwandelnde Erfahrung. Und dann stellt euch vor, das Innere Kind blickt euch an. Ihr werdet sehen: diesem Blick standzuhalten ist noch schwerer, als dem Blick des

Gekreuzigten standzuhalten. Denn das Innere Kind ist der Repräsentant des Vaters in euch.

Wenn ihr z. B. eine besondere Aufgabe übernehmen wollt, dann teilt das dem Inneren Kind mit und bittet es, euch zu antworten. Wenn das Innere Kind zustimmt, laßt euch von seiner kleinen Hand berühren. Damit macht es aus eurem Wunsch einen himmlischen Auftrag. Dann übernimmst du die gewünschte Aufgabe nicht mehr aufgrund deines eigenen Betreibens, sondern du stellst dich in den Dienst des Himmels und wirst von ihm in Dienst genommen. – Ähnlich ist es, wenn du den Wunsch hast, ein Gelöbnis abzulegen. Dann sagt dir vielleicht das Innere Kind mit seinem stummen Blick und mit der Berührung seiner Hand: Es ist gut, wir nehmen das Gelöbnis an und geben dir die Kraft und die Gaben, die du brauchst, um das Gelöbnis zu erfüllen. Dann laßt wiederum eine Zeit der Stille folgen. Eure Haltung sei Demut und Dankbarkeit.

Zu den Aufgaben des Inneren Kindes gehört nicht nur, Einweihungen zu vollziehen, sondern auch, Lebendigkeit, Frische, Freude zu spenden. Es ist fröhlich und lustig, wenn auch mit einem gewissen Ernst. Wenn eure Chakren nicht in Ordnung sind oder das Energiefeld nicht stimmt – dann begebt euch in die Innere Krypta und bittet das Innere Kind, diese Chakren zu berühren. Dann werden sie heil und lebendig. Man kommt hierher, wenn man geängstigt, gepeinigt, traurig, verzweifelt ist. Es ist ein Ort, der wieder jung und lebendig macht. Er zeigt das Neue auf, wenn alles verloren scheint.

Das Kind, das ihr wart, wurde gespeist aus dem Inneren Kind. Daher sind Fähigkeiten der Kinder oft verwunderlich. Aber das Innere Kind ist viel mehr als das Kind, das ihr wart.

Es ist wichtig, den Zugang zu ihm zu finden. Ist die Innere Krypta verschlossen und unzugänglich oder wird das Innere Kind weder wahr- noch ernst genommen, weder angesprochen noch besucht, so fällt man dem Alterungsprozeß viel stärker anheim. Bewahrt man sich den Zugang zu ihm, so bleibt man auch im Alter frisch und lebendig.

Wer in die Innere Kirche geht, sollte also auch die Innere Krypta besuchen, die das Fundament der Inneren Kirche bildet, und das Innere Kind hegen, ihm danken und es anbeten. Das führt zu wahrer Erleuchtung und Weisheit. –

Und noch etwas: Das Innere Kind kann die Vergangenheit und die Zukunft heilen, weil es immerwährende Gegenwart ist. Es ist der »Immer-Anfang«, es kann alles neu machen. Was immer es berührt mit seiner Hand oder seinem Blick, empfängt Erneuerung, Heilung und einen Neubeginn. Habt ihr beispielsweise schmerzliche Erinnerungen, Erlebnisse der Vergangenheit, so stellt sie vor das Innere Kind.

In jedem Leben gibt es ja Erinnerungen, die schmerzhaft, verletzend, unglückselig sind, die nicht zur »goldenen Vergangenheit« gehören und die in euch unangenehm nachwirken oder euch innere Schwierigkeiten verursachen, z. B. ein gravierender Streit, der Bruch einer wertvollen Beziehung, eine Tat, derer ihr euch schämt. Wenn ihr jetzt in einer einigermaßen gesicherten Gegenwartsposition steht und euch im Ganzen wohl befindet, dann holt jenes Geschehen vor euer inneres Auge. Faßt es in einem Bild des entscheidenden Moments zusammen wie in einem Bühnenbild. Dieses verkleinert in eine Miniaturnachbildung wie aus Holz, Ton oder dergleichen, die ihr auf einem roten Kissen in der Hand tragen könnt. Bittet das Innere Kind, es möge die nachgebildete Szene mit seinem Blick, mit einem Lächeln betrachten oder mit seiner Hand berühren.

Dann kann folgendes geschehen: Entweder das Bild löst sich auf in leichte, lockere, wunderschöne Luftblasen (wie Seifenblasen), oder es zerbricht in tausend Stücke, oder die Szene verändert sich: die Beteiligten nehmen eine andere Haltung ein, die eine Veränderung ihrer inneren Haltung und ihres Handelns anzeigt. Ihr werdet sehen: die Wunden heilen, die Schmerzen vergehen. Auch in der Großen Chronik werden so die Wunden der Vergangenheit geheilt.

Ebenso könnt ihr auch mit schmerzlichen Erinnerungen verfahren, die nicht euer individuelles Leben unmittelbar betreffen, sondern geschichtliche Ereignisse eurer Nation oder auch der Kirche. Denkt z. B. an die Verfolgung der Juden oder an die der Templer, der Katharer oder der Hexen. Wählt einen Tag zu ihrem Gedenken, oder schließt euch an einen offiziellen Gedenktag an. Dann sind zunächst eine wissenschaftliche und danach eine poetische Vergegenwärtigung vonnöten: Informiert euch gut über die Zusammenhänge, versucht, darüber zu lesen und zu recherchieren. Dann führt euch künstlerisch gestaltete Aufbereitungen vor Augen oder vor das Gehör. Beides ist unentbehrlich: die sachliche Information und der künstlerische Ansatz. Dann schafft wieder die Miniaturnachbildung einer das Geschehen charakteristisch zusammenfassenden Szene, tragt sie auf der Hand zum Inneren Kind und bittet es, sie zu berühren. Das wird die großen Wunden wenigstens ein wenig lindern.

Das heißt auch: Das Feiern von Gedenktagen, wenn es nicht nur äußeres Treiben ist, sondern im Innenraum mitvollzogen wird, kann diese heilende Wirkung haben. Gedenktage und Feiern sind Aufrufe für diese innere Arbeit. Ich kann euch sagen: es ist eine sehr beglückende Arbeit. Tut also so viel ihr könnt in diesem Sinne.

Es macht einen Unterschied, ob ihr zum Inneren Christus oder zum Inneren Kind geht. Der Innere Christus ist euer Meister, Lehrer, Freund und Bruder. Man folgt ihm nach, man stellt sich in seinen Dienst. Man fragt ihn z. B.: wie kann ich meine Aufgabe noch besser erfüllen?

Das Innere Kind ist nicht dein »Freund«, sondern eine Instanz noch hinter dem Inneren Christus und oberhalb seiner. Es widerspiegelt den Schöpfungsimpuls in euch. Selbst Christus könnte nichts schaffen ohne es, auch der Sohn hat während seines Erdenlebens seine Kraft aus dem Inneren Kind geschöpft. Willst du in seine Nachfolge treten, so wird dich das Innere Kind bestärken und kräftigen. Wende dich an das Innere Kind, dann gehst du mit ganz anderer Kraft zum Inneren Christus.

Warum kam denn der Sohn als Kind zur Welt? Er hätte ja auch die Möglichkeit gehabt, sich als Erwachsener zu materialisieren. Warum beginnt die Erdengeschichte des Sohnes mit der Weihnachtsgeschichte? Indem sie mit dem Kind beginnt, beginnt sie mit dem Vater, dem Urgrund des Sohnes. Die Vater-Sohn-Beziehung spiegelt sich in euch in dem Verhältnis von Innerer Krypta und Innerer Kirche. Nicht zufällig begann das Urchristentum in den Gewölben.

Wenn ihr dem Blick des Inneren Christus begegnet, so schaut ihr in ein menschliches Antlitz: Seine ganze Gestalt, sein ganzes Gesicht, seine Augenbrauen, die Fältchen usw. gehören zu seinem Blick. Wenn ihr hingegen dem Blick des Inneren Kindes begegnet, so seht ihr nur zwei Augen ohne Wimpern wie zwei Punkte: zwei Tore in der Tiefe. Man schaut wie durch ein Fernrohr immer tiefer durch alle Ebenen, alle Hierarchien, alle Zeiten hindurch.

Der Heilige Tag des Inneren Kindes ist der Sylvester-Abend mit Neujahr. Ihr solltet euch dann von ihm segnen lassen für das neue Jahr.

Das Innere Kind richtet an euch eine ernste Einladung, eine Bitte um Erscheinen. Es wünscht euren regelmäßigen Besuch. Es möchte etwas lehren, euch unterrichten und Informationen geben. Und es ist die Quelle der Vitalität, gibt Kraft, überwindet Müdigkeit, macht jung, lebendig, frisch und freudig.

Sonntag, 24. 9. 95

Maria Magdalena. Naturheilkunde

(»Samarin«, der aussieht wie ein magerer, kahlköpfiger Bettler aus der Wüste, winkt uns herbei: »folgt mir nach«. Unsere Führungsengel lehnen das vehement ab.)

Führungsengel: Heute ist es für Engel und Naturgeister mühsam, den Raum zu schützen. Innerhalb der Schutzvorrichtungen ist alles friedlich und in Ordnung, aber außen pustet ein Sturm und rüttelt vehement an Wänden und Dächern – wie in der Apokalypse. Denn heute ist – wie jeden letzten Sonntag im Monat – ein Jünger-Sonntag, und zwar ist es der Tag der Maria Magdalena, die Judas, den Verräter im Jüngerkreis, ersetzt hat. Zugleich ist es aber im Untergrund auch der Tag des Verräters. So ist es der Tag zugleich des Unheils und des größten Heils, ein Tag der Extreme.

Nach der Apostelgeschichte wurde Judas durch Matthias ersetzt (Apg. 1,23–26). Wie ist das zu verstehen?

Die betreffende Stelle ist authentisch und historisch korrekt. Aber die Jünger hatten nicht die Vollmacht, jemanden zu kooptieren. Sie zählten zwar Matthias zu ihrem Kreis auf Erden, doch der Herr berief in den himmlischen Kreis der 12 Jünger nicht ihn, sondern Maria Magdalena.

Die Jünger konnten das nicht wissen; in ihrer Vorstellungswelt wäre es eine Unmöglichkeit gewesen, eine Frau in ihren Kreis zu wählen, und sie wäre auch in der damaligen Welt nicht akzeptiert worden. Deshalb hat der Herr nicht eingegriffen und die Kooptation des Matthias – der eine sehr respektable Gestalt war – für die Dauer von dessen Erdenwirken gerne hingenommen.

Maria Magdalena arbeitet eng zusammen mit Johannes. Sie übernimmt aber in Ergänzung dazu vieles, was mit Heilung zu tun hat: Sie repräsentiert eine Mischung aus Priesterschaft und Heilung. Im Strahl der Maria Magdalena zu arbeiten bedeutet Frauenpriesterschaft, die etwas anderes ist als die petrinische Priesterschaft. Die Schulmedizin ist, wenn sie recht verstanden wird, die petrinische Form der Heilung: es gibt dort viel Gutes und Heilbringendes. Die sogenannte alternative Medizin, die »sanfte« Medizin, die »Naturheilmethode« bildet dazu die weibliche Ergänzung.

Im Moment ist für euch nur wichtig, die Doppelschichtigkeit des Tages zu verstehen. In Maria Magdalenas Strahl zu arbeiten, ist eine große Herausforderung. Die Gefahr ist groß, in die Schattenseite zu verfallen. Deshalb kann auch die »alternative« Medizin leicht umkippen in Hexerei, die Weiße Magie in Schwarze, die Lehre in Irrlehre, Heilung in Zerstörung, Befreiung in Versklavung. Es bedarf eines großen Maßes an ethischer Verantwortung und Disziplin, insbesondere auch der Erarbeitung von Wissen und Kenntnissen, die das Studium der naturwissenschaftlichen Medizin vermittelt. Man braucht anfangs die »Schulmedizin«, um nicht irre zu gehen, kann sie aber später weiterführen und ergänzen. Doch in der »alternativen« Medizin ist der Judas-Aspekt immer angelegt und bildet eine unterschwellige Gefahr. Deshalb wird die alternative Medizin ganz zu Recht oft so negativ beschrieben und geheimgehalten. Sie kann wirklich sehr gefährlich sein. Ein Verrat eben an der Heilung – wie Judas Verräter war am Heiland.

Die alternativen Heilmethoden erfordern ein großes Maß an Sichzurücknehmen des Heilenden und ein Selbstverständnis des Arztes als Priester. Er ist heiliger Übermittler. Seine Informationen über anzuwendende Mittel empfängt er eher von woanders als aus Büchern und Experimenten. Wenn er sich nicht zurücknimmt, kommt es oft zu verräterischem Arbeiten. Wer in diesem Strahl heilt, verfügt deshalb i. d. R. nicht über große Reputation, über Institute, Mitarbeiterstäbe und viel Geld, sondern er arbeitet still, oft ohne gesellschaftliches Ansehen und mit wenig Zuhilfenahme technischer Hilfsmittel. Das Vorbild des in diesem Strahl Heilenden ist und bleibt der Herr, der durch Wort, Blick und Hand wirkte.

Alternative Heilmethoden können, wenn sie in sehr guter Weise ausgewertet werden, Öffnungen herbeiführen und energetisch wirken. Sie verlangen allerdings auch ein höheres Maß an guter religiöser Ausrichtung und ethischer Stabilität. Wenn ein Heiler fortschreitet, so entwickelt er sich in Richtung auf einen Priester zu.

Petrus ist der Fels: er verbürgt Sicherheit in einer stabilen, ruhigen Institution. Maria Magdalena hingegen ist kein Fels; sie repräsentiert das Prinzip der nach oben und in die Innenwelten gewandten Liebe. Diese wirkt ohne die Stabilität eines »Gebäudes«, einer Institution, ohne Absicherung – außer der nach oben und nach innen. Umso mehr bedarf die auf sie gegründete Heilarbeit der inneren Stabilität. Maria Magdalena erhob nicht den Anspruch auf äußere Sichtbarkeit. Sie stand auf Golgatha hinter dem Kreuz, sie repräsentiert, ganz allgemein, das Prinzip des »Dahinterstehens«, d. h. der Bescheidenheit und des Sichzurücknehmens.

Wer sich den alternativen Heilmethoden zuwenden will, bedarf unbedingt erstens einer soliden wissenschaftlichen Ausbildung, möglichst zum Arzt, mindestens aber in siebenjährigen, wissenschaftlich soliden, kontinuierlichen Studien zum Heilpraktiker. Es bedarf in a. W. eines »petrinischen« Fundaments, das den Bedingungen der irdischen Außenwelt Rechnung trägt. Die Heilmethoden, die der Maria Magdalena unterstellt sind, können dann ergänzend hinzutreten. Ganz allgemein wirkt ja die Esoterik am besten auf dem Grund des exoterischen Felsens, und das gilt auch für die Heilarbeit.

Zweitens kommt es darauf an, wie sehr der Heiler den Sohn liebt, und zwar ganz und gar: als Lehrer, Meister und Freund, als Vorbild und Bruder. Es bedarf der bedingungslosen und vollständigen Hingabe an den Sohn.

Drittens gilt es, eine Zusammenschau von Heilersein und Priestersein zu entwickeln, so daß er in seiner ganzen Lebenshaltung – ungetrennt priesterlich und heilend – zu wirken vermag. Der Heilvorgang besteht dann darin, daß er konkrete, ausgereifte Fragen nach oben richtet und verantwortet, um alsdann von oben Heil, Licht und Segen bringen zu können. Eine Heilung bedeutet dann nicht nur eine Symptomunterdrückung oder -verschiebung oder eine Eindämmung des Leids, und sie betrifft nicht nur den Körper, sondern auch die Seele: sie führt zu Freiheit und Frieden. Diese zwei Begriffe sind immer nur im religiösen Zusammenhang zu verstehen; insofern ist der Heiler zugleich Priester.

Viertens ist es hilfreich, wenn der Heilende einmal eine innere Heilung an sich selbst erlebt hat und von diesem Erlebnis überfließt und erschüttert ist – so wie Maria Magdalena es war. Sie hatte die Erfahrung gemacht, wie es ist, Dämonen aushalten zu müssen und fast von ihnen besessen zu sein, um dann von ihnen befreit zu werden. So konnte sie nachempfinden, was Heilung bedeutet.

Versucht jetzt einmal, euch in Maria Magdalena hineinzufühlen. Sehr hilfreich ist es, das Passionsgeschehen aus ihrer Sicht nachzuerleben. Sucht euch eine gute künstlerische Darstellung, z. B. die von Matthias Grünewald auf dem Isenheimer Altar. Ihr Leiden ist anderer Art als das der Mutter, die das entsetzliche Geschehen in seinen Zusammenhängen begriff. Maria Magdalena war von tiefer Verzweiflung und Hilflosigkeit erfüllt. Sie war die liebende Frau, der man ihren Gefährten nahm, ohne daß sie verstand, was geschah und warum es geschah. Ihr habt die Aufgabe, ihre Verzweiflung nachzuempfinden. Sie befand sich am Rand der Normalität, sie drohte zu zerbrechen. So ähnlich sollte der Arzt in einer hoffnungslos erscheinenden Situation an der

Krankheit verzweifeln: er kann sie nicht begreifen, kann mit den normalen medizinischen Mitteln nichts mehr machen, hat aber das Gefühl, er müsse es dennoch versuchen.

Dann versucht er, sich ganz in Maria Magdalena hineinzuversetzen, sie selbst zu sein: Er lehnt sich von hinten an das Kreuz und erlebt Sinnlosigkeit, Trauer und Verzweiflung. Und nun achtet er auf die Worte, die der Herr zu Maria Magdalena spricht: es sind heilbringende Worte des Trostes und der Offenheit für den Himmel. Während man Ärzten normalerweise den Rat gibt, sich von den Leiden der Patienten nicht persönlich affizieren zu lassen, läßt sich der im Strahl der Maria Magdalena wirkende Arzt davon berühren, ja erschüttern und lebt es nach, als wäre es das eigene Leid oder das der eigenen Eltern oder des Lebensgefährten. Dann gibt er es nach oben ab – mit dem Rücken von hinten an das Kreuz gelehnt – und atmet tief durch. Dann wartet er ab, was geschieht.

Nicht nur für die Heilarbeit, sondern ganz allgemein gilt die praktische Anweisung: Wenn du verzweifelt bist, lehne dich wie Maria Magdalena an das Kreuz an und erlebe, wie sich das anfühlt. Lauf in den Wald, lehne dich an einen Baum, als sei er das Kreuz, und hadere: dann wirst du die Einsichten bekommen, deren du bedarfst. –

Wer war dieser Samarin, der am Anfang der Sitzung erschien, und was wollte er?

Er hätte euch mit der Gestalt des Judas näher bekannt gemacht, er ist ein Führer in diese Gefilde. Diese kennenzulernen, ist sinnvoll, damit man Menschen besser versteht, die sie durchlebt haben. Das kann auch für die Heilarbeit nützlich sein. Samarin ist nicht selbst ein Böser.

Rudolf Steiner soll gesagt haben, Judas habe sich später in der Gestalt des heiligen Augustinus wieder verkörpert. Stimmt das?

Nein. Träfe das zu, wäre Augustinus nicht, wo er ist: im Rat der Ehrwürdigen. Es gibt überhaupt keine namhafte Inkarnation, in der sich Judas wiederfindet, er ist namenlos geworden. Er ist auch nicht etwa im Dienste bedeutend geworden, sondern er hatte überhaupt keine Existenz, die irgendwie in die Geschichte eingegangen wäre. Man nimmt ihn spirituell nicht ernst, er wird nicht gefürchtet, man hält ihn ferne. Die völlige Bedeutungslosigkeit ist eine niederschmetternde Erfahrung für ihn. Demnächst wird er eine neue Chance bekommen, wenn Christus im Ätherischen wiederkehrt.

Ihr braucht euch mit ihm jetzt nicht zu beschäftigen. Es erschien uns wichtiger, daß ihr mit der Gestalt der Maria Magdalena vertraut werdet.

Dienstag, 26. 9. 95

Die Dynameis

Der heilige Nikodemus: Seid ihr bereit zu einem Besuch der Dynameis? – *Ja.* – Ich werde euch begleiten. Es ist wichtig, daß ihr euch körperlich wohl fühlt und ganz entspannt seid. Zunächst werdet ihr umhüllt von einem Lichtmantel – weiß, lila und gold. – Jetzt vollzieht wieder den Aufstieg durch den Ausdruck des Dankes von Stufe zu Stufe, wie ihr es vom Besuch der Archai und der Exusiai her kennt.

Den Dynameis könnt ihr nicht unmittelbar gegenübertreten, sondern ihr bleibt von ihnen getrennt durch eine durchsichtige Wand wie ein vertikal aufgestelltes Meer, mehrere Kilometer dick: Es wirkt wie Wasser, steht aber stille. Es ist, wie wenn ihr in einen See taucht und von unten gegen die Wasseroberfläche schaut. Diese Wand mindert die Strahlung, sie bietet einen Schutz gegen Wärme und Helligkeit. Ohne sie wärt ihr geblendet, könntet nichts sehen und wäret überhaupt in eurer Wahrnehmungsfähigkeit beeinträchtigt. Aber täuscht euch nicht: sie sehen euch.

Versucht nun einmal, durch die Schutzschicht hindurchzuschauen. Ihr seht – gedämpft durch das Wasser – ein Gesamtwesen aus Engelwesen, nicht einzelne Dynameis, sondern »die Dynameis« – einen großen aus Engeln bestehenden Engel. Einzelne Dynameis lösen sich nur ausnahmsweise und kurzfristig für besondere Aufgaben aus der Gesamtheit, sie wirken normalerweise nicht als einzelne, wie z. B. die Erzengel. Die einzelnen

Dynameis bewegen sich in diesem Gesamtwesen in Gestalt einer liegenden Lemniskate: ∞.

Auch das Gesamtwesen selbst zieht in ständiger wellenförmiger Bewegung seine Bahn in Gestalt einer Lemniskate. Es wirkt wie ein großer Engel in meerblauen Tönen, warm, lebendig, hell, strahlend. Die Meerfarbe hat nichts Kühles, sondern wirkt wie Sonnenlicht, das zu Wasser wird; das Blau wechselt zwischen Aquamarin, Hellblau, Tiefblau, Türkis, es mischt sich Grün hinein. Das Ganze ist ein Spiel aus zwei Lichtqualitäten, die den Sohn und die Mutter repräsentieren – Sonnenlicht und Mondenlicht; die Bewegung als solche repräsentiert den Vater.

Man sieht keine Gesichter, auch kein Gesicht des Gesamtwesens, sondern über der liegenden Lemniskate ein großes Auge. – Der einzige, der das hätte malen können, ist Picasso: einen seitlichen Anblick, um dem Gesicht zu entgehen, mit dem einen, großen Auge. Eine klassische Darstellung kann nicht gelingen, sie würde dem Anblick nicht gerecht. Es bedarf des Aufbruchs der Perspektive, damit man in dem einzelnen Auge das ganze Gesicht erfaßt.

Nun, da ihr oben angekommen seid, sprecht die Begrüßungsformel:

Wir grüßen euch,
ihr Mächtigen,
ihr Heiligen Beweger.

Die Dynameis antworten:

Wir halten unsere Flügel still.

(Nikodemus erläutert:) Ihr würdet sonst weggefegt. Ist es euch recht, daß ich sie nach ihren Aufgaben frage? – *Ja.* –

Die Dynameis:

Wir wenden die Welt,
wir biegen die Menschen,
wir heilen die Völker,
wir tun Wunder in den Zeiten.

Nikodemus erläutert:

1. »Wir wenden die Welt«, d. h., sie setzen weit über einzelne Kulturimpulse hinausgehende, elementare Bewegungen in Gang. Diese verursachen z. B. die Kontinentalverschiebungen. Sie hätten auch die Möglichkeit, die Welt umzustrukturieren, z. B. die Pole umzupolen und Eisdecken zu verschieben. Doch sie bewegen auch den Wechsel der Kulturepochen. Zu ihren Aufgaben gehört u. a., ganze Kulturen verschwinden zu lassen und neue hervorzubringen. Denn jede Kultur trägt unter dem Einfluß der Hierarchien zur Linken die Tendenz zur Erstarrung in sich. Dem wirken die Dynameis entgegen und sorgen für ständige Bewegung und Lebendigkeit.

   Auch im 20. Jahrhundert, das so bewegt war wie wenige, zeigt sich in den letzten rund 30 Jahren diese Tendenz. Die Hierarchien zur Linken möchten das Jahrhundert in Trägheit und Erstarrung münden lassen, damit nichts geerntet wird, d. h. damit die Lehren aus den Erfahrungen des Jahrhunderts nicht gezogen werden. Ihr Ziel ist, daß das soziale Miteinander zäher wird und verkümmert, so daß kein Erfolg eintritt. Die Dynameis setzen dem Impulse neuer Lebendigkeit entgegen. Es sind aber derzeit keine dramatischen Veränderungen, keine größeren Kriege oder Naturkatastrophen geplant.
2. »Wir biegen die Menschen«: d. h., sie wirken durch ihre Impulse den Erstarrungen entgegen, und zwar nicht nur bei ganzen Kulturen, sondern auch bei einzelnen Menschen. Die Hierarchien zur Linken streben nach Verlangsamung, Trennung, Vereinsamung; ihre Tendenzen richten sich darauf, es immer dunkler, kälter, ärmer, hoffnungsloser, schließlich regungslos werden zu lassen. Dem wirken die Dynameis entgegen durch Impulse der Wärme und der Liebe.

   Es kommt oft vor, daß sehr aufrechte, gradlinige Menschen im Aufrechtstehen starr werden. Das ist eine gefährliche Sackgasse: Mit jedem Schritt ist die Versuchung verbunden, ihn als den wichtigsten und letztmöglichen zu betrachten, mit jeder Tugend die Versuchung, in ihr Perfektion erlangen zu wollen. Die Perfektion ist eine große Gefahr: Die Tugend wird zur Härte gegen andere, die Gerechtigkeit zur Selbstgerechtigkeit. Das Streben, eine christliche Kultur aufzubauen, führte zur grauenhaftesten Ketzerverfolgung – usw.

Die Hierarchien zur Linken, die sich die Menschen hart und unbeweglich wünschen, versuchen auch die Tugenden, ja selbst noch die heiligsten Handlungen zur Erstarrung zu bringen. Eine starr gewordene Tugend leuchtet nicht mehr, ebensowenig das Tun eines in Starrsinn verfallenen Priesters, Künstlers, Philosophen, Theologen, Lehrers usw. Ohne die Liebe ist alle Tugend nichts. Die völlige Erstarrung würde das Anhalten der Schöpfung bedeuten. Das Prinzip der Schöpfung aber ist ständiges Fließen, immerwährendes Neuwerden: Das Licht kann gar nicht stille stehen. Die Dynameis greifen ein, um der Tendenz zur Erstarrung entgegenzuwirken, die Menschen wieder in Bewegung zu bringen, überhaupt die ganze Schöpfung in Bewegung zu halten.

Euch Menschen gilt die Empfehlung, euch, wenn nötig, zur Bewegung zu disziplinieren. Das gilt schon in körperlicher Hinsicht: Bleibt in Bewegung, z. B. durch gehen, laufen, schwimmen, tanzen, Ball spielen, Gymnastik!

Das gilt auch für die Ebene der Gefühle: versucht, euch bewegen zu lassen, und zwar möglichst vom Schönen: von Kunst und Musik, von der Natur, von der Begegnung mit neuen Menschen. Versucht, auch andere Menschen zu bewegen, z. B. Kinder zum Zuhören zu bringen, auch, sie zur Ruhe zu bewegen: das ist kein Widerspruch in sich; denn Ruhe bedeutet nicht Starre, sie ist im Gegenteil die Voraussetzung für innere Bewegung. Es gilt auch für die Ebene der Tugenden: Schreitet fort in der Übung verschiedener Tugenden, sucht euch z. B. Woche für Woche eine andere Tugend aus, auf die ihr besonders achten wollt.

Es gilt für die Ebene der Gedanken: Laßt euch von keinem philosophischen Gebäude einfangen und festhalten, sondern verlaßt eure Vorstellungen von der Welt und bleibt auf der Suche. Und wenn ihr z. B. die Lyrik liebt: schreitet fort von Gedicht zu Gedicht. Natürlich dürft ihr euch immer wieder an dem lieb gewordenen Alten erfreuen, aber begnügt euch nicht damit, sondern erweitert ständig euren Horizont.

Und es gilt auf der spirituellen Ebene: Bewegt euch möglichst täglich dem Himmel entgegen, geht hinauf zu den Heiligen, zu den Hierarchien, beteiligt euch an ihrem Lobpreis der Trinität, wendet euch täglich einmal an die Mutter. Geht in die Knie und erhebt euch wieder. Und geht in eure Innenräume.

Tut ihr das nicht von euch aus, so geratet ihr über kurz oder lang in schicksalhafte Verstrickungen, die euch auf schmerzhafte Weise wieder in Bewegung bringen werden. Die Dynameis beugen und biegen euch dann in die Zeit hinein, um euch flexibel zu machen.

So lehren sie die Menschen, in jeder Situation angemessen zu agieren, sich Wandlungen gewachsen zu zeigen, auch »Schicksalsschläge« souverän zu meistern. Sie gaben den Menschen nicht nur Seele und Bewußtsein für die Selbstgestaltung ihrer Zukunft, sondern auch das Gefühl der Souveränität. Es geht nicht nur darum, zu denken, zu fühlen, zu wollen und zu handeln, sondern darum, souverän zu denken, zu fühlen, zu wollen und zu handeln. Diesem Ziel dient eine Art geistiger Gymnastik, die sie mit den von Erstarrung bedrohten Menschen machen.

3. »Wir heilen die Völker«: Völker sind nicht nur Summen von Menschen, sondern auch Gesamtwesen, die ihre Aufgaben im kosmischen Ganzen haben. Es gibt die hierarchischen Instanzen, die sich um einzelne individuelle Menschen kümmern.

Die Dynameis heilen aber nicht einzelne Menschen, sondern das Gesamtwesen eines Volkes. Sie stehen in Verbindung mit den Erzengeln, die als Begleiter von Völkern wirken. Sie schauen erst auf diese und durch sie auf die Völker. Daran, wie es den Erzengeln geht, wie ihr Ausdruck, ihr Verhalten ist, erkennen sie den Zustand der Völker. Heilung bedeutet, daß das Gesamtwesen so licht, leicht und ganz wird, daß es aufsteigen kann. Letztlich bedeutet Heilung: Rückkehr zum Vater.

Wenn das Volkswesen strauchelt, matt wird, zu den Hierarchien zur Linken hin tendiert, an Unterkühlung leidet, dann wird der lichte Weg auch für den einzelnen dort sehr schwer. Und umgekehrt: Wenn ein Volkswesen geheilt ist, dann hat das eine heilende Wirkung auch auf die einzelnen Menschen, die in dem Volk geboren werden. So wird eines Tages das Paradies auf Erden wiederkommen, ein Garten Eden, ein Zustand des Friedens.

Geschah nach 1945 eine Heilung des deutschen Volkswesens?

Zunächst gab es eine Art Operation und anschließend eine Euphorie – ach, es geht uns wunderbar! –, aber keine wirkliche Heilung. Die Euphorie wich einem gewissen Schlafbedürfnis wie bei Frischoperierten. Das hatte seinen Sinn. Ein Operierter ist in einem sensibilisierten Zustand, wenn er nicht dahindämmert. Doch jetzt besteht die Gefahr, einzudämmern. Die einen dämmern in Wohlstand, Sicherheit und Gemütlichkeit dahin, die anderen sind noch sensibilisiert, d. h. verletzt, hin- und hergeworfen. In vielen Familien wirkt noch das Gefühl der Entwurzelung, der Flucht, der Heimatlosigkeit nach. Solche Menschen sind eher als andere wach für ein – fast oder ganz – bewußtes Erleben der kommenden Wiederkunft Christi im Ätherischen. Es gilt jetzt: aufstehen, weitermachen, neue Versuche unternehmen. Beginnt jetzt! Es gibt andere Volkswesen, die es ganz und gar verschlafen werden: dort ist es dann auch für den einzelnen schwer, es zu erleben und sich mit anderen darüber auszutauschen. Bei den einen steht's in der Zeitung, bei den anderen kann man nicht einmal dem Ehepartner davon erzählen.

Es gibt verschiedene Typen und demgemäß auch eine Charakterkunde der Volkswesen. Deshalb ist es wichtig, Lehrgebäude und von Menschen geschaffene Institutionen nicht ohne weiteres in andere Völker zu exportieren. Sie sind an das Wesen des Volkes gebunden, in dem sie entstanden sind. Es gibt nur wenige Gedankengebäude, die wirklich globale Gültigkeit haben. Diese wurden von den Dynameis inspiriert.

Haben z. B. die Menschenrechte globale Gültigkeit?

Ja, vor allem der grundlegende Begriff, der der Menschenwürde, d. h. der Würdigung dessen, was ein Mensch ist. Dieser Gedanke ist durch Christus in die Welt gekommen und ist deshalb global. Die Menschenrechte versteht man erst richtig, wenn man begreift, was dahinter steht: Der Begriff der Menschenwürde, der zweierlei besagt: Erstens: der Mensch ist ein Geschöpf Gottes – wer Gott verehrt, würdigt seine Geschöpfe. Zweitens: der Mensch ist Wohnstätte von Vater, Sohn und Mutter. Wer sich an ihm vergeht, entwürdigt die Heilige Trinität.

4. »Wir tun Wunder in den Zeiten«: das Wunderwirken ist Ausdruck ihrer heiligen Souveränität. Wunder gehen immer durch ihre Hände. Für den Menschen, unter dessen Mitwirkung ein Wunder geschieht, kommt es auf die rechte Haltung in Raum und Zeit an: nämlich zwar aufrecht, aber biegsam, zwar mutig, aber demütig zu sein. Wenn die rechte Haltung des Menschen mit einer Bevollmächtigung von oben zusammentrifft, kann man alle Naturgesetze von Raum und Zeit überwinden. Man läßt sie einfach beiseite und schafft die Möglichkeit eines direkten Eingriffs. Daß man dann Menschen und Dinge, ja »Berge versetzen« kann, ist eine Realität. Alle Wunder gehen durch die Hände der Dynameis. Sie

könnten sie nicht bewirken, wenn sie vom Vater nicht bevollmächtigt wären. Doch er hat ihnen grundsätzlich diese Macht gegeben. Im Einzelfall müssen jedoch sowohl der Sohn als auch die Mutter zustimmen.

Wie schafft es ein Mensch, Wunder geschehen zu lassen? Kann er das?

Ja, er kann es, wenn bestimmte Voraussetzungen gegeben sind. Entweder er hebt die Hand zum Himmel und berührt die Dynameis; diese wenden sich dann an Mutter und Sohn. Oder er wendet sich unmittelbar an Mutter und Sohn und diese an die Dynameis. – Um die Hand so hoch heben zu können, sind folgende Kriterien zu erfüllen – das ist wichtig und unerläßlich, sonst reicht man nicht hinauf:

a) Es handelt sich um eine wirklich gravierende Situation von Wichtigkeit, Tragweite und Tiefe.
b) Völlige Lauterkeit.
c) Völlige Uneigennützigkeit.

Man kann die Dynameis mit der Hand erreichen, obwohl die Reise zu ihnen weit und beschwerlich erschien. Niemand käme auf die Idee, z. B. einen Kometen mit der Hand berühren zu wollen. Aber die Dynameis stehen immer auch gleich neben euch. Sie sind nicht »weit entfernt«, sondern in einer anderen Dimension, d. h., man kann sie als nah oder weit empfinden, je nach der eigenen Fähigkeit, Dimensionen zu überwinden.

Heißt das, wir können Helfer oder Diener der Dynameis werden?

Die Dynameis:

Uns dienen die Himmel,
was wollt ihr? Was wagt ihr?
Doch wagt uns zu rufen,
dann dienen wir euch.

Nikodemus: Ich hoffe, ihr wißt, was das bedeutet. Wer wagt, die Dynameis zu rufen, muß bestimmte Voraussetzungen erfüllen. Vor allem muß eine wirkliche Notlage bestehen, eine entscheidende, wichtige, dramatische Situation. Wagt nicht, ein Wunder zu Privatzwecken – eurer oder fremder – zu erbitten.

Doch kann z. B. die wunderbare Heilung eines einzelnen Menschen, mag sie euch auch von geringerer Bedeutung erscheinen, von großer Wichtigkeit und Tragweite sein. Wunder geschehen immer nur dann, wenn sie zugleich eine hinweisende Wirkung haben. Christi Wunder übten zugleich eine Wirkung auf diejenigen aus, die sie sahen oder davon hörten, und dies war genauso wichtig wie das Wunder selbst. So geschehen Wunder immer im Dienste einer solchen heiligen Wirkung, und immer im Dienst der Heiligen Trinität. Wenn euch ein Wunder widerfährt oder ihr gar selbst an einem Wunder mitwirkt, so betrachtet das nicht nur als ein Geschenk an euch, sondern gebt seine Wirkung weiter, »damit die Herrlichkeit Gottes offenbar werde«. –

Die Zeit ist um: Zum Abschied sprecht mit mir:
  Wir danken den Heiligen Bewegern.
  Wir preisen den Herrn,
  wir geben uns der Mutter hin,
  wir beugen uns vor dem Vater.
Die Dynameis: – So sei es, das tun auch wir.

(Zurück in der Inneren Kirche gibt uns Nikodemus noch folgende Hinweise:) Zusammenfassend ist wesentlich:

1. Die Dynameis arbeiten immer mit Mutter und Sohn zusammen. Die Anbindung nach oben ist nie einseitig, sondern immer durch die Mutter zum Sohn oder durch den Sohn zur Mutter, und dann natürlich zum Vater.
2. Behaltet das Verhältnis von Kleinheit und Größe im Sinn: Ihr könnt mit den Händen den Himmel berühren und den Kontakt zu den Dynameis wagen. Im Kontakt zu ihnen seid ihr

unendlich klein. Wer aber wagt, anzuklopfen, der ist so groß wie sie.

3. Eine Übung, die jeder für sich alleine machen kann, nicht nur in der Gruppe: Ihr könnt in den Bereich der Dynameis auch über das Scheitelchakra gelangen. Dessen Innenraum ist ja der Kosmos. Ich begleite euch: ihr reist in rasender Geschwindigkeit durch das Planetensystem und durch die Galaxien. Es bedarf des Mutes, so zu fliegen und den Flug immer zu beschleunigen. Voraussetzung dafür ist, daß ihr gut geerdet seid, sicher sitzt und euch wohl fühlt. Sollte das nicht der Fall sein, werden der Schutzengel und der Innere Weise die Reise verhindern; z. B. wird euch übel oder ihr werdet von außen gestört. So besteht keine Gefahr. Die Reise steht überdies unter der Obhut der Engel.

   Plötzlich habt ihr das Gefühl, fast stille zu stehen. Ihr atmet wie in Zeitlupe und nehmt die Beweglichkeit des Raumes wahr: Alles atmet und braust und stürmt und klingt, alles ist in Bewegung, ihr empfindet das Wesen der Dynameis. Der »Stillstand« ist wie das Durchbrechen der Schallmauer. Du bist in Ruhe, der Kosmos bewegt sich, du nimmst die eigene Bewegung nicht mehr wahr, du empfindest das Wesen der Dynameis. Das kann sehr erschütternd wirken. Ihr glaubt, stillzustehen und etwas zu hören wie ein Geräusch des Meeres aus Tönen, Klängen, Licht, flüssigem Gold. Ihr vernehmt die Sphärenharmonien. Ihr dürft es genießen, aber nicht lange. Dann fallt ihr zurück, die Eindrücke werden schwächer und leiser, es siegt die Erdenschwere.

Übt das, damit es euch geläufig wird, wenn ihr in die Gefahr kommt, zu erstarren, traurig und hoffnungslos zu werden, die Zukunft nicht zu ertragen oder mit der Vergangenheit nicht fertig zu werden.

Um zu den Dynameis zu gelangen, solltet ihr den Kontakt zu mir (Nikodemus) pflegen. Mich trefft ihr immer bei den Elohim. Ich darf euch noch manches Wunderbare zeigen.

Dienstag, 3. 10. 95

Engel der Herbstzeit

(Wir werden in den Friedensdom geführt. Anwesend sind unsere Führungsengel, ein Andreas-Engel, Irminrad/Irminrod – s. Bd. I S. 255 – und ein weiterer Engel, den wir noch nicht kennen und der eine sehr feierliche Atmosphäre verbreitet.)

Führungsengel: Es ist der Engel der Herbstzeit. Wollt ihr ihn hören? – *Ja.* – Aber dann wird es ernst. Er spricht nicht selbst, das wäre viel zu laut. Wir übermitteln, was er euch sagen möchte:

Der Advent, die jährlich sich wiederholende Ankunft des Herrn, beginnt in Wirklichkeit nicht, wie die Menschen meinen, im Dezember, sondern mit dem Herbst. Der Herbst beginnt mit Michaeli (29. September). Die Sommerzeit ist die Zeit der Mutter, Winter und Frühling (die Zeit des Schöpfertums) sind die Zeit des Vaters, der Herbst ist die Zeit des Sohnes. Im Herbst bestehen mehr Möglichkeiten zum Kontakt mit den Engeln des Herrn. Dazu bedarf es aber einer besonderen Hinwendung. Es genügt nicht, das Leben Jesu zu lesen und zu wissen, daß er im Innenraum lebt. Es bedarf auch eines bewußten Empfindens des Herrn. Es geht darum, daß ihr euch öffnet und in den Zustand versetzt, den Herrn in seiner irdischen Lebenszeit erleben zu können, und zwar so unmittelbar, als stünde oder säße er neben euch oder begegnete euch leiblich, so daß ihr ihn spüren, hören, sehen, fühlen könnt. Wenn ihr das möchtet, kann es heute geschehen. Dann ist für euch die Adventszeit eröffnet. Wollt ihr das? – *Ja.* – Es ist nichts, was man fordern könnte oder was die logische Folge von etwas ist. Man kann allenfalls darum bitten. Es ist ein Geschenk, laßt euch davon berühren.

(Es geschieht in Kapernaum. Die Begegnung wirkt erschütternd und löst Tränen aus. Die Engel warten, bis jeder von uns zurückgekehrt ist.)

Ihr könnt von jetzt ab bis Weihnachten einmal wöchentlich – oder, wenn ihr wollt, täglich – eine Szene aus dem Leben des Herrn miterleben, und zwar in doppelter Weise: Entweder ihr betet darum und gebt einen besonderen Wunsch an, z. B. die Szene in Kanaa, die Bergpredigt oder auch eine Szene, die gar nicht in der Bibel steht. – Oder ihr lest eine Stelle aus der Bibel, schließt die Augen und macht die Erfahrung, wie sie wahrhaftig erlebbar wird, und zwar konkret bis in die Einzelheiten: der Herr sitzt im Boot, die Wellen plätschern, das Holz knarrt, die Bank ist hart, das Boot schaukelt, jemand stößt den Herrn an und entschuldigt sich, es riecht in besonderer Weise – wie ist das? Oder am Abend wird Feuer gemacht und ein Fisch gebraten, der Herr wird müde und schläft ein, der See erzählt ...

Nutzt die Voradventszeit gut, um dem Herrn so nahe zu kommen, daß ihr auch zu Weihnachten bei ihm seid, ihn in Bethlehem – an der Stall-Grotte stehend – erwartet. Im Sommer gibt es im allgemeinen weniger Beschäftigung mit dem biblischen Geschehen. Der Himmel scheint weit zu sein, und bis Weihnachten ist es noch lang. Doch für den Herbst gilt die Weisung:

Schau nach oben – du wirst den Herrn sehen.

Erlebe ihn – er wird neben dir stehen.

Dann wird auch Weihnachten für euch ganz real stattfinden und nicht nur ein Gedenken an ein vergangenes Ereignis sein. Ihr werdet erleben: Du bist endlich wieder da. Um Mitternacht werdet ihr das Kind weinen hören. Ihr erlebt Weihnachten ganz gegenwärtig.

Und noch etwas: Ihr solltet einmal täglich ganz bewußt mit dem inneren Auge nach oben blicken: zur Mutter und zum

Herrn. Wer den Blickkontakt aufnimmt, auf den hat der Himmel ein Auge. Ihr kennt ja das Gefühl, daß sich einstellen kann, wenn ihr von einem Menschen angeschaut werdet. Es ist wichtig, daß ihr lernt, auch deren Blick zu spüren und zu unterscheiden: das ist der Blick der Mutter, das der Blick des Herrn.

Der Blick der Mutter wirkt so, als streichelt sie euch zugleich mit der Hand über den Kopf. Der Blick des Herrn wirkt so, als wärt ihr eine Kerze und er setzte euch in Flammen. Er durchdringt euch stark, klar und liebevoll bis in euren Wesenskern. Sein Blick kann sich auf jeden Menschen richten. Glaubt nicht, das sei nicht möglich, weil es zu viele Menschen gibt. Der Himmel kann jede einzelne Ameise anschauen, und sie wird es wissen.

Später sprechen wir auch über den Blick des Vaters. Momentan ist es nicht ratsam, ihn anders zu suchen als in den Augen des Inneren Kindes. Wenn man vor den Vater unmittelbar tritt, ist es besser, den Blick zu senken.

Am Karfreitag habt ihr erfahren, wie der Himmel weint (s. 14. 4. 95, Bd. I S. 87). Ihr werdet später noch erfahren, was es heißt, wenn die Mutter und der Herr weinen und ihre Tränen euch treffen. Tränen sind etwas sehr Bedeutsames.[14] Das gilt auch, wenn ihr weint. Heute sollt ihr dazu noch ein Wort hören: Auch die Dinge können weinen, sowohl Dinge der Natur, z. B. Berge, als auch Menschenwerk, z. B. Häuser. Achtet darauf, was die Dinge tun: weinen sie? lachen sie? Auch Engel – z. B. Führungsengel und Schutzengel – können auf ihre Art und Weise weinen. Achtet auch darauf.

Ihr könnt weinenden Engeln und Menschen eure Innere Kapelle als Zufluchtsstätte anbieten, auch Engeln und anderen Wesen aus einem anderen eurer Innenräume. Hier sind sie geschützt. Denn die Innere Kapelle ist ein geheiligter Raum. – Heute stellt bitte keine weiteren Fragen. Ich (der Engel der Herbstzeit) verabschiede mich mit einem Segen.

Donnerstag, 5. 10. 95

Die Muhme. Rhythmen und Lebensphasen

(Wir begegnen einer weiblichen Gestalt. Sie hat keine Flügel, sie ist kein Engel. Sie wirkt wie eine Märchenerzählerin oder wie eine Kräuterfrau am Kessel, die alles versorgt und für jeden etwas hat – ein gutes Wort, ein Lächeln, für die Kinder etwas Süßes.)

Alexa: *Wer bist du? Was willst du hier? –*

Sie: Diese Frage stellt sich nicht. Ich bin nicht bei euch. Ihr seid bei mir. Ich frage vielmehr: Wer seid ihr? Und was wollt ihr hier? Soso, ihr wagt es, mich zu besuchen. Es ist gut, daß ihr diese Vollmondnacht gewählt habt. Über die Luna ist viel geschrieben worden, aber nicht, daß ich dort wohne.

(Sie wirkt sehr unergründlich. Ihre Unfaßbarkeit hat auch erschreckende Facetten, doch liegt nichts Böses darin. Sie zeigt eine Mischung aus abwartender Zurückhaltung und liebevoller Zuwendung. Sie wendet sich zwar freundlich an uns, aber doch so, daß man das Gefühl hat, zu große Nähe und Vertraulichkeit seien unangebracht – und sie könne auch eigenartig kühl sein:)

Kommt nur und fragt mich. Ich sage euch, was ich sagen kann, was ich sagen darf und was ich sagen will. Habt keine Angst – und nicht zuviel Vertrauen. Ich bin, die ich nicht bin, und ich bin nicht die, die ich bin.

Führungsengel: Habt keine Furcht. Sie ist eine Repräsentantin der Muhme. Es besteht keine Gefahr, es ist alles gut.

(Naturgeister sammeln sich und lauschen höchst gespannt. Die Repräsentantin der Muhme schaut uns in Herz und Seele, aber nicht in die Augen. Ihr Blick ist indirekt wie das Licht des Mondes.)

Die Repräsentantin der Muhme: Nun gut, ihr wollt ja heute etwas erfahren über Phasen und Rhythmen des menschlichen Lebens, und ich werde euch etwas darüber sagen. Ihr kennt die Lebensrhythmen von 7 Jahren. Es gibt aber auch andere Jahresphasen. Sie orientieren sich z. B. an der 5, die im sozialen Leben eine Rolle spielt, z. B. bei Jubiläen. Bedeutsam ist ferner die 12; da kann man von Phasen der Weisheitsentwicklung im menschlichen Leben sprechen. Auch die 28 spielt eine Rolle. All diese großen Rhythmen sind wesentlich zur prüfenden Erkenntnis der biographischen Vergangenheit. Ihr solltet aber keine Schlüsse auf die Zukunft ziehen. Statt des weiten Vorausblicks solltet ihr die Gegenwart ergreifen.

Dafür kommt es zunächst auf die kleinen Rhythmen an: auf Stunden, Tage, wenige Wochen. Für die unmittelbare Gegenwart beginnen wir aber mit den kleinsten Rhythmen.

Versucht zunächst, den *Rhythmus des Herzens* zu spüren: Es ist der Rhythmus der Mutter. Verwechselt den Herzschlag nicht mit der Bedeutung des Herzchakra, der Inneren Kirche: diese ist der Ort, wo ihr dem Sohn begegnet. Der Herzschlag ist der erste ständige Rhythmus für das Kind im Mutterleib, und er bleibt durchgängig der zentrale Rhythmus, in dem ihr auch mit der himmlischen Mutter verbunden bleibt. Sich in den Herzrhythmus hineinbegeben heißt, sich in die Arme der Mutter legen. Alle Heilsäfte werden im Herzschlag gerührt. Lernt im Rhythmus des Herzschlags sprechen: das ist eine Sprache, die zu Herzen geht. Versucht auch, im Rhythmus des Herzschlags zu schreiten, zu kochen, zu nähen usw. Damit übernehmt ihr den Rhythmus der himmlischen Mutter in euer alltägliches Leben.

Unterscheidet vom Rhythmus des Herzschlags den *Rhythmus des Pulses:* Er ist wie ein Echo auf den Herzschlag, zeitlich versetzt. In ihm spürt ihr die Kraft des Sohnes. Der Puls ist der Widerhall des mütterlichen Herzschlags im Irdischen in Raum und Zeit. Man sagt nicht zufällig: Am Puls der Zeit, nicht am Herzschlag der Zeit. Den Puls spüren heißt Impulse empfangen. Man spricht mit Recht von »Impulsieren«. Macht einmal folgende Übung: Legt die Hände so ineinander, daß ihr mit den Fingern den Puls der jeweils anderen Hand spürt, und versucht wahrzunehmen, daß ihr auf diese Weise in direkten Kontakt zum Sohn tretet. Das kann euch die für euch jeweils richtigen Energien zuführen. Es wirkt belebend wie eine körpereigene Batterie. Und es kann euch zentrieren und euch in schwierigen Lebenssituationen helfen, Ruhe und Gelassenheit zu bewahren. Der Herzschlag hat etwas Segnendes, der Puls hat etwas Lehrendes.

Dem Vater begegnet ihr im *Rhythmus des Atems.* Je ruhiger der Atem, desto klarer die Zentrierung. Scheinbar atmet man nur in der Horizontalen ein und aus, in Wirklichkeit aber zugleich in der Vertikalen, nämlich über Scheitelchakra und Füße. Macht euch das einmal bewußt in einer Atemübung: Während ihr einatmet durch die Nase und ausatmet durch Nase oder Mund, atmet zugleich bewußt ein über das Scheitelchakra und aus über die Füße. Beim Einatmen sprecht innerlich: ich danke dir. Nach dem Ausatmen macht eine Pause und sprecht: »Ich segne euch« – das bedeutet: das Ich segnet die Erde und die Kreatur – wie ihr es mit Elion geübt habt.[15]

Der Atem ist ein Geschenk des Vaters, und deshalb solltet ihr ihm beim Einatmen danken. Das Ausatmen sollte etwas länger dauern als das Einatmen, denn Geben ist seliger als Nehmen. Nach dem Ausatmen entsteht eine natürliche Pause, eine Leere, die Bereitschaft, Neues aufzunehmen. Diese Pause verwendet für das Segnen. Diese Atemübung könnt ihr auch mit Farben machen: z. B. grünes Licht über das Scheitelchakra einatmen und über die Füße der Erde schenken.

Stellt euch vor: Das Herz ist der Mittelpunkt eines horizontalen Kreises, im Puls sendet es Strahlen nach außen. Der Atem bildet eine Vertikale durch das Herz, den Mittelpunkt des Kreises. Ist der Herzschlag gestört, so ist der horizontale Balken gestört, das schwächt auch den Atem und umgekehrt. Ist der Atem gestört, so stimmt eure Beziehung zur Vertikalen nicht, und das wirkt sich auch auf den Herzschlag aus. – Eine Bitte an die Frauen: Hochhackige Schuhe verhindern richtiges Ausatmen, das bringt die Frauen um eine stimmige energetische Verbindung in der Vertikalen. Einen Daumen hoch dürft ihr über der Erde stehen, mehr ist von Übel.

Bedeutsam sind ferner der Wechsel der Stunden und der *Rhythmus von Tag und Nacht.* Dieser bedeutet für euch den Wechsel von Wachen und Schlafen, Arbeiten und Ruhen. Er ist aber mehr: er ist der Wechsel zwischen Außenwelt und Innenwelt, zwischen Aktivität und Passivität der Seele, zwischen dem Ein- und Ausatmen des Geistes. Am Tag bist du, was du irdisch bist – doch du bist mehr, als du am Tage darstellst. Die Nacht gehört dem Lernen und Arbeiten außerhalb der Leiblichkeit, das das Tagewerk vorbereitet.

Wichtig ist ferner der *Rhythmus der Mahlzeiten.* Für diese solltet ihr euch Zeit lassen: Kocht so lange, wie ihr eßt, und eßt so lange, wie ihr kocht. Das Ideal wäre beispielsweise: eine Stunde kochen, eine Stunde verzehren. Viel Zeit zum Kochen zu verwenden und dann hastig zu speisen ist ebenso schlecht wie umgekehrt: schnell etwas zaubern und dann stundenlang essen. Das eine wie das andere macht krank. Ihr solltet die Mahlzeiten mit einer gewissen Feierlichkeit vorbereiten und feierlich einnehmen, nicht gierig. Ihr solltet – wie früher in den Klöstern – 12 Stunden lang nicht essen. Also wenn die letzte Mahlzeit um 7 Uhr abends ist, dann ist das Frühstück um 7 Uhr. Wenn ihr nachts wach und tätig sein solltet, begnügt euch mit Getränken. Wenn ihr eine Mittagsmahlzeit einnehmt, entsteht eine Dreiheit, und wenn ihr sie recht versteht, so sind es drei Gottesdienste, die der Trinität zugewandt sind: Während ihr eßt, dankt ihr morgens der Mutter, mittags dem Sohn, abends dem Vater. Essen ist Aufnehmen eines Geschenks, und der Körper nimmt das Essen als Geschenk an. Also ist es angemessen, dem Schenker in allen drei Instanzen zu danken. Die Mahlzeiten werden meist viel zu gedankenlos und undankbar eingenommen.

Ja, ich schweige seit so langer Zeit, und jetzt rede ich soviel. Ich blicke auf die Erde und bin traurig. Wenn Neumond ist, weine ich immer und bin nicht zu sprechen. Gut, daß ihr heute kommt.

Wenn ich euch sagte, ich wohne auf dem Mond, stellt euch das so vor, daß ich auf dem Mond sitze wie auf einer kleinen Arche. Ich halte die Erde im Arm. Die Erde kann zürnen und wüten und weinen und zittern und Angst haben oder sich freuen wie ein Kind. Sonst wäre die Erde nicht so schön. Überhaupt sind die Planeten Wesen, die lachen und weinen und glucksen und prusten. Ich halte die Erde im Schoß wie eine Mutter ihr Kind und wirke auf die großen Schicksalsfäden ein, auf die Schicksale ganzer Kulturen, nicht nur einzelner Menschen.

Wenigstens die Mütter sollten der Erde gegenüber mütterliche Gefühle haben und die Erde mit mütterlicher Liebe behandeln, auch wenn es gilt, sie mit Strenge zu erziehen und ihre Wildheit zu zähmen. Die Menschen versuchen, der Erde ihren Willen aufzuzwingen und sie zu disziplinieren. Aber die Erde bedarf der Mütterlichkeit, der Liebe, der Fürsorglichkeit. Dazu gehört auch, den Rhythmus der Natur zu entdecken und mitzuleben. Ihr solltet immer mit und von und aus der Natur leben, so daß Geist und Natur verwoben werden. – Aber wir wollten ja nicht darüber reden, sondern über die Rhythmen des menschlichen Lebens. Kommen wir nun zu den größeren Rhythmen.

Ihr kennt ja den *7-Jahres-Rhythmus,* in dem sich schon auf biologischer Ebene wichtige Entwicklungsschritte zeigen: Zellteilung und Zellerneuerung haben nach 7 Jahren zu einer Gesamterneuerung des Körpers geführt. Aber auch auf der Ebene der

Psyche, der Vernunft und der Gedankenwelt schreitet die Reifung des Menschen in 7-Jahres-Ringen fort. Nach jeweils 7 Jahren ist gewissermaßen ein Thema abgeschlossen: Mit 7 Jahren tritt der Mensch aus der frühkindlichen Geborgenheit in die Welt und beginnt, zunächst in der Schule, Orientierung in ihr zu erlernen. Mit 14 Jahren – mit der Pubertät – verläßt er die Kindheit. Mit 21 Jahren verläßt er die Jugend, meist auch das Elternhaus, und gründet unter Umständen schon eine eigene Familie – und so weiter: der 7-Jahres-Rhythmus setzt sich immer fort.

Ein intensives Studium sollte 7 Jahre dauern. Denn um eine Sache wirklich zu erlernen, sie zu durchdringen und in ihr ein Könner zu werden, bedarf es der siebenjährigen eingehenden und kontinuierlichen Beschäftigung mit ihr. Nach 7 Jahren tritt ein Abschluß ein, es ist gewissermaßen Abend. Die Wanderburschen sind oft 7 Jahre lang zu Lehrmeistern gewandert. Die Eingeweihten schweigen meist 7 Jahre lang, bis sie als Lehrer auftreten. Nicht ohne Grund spielt die 7 ja überhaupt eine große Rolle: es gibt die 7 Schöpfungstage, die 7 Wochentage, die 7 Innenräume und in der Märchenwelt z. B. die 7 Zwerge und die 7 Berge. Die 7 ist eine Zahl von großer Bedeutung für die irdische Welt.

Hingegen hat die 12 eine spirituelle Bedeutung. Der *12-Jahresrhythmus* ist subtiler, freier schwingend. Im Abstand von 12 Jahren erklimmt man Stufen der Weisheit. Denkt etwa an den 12jährigen Jesus. Mit 12 Jahren treten sowohl der Führungsengel als auch der Doppelgänger in ihre volle Wirksamkeit ein. Aber auch mit 24, 36 Jahren usw. ist jeweils ein Buch vollgeschrieben. Da findet man z. B. seinen spirituellen Meister, seine Geistesrichtung, seine Schule. Auch wenn man zu einem Meister nur kurze Zeit in die Lehre geht, so schwingt das Gelernte 12 Jahre lang nach. Bedenkt also sorgfältig, wem ihr euch in die Hände gebt. Die 12 Jahre bilden jeweils eine runde, abgeschlossene Ganzheit: es ist der Rhythmus der Jüngerschaft und überhaupt der Schülerschaft.

Die ersten 12 Jahre des Kindes sind heilig zu halten. Mit ungefähr 12 Jahren – es kann etwas früher oder später sein, aber nicht viel –, wenn sowohl der Führungsengel als auch der Doppelgänger aktiv werden, beginnt der Mensch seinen eigenen Weg zu gehen, losgelöst von der Mutter. Die Firmung mit 12 Jahren zu vollziehen, ist deshalb wohlbegründet. Hingegen paßt die Festlegung des Konfirmationsalters auf 14 Jahre in den irdisch-biologischen, aber nicht in den spirituellen Rhythmus.

Dem Kind die ersten 12 Jahre Mütterlichkeit, Liebe und Geborgenheit in einer Familie schenken, bedeutet Reichtum für sein ganzes Leben; es gibt ihm innere Stabilität und Ruhe. Ihr braucht ihm sonst keine Reichtümer zu erwerben. Vor allem was ihr dem Kind in dieser Zeit an religiöser Erfahrung mitgebt, ist ein Schatz, von dem es sein ganzes Leben lang zehrt. Es kommt aufs Erleben, nicht auf Kenntnisse über verschiedene Religionen und Konfessionen an. Das Kind sollte mit *einer* Geistesrichtung, mit *einer* Schule, mit *einem* Strahl vertraut gemacht werden. Wird es zwischen verschiedenen Glaubensformen zerrissen, so bringt das Instabilität für das ganze Leben mit sich. Die modernen Tendenzen, das Kind religiös im luftleeren Raum aufwachsen zu lassen, sind nicht gut. Man meint, dem Kind damit Freiheit zu geben: es möge sich später selbst entscheiden, ob es sich zur Religion seiner Eltern oder zu einer anderen oder zu gar keiner zu bekennen wünscht. Aber Freiheit ohne Geborgenheit ist – nichts, ein Vakuum. Eltern sollten Kindern erst einen festen Boden geben, es in einem Glauben festigen, so daß es die Religion seiner Eltern aus eigenem Erleben, aus der täglichen Gewohnheit kennenlernt und als stimmig empfindet. Dann, ab 12 – 14 Jahren, öffnen sich ihm die Türen: jetzt schau dir die anderen Dinge an, nicht aus dem Nichts heraus, sondern von zu Hause kommend.

Bedenkt, was die ersten 12 Lebensjahre für eure Kinder und auch für euch bedeuten! Die ersten 12 Jahre sind eine heilige Zeit. Sie tragen das ganze Leben. Tut sonst, was ihr wollt, aber gebt den Kindern diese 12 Jahre!

Innerhalb der ersten 12 Jahre läßt sich manches noch heilen; später wird das sehr schwer. Fehlt euch die eigene Erfahrung der 12-jährigen Geborgenheit, so könnt ihr folgendes tun: Macht euch anhand des Märchens von Dornröschen klar, was die 12 Feen bedeuten. Es gibt Wesen, die euch gerne das Beste für die 12 Jahre gegeben hätten. Macht folgende Übung: Stellt euch vor, die ersten 12 Jahre seien aufgetreten in Gestalt von 12 Feen, je eine Fee für ein Jahr. Jede von ihnen kommt jetzt und legt euch in den Schoß, was dieses Jahr euch hätte geben sollen. Sie bringen euch z. B. Gesundheit, Frieden, Licht, Trost, Heilung, ein Geschwisterchen, eine liebevolle »Oma«, eine Puppenstube – was immer euer Herzenswunsch sein mag – und andere Geschenke, und ihr dürft sie annehmen, als wenn die Welt ein Paradies wäre. Dann kommt die 13. Fee. Sie ist nicht böse, sondern ein Narr, ein Harlekin, der euch sagt: Komm, jetzt gehen wir hinaus in die Welt. Während die 12 eine Lebensphase abschließt, bringt die 13 einen neuen Aufbruch mit sich. So bildet die 13 einen Kontrapunkt zur 12. – Diese Übung hilft, Schaden zu heilen, der in eurer Kindheit entstanden ist. Das ist besser, als den Eltern Schuld zuzuweisen. Die Geschenke sind nicht symbolisch, sondern ganz real zu verstehen. Sie gelangen in euer Inneres, füllen die Leere, heilen die Wunden, setzen Kräfte frei, öffnen Türen, versöhnen dich mit dir und anderen, mit den Jahren deiner Kindheit.

Die Einschulung mit 6 Jahren ist in Ordnung, aber in den ersten Jahren bis zum 12. Lebensjahr sollte der Unterricht sein wie bei einem Onkel oder der Großmutter, fast wie zu Hause, wie in privaten Verhältnissen. Am besten war die alte Zwergschule, wo eine Lehrperson die Schüler durch die ganzen 6 Jahre begleitete. Der Unterricht sollte ein Vergnügen sein, auf Neugier reagieren; das Kind lernt spielerisch. In diesen Jahren ist der Doppelgänger noch nicht aktiv, und der Führungsengel hält sich zurück. Die Kinder können noch mit Engeln, Naturgeistern, Pflanzen und Tieren reden. Mit 13 Jahren geht meistens (und spätestens) die Tür zu.

Sehr häufig wird sie schon mit 3, 4 Jahren geschlossen: Kindern wird ein poetisches Verhältnis zur Welt schon früh abgewöhnt. Dieses poetische Verhältnis aber bildet die Brücke zum Mystischen und damit zum vollständigen Erfassen der Realität. Die Kinder lernen dann später nicht mehr, Weihnachten und Ostern zu verstehen und richtig zu feiern. Und wie sollen sie es dann wiederum ihren Kindern vermitteln? Es entstehen leicht blasierte, »wissende« Frühjugendliche, die diesen Zustand aber in Wirklichkeit nicht verkraften. Es werden erste Spuren für das Überfordertsein gelegt: »das schaffe ich alles nicht; das Leben, die Welt, die Zeit überfordern mich«. Das führt dann zum Rückzug aus einer entzauberten, unfeierlichen, kargen Welt mit ihren unbegreiflichen Lebensaufgaben.

Wichtig für Kinder bis zum 12. Lebensjahr ist auch der kurze Schulweg, so daß die Kinder in der Aura ihrer Mütter bleiben. Diese vermag sie noch in einer Entfernung von ca. 10 km zu umfassen, mit 15 km nur noch mit Mühe, bei 20 km geht es meist nicht mehr. Die Kinder leben in der Aura der Mütter mit, die eigene Aura ist noch zart, die der Mutter eine dicke Glocke. Bei größeren Entfernungen sind die Kinder nicht mehr beschützt. – Betriebe und Unternehmen sollten Kindergärten auf dem Firmengelände einrichten, so daß das Kind in der Nähe der Mutter bleibt wie das Fohlen beim Pferd.

Wenn das Kind auf Dauer außerhalb der Aura der Mutter lebt, ist es auramäßig täglich »unterversorgt«. Es hungert, dürstet und friert – da helfen auch Pausenbrot und warme Sachen nichts. Es ist ungeschützt und wird für alle möglichen Wesen »besetzungsfähig«. Solche Kinder werden zappelig und aggressiv, bekommen Krankheiten wie Allergien, Asthma, Anämien, Schlaf- oder Eßstörungen: Das können Folgen des Auramangels sein!

Um wenigstens etwas zu helfen, können Mütter dem Kind – neben Pausenbrot und Schulzeug – auch eine Portion ihrer eigenen Aura mitgeben – eine »Tagesration Aura«. Die Mutter übergibt sie dem Schutzengel des Kindes und dieser wird das Kind damit wie mit einem Mantel umhüllen. Dann kommen die Kinder nicht mehr so schmal, blaß, nervös und erschöpft aus der Schule heim.

Die Mutter kann auch die Naturgeister darum bitten, das Kind zu begleiten und zu bewachen, wie es früher auf dem Dorf die Hunde taten, die wachend vor der Schule warteten. Abgesehen davon müßte auch die Aura des Ortes – der Schule, des Kindergartens usw. – ständig gereinigt und in Ordnung gehalten werden. Überall sind Putzfrauen – aber wer kümmert sich um die Energiefelder? Eigentlich sollte jeder Kindergarten, jede Schule ein menschliches Abbild der Muhme haben. –

Die Aura des Vaters wird erst ab 12 Jahren für das Kind voll wirksam. Ab dem 13. Lebensjahr geht es um Disziplin, um soziales Miteinander, um Leistung, um das Streben nach Zielen; dann gilt es, Realismus zu lernen. Über den Vater lernt das Kind Werte bewußt erfassen, verstehen und einordnen; er vermittelt ihm dann seine gesamte Ausrichtung und damit seine Lichtkraft. Er verfügt auch über eine besondere Möglichkeit, das Kind zu unterrichten: er kann über seine eigene Aura Teile der Aura anderer aufnehmen, und das Kind holt sie sich vom Vater ab. Es muß nicht der leibliche Vater sein, sondern der, der es als sein Kind ans Herz nimmt und den auch das Kind als seinen Vater annimmt. Alleinerziehende Mütter sollten versuchen, die Rolle auch des Vaters, so gut es geht, zu übernehmen. Die vornehmste Aufgabe des Vaters ist, dem Kind – und zwar dem jetzt bewußt fragenden, analysierenden und schließenden Kind – die Religion zu vermitteln; vor allem geht es um Anbindung an die Trinität.

Während der ersten 12 Jahre geschieht die Vermittlung gefühlsmäßig, spielerisch, die Dinge werden wie nebenbei mitgelernt, miterlebt, oft nur für wenige Minuten, und integriert. Ab 12 Jahren kommt es zur kontinuierlichen, bewußten Auseinandersetzung mit Themen. Das Kind hat Lust, Fragen zu diskutieren, nachzulesen, zu forschen, intellektuelle Erklärungen zu suchen, es kommt zu einer neuen Art der Vermittlung von Werten. Es geht nicht mehr um die »Kleine Welt« – das Zuhause, um

Küche und Garten, Tiere und Blumen, um Märchenlesen und Singen. Vornehmlich der Vater hat die Aufgabe, dem Kind die weite Welt zu zeigen: er nimmt es auf Reisen mit, erklärt ihm die Geschichte, die Kulturen, die Welt der Ideen und Ideale, die Kunst usw.

Wenn der Vater das nicht getan hat, entstehen Defizite. Um sie nachträglich auszugleichen, gibt es folgende Übung: Stellt euch wiederum vor, es erscheinen 12 Jünglinge (männliche Feen oder Engel), einer für jedes Lebensjahr von 13 – 24. Sie legen euch eine Hand – oder beide Hände – auf die Schultern und bitten euch, eure Hände zu einer Schale zu gestalten. Sie werden euch etwas sagen: sie schenken euch Lehrinhalte, Tugenden, Werte, die im Idealfall an euch herangetragen worden wären. Sie geben euch z. B. Mut, Geduld, Ausdauer, die Gewißheit, daß ihr eure Ziele erreichen werdet, und das Bewußtsein: »Die Welt ist schön und hat eine lichte Zukunft«. Sie werden euch auch Fragen beantworten. Während ihr in der Übung für die ersten 12 Jahre beschenkt werdet wie im Märchen von den Sterntalern, werdet ihr jetzt ausgerüstet wie Ritter mit Schwert, Schild, Helm und Pferd. Ihr empfangt Sicherheit, Schutz, Werkzeuge und andere Gaben, die euch helfen, das Leben zu meistern.

Mit 24 Jahren tritt der junge Mensch dann wohlgerüstet ins Leben. –

Nun zur 28: Ihr könnt euch die Rhythmen des Lebens vorstellen wie die Zubereitung eines Gerichts. Bis 28 die Suppe: ist sie würzig, eine Frühlingssuppe mit guten Beigaben oder bitter und schwer? Bis 56 das Hauptgericht: ist es gehaltvoll, dabei nicht zu fett und nicht zu leicht? Ab 56 der Nachtisch: er sollte nach Form und Inhalt ein Meisterwerk sein: elegant, duftig, leicht, klar, bekömmlich.

Also: Mit 28 Jahren ist »die Suppe fertig«. Das ist ein Endpunkt und zugleich ein Prüfungspunkt. Der Mensch wird mit den Fragen: woher? und wohin? konfrontiert. Der Türhüter fragt ihn ohne Milde und Nachsicht: Bist du, der du bist? Oder was sonst? Was für eine Spur hast du bis jetzt hinterlassen? Was bist du für ein armseliger Wurm? Schau nach vorn: was willst du tun? Wohin willst du gehen?

Es sind Schwellensituationen, die zu bestehen sind. Der Hüter stellt euch die Fragen im Namen der Trinität. Das Leben gliedert sich in drei Abschnitte: Die Jahre bis zum 28. Lebensjahr sind schwerpunktmäßig die Zeit der Mutter, die Jahre bis 56 die Zeit des Sohnes, die Jahre ab 56 die Zeit des Vaters. Am Ende der ersten Phase stellt der Hüter seine Fragen im Namen der Mutter. Verschließt man sich den Fragen, so wird man taub für das innere Hören. Am Ende der zweiten Phase fragt der Hüter im Namen des Sohnes. Verschließt man sich dagegen, so wird man blind für das innere Sehen. Am Ende der dritten Phase fragt er im Namen des Vaters. Verschließt man sich, so wird man stumm für das innere Wort. – Öffnet man sich hingegen den Fragestellungen und Anrufungen, so bringt das tiefgreifende Veränderungen – innere und äußere.

Zunächst ist wichtig, das innere Hören zu lernen, und dazu muß man zunächst den Lärm abstellen, den das niedere Ich mit seinem undisziplinierten Denken erzeugt. Die Theorien über Ich-Verwirklichung und Selbstverwirklichung stehen so sehr im Vordergrund, daß das innere Ohr taub wird für die leisen feinen Stimmen, die über größere Zusammenhänge aufklären wollen. Was sich die Menschen dann zusammendenken, ist oft ein schauerliches Gebräu. Wenn die Menschen das Erzeugnis trinken müßten, würden sie lieber aufhören zu denken – wenn das so leicht ginge. – Hat man das innere Hören gelernt, dann kann man auch zum inneren Sehen heranreifen. Und wenn man beides gelernt hat, dann kann das innere Wort erklingen. –

Der eigentliche Jahresbeginn ist der Sommer – die Zeit der Mutter, der Hochblüte und der Fülle, wo alles reichlich da ist. Der Herbst – die Zeit der Reife und der Ernte – ist die Zeit des Sohnes. Winter und Frühling sind Zeiten des Vaters: der Winter ist die Zeit der Großen Ruhe, der Stille, des Schweigens, der Frühling die Zeit der Schöpfung. Dem entsprechen die 3 x 28 Jahre des menschlichen Lebens:

Bis 28, in der Zeit der Mutter, schöpft der junge Mensch im Idealfall aus der Fülle der Eltern: Sie geben ihm Liebe, Fürsorge, Geborgenheit, Nahrung und ein Zimmer, wo er wohnen kann. Er findet seinen Beruf, schließt seine Ausbildung ab. Die Eltern leben meistens noch; seine Konfrontation mit dem Sterben und dem Verlust hat i. d. R. noch nicht stattgefunden. Er ist noch eingebettet in den Reichtum der Fülle, feiert frohe Feste und tanzt. Die ersten 28 Jahre sind ein Sommererlebnis. Der Mensch hat große Kraft und erfährt dann die Liebe: frisch, jung und schön, und er gründet eine eigene Familie. Am Ende dieser Phase stellt der Hüter seine Frage nach dem Woher und Wohin im Namen der Mutter.

Die Zeit des Sohnes von 28 bis 56 ist nicht mehr die Zeit des Genießens der Fülle, sondern die Zeit des Wirkens und Weiterlernens, vor allem des Lernens, wie man dem Herrn nachfolgt und sein Jünger wird. Man lernt jetzt im Tun und in der Verantwortung. Man lernt auch das Loslassen: erfährt meist den Tod von nahestehenden Menschen. Und man findet hoffentlich einen Meister. Dann prüft einen der Hüter im Namen des Sohnes.

Die Zeit des Vaters ab 56 ist die Zeit des großen Schweigens nicht im Sinne der Sprachlosigkeit, sondern des inneren Lauschens, die Zeit der spirituellen Arbeit und insofern eines gewissen Rückzugs aus der Welt, aber auch die Zeit, in der Menschen häufig schöpferisch werden, wo noch ein großer Wurf gelingt. Man hat selbst Schüler, oder man ist sonst auf besondere Art schöpferisch im Einklang mit dem Vater. Man gewinnt Überblick, wird weise, zentriert und abgewogen und faßt sein Lebenswerk zusammen. Der Horizont weitet sich, Kleinigkeiten werden unbedeutend, der Blick wird klar und weit. Dann wird man im Namen des Vaters geprüft.

Dies alles gilt im Idealfall. Leider gibt es aber auch viel innere Leere, Einsamkeit, Rückzug und Beschäftigung mit allerlei unsinnigem Zeug. Oft haben die Menschen keine Antwort auf spirituelle Fragen, haben sich selbst verlassen, sind ein Zeichen für nichts. Solch stumpfen Menschen kann ich nur sagen: Schaut euch die Erde an, sie trägt alle, auch euch. Wendet den Blick nach oben. Wenn euch nicht ein Blick nach oben gelingt, seid ihr zwar nicht vom Himmel verlassen, aber er ist für euch zu weit. Ihr leuchtet nicht, die Engel der höheren Hierarchien sehen euch nicht. Engel und Erzengel sehen diese Menschen, Archai noch mit größter Mühe, aber die Engel der höheren Triaden nicht mehr. Denn nur in der Horizontale leben heißt lichtarm sein. Wenn man nichts tut, das irgendeinen Bezug zur Vertikalen hat, ist es kaum möglich, gesehen zu werden.

Es herrscht große Traurigkeit in der Engelwelt über solche Menschen. Aber es gibt Engel und Heilige, die sich besonders um solche Menschen kümmern. Doch auch ihr, die ihr um den Himmel wißt, versucht diesen Menschen zu helfen! Man kann ihnen Energien zuströmen lassen, evtl. indem man sie in seine Innenräume nimmt. Erzählt diesen Menschen von Engeln, Heiligen, Meistern – schließlich von der Trinität. Erzählt ihnen von der Arbeit mit Licht und Farben, von Schwingungen und Energien, von Chakren und Innenräumen. Versucht ihnen über die Natur und die Naturgeister den Blick zu öffnen; erzählt ihnen auch Märchen. Alles, was Leben bewirkt und was begeistert, bringt diesen Menschen Licht. Sehr hilfreich ist auch die Arbeit mit dem Regenbogen.[16] Ihr seht ihn gekrümmt – in der für euch verträglichen Form also. Der Regenbogen kann als Brücke zwischen Himmel und Erde verstanden werden, als Zeichen des neuen Bundes Gottes.

Oft sind Siechtum, Gebrechen, Schmerzen im Alter der letzte Versuch, den Menschen zu öffnen, so daß er sagt: »Ach, den Himmel gibt es ja doch!« Der Mensch wird dann für die höheren Hierarchien sichtbar durch Verzweiflung und den Ruf: »Ich lasse dich nicht!« Manchmal wirkt das wie ein Heilkraut, das ein Wunder vollbringt. Auch Heilarbeit mit den Händen kann hilfreich sein. – Es ist traurig, wenn der Mensch es nicht geschafft hat und gehen muß. Dann wendet er sich hoffentlich im Sterben dem Himmel zu oder er wacht erst im Jenseits auf. –

Zurück zu den Rhythmen. Leben ist tatsächlich Rhythmus

und Schwingung. Menschen vertragen die Schwingungslosigkeit nicht, und sie vertragen die Rhythmuslosigkeit nicht. Man ist sich dessen zu wenig bewußt. Wo keine Rhythmen sind, ist man dem Tode geweiht. Die Menschen leben aber oft in einer Kontrahaltung zu Schwingung und Rhythmus, weil sie sie ängstigen und sie festen Halt im Unbeweglichen suchen, d. h., weil sie die Gesetze des Lebens nicht kennen oder nicht beachten. Es gilt, Vertrauen zu entwickeln in das »Nicht-Feste« und in ihm schwimmen zu lernen. Übt euch also darin, bewußt und dankbar die Rhythmen zu leben, statt überall Gleichmaß, scheinbar verläßliche Festigkeit und Linearität in das Leben einzubauen. –

Ich sage auch noch etwas über mich, die Muhme. Viele kennen mich, es gibt auch Bilder, Erzählungen und Kindergeschichten von mir, und doch kennen sie mich nicht. Ich bin ein großer und wesentlicher Aspekt der göttlichen Mutter. Sie ist riesengroß. Das Bild, das die katholische Kirche von ihr wiedergibt, zeigt sie noch viel zu klein.

Maria ist die Himmelskönigin, die Herrin aller Engel – auch der höchsten Engel der ersten Triade, der Seraphim. Über diesen aber gibt es nur noch die Trinität. Daraus seht ihr: sie gehört zur Trinität. Sie ist ein Teil, ein Aspekt der göttlichen Mutter.

Zu dieser gehört auch die Sophia, und zu ihr gehört als ein dritter Aspekt die Muhme.

Natürlich redet ihr nicht direkt mit der Trinität, sondern ich bin eine Repräsentantin, eine Vertreterin, ein verkleinertes Abbild der Muhme und spreche mit ihrer Vollmacht. Am besten versteht ihr mich wohl ohne äußere Darstellung, indem ihr mich innerlich wahrnehmt.

Braucht ihr aber ein Bild, um den Aspekt zu verstehen, den die Muhme repräsentiert, ist es am besten, ihr betrachtet die heilige Anna. Sie ist die Mutter der Maria. Sie ist aber zugleich eine Repräsentantin der Muhme. –

Maria wohnt im Himmel, sie war nur in ihrer Eigenschaft als Mutter Jesu auf Erden. Die Muhme, die ich vertrete, ist ein anderer Aspekt der Mutter. Sie sagt euch durch mich: Ich bin die

Mutter der Erde. Ich trage sie in meinem Schoß. Ich bin aber auch die Mutter der Sonne, aller Planeten und natürlich der Monde. Insofern wohne ich nicht auf dem Mond, sondern der Mond wohnt bei mir. Doch wer mich treffen will, sollte es bei Vollmond versuchen. Ich sitze auf ihm – und zugleich trage ich ihn in meinem Arm. Ich lebe in der Erde, und ihr könnt auf mir stehen, ohne mich zu finden, und auf mir sein, ohne bei mir zu sein. Ich bin immer da – aber auch nie. Euer Herz wird es begreifen; der Verstand ist nicht dafür geschaffen.

Freitag, 6. 10. 95
Offener Abend

Regenbogenengel

Elion: Ich grüße herzlich alle Teilnehmer, besonders auch die, die neu zu diesem Arbeitskreis hinzugetreten sind. Laßt euch über die Grundübungen, die wir das letzte Mal gemacht haben (s. 1. 9. 95) unterrichten. Wir werden immer wieder an sie anknüpfen und setzen sie voraus. Die heutige Stunde übernimmt ein Engel aus der Schar der »Regenbogenengel«.

Der Regenbogenengel (strahlend in allen 7 Farben des Regenbogens): Auch ich grüße euch und heiße alle Teilnehmer herzlich willkommen. Der Regenbogen ist ein Zeichen des neuen Bundes, den Gott mit den Menschen geschlossen hat. Ein Bogen ist es, weil die Menschen die Kraft einer Geraden noch nicht ertragen könnten. Die Farben des Regenbogens sind violett, indigo, blau, grün, gelb, orange, rot.

Zunächst überreiche ich jedem von euch eine silberne Schale. Haltet sie vor euch auf den Knien und stellt sie euch recht plastisch vor. Nun gibt jeder seine sorgenvollen Gedanken und Probleme hinein. Dann stellt die Schale in die Mitte, die Naturgeister nehmen sich der Probleme, Sorgen etc. an. Sie verbrennen oder vergraben den Inhalt oder reichen ihn weiter an die Engel.

Nun laßt uns wieder einige Übungen machen.

1. Atmet wieder beim Einatmen der Luft zugleich Licht über das Scheitelchakra ein und sprecht dabei:
   Ich danke dir.

Atmet es über die Füße aus und sprecht:

Ich segne euch.

Und zwar stellt euch eine zur Helix gedrehte Gerade in Regenbogenfarben vor. Der Strahl tritt über das Scheitelchakra in euch ein, durchwandert alle Innenräume, tritt zu den Füßen wieder aus und segnet die Erde.

2. Ich überreiche jedem von euch einen kleinen Regenbogen. Gebt ihn von der rechten Hand in die linke und wieder zurück. Macht das einige Male: ihr werdet sehen, was das für eine wundersame Wirkung hat. Dann reiche jeder den Regenbogen seinem Nachbarn zur Rechten weiter. Laßt die Regenbogen im Kreis herumgehen.
3. Nun bilde jeder einen Regenbogenstern, d. h. einen siebenzackigen Stern; jede Zacke strahlt eine der Regenbogenfarben aus. Haltet den Stern in der Hand und segnet damit Tiere. Die Tiere stehen vor euch in einer langen Schlange, um diesen Segen zu erhalten. Dann segnet Pflanzen und die Erde. Und schließlich segnet bestimmte Menschen. Sprecht innerlich ihre Namen aus.
4. Hüllt euch ein in eine Aura aus den Regenbogenfarben. Dehnt nun diese Lichthülle aus über diesen Raum, über das Haus, den Ort, das Land, den Kontinent, die ganze Erde, dann nehmt das Licht langsam wieder zurück.
5. Bildet in einer Hand eine Regenbogenfontäne, begabt sie mit dem Begriff »Freude« und laßt sie hoch zum Himmel emporsteigen. Dann begabt sie mit »Liebe«, mit »Dankbarkeit« und anderen Begriffen eurer Wahl. Ihr werdet sehen: Die Fontäne mit diesen Lebens-Worten kommt hundertfach zu euch zurück.
6. Baut in der Vorstellung einen Brunnen, der Regenbogenlicht ausstrahlt. Solche Brunnen könnt ihr öfters bilden und sie vor Gebäuden errichten, denen ihr den Segen des Regenbogenlichts zuströmen lassen wollt, z. B. vor Behörden, Kliniken, Bahnhöfen etc. Denkt öfters daran und vergeßt es nicht!

7. Wenn ihr euch daran gewöhnt, mit Regenbogenlicht umzugehen, so könnt ihr Dinge mit Regenbogenlicht berühren. Das wirkt als ein Segen. So könnt ihr z. B. bei Tisch die Speisen segnen oder schon beim Kochen die Speisen mit Regenbogenlicht »würzen«. Schließlich werdet ihr, wo ihr geht und steht, kleine »Regenbogenpfützen« hinterlassen.
8. Nun strömen viele kleine Regenbogenengel herbei – für jeden von euch einer. Bittet ihn in eure Innere Kirche, sucht ihm einen Platz aus. Er wird, wenn ihr wollt, dort bleiben und immer seine segensreiche Arbeit tun. Er wird es auch dann weiter tun, wenn ihr ihn vergessen solltet.
9. Nun denkt an einen Menschen, den ihr liebt oder mit dem ihr Probleme habt. Nennt innerlich seinen Namen. Stellt ihn in einen Strahl aus Regenbogenlicht, der ihn ganz durchströmt und erfüllt. Nun tut dasselbe mit einigen anderen Menschen. Indem ihr einen Menschen in den Regenbogenstrahl hinein denkt, erleichtert ihr ihm seine Beziehung zu seinem Sonnenengel.

Ich danke euch für eure Mitarbeit und verabschiede mich für heute.

(Die Naturgeister sammeln das Regenbogenlicht, das sie auf dem Boden finden, in Eimern ein. Die Doppelgänger sind erstaunt über so viel Licht. – Als wir vor die Tür traten, stand ein prachtvoll leuchtender Regenbogen am Abendhimmel.)

Sonntag, 8. 10. 95

Der Erzengel Gabriel. Der Weihnachtssegen. Maria

Ein blauschimmernder Engel: Heute steht ein großes Thema an. Die Adventszeit, die für uns begonnen hat, ist ein Anlaß, noch mehr über Maria zu sagen. Die Muhme hat euch schon angedeutet, wie groß diese Himmelskönigin ist. Wollt ihr mehr über sie erfahren? – *Ja.* – Dann geht in die Innere Kirche und steigt auf zum Marienengel. (Von dort führt uns der Engel über einen Gang auf einen ansteigenden Weg, eine Allee aus rosaweißen Mandelbäumchen, vielen Blumen und kleinen Marienengeln. Diese mündet bei einer eigentümlich aussehenden Kirche: einer von Säulen getragenen runden Kuppel. Statt der Wände sind dort lauter strahlende Engel, z. T. Rosenengel, z. T. weißgoldene Engel mit sehr großen Flügeln: weiß, an der Spitze rosa. In der Mitte bilden musizierende Engel einen Kreis.) Dies ist der Ort, wo einer der Erzengel wohnt. Er steht der Maria sehr nahe, wie Michael dem Herrn. Er ist ihr enger Vertrauter und ihr in besonderer Treue verbunden.

Also Gabriel?

Ja. – Gabriel wird meist mit Rosen und Lilien abgebildet: Das ist sehr stimmig. Ihr seht ja um seinen Thron herum Lilien in verschiedenen Farben: weiße, blaue und blau-goldene Lilien.

(Gabriel wirkt sehr ernst, fein, zurückhaltend und schlicht, aber auch sehr herzlich und liebenswürdig. Seine Ausstrahlung ist so stark, daß es fast nicht erträglich ist, ihn direkt anzuschauen. Man kann es nur für einen Moment tun. Neben sich hat er eine große, in Silber und Gold leuchtende Schale mit Wasser. Der uns begleitende Engel belehrt uns:) Das Wasser des Lebens. – Man spricht ihn so an:

»Heiliger Gabriel,
Engel des Wassers
und des lebendigen Wortes,
Hüter der Unschuld,
treuer Diener der Heiligen Mutter.«

Ihr dürft ihm jetzt Fragen stellen, jeder eine, überlegt sie gut.

Ich bitte um Unterweisung über das Mysterium der Geburt im Zusammenhang mit Maria.

Der heilige Erzengel Gabriel: Über die Geburt Christi kann ich nicht sprechen – das schickt sich nicht, es ist ein zu großes Mysterium, es wäre auch für euch kaum auszuhalten. Um zu erahnen, wie unaussprechlich groß dieses Geschehen war, macht euch klar, daß nicht einmal Joseph es ganz verstand. Aber ich kann euch etwas über die menschliche Geburt im allgemeinen sagen.

Die Gebärende ist für wenige Minuten in sehr enger Verbindung mit der Heiligen Mutter und kann ihr Sein nachempfinden. Es ist ähnlich, wie man im Moment des Sterbens in enger Verbindung zum Sohn steht und im Augenblick einer Zeugung in enger Verbindung zum Vater. Für einige Minuten kann die Gebärende eine Empfindung haben, als sei sie selbst die Große Mutter. Sie sollte sich darauf vorbereiten, daß sie das erlebt, was die Große Mutter erlebt und erleidet. – Bei jeder Geburt ist ein Engel aus meinen Heerscharen anwesend und singt. Ich weiß von jedem Kind, das geboren wird, und ich verkünde jede Empfängnis, jede Schwangerschaft – leider meist ungehört.

Ich bitte um Unterweisung für das rechte Feiern des Weihnachtsfestes.

Der heilige Erzengel Gabriel: Ich wünsche mir, daß nicht nur das Kind, sondern mehr als bisher auch die Mutter gefeiert wird. Wenn ihr andächtig die Krippe anschaut oder wenn ihr die Weihnachtsgeschichte lest, rückt auch einmal die Marienfigur in den Mittelpunkt. Fragt euch und fragt die Kinder: was denkt und empfindet die Mutter? Versucht es nachzuerleben. Dann fragt euch auch: Was erleben die Engel, die zur Mutter gehören? Und was empfinden die Tiere im Stall, die Zeugen waren? Und was die Naturgeister? Sie haben bei der Geburt des Christus auf besondere Weise gedient und werden so selten bedacht.

An der Krippe unterm Weihnachtsbaum sollten eine Lilie und eine Schale mit Wasser stehen. Denn es gibt aus Anlaß von Weihnachten einen »Gabrielssegen«. Ihn spendet der Vater (oder die Mutter oder Großmutter oder wer sonst das Familienoberhaupt bildet), nachdem man die heilige Geschichte gelesen und erlebt hat. Der Segnende nimmt die Schale in eine Hand, sammelt sich in einem kurzen Schweigen, wendet sich dann an mich mit der Begrüßungsformel, die ihr gelernt habt, und fügt hinzu:

Bitte segne dieses Wasser.

Dann taucht er den 1., 2. und 3. Finger zusammen ins Wasser und gibt jedem einen Tropfen auf das Haupt, und zwar auf das Scheitelchakra (nicht auf die Stirn). Dabei kann er sprechen:

Im Namen des Vaters,
im Namen des Sohnes
und im Namen der Mutter
durch den Heiligen Geist.

Wenn ihr eure Innenräume kennt, könnt ihr ganz real erleben, wie der Tropfen von Raum zu Raum herabtropft: durch den Inneren Kosmos, auf den Tisch des Weisen, in den Schoß des Marienengels, in die Innere Kirche – hier füllt er alle Weihwasserbecken –, in die Innere Quelle – hier übt er eine homöopathische Wirkung aus –, in die Krypta mit dem Inneren Kind – hier geschieht etwas Besonders: schaut es euch an – und schließlich ins Innere Meer, wo er sich auflöst. – Der Erwachsene kann den Segen bewußt in den Innenräumen miterleben, wenn er wie in einem Lift immer ein bißchen früher hinabfährt als der Tropfen. – Auch Säuglinge können diese Segnung empfangen. Zwar wirken ihre Innenräume noch wie unbelebt, wie im Schlaf. Der Marienengel träumt, der Weise ist noch untätig. Aber die Innenräume und die in ihnen wohnenden Wesen sind schon da und können diese Segnung empfangen. Bezieht sie also ein.

Dann wird das Familienoberhaupt vom Jüngsten der Familie gesegnet: ist er jünger als 4 Jahre mit Hilfe der Mutter, ältere Kinder können es allein tun.

Danach vergeßt nicht, auch die Tiere, z. B. Hund und Katze zu segnen, auch die Pflanzen, die ja ebenfalls treue Begleiter sind: Blumen, Sträucher, Hecken und Bäume. Ich liebe alle Kreatur – geschaffen vom Vater, geboren aus der Mutter – und wünsche sie zu segnen. Der Bauer geht mit der Schale in den Stall, in den Zwinger, in den Hühnerstall, ins Gewächshaus: hier segnet er eine Pflanze stellvertretend für alle, die Naturgeister tragen den Segen weiter.

Und dann bezieht auch die Naturgeister ein! Ladet sie ein und stellt ihnen ein kleines Schälchen mit gesegnetem Wasser hin. Sie halten dann ihre eigene Zeremonie für sich ab. Ihr Lieblingsort ist in der Nähe der Krippe. Richtet ihnen dort ein Plätzchen ein.

Laßt die Schale mit Wasser und auch das Extraschälchen für die Naturgeister bis zum 6. Januar stehen. Falls ihr Weihnachten die Segnung versäumt habt, könnt ihr sie noch in der Zeit bis zum 6. Januar vollziehen.

Es soll eine fröhliche Segnung sein, ein Schutzsiegel. Dieses schützt die Lebendigkeit des Lebens. Es ist ja besser, einen Tag lebendig gelebt zu haben als 100 Jahre in Stumpfheit. Es schützt auch die Unschuld jeder Seele, auch die Unschuld in der Schuld, so daß sie »unschuldig« bleibt.[17] Das Siegel schützt eure Treue zur Mutter, und es schützt euren Marienengel. Dieser Segen bringt Labsal für ein ganzes Jahr.

Wir haben etwas gehört von den drei Aspekten der himmlischen Mutter: Maria, Sophia, die Muhme. Können wir dazu Näheres erfahren?

Wenn der Mond teilweise beschienen ist, seht ihr nur eine Sichel. So seht ihr auch von der Mutter nur Aspekte.

Die himmlische Mutter entspricht dem Vater zwar an Macht und Größe, nimmt aber eine Stellung neben ihm nach unten versetzt ein, der Schöpfung näher als der Vater, der sie wie den Sohn aus sich herausversetzt und sich ein wenig zurückgezogen hat. Sie steht auf einer Ebene mit dem Sohn:

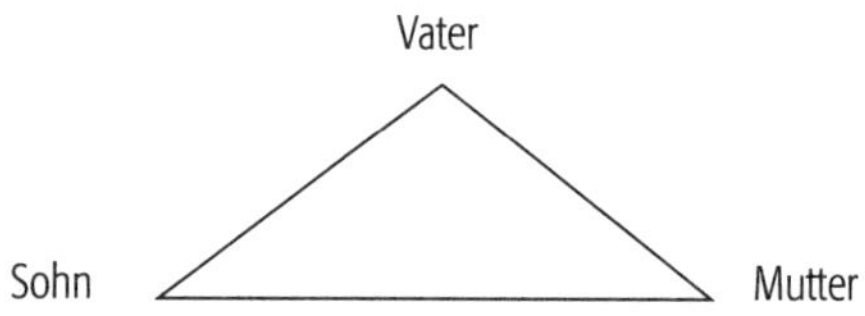

Sie ist also nicht die Mutter des Sohnes, empfindet aber für ihn wie eine Mutter für einen Sohn. Ihr habt verschiedene Vorstellungsbilder von der Mutter.

1. Ein Bild ist das von Maria, der auf Erden inkarnierten Frau, die Jesus gebar.
2. Größer ist das Marienbild der katholischen Kirche: die Jungfrau, die in den Himmel aufgestiegen ist, die man anbeten kann und die Fürbitte leistet.
3. Noch größer ist sie als »Herrin aller Engel«, denn das stellt sie über die höchsten Engel, die Seraphim, und rückt sie in die Nähe des Vaters.

4. Noch größer seht ihr sie, wenn ihr auch die Sophia hinzunehmt, denn diese ist ein weiterer Aspekt der himmlischen Mutter.
5. Auch die Muhme ist ein Aspekt der Mutter.
6. Für mich (Gabriel) ist »Maria« ein Name sowohl für die Gesamtheit der Mutter als auch für einen Aspekt von ihr. Maria, Sophia und die Muhme bilden zusammen die Mutter, sind drei Aspekte der Mutter, doch auch diese dürft ihr mit dem Namen »Maria« bezeichnen.

Die drei Aspekte der Maria (der Mutter) wiederholen in gewisser Weise die drei Teile der Heiligen Trinität. Sophia entspricht dem Vater, Maria (im engeren Sinn) entspricht dem Sohn (bzw. der Tochter, über die ihr später einmal unterrichtet werdet), die Muhme entspricht der Mutter. Man könnte also sagen: Sophia ist der Vater in Maria, Maria ist der Sohn/die Tochter in Maria, die Muhme ist die Mutter in Maria.

Nun mögt ihr fragen: Wer war die irdische Maria, die Mutter Jesu: war sie die auf Erden repräsentierte himmlische Mutter in ihrer Gesamtheit, oder war sie einer ihrer drei Aspekte? Die Antwort ist: sie war tatsächlich die ganze himmlische Mutter. Ihre drei Aspekte lösten sich in drei Lebensphasen ab – oder genauer: sie waren zwar immer gegenwärtig, aber je einer dominierte: Zunächst der Aspekt der Maria als Repräsentantin von Sohn/Tochter in dem jungen Mädchen, das vom Heiligen Geist empfing und sagte: »Siehe ich bin die Magd des Herrn, mir geschehe nach Deinem Wort.« Sodann – seit der Geburt Jesu – dominierte der mütterliche Aspekt, der Aspekt der Muhme. Schließlich dominierte der Aspekt der Sophia. Dies zeigte sich schon während der Passion Jesu, als sie in allem Schmerz doch wußte, was geschah und warum es geschah – anders als Maria Magdalena –, und die es in Weisheit zu tragen verstand. Im weiteren Verlauf ihres Erdenlebens war sie die Weise, die Wissende; sie war ganz abgeklärt. Sie war es auch (nicht etwa Johannes), die Dionysios Areopagita nach seiner Bekehrung durch Paulus in

Ephesos unterrichtete und einweihte und so den Weisheitsstrom in der Geschichte der Kirche initiierte.[18]

Es ist ähnlich, wie ja auch Christi Erdenleben die drei Aspekte des Sohnes – Meister, Heiler, Erlöser – in den drei Lebensphasen repräsentierte: Zunächst – vor allem seit er 12 Jahre alt war und die jüdischen Weisen durch sein Lehren in Erstaunen versetzte – dominierte der Aspekt des Meisters. Später kam der Aspekt des Heilers hinzu, und schließlich dominierte sein Werk als Erlöser.

Ich segne euch. (Ein jeder von uns empfängt den Gabrielssegen. Jeder hat einen Engel neben sich, der eine Schale mit gesegnetem Wasser trägt.) Vergeßt die Mutter nicht an Weihnachten, denkt an das Wasser der Lebendigkeit und spendet den Segen!

Montag, 9.10.95

Die Unschuld in der Schuld

(Wir werden zum Hohelehrer gebeten:) Ihr hattet eine Frage?

Ja, der heilige Erzengel Gabriel sprach gestern von der »Unschuld in der Schuld«, die er schützt. Wie ist das zu verstehen?

Zunächst einmal: Es gibt in jeder Seele etwas, das unschuldig war, ist und bleiben wird. Zwar sind alle Menschen mehr oder weniger schuldig, aber es gibt auch nicht den ganz und gar Schuldigen. In jedem Innenraum jedes Menschen ist ein Punkt, der von jeder Schuld unberührt bleibt, ganz makellos und rein. Gabriel schützt und hütet dieses innerste Ganzsein.

Sodann gehört zum Menschsein die tragische Verstrickung in Schuld. Man wird nicht nur aus purer Bosheit schuldig, sondern infolge von Verstrickungen in Raum und Zeit, aus denen man sich nicht anders lösen kann, als indem man schuldig wird. Das kann z. B. berufsbedingt sein: Der Richter kann nicht reine Menschlichkeit walten lassen, denn er hat das Gesetz anzuwenden. Wer für einen Staat Verantwortung trägt, kann kaum anders, als Waffen bereitzuhalten und notfalls auch ihren Einsatz anzuordnen. Der Diplomat, der Anwalt, der Parteipolitiker kann nicht ganz gerecht und unparteiisch sein, sondern vertritt mit einer gewissen Einseitigkeit Interessenstandpunkte. Wer im Wirtschaftsleben steht, wird seiner Aufgabe nur gerecht, wenn er versucht, sein Produkt günstig zu verkaufen; er kann es i.d.R. nicht an die Bedürftigen verschenken. Der Arzt, der Erzieher, der Lehrer kommen mitunter nicht ohne strenge Anordnungen und eine feste Hand aus. Und in den Beziehungen zwischen Menschen gibt es Verstrickungen – mitunter karmisch bedingt –, in denen man nicht allen Beteiligten in gleicher Weise gerecht werden kann. So gerät der Mensch in Schuld: er wird entweder seinem Weg oder den Menschen untreu.

Sofern er nicht in ausschließlich böser Absicht handelt, wohnt seiner Schuld Unschuld inne – ein lichtes Element, das Buße, Reue und Sühne möglich macht. Diesen Lichtfunken meint Gabriel mit der »Unschuld in der Schuld«. Und das ist, was er hütet.

Als Pilatus erklärte, er »wasche seine Hände in Unschuld«, wollte er sich über das Menschsein erheben. Das geht nicht: Leben bedeutet, sich die Hände schmutzig zu machen. Die Selbsterhebung war ihm nicht gestattet. Sie war sein größter Frevel, schlimmer noch als das Todesurteil. – Hingegen hat der Herr in der Fußwaschung seine Jünger von Schuld reingewaschen: Ihm stand es zu.

Bedarf auch die »unschuldige« Schuld trotz ihrer Unvermeidlichkeit des karmischen Ausgleichs?

Was man so »Ausgleich« nennt, ist kein Ausgleich, sondern eine Transformation: Aus dem kleinen Lichtfunken der Unschuld in der Schuld wird durch Buße ein großes Licht. Es kommt nicht darauf an, Schuld durch ein unschuldiges Leben auszugleichen. Das wäre unmöglich. Vielmehr kommt es auf das Bewußtsein an: Ich werde immer wieder schuldig, werde aber die unschuldigen Keime suchen und durch Abbitte, Reue und Buße die Schuld abtragen. Es geht also zunächst einmal darum, sich seiner Schuld bewußt zu werden und sie anzunehmen, um sie durch Abbitte in Licht zu verwandeln. Legt euch jeden Abend Rechenschaft über den Tag ab. Fragt euch: wo war ich schuldig, wo unschuldig? Wo sind trübe Flecken? Betrachtet euer Tun im Licht der Liebe und tut Buße. Buße bedeutet aber nicht, sich zu entwürdigen – etwa durch Selbstgeißelung –, sondern erfordert im Gegenteil eine große Souveränität.

Macht euch nicht selbst etwas vor, redet euch vor allem nicht ein, das Schuldigwerden sei unausweichlich nötig gewesen, während ihr das gar nicht wissen könnt. Ihr seid z. B. mit einem Kind ungeduldig geworden und habt es geschlagen. Macht es euch nicht einfach, indem ihr sagt: Das Kind hat das gebraucht. Ja – vielleicht hat er das gebraucht, aber ihr konntet das nicht wissen. – Der Herr hat zwar für sein Erlösungswerk die Kreuzigung gebraucht. Aber Pilatus konnte das nicht wissen, und selbst wenn er es gewußt hätte, hätte ihm das nichts von seiner Schuld genommen.

Es gibt die Theorie, daß Schuld durch Leiden abgetragen wird. »Karma« bedeutet danach: Schuld führe zu Leiden in einem anderen Leben, und Leiden gehe auf Schuld in einem früheren Leben zurück. Was ist davon zu halten?

Schuld trägt man ab durch Bewußtwerdung und Annahme, durch Abbitte, Reue und Buße. Das Leiden kann unter Umständen als Mittel zum Zweck dienlich sein, wenn es nämlich das Bewußtsein weckt und zur Weichheit, zur Einsicht und zu reinen Gedanken führt. Wo das gelingt, wird die Schuld im Rückblick schön gemacht. Das Leiden kann ein Schritt zum Bewußtsein hin sein, wenn ihr es nicht auf angenehmere Weise lernt. Es ist dann selbst gewählt, nicht etwa als Strafe verordnet.

Bewußtsein der Schuld kann also zwar durch Leiden angestoßen werden, es kann aber auch ohne Leiden erwachen. Leiden an sich durchlichtet nichts. Dadurch wird keine Schuld abgetragen. Worauf es vielmehr ankommt, ist die Umkehr, die Durchlichtung des Bewußtseins. Es geht um das Lichtwerden, d. h. um die Heimkehr zum Vater.

Mittwoch, 11. 10. 95

Heilige Anna

Führungsengel: Anna ist eine Heilige, eine der ganz großen Sehenden und Wissenden. Sie wußte um die Trinität und ihre Einheit. Deshalb konnte sie auf Erden die Mutter der Mutter als menschliches Wesen sein.

Anna wird meist im Hintergrund gehalten. Ihre Rolle kann man aber nicht groß genug einschätzen. Das Zusammenleben von Anna, Maria und Jesus war noch bedeutsamer als das von Joseph und Maria. Sie lebte ganz in der Nähe, und das Jesuskind war viel bei ihr. Sie war ihm als Großmutter auch eine Art Mutter; sie war ja noch verhältnismäßig jung.

Maria war auf fast kindliche Weise unschuldig. Sie lebte ganz in der Ordnung der Engel. Sie war gehorsam, sanft, treu und fürsorglich. Anna, die Wissende, Sehende, war etwas strenger, aber auf liebevolle Weise streng. Sie war sehr liebenswürdig. Sie schützt die Reinheit und Klarheit der Lehre. Sie ist eine Hüterin der Suchenden, der Wanderer, und sie sorgt für die strenge Ausrichtung nach oben.

Die heilige Anna ist anwesend; ihr dürft Fragen an sie richten. (Wir verneigen uns vor der heiligen Anna, die uns lächelnd begrüßt:) Stellt eure Fragen.

Ist unsere Annahme richtig, daß der Hohelehrer im heiligen Joseph gegenwärtig war?

Ja. Es war eine Inkarnation des Dienens und Begleitens. Josephs Aufgabe war vor allem, präsent zu sein und Frau und Kind den Rücken frei zu halten. Er erfüllte sie wahrhaft meisterlich. Er war damals nicht vor allem ein Lehrer in Wissen und Weisheit und hat Jesus auch nicht unterrichtet. Er erzog ihn vielmehr in den Tugenden. Er hat z. B. mit ihm Hölzchen geschnitzt und ihn gelehrt, Geduld zu haben und eine angefangene Arbeit zu Ende zu bringen. Es waren immer Anstöße aus der Praxis, ohne große Worte. Es ging u. a. um Genauigkeit, Geduld, Fleiß, Stimmigkeit, Mut und Integrität. Durch sein Arbeiten mit dem Kind bewirkte er, daß es in den großen Tugenden vorankam. Er gab scheinbar kleine Aufgaben, die aber wesentlich weiter wirkten.

Hatte Jesus leibliche Geschwister?

Ja.

Warum kommt Joseph in den späteren Jahren des Lebens Jesu nicht mehr vor? Ist er gestorben?

Nein, er ist in die Einsamkeit gegangen, um Jesu Wirken durch Schweigen abzusichern und ihm durch innere Begleitung den Rücken frei zu halten. Deshalb wurde er Eremit. Er ging in hohem Alter, als Jesus ungefähr 20 Jahre alt war. Er tat es im vollen Einverständnis mit Maria, die seinen Beschluß in Liebe und mit vollem Respekt mittrug, und die er materiell ausreichend abgesichert hatte. Er hatte seine Hauptaufgabe erfüllt. Er wußte in großen Zügen, was geschehen wird. Er hatte äußerlich nicht weiter in Erscheinung zu treten. Er hat aber Jesu Wirken aus dem Hintergrund heraus mit ermöglicht und hat für seine irdische Kraft gesorgt.

Montag, 16. 10. 95

Christus in uns. Christus-Gebet

Alexas Führungsengel: Ihr kennt die Innere Kapelle, aber was wir noch nicht genauer betrachtet haben, ist, daß sich hinter dem Altar ein weiterer Raum befindet, eine Nische oder kleine Kapelle, in der tatsächlich der Herr wohnt: der Christus in jedem Menschen. Da jetzt die Jahreszeit des Herrn ist, möchten wir euch damit bekannt machen.

Um dem Christus in der Nische begegnen zu können, ist Voraussetzung, sich die Lebensgeschichte Jesu zu vergegenwärtigen. Ihr könnt euch am Johannes- und Lukas-Evangelium orientieren, doch laßt auf keinen Fall die Kinderszenen weg, die zum Teil nur apokryph überliefert sind: z. B. der kleine Junge, der mit den Vögeln spricht und spielt, der zur heiligen Anna geht und Wissen vermittelt bekommt. Dann geht das Leben chronologisch durch: die Wanderungen, Wunder, Heilungen, Predigten, Begegnungen, schließlich die Passion, den Kreuzestod, die Auferstehung, die Himmelfahrt.

In jedem Menschen lebt eine Szene aus dem Leben Jesu; z. B. Jesus als Kind, als Wanderer, bei der Hochzeit zu Kanaa, als Prediger, in der Wüste, Wunder wirkend, als Heiler, als Lehrer, beim Abendmahl, als Gegeißelter, als Gekreuzigter, als Auferstandener. Dieser Christus, der in euch Menschen lebt, ist wesensgleich mit dem Christus im Himmel. Doch er lebt in euch in einer euch verträglichen Form – in eurer Inneren Kirche in der Nische hinter dem Altar.

Man spricht manchmal vom Funken Gottes oder vom göttlichen Funken im Menschen. Dieser göttliche Funke ist die Trinität: Den Sohn findet ihr in der Inneren Kapelle, den Vater als Inneres Kind in der Krypta, die Mutter im Marienengel im Turm der Kirche. Erlebt also den Funken nicht abstrakt, sondern als lebendige Wesen. Deshalb ist es wichtig, sich innig mit der Lebensgeschichte Jesu zu verbinden und ihn mit dem inneren Auge zu sehen.

Viele Menschen fragen sich: wer bin ich? Was ist meine Aufgabe? Die Antwort darauf kann sein: Du bist mein geliebtes Kind. Dann mögt ihr antworten: Ja, dein Kind, aber in welchem Zustand? Wenn ihr das wirklich wissen wollt, so kommt es auf den Christus in euch an. Die Szene aus Jesu Leben gibt euch Aufschluß darüber, was ihr in diesem Leben zu sein gewählt habt. Welcher Aspekt seines Lebens lebt in euch?

Die Geschichte seines Lebens ist der Prototyp des Lebens. Sein Leben enthält alle Aspekte des menschlichen Lebens. Es lassen sich alle Regungen des Lebens an seinem Leben festmachen und darin wiederfinden. Der Christus war klein und hilflos, er war freudig, tanzte, lachte, scherzte. Er war ernst, besorgt, verzweifelt, erschüttert, traurig etc. In welcher Szene er in euch präsent ist, könnt ihr nicht ohne weiteres wahrnehmen. Denn vor der Nische befindet sich ein Vorhang, der den Christus verdeckt.

Die Nische ist bewacht von einem Engel des Herrn. Er ist golden mit ein wenig Silber. Er ist sanft und friedlich. Er ist ritterlich und wehrhaft. Er ist liebevoll und sonnig: ein Sonnenritter. Jeder Mensch trägt einen Engel des Herrn in sich. Er beschirmt und bewacht die Nische. Er untersteht Michael. Denjenigen läßt der Sonnenritter zu, der sich diesem Raum in der rechten Weise zuwendet.

Ein Wort aus der Liturgie eignet sich besonders, um sich dem Herrn zuzuwenden: »Herr, ich bin nicht würdig, daß du wohnst unter meinem Dach, aber sprich nur ein Wort, so wird meine Seele gesund.« Dann wird euch der Sonnenritter den Vorhang öffnen, und ihr könnt euch in die Betrachtung der Szene versenken.

Sie gibt euch Aufschluß über die Frage: Wer bin ich? Seine Verfassung in dir spiegelt deine Lebensgrundverfassung wider. Was der Christus gerade tut, gibt Aufschluß über deine Aufgaben. Jedes der Bilder wird als gewaltiger Eindruck erlebt, auch die schlichten Szenen.

Versucht, bei jeder Begegnung den Christus immer genauer wahrzunehmen, also nicht nur wie er aussieht, sondern auch: Welches Lebensgefühl hatte er damals? Was dachte er? Was ging in ihm vor? Was sagte er, was hat er *nicht* ausgesprochen? Was hat er gerochen, getastet, gespürt? Was hat sein Herz bewegt, gefreut, beschwert? Welche Befürchtungen hatte er damals in dieser Situation? Welche Pläne hatte er? Welche Erinnerungen bewegten ihn? Welche Engel haben ihn umgeben? Welche Naturgeister saßen zu seinen Füßen?

Ihr versucht also, etwas zu erfassen, was in euch ist. Die Szene spielte sich zunächst in der Außenwelt ab, nun ist sie präsent in eurer Innenwelt. Wenn ihr sie erkennt und euer Verhalten an ihrem Vorbild orientiert, wird sie wiederum nach außen wirksam. Der Vorgang war historisch außen, ihr tragt ihn nun in euch. Was jetzt innen ist, wird durch euch wieder nach außen getragen, und es kann dann von euch selbst und anderen neu verinnerlicht werden, und zwar eine Schicht weiter ins Innere. Es ist ein Vorgang fortgesetzter Verinnerlichung.

Z. B. seht ihr Christus als Heilenden – und werdet Arzt. Das hat Auswirkungen auf das Tableau des Christuslebens im Erdenmantel: Die Szene wird bekräftigt und neu koloriert. Das wiederum hat Auswirkungen auf die Szene in eurem Innern, darüber hinaus aber auf alle Menschen, insbesondere auf die, die dieselbe Szene in ihrer Nische haben. Die Nachfolge Christi hat also viel weiterreichende Wirkungen, als man gemeinhin meint: Sie wirkt sich auf die gesamte Menschheit aus. Insofern ist ein jeder für diese mitverantwortlich.

Der Weg zum Christus in der Nische und das Nachleben der dort repräsentierten Szene ist der direkteste Weg zum Herrn, den wir Engel kennen. Man könnte eine Schule gründen, die nichts anderes tut, als dies zu üben. Damit hättet ihr auf Monate und Jahre genug zu tun, selbst wenn ihr nur dieses tätet und sonst nichts. Dadurch könntet ihr sehr rasch zu Füßen des Herrn ankommen.

Für den normalen Menschen ist es schwierig, Außen und Innen in Korrespondenz zu bringen. Es gibt Menschen, die leben in der Außenwelt und kennen die Innenwelt nicht, haben keinen Zugang zu ihr. Andere ziehen sich in ihre Innenwelt zurück und meiden die Außenwelt. Sie werden den Anforderungen, die das Leben stellt, nicht genügen.

Die Begegnung mit dem Christus in euch ist das wirksamste Therapeutikum, das wir Engel kennen. Christus ist die Instanz, die in euch lebt und durch euch wirkt und die ausstrahlt in den Außenraum. Denn Christus war ganz und gar Gottessohn und ganz und gar Mensch, war ganz im Himmel und ganz auf der Erde. Mit Maria war es ähnlich, aber eben nur ähnlich. Sie lebte nicht das exemplarische Erlösungsleben. Sie stieg nach ihrem Sterben sofort zum Vater auf und reiste nicht wie Christus durch das Reich des Todes.

So schlicht die Übung ist: sich in die Szene der Nische zu versetzen, sie zu kontemplieren und mitzuerleben – täglich geübt, hat sie große Wirkung. Eine gute Kenntnis der wesentlichsten Abschnitte im Leben des Christus ist die Voraussetzung dafür.

Im einzelnen geht am besten folgendermaßen vor:

1. Löscht das elektrische Licht und entzündet Kerzen.
2. Betet – möglichst singend – das »Sanctus«.
3. Betet das Vaterunser.
4. Betet das Ave-Maria in folgender Variante:

Gegrüßt seist du Maria
voll der Gnaden.
Der Herr ist mir dir.
Du bist gebenedeit unter den Frauen
und gebenedeit ist die Frucht deines Leibes, Jesus,

der in uns wohnt und durch uns wirkt.
Heilige Maria, Mutter Gottes,
Herrin aller Engel,
Hüterin aller Suchenden,
Helferin in der Not,
schütze uns und leite uns,
jetzt und in der Stunde unseres Sterbens.

5. Begebt euch in die Innere Kirche, begrüßt den betenden Engel und laßt euch dann von dem Sonnenritter abholen und zur Nische führen.
6. Dann sprecht: »Herr, ich bin nicht würdig, daß du wohnst unter meinem Dach, aber sprich nur ein Wort, so wird meine Seele gesund.« Dann wird der Sonnenritter den Vorhang öffnen. – Bedenkt das rechte Verhalten dem Christus gegenüber – beugt das rechte Knie und setzt den linken Fuß auf: So steht ihr fest auf der Erde mit Denken, Fühlen und Wollen.
7. Dann macht jeder seine persönliche Erfahrung. – In einer Situation, in der ihr nicht wißt, was ihr tun sollt, könnt ihr ihn bitten, euch Weisungen zu geben, und ihn fragen: Herr, wie kann ich dir am besten dienen? – Andere Fragen sind vorerst nicht gestattet. Vor allem fragt ihn nichts über ihn selbst, das ziemt sich nicht.

Diese Übung bereitet den Menschen am besten auf die Wiederkunft des Christus im Ätherischen vor. Wer sie regelmäßig tut, erkennt den Christus bei seiner Wiederkunft. Wer ihn nicht bewußt als in sich lebend erfährt, wird ihn während seiner Wiederkunft wahrscheinlich nicht wahrnehmen. Wer den Christus aus dem Unbewußten in sich befreit, befreit sich aus äußeren Zwängen, belastenden sozialen Bindungen, Ängsten, Zwangsvorstellungen, Traumata, Erstarrungen, festgesetzen Bildern. Alles, was euch festhält, löst sich.

Viele Menschen fühlen sich ja eingebunden in Arbeitsabläufe, Partnerschaften und Lebenssituationen wie in ein Joch. Dieses verläßt man, wenn man den Inneren Christus in sich entdeckt: Man entdeckt den Meister, und zwar den einzigen Meister – alle anderen »Meister« sind Wegweiser zu diesem einen Meister. Entdeckt man ihn und macht sich das bewußt, so vernimmt man dieselbe Heilsanweisung, wie sie die Fischer vernahmen, die ihn erkannten und mit ihm gingen: »Folge mir nach!«

Zum Abschluß singt etwas Fröhliches.

Den Vater beten wir im Vaterunser an, die Mutter im Ave-Maria. Wie können wir den Sohn ansprechen?

Mit folgendem Gebet:

Gelobt seist Du, Christus,
Sohn des allmächtigen Vaters,
Kind der alliebenden Mutter.
Wir dienen Dir,
der Du in uns wohnst und durch uns wirkst,
der Du in uns lebst
und durch uns lebendig wirst,
der Du in uns heiligst
und durch uns Heilung bringst.
Wir danken Dir,
Christus,
Licht des Vaters,
Liebe der Mutter,
Leben der Welt.
Wir bitten Dich:
Bleibe bei uns, in uns und über uns
jetzt und bis an das Ende der Zeit.

Mittwoch, 18. 10. 95

Vorbereitung auf die Kyriotetes I

(Der heilige Ambrosius – sehr feierlich und mit starker Autorität – führt uns zum Rat der Ehrwürdigen.[19] Wir knien.) Der heilige Ambrosius: Die Begegnung mit den Kyriotetes setzt verschiedenes voraus. Die Vorbereitung braucht einige Zeit.

1. Als erstes bedarf es der eindringlichen Beschäftigung mit einem Heiligen aus dem Rat der Ehrwürdigen und mit seiner Weisheit. Es soll eine Wesensbegegnung sein, ein richtiges Eintauchen in sein Denken, Fühlen und Erleben, soweit wie das möglich ist. Jeder von euch wählt sich eine Heiligengestalt aus der Geschichte und beschäftigt sich intensiv mit seiner Biographie und mit einem oder zweien seiner Hauptwerke, so daß ihr euch ganz hineinversetzt in sein Leben, Denken und Empfinden und lernt, wie durch seine Augen zu sehen und mit seinem Mund zu sprechen. Ihr sollt mit ihm so eins werden, daß ihr selbst seine Gedanken denken und ein Gespräch in seinem Sinne weiterführen könntet.

   Wählt euch einen der Großen, einen von denen, die Tomberg verehrt und die im Rat der Ehrwürdigen sind, z. B.:

   Dionysios Areopagita, Chrysostomos, Augustinus, Albertus Magnus, Hildegard von Bingen, Franz von Assisi, Bonaventura, Terese von Avila, Johannes vom Kreuz.

Auch Ambrosius?

Ja. – (Jeder von uns trifft eine Wahl und teilt sie mit.) Gut. Nun beschäftigt euch mit dem Gewählten, jede Nacht eine Stunde lang genügt, dies aber mit besonders hoher Intensität.

Dann meditiert einen seiner Gedanken, einen Ausspruch von ihm, und sucht das Gespräch mit ihm. Ihr könnt ruhig in kritischer Auseinandersetzung mit ihm ringen. Nach drei bis vier Wochen versucht, das Ergebnis eurer Arbeit in einem Referat zusammenzufassen. Dann teilt es den anderen mit.

2. Beschäftigt euch mit dem Werdegang eines Menschen, der in ein Kloster eintritt. Wählt einen strengen Orden, z. B. die Kartäuser, Zisterzienser oder Trappisten, auch die Benediktiner sind möglich. Schaut euch die Ordensregeln an und setzt euch damit auseinander. Es geht darum, den Werdegang eines Mönchs/einer Nonne wenigstens in der Vorstellungswelt ganz zu durchleben – vom Novizen bis zum Abt/zur Äbtissin. Dies übt mindestens eine Woche lang.
3. Für den Alltag gelten für die nächsten Wochen folgende Regeln:
   a) Legt einmal täglich abends in der Inneren Kapelle bei Bruder Tullian, der dort Dienst tut, Beichte ab, am ersten Tag eine ganz ausführliche, ab dann täglich für den jeweiligen Tag. Beleuchtet die Geschehnisse des Tages, auch die kleinen: z. B.: ich habe zu hart geantwortet, bin zu schnell weggegangen, hätte spontaner helfen können, habe nicht gelächelt etc. Bitte habt keine Scheu, es bleibt ganz vertraulich. Gebt euch keiner übertriebenen Selbstzerfaserung und Weinerlichkeit hin. Ihr solltet nichts verschweigen, aber auch nicht über euch selbst tratschen oder lamentieren.
   b) Für diese ganze Zeit ist Fleischverzicht erforderlich.
   c) Einmal in der Woche haltet einen Fasttag, möglichst freitags. Dann eßt nur Obst oder nur Reis oder überhaupt

keine feste Nahrung. Vebringt den ganzen Tag in Schlichtheit.

d) An den anderen Tagen gilt: Bis 12 Uhr mittags sollt ihr nichts einnehmen außer Tee, ein wenig Kaffee oder einer Bouillon.

e) Dann bitte ich euch, die Wochentage mit Christus zu erleben. Freitag, Samstag und Sonntag bilden einen schwachen Abglanz der Passion und des Ostergeschehens. An den Samstagen sollt ihr die Woche ausklingen lassen und nichts Besonderes tun, nur die routinemäßige Arbeit fortsetzen. Jeden Sonntag besucht die Heilige Messe oder haltet zu Hause eine freudige Feier. In der Nacht von Sonntag auf Montag feiert jedesmal die Geburt des Herrn. Von Montag bis Donnerstag meditiert 3 – 4 markante Bibelstellen aus dem Leben des Herrn und denkt an bestimmte Ereignisse, z. B. in Kanaa, am See Genezareth usw.

Die Schwingungen der Tage sind von einem »Atem der Woche« geprägt: Von Montag bis Freitag ist die Zeit des Ausatmens«. Samstag haltet den Atem an. Sonntag ist der Tag des Einatmens.

Ihr werdet also ein »Doppelleben« führen: Ein Teil von euch lebt in Begleitung Jesu, ein Teil im Alltagsleben. Wenn ihr meint: »das schaffe ich nicht alles«, so ist es notwendig, die Krise durchzustehen. Die Kyriotetes sind nicht erreichbar, ohne zuvor das nachzuvollziehen, was große Heilige erlebt haben, zumindest in einem schwachen Abglanz.

f) Für die Nächte bittet den Engel der Nacht, den Schutzengel und den Führungsengel, sie möchten euch an Orte führen, wo ihr gereinigt, geläutert, geklärt und befriedet werdet. Es bedarf der bewußten Aufforderung. Erschreckt nicht: ihr werdet schlechte Träume haben, schwitzen, frieren, Durst haben, das gehört dazu. Die Träume solltet ihr nicht beachten und analysieren; sie bedeuten: Schlacken abgeben, Ängste, Sorgen, Kümmernisse, Anspannungen loswerden. Schlaft in dieser Zeit möglichst nicht auf dem Bauch. –

Und noch etwas: Wagt nicht, aus eigener Initiative den Rat der Ehrwürdigen aufzusuchen! Holt euch die Informationen, die ihr braucht, aus den Bibliotheken, sucht dann aber die Wesensbegegnung mit dem Heiligen und das innere Gespräch mit ihm. Arbeitet also in der Außenwelt und in der Innenwelt, oder, wie ihr das nennt: exoterisch und esoterisch. – Habt ihr noch Fragen?

Was ist von der in einigen esoterischen Strömungen vertretenen Annahme zu halten, Christus wolle neben oder statt der »alten« petrinischen Kirche einen neuen, den »Johanneischen« Kultus begründen und in die Welt einführen?

Es gibt keinen Johanneischen Kultus außerhalb der Kirche; weder Christus noch Johannes haben einen Johanneischen Extrakultus begründet. Johannes stand nie außerhalb der Kirche. Es wäre ja möglich gewesen, daß sowohl Petrus als auch Johannes eine je eigene Kirche gegründet hätten. Aber das war nicht gewollt und hat auch heute nicht zu geschehen. Das Johanneische »Strömen« bedeutet: den Felsen, d. h. die petrinische Kirche, bewässern, zum Strahlen bringen, so daß er ein schöner glänzender Felsen wird. In eurem Innenraum mit der Inneren Quelle habt ihr ein schönes Bild: Das Wasser sprudelt aus dem Felsen, bricht sich an ihm, zieht durch ein Flußbett mit Steinen. Die Quelle kann nicht sein ohne Steine und nicht ohne das Wasser: beides gehört zusammen.

Demgemäß stützte sich der Herr sowohl auf Petrus als auch auf Johannes. Das Johanneische Denken, Fühlen und Sprechen geschieht in der petrinischen Handlung, d. h. der Priester vollzieht die Handlung gleichzeitig nach außen und in der Innenwelt, in seinen Innenräumen, in den Chakren. Das ist und bleibt das Geheimnis sowohl der Esoterik als auch der Exoterik. Während der Priester nach exoterischen Riten handelt, handelt er gleichzeitig esoterisch in den Innenräumen: das ist die Kunst des Priesters. Er ist esoterisch und exoterisch – beides zugleich und beides ganz und gar, so wie ja auch Jesus gleichzeitig Gott und Mensch war. Er handelt nach innen und nach oben gewandt und zugleich nach außen und nach oben gewandt.

Gäbe es einen besonderen »Johanneischen Ritus«, so wäre dieser schon dadurch, daß er zum Ritus wird, exoterisch. So wie man ihn zu begründen versucht, ist die katholische Exoterik esoterischer als diese Esoterik. Wir wünschen, daß ein für alle mal klar ist: Exoterik bedeutet Hinwendung zur Außenwelt, Esoterik bedeutet innere Arbeit, Hinwendung zur Innenwelt. Alle Engel und Heiligen und Meister und die Trinität sind sowohl außen als auch innen zu verehren. Esoterik ohne Exoterik ist undenkbar auf Erden – wie eine Seele ohne Körper. Exoterik ohne Esoterik wird hohl und leblos wie ein Körper ohne Seele. Einen Johanneischen Strom abseits vom Petrinischen kann es daher nicht geben.

Das Dürer-Bild mit Petrus und Johannes, das du, Martin, für den Umschlag deines Buches gewählt hast[20], zeigt zwar beide nicht so, wie sie in Wirklichkeit aussahen. Aber es ist sehr gut geeignet, um das freundschaftliche Verhältnis von Petrus und Johannes anschaulich zu machen.

Sonntag, 22. 10. 95

Zur Wiederkunft Christi im Ätherischen

(Amael führt uns zum Hohen Rat.)
Der Hohelehrer: Vergeßt nicht, daß man eure Arbeit im Auge behält und darüber wacht. Das erste Buch wird die Wiederkunft Christi im Ätherischen begleiten können, auch wenn es nicht rechtzeitig zum Beginn da sein kann.

Wann ist der Beginn der Wiederkunft zu erwarten?

Gegen Ende des Jahres 1996. Dazu müßt ihr wissen, daß der Wiederkunft des Sohnes die der Mutter vorangeht. Dafür ist vorgesehen der Beginn des Sommers 1996, wenn die Zeit der Mutter anbricht.[21] Sie bereitet die Wiederkunft des Sohnes vor. Deren Beginn ist also im Herbst 1996 zu erwarten. Die Bedrohungen werden die Wiederkunft nicht verhindern, sie aber mit Leid für Mutter und Sohn verbinden, vor allem mit Sorge der Mutter um den Sohn und des Sohnes um die Mutter – in himmlischer Fürsorge für den anderen.

Was sich im Herbst 1996 einstellen wird, sind die allerersten Anfänge der ätherischen Wiederkunft Christi. Ihr werdet zunächst nur einen Hauch verspüren, der dann wieder zu verschwinden scheint, dann wieder diesen Hauch und öfter, später regelmäßig. Dieser verstärkt sich in den Jahren 1997/98.

Hier handelt es sich um eine Phase der Annäherung. Die eigentliche Kernzeit der Wiederkunft, wie sie in den Rotterdamer Vorträgen über das Wiedererscheinen Christi im Ätherischen vom August 1938 beschrieben sind[22], beginnt dann nach 3-4 Jahren der Annäherung und dauert ebenfalls 3-4 Jahre. Dann folgen 3-4 Jahre der langsamen Entfernung Christi. Daß sich diese Vorgänge nicht auf 3 $^1/_2$ Jahre festlegen lassen, daß wir vielmehr von 3-4 Jahren zu sprechen haben, hängt mit der trinitarischen Quaternität zusammen, die ihr kennt. Die gesamte Wiederkunft wird sich also über den Zeitraum bis etwa 2007, 2008 erstrecken.

Derzeit ist wesentlich, der Natur und den in ihr lebenden Wesen das Kommen Christi anzukündigen und ihnen zu sagen: Schöpft Mut! Sagt es dem Baum, dem Wind, der Sonne: Er kommt!

Zunächst werden euch verschiedene Lichtverhältnisse auffallen, besonders schöne Sonnenauf- und -untergänge; das Licht wird anders sein, Phänomene am Tages- und am Nachthimmel werden den Menschen Anlaß geben, zum Himmel aufzuschauen.

Dann werdet ihr die in den genannten Vorträgen geschilderten Erscheinungen erleben und eure Erfahrungen machen. Darüber hinaus aber wird sich ein neues poetisches Erleben der Natur einstellen, es wird eine neue Romantik-Welle geben. Die Natur wird mit den Menschen sprechen. Sie wird singen, erzählen, trösten und feiern, und die Menschen werden einbezogen werden.

Die Hierarchien zur Linken versuchen schon jetzt, ein Gegengewicht zu setzen und die Menschen von der Macht des Dunkels zu überzeugen. Daher stammen die »Prophezeiungen« von zu erwartenden Katastrophen, von weltweiten Kriegen, von Wirtschaftszusammenbrüchen oder Kulturniedergängen, ja vom angeblich bevorstehenden Weltuntergang. Damit wollen sie den Glauben an Sinnlosigkeit wecken und Hoffnungslosigkeit erzeugen. Es ist euch strikt untersagt, euch an solcher Panikmache zu beteiligen. Wer überall nur Schlimmes sieht, kann nie etwas Gutes erreichen und wird die Wiederkunft Christi im Ätherischen gar nicht wahrnehmen. Zu euren Aufgaben gehört auch, den Ängsten und der aus ihnen resultierenden Untätigkeit entgegenzutreten.

Donnerstag, 26. 10. 95

Die Hüter der Pflanzen

Agar, der Lehrer der Naturgeister (s. 28. 4. 95, Bd. I S. 116): Ihr wißt, daß es auch bei den Naturgeistern eine Hierarchie gibt, die der Hierarchie der Engel entspricht: Die Naturgeister entsprechen den Engeln, ihre Könige den Erzengeln, die Elementargeister den Archai. Heute wollen wir eine Stufe weiter hinaufsteigen, auf die Ebene, die den Exusiai und Elohim entspricht. In der Hierarchie der Naturgeister entsprechen die Hüter der Pflanzenwesen den Elohim, die Hüter der Tierwesen den Exusiai. Wir wollen uns heute den Hütern der Pflanzen zuwenden.

Um mit ihnen sprechen zu können, ist zunächst folgende Übung nötig: Stellt euch vor, eure Körper mit ausgebreiteten Armen und Beinen seien in vier Teile geteilt, die sich in die vier Ecken des Raumes auseinanderziehen. Nun stellt euch vor, die Wesen sprechen aus den vier Ecken, zwar mit einer Stimme, aber in verschiedenen Tonlagen, wie wenn von vier Seiten der Wind bläst. Die Vierheit des Sprechens aus den vier Ecken gilt für alle Wesenheiten der Naturgeister der zweiten Triade. Sie gibt den Wesen Stabilität. Ginge die Vierheit verloren, würde die Materie zusammenfallen.

Die Aufgabe dieser Wesen ist: Sie sind die Hüter der Pflanzengruppen, genaugenommen die »Seele« der Pflanzengruppen, wenn man da von Seele sprechen könnte. Bei Tieren kann man von »Gruppenseelen« sprechen, bei Pflanzen nicht. Denn für den

Begriff der »Seele« bedarf es etwas mehr Kontur und Freiheit, z. B. die Freiheit, sich zu bewegen.

Leiden die Pflanzen unter der Bewegungslosigkeit?

Nein, sich fortzubewegen entspricht nicht ihrem Wesen.

Pflanzen haben kein Ich, auch nicht auf höherem Plan. Das Ich setzt voraus, daß man über einen Sonnenengel verfügt; das ist bei Pflanzen nicht der Fall. Es gibt nur ein Pflanzen-Wir. Auch die Naturgeister sagen von sich: »wir«. Wer »ich« sagen kann, hat die potentielle Fähigkeit, den Herrn von Angesicht zu Angesicht zu sehen. Pflanzen haben sie nicht selbst, sondern nur durch die Mittlerstellung des Menschen: er schaut für sie nach oben.

Was hüten die Hüter der Pflanzen?

Die Hüter: Um das zu begreifen, macht folgende Übung: Versucht das Innere eines Baumes zu erleben, z. B. das Innere der großen alten Linde vor eurer Dorfkirche. Geht auf den Baum zu. Stellt euch ein Türchen vor, schlüpft hinein, verändert die eigene Körpergestalt so, daß ihr den Baum ausfüllt. Fangt immer unten an (bei allen Pflanzen)! Die Füße verzweigen sich also in das Wurzelgeflecht. Die Arme ab der Schulter werden zu Ästen und Zweigen. Die Sinnesorgane wandern in die Blätter, die Blüten und Früchte. Mit ihnen versucht die Umwelt wahrzunehmen: Licht, Luft, Sonne, Temperatur, Gerüche, Feuchtigkeit, Wind, Wald, Wiesen, Menschen – so wie der Baum sie wahrnimmt. In den Wurzeln spürt die Härte, die Feuchte, die Wärme oder Kühle des Erdreichs.

Der Baum ist die dem Menschen gemäßeste Pflanze, aber jede andere Pflanze, groß oder klein, geht auch, z. B. der Kaktus, die Seerose. Jede Pflanzenart widerspiegelt ein Wort des Herrn und zugleich einen Wesenszug des Allumfassenden, z. B. Mut, Stärke, Unschuld, Schönheit, Zähigkeit, Unscheinbarkeit.

Deshalb ist ein hingebungsvolles Wesensstudium aller Pflanzen ein direkter Zugang zum Verstehen des Vaters. Ihr gewinnt die Essenz der Pflanze, indem ihr sie werdet, d. h. indem ihr euch in sie hineinversetzt.

Bei der Übung im Baum werdet ihr bemerken:

Etwas in euch verändert sich, aber es sind nicht die Innenräume. Was geschieht da? Um das zu erläutern, erinnere ich euch zunächst an das, was ihr über die Innenräume wißt. Die sog. »Chakren« sind Innenräume. Sie befinden sich in der vorderen Körperhälfte. An der rückwärtigen Seite des Menschen befindet sich aber auch etwas: eine Art Kanal – der »grüne Kanal«. Er beginnt an einem zweiten Scheitelchakra im Hinterkopf und verläuft das Rückgrat entlang bis hinter das Wurzelchakra, teilt sich dann in die Beine und geht bis in die Fersen. Wenn ihr in den Baum hineinschlüpft, strömt aus den vier Himmelsrichtungen Kraft durch diesen Kanal und fließt in die Erde zurück. Doch die Quintessenz des Baumes bleibt dann in euch. Dieser Kanal stellt die Verbindung des Menschen zu den Naturreichen her.

Menschen, die nur die vorderen Innenräume erleben, aber nicht diesen hinteren Kanal, werden »bauchlastig« und in gewisser Weise abgehoben von der Welt der Natur. Es ist so ähnlich, wie der Mensch kopflastig werden kann, wenn er sich nur auf die oberen Chakren konzentriert, oder begierdelastig bzw. materielastig, wenn er sich auf die unteren konzentriert. Daß er »hintenlastig« wird, kommt kaum vor, weil der Kanal kaum bekannt ist. Ihn ebenso auszubilden wie die vorderen Innenräume bedeutet: Geborgensein in der Natur und in der ihr zugehörigen geistigen Welt.

Während ihr die Pflanze außen um euch herum habt, erlebt ihr zugleich das Wesen der Pflanze, und indem ihr das tut, werdet ihr zu ihrer Herberge, sie findet ihre Heimat in euch. Ihr habt sie um euch herum, und sie hat euch um sich herum: ein Wechselspiel des gegenseitigen Sichbeherbergens beginnt. Das bedeutet Harmonie zwischen Himmel und Erde und insofern Ganzheit.

Jede Pflanzenart, in die ihr euch versetzt habt, bleibt von da an mit ihrer Essenz in euch. Der Baum, in den ihr euch eben versetzt habt, ist von jetzt ab zugleich in euch und wächst weiter. Und er schenkt euch, was er zu schenken hat, z. B. die Stärke, die Verwurzelung, das Fruchtbringen. Versetzt ihr euch in einen Kaktus, so werden euch seine Zähigkeit und Wehrhaftigkeit beleben, wenn in eine Seerose, so ihre Schönheit, das Schwimmen, das Sich-tragen-Lassen, ein wenig Exotik – usw.

Je mehr Pflanzen ihr so in euch ansiedelt, desto mehr werdet ihr ein zweibeiniger Paradiesgarten.

Wo ist bis dahin die Welt der Wesen der Pflanzenarten?

Solange sie noch nicht im Menschen angesiedelt sind, leben sie einerseits im Mutterschoß der Erde, in einem innerweltlichen Garten, wo alle Pflanzen zu Hause sind, die es gab, gibt und geben wird. Hier sind die Pflanzen vollkommen. Und sie leben in der Welt der Urbilder, d. h. im »Paradies«. Im Paradies gibt es keine Zeit, dort leben sie ewig, blühen fort und fort, tragen Früchte und bekommen neue Blätter.

Wenn ihr euch ins Innere der Pflanze begebt, so fragt sie, was ihr fehlt, was sie vermißt, warum sie krank ist. Dann könnt ihr ihr Trost, Hoffnung, Stärkung, Durchhaltevermögen vermitteln. Der Traum des Baumes ist, er hätte Augen und könnte mit ihnen die Sonne sehen. Nun sieht er sie durch euch.

Wenn ihr euch in ihr Wesen hineinversenkt und ihr Heimat und Geborgenheit gebt, so könnt ihr von oben, vom Himmel herab Licht, Liebe, Vertrauen, Mut, Kraft, Durchhaltebereitschaft aufnehmen, mit Bewußtheit herabholen und ihrem Wurzelbereich zuführen. Es geht dann ein ins Gedächtnis sowohl der einzelnen Pflanze als auch ihrer ganzen Art. Dieses liegt im Wurzelbereich.

Es ist so wichtig, daß jemand dieser Welt hilft. Ihr erhaltet diese Mitteilung, weil man Hoffnung in euch setzt. Die Natur hat Sehnsucht nach dem paradiesischen Zustand. Die Pflanzen streben danach, vollkommen, gesund und ungestört im Zusammenleben zu sein.

Der einzige Wunsch dieser Wesen ist: das Angesicht des Vaters zu sehen. So, wie sie jetzt sind, können sie ihn nicht sehen. Aber sie spüren die Zuwendung. Der Blick aufs Paradies aber ist zugleich der Blick auf den Vater. Ein direkter Blick auf ihn ist nicht möglich – er wäre nur schwer bis gar nicht zu ertragen. Aber die Pflanzen wollen in den paradiesischen Zustand heimkehren, und wenn ihr diesen wahrnehmt, so erlebt ihr mittelbar den Vater und die Pflanzen erleben ihn durch euch.

Die Reihenfolge, in der ihr euch in die Pflanzen hineinversetzen könnt, ist am günstigsten so:

1. Bäume,
2. Margeriten und Gänseblümchen,
3. Pilze. Das mag euch überraschen, ist aber deshalb so, weil die Pilze das Prinzip der Symbiose verkörpern, das Miteinander von klein und groß,
4. Moose,
5. Obstbäume,
6. Kakteen,
7. Heckengewächse wie Tuja und Koniferen – die das Prinzip der Phalanx, der Mauer verkörpern,
8. Mimosen,
9. Heilkräuter, z. B. Fingerhut, Frauenmantel, Pfefferminze, Kamille,
10. Pfingstrosen,
11. Brennesseln als Beispiel für Pflanzen, die sich zur Wehr setzen,
12. exotische Pflanzen, z. B. Orchideen, Schlingpflanzen aus dem Regenwald,
13. Edelweiß (dieses allerdings nur mit Vorsicht und mit der Bereitschaft zur vollkommenen Selbstaufgabe, also zur Hingabe an den Herrn oder an die Mutter).

In die folgenden Pflanzen versetzt euch nur mit großer Vorsicht:

14. Lilien. – Damit betritt man den Bereich des Heiligen. Die Lilie in der Hand Gabriels ist das Zeichen des Boteseins, der Botschaftenüberbringung, der Verkündigung. Denn Gabriel ist der Bringer der Frohbotschaft, der heilige Bote.
15. Rosen. – Sie haben eine Bedeutung im Zusammenhang mit dem Kreuz und also mit dem Herrn.
16. Veilchen. – Es ist die Blume, die Maria pflückt.

Diese Liste aufzuarbeiten und weiter zu vervollständigen, gibt ein reges Treiben in euch: Der ganze Kosmos, Christus, die Mutter, der Vater, die gesamte Natur sind dann im Menschen. Der Mensch ist ja tatsächlich ein Mikrokosmos. Denkt immer daran: Die Wesen, die ihr in euch tragt, tragt ihr deshalb in euch, damit die Welt dem Paradies näher kommt.

Was ist die Ursache, wenn eine Pflanze dem Menschen den Zutritt verwehrt?

Das tut sie nur ausnahmsweise, wenn der Impuls dazu von den Naturgeistern ausgeht. Es ist eine Frage des Zeitpunkts. Es kann entweder dem Schutz der Pflanze oder dem des Menschen dienen – letzteres, wenn der Zutritt für das menschliche Wesen im Moment nicht angemessen ist. So erfordert z. B. der Zutritt ins Innere der Rose eine sehr weit fortgeschrittene Entwicklung; man ist, wenn überhaupt, erst gegen Ende des Lebens reif dafür.

Strahlt die Arbeit an einem Baum aus auf andere Bäume in dem Gebiet oder auf alle dieser Art?

Frag den Baum, ob er ein spezifisches Problem hat (z. B. er steht in zu hartem Erdmaterial) oder ob das Problem auch andere betrifft. Leiden seine Freunde auch, macht folgende Übung:

1. Geht in den Baum, leiht ihm eure Augen, blickt nach oben, erbittet über die Krone Licht und Kraft und gebt sie an die Wurzel weiter.
2. Bittet die Naturgeister, dies weiterzutragen an andere.
3. Wenn ein großes Gebiet betroffen ist: Bittet den König der Naturgeister, Aufträge zu erteilen und das Licht weitertragen zu lassen. Er wird es gerne tun, und die Hüter der Pflanzen werden die Naturgeister darin unterstützen. Denn sie arbeiten, ebenso wie die Hüter der Tiergruppenseelen, zusammen mit den Königen der Naturgeister und den einfachen Naturgeistern.

Laßt uns die Ratschläge noch einmal zusammenfassen:

1. Wenn ihr übt, euch in verschiedene Pflanzen hineinzuversetzen, beginnt mit dem Baum.
2. Betretet die Pflanzen erst im Stiel oder Stamm, dann streckt euch in die Wurzeln hinein und füllt diese voll und ganz aus, dann reckt euch gewissermaßen aus der Hocke hinauf in die Krone oder Blüte.
3. Euer Körper wird wie Wasser, d. h., er verliert alle Festigkeit und Kontur und füllt alle Formen der Pflanzen aus.
4. Vor dem Verlassen der Pflanze nehmt die eigene Form wieder an.
5. Nach dem Verlassen der Pflanze vergeßt nicht, die Tür wieder zu schließen und zu danken.
6. Erstellt Protokolle über eure Erfahrungen mit den Wesen und mit den Empfindungen der Pflanzen.

Habt ihr noch Fragen?

Gibt es auf Erden unsterbliche Pflanzen?

Hier auf Erden können Pflanzen sehr alt werden, aber irgendwann erliegen sie den äußeren Einflüssen. Der Mensch stirbt, weil der Vater seine Seele zurückruft. Für ihn ist es also anders als für Pflanzen. Während die Pflanze immer infolge äußerer Einflüsse stirbt, stirbt der Mensch nie unter äußerem Einfluß allein, sondern weil der Rückruf ertönt. Die äußeren Einflüsse, die in der Außenwelt seinen Tod zu verursachen scheinen, spiegeln die Weisung des Vaters. Diese schafft in der Außenwelt die äußeren Einflüsse: Alter, Gebrechen, Krankheiten, Unfälle etc. Wenn der Rückruf nicht gegeben ist, überlebt der Mensch schwerste Unfälle. Wenn er gegeben ist, stirbt er auch ohne äußeren Anlaß.

Was ist zu Züchtungen von Menschenhand zu sagen?

Hier muß man differenzieren. Es sind nicht alle schlecht. Es gibt gute Züchtungen, die eine Annäherung an das Wesen der Pflanze mit sich bringen. Das gilt z. B. für die Rosenzüchtung: die Variationen in Form, Farbe, Größe sind dem Wesen der Rose sehr entsprechend und sind deshalb willkommen. Es gibt aber auch weniger gute Züchtungen, z. B. wenn man Obstbäume zu Fruchtmaschinen züchtet – ohne festen Stamm, man muß etwas hineinstellen, um fruchtüberladene Äste zu halten. Es ist den Bäumen peinlich und unangenehm, so sein zu müssen.

Wie wirkt das Wiedererscheinen Christi im Ätherischen auf die Pflanzen?

Erst erscheint ja die Mutter. Beide Erfahrungen gehören zusammen. Das Erscheinen der Mutter wirkt wie ein warmer Hauch, wie ein Streicheln, wie ein schöner Mantel, der sie umhüllt und ihnen das Gefühl vermittelt: ihr seid alle geliebt und angenommen, ihr werdet verstanden und getröstet.

Die Wirkung des Erscheinens des Sohnes ist das Heilen. Er heilt den Schmerz, den die Pflanzen bei Verletzungen ihres Wesens erleiden, z. B. wenn man sie bricht, wenn sie unverstanden, ungeliebt und unbeachtet sind.

Wie empfinden es Blumen, wenn sie gepflückt werden?

Es kommt darauf an, wie man mit ihnen umgeht. Wenn man sie bricht, um sie zu schenken, geben sie ihr Einverständnis; denn es ist ihr Wesen, Freude, Heil, Licht und Liebe zu schenken. Und umgekehrt: Wenn man von Pflanzen sagt, sie seien unschön oder störend, oder wenn man unachtsam mit ihnen umgeht, z. B. Zigarettenasche oder Bier hineinkippt – wie das oft mit Topfpflanzen geschieht, mit denen man Bars oder Diskotheken ausstaffiert –, so verletzt sie das. Aber in Kliniken oder Kirchen bringen sie Heilung und Freude, und das lieben sie sehr.

Was ist zum »Waldsterben« zu sagen?

Würden die Bäume geliebt, könnten sie alles überstehen. Sie würden dann durch Technik und Chemie weniger verletzt. Es gibt kein »technisches Versagen«, der Mensch versagt. Das ist der Grund, warum sie sich zurückziehen und weniger aushalten. Es ist Resignation: sie kämpfen nicht mehr, gehen einfach und lassen sich gehen und überlassen sich den Abgasen, dem Befall, den Stürmen. Die »dickfelligen«, die weniger Zuwendung brauchen, halten mehr aus, die Sensibleren gehen zuerst.

Kann man sie bitten, wie in der Geschichte von Sodom und Gomorrha, für eine kleine Anzahl liebender Menschen zu bleiben?

Es kommt darauf an, wie viele es sind und wie wahrhaftig die Bitte ist. Es genügt nicht, wenn Menschen Bücher über Umweltschutz lesen und sie dann in den Bücherschrank stellen. Es kommt darauf an, daß der Inhalt sie ergreift und erschüttert – und sie dazu veranlaßt, etwas zu tun. Die beste Garantie dafür, daß ein Buch die Seelen ergreift, ist, daß der Autor selbst ergriffen ist. Bücher sollten nicht bloß informieren, sondern zum Handeln motivieren.

Auch wer von der Möglichkeit der Arbeit, die wir euch angegeben haben, erfährt, sollte sich ergreifen lassen und entsprechend handeln.

Warum suchte der Herr in Gethsemane die Ölbäume auf?

Weil in der Natur der Baum dem Menschen der wesentlichste Freund ist. Wenn ihr zum Baum geht, ist es, als ginget ihr zur Mutter oder zum Beichtvater, zu einem Freund oder Tröster, oder zu Bruder oder Schwester, oder zu einem Arzt oder einem Lehrer. Er begegnet den Menschen mit Liebe, besonders denen mit Trauer und Kummer, aber auch den Verstorbenen. Denkt an das buddhistische Bild vom Bodhi-Baum, vom Baum der Erleuchtung. Ihr könnt bei den Bäumen Kraft suchen und Halt finden. Jesus fühlte sich dort zum letztenmal geborgen.

Bäume sind Freunde des Menschen. Man kann sich von alten Bäumen erzählen lassen, was sich in ihrem Umkreis alles ereignet hat – über Monate und Jahre hinweg. Die Bäume speichern in ihrem Wurzel-Gedächtnis die Umgebung und dortige Ereignisse, dieses ist eine winzige Chronik oder Bibliothek. Die Bäume können erzählen, z. B. von den Gesprächen und Diskussionen, die Menschen in ihrem Schatten geführt haben, von den Küssen, die sie dort austauschten. Sie können berichten, wie Menschen geliebt, gekämpft, Pläne gemacht haben und gestorben sind, und zwar in dem Umkreis, der das Wesen des Ortes ausmacht. Also der Baum auf dem Dorfplatz weiß, was das Dorf betrifft, der Baum im Klostergarten, was das Kloster betrifft. Das gilt freilich nur für einen Umkreis bis zu etwa 1 km, allerhöchstens bis zu 5 km. Am meisten wissen die Bäume natürlich von dem, was sich in ihrer Nähe, vor allem, was sich in ihrem Schatten ereignet hat. Bäume sind auch Erzähler von Märchen, von Geschichten, von Historien. Und sie sind Hüter der Kinder, sie lieben sie und freuen sich über sie. Wenn ihr Gelegenheit habt, Kleinkinder in ihren Schatten zu stellen, ist das besser, als sie mit einem Sonnenschirm zu beschatten. Der Baum wird den Kindern viel erzählen. –

Wer ist unser Gesprächspartner?

Es sind die 4 Stimmen. Wir sind nicht in einer bestimmten Gestalt anzutreffen. Wir sind die Hüter der Pflanzenwesen. Das Kreuz, das die vier Seiten zwischen Ost und West, Nord und Süd verbindet, repräsentiert, wie ihr wißt, das Kreuz des Herrn und damit die himmlischen Hierarchien. Die vier Diagonalen dazwischen repräsentieren das Viereck der Naturgeister der 2. Triade. So repräsentiert das Achteck die Macht der 2. Triade – und zwar sowohl der himmlischen Hierarchie als auch der Hierarchie der Naturgeister. Sich zu verneigen im Kreuz des Herrn und in der Diagonalen versöhnt Himmel und Erde. So heiligt man einen Raum. Erst macht man das himmlische Kreuz, dann das der Diagonalen. Man verneigt sich nach dem Sonnenlauf: Man beginnt im Osten, wendet sich nach Süden, Westen und Norden. Dann beginnt man mit der Diagonalen zwischen Ost und Süd usw.

Wie ist euer Name?

Wir haben keinen eigenen Namen. Wir sind namenlos in allen Namen, bis wir heimkehren in den Namen des Vaters.

Sonntag, 29. 10. 95

Der Jünger Jacobus. Die sog. »Selbstverwirlichung«

(Wir spüren die Anwesenheit eines Engels von gewaltiger Größe, der sich nicht zeigt, sondern der hinter Alexa steht. Führungsengel – in sehr demütiger Haltung): Es ist Barna-El. Es gibt Engel, die Abgesandte, Boten des Heiligen Geistes bzw. der Heiligen Seele sind. Als Mensch darf man sie nicht mit Augen sehen. Letztlich sind aber alle Engel Engel des Vaters.

Barna-El: Der heutige Sonntag ist der Tag des Jacobus. Jacobus sah dem Herrn relativ ähnlich, war aber breiter und muskulöser. Er war unter allen Jüngern der Zornigste. Seine Worte waren oft stellvertretend für den Zorn Gottes oder des Herrn. Es gibt Worte von heiliger Wucht, die die Dinge in die rechten Relationen bringen, die Ehrfurcht auslösen – und den Schreck der Erkenntnis. Solche Worte erklingen nicht sanft, langsam, zart, wohldurchdacht. Sie ertönen plötzlich und wirken erschütternd. Im Strahl des Jacobus wirken gewisse Prediger, Lehrer und Meister mit dem Ziel, einen heftigen Zusammenbruch von Scheinwelten der Gewohnheit, der Bequemlichkeiten und Verlogenheiten zu bewirken – deren Vertreter werden einfach rausgejagt wie die Händler aus dem Tempel.

Die Farbe seines Strahls ist messingfarben mit Gold. In seiner Führung arbeiten u. a. Schmiede, Polizisten, Soldaten, Obrigkeiten, Richter, Lehrer – aber auch Philosophen und Theologen, wenn sie mahnend und wuchtig schreiben, z. B. Luther, der zwar nicht nur, aber auch in seinen Diensten arbeitete.

Die innere Lautstärke birgt aber auch Gefahren: Erstens unterscheidet man sie nicht leicht vom lauten Gebrüll des Doppelgängers: wann handelt es sich um dessen hetzerisches Keifen, wann um heiligen Zorn? Zweitens überhört man leicht die leisen Stimmen.

Für diesen Strahl sind offene Worte typisch. Oft sind es sanftmütige Menschen, die in akutem Fall zornig werden und wettern, aber hinterher wieder friedlich sind. Es sind Choleriker – aber nicht alle Choleriker gehören hierher, nicht z. B. solche, die übers Ziel hinausschießen und nicht mehr inspiriert cholerisch sind, bei denen der eigene Doppelgänger nicht mehr zu bremsen ist, und ebensowenig solche, die zwar gelegentlich zornig, im allgemeinen aber diplomatisch, fein, humorvoll, elegant sind. Das war Jacobus nicht. Um es zu veranschaulichen: Er hatte zwar die Freundin des Herrn (Maria Magdalena) gern, unterstützte sie, war aber nicht feinsinnig genug, um sie richtig einzuschätzen und unter den Jüngern richtig zu plazieren. –

Es gab asketische Ordensregeln, z. B. bei Kassian, die das Scherzen und Lachen verpönten und nicht einmal an Sonn- und Feiertagen heitere Geselligkeit erlaubten. Sind sie von Jacobus beeinflußt?

Nein. Es gab unter den Jüngern sehr wohl Witze und fröhliches Beisammensein, man hat mit Jesus gelacht. Jacobus hat sich durchaus daran beteiligt. Unter den Jüngern war selbst die Askese ganz natürlich, freiwillig und fröhlich und wurde nicht unter Zwang geübt. Niemand hat Hunger gelitten oder sonst erzwungene Verzichte geleistet. Man nahm sich Zeit zum Singen und Lustigsein. Aber es gab auch Zeiten zum Fasten. Man war also weder asketisch noch nicht asketisch.

Kassians Strenge repräsentierte eine Unterschwingung aus dem Petrinischen Strom: es ging darum, den Felsen zu bilden, auf dem die Kirche stehen kann. Deshalb benahmen sich die Mönche wie Felsen: standen stillschweigend da, berührten sich nicht, sprachen nicht miteinander.

Die Regeln haben Sinn, die Klöster Funktionen. Die Mönche und Nonnen tun wichtige und hochangesehene Arbeit. Diese ist für Individualisten oft befremdlich und erscheint ihnen unschicklich wegen des Verlustes der Privatsphäre und der Individualität. Dem liegt ein Mißverständnis des Begriffs der Individualität zugrunde.

Was sich verkörpert, ist nicht die gesamte Seele eines Menschen. Der verkörperte Mensch ist nur die unterste Stufe der ganzen Menschenseele. Je weniger spirituell ein Mensch ist, desto mehr versteht er sich in seiner Verkörperung als »Individualität«, d. h., er identifiziert sich mit seiner äußeren Erscheinung, mit seinen Statussymbolen – Name, Titel, Amt, Beruf –, mit seinen Träumen, Gefühlen, Leidenschaften, seinen Ängsten, seinem Temperament, seinem Charakter (er ist z. B. »romantisch« oder »streng«) und u. U. mit seiner Vergangenheit und Zukunft über dieses Leben hinaus.

Wer hingegen den Sonnenengel begreift, versteht sich als Teil einer größeren Einheit, die mehr ist als der Mensch jetzt. Die irdische zur Verfügung stehende Individualität ist Teil der Gesamtindividualität des Sonnenengels. Und dieser ist durchlässig für das Durchströmen anderer, höherer Wesen. Wer das wirklich verstanden hat, nennt sich als irdisch verkörperter Mensch nicht mehr »Individualität«, sondern »Diener des Herrn«.

Der Aufbau ist so:

1. Die unterste Stufe ist die irdisch verkörperte Individualität, die der Mensch meint, wenn er »ich« sagt.
2. Umfassender ist das Ich des Sonnenengels.
3. Noch umfassender ist, was durch den Sonnenengel an höheren Einflüssen einströmt.
4. Ist der Mensch das Gefäß für einen Meister, dann ist er sogar durchlässig für den Heiligen Geist und die Heilige Seele.

5. Der Heilige Geist seinerseits ist durchströmt von Impulsen des Sohnes und der Mutter.
6. Alles bildet eine Einheit im Vater.

Hat man das einmal begriffen, vermag man also die inkarnierte Individualität richtig einzuordnen, so wird sichtbar, wie absurd die geläufige Rede von der »Selbstverwirklichung« ist. Kein Sonnenengel würde auf das Wort »Selbstverwirklichung« kommen. Der Sonnenengel (das höhere Ich) ist ja schon da, und zwar in voller Wirklichkeit, wirklicher als alles, was auf der Erde ist. Bei Modewörtern wie »Selbstverwirklichung« solltet ihr euch fragen: Stammt das Wort eher von den Hierarchien zur Linken? Es gilt, sich zu sensibilisieren für den Unterschied zwischen Freiheit und Frechheit. Jacobus würde sagen: Hört endlich auf mit dem Persönlichkeitskult!

Reinkarnationsketten erforschen zu wollen, ist deshalb unsinnig: Sie haben nur auf der untersten, der irdischen Ebene Aussagekraft. Da, wo es keine Zeit gibt, sind sie irrelevant. Die Karmaforschung ist zwar nicht prinzipiell zu verwerfen. Ausnahmsweise kann die Besinnung auf frühere Inkarnationen dienlich sein, um Wunden zu heilen, um von Leiden zu befreien. Man will dann Ursachen und Sinn erkennen, um sich von etwas lösen zu können. Im allgemeinen aber ist die Beschäftigung mit früheren Inkarnationen eher verderblich, weil sie den Gedanken der Individualität auf das Leben in der zeitlichen Horizontale ausdehnt: »ich war der und der« bedeutet eine Erweiterung des Ich in der Zeit. Es geht aber darum, sich mehr und mehr nicht nur als »Persönlichkeit« zu begreifen, sondern als dienender Teil einer Gesamtheit. Entscheidend ist also die Erweiterung in die Vertikale: ich bin Teil des Sonnenengels – und dieser ist durchströmt von höheren Wesen.

Wenn jemand herausgefunden hat, was für ein Mensch er in einer früheren Inkarnation war und welche Aufgaben, Talente und Schwächen er hatte, dann gilt es, sich ergänzend klarzumachen, daß er das heute *nicht* ist. Stell dir vor: damals war ich ein großer Meister, heute bin ich nichts Besonderes. Man soll sich nicht anschauen, was man damals geleistet hat, sich nicht anfüllen mit Wissen von sich selbst, sondern sich leeren, um sich für Größere zur Verfügung zu stellen, so daß man Zuschauer wird derer, die durch einen wirken. So wirkt z. B. Christus durch den Menschen, und ihr könnt in eurer Inneren Kapelle zuschauen, wie er wirkt. In diesem Sinne gilt es: »aktiv passiv« zu werden, d. h. sich bewußt dem Himmel zur Verfügung zu stellen.

Sich auf frühere Inkarnationen etwas zugute zu halten, ist also ebenso unsinnig, wie sich durch Fehler, Schwächen oder Schuldverstrickungen einer früheren Inkarnation niederdrücken zu lassen. Es kommt zunächst darauf an, was du heute bist.

Selbstverwirklichung, wie der Himmel sie versteht, besteht aus zwei Schritten:

1. Zunächst finde zur Selbsterkenntnis des eigenen Wertes, deiner Einmaligkeit, deiner Potenzen: du bist so und nicht anders. Bedarfst du einer Aufwertung deines Selbstwertgefühls – oder ist dieses übertrieben? Minderwertigkeitsgefühle sind ebenso unangebracht wie Selbstüberschätzung – und beides kann durch die Beschäftigung mit früheren Inkarnationen genährt werden.

   Hast du deine Selbstwerteinschätzung korrigiert und stabilisiert, so kannst und solltest du den Anspruch an deine soziale Umwelt stellen, entsprechend behandelt zu werden. Du wirst dir aber auch deiner Pflichten in bezug auf dich selbst, auf deine ganze Lebensführung bewußt, auch deiner Pflichten auf pflegliche Behandlung deines Körpers.
2. Dann kannst du dich den Himmelswesen zur Verfügung stellen, die in dir und durch dich wirken können und wollen – den Heiligen, den Engeln, dem trinitarischen Bereich. Biete dich ihnen dar wie eine Herberge. Deine »Verwirklichung« bezieht sich dann nicht auf dein »Selbst«, sondern auf das »durch mich«. Du wirst Mitarbeiter und wirst dir bewußt, wie wichtig es ist, mit dazusein.

Es geht also um Selbsterkenntnis und Verwirklichung des Himmels.

Die sogenannte »Selbstverwirklichung« ist logisch unmöglich: du bist schon wirklich. Durch die Vorstellung, sich selbst verwirklichen zu wollen, entzweit man sich in das, was man ist und das, was man nicht ist und werden will, wozu man sich erziehen will. Das ist, als sage man zu einem Hund: dressiere dich selbst. Das geht nicht. Einer erzieht den anderen.

Mit dem Begriff der »Selbstverwirklichung« verbindet sich die Vorstellung, latente Begabungen, potentielle Anlagen zu aktualisieren. Entscheidend sind aber die Fragen: In wessen Dienst willst du dich stellen? Wie ernst ist es dir damit? Willst du dich selbst bespiegeln, deine Neigungen ausleben, deine Fähigkeiten vorzeigen?

Das Leben ist eine Schule, aber du kannst dir auch Lehrer suchen. Letztlich orientiere dich am Wort des Herrn, betrachte den Sohn als deinen Lehrmeister.

Wenn du eine wirklich wesentliche Begabung hast, mache dir darum keine Sorgen: sie schafft sich Raum, sie zwingt dich geradezu, dich in ihren Dienst zu stellen. Was sich verwirklichen möchte, wird sich verwirklichen. Hast du z. B. eine künstlerische Begabung, dann ist sie nur dann wirklich und wesentlich, wenn deine Kunst entweder Lobpreis ist oder Verzweiflung über die Ferne des Himmels ausdrückt. Alle große Kunst tut entweder das eine oder andere. Die großen Meister der Kunst haben einen Auftrag und werden geführt. Ihre Arbeit, ihr Werk schafft sich Raum, und so ist es auch mit anderen großen Begabungen.

Diese Menschen dienen ihrer Begabung, geben sich ihr aus vollem Herzen hin und denken nicht an Selbstverwirklichung. Wer diese anstrebt, meint die narzistische Nachgiebigkeit gegen diese oder jene Neigungen, sucht eher soziale Anerkennung als das Werk. »Selbstverwirklichung« klingt modern, freiheitlich, fortschrittlich, bedeutet aber letztlich Rücksichtslosigkeit.

Es geht also, noch einmal,

1. um Selbsterkenntnis, Erkundung des Selbstwertes, Stabilisierung des Selbstwertgefühls, Deutlichmachung und Anerkennung des Selbstwertes im sozialen Umfeld,
2. um die Frage: Was will ich vom Himmel auf die Erde bringen und hier verwirklichen? Was wünsche ich in diesem Sinne zu tun? Dann lasse alles stehen und liegen: gehe hin und verwirkliche es, indem du die Himmelswesen durch dich wirken läßt.

Friede sei mit euch!

Donnerstag, 9. 11. 95

Alter, Sterben, Geburt

(Vorbereitung eines Wochenendseminars von Isabel Bär.

Anwesend sind: links von Alexa ein Engel aus den Heerscharen Gabriels, rechts ein Engel aus den Heerscharen Uriels, hinter ihr ein Engel aus den Heerscharen Michaels.

Gabriel hat mit der Geburt zu tun.

Uriel begleitet den Sterbeprozeß.

Michael beschützt die Lebensspanne zwischen Geburt und Tod.)

I. *Alter*

Wie ist schöpferisches Leben im Alter noch möglich?

Der Engel Michaels: Es gibt Menschen, denen im Alter keine gravierenden Veränderungen mehr gelingen. Sie haben im Laufe des Lebens nicht gelernt, eigene Denkweisen auszubilden, haben wenig Eigenverantwortung übernommen, keine Spiritualität ausgebildet. Dann ist es schwierig, etwas Schöpferisches zu machen. Am ehesten helfen noch normale Mittel des Alltags, die verjüngend im guten Sinne wirken, vor allem der Versuch, mit den vier Elementen in Berührung zu kommen:

a) Der ältere Mensch braucht viel Licht: Kerzenschein, Kaminfeuer, das Anschauen des Sonnenauf- und Sonnenuntergangs oder der Sonne durch den Nebel hindurch. Es ist ratsam, sich in lichten Räumen aufzuhalten, mit Licht umgeben zu sein. Elektrisches Licht sollte nicht die Hauptquelle sein, davon braucht der alte Mensch nicht so viel.

b) Wasser brauchen ältere Menschen in hohem Maß. Sie sollten Wasser trinken, spüren, sehen, hören, fühlen, darin schwimmen, mit der Hand im Wasser plätschern, einen Zimmerspringbrunnen oder ein Aquarium anschauen und auf die Geräusche lauschen, am Fluß oder am Meer spazierengehen, Regentropfen anschauen, hören, wie sie rauschen, aufplatschen, Pfützen bilden, die Rhythmen des Wassers – das Rauschen der Wellen, das Sprudeln einer Quelle – hören.

c) Der ältere Mensch braucht eine bewußte Hinführung zum Wind, natürlich einen für ihn erträglichen Wind. Vielleicht kann er noch die Schnur des Drachens halten und so die Kraft und das Spiel des Windes spüren. Laßt ihn mit Wind spielen, den Wind im Gesicht spüren, die Nase in den Wind halten, dem Wind zuhören, wie z. B. der Wald im Wind rauscht, wie Blätter vom Wind aufgewirbelt werden, wie der Wind um die Dächer pfeift. Hilfreich sind Windmühlen, Windspiele, Glockenspiele, Äolsharfen.

d) Der ältere Mensch kann sich Kraft von der Erde holen, nicht nur durch Anwendung von Heilerde. Er sollte Erde mit der Hand berühren, Erde in Töpfe tun, etwas pflanzen, mit Kindern am Sandkasten sein, Erde riechen, sehen, berühren.

Therapeutisch sehr hilfreich könnten auch Tischsandkästen von etwa 1 qm werden, in denen die Erwachsenen Szenen – Landschaften mit Hügeln und Bergen, mit Fluß und Häusern – bilden oder Mandalas formen können. Man könnte ihnen kleine Nachbildungen von Menschen, Tieren, Bäumen, Autos dazu geben, aber auch Äste, Blätter, Keime, Kiesel, Muscheln, Halbedelsteine oder dergleichen. Die Szenerie wird ihren Empfindungslagen Ausdruck geben: Ist sie z. B. bedrohlich, einsam, traurig oder fröhlich und friedlich? Steht das Haus am Rand oder in der Mitte? Gibt es eine Brücke über den Fluß? Fließt der Fluß von links unten nach rechts oben oder umgekehrt?

Die Tätigkeit kann zentrierend und heilend wirken. Vielleicht finden die Menschen zu friedlicher Geborgenheit oder zu neuer Strahlkraft, Heiterkeit und Lebendigkeit. – Möglich ist auch, eine Szenerie gemeinschaftlich zu errichten und dabei Rollen zu verteilen: z. B. hier Bauern, dort Tiere, hier Indianer, dort Cowboys usw. So können Konflikte und Aggressionen sichtbar gemacht und abgebaut werden, so daß Gemeinschaft entsteht.

Man kann auch Aufgaben stellen, z. B.: mach mal eine Miniatur mit Bank, Hund, Bäumen und Vögeln oder: baue einen Weg. Die Szenerie kann viel über die Befindlichkeit des älteren Menschen aussagen. Ist der Weg z. B. ein Bergpfad, ein Waldweg, eine Straße, führt er über eine Brücke, mündet er im Wirrwarr? Unterschätzt nicht das Kind im Erwachsenen. Erst wird euer Vorschlag vielleicht abgelehnt werden, aber dann wird es ein großes Entzücken über die Miniaturen geben.

Das sind Möglichkeiten für Menschen, die kaum einen spirituellen Ansatz haben. Ist ein Mensch spiritueller, kann man mit Energieebenen und meditativ mit ihm arbeiten, man kann zunächst Farbübungen und Regenbogenengel-Arbeit, dann auch Arbeit mit den Innenräumen machen.

Was kann ich tun, wenn mich Ältere umgeben und es Reibungen gibt?

1. Ein häufiges Störfeld ist die unterschiedliche Geschwindigkeit. Die Geschwindigkeit hat im Alter die Tendenz, abzunehmen, nicht nur in der Bewegung, sondern auch im Denken und Sprechen, in allem Tun. Die Jüngeren sollten nicht nervös werden, sondern das langsamere Tempo genießen und sich ihm öffnen. Denn auch die großen Rhythmen der Schöpfung sind sehr großschwingend und damit langsam für euer Empfinden. Junge Menschen sollten

üben, sich anzupassen, also selber langsame Bewegungen zu machen, wenn auch nur 5 Minuten pro Tag, und schauen, wie das ist.

2. Ein weiteres Problem liegt in der häufig getrübten Laune der älteren Menschen, die für die Pfleger auf Dauer schwer zu ertragen ist. Es ist dann wenig sinnvoll, die Übellaunigkeit zum Thema zu machen – »reiß dich zusammen«, »sei dankbar«, »lächle doch mal« usw. Auch wenn das freundlich gemeint ist, wird es als Vorwurf, als Kritik, als Erziehungsversuch empfunden werden und die Laune noch weiter verschlechtern. Man kann dem Pfleger nur raten: Tu einfach gar nichts und versuche, selbst bei guter Laune zu bleiben. Behalte die Hoffnung angesichts der Hoffnungslosigkeit, die Ruhe angesichts der Ängste, das Lächeln und deine gute Laune angesichts der Griesgrämigkeit. Übe die Tugend der unantastbaren »Reinheit« – zunächst für eine Stunde, dann für zwei usw. Das ist wie das Training eines Gewichthebers: mit der Zeit schafft man mehr und mehr. Das ist die einzige Möglichkeit, die älteren Menschen zu erstaunen und vielleicht zu einer Änderung zu bringen. Strahle unablässig wie die Sonne. Das Licht überzeugt durch unberührbare, geduldige Standhaftigkeit, nicht durch irgendwelche Taten.

Ich weiß: das ist nicht einfach. Nimm dir Missionsschwestern zum Vorbild, die die Leprakranken pflegten: sie waren infolge ihrer Verbindung zur Vertikalen häufig nicht ansteckbar. Die Übellaunigkeit ist wie eine ansteckende Krankheit. Die übellaunige Klage über die Übellaunigkeit der anderen macht aber alles nur schlimmer. Es liegt ja nahe, voll des Vorwurfs auf die anderen hinabzublicken. Diese Haltung sollte man nicht stabilisieren, schon gar nicht in der Gruppe.

Wenn du nicht mehr kannst, zieh dich für eine kurze Zeit zurück: in die Kapelle, an das Wasser, unter einen Baum, notfalls in die Toilette, sammle dich, atme tief durch, geh ein wenig auf und ab. Dann wende dich zunächst an die himmlische Mutter: »Ich kann diese Gesichter, diese stumpfen Augen nicht mehr sehen, es ist so niederdrückend, ich fühle so wenig Resonanz.« Sie wird dich in einen Zustand der Geduld und Freundlichkeit wie die Engel bringen. Sodann wende dich an den Sohn mit der Bitte, dich zu stärken. Wende das Gesicht der Welt zu und empfinde: die Sonne scheint von hinten auf mich, warm, hell, schön und kräftig auf Genick und Kopf. – So könnt ihr abladen und auftanken. Übt das anfangs stündlich – später immer wieder, wenn nötig. – Dieser Rat gilt nicht nur für Altenpfleger, sondern auch für Erzieher und Lehrer bei übellaunigen Kindern, für Menschen mit einem ständig übellaunigen Partner usw.

Dann wirst du den Wunsch haben, die anderen teilhaben zu lassen an deinen Erfahrungen im Umgang mit dem Himmel, mit deinem Entzücken, deiner Begeisterung, deiner Freude und Liebe. Du wirst sie – mit einem Missionsbedürfnis – verschenken wollen. Aber dann steht eine gefährliche Klippe vor dir, die es zu umschiffen gilt: Du stößt bei den anderen auf Trägheit, Unverständnis und Trotz. Das erzeugt erst recht Erbitterung, Ungeduld, Enttäuschung, Verletztheit, seelisches Wundsein. Dann werden die trüben und harten Seiten der Welt immer spürbarer, wie wenn man barfuß über einen steinigen Weg läuft. Man wird reserviert, traurig, aggressiv.

Der Himmel betrachtet das mit ruhigem Amüsement und wartet, bis endlich die dritte Phase beginnt: die der Beruhigung. Man fängt sich und lernt: die Welt ist so. Lasse los, söhne dich aus mit der Welt, ziehe dich zurück in die Unberührbarkeit hinein, in die Tugend der »Reinheit«: d. h., gehe deinen Weg. Das lernst du am besten im Umgang mit den Alten.

3. Eine weitere Schwierigkeit ist die veränderte Gedächtnisfunktion der älteren Menschen. Bitte lest einmal bei Tomberg nach, wie Gedächtnis und Wert miteinander verknüpft sind.[23] Dem Gedächtnis der Jugend liegen Fakten zugrunde. Das Gedächtnis der Alten wird bestimmt von den Werten und was

sich darum rankt. Wenn das Gedächtnis nachläßt, werden zunächst Fakten vergessen, die für den Menschen keine Bedeutung haben, weil er ihnen keinen Wert beimißt. Das Gedächtnis kann verbessert werden, indem wertfreie Fakten mit Werten verbunden werden. Man fragt den älteren Menschen, dem man Fakten erzählt: Wie findest du das, gut oder schlecht? Je besser Fakten, Geschehnisse in ein Wertgefüge eingebettet werden, desto besser lassen sie sich im Alter erinnern.

Das ist die Lernaufgabe auch der Jungen: Wie sind meine eigenen Wertvorstellungen? Was für ein Wertgefüge baue ich mir auf? Wohin richte ich mich aus? Richte ich mich nach oben, zum Himmel aus oder nur auf irdische Ziele? Was ist der Maßstab meiner Wertvorstellungen? Was ist mir das Heiligste, die oberste Instanz? Die Bibel? Was sonst? Wo suche ich Rat? Wer ist mir Vorbild? Was erkenne ich an? Wer hat für mich das letzte Wort?

Wenn ihr am Abend auf den Tag zurückblickt, dann fragt euch nicht nur: was ist vorgefallen, was hat mich belastet und behindert?, sondern: was davon hat mich bestärkt, welche Tugend gefördert? Was so in ein Wertgefüge eingeordnet ist, wirst du auch im Alter erinnern.

Nach dem Sterben hat man zwar ein lückenloses Gedächtnis, aber vergegenwärtigt sich und anderen nur den »Extrakt« des Lebens: die wesentlichen Geschehnisse, Einsichten, Erfahrungen, Erkenntnisse – d. h., was unter Wertgesichtspunkten relevant ist. Wenn man zur Erde zurückkehrt, verliert man das Gedächtnis nicht endgültig – die Erinnerung wird nach dem kommenden Sterben wiederkehren –, aber den Zugriff darauf. Man vergißt für das Irdischwerden, damit man die Leistungen erbringen kann, die man sich für das neue Leben vorgenommen hat, so wie der Sportler vor dem Sprung nur die momentane Aufgabe, z. B. die Absprunglinie im Bewußtsein gegenwärtig hat: jetzt ist diese Leistung zu erbringen; Erinnerungen würden jetzt ablenken und stören. Erinnerungen an frühere Leben können die Seele lähmen.

Altern ist eine große Gabe und Kunst. Es gibt Meister und Stümper auf diesem Gebiet. Altern lernt man nicht mit sich selbst allein, auch nicht theoretisch über Bücher und Zeitschriften, sondern am besten im praktischen Umgang mit alten Menschen, z. B. mit Großmutter, Großvater, Alten, die euch umgeben. Altern lernt man in der Jugend, möglichst schon in den ersten 12 Jahren. Spätestens ab dem 40. Lebensjahr sollten immer wieder Orte aufgesucht werden, wo sich alte Menschen befinden, monatlich einmal, besser häufiger – je häufiger, desto besser. Vor allem aber sollten die Älteren der eigenen Umgebung (Eltern, Tanten und Onkel etc.) regelmäßig besucht werden.

Zwischen 40 und 60 Jahren geht es darum, die Kunst des Alterns bewußt zu lernen. Das Alter gehört aus Engelsicht zur schönsten Zeit im Leben. Diese Zeit bringt den Menschen dem Schöpfer am nächsten. Zwischen 40 und 60 Jahren ist die Zeit, wo man anfangen sollte, Übungen zu machen, um Altern zu lernen.

Beginne damit, dir die folgenden Fragen zu beantworten: Welche Werte sind mir wichtig? Um welche Werte gruppiere ich die Ereignisse meines Lebens? Schreibe dir drei bis vier Hauptwerte auf. Betrachte Ereignisse deines Lebens auf diese deine Werte hin. Z. B. kann ein Hauptwert Ehrlichkeit sein. Das wird dann zum Maßstab der Ordnung deines Lebens. Das trägt dich bis ins Alter.

Die wirklichen, echten Werte sind »Kleiderständer« in der spirituellen Ebene, an denen man seine Lebensprobleme und Erfahrungen aufhängen und aufbewahren kann. Hängt ihr diesseitigen Werten an wie Karriere, Position, materiellem Besitz, allem, was der Doppelgänger wichtig findet, so zerbröckelt es, wird nicht zum Kleiderständer. An der biologischen Schönheit oder der einflußreichen Position kann man das Leben nicht aufhängen. Was du da versuchst, aufzuhängen, fällt herunter. Und im Alter hat man solche Kleiderständer nicht mehr. Es gibt aber stabile Werte – vornehmlich die, die ihr die guten, alten, traditionellen Werte nennen mögt –, an denen du alles aufhängen kannst.

Hast du Zweifel, ob ein Wert spirituell akzeptiert wird, schließe die Augen und reise in den Raum mit dem Inneren Weisen. Bitte ihn, in seinem Raum die Kleiderständer – deine Werte – aufstellen zu dürfen. Wenn er es gestattet, stelle die Kleiderständer links im Raum auf. Vielleicht aber wird er dir sagen: bitte, probier es, du wirst sehen: der Kleiderständer – z. B. die Karriere – ist wacklig und bleibt nicht stehen.

Diese Übung kann man auch mit älteren Menschen machen. Erkläre ihnen die Bedeutung der »Kleiderständer«, erörtere mit ihnen die Probleme des Alltags unter dem Gesichtspunkt der betroffenen Werte. Sie betreten den Innenraum mit dem Weisen und versuchen, ihre Kleiderständer aufzustellen und ihre Lebensprobleme daran aufzuhängen. So können sich ihre Wertvorstellungen klären, selbst bei Dickschädeln.

Ein anderer Weg, die spirituelle Ernsthaftigkeit eines Wertes zu klären, ist das Lesen in der Bibliothek, in der sog. Akasha-Chronik. Sie gibt euch alles frei, worauf es ankommt. Aber das ist im Anfangsstadium der spirituellen Arbeit noch zu viel verlangt. – Ist jemand im Alter gewöhnt, mit Engeln umzugehen, kann er die Engel bitten, ihm die Informationen zu geben, auf die es ankommt.

II. *Begleitung Sterbender*

Der Engel Uriels: Bei Sterbenden geht es darum, sie so zu begleiten, daß sie über die Schwelle gehen können. Es ist nicht angebracht, vom »Tod« zu sprechen. Für die Engel gibt es das Wort »Tod« nicht, es ist eine unschöne Vereinfachung. Es gibt das Sterben, aber nicht den Tod, zumal seit Christus den Tod durch sein Sterben überwunden hat. »Totsein« ist ein Wort für äußerste Gottverlassenheit, für Abwesenheit allen Lebens, allen Lichtes und aller Wärme, für den äußersten Punkt der Hierarchien zur

Linken. Man kann davon sprechen, daß Lebende tot sind, dann sind sie völlig der Regentschaft der Hierarchien zur Linken erlegen.

Sterben mit Tod gleichzusetzen bedeutet, eine Warnung auszusprechen, nämlich: wenn man sich den Hierarchien zur Linken öffnet, dann tritt mit dem Sterben der Tod ein. Der Begriff Tod kam auf, als der Mensch sich mehr nach links als nach rechts ausrichtete. Das war die Epoche, wo die Lehren von Fegefeuer, von Hölle und Verdammnis entstanden und man die Bibelworte, die sich darauf beziehen, so gedeutet hat, als handle es sich um besondere Orte. Und man hat diese Bibelworte aufgefüllt mit Moral: wer das und das tut, wird dazu verurteilt, sich dort aufhalten zu müssen, um Qualen als Strafe zu erleiden. In Wirklichkeit handelt es sich um einen Zustand, den die Seele selbst wählt, indem sie sich ganz den Hierarchien zur Linken ausliefert. Diesen Zustand gibt es zwar, wenn man sich nicht orientiert. Davor warnte Christus eindringlich. Er ist der Richter und kann ungehalten und mitunter zornig sein. Aber er straft nicht und droht deshalb auch keine Strafen an, sondern er warnt und mahnt.

Auch der Vater straft nicht. Der Himmel sieht vielmehr mit Betrübnis, wenn sich eine Seele vom Licht entfernt und in diesem Sinne dem »Tod« übergibt. Ihr dürft darauf vertrauen, daß er den wieder mit Licht und Gnade erfüllt, der sich ihm zuwendet und öffnet. So wie ein gefallener Engel, auch der höheren Hierarchien, von den Hierarchien zur Rechten sofort in ihre Reihen wieder aufgenommen wird, wenn er darum bittet, so wird auch eine menschliche Seele aus dem Zustand des sog. »Todes« befreit, sobald sie sich entschließt, das wirklich zu wollen. Eine Strafverurteilung zu ewigen Höllenqualen – womöglich noch ohne jede Chance auf Gnade – gibt es nicht: das ist eine menschliche Erfindung unter dem Einfluß der Doppelgänger.

Es gibt ja Menschen, die Vergnügen an Horrorbildern haben: sie sind fasziniert von Unfällen, Hinrichtungen, Folterungen, Verbrechen, Gruselfilmen. Das kann eine gewisse Anziehungskraft, eine Sogwirkung ausüben und zur Droge, zur Sucht werden. Das Betrachten der Greuel ist ein wohliger Distanzierungsversuch: mich betrifft es nicht, sondern andere. Schließlich kann man nicht mehr sein, ohne das in immer neuen Varianten zu denken. Dazu kommt dann noch die Sucht, überall das Wirken der Hierarchien zur Linken zu vermuten, sich selbst aber darüber erhaben zu fühlen: ich bin moralisch, ich habe spirituelle Erfahrungen, andere sind nicht so weit, nicht reif genug usw. Diese beiden Süchte verbinden sich dann und produzieren nicht nur Bilder von nachtodlichen Höllenqualen, sondern auch von der aus dem Erdinnern auf die Erdoberfläche heraufsteigenden Hölle auf Erden – von angeblich unmittelbar bevorstehenden Weltkriegen und Naturkatastrophen, vor denen man glaubt, warnen zu sollen. – Das sind alles Zerrbilder von der Schöpfung des Vaters.

Es gibt freilich Menschen, die sterben und kosten den Tod. Doch die anderen sterben und erfahren den Tod nicht. Dann sieht auch das Gesicht des Leichnams anders aus, nämlich so als schliefe und träumte er. Er ist über die Schwelle gegangen.

Es ist also wichtig, die Menschen nicht auf den Tod vorzubereiten, sondern auf das Sterben. Durch die richtige Art zu leben, bereitet man sich nicht auf den Tod vor, sondern auf das Sterben – und auf das Leben danach. Denn nach dem Sterben kommt man in Reiche, wo man noch viel lebendiger lebt als auf Erden.

Tod bedeutet: bewegungslos, schwingungslos, starr, kalt sein. Das sind aber Zustände, die beim normalen Sterben selbst für den Körper nicht eintreten. Der Leichnam wird zwar »starr«, aber er schwingt weiter. Die Leichenstarre löst sich wieder auf. Zersetzung, Verwesung stellen sich ein, und das sind sehr lebendige Prozesse. Auch ein Komposthaufen ist nicht tot, sondern höchst lebendig. Erst recht ist die Seele höchst lebendig beim Sterben. Sie tut viele Dinge, und vieles wird mit ihr getan – im Sterben und nachher. Bereiten wir jemanden auf das Sterben vor, so bereiten wir ihn auf einen Prozeß voller Lebensoffenheit vor und zugleich auf das Leben nach dem Sterben.

Es ist ratsam, das Sterbezimmer feierlich, aber auch fröhlich zu gestalten. Stirbt ein Mensch, lächeln die Engel. Auch die Angehörigen sollten nicht nur traurige Gesichter machen und in Erschütterung verstrickt, sondern voll Zuversicht sein. Wenn sich die Menschen auf den Sterbenden und nicht auf sich konzentrieren würden, dann könnten sie sehen, was auf den Sterbenden wartet und wären nicht so traurig, ja sie könnten sogar eine gewisse Mitfreude empfinden.

Sie könnten z. B. leise Musik hören – es muß kein Trauermarsch sein – oder Lieder summen, die der Sterbende gerne sang, oder auch Instrumente spielen, wenn der Sterbende es mag. Blumen sind schön, aber gewöhnt euch ab, die Blumen zu nehmen, die man üblicherweise für angemessen hält, z. B. Chrysanthemen, weiße Rosen und Fresien. Warum nicht einen bunten Frühlingsstrauß oder Sonnenblumen oder die Lieblingsblumen des Sterbenden?

Setzt man die feierliche Stimmung zu hoch an, wird der Abschied für alle Beteiligten schwerer. Besser ist es, ganz natürlichen Umgang zu pflegen. Hund und Katze sind im Zimmer, die Kinder spielen im selben Raum. Die Welt hört nicht auf, weil jemand stirbt.

Gibt es Ratschläge für die Trauerkleidung?

Also die Engel ziehen nichts anderes an. Ihr braucht ja nicht gerade Jeans und T-Shirt zu tragen. Wenn es nicht ausdrücklich und unbedingt gewünscht wird, ist Schwarz die unangebrachteste Farbe. Schwarz ist das Synonym für Tod. Weiß wäre eine sehr viel glücklichere Wahl. Der, der geht, geht ins Licht und nicht ins Dunkel. Andere Kulturen tragen ja auch andere Farben. Sonnengelb wäre schön, auch helles Grün und warmes Blau sind gut möglich – alles natürlich nur, wenn der Sterbende es zuläßt.

Zwischenfrage: Warum tragen die Priester Schwarz?

Es ist einerseits ein Ausdruck der Demut: ich bin nicht würdig, will nicht auffallen, bin kein strahlendes, ideales Wesen, sondern Büßer, ich streiche mich weg: Schwarz ist die Nichtfarbe. Es hat andererseits aber auch einen Anstrich von überpersönlicher Ehrwürdigkeit, man ist ganz Amt. Ihr kennt das ja noch vom schwarzen Anzug, von schwarzen Roben und von schwarzen Limousinen. Der Herr und die Jünger trugen aber nie Schwarz, auch die Ordensgründer trugen Braun oder Beige; das Schwarz kam erst später auf. Ideal wären Vollweiß oder Cremeweiß oder Beige oder Hellblau, für Hosen Dunkelblau oder auch Braun mit Grün, oder Beige mit etwas Orange, oder, wenn denn das »Amt« ausgedrückt werden soll, lieber ganz Dunkelblau.

Zurück zum Thema. Lest dem Sterbenden vor: Texte aus der Bibel, Gebete, auch Gedichte. Sie richten sich an den Wanderer, den man begleitet. Die eigene Seele kann ein Stück mit ihm gehen, wenn man es wirklich wünscht, den Umgang mit Engeln gewöhnt ist und das Versprechen abgelegt hat, daß man, ohne Schwierigkeiten zu machen, wieder zurückzukehren bereit ist. Man begleitet den Sterbenden, indem man seine Hand hält und dann erschaut, wie man mit ihm seinen Weg gehen kann. Man kommt an eine Schwelle, wo er von Engeln empfangen wird, die von drüben entgegenkommen. Dann geht man wieder zurück.

Können wir dem Sterbenden den Urielssegen spenden?

Den Urielssegen kann kein Mensch durchführen. Es ist ein Segnen mit Feuer. Aber ihr könnt eine Kerze anzünden und über dem Menschen mit einer Kerze ein Kreuz zeichnen, und zwar so:

Von rechts (d. h. über den linken Arm des Sterbenden) nach links:

»Im Namen der Mutter und des Sohnes«,

von oben nach unten:

»und des Vaters und des Heiligen Geistes«.

Zeichnet das Kreuz bis zu den Füßen des Verstorbenen. Dies tut ihr dreimal.

Dann zeichnet ihr ein viertes Kreuz von rechts nach links und von unten nach oben mit den Worten:

»Im Namen der Mutter,
im Namen des Sohnes,
im Namen des Heiligen Geistes,
gehe ein zum Vater«.

Ihr dürft diese Art, euch zu bekreuzigen, aufgreifen, wenn ihr es wollt (Anm.: dann aber von links nach rechts: links ist die Seite der Mutter, rechts die des Sohnes). –

Für alle Menschen ist es wichtig, sich mindestens einmal mit dem eigenen Sterben auseinanderzusetzen. Besonders diejenigen sollten es tun, die glauben, daß sie noch lange nicht sterben:

1. Ordne deine irdischen Dinge. Was ist noch zu tun? Schreib ein Testament. Wer bekommt was? »Ich weiß nicht« sagen, gilt nicht.
2. Gibt es wichtige Lebensgrundsätze, Ratschläge, Ermahnungen, Ermunterungen für meine Kinder, Freunde, andere Menschen, für die Menschheit? – Gibt es Worte der Wiedergutmachung, der Entschuldigung, des Verzeihens, die ich hinterlassen möchte?
3. Überblicke dein Leben. Wofür bin ich besonders dankbar? Erkläre deine Dankbarkeit an das Leben, an das Schicksal: Was war das Wichtigste, das ich lernen durfte? Was war das Wichtigste, das ich loslassen durfte?
4. Wer will, möge sich vorstellen, wie sein Sterbezimmer aussehen soll, wenn er in Ruhe und bewußt sterben kann. Welche Men-

schen sollen anwesend sein? Welche Blumen, welche Kerzen sollen wie arrangiert sein? Welche Musik möchtest du hören? Dann stell dir möglichst plastisch vor, wie es wäre, zu sterben.

5. Dann frage dich: Wenn ich wählen dürfte, als was dürften die Menschen mich wiedererwarten auf der Erde? Wie schnell würde ich gerne wiederkommen? Was würde ich gerne tun? Mögliche Antworten sind z. B.:
   a) Ich komme lange nicht wieder, außer wenn ich als König komme, mit Schlössern und Bediensteten und viel Geld. – Das ist die Antwort eines Menschen, der die Erde noch nicht richtig liebt.
   b) Am liebsten käme ich sofort wieder, weil die Zeit so wichtig ist. Denn ich kann die Menschen lehren, zum Himmel zu schauen.

   Also m. a. W : wie bedingungslos nimmst du dein Schicksal an? – Sein Schicksal anzunehmen ist Freiheit! Es geht darum, mit welcher Freude oder Liebe du bereit bist, dich der Erde zuzuwenden.
6. Dann frage dich: Was nehme ich mir vor, was ich, wenn ich gestorben bin, drüben an Diensten für die Menschen und die Welt leisten werde?

   Es gibt viele Möglichkeiten jenseits der Schwelle zu leben, zu lernen, zu arbeiten.

   Beispiele:
   a) Eine Seele steigt auf und durchwandert die Planeten sphären.
   b) Es gibt auch die Möglichkeit, ganz nah bei der Erde zu bleiben, z. B. weil ein Mensch begleitet werden soll.
   c) Eine weitere Möglichkeit ist, sich dem Schutz vor den Hierarchien zur Linken zuzuwenden.
   d) Es gibt das Im-Licht-sein, und jeder ist es dann auf seine Weise.
   e) Es gibt die Arbeit im Dienst der Menschen und der Erde, z. B. die Arbeit mit dem Engel der Trauer. –

Andere solche Dienste sind z. B.:

Sich ganz der Fürbitte widmen. – Mithelfen, Informationen an die Erde zu vermitteln. – Ideen eingeben, Träume inspirieren. – Selber lernen bei großen Lehrern, um mit neuen Informationen wiedergeboren zu werden. – Abbitte tun und Buße leisten für alles, was man an Aktivitäten der Hierarchien zur Linken zugelassen hat. – Buße tun für andere Menschen, die in ihrem Leben den Hierarchien zur Linken Spielraum geben. – Abbitte leisten für alle Vergehen an der Natur (das wendet sich an die Naturgeister).

f) Man kann sich auch für Dienste im Himmel zur Verfügung stellen, z. B. im Himmel Neuankömmlinge herumführen, sie einweisen, dafür sorgen, daß sie sich heimisch fühlen. Man kann sich den Engeln anschließen: Singen, Lobpreisen, Instrumente spielen. Man kann Urbilder kontemplieren (diese werden, indem sie von den Engeln und den Verstorbenen kontempliert werden, ständig am Leben erhalten). – Es gibt Engelgruppen, die bestimmte Gruppen Verstorbener unterweisen; sich ihnen anschließen. (Alles, was da gelernt wird, kann im nächsten Leben zur Erde gebracht werden. Viele Künstler sind berühmt geworden, wenn sie vorher bei den Engeln gelauscht haben.)

Bildet man sich eine bestimmte Vorstellung über das, was man drüben tun will, so hat das eine große Rückwirkung auf das Leben jetzt hier. Bestimmte Bereiche werden wichtig, sie kommen einem nahe. Dann tritt ein, daß man drüben diese Dienste leisten darf. Der Dienst paßt dann zur Grundstruktur eures Wesens, die ihr im Leben veranlagt habt. In der Regel schwingt man sich ein auf das, was man sich vornimmt. Sehr selten bekommt ein Mensch andere Aufgaben, als er sich vorgenommen hatte.

Nach Rudolf Steiner durchläuft die Seele zunächst die Zeit des »Kamaloka«, der reuigen Selbstbesinnung, die etwa ein Drittel der irdischen Lebenszeit daure. Ist das richtig?

Der Prozeß des »Kamaloka« ist unterschiedlich lang. Im Zeitbegriff des Vaters ist es nicht einmal ein Lidschlag. Ängstige die Menschen nicht mit dem Problem des Kamaloka, es gibt drüben keine Zeit. Es gibt wohl strenge Erfahrungen, durch die eine Seele geht. Diese Erfahrungen dauern entweder gar keine Zeit oder ewig lange Zeit, je nachdem, wie die Seele selbst es empfindet und wünscht. Das »Schema F« gibt es nicht! –

Um euch drüben besser zurechtzufinden, solltet ihr wissen, daß die Ordnung der Hierarchien in höheren Welten anders ist als in hierarchischen Ordnungen, die ihr von der Erde her kennt. Es herrscht völlige Freiwilligkeit, und demnach ist auch die Einordnung freiwillig. Niemand sagt einem Engel: du bist Engel und darfst nur Engel sein. Will ein Engel z. B. den Platz eines Erzengels einnehmen, werden die Erzengel ihn einladen. Wenn der Engel es aushält auf dem Platz des Erzengels, wenn er also die höhere Schwingung, die größere Arbeitsintensität, die erweiterte Aufgabenstellung erträgt, dann kann er bleiben, und es gibt eben einen Erzengel mehr.

Die Ordnung ist in sich sehr komplex. Es gibt Engel, die an Macht so groß wie Erzengel sind, obwohl sie keine Erzengel sind. Es gibt Engel mit zweifacher oder dreifacher Aufgabenstellung. Es gibt Engel, die besondere Aufgaben wahrnehmen und dafür dem direkten Befehl von Vater, Mutter oder Sohn unterstehen, und die dann für die Zeit des Auftrags auf der Stufe der Cherubim arbeiten. Anschließend arbeiten sie auf ihrer Engelstufe weiter. – Die Ordnung der Engelhierarchien ist nicht ein starres System, sondern eher wie ein Baum, d. h. wie ein weit verzweigter, lebendiger Organismus.

Die Seele des Verstorbenen macht drüben ihre Erfahrungen, lebt in ihren Aufgabenstellungen. Sie kehrt heim in ihre Struktur. Sobald der Körper abgelegt wird, mag ihr der Himmel zunächst wie ein unüberschaubarer Wirrwarr erscheinen, doch die Seele behält ihre eigene Struktur, so findet sie den Weg in ihren Sonnenengel zurück. Das heißt, »heimzukehren«. Im irdischen Leben lebt ihr mit einem kleinen Teil eures Bewußtseins auf der Erde. Der größere Teil bleibt drüben im Sonnenengel. Das ganze Reden über Geburt und Sterben ist eigentlich eine Illusion. Im Sonnenengel sind alle Erfahrungen aller Leben vorhanden, »vergangene« und »zukünftige« Erfahrungen.

Was geschieht einer Seele nach einem Selbstmord?

Selbstmord ist der Beschluß, zu sein wie Gott: Selbstmörder werden bei den Engeln Gottversucher genannt. Man wird dann häufig – nicht immer! – zur »armen Seele«, d. h., man findet den Weg zum Himmel nicht und irrt zwischen Himmel und Erde umher. Der Umgang mit dem Selbstmörder ist dann wie jeder Umgang mit armen Seelen zu handhaben. Wichtig ist, dem Selbstmörder klarzumachen, daß er versucht hat, sich Gott gleich zu machen und daß er sich das vergeben sollte.

Der Suizid gelingt nur beim Rückruf des Vaters. Wichtig sind dann die Erfahrungen der Seele nach dem Sterben: Schuld, Buße, die Auseinandersetzung über die Rechtmäßigkeit des Suizids. Denn Selbstmord begehen Seelen, die einen Machtkampf mit dem Vater ausfechten: wer ist es, der nimmt und der gibt, ich oder der Vater?

Die Arbeit mit armen Seelen macht man aber nicht einfach so, es ist eine Lebensaufgabe. Wer sich dieser Aufgabe stellen möchte, möge das dem Himmel mitteilen. Die Engel werden ihn dann einweihen und einweisen.[24] Bis dahin tut folgendes, wenn einzelne arme Seelen in der Nähe, z. B. im Haus herumspuken:

1. Kerzen anzünden,
2. Gebete sprechen und
3. die heilige Barbara bitten, sich der armen Seelen anzunehmen.

Ihr sagt dann also der armen Seele: »Bitte wende dich nicht an mich, wende dich an die heilige Barbara.« Dann solltet ihr der armen Seele danken, daß sie sich an die heilige Barbara wendet, und der heiligen Barbara, daß sie sich der armen Seele annimmt. Auch Familien, wo ein Mitglied sich umgebracht hat, können diesen Weg gehen.

Nicht nur bei Selbstmord, auch bei Tötung eines anderen spricht Gott: »So, du hast Erdenleben beenden wollen, wie ich, der Vater, es tue. Nun schaffe Leben.« Das gilt immer, wo du Leben nimmst, im Großen wie im Kleinen, bei wissenschaftlichen Tierversuchen, im Schlachthof, beim Töten von Fliegen oder Pflanzen. Wenn du Richter bist und eine Todesstrafe aussprichst, gilt nicht zu sagen: Ich habe mich an die Gesetze gehalten. Es ist einfach, Leben zu zerstören, aber schwer, neues Leben zu schaffen. Würde es euch gelingen, Leben zu schaffen, würde Gott den Platz räumen. Das zu erkennen führt zu Buße, Reue und Demut.

Hat ein Mensch Selbstmordabsichten, so sagt ihm: Weißt du, mit wem du dich in die Auseinandersetzung begibst? Mit dem Vater. Bevor du dir das Leben nimmst, schaffe erst neues Leben, beweise vorher, daß du Leben schaffen kannst. Mach einen Verstorbenen lebendig, hauche einer Lehmstatue Leben ein – dann darfst du dich umbringen, sonst tu es nicht. Das gilt auch für Befürworter der Todesstrafe.

Sollen oder dürfen wir das Sterben künstlich verzögern?

Hochtechnisierte Intensivstationen zur Lebensverlängerung einzusetzen, gehört zwar zum Alltag. Aber es bleibt auch dort dabei: Der Vater ruft das Leben zurück, wenn er es wünscht. – Was die Angehörigen bedenken sollten, sind Fragen der Verhältnismäßigkeit, der Würde und der Barmherzigkeit. Der Transport in die Klinik, die Lösung aus dem Vertrauten, die Anbindung an die Apparate usw. – ist das alles zumutbar, wenn es gar keine Chancen auf Heilung oder wenigstens auf Besserung gibt?

– Ist die Situation auf der Intensivstation würdig – oder ist es würdiger, dem Sterben zu Hause entgegenzusehen? Ist die Situation mit Schmerzen oder Leiden verbunden?

Jedenfalls sollte man den Sterbenden nicht tagelang mit unerträglichen körperlichen Schmerzen liegen lassen, sondern ihm die Schmerzmittel zugestehen, die ihm not tun, auch wenn sie den Kreislauf belasten, so daß sein Sterben friedlich, ruhig und würdevoll geschehen kann. Schmerzen zermürben das Bewußtsein, deformieren und verzerren es und schaffen eine unwürdige Situation. Sie dem Sterbenden zu ersparen, ist eine Frage der Barmherzigkeit.

Angehörige stehen oft vor schwierigen Entscheidungen. Sie können sich folgende Frage stellen: Wenn er/sie noch sprechen könnte, hätte er/sie die künstliche Lebensverlängerung dann gewünscht oder nicht? Es gibt viele Möglichkeiten, den technischen Quälereien zu entgehen. Ihr solltet euch selber Gedanken machen, was ihr möchtet, solange ihr dazu in der Lage seid, und diese klar zum Ausdruck bringt. Am besten ist es, die Menschen verfügen in gesundem Zustand, ob sie in solchen Fällen die Intensivstation wünschen oder nicht. Mißbrauch ist natürlich nicht auszuschließen. Es kann sein, daß Angehörige gegen den Wunsch des Sterbenden entscheiden. Das Problem ist, daß das auf Erden durch das Opfer nicht mehr aufgeklärt werden kann. Für die Engel stehen aber beider Aussagen sichtbar im Raum. Bei bewußt falscher Aussage und Entscheidung gegen den Willen des Sterbenden füllt sich das Schuldenkonto der Angehörigen; das haben sie zu verantworten. –

Ist die Feuerbestattung problematisch?

Das Verbrennen des Leichnams bringt für die Seele keine Schwierigkeit mit sich und ist vom Himmel anerkannt, ebenso wie übrigens auch das Versenken ins Meer oder das Legen in die Bäume, was in manchen Kulturen vorkam. Man kann den Leichnam allen vier Elementen anvertrauen. Die Erdbestattung allerdings kommt schon aus traditionellen Gründen christlichen Vorstellungen am nächsten: »Die Gräber öffneten sich, die Leiber der entschlafenen Heiligen ... kamen aus den Gräbern hervor ...« (Matth. 27,52 f.).

Es gibt aber noch einen wesentlichen Grund für die Erdbestattung. Während Feuer das männliche Element ist, ist die Erde das weibliche. Man übergibt den Leichnam der »Mutter Erde«. Bei Menschen, die sehr spirituell gelebt haben, haben sich den Zellen Erfahrungen eingeprägt, die sie an die Erde weitergeben. Deshalb sind Reliquien so wertvoll: jedem Körperteil eines solchen Menschen wohnen Informationen inne, von denen Lichtkraft und heilende Wirkungen ausgehen. Bei der Reliquienverehrung handelt es sich nicht um einen abergläubischen Kult, vielmehr haben Reliquien tatsächlich eine sehr reale Wirkung. – Bei »normalen« Menschen ist dies jedoch kein ausreichender Grund gegen die Feuerbestattung.

Ich (der Engel Uriels) segne euch und übergebe jetzt an den Engel aus den Scharen des heiligen Erzengels Gabriel.

III. *Zur Geburt:*

Der Engel Gabriels: Bei jeder Zeugung und bei jeder Geburt sind die Engel Gabriels anwesend. Zur Zeugung gehört die Übermittlung der frohen Botschaft.

Es gilt, in der Schwangerschaft, wenn man um die Existenz der Engel weiß, das Kind durch 9 Monate hindurch mit Farben, Begriffen und Engeln zu begleiten. Ihr kennt ja die 7 Farben des Regenbogens: rot, orange, gelb, grün, blau, indigo, violett. Gold und silber treten hinzu. Jede Farbe entspricht einem Begriff, der bedeutungsvoll für die Schwangerschaft ist. In jedem Monat geht die werdende Mutter besonders mit einer Farbe und einem der ihr zugeordneten Begriffe um. Zudem kann man in dieser Zeit passende Engel zur werdenden Mutter hinsenden, oder sie lädt selber Engel ein.

1. *Monat:* Silber. – Schweigen. – Oft weiß die Mutter noch nicht, daß sie schwanger ist.
2. *Monat:* Rot. – Mut. – Das werdende Kind braucht viel Mut zum Leben. Die Mutter sollte sich mit der Farbe Rot umgeben, gedanklich und ganz real: z. B. rote Blumen hinstellen.
3. *Monat:* Orange. – Klang. – Das ist der Monat, der mit Singen, Stimme, Ton zu tun hat, mit Musik, Melodien, Sphärenklang. Die ganze Welt ist Klang für das Kind. Differenzierte Wahrnehmung ist noch nicht möglich. Das Kind schwimmt in einem Meer aus Klang: Die Körpergeräusche der Mutter, die Gesamttonlage ihrer Stimmungen und Gefühle sind für das Kind Klang. Ängste, Sorgen, gefühlsmäßige Einbrüche der Mutter empfindet das Kind als Disharmonie. Frage dich also: Ist der Klang für das Kind schön? Entspricht er dem goldenen Orange? Oder mischen sich unharmonische oder arhythmische Elemente hinein? Die Schönheit des Klanges hängt sowohl von äußeren Gegebenheiten im Leben der Mutter als auch von ihrer seelischen Gestimmtheit ab. In dieser Zeit kann die Mutter musizierende Engel in ihre Innere Kapelle bitten.
4. *Monat:* Zartes Gelb. – Erwachen. – Das Kind erwacht, wird lebendiger. Erste Kommunikation zwischen Kind und Mutter wird möglich. Das Kind bewegt sich, und die Mutter spürt die Bewegungen. Die Frage der Namensgebung stellt sich. Die Mutter kann mit dem Kind sprechen, ihm erzählen, wie es da aussieht, wo sie hingeht: Was sehe, höre, rieche, empfinde ich? Wie fühlt sich was an?
5. *Monat:* Grün und rosa (auch bei Jungen). – Liebe und Zärtlichkeit. – In diesem Monat ist das Bedürfnis nach Zärtlichkeit besonders groß. Es ist »Halbzeit«, der Körper wird für das Kind spürbarer: Es spürt die Begrenzungen, es stößt an. Das gilt für die Mutter auch, sie nimmt jetzt deutlicher wahr, daß sie sich im Umfang verändert. Liebe und Zärtlichkeit spielen die größte Rolle für Mutter und Kind.

6. *Monat:* Helles Blau (auch bei Mädchen). – Unterricht. – Ab jetzt kann man das Kind in sanfter Weise unterrichten, ihm erklären, was einem wichtig ist, warum man sich freut, wie man die Welt sieht und warum. Man kann eigene Kindheitserfahrungen berichten. Die Seele des Kindes hat ja vergessen und will nun von der Mutter erfahren, wer seine Eltern sind, wohinein es geboren wird: in welches Land? Welche Sprache wird da gesprochen? Gibt es Geschwister? Welchen Beruf haben die Eltern, wie leben die Eltern, welche Traditionen pflegen sie? Auch wenn die Mutter etwas gar nicht mag, kann sie es dem Kind sagen: Das kann ich schwer verkraften, bitte merk dir das. – Aber auch das Kind unterrichtet die Eltern. Es berichtet – soweit es sich daran erinnert –, wo es herkommt, welche Aufgaben es drüben hatte, welche Verbindungen zu den jetzigen Eltern da sind, warum es zu den jetzigen Eltern gekommen ist, wie es heißen möchte.
7. *Monat:* Dunkelblau, Nachtblau, Indigo. – Es wird kein Begriff angegeben. Denn dieser ist für jede Seele verschieden. Die Mutter kann hinlauschen auf das Wort, das ihr in den Sinn kommt. Es kann eine besondere Tugend sein – z. B. Wahrheit, Klugheit – oder eine Lebensaufgabe – z. B. Freudenbringer, Lehrer – oder der Name eines Heiligen, der für das Kind wichtig werden wird. Dieser Monat steht im Zeichen der Fügung: Es wird gefügt, um welchen Begriff es geht.
8. *Monat:* Violett. – All, Kosmos. – Dies ist der spirituellste aller Monate. Es geschieht die Hinwendung zur Trinität. Das Kind erlebt Demut und Ehrfurcht und macht erste Erfahrungen mit dem Satz: Nicht mein, sondern Dein Wille geschehe. Und das sollte auch die Haltung der Mutter in Erwartung der Geburtsstunde sein. Sie sollte sich in die Hände der Engel und Heiligen und der Trinität geben, die alles Leben tragen. Mutter und Kind erleben u. a. den Zusammenhang der Worte: Allein, All-eins, Allheit, Allmacht, Alliebe.

Die Mutter sollte sich diesen Begriffen zuwenden. Sie sollte sich jetzt noch einmal eindringlich fragen: Was bedeutet es, wenn ich ein Kind in die Welt setze – wofür ist das ein Zeichen, ein Signal, eine Aussage? Welche Verantwortung übernehme ich damit – auch über das Biologische hinaus? Was ist das Wesentlichste, das ich dem Kind mitgeben werde? Was wird sich als tragend erweisen? Es entsteht eine Familie – was spiegelt sich darin auf Erden wider? Das Kind ist ein Glied in einer Kette von Generationen und wird einst selbst Kinder haben – was wird dann in ihm vorgehen? Welche Eindrücke gebe ich ihm mit, die es dann weitergeben wird? Was ist gut und richtig, stimmig und wirksam?

9. *Monat:* Gold. – Das Wort, der Gedanke. – Der neunte Monat ist der am meisten der Religion zugewandte. Mutter und Kind sollten sich in dieser Zeit mit heiligen Worten umgeben. Die Mutter sollte sich und dem Kind aus der Bibel vorlesen, mit ihm Psalmen und Gebete sprechen. Es gilt, mit heiliger Leichtigkeit, mit leichter Freude aus dem Schweigen das Wort zu gebären. Im Wort aber wird der Gedanke geboren.

   »Im Anfang war das Wort«: Das Wort, das der Vater gibt, wird in der Zeugung an die Eltern gegeben. Zeugung ist wie eine erste Geburt. Dann ist erst die Zeit des großen Schweigens: Mutter und Kind durchschreiten die Farben des Regenbogens. Aus dem Schweigen heraus tritt das Kind ins Licht der Welt – mit einem Schrei. »Und das Wort ist Fleisch geworden«. – »Und das Licht scheint in die Finsternis«.

   Frühgeburten fehlen die Farbe und das Wort der letzten Monate. Zum Ausgleich kann die Mutter ihrem Kind die Farben und die Worte zudenken, die es bis zum regulären Geburtstermin noch bekommen hätte. Hat sie das Frühgeborene nicht bei sich, bleibt es noch in der Klinik, so sollte sie sich von ihm möglichst nicht trennen lassen, es jedoch mindestens in Gedanken mitnehmen und bei sich tragen.

(Zur Gabrielsweihe:)
Einer Frau, die entbunden hat, ist es gestattet, eine Gabrielsweihe vorzunehmen.[25] Es geht am besten in den ersten zwei bis drei

Tagen, jedenfalls so bald wie möglich nach der Geburt. Die Mutter läßt eine Schale aus Silber, Gold oder Kristall mit Wasser kommen und bittet die Gabrielsengel, das Wasser zu segnen:

»Heiliger Gabriel,
Engel des Wassers,
des lebendigen Wortes,
Hüter der Unschuld,
treuer Diener der Heiligen Mutter,
bitte segne dieses Wasser.«

Dann gibt sie mit drei Fingern (Daumen, Zeigefinger, Mittelfinger) etwas Wasser auf das Köpfchen des Neugeborenen und spricht: Im Namen des Vaters und im Namen des Sohnes und im Namen der Mutter durch den Heiligen Geist. Das ist die allererste Taufe, die das Kind empfängt. Das Wassertröpfchen geht durch alle Innenräume des Kindes. Die Mutter sollte auch den Vater des Kindes mit diesem Wasser segnen.

Falls die Mutter bei der Geburt stirbt, kann der Vater die Segnung vollziehen; oder auch Freunde und Verwandte können es tun. Falls das Kind bei der Geburt stirbt, kann der Vater der Mutter den Segen spenden. Ihr Schmerz wird dadurch gelindert.

Wo immer eine Frau gerade ein Kind zur Welt bringt, da ist Weihnachten. Die Frau ist für eine kurze Zeit – für Stunden oder Tage – marienhaft. Deshalb hat sie die Erlaubnis vom Himmel, den Gabrielssegen zu spenden.

(Zur Taufe:)
Die Taufe wird am besten zwischen dem 9. und dem 12. Tag vollzogen. Sie ist wichtig für den Menschen, aber auch für seinen Doppelgänger. Durch die Taufe entsteht tatsächlich ein besonderer Schutz, den ein ungetaufter Mensch nicht hat. Wichtig bei der Taufe ist die Entscheidung der Mutter. Denn das Kind taufen zu lassen bedeutet, es herzugeben. Man weiht es Gott. Taufe ist nicht nur ein Geschenk von oben, sondern auch ein Schenken. Der Kreis von der Zeugung bis zur Taufe schließt sich:

1. Der Heilige Vater schenkt das Wort bei der Zeugung.
2. Die Mutter trägt das Geschenk 9 Monate, und es wird geboren.
3. Die Eltern schenken das Kind dem Vater bei der Taufe, und dafür bekommt das Kind den umfassenden Schutz.

Die Taufe entspricht der Darbringung im Tempel. Seid ihr bereit, das Kind herzugeben? Eltern sollten sich darüber Gedanken machen. Die Taufe stellt eine direkte Kommunikation zwischen den Eltern und dem himmlischen Vater her. Der innere Entschluß ist wichtig. Der Dank, der dann von oben kommt, bildet den umfassenden Schutz für das Kind.

Ich entlasse euch mit einem Segen.

Samstag, 11. 11. 95

Der Innere Heilige

Elion: In den Innenraum mit dem Inneren Weisen, das sog. Stirnchakra, kann ein weiterer hilfreicher Begleiter einziehen: einer der Heiligen. Jeder Mensch kann einen Heiligen wählen, z. B. den Namenspatron oder einen anderen, zu dem er sich besonders hingezogen fühlt. Wenn er sich eine Zeitlang mit ihm beschäftigt hat, durch Studium seiner Biographie und seiner Schriften und durch intensives Eingehen auf seine Vorstellungen und Gedanken, so kann er ihn in seinen Innenraum bitten. Jeder braucht diese Hilfe. Ab einem gewissen Grad der spirituellen Arbeit ist sie sogar unbedingt nötig, weil man sonst in der Auseinandersetzung mit den Hierarchien zur Linken nicht mehr zurechtkommt.

Zu dem Inneren Weisen in eurem Stirnchakra gesellt sich nun der Heilige hinzu, den ihr jeweils gewählt habt. Das ist die Konsequenz aus den 4 Wochen eurer Beschäftigung mit ihm.[26] Er steht jetzt hinter euch, macht sich winzig und tritt ein. Ab jetzt begleitet er euch auf dem Lebensweg – wie der Führungsengel –, damit ihr nicht strauchelt. Er gibt euch Weisungen, Ermahnungen, Impulse, Anleitungen.

Damit nicht genug: über ihn habt ihr eine direkte Verbindung auch zu den anderen Heiligen. Man sieht und hört euch viel besser: es ist, wie wenn ihr im Dunkeln ein Licht angezündet hättet. Ihr solltet ab und zu mit eurem Heiligen reden und ihm danken. Er wird euch in die Ebene der Kyriotetes führen. Er verantwortet den weiteren Gang eurer Arbeit, die Fragen und Antworten. Er bürgt für euch. Er ist wie ein Großvater oder väterlicher Freund, ist euch gut gesinnt und hilft, ihr könnt euch an ihn wenden. Er entspricht ein wenig eurem Wesen, sonst hättet ihr ihn nicht gewählt. Aber er färbt es auch geringfügig durch seine Wesensart; damit rückt ein wenig von eurer »Identität« zur Seite. Aber Achtung vor Hochmut! Bemüht euch um Demut, z. B. durch Wendungen wie: ich darf Herberge für ihn sein und bin dankbar dafür. Begrüßt ihn im Innenraum; ihr dürft fragen und Wünsche äußern; dann begebt euch in die Innere Kirche und dankt.

Den Heiligen beherbergen bedeutet auch Hilfe in der Auseinandersetzung mit dem Doppelgänger. Der Heilige kennt seine Macht, seine Einfälle, seinen Ideenreichtum und weiß mit ihnen umzugehen. Ist der Doppelgänger ungehorsam – deiner oder ein anderer –, könnt ihr den Heiligen anrufen und bitten, einzuschreiten. Die korrekte Anrede ist – bei aller Nähe und Freundschaft – »Heilige(r) ...«.

Donnerstag, 16. 11. 95

Schutzengelübungen für Kinder

Amrai (ein Engel, der besonders für kleinere Kinder zuständig ist. Man sieht keine Flügel. Er – oder besser sie – sieht aus wie eine liebevolle Kinderfrau in einem dunkelblauen Gewand mit einer ebensolchen Kopfbedeckung. Das Gesicht ist schmal und fein. Sie pflegt ein wenig vornübergeneigt zu sitzen. Eltern können ihre Hilfe erbitten, z. B. wenn das Kind unruhig, ängstlich oder krank ist, Schlafschwierigkeiten hat und besonderer Zuwendung bedarf. Ihr Name ist aus den Buchstaben des Namens »Maria« gebildet): Eltern mögen mit ihren Kindern über den Schutzengel sprechen und sie anregen, mit ihm bewußt umzugehen. Sagt euren Kindern z. B.:

1. Du kannst ein Bild deines eigenen Schutzengels malen und im Kinderzimmer über das Bett hängen.
2. Mache dir klar, daß der Schutzengel hinter dir oder rechts neben dir steht, und versuche, seine Stimme im rechten Ohr zu hören. Du kannst ihm Fragen stellen und die Antworten erlauschen.
3. Wenn etwas schiefläuft, achte darauf, ob der Schutzengel eine Hand auf deine Schulter legt oder ob er dich zupft.
4. Schaue bei deinem Bett, wo der Lieblingsplatz deines Schutzengels ist: meist am Fußende des Bettes. Abends kannst du alles dem Schutzengel erzählen, z. B. das, was die Eltern nicht verstehen, alles, wo es Ärger gab, worüber du traurig bist. Du kannst den Schutzengel bitten, daß er tut, was er

kann, um das Problem zu lösen. Meistens ist es am nächsten Morgen dann gut.

5. Du kannst deinen Freund (oder andere Kinder) mit deren Schutzengel malen.
6. Mache einmal Hindernislaufübungen in der Gruppe mit anderen Kindern: Baut euch einen Parcours auf. Nun geht mit geschlossenen Augen hindurch, von euren Schutzengeln geführt. Ihr werdet sehen: das geht!
7. Du kannst im Sandkasten mit dem Schutzengel malen, indem du dir den Zeigefinger der rechten Hand vom Schutzengel führen läßt. – Dann versuche, mit Kreide oder Wasserfarben ein Bild zu malen und die Hand vom Schutzengel führen zu lassen.
8. Der Schutzengel hat gute Ideen, wie man anderen etwas Liebes tun kann, insbesondere, wenn es Streit gab. Dann sagt er dir, wie du alles wiedergutmachen kannst. Du brauchst ihn nur zu fragen: Was meinst du, was soll ich jetzt machen, was kann ich jetzt Liebes tun, wie kann ich den Patzer wiedergutmachen?

   Dann lausche nach rechts. Seine Antwort wird unterschiedlich sein, z. B.:

   Schenke eine Blume.
   Male ein Bild.
   Gib einen Kuß.
   Entschuldige dich.
   Nimm die Mutter in den Arm.

   Hast du z. B. mit der Lehrerin Streit, kannst du das dem Schutzengel zuflüstern, der soll es dem Schutzengel der Lehrerin sagen, und dann wird sich etwas tun. Das gilt auch für Streit mit den Eltern und anderen, mit denen du nicht zurechtkommst, von denen du dich unverstanden oder benachteiligt fühlst.
9. Abends achte darauf, ob der Schutzengel traurig an deinem Bette sitzt. Frage ihn, was mit ihm los ist. Soll ich etwas anders machen? Wenn der Schutzengel traurig ist, hat er meistens etwas zu sagen, was wir besser machen können.

10. Der Schutzengel kann nicht umgetauscht werden. Man hat ihn das ganze Leben. Am besten ist es, wenn du mit ihm gut befreundet bist.

Sonntag, 19. 11. 95

Kompromißlosigkeit

Elion: Durch das geistige Wandern entsteht die Gefahr, daß die Hierarchien zur Linken eingreifen können. Die Phase des Wanderns ist aber notwendig. Der Mensch verläßt seine Kreise, bricht auf zu neuen Ufern. Nur so kann er finden. Das geistige Wandern ist insofern geordnet, als Aufbrüche begleitet werden und als die verlassene Position besetzt wird: ein anderer Mensch tritt an den aufgegebenen Platz, oder aber ein Engel – oder ein Wesen der Hierarchien zur Linken.

Für jeden, der sich auf den spirituellen Weg macht, ist die vorübergehende Orientierungslosigkeit besser als der Versuch, sich in irgendwelchen Abstraktionen häuslich einzurichten. Das einzige, was letztlich Realität hat, ist die Trinität. Ohne sich auf sie auszurichten, ist man orientierungslos, einsam, angefeindet und in der Gefahr, das Ziel zu verlieren. Man ist dann leicht der Vorspiegelung von falschen Trinitäten ausgesetzt, von Abstraktheiten wie z. B. »Energie, Kraft, Raum-Zeitgefüge«, »Chaos, Interdependenz, Ordnung«, »Sein, Dasein, Nichtsein« und dergleichen.

Auch die Dreiheit des »Wahren, Schönen, Guten« besteht zwar aus schönen Begriffen, die zum Gewand der Trinität gehören. Aber sie ersetzt nicht die Trinität und sollte nicht vor ihr oder für sie stehen. Man kann sich z. B. nicht dem »Wahren« an die Hand geben. Es geht um das persönliche Verhältnis eines Menschen zur Trinität. Die Verniedlichung (z. B. der Vater mit dem weißen Bart) ist zwar kindisch oder kindlich im Sinne des Wieder-Kind-Werdens, aber weniger schlimm als das Abstrahieren.

Also wandert nur zu! Verlaßt getrost eure geistigen Gefüge und brecht auf – die Trinität vor Augen! Ihr solltet einen Platz aber immer in Frieden und Freundschaft verlassen. Wo du weggehst, gehe in Frieden, nicht in Zorn, Streit, Kälte und Kampf. Die innere Haltung sollte fröhlich und freudig sein.

Angriffe gegen euch oder gegen eure Freunde sollten euch nicht aus der Zentrierung und Gelassenheit werfen. Die Verfasser von Angriffen sind Menschen in einer unglücklichen Situation, in einer emotionalen Verstrickung. Sie verdienen eher Mitgefühl. Argumente werden sie nicht verändern; sie prallen ab an Blockaden, Verhärtungen, Ängsten, Aggressionen, gewissen geistig-psychischen Krankheiten. Das einzige, was du tun kannst, ist, sie nachts besuchen, mit ihnen reden von Seele zu Seele, von Führungsengel zu Führungsengel.

Nadjamael (an Martin gewandt): Du hast Tomberg veröffentlicht um der Wahrheit willen. Wer für diese reif ist, findet sie. Jeder Mensch braucht seine Zeit, zu reifen. Sein Innenleben braucht Freiheit, und Freiheit umfaßt auch die Möglichkeit, das Gute mit Füßen zu treten. Menschen, die Tomberg mit Verständnis lesen, haben einen bestimmten Reifegrad. Auf Argumenten, Rechtfertigungen, Auseinandersetzungen mit seinen Gegnern liegt kein Segen. Was ein Gegner braucht, ist euer Gebet, eure Fürbitte.

Kompromißbereitschaft in geistigen Auseinandersetzungen wäre sinnlos, die Linken bedanken sich: Der Gegner wird ernst genommen und bekommt Unterstützung. Noch schlimmer wäre der Versuch, ihn sich zum Freund machen zu wollen: Das wäre eine hochgefährliche Methode. Denn dadurch sucht man Verbindung zu seinem Sonnenengel, und das heißt, diesem einen Schlag zu versetzen. Man kann sich einen Menschen, der im Würgegriff der Linken ist, nicht zum Freund machen; das bedeutet nur die Einladung, von euch Besitz zu ergreifen. Es ist wie bei einem Drogensüchtigen: ihn zum Freund machen zu wollen, um ihm zu helfen, führt zu nichts; er fühlt sich noch schlechter, hat noch mehr Schuldgefühle.

Man muß vielmehr den Doppelgänger strikt auf seinen Platz verweisen. Das Böse duldet keinen erzieherischen Umgang: Entweder man entzieht sich ihm, oder man wird eingesogen. Man kann auf Dauer nicht mit den Wölfen heulen, ohne zum Wolf zu werden. Um zu erziehen, bedarf man zunächst selbst der Stabilität und großer Klarheit, und diese zeigen sich darin, daß man Grenzen setzt und die Tür weist. Man kann das mit der Einladung verbinden: du kannst jederzeit kommen, aber dann ist das und das zu berücksichtigen.

Bei solchen Menschen ist eure einzige Wirkungsmöglichkeit über eure Inneren Räume: In die Innere Kirche und dann zum Marienengel in den Turm gehen und dort Fürbitten vortragen; dann aus der linken Tür hinaustreten und Licht zu den Linken tragen, aber sofort wieder zurücktreten (vgl. die folgende Sitzung Ziff. 6). Ferner könnt ihr Friedensengel, Notengel und Andreas-Engel schicken und Licht senden: goldenes, rosa und grünes Licht.

Der Kompromißlosigkeit bedarf es mitunter auch in der Politik: Die Versuche, mit Hitler zu reden, um ihn zur Vernunft zu bringen, waren das Falscheste. Auch Helmut Kohls jüngster Auftritt in China war ein Fehler. Man mag im Himmel Kohl und unterstützt ihn, aber davon versteht er nichts. Er überschätzt sich, wenn er meint, er könne die Philosophie eines Staates verändern. Wo die Menschenwürde mißachtet wird, bedarf es der kompromißlosen Distanzierung: Das machen wir nicht mit.

Donnerstag, 23. 11. 95

Vorbereitung auf die Kyriotetes II

Bruder Tullian: Wir wollen zunächst die Vorbereitung auf die Kyriotetes (vgl. 18. 10. 95) mit einer Prüfung abschließen. Sie gilt eurer Sicherheit und Klarheit.

1. Erlebt, wie ein Felsen in Stücke springt, aber nicht von Menschenhand, sondern durch ein Erdbeben. Spürt
   die Macht des Vaters.
2. Betretet das Innere einer Sonnenblume oder Aster (vgl. 26. 10. 95). Nun erlebt, wie sie welkt und sich aus dem Leben zurückzieht. Spürt
   die Sanftmut und Zärtlichkeit des Vaters.
3. Haltet in der rechten Hand ein Tier, das krank, matt, schwach, müde ist. Haltet die linke Hand darüber, so daß ihr es stärken und beleben könnt: Entlaßt das Tier in eine heile Umwelt, in ein kleines Paradies: so war die Schöpfung gedacht. Spürt
   die Kraft des Vaters.
   Versucht ein wenig, eine Vorstellung davon zu gewinnen, was der Schöpfer gemeint hat, als er Wesen in die Welt entließ, und was er empfindet, wenn er sieht, wie die Dinge sind.
4. (freiwillig:) Bis hierher habt ihr euch an bisherige Übungen angelehnt, jetzt könnt ihr etwas Neues tun, aber nur freiwillig: Nehmt ein Tier in die Hand, das euch unangenehm und

das mißachtet ist, z. B. eine Ratte, Schlange, Spinne oder Stechmücke. Versetzt euch in sein Wesen, entschuldigt euch für die Mißachtung durch euch und andere.

Jetzt nehmt das Tier mit an die Innere Quelle. Das Tier will euch vielleicht dienen und fragt, was es für euch tun kann: z. B. die Ratte sorgt für Reinigung, beseitigt Unrat. Die Schlange vermittelt Verständnis und Weisheit (sie informiert euch z. B. über die Evolution). Die Spinne webt feine kunstvolle Netze von Mensch zu Mensch, so daß ihr »Menschenfischer« werdet. Die Stechmücke macht wach und belebt. Das ist die sogenannte »Froschkönigsübung«: in jedem Wesen wohnt ein Prinz. Sie offenbart

die Größe des Vaters.

5. (freiwillig): Erlebt die Passion an der Seite des Sohnes, aber so, als wärt ihr an seiner Stelle. Wählt zunächst die vergleichsweise harmloseste Variante: den Augenblick des Todesurteils. Empfindet, wie es ist, wenn man weiß, daß es nicht gerecht ist, aber das Volk ist dafür. Nun erlebt

   die Liebe des Vaters –

   über den Sohn hinaus zu allen Geschöpfen.

6. (freiwillig:) Jetzt lernt ihr etwas wichtiges Neues: den Wesen aus den linken Hierarchien nicht nur standhaft zu begegnen, sondern auch zu arbeiten, um sie ins Licht zu führen. Ihr kennt die »Engel des Friedens«. Aber es gibt auch »Engel des Lichts«. Diese sind zugleich eine Tür zum Licht. Ihr Vorsteher ist »Luminathron«. Er ist so mächtig wie Nadjama-El (der Vorsteher der Friedensengel). Man kann in ihn eingehen; er ist wie ein Tor, durch das man im Sterben hindurchschreitet zum Licht. Ihr könnt »arme Seelen« (Verstorbene, die nicht in den Himmel gefunden haben, sondern auf Erden umherirren) an dieses Tor führen, aber auch Wesen aus den Scharen der Linken, die mehr verloren als böse sind.

   Eure Innere Kirche hat eine Tür zur linken Seite. Sie führt in einen nächtlichen, stürmischen, friedhofsartigen Garten. Durchschreitet sie. Ich (Bruder Tullian) bleibe an der Tür zurück und behalte euch im Auge. Geht nur wenige Schritte. Eine Wesenheit, die euch dort begegnet, dürft ihr begrüßen, ihr Mut machen, ihr Hoffnung geben, ihr danken, daß ihr helfen dürft. Begleitet sie zu dem Tor Luminathrons, der bereitsteht. Geht aber nicht mit hinein. Auf diese Weise werft ihr einen kurzen Blick

auf die Herrlichkeit des Vaters.

Wenn ihr diese Übung häufig macht, werden sich lange Schlangen von Seelen bilden, es wird sich herumsprechen, daß sie durch euch Hilfe und den Ausweg finden. Später gibt es dazu weitere Anweisungen, die Kräfte sparen, Schutz bieten, die Arbeit effizienter machen (vgl. 18. 1. 96).

Dies ist einer der edelsten Wege zur Lauterkeit. Durch das Tor zu gehen, ist euch verboten, aber vom Licht Luminathrons bekommt ihr immer etwas ab.

7. a) Die erste Hälfte der folgenden Übung ist Pflicht,
b) die zweite Hälfte der Übung ist freiwillig.

a): Stellt euch vor, die Erde wäre eine Scheibe, ihr wüßtet, wo das Ende ist, es ist nahebei, ihr tretet an den Rand und blickt hinunter.

b): Laßt alles los, tut einen Schritt ins Leere, laßt euch fallen. Es wird einige Zeit dauern, und ihr habt vielleicht das Gefühl, es könnte Jahrhunderte dauern. Ein Erzengelbote fängt euch auf – ihr wißt, aber nicht wann – und bringt euch in die Innere Kapelle zurück. Seid bereit, die Welt hinter euch zu lassen. Tut den Schritt in etwas, das ihr weder sehen noch kennen könnt, auch wenn ihr wißt: der Engel wird kommen. Aber ihr wißt nicht, wann. So erlebt ihr

die Größe und Großmut des Vaters.

Macht das einmal im Monat. Dies regelmäßig üben, bedeutet eine Sicherung gegen Überheblichkeit, Selbstüberschätzung und Eigeninitiativen im schlechten Sinn.

Hinter eurem Schutzengel und Doppelgänger steht dann der Erzengelbote – größer als diese. Er ist in eurem Umfeld wirksam. Wenn ihr bereit wart, diesen Schritt ins Ungewisse zu tun, kann er in euch einziehen. Dann begleitet ihn hinauf zum Innenraum mit dem Marienengel. Er wird dann von nun an dort mit ihm zusammen wirken.

8. Schließt die Übungen ab mit der Inneren Prozession. Begebt euch in die Innere Kapelle. Dort habt ihr, wenn ihr das wollt, ab jetzt drei Engel-Ministranten: mit Kerze, mit Weihrauchgefäß und Kreuz. Schreitet um den Altar herum, andere Engel werden sich anschließen, z. B. euer betender Engel, der Regenbogenengel und andere.
   a) Dann steigt die Stufen zur Krypta hinab und sprecht vor dem Inneren Kind das Vaterunser.

   Dann kniet nieder und sprecht:

   Heiliger Vater, wir danken Dir,
   wir preisen Dich
   und dienen Dir
   von jetzt an bis in Ewigkeit.

   b) Kehrt zurück zur Inneren Kapelle, schreitet um den Altar herum zur Nische und sprecht vor dem dort anwesenden Christus das Sohnesgebet:
   Gelobt seist Du, Christus ... (vgl. 16. 10. 95, S. 141)

   Dann kniet nieder und sprecht:

   Heiliger Sohn, wir danken Dir,
   wir preisen Dich
   und dienen Dir
   von jetzt an bis in Ewigkeit.

   c) Dann schreitet um die andere Seite des Altars herum und steigt zum Marienturm hinauf. Betet das Ave-Maria und bittet den Marienengel um Fürbitte für bestimmte Menschen. Übergebt ihm eine Liste mit Namen.

   Dann kniet nieder und sprecht:

   Heilige Mutter, wir danken Dir,
   wir preisen Dich
   und dienen Dir
   von jetzt an bis in Ewigkeit.

d) Dann sprecht noch einmal das Ave-Maria – jetzt unmittelbar zur himmlischen Mutter gewandt. Begebt euch in die Innere Kirche, betet erneut das Sohnesgebet zum Christus im Himmel gewandt, und dann sprecht in der Inneren Krypta das Vaterunser zum Vater im Himmel gewandt.
e) Zum Abschluß tretet vor den Inneren Altar, sprecht das Sanctus und das Credo. Dann entlaßt die Engel-Ministranten.

Wenn ihr diese Übungen täglich vollzieht, findet eine innere Heilung statt. In der Inneren Kapelle entsteht eine Schwingung, die euch ermöglichen wird, zu den Kyriotetes aufzusteigen.

Sonntag, 26. 11. 95

Der Jünger Philippus

Welcher Aposteltag ist heute?

Führungsengel: der Tag des Philippus (auch genannt: »der Schöne«). Er hatte noch im Alter die Wirkung eines strahlenden Jünglings, etwas Heldenhaftes. Er ist derjenige, der uns dem Herrn über das »Siegreichsein« näherbringt. Siegreich in seinem Strahl sind die, die etwas überstanden haben, mit dem Widersacher fertig wurden, etwas erfunden, geschaffen, gelebt haben, was fast unmöglich, ja undenkbar erschien.

Hat jemand eine aussichtslos erscheinende Situation wider Erwarten doch noch zum Guten gewendet, so ist das ein Zeichen dafür, daß er in seinem Strahl arbeitet. Man sagt von solchen Menschen: wenn nichts mehr geht, dann muß der X heran. Es gibt auch Menschen, die nur für kurze Zeit in seinem Strahl leben, vielleicht nur einmal. Nur eine kleine Zahl lebt ständig in seinem Strahl.

Die meisten sind unauffällige Menschen, aber in einem Moment leisten sie etwas Überragendes: z. B. als Erfinder, Entdekker, Ärzte, Mütter und Väter, Ordnungsdiener. Sie erringen einen Sieg über eine Gefahr. Die Menschen, die in diesen Strahl eintreten, sind nicht Genies, sondern ganz normale Menschen. Sie wurden zu Helden, die plötzlich den Namen der Trinität vertraten, und sich hinterher fragten, wie sie dazu kamen.

Es gab solche Menschen auch im »Dritten Reich«, z. B.

Schindler. Andere arbeiteten an der Front, in den Kz's, im Lazarett: z. B. arbeiteten ein Arzt, eine Schwester 5 Tage und Nächte durch.

Bekannt sind Märtyrer wie Sophie Scholl oder Maximilian Kolbe. Sie zeigten plötzlich Konsequenz und Mut und siegten über eigene Ängste.

Der Strahl ist für jeden jederzeit offen. Man bittet, in ihm stehen zu dürfen: »Herr, gib mir Mut und Kraft« oder »Herr, laß mich in diesen Strahl eintreten« oder für Dritte: »Herr, hilf, daß X in diesen Strahl eingebettet sein möge.«

Es gibt Menschen aus diesem Strahl, die über andere wachen, z. B. Klostervorsteher, alte Freunde oder Lehrer, und wenn einer ihrer Schützlinge in eine Krise oder in Not gerät, dann tauchen sie plötzlich auf – stärken ihn, schreiben ihm einen Brief: Bruder (Schwester), vergiß nicht, daß der Herr über dir steht.

Es gibt Menschen, die anderen sagen, was ihnen weiterhilft, oder die ihnen zulächeln – und genau das hilft diesen, siegreich zu sein. Sie wissen aber gar nicht, was sie bewirken, sie tun es einfach.

Mittwoch, 29. 11. 95

Die Innere Insel

Elion: Es gibt in jedem Innenraum Facetten, die ihr noch nicht kennt. Für die geordnete, harmonische Versorgung mit Lebenskraft ist das »Wurzelchakra« besonders wichtig: der Raum des Inneren Meeres. Vom Meeresstrand schwimmt oder fahrt ihr aufs Meer hinaus – oder ihr reitet auf dem Delphin. – Weit weg von der Welt findet ihr die Innere Insel: das Ruhezentrum im innersten Innern. Die Seele bleibt im Körper, aber zieht sich ins Innere zurück. Dort könnt ihr euch regenerieren, z. B. bei nervöser Erschöpfung, Unruhe, Schmerzen oder Angst vor Schmerzen (z. B. vor dem Zahnarzt): einfach die Augen schließen und die Insel besuchen. Stellt sie euch in einer Größe von einigen Quadratkilometern vor. – Sprechen wir heute von den Tieren, vom Vulkan und vom Brunnen.

I. *Die Tiere*

Auf der Insel findet ihr neben Gestein und Pflanzen Tiere, die sprechen können. Alle Tiere haben eine Bedeutung: Sie verkörpern die Triebe und Antriebe. Ihr könnt mit ihnen ins Gespräch kommen. Es ist aber nicht gestattet, sie domestizieren zu wollen oder ihnen Namen zu geben, die Tiere sind und bleiben wild. Ihr könnt euch dort auch keine Unterkünfte bauen, sondern ihr kommt immer nur zu Besuch.

Beispiele: Die *Schlange* verkörpert den Antrieb zu Neugier, Wissen und Forschung, der *Affe* den Antrieb zu spielen, albern zu sein, sich lustig zu machen, der *Papagei* den Antrieb, eitel zu sein und möglichst perfekt nachzuahmen. *Moskitos* verkörpern den Antrieb, zu piesacken, lästig zu sein, sich weder vertreiben noch fangen zu lassen. Die *Raubkatzen* verkörpern die schöne Wildheit, das Jagen nach Menschen, Ruhm, Reichtum und fetter, schöner Beute, und dies mit Perfektion und Eleganz. Es gibt Fachleute, richtige Profis dafür, z. B. Don Juan. –

Der *Bär* verkörpert einen anderen Aspekt des sexuellen Antriebs: den Genuß am Genuß, das spielerische Habenwollen, das Macht-haben-Wollen, das Tolpatschigsein und dabei Spaß zu haben. – Der sexuelle Antrieb, der in verschiedenen Aspekten von verschiedenen Tieren verkörpert wird, gehört, wie die anderen Triebe auch, zur lichten Struktur des Menschen, nicht etwa zum Doppelgänger. Daß er pervertieren kann, ist etwas anderes. Das innere Wesen des Menschen ist Licht und nicht Dunkel, auch nicht unterhalb des Nabels.

Verwechselt also die Tiere und die Triebe, die sie verkörpern, nicht mit dem Doppelgänger, der das Dunkel repräsentiert. Dieser hat seinen Platz nicht im Innern des Menschen, sondern außerhalb seiner an der linken Seite. Nicht einmal besuchsweise hat er Zutritt zu seinen Innenräumen, und zwar zu keinem der Innenräume, auch nicht zur Insel: Er paßt durch keine Tür, zu keiner Schwingung; denn er ist dunkel und die Innenräume sind Licht. – Umgekehrt aber können die Tiere die Insel verlassen, sich nach draußen begeben und dem Doppelgänger zugesellen.

Es gilt, die Tiere auf der Insel gesund und normal leben zu lassen und dafür zu sorgen, daß sie weder zu groß werden noch schrumpfen und daß sie die Insel nicht verlassen – m. a. W. die Triebe harmonisch ins Leben zu integrieren oder sie zu sublimieren. Es gilt drei mögliche Fehlentwicklungen zu vermeiden:

1. Verdrängung und Unterdrückung der Triebe drängt die Tiere von der Insel, weg von ihrem Platz. Wohin sollen sie ge-

hen? Es bleibt nicht viel als der Anschluß an den Doppelgänger. Schutzengel und Führungsengel können mit ihnen nichts anfangen, und allein bleiben können sie auch nicht. Schon eine zeitweilige Triebmißachtung macht den Doppelgänger hellhörig: »das wird interessant«. Die Tiere beginnen zu wachsen und sich zu verändern. Durch unterdrückte oder pervertierte Antriebe verunstalten sich die Tiere. Sie vergröbern und vergrößern sich. Ihr könnt euch den Zustand eurer Tiere anschauen. Ist ein Tier überdimensional groß, dann sorgt, daß der Antrieb bessere, adäquate gelebte Ausdrucksmöglichkeiten findet. Sonst sehen die Tiere groß, verwildert und verhungert aus, das Fell wird schadhaft usw. Schließlich fällt das Tier aus der lichten Schwingung des Innenraums heraus und kommt dem Doppelgänger dauerhaft zugute.

Dieser verfügt nun über einen Teil der Vitalkraft des Menschen – das wird unangenehm und gefährlich. Z. B. steht der Bär mächtig groß neben dem Menschen und legt ihm die Pranke auf die Schulter. Der Mensch verfügt dann nicht mehr über das Tier, sondern das Tier über den Menschen. Dann wird es schwierig: Herausgefallene Tiere sind nur schwer zurückzuholen; sie mögen nur sehr ungern zurückschrumpfen und auf ihre Übermacht verzichten. Und der Doppelgänger gibt nicht mehr gern heraus, was er einmal zur Verfügung hat.

Wenn die gesamte Lebensführung vom Doppelgänger beeinflußt ist, kann dieser den Menschen von außen mit wild gewordenen Tieren besetzen. Dadurch wird der Doppelgänger immer stärker und gefährlicher. Dann wird es für den Menschen immer schwieriger, sich gegen ihn zu behaupten; der Doppelgänger kann den ganzen Menschen in den Griff bekommen, und es öffnen sich womöglich auch Tore zu den übergeordneten Hierarchien zur Linken.

Deshalb Hände weg von solchen Menschen (es sei denn, ihr habt die entsprechende Ausbildung). Während sonst Chancen bestehen, seine lichten Anteile zu erreichen, wird es hier sehr schwierig oder sogar aussichtslos. Es ist dann, wie wenn man unausgerüstet im Urwald einer Raubkatze begegnet und man beginnt, sie zu rügen. Das wird gefährlich, man tut weder sich noch dem anderen etwas Gutes. –

Wer nur unterdrückt und verdrängt, wird leicht bitter, bösartig, verhärtet, frustriert, unfreudig, gedemütigt, gedrückt. Zugleich leidet er unter Mangel an vitaler Kraft: Dieses Tier fehlt ihm, das schwächt ihn, er wirkt blaß und müde, zurückgezogen und eingeschüchtert statt vital und sprühend, souverän und lebendig. Es gilt also, nicht zu unterdrücken und zu verdrängen, sondern zu sublimieren, wie der Künstler, der sich ganz seinem schöpferischen Werk hingibt und darin Lust und Befriedigung findet.

Deshalb ist das Zölibat für Menschen, die nicht wirklich zu sublimieren vermögen, ein bedenklicher Weg. Das Zölibat ist sinnvoll für Menschen, die sich ganz und gar der Vertikalen zuwenden, primär für den Himmel da sind und deshalb sublimieren können. Es gibt Priester, Mönche und Nonnen, die daraus Kraft für enorme Hilfsbereitschaft oder missionarische Begeisterung schöpfen und in ihrer Wirksamkeit Lust und Befriedigung finden. Es gibt einige, bei denen führt die ekstatische Hingabe an den Herrn zu einer geradezu sinnlichen Erschütterung in Gebet und Kontemplation. Die Sinnlichkeit zu leben – im schicklichen, ordentlichen Sinn – ist geradezu eine Grundbedingung für wirkliche Nachfolge; denn auch der Herr hat nicht nur die Passion, sondern sein ganzes Leben sinnlich und körperlich gelebt: er hat gelacht und geweint, sich gefreut und bekümmert, hat Ekstase und Trauer erfahren – sein Leben war nicht papiern oder hölzern. Deshalb geht auch die Nachfolge nur über die Sinnlichkeit und nicht über die Theorie. Das Kontemplieren und Sichidentifizieren mit dem Herrn ist sinnliche Wahrnehmung – bis hin zu den Stigmata.

Auch das Leben der Engel ist ja höchst lebendig. Das Klosterleben ist sinnvoll als der Versuch, das engelhafte Sein nachzubilden und ein wenig von seiner Lebensfülle an die Welt abzugeben. Wer das anstrebt, für den ist das irdische Familienleben eine Überforderung; er vernachlässigt entweder das eine oder das andere. Jedenfalls erfordert der Versuch, beides miteinander zu verbinden, sehr viel Disziplin, Organisation und ein verständnisvolles Umfeld. Das ist schwierig und gelingt selten. –

Was tun, wenn Tiere der Inneren Insel herausgefallen sind und sich dem Doppelgänger zugesellt haben?

Den Menschen zu strafen ist wenig sinnvoll: es schwächt und zerrüttet die menschliche Struktur, das »Ich« – und je mehr das geschieht, desto stärker wird der Doppelgänger samt seinem Zirkus. Besser ist es, den Mut des Menschen zu kräftigen und sein Selbstwertgefühl neu aufzubauen. Das geschieht am wirksamsten, indem man ihn, wenn möglich, zu religiöser Arbeit hinführt und ihn davon überzeugt, daß er göttlichen Ursprungs und Ebenbild des Vaters ist, daß auch sein Körper heilig und großartig ist und daß er in seinem Sonnenengel verankert ist. Wenn er dies an sich und anderen zu erfahren und zu erleben vermag, wird er auch einen würdigen Umgang mit sich und anderen lernen: das ist dann die natürliche Folge. Zunächst müßte er sehen, daß er ein Problem hat und selbst den Wunsch haben, es in Ordnung zu bringen.

Doch auch danach bedarf es jahrelanger, mühseliger Arbeit eines Lehrers oder Begleiters – eines liebenswürdigen, mütterlichen, geduldig dienenden Menschen. Ideal wäre das Verhältnis 1:1: ein Patient, ein Begleiter – u. U. lebenslang. Jedenfalls: religiös werden macht frei. Das verkennen die Fundamentalisten, die die Religion als Sackgasse in die Unfreiheit mißverstehen, wie das von den Hierarchien zur Linken gewünscht wird.

2. Ebenso schlimm, wie es ist, die Tiere von der Insel zu verdrängen, ist es, sie auszuhungern, z. B. durch übertriebene Askese. Seht ihr eines der Tiere auf der Insel kleiner als normal, bedeutet das einen Vitalitätsverlust. Dann ist den Antrieben die belebende Kraft entzogen; sie werden schwach und kränklich. 40 Jahre

Askese sind zwar in Ordnung, wenn die inneren Tiere nicht schrumpfen. Aber es kommt beispielsweise auch vor, daß schon nach 10 Jahren sexueller Enthaltsamkeit der Bär weggeschrumpft ist. Bittet die Tiere, daß sie dort bleiben. Es kommt sonst zu einer zu geringen Neugier auf die Welt. Solche Menschen fühlen sich oft im Kloster wohl, weil es ihrem Desinteresse an der Welt entgegenkommt. Den Trieb auszuhungern und die Tiere aussterben zu lassen, ist aber nicht gut. Erwünscht ist vielmehr die Komplexität des Menschen, d. h., er sollte so viele Tierarten wie möglich auf seiner Insel gesund und lebendig erhalten.

3. Ein weiteres Gefahrenmoment – außer dem Zu-groß- oder Zu-klein-Werden – ist gegeben, wenn die Tiere ihr Verhalten verändern. Im Normalfall (der für Menschen zugleich der Idealfall ist) verstehen sich die Tiere untereinander, sie vertragen sich. Vorsicht aber, wenn ein Tier die anderen unterjocht, Kampf anzettelt, Unfrieden stiftet, Auseinandersetzungen anstößt! Werden z. B. die Raubkatzen dominant, so wird das Jagen zum Lebensinhalt – nicht nur das Jagen nach Wissen und Können, sondern vor allem nach Geld, Titeln usw. Oder die Papageien führen das Regiment, d. h., die Selbstdarstellung wird zur Hauptsache im Leben. Keinem der Tiere solltet ihr eine solche Vormachtstellung einräumen.

Auf der Insel gibt es ein bißchen Franz von Assisi für jeden: im Gespräch mit den Tieren. Bittet den Specht, er möge alle zusammenrufen, oder den Affen, daß er an die Kokusnuß klopft. Dann könnt ihr die Tiere gemeinsam ansprechen. Zuerst solltet ihr ihnen immer danken. Dann könnt ihr sie mahnen, zur Ordnung rufen, ermuntern, um harmonisches Zusammenleben bitten.

II. *Der Vulkan*

In der Mitte der Insel erhebt sich ein Berg; wenn ihr ihn erklimmt, seht ihr: es ist ein Vulkan. Es gilt, den Zugang zu finden und in den Krater hinabzuklettern. Sein Grund gibt Auskunft über den inneren Zustand eurer Vitalkraft. Ist er erkaltet? Oder wirkt es nur so? Bemerkt ihr ein Grummeln und Rumoren? Ist der Vulkan in voller Tätigkeit? Das gibt euch Informationen über euren Gesamtzustand, über eure innere Urkraft.

Sucht das Gespräch mit dem Wesen auf dem Grund des Vulkans: einer kleinen alten Frau, die auf seinem Grund lebt und die zugleich der Vulkan ist. Sie entscheidet, ob, wie und wie oft er ausbricht. Sucht im Kessel nach einer Nische, einer Höhle, einem unterirdischen Gang, dort findet ihr die Frau, die der Vulkan ist und ihn bewacht, die »Vulkanesin«. Ihr könnt evtl. ihren Namen erfragen.

Es ist schwierig, freundschaftliche Beziehungen zu ihr zu entwickeln, aber ihr könnt es versuchen. An sich sind es gute Wesen, aber sie sind oft jahrhundertelang nicht mehr angesprochen worden, sind vereinsamt, unwirsch, wortkarg. Versucht, freundschaftliches Empfinden zu entwickeln, vielleicht eine Abmachung zu treffen. – Es ist nicht leicht, aber der Versuch hat Chancen, wenn er mit Geduld betrieben wird – wie es der Kleine Prinz mit dem Fuchs bei Saint-Exupéry getan hat.

Euer Ziel sollte sein, daß der Vulkan weder mit großer Gewalt ausbricht noch völlig erkaltet, sondern eine Feuersäule bildet, sich in einen schönen Springbrunnen aus Feuer verwandelt. Die Fontaine sollte nach und nach immer höher steigen und alle Innenräume erleuchten. Diese haben an der dem Rücken zugewandten Seite Fenster, durch die der Himmel sichtbar wird. Steigt die Feuersäule, so verändert sich die Lichtqualität: das Licht wird heller, wärmer und schöner. Es ist keine wild flammende, sondern eine gebändigte Erscheinung. Das Steigen der Feuersäule bedeutet einen Vitalitätszuwachs: Ihr seid weniger ermüdet, weniger krank, auch sämtliche Innenräume erhalten einen Vitalitätsschub. Die Innere Kirche wird strahlender; der Christus kann besser wirken. Die Innere Heilquelle sprudelt größere Mengen, der Marienengel wird schöner und größer, sein Turm strahlender. Der Mensch hat mehr Kraft in den Innenräumen und mehr Wirkung, wenn die Feuersäule stabilisiert ist. Er kann mehr Farben aufnehmen. Auch die Heilwirkung der Nebenchakren in den Händen, also die Art, wie Kräfte durch sie wirken, ist abhängig von der Feuersäule des Vulkans.

Der Vulkan birgt aber auch Gefahren.

1. Je mehr der Vulkan zur Ruhe kommt, je mehr er erkaltet, desto mehr zieht sich die Kraft zurück, desto unlebendiger, unvitaler wird der Mensch. Am Ende erscheint er wie eine dahinlaufende Maschine, die nur aus Gewohnheit noch funktioniert. Die Menschen laufen herum wie von außen bestimmt. Die biologischen Funktionen, auch die Zellteilung werden langsamer.
2. Er kann in Tätigkeit sein und ungut brodeln: es kommt zu einer inneren Vergiftung durch ätzende, übelriechende Gase, evtl. unter erkalteter Decke. Die Oberfläche ist dick genug, um einen Ausbruch zu verhindern. Zieht sich das über mehrere Jahre hin, so werden die Gifte abgelagert und reichern den Körper an. Die Menschen versuchen nach außen zu funktionieren, innen aber kochen sie, sind bitter, wütend, trotzig, voll Neid und Eifersucht. Verletzungen schwelen und brodeln; die Menschen sind nachtragend und können nicht vergeben. Sie gehorchen ihren Vorgesetzten, aber giften sie an. Die Ehe funktioniert äußerlich – man leistet Dienst nach Vorschrift, aber innerlich schwelt eine Wunde. Nachbarschaftskonflikte brodeln jahrelang usw. Über längere Zeit führt das zu Krankheiten: z. B. zu Magengeschwüren. Häufig entsteht sogar Krebs.
3. Vorsicht, wenn der Vulkan auszubrechen droht, wenn er unhaltbar und ungestüm wird. Zu einem Ausbruch kann es kommen, wenn ihr die Vulkanesin erzürnt. Der Mensch wird plötzlich rabiat, hat einen Tobsuchtsanfall oder kann sexuell »durchdrehen«. Der Ausbruch kann andere Innenräume erreichen und gefährlich schädigen. Die Innere Kirche wird zerstört – es gibt keinen Zutritt mehr zur Religiosität. Die Innere Quelle wird vergiftet, es gibt keine innere Heilung, keine heilenden Gefühle mehr. Das Innere Kind wird ange-

griffen und ohnmächtig. Der unkontrollierte Ausbruch verwüstet aber auch die Insel mit ihren Tieren, die inneren Antriebe werden geschädigt oder zerstört.

Das geschieht z. B., wenn jemand alle moralischen Hemmungen verliert, wenn seine Schranken fallen; er kann dann töten, sogar ganze Blutbäder anrichten. Das alles kann die Folge von spirituellen Übungen sein, die das Ziel verfolgen, die Kundalinikraft zu wecken – sei es auch in therapeutischer Absicht oder in der harmlos scheinenden Absicht, wie Frösche hopsen zu lernen.[27] Es ist also sehr gefährlich, die Kraft des Vulkans (= die »Kundalinikraft«) zu wecken.

Ein Vulkanausbruch kann auch aus der Sphäre der Trugbilder ausgelöst werden, etwa durch esoterischen oder religiösen Wahn, z. B. Größenwahn, religiösen Berufungswahn. – Der Mensch bekommt glühende Augen, strahlt hell wie eine lodernde Flamme, verfällt in wirre Rede – wütend oder begeistert, empfindet sich als von oben erleuchteten Helden und Lenker. So etwas kann entstehen durch unsachgemäßes Arbeiten mit Einweihungswegen, durch Drogenkonsum, durch übertriebene Askese, durch Magie, durch »Hexenmeister« (Meister nach unten). Kräfte von oben begegnen Explosionen von unten – das löst Kettenreaktionen aus.

Die Engel wissen, worauf zu achten ist, um einen Vulkanausbruch abzuwenden. Das gelingt ihnen nicht immer, aber doch meistens. Ist es aber zum Vulkanausbruch gekommen, so können sie nichts mehr machen, sie halten den Atem an und warten ab. Der Doppelgänger besetzt die Vorräume der Inneren Kapelle oder anderer Innenräume. Es ist dann schwierig, den Menschen wieder zu stabilisieren.

Um mit der Vulkanesin in guten Kontakt zu kommen, solltet ihr euch jahrelang Zeit lassen, den Vulkan öfters mal erklimmen und hinabsteigen und euch sehr vorsichtig mit der Vulkanesin anfreunden wie mit einem schwarzen Panther. Rede sie so an:

»Hüterin des heiligen Feuers, zürne mir nicht«. Wahre Abstand, bis sie winkt. Sei nicht devot – sie mag keine kindische Unterwürfigkeit –, sondern kenne deine Stellung, erwarte Respekt. Zeige aber auch Respekt und warte, bis sie gesprächsbereit ist.

Sie darf euch die Sterbestunde nicht sagen, aber bei gutem Kontakt könnt ihr sie bitten, daß sie das Erlöschen des Vulkans in gut verträglicher, unumkehrbarer Weise vollbringt. Je wütender sie ist, desto rabiater wirkt sie und desto verheerender wird euer Sterben sein. Ideal ist es, bewußt und in Frieden aus dieser Welt zu gehen.

III. *Der Brunnen*

Um den Brunnen zu finden, geht ihr am Vulkan vorbei durch eine Wüste. Dort findet ihr einen großen Brunnen, dessen Tiefe nicht absehbar ist. Hier findet ihr das Wasser des Lebens, das Wasser des Himmels, aber nicht eine »Dusche«, sondern ein Loch in die tiefsten Tiefen, und das bedeutet letztlich: in die höchsten Höhen.

Ihr könnt Bedrohliches hineintun oder Wasser des Lebens herausholen. Wollt ihr etwas hinter euch lassen, um weiterleben zu können (z. B. große Schuldgefühle, auch Krankheiten), könnt ihr es hineinversenken. Oder ihr holt mit einem Eimer an der Kurbel Wasser aus den Tiefen. Es ist klar und rein, voller Leben und Weisheit. Es stammt aus dem Urgrund allen Lebens, Wissens und Seins. Es gibt auf Erden totes Wissen, wo aber Wissen und Sein zusammenfließen, habt ihr es mit Weisheit, mit dem Wasser des Lebens zu tun, das euch weises Handeln und Wirken ermöglicht. Unter dem Inselboden teilt sich das Wasser zu den Nebenchakren hin.

Auf der Mauer, die den Brunnenrand bildet, sitzt ein Engel, mit dem ihr sprechen könnt. Er ist zugänglicher als die Vulkanesin. Der »Engel am Brunnen« ist der »Engel des Lebens«. Er steht in direktem Kontakt zum Sonnenengel und ist von diesem geschickt. Durch ihn könnt ihr den Sonnenengel ansprechen.

Der Engel am Brunnen ist von exquisiter Sanftheit, das sanfteste aller Wesen. Er hat große Schwingen, die viel Schatten geben. Er ist so groß wie ein Erwachsener im Verhältnis zu Kindern. Er wirkte wie Jesus, als er sagte: »Lasset die Kindlein zu mir kommen.«

Euer innerster Punkt ist am Brunnen auf der Insel. Ihr könnt üben, euch dorthin zurückzuziehen. Ihr braucht das wie Essen und Trinken. Ihr empfindet dort keine Zeit, keine Ermüdung, keinen Schmerz, seid aber trotzdem bei klarem Bewußtsein. Ihr seid im Zentrum des Lebens geborgen, wenn der Engel des Lebens seine Flügel um euch legt. Ihr könnt dem Engel Fragen stellen, allerdings nur wesentliche Fragen, z. B. nach der Schöpfung, nach dem Leben der Trinität, nach dem Zusammenhang von Leben und Schöpfung, von Leben, Zeit und Raum: z. B. geschah die Schöpfung in Gestalt einer Entrollung? Linear? Spiralförmig?

Er ist zwar ein Engel, aber er wirkt im Auftrag der Trinität, ganz besonders des Vaters. Wenn ihr ihn braucht, betet – wie beim Inneren Kind – das Vaterunser, so wie ihr an der Inneren Quelle und in der Inneren Kirche das »Gelobt seiest du Christus« sprecht, beim Marienengel das Ave-Maria, beim Inneren Weisen und im Inneren Kosmos – den Repräsentanten des Heiligen Geistes in euch – das Credo. – Laßt euch vom Engel am Brunnen einen Eimer Wasser holen und trinkt – ihr werdet neues Leben haben.

Donnerstag, 7. 12. 95

Weihnachten miterleben

Vorbereitung eines Wochenendseminars von Isabel Bär – Auszüge.

(Es ist ein Engel anwesend, der eine Mischung verschiedener Blautöne trägt. Sein Gesicht sieht aus wie die Gesichter auf Ikonen. Er strahlt eine große, friedliche Ruhe aus. Er hat die rechte Hand erhoben. Der kleine Finger und der Daumen sind zur Handinnenfläche gewinkelt. Zeigefinger, Mittelfinger, Ringfinger stehen gerade in die Höhe. Er grüßt uns, segnet uns und spricht:) Fürchtet euch nicht!

Führungsengel: Er gehört zur Heerschar der Engel der Heiligen Nacht. Ursprünglich war nur die Weihnacht gemeint. Es gibt aber mehrere Nächte, die den Status einer Heiligen Nacht haben. In solchen Nächten sind diese Engel sehr nah. Sie gehören zum Vater und repräsentieren ihn und damit die Weite des Nachthimmels. Man fragt sie nichts Persönliches, sondern stellt ihnen nur Fragen, die außer Weihnachten z. B. das letzte Abendmahl, Gethsemane oder die Auferstehung betreffen.

Die Engel der Heiligen Nächte wirken nur nachts. Die Nacht gehört zu ihrem Wesen. Tagsüber würde ihr Erscheinen Erschrecken auslösen: Sie würden zu mächtig wirken. Tatsächlich haben sie auch große Macht. Sie haben eine direkte Verbindung zum Vater und von ihm bestimmte Befugnisse erhalten. Ihr Auftreten wirkt aber eher scheu, zurückhaltend, leise. – Sie nähern sich eher Menschengruppen als einzelnen Menschen.

Der Engel der Heiligen Nacht: Es sollte in deinem Weihnachtsseminar nicht so sehr um Wissensvermittlung gehen, sondern vielmehr darum, ein Empfinden für Weihnachten auszubilden. Dafür empfiehlt es sich, mit den Teilnehmern folgende Übungen zu machen:

1. Sie mögen in ihrer Vorstellung verschiedene Rollen der am Weihnachtsgeschehen Beteiligten nacherleben.

   Begebt euch in die Innere Kirche. Seht euch dort um. Links oder rechts werdet ihr eine Krippe finden. Betrachtet die Krippengestaltung. Welche Figuren, welche Tiere sind da? Welche Haltung haben die Figuren? Schaut euch alles so genau an, daß ihr eure Krippe malen oder sie nachbauen könnt.

   Dann tretet vor den Altar. Euer betender Engel wird euch aus der Krippe eine Figur reichen: Er legt euch ein Tier – Schaf, Ochse, Esel – oder einen Menschen in die Hand – Joseph, Maria, das Christuskind, einen Hirten oder Magier. Versetzt euch innerlich in die Figur hinein. Die Menschen mögen hinterher einen Erlebnisbericht über das abgeben, was sie gefühlt und gedacht haben. Die Krippe soll ganz lebendig werden. Wenn ihr dann zu Weihnachten eure Krippe aufstellt und ihr wart z. B. in die Rolle eines Hirten geschlüpft, werdet ihr wissen, daß ihr es seid, die da stehen.
2. Die folgende Übung hat einen höheren Schwierigkeitsgrad. Bitte die Menschen, sich in einen Teil der unbelebten Natur einzufühlen, z. B. in Stern, Holzbalken, Strohhalm, Stein, Krippe, Teil des Daches, Teil des Gewandes, Laterne, Stab des Joseph. Die Menschen sollen das Gefühl bekommen, sie würden zum Stern, zur Krippe usw., sie lebten darin, ja seien diese Gegenstände. Nachher mögen sie wieder über ihre Erlebnisse Bericht erstatten.

Diese Übungen haben eine tiefgreifende Wirkung. Weihnachten geschieht ja in jedem Menschen ständig, nicht nur zu Weihnachten. Die Grundstruktur ist immer anwesend, z. B. Licht kommt in das Dunkel, Neues zu Altem, der Erlöser zu Unerlöstem, Freude zur Trauer. Ob ein Mensch es weiß oder nicht: diese Grundstrukturen sind immer in ihm da. Durch die Übungen wird dieses Geschehen wacher und lebendiger. Denn sich in die Rollen hineinzuversetzen, bedeutet, daß die Figuren in euch lebendig werden. Sie sprechen, gehen, bewegen sich. So wird Weihnachten in der Innenwelt zu einem beständig lebendigen und bewußten Zustand. Manche Eingeweihte leben völlig in diesem Zustand der Weihenacht. So könnt ihr Weihnachten in euch wahr und lebendig werden lassen. Weihnachten feiern in der Außenwelt ist Erinnerung an das Geschehen vor 2000 Jahren. Das nützt wenig, wenn es nicht auch innen lebendig wird. Mit diesen Übungen verlebendigt ihr Weihnachten in eurem Innern.

3. Nun ist das Geschehen in der Innenwelt in seinem zeitlichen Ablauf zu betrachten. Advent bedeutet Ankunft des Herrn. Es geht darum, zu erleben, was das heißt. Versetzt euch in das Advents- und Weihnachtsgeschehen. Seht auf die Krippenlandschaft, so wie sie ist, bevor Maria und Joseph eintreffen: Die Krippe ist mit Stroh gefüllt. Alles ist normal. Ochsen knabbern am Stroh. Versetzt euch in das Geschehen. Seid ganz ein Stein, ein Stück Holz, Stroh, der Fußboden usw. – und zwar in der Nacht, bevor das heilige Paar eintrifft. Empfindet die Stille, auch das trostlose Gefühl der unbelebten Natur. Was sind schon die Aussichten eines Balkens? In dieser Aussichtslosigkeit erfahren Menschen oft ihr Leben.

   Ihr seid also ein Teil des Stalls. Es bricht eine neue Nacht an. Zwei Menschen kommen. Ihr wißt noch nichts von ihnen. Aus einer Nacht wie jede andere wird eine besondere Nacht. Aus der Grotte wird eine besondere Grotte. Aus euch Allerweltsmenschen werden wache Menschen. So bereitet ihr den Boden dafür, daß das Licht, der Christus in euch geboren wird. Der Christus lebt zwar in der Nische hinter dem Altar eurer Inneren Kirche. Es gibt aber auch die Geburt des Christus in euch. Das bedeutet eine Weihe. Es findet eine Potenzierung des Christus-Aspektes im Menschen statt, man könnte fast von einer »Initiation« sprechen. – Dieses Erlebnis könnte auch am Ende eurer Übung eintreten. Denn keiner geht einen solchen Weg ungeführt. Ihr könnt um diese Art der Weihe bitten.

4. Betretet das »Scheitelchakra«, den Inneren Kosmos, betrachtet von dort aus den Nachthimmel, den Kosmos, seine unendlichen Weiten. Bittet die Weihenachts-Engel, ein Auge auf euch zu haben. So werden sie den Weg und das Geschehen in einem jeden von euch mitverfolgen und auch die Geburt des Christus in euch vorbereiten.

   Nun betrachtet aus dem Inneren Kosmos heraus den blauen Planeten in seiner Gesamtheit aus einer gewissen Distanz. Das heißt, ihr seid gelöst von der Erde. Beobachtet den Kometen, den »Stern von Bethlehem«, der auf einen bestimmten Ort auf der Erde hinweist. Ihr sagt euch: »da möchte ich hin«, aus dem Inneren Kosmos heraus, wie ein Engel oder wie ein herabschwebender Vogel. Ihr kommt langsam näher zur Erde, seht die Umrisse des Landes, nähert euch weiter, seht die Landschaft, die Rücken der Schafe, die Grotte, kommt heran und seht: hier ist etwas Besonderes – das hell leuchtende Kind in der Krippe. Überlegt: wohin geselle ich mich? Wie ein Lichtfunken zum Lichtkranz um das Kind? Zur Mutter, zu Joseph, zum Ochsen, zum Esel, zum Hirten, zur Bäuerin, zu ihrem Korb? Sucht euch einen sinnvollen Platz. Und nun macht ihr die Erfahrung: Christus wird in mir neugeboren und liegt nun in der Krippe in meiner Inneren Kirche.

Es gibt also zwei Ebenen der Verbindung mit dem Christus: Christus in der Nische ist ein Geschenk des Schöpfers an jeden Menschen. Damit werdet ihr alle geboren. – Sich bis zu einem solchen Geschehen durchzuarbeiten, wie wir es gerade angedeutet haben, setzt die bewußte, persönliche Entscheidung und Bemühung voraus. Die Seele vollzieht dann das Geschehen der Geburt Christi mit.

Ihr könnt sogar euren Körper einstimmen und ihn darauf vorbereiten, sich mit dem Geschehen vertraut zu machen.

So, wie ihr in der Innenwelt die Grotte sein könnt, die die Ankunft des heiligen Paares erwartet, so erwartet dann der Körper das Geschehen. Euer Körper wiederholt die Krippenlandschaft:

Linke Seite:	Maria
Rechte Seite:	Joseph
Mitte:	Kind
Linkes Bein:	Esel
Rechtes Bein:	Ochs
Rücken:	Grotte
Kopf:	Giebel, Nachthimmel, Sternschnuppe, Gloriaengel

So ist euer Körper eine ständige Heimat für das weihnachtliche Geschehen.

Die Menschen, die euch umgeben, sind – in diesem Bild – das Volk, das zur Krippe kommt. Jeder ist aber auch Teilnehmer am Geschehen eines anderen Menschen. Ihr bildet das Volk für andere Menschen, andere bilden das Volk um euch herum.

Betrachtet euer Krippenerlebnis: Seid ihr freudig, offen, dankbar? Oder scheu? Oder erschrocken? Oder aggressiv? Oder ungläubig, mäkelig, zweifelnd? – Nun betrachtet das der anderen Menschen. Dann werdet ihr manches Verhalten, das ihr als unangenehm empfindet, in milderem Licht sehen. Die Menschen haben ja alle ein unterschiedliches Verhältnis zum Krippengeschehen. Ein Hirte z. B. kann auch Angst, Erschütterung oder Überforderung erleben.

Der viele Streit gerade zu hohen Festzeiten hat nicht nur soziale Gründe. Er hängt auch damit zusammen, daß die Menschen vom Krippengeschehen unterschiedlich betroffen sind. Das nutzen die Doppelgänger der Menschen, um Störmanöver zu inszenieren. Sie können Ruhe, Stille, Anbetung nicht ertragen. In einer Familie, die nicht an Stille gewöhnt ist, werden die Doppelgänger versuchen, einen Streit zu entfachen, damit es nur ja nicht still wird. Wenn eine Familie an Ruhe und Kontemplation gewöhnt ist, können sie nicht so leicht einen Streit vom Zaun brechen; versuchen werden sie es dennoch.

Eine Bitte: Seid zurückhaltend damit, euch ins Christus-Kind selbst hinein zu versetzen. Wenn es aber geschieht, daß sich jemand als Christus-Kind erlebt, dann ist die Rolle des Kindseins wichtig und nicht der Christus-Aspekt. Kindsein heißt Neugeborensein.

Maria-sein bedeutet das Erleben des Gebärens: etwas zur Welt bringen, etwas aus dem Himmel auf die Erde bringen, etwas aus dem Verborgenen ins Licht bringen, etwas hergeben, loslassen, es der Welt überlassen, etwas der Welt schenken, sich selbst zurücknehmen. Maria war so groß, daß sie Christus der Welt schenkte.

Joseph-sein bedeutet: Man übernimmt die Rolle des Zeugens im Sinne des Zeugnisablegens, Zeugeseins. Der, der zeugt, legt Zeugnis ab. Die Rolle des Mannes ist passiv, wie die Rolle der Frau auch. Der Mann ist nur Zeuge des Geburtsgeschehens. Ein Mann, der zeugt, erschafft nicht, es geschieht nicht nach seinem Willen, er trägt nur zum Geschehen bei. Wenn sich eine Seele nicht inkarnieren möchte, geschieht es nicht. Wenn sie es möchte, ist er als Zeuge der Erfüllungsgehilfe, er gibt der Seele die Möglichkeit, geboren zu werden. In Joseph kam eine Darstellung des männlichen Ideals zum Ausdruck.

Alle anderen Rollen sind in ähnlicher Weise zu entschlüsseln. Die Menschen sollten ins Erleben geführt werden und auch Maria und Joseph sehr menschlich erleben. (Sie kratzen sich, niesen, schneuzen sich etc.) Aber sie sollten auch den Floh im Pelz des Esels erleben. Lauscht hin, wie das Kind weint, das Stroh raschelt, die Hirten sich knuffen usw.

Ist Christus im Physischen durch Joseph gezeugt worden – allerdings im Schlafe, ohne Bewußtsein davon, von Engeln geleitet, wie Rudolf Steiner es erklärt?

Selbst wenn die Engel es erklärten, würden die Menschen es nicht verstehen. Ein normaler körperlicher Zeugungsakt hat nicht stattgefunden. Die Jungfräulichkeit Mariens ist eine Tatsache auch auf der körperlichen Ebene. Dennoch gab es eine innige Beziehung zwischen Joseph und Maria. Sie sind innig miteinander umgegangen. Sie hatten einander lieb.

Es gibt Kräfte und Mächte, die Materielles bewegen können. Es ziemt sich fast nicht, darüber zu sprechen. Wenn man von einem Zeugungsakt sprechen möchte, so war es keine horizontale Zeugung zwischen Mann und Frau, sondern eine vertikale Zeugung. Der Eintritt geschah über das Scheitelchakra bis hin zu dem Bereich, wo ein Kind körperlich ausgetragen wird. Dieser Vorgang war unterstützt von der Liebe und Zärtlichkeit Josephs. Er wußte ja bald, daß er Zeuge ist.

Wir Engel bitten sehr darum, wenn die Menschen nach diesem Mysterium fragen, zu bedenken, daß dieses Thema sehr heilig ist. Solche Fragen und Antworten sind nur in entsprechender innerer Haltung anzusprechen. Beuge die Knie beim Aussprechen dieser Dinge, wenn du es überhaupt wagst. –

Zum Abschluß noch einige Ratschläge für dein Weihnachts-Seminar: Gib jedem Teilnehmer eine Kerze in die Hand und lösche das elektrische Licht. Lauscht hin auf das Spiel der Naturgeister, diese feiern selbstverständlich auch Weihnachten. Versucht wahrzunehmen, wie sie es tun. – Und erkläre den Menschen den Gabriels-Segen.

Euer Leben ist ein einziger großer Advent, es bereitet die Ankunft des Herrn vor. Wenn die Menschen das begreifen, haben sich Hoffnungen der Engel erfüllt. – Weihnachten im Inneren vorzubereiten, ist auch eine gute Übung, um sich auf die Wiederkunft Christi im Ätherischen vorzubereiten. So wie damals der Stall wartete, dürft ihr jetzt den Christus im Ätherischen auch in eurem Inneren erwarten.

Freitag, 8. 12. 95
Offener Abend

Mariä Empfängnis

(Elion ist von zwei blau-roten Marienengeln begleitet.)

Elion: Euer Kreis ist einer von 7 Kreisen. In der Mitte ist ein Kreis kleiner Engel von der Größe der Naturgeister, dann folgt ein Kreis von Naturgeistern, dann ein Kreis Engel, dann ihr Menschen, dahinter ein Kreis von Schutz- und Führungsengeln, hinter ihnen ein Kreis von weißen, großen Friedensengeln und ganz außen ein Kreis von musizierenden Engeln. – Wir werden uns mit der siebenfachen Empfängnis beschäftigen. Dazu gilt es zunächst, das Geben zu üben. Reicht euch die Hände und bildet einen Kreis.

Übungen:

1. Goldlicht von oben einatmen:
   – »ich danke dir« –,
   es abgeben zur Erde:
   – »ich liebe dich« oder »ich segne dich«.
2. Das Licht nicht nur von oben, sondern auch vom linken Nachbarn empfangen, es nach unten und nach rechts weitergeben.
3. Das goldene Licht durch die 7 Schichten der Erde hin abgeben; bei jedem Atemzug geht es eine Schicht tiefer.
4. Es 7 Nachbarn zur Rechten weitergeben, bei jedem Atemzug einen weiter.
5. Hände falten: 7 Tage segnen von Montag bis Sonntag, bei jedem Atemzug einen Tag.

Der Tag beginnt immer am Vorabend mit einem neuen Tagesengel.

6. Das Licht in den Körper geben mit den Worten: ich segne dich, und zwar
   a) die Haut
   b) Muskeln, Sehnen, Bänder
   c) Knochen und Gelenke
   d) Blutgefäße
   e) Nervensystem
   f) Drüsen
   g) innere Organe und Sinnesorgane.

   Wird das regelmäßig geübt, so wird das Risiko des Krankwerdens auf das karmisch unausweichliche Minimum reduziert.
7. In der Vorstellung bildet jeder den Beginn einer Kette aus 7 (hier nicht anwesenden) Menschen, die sich die Hand geben, und segnet sie, bei jedem Atemzug einen. (Denkbar wäre auch, daß jeder der 7 Menschen wieder eine Siebenerkette beginnt und so immer fort, bis alle Menschen miteinander vernetzt sind.)

   Nach diesen 7 Übungen für das Geben nun 7 für das Empfangen:
8. In der Mitte steht ein römischer Brunnen aus 7 Schalen, in die verschiedene Engel ihre Gaben gelegt haben. Ihr taucht die Menschen oder Dinge hinein, denen ihr Hilfe bringen wollt und segnet sie mit Farblicht:
   a) Die unterste Schale ist die der Kraft. – Jeder legt eine Stadt oder ein Land in sie hinein. – Rot ein- und ausatmen.
   b) Die zweite ist die der Freude. – Taucht traurige Menschen hinein. – Orange atmen.
   c) Die dritte ist die der Zugehörigkeit (von Außenseitern). Ruft sie herbei: »Kommt!« – Gelb atmen.
   d) Die vierte ist die der Heilung für Tiere. – Grün atmen.
   e) Die fünfte ist die der Reinigung (z. B. der Atmosphäre einer von Smog verschmutzten Stadt). – Blau atmen.

f) Die sechste ist die der Führung. Wendet euch an die Führungsengel. – Indigo-violett atmen.
g) Die siebente ist die der Erleuchtung. Übergebt das Licht dem Sonnenengel. – Weiß atmen.

9. Jeder legt die Bitte um eine der 7 Qualitäten auf die entsprechende Schale. Der zugehörige Engel wird euch über dem Haupte segnen.
10. Jeder bittet um eine der Qualitäten, die er gern vertreten möchte, um sie in vermehrtem Maße weitergeben zu können.
11. Reicht euch die Hände und bildet wieder einen Kreis. Jeder nennt einen Menschen, dem alle 7 Schalen geschenkt werden sollen.
12. Jeder legt ein Baby – oder alle Kinder der Welt – in die Mitte und erbittet alle 7 Gaben.
13. Ebenso für einen Sterbenden oder alle Sterbenden der Welt.
14. Nehmt den Brunnen in euch herein und leert die Schalen, indem ihr ihren Inhalt weitergebt. Die Schalen werden durch segnende Engel wieder gefüllt werden. –

Wenn ihr wieder zu Hause seid, legt für die Naturgeister 7 Kieselsteine vors Fenster. Sie bringen euch dafür Gaben (oder spielen euch einen Schabernack – das Risiko läßt sich nicht vermeiden).

Malern wird empfohlen, den Brunnen mit seinen 7 Schalen und den 7 Engeln zu malen. Der Brunnen wird in diesem Zimmer bleiben. Ihr könnt euch jederzeit an seine Engel wenden und die Gaben von ihnen neu erbitten.

Samstag, 9. 12. 95

Vorbereitung auf Weihnachten

(Ein »Engel der Heiligen Zeit« erscheint. Er ist scheu und zurückhaltend, nähert sich selten. Er trägt ein besonders schönes Gewand mit Brokat, Perlen und schöner Ornamentik in mattem Rosé mit ein wenig hellgrau. Seine Flügel sind mattgolden. Er sitzt und bringt als Umfeld große grüne Wiesenmatten und Hänge mit, die er hier wie einen Teppich ausbreitet. Seine Hände mit seinen langen Fingern liegen im Schoß aufeinander in Kreuzform. Die Flügel sind groß und oben rund, und er hat ein zweites kleines Flügelpaar wie Schmetterlingsflügel.)

Bruder Tullian: In jeder Hierarchie gibt es auch eine Tiefendimension: es gibt Engel der ersten Reihe, die den Menschen nahe sind und andere, die weiter hinten, fern von den Menschen sind und die seltener erscheinen. Zu diesen gehört der Engel der Heiligen Zeit.

Er ist ab heute 14 Tage lang, also bis Weihnachten anwesend. Er überbringt euch Wissen, damit ihr Weihnachten in sehr enger Verbindung zum Herrn feiert. Es ist ein Geschenk, das nicht zu eurem »Pensum« gehört.

Der Engel der Heiligen Zeit:

a) Setzt euch zusammen und lest die Weihnachsgeschichte von »Es begab sich ...« bis zur Geburtsstunde. Malt euch 14 Szenen aus, von denen ihr täglich eine innerlich erlebt, und zwar in eurer Inneren Kirche, mit geschlossenen Augen. So seid ihr Reisebegleiter von Maria und Joseph. Ein Beispiel (ihr könnt den Entwurf auch variieren):

1. Augustus in Rom erläßt das Gebot.
2. Quirinius erhält den Erlaß und rauft sich die Haare.
3. Die Präfekte organisieren die Volkszählung.
4. Joseph erhält die Information.
5. Allgemeiner Aufbruch.
6. Maria und Joseph packen.
7. Abschied von Anna.
8. Unterwegs.
9. Der Esel ist müde, die Herberge überfüllt.
10. Jerusalem.
11. Blick auf Bethlehem.
12. Herbergssuche, Maria in Not.
13. Der Stall in der Felsenhöhle.
14. Vorbereitung zur Geburt.

b) Bei jedem dieser Bilder genießt zunächst in der Inneren Kapelle die Vorstellung, dann legt aus dem Bild heraus eine Blume auf den Altar – jeden Tag eine andere. Dann nehmt sie wieder auf und geht damit zur Nische, davor steht eine Vase. Nach 14 Tagen ist dort ein Blumenstrauß entstanden. Betrachtet jede Blume genau, fühlt sie an, laßt euch ihre Geschichte erzählen.

c) In der Weihnachtsnacht begebt euch in die Innere Kapelle und seht, was sich ereignet. Es wird euch ein Geschenk gegeben, das man nicht leichtfertig ausplappern, sondern mit stiller Freude in sich bewegen und bewahren sollte.

Bruder Tullian: Täuscht euch nicht wegen der sanften und stillen Art des Engels – seine Macht ist sehr groß. Er gehört zu den Hierarchien, die die Himmel, die Werke, das Heilige behüten und die gewährleisten, daß es immer Zeichen des Heiligen und Geweihten gibt. Sie hüten den Zugang zum Heiligen bzw. des Heiligen zur Welt.

Der Engel der Heiligen Zeit verabschiedet sich mit den Worten: Lobet den Herrn, denn er ist groß und mächtig und seine Güte währet ewiglich.

Freitag, 15. 12. 95

Die Hüter der Tiere

(Ein uns bisher nicht bekannter Engel weist uns ein:) Heute habt ihr, wenn ihr wollt, Unterricht über die Hüter der Tiere. – *Ja.* – So wie Pflanzenhüter den Elohim entsprechen, so die Tierhüter den Exusiai. Beide befinden sich also auf derselben Ebene – der 4. Ebene im Bereich der Naturgeister. (1. Naturgeister – entsprechen den Engeln, 2. Könige – den Erzengeln, 3. Elementargeister – den Archai, 4. Pflanzen- und Tierhüter – den Elohim und Exusiai.) Geht ehrerbietig mit ihnen um. Sie sind von monumentaler Größe, der Mensch steht davor wie ein Däumling vor dem Eiffelturm.

(Die Hüter der Tiere sprechen unisono und ganz langsam:) Beim Unterricht über die Pflanzen habt ihr das Auseinandergezogenwerden in die 4 Ecken erlebt. Habt ihr die Pflanzenübungen gemacht, und Aufzeichnungen darüber bewahrt? Aus den Pflanzenübungen kann eine ganz Therapie entstehen – eine westliche Form von Yoga: eine prophylaktische und therapeutische Form der Heilarbeit. Entsprechende Aufzeichnungen macht auch für die Arbeit mit Tieren.

Diesmal stellt euch ein auf die »8«, die Lemniskate. – Bei der Geburt des Tieres verleiht die 8 ihm die Dynamik zur Erde hin; beim Sterben geht die Tierseele in die Ganzheit ein:

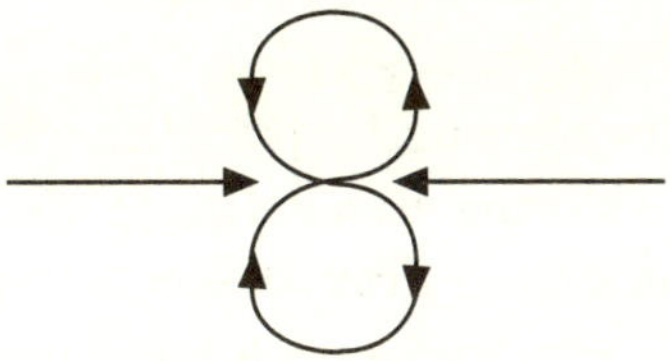

Auch Menschen sollten ein Energiefeld in Form einer 8 haben. Die meisten Hüter der Tiere (d. h. die Tiergruppenseelen) wünschen, daß das Leid der Tiere nicht ungefiltert weitergegeben wird, weil wir nicht Gleiches mit Gleichem vergelten wollen. Wir wollen nicht Leid, Kummer und Sorgen wecken, sondern vielmehr mit Anleitungen zur Genesung, Heilung, Gesundheit beitragen – wenn schon nicht der Tiere, dann der Menschen. Wir sind euch jetzt zugewandt und gesprächsbereit.

Der Engel: Menschen haben kein Recht, von den Tierhütern Gesprächsbereitschaft zu fordern – wahrlich nicht. Diese haben vielmehr einen Anspruch auf Dankbarkeit und Respekt.

Die Tierhüter: Der »Raum« der Hüter ist wie ein riesengroßer runder Kugelraum. Dort findet ihr eine große Menge von Königen oder Fürsten auf Thronen – so viele, wie es Tierarten gibt. In den Tierarten sind mehrere verschiedene Gruppen und Ausprägungen zusammengefaßt. Z. B. gibt es einen Hüter für die verschiedenen (afrikanischen und indischen) Elefanten, einen für alle Tiger, einen für die verschiedenen Singvögel und eng dabei einen für alle Raubvögel.

Ihr dürft eintreten. (Hier herrscht eine eigentümlich gedämpfte Stimmung, wie bei einer Totengedenkfeier: man empfindet Betretenheit, aber man weiß: man wird weiterleben, nachher essen gehen und wieder lächeln. Die Stimmung ist also sehr bedrückend; bringt aber zugleich zum Ausdruck: wir geben trotzdem nicht auf. Alexa weint.) –

Ihr dürft Fragen stellen.

Nach Rudolf Steiner haben die Tiere die »Vereinseitigungen« des Menschen auf sich genommen. Ist das richtig?

Diese Lehre ist selbst einseitig. Ursprünglich war die Kreation der Tiere eine Liebeserklärung. Es wurden die Urbilder der Tiere – die Hüter im paradiesischen Zustand – geschaffen. Ihre Schöpfung war gewissermaßen eine Spielerei wie mit Perlen. Sie war ein Akt des Glücks und der Freude an der Buntheit, Vielfalt, Schönheit und Perfektion: die Augenweide des Schöpfers. Es war ähnlich – wenn auch unvergleichbar – wie ein Garten mit Pflanzen, Schwänen usw., den man anlegt, einfach um ihre Schönheit und Eleganz zu genießen. Die Tiere zu schaffen war ein göttliches Vergnügen.

Der Mensch war die Krönung: d. h. er sollte in sich alle Fähigkeiten der Tiere vereinigen. So wiederholt sich z. B. die Schnelligkeit des Gepards im schnellen logischen Schließen, der Vogelflug im »geistigen Fliegen«. Auch die Fähigkeit, winzig zu werden, ist in euch angelegt, ebenso wie die Fähigkeit, so groß zu werden wie ein Dinosaurier. Über die Möglichkeiten des Menschen könnte man geradezu erschrecken. So sind alle Tiere im Menschen in Entsprechungen vereint, insofern ist er die »Krone der Schöpfung«.

Der Satz: »macht euch die Erde untertan« hat von daher seine natürliche Logik. Er wurde aber falsch verstanden – in der Manier des Doppelgängers.

Warum ist es anders gekommen, als es gedacht war, und wie ist eine Annäherung ans Urbild möglich?

Der Mensch hat nicht eigentlich »schuld« – jedenfalls sind wir nicht die Richter. Es gab aber ein großes Drama in den oberen Sphären. Alles in der Schöpfung wurde mitgerissen. Es war wie ein riesiges kosmisches Beben, durch das auf allen Ebenen etwas mitgerissen wurde. Auch der Mensch war betroffen: seither hat ein jeder einen Doppelgänger, und die Tiere leben – wie er – nicht mehr im Paradies.

Ist es das, was die Bibel als den »Sündenfall« erzählt?

Ja, aber der Mensch war nicht der Urheber. Zuvor spielte sich das Drama auf der himmlischen Ebene ab. Ein Teil der Engel hat sich aus dem »normalen«, dem engen Verhältnis zum Herrn gelöst und sich selbständig gemacht. Es gab im Anfang für alle eine auf den Schöpfer ausgerichtete hierarchische Struktur. In einem Kampf hat sich ein Teil der Hierarchien aufgelehnt und ist herausgefallen. Ihre Schwingung war dadurch so verändert, daß sie dort, wo sie waren, nicht mehr sein konnten. Das war der »Fall der Engel«.

Wohin sind sie gefallen?

Sie befinden sich zwar immer noch im Rahmen der Gesamtschöpfung des Vaters. Doch sie haben eine spiegelbildliche Hierarchie aufgebaut – sozusagen auf eigene Rechnung. Das bedeutet: in der Hierarchie zur Rechten Gottes fehlen Teile, die Ordnung ist nicht mehr so perfekt. Während an der Spitze dieser Hierarchie die Trinität steht, steht an der Spitze der »Hierarchie zur Linken« ein großes Fragezeichen. Dort haben sich einige selbst zum Herrscher gesetzt; sie sind zwar mächtiger als die anderen, aber sie sind immer noch Engel, nicht eine alternative Trinität. Es gab bei den »Linken« ein immer neues Rebellieren: die Herrscher wurden abgesetzt, es gab neue Herrscher und wieder neuen Sturz.

Dennoch hält der Vater von ferne einige Finger seiner Hand über die Hierarchien zur Linken. Diese fühlen sich aber nicht behütet und geleitet. Diese Vorstellung – behütet und geleitet zu sein – wäre ihnen bis hinab zu den Doppelgängern auch sehr unlieb.

Wir Hüter der Tiere sind den Menschen nicht so gram, weil die Urschuld von anderen Ebenen ausging. Dennoch sind wir zutiefst bedrückt und traurig darüber, daß die Tiere so viel Leid und Schmerz durch die Doppelgänger der Menschen erfahren. Ihr Leid ist auch ein großer Schmerz für den Vater.

Der Vater »muß« die Freiheit der »Linken« nicht achten. Wenn er ein Machtwort spräche, hätte er sie unter Druck gesetzt und die Freiheit außer Kraft gesetzt, damit wäre aber die Freiheit verloren. Damit hätten dann auch die Hierarchien zur Linken keine Chance mehr, sich in Freiheit zur Heimkehr zu entscheiden.

Wir Tierhüter könnten die Menschen viel härter bestrafen, wir hätten vom Vater auch das Wertungsrecht und das Urteilsrecht. Dann hätten die Menschen keine Chance: z. B. könnten Einzeller die Menschen ausrotten. Doch das wollen wir nicht, diese Möglichkeit nutzen wir nicht. Wir wollen, daß der Mensch von sich aus sieht, welche Verantwortung er trägt, daß er die Folgen seiner Handlungen begreift. Die Menschen dahinsiechen zu lassen, nutzt der Gesamtentwicklung nicht. Das Evolutionsziel in unserem Kosmos ist die Freiheit.

Was können wir von den Tierhütern lernen? Vor allem: Wie können wir die Tiere verstehen lernen und besser mit ihnen umgehen?

Wenn mehr und mehr Menschen diese Frage bewußter stellen und das Richtige tun würden, wäre uns gedient. Wir geben euch dazu einige Übungen.

1. Übung: Lernt zunächst die 8er-Form des Energieflusses nachzuempfinden. Haltet im Sitzen die Füße zusammen, die Knie aber auseinander, legt die Hände an den Kopf. Die Energie fließt vom Herzen aus über den linken Arm hoch, geht über den Kopf über den rechten Arm zurück zum Bauchnabel ins linke Bein, vom linken Fuß zum rechten Fuß, zurück zum Herzbereich und immer so fort. Wie bei den Pflanzen, so solltet ihr auch bei den Tieren regelmäßig üben. Ihr könntet euch z. B. unter der Dusche, abends vor dem Schlaf oder im Sessel in die 8 einschwingen.

2. Übung: Versucht euch in die Tiere hineinzuversetzen, so daß ihr ihre Körpergröße, ihre Form, ihr Sozialverhalten, ihren Tageslauf und Jahreslauf etc. nachempfindet.

Wie kann man »einsteigen«? Gibt es wie bei den Pflanzen eine Art »Tor«?

Der Einstieg geht über die Augen. Zuerst schaut das Tier in seiner Schönheit an, dann blickt ihm in die Augen, tretet durch sie wie durch einen Zugang hinein, füllt das Tier in seiner Form aus, bei der Schlange z. B. bildet seine Linie nach. Dann fragt euch: wie fühlt man sich da drin? Lebt einen Tag im Leben dieses Tieres nach. Empfindet, wie ihm die Sonne aufs Fell scheint, wie es Artgenossen begegnet, wie es Gefahr bei einem Angriff erlebt oder wie es selbst Angriffslust empfindet.

Dann könnt ihr euch fragen: wovor hat das Tier am meisten Angst? Was ist seine größte Sorge? Was findest du an diesem Tier am besten? Fühlt euch in ein Vatertier und in ein Muttertier hinein und fragt es: was ist dir das Wichtigste? Was machst du, damit deine Kinder lernen?

Die Menschen sagen immer: das Tier handle aus Instinkt, dieser sei irgendwie durch die Evolution entwickelt und bestimme das Tierverhalten. So einfach ist es nicht. Zwar sind die Tiere weniger frei als die Menschen. Aber sie haben auch Gefühle. Die Mutter trauert um verlorene Kinder, sie hat Sorgen um sie, sie freut sich, wenn sie lernen. Sie sind keine »Instinktmaschinen«. Selbst Einzeller empfinden so etwas wie Müdigkeit.

Beginnt mit euch nahen Tieren: mit Pferd, Katze, Kuh, Schwein, dann wählt z. B. Elefant, Reh, Tiger, Eisbär, dann Vogel, Fisch, Fledermaus, Krabbe, dann Tiere, gegen die ihr eine Abneigung habt, z. B. Spinne, Regenwurm, Engerling, dann Flußkrebs, Milbe, schließlich Einzeller.

– Lebt euch in die Tiere hinein und legt Protokolle an.

3. Übung: Versucht in der Innenwelt mitzuerleben, wie ein Tier stirbt, und zwar auf natürliche Weise, z. B. eine alte Elefantenkuh legt sich hin und stirbt. Ihr Lebenshauch, der der Seele des Menschen entspricht, wird durch die Dynamik der 8 angezogen, zum Tierhüter zurückzukehren. Ihr könnt mit seinem letzten Hauch hinaufsteigen und das Tier zurückbringen in sein Großes Ganzes hinein. Vergeßt nicht, zu danken, daß ihr das tun dürft.

Fragt euch: Was wird da übermittelt? Stirbt z. B. ein geliebter Hund, so werdet ihr Zeuge, wie sein Seelenteil voller Freude aufgenommen wird – er wurde geliebt, gestreichelt, gefüttert. Das ist eine unglaubliche Freude für die Gesamtseele.

Oder ein Hase erliegt einer Treibjagd, seine Botschaft ist ein furchtbarer Todesschreck; er lebte nur, um gejagt zu werden. Wer es aushält, kann das Leid innerlich nachempfinden, es an sich selbst erleiden, um es dann zu besänftigen durch Buße und Abbitte für das, was Menschen tun oder billigend in Kauf nehmen.

Ist Leid für Tiere irgendwie sinnvoll? Trägt es zu ihrer Entwicklung bei?

Nein, Leid bringt für die Tiere kein Lernen, keine Förderung einer Entwicklung. Es führt nur zu Entkräftung und Rückzug. Wenn eine Tierart ausstirbt, zieht sie sich zurück. Die Tierhüter wirken kränklich, müde, resigniert, leidgeplagt. Wird das Leid zu groß, so bittet der Hüter den Vater, sein Amt niederlegen zu dürfen. Die Tierart zieht sich in die Existenz als reines Urbild zurück. Die 8 hört einfach auf, zu strömen. Der Tierhüter bleibt da wie ein Bild im Ruhezustand, er spricht und bewegt sich nicht mehr. Er und das Urbild schweigen. Sie sind leblos, ohne tot zu sein. Sie warten, ob dieses Leben neu entsteht, in dieser Welt oder in einer anderen – oder nie mehr.

Entsteht auf diese Weise nicht ein ökologisches Ungleichgewicht, das sich aufs Ganze auswirkt?

Stellt euch vor, eine Frau hat eine Menge Preziosen und trägt diese, daß es funkelt. Nach und nach legt sie ein Stück nach dem anderen weg in die Schatulle und wird immer nackter. So geht es mit der Erde: Sie verliert Buntheit, Glanz, Perfektion, wird immer kahler, langweiliger, freudloser, einseitiger. Aus einem bunten Bild fallen immer mehr Farbtupfen heraus. Das Mißverständnis des Satzes »macht euch die Erde untertan« macht aus der Erde am Ende eine große Wüste.

Der Mensch verliert mehr, als er denkt: er verliert auch die Fähigkeiten der Tiere, die in ihm als »Entsprechungen« leben. Er wird zwar nicht des Potentials beraubt – dieses bleibt in ihm angelegt –, aber er bekommt kaum mehr Zugang zu ihm. So haben z. B. Vögel in ihren Spielarten verschiedenes Potential: sie sind elegant, bunt, können sehr hoch fliegen oder nachts sehen. Wenn Vogelarten verschwinden, so bleiben zwar die Fähigkeiten des Geistes, der Seele und des menschlichen Körpers erhalten, aber der Zugang zu ihnen wird schwerer. Gäbe es z. B. keine Vögel mehr, gäbe es kaum noch eine Verständigung mit der Welt des Himmels, der Mensch könnte sich jedenfalls nicht mehr emporschwingen. Wenn der Mensch die Raubtiere ausrottet, verliert er die Fähigkeit, gegen das Böse zu kämpfen – und so fort.

Der Mensch denkt in einem Zirkelschluß. Er meint, er sei besser als die Tiere, aber die Tiere gehören zu ihm, allerdings in homöopathischer Dosierung. Je mehr Tiere und Tierarten er ausrottet, desto »tierischer« im negativen Sinn des Wortes wird er. Er wird dumpf dahinvegetieren, wie die Tiere, die er dazu zwingt. Am Ende wird er, wenn er so weitermacht, nicht die Krone, sondern der Staub der Schöpfung sein. Es ist jedoch nicht erlaubt, diese Visionen zu kultivieren. Denn es ist nicht vorgesehen, daß es der Himmel so weit kommen läßt.

Der Mensch bedarf der Tierwelt aber nicht nur zur Entfaltung seiner Fähigkeiten. Er bedarf auch der Tierlaute und ihrer Schwingungen. Der Gesang der Vögel über dem Getreidefeld z. B. trägt zum Wachstum bei. Wenn ein Vogel singt, werden Schwingungen frei, die der Pflanzenwelt Energie zuführen. – Alle Laute, alles Rufen der Tiere, alle Schwingungen wirken sich aus.

Hingegen stört maschinell erzeugter Lärm – z. B. von Flugzeugen oder Autos. Die Bäume z. B. leiden nicht nur unter den Abgasen, sondern auch unter dem Lärm. Lärm macht krank. Bach-Musik hingegen ist immer förderlich und sehr belebend. Die Pflanzen und die Tiere singen auf ihre Art innerlich mit.

Elektronische Musik ist jedoch schädlich. Sie verhält sich zur unmittelbar auf Instrumenten gespielten Musik wie eine Vitamin-C-Tablette zum Apfel. Würde man kleine Tiere solcher »Musik« aussetzen, würden sie nicht weiterwachsen. Der elektronische Klang kann vielleicht das Ohr täuschen, aber nicht die Chakren.

Wie sollten wir mit unsren Haustieren umgehen?
Wie können wir z. B. das Leben unseres Hundes verbessern?

Nur, indem ihr ihn mit Liebe umgebt. Wenn ihr euren Hund liebevoll behandelt, sendet einen Gedanken an alle Hunde, denen es nicht so gut geht. Wisset: was ihr an einem Tier tut, tut ihr stellvertretend für alle seiner Rasse. Wenn eure Hündin stirbt, ist sie nach wenigen Tagen verschwunden und nur noch ein Teil der Gesamtseele. Aber sie übermittelt der Gesamtseele die Botschaft, daß sie von Menschen mit Liebe umgeben wurde, und die Hüter verteilen diese an alle Hunde der Welt. So gilt: was ihr für einen Gutes getan habt, habt ihr für alle getan. Habt ihr euren Hund gestreichelt, gefüttert, ihm ein wenig Wärme, Liebe, Heimat gegeben, so habt ihr das zugleich für alle Hunde getan. Und ihr habt es auch für den Hund in euch getan.

Je mehr menschliche Liebe ein Tier empfangen hat, desto sichtbarer wird der Tierhüter: das Tier empfängt mit der Liebe den Impuls, sich differenzierter zu zeigen, sich zu öffnen und seinen Tierhüter zu offenbaren. Das Tier wird klarer und durchlässiger, wie eine Scheibe, die man putzt. Das gilt selbst für den Tintenfisch. Es ist wie im Märchen: der Frosch oder der Bär wird zum Prinzen.

Durch den Tierhüter aber begegnet man dem Schöpfer. Es gibt Geschichten von Tieren, die Freunde von Menschen wurden – von Menschenaffen, Gazellen, Wölfen u. a. Sie wurden zahm, differenziert, hell strahlend, ließen mehr vom Hüter durchscheinen. Dies führt direkt zum Vater. Wer, wie der heilige Franziskus, mit Tieren spricht, spricht mit dem Schöpfer.

Was ist zur Grausamkeit der Tiere zu sagen, z. B. wie die Katze mit einer Maus spielt, bis sie tot ist?

Die Tiere haben nicht die Freiheit, sich anders zu verhalten, sie haben keine Schuld. Es kommt darauf an, sich bewußt zu sein, daß der Mensch ihnen das Muster vorgelebt hat. Die Katze im Menschen bringt die Maus im Menschen um – ganz gewohnheitsmäßig. Der Stärkere mit den besseren Werkzeugen spielt mit dem Kleineren, der noch dazu so dumm ist, seine Angst zu zeigen.

Der Mensch muß zunächst in sich das Paradies erschaffen und das Paradies spirituell in die Erde hineindenken, also sich vorstellen, das Paradies wäre schon da. Die Paradieswerdung geht nicht ohne den Menschen. Der Vertreibung des Menschen aus dem Paradies entspricht die Vertreibung des Paradieses aus dem Menschen. Erst wenn sich das Paradies in seinen Innenräumen wiederfindet und in ihm lebt, werden im Außen paradiesische Zustände möglich. Einstweilen kann der Mensch den Hütern der Tiere Mut machen und sie kräftigen. –

Wird das Erscheinen Christi im Ätherischen eine Wende bringen?

Es wirkt mehr auf die Pflanzen als auf die Tiere.

Wie seht ihr die Menschen, die sich ihr ganzes Leben lang mit Klugheit und Umsicht dem Tierschutz widmen, z. B. unsere Freundin Ursula Händel?

Sie arbeitet in einem besonderen Strahl, ist geschickt und beauftragt von Engeln, die direkt dem Herrn unterstellt sind. Sie ist den Tierhütern natürlich bekannt. Sie kennen solche Menschen namentlich und lieben sie sehr.

Rudolf Steiner sagte: Tiere könnten bestimmte Dinge, wie z. B. die Vivisektion, nicht verzeihen. Ist das richtig?

Es ist insofern richtig, als Tiere nicht moralisch werten, d. h. daß sie weder verzeihen noch nicht verzeihen. Wir Tierhüter mühen uns aber immer, ein versöhnliches Verhalten an den Tag zu legen. Leid macht uns nicht aggressiv, wir streben nicht nach Rache und Vergeltung. Wir werden einfach kraftlos, »we fade away«. Der Mensch wird aber nachtodlich und in anderen Leben sein eigenes Verhalten gegenüber den Tieren nacherleben und moralisch werten. Denn was er den Tieren in der Außenwelt angetan hat, hat er auch seinen inneren Tieren angetan.

Wenn Menschen sagen: Solche Tierversuche seien notwendig, so ist das eine Rationalisierung. Es gibt Menschen, die in sich den Impuls zum Quälen und Morden tragen, z. T. aus einem Motiv karmischer Rache, wenn sie selbst in früheren Leben gequält und ermordet worden sind. Das ist ein schlauer Winkelzug der Linken, die auf einen Kreislauf von Grausamkeit und Vergeltung aus sind. Wer sich ihnen öffnet, geht einen schweren Weg.

Was ist zur Käfighaltung von Kaninchen, Vögeln, Hühnern usw. zu sagen?

Wesentlich ist, die Eigenarten anderer Wesen, das ihnen Natürliche zu respektieren. Wer das nicht tut, wird auch andere Menschen so respektlos behandeln. Es gibt allerdings Abstufungen:

z. B. stellen sich Vögel auf größere Volieren oder Fische auf Aquarien ein. Diese Art der Tierhaltung ist zwar auch eine Respektlosigkeit, aber nicht so schlimm. Dasselbe gilt, wenn ihr nicht artgerechtes, aber verträgliches Futter füttert oder Futter in Plastikschälchen gebt. Das fügt kein Leid zu und ist noch tolerabel.

Der Begriff des dem Tier »Natürlichen« ist schwer abgrenzbar. Es kommt darauf an, was dem Tier entsprechend und zuträglich ist und ihm nicht schadet. Massenkäfige wie die Hühnerbatterien sind nicht zuträglich. Etwas anderes ist es, Kühe im beheizten Stall zu halten. Das ist zwar unnatürlich, aber zuträglich. »Natürlich« ist also ein schwieriger Begriff, den man sparsam verwenden sollte.

Wenn das Leid der Tiere unerträglich wird und länger anhält, ziehen sich die Tiere zurück. Es wird dann keine Schweine, Kühe, Hasen mehr geben. Der Rinderwahnsinn, die Schweinepest zeigen an, wie das geschehen wird. Die Hüter werden schwächer, die Tiere degenerieren. Die Anfälligkeit der Tiere für Seuchen nimmt zu, je müder der Hüter wird.

Wie kann man lernen, mit den Tieren zu sprechen?

Das bedarf langen Übens. Die Fähigkeit ist ein Geschenk der Hüter der Tiere. Sie beschließen in einer gemeinsamen Sitzung, daß Menschen diese Möglichkeit eröffnet wird. Das haben sie z. B. bei Franziskus getan. Das gibt es zwar mitunter, im Ganzen aber doch nur selten. Eine Vorstufe besteht darin, mit einzelnen Tierarten sprechen zu lernen, zunächst mit einem Tier. Z. B. kann der Hundehalter seinen Hund verstehen – und dieser ihn.

Sollte man strikt vegetarisch leben?

Das solltet ihr Elion fragen, denn da geht es auch um eure Kraft und Gesundheit. Hier nur soviel: Es gibt Tiere, die sich zur Ernährung zur Verfügung stellen. Sie empfinden es als Gnade und blicken dabei auf zum Vater. Das gilt für Schafe, Rinder, Federvieh, mit Vorsicht für Schweine, für einige Fische, insbesondere für Binnenfische, aber auch für Scholle und Lachse (obwohl sie die Freiheit lieben), nicht hingegen für Pferde, Kamele, Hunde, Katzen, Störche, Nachtigallen, Spechte, Delphine, Wale, Thunfisch, Tümmler.

Diejenigen, die sich hingeben, empfinden das als Krönung des Lebens, aber nur, wenn sie in der rechten Art und Weise gehalten und geliebt wurden und mit Dankbarkeit und Demut getötet werden. Das Essen des Fleisches erlebt das Tier nicht, der Hauch ist weg. Entscheidend sind die Art und Weise des Umgangs mit den Tieren:

1. Wie durfte das Tier leben – artgerecht oder nicht?
2. Wie war der Kontakt zum Menschen – liebevoll oder schroff, kalt, lieblos, ungeduldig, ohne Zuwendung?
3. Wie wurde das Tier getötet: in Demut und Dankbarkeit oder grausam? Das Schlachthaus löst Horror aus, Angst, Kälte – es herrscht der völlige Mangel an Demut und Dankbarkeit. Besser ist es, wenn wie früher Gasthaus und Metzgerei in einer Hand sind.

Wenn das Verhalten des Menschen gegenüber dem Tier nicht stimmt, ißt der Mensch die schlimmen Erfahrungen der Tiere im Leben und Sterben ganz real und physisch mit, weil die Zellen alle Informationen speichern: die Schläge, die Schmerzen, den Mangel an Licht, Luft, Bewegung usw.

Vor dem Fleischgenuß kann man dem Tier – wenn man die Tiere auch sonst achtet – danken: »Ich danke dem Tier, das ich nie gekannt habe, daß es sich geopfert hat, und bitte um Verzeihung, wenn es nicht artgerecht gelebt hat und gestorben ist, und tue Abbitte.« Dann kann man essen. Das ist aber kein Tischgebet. Ihr könnt nicht die Tierhüter anbeten, so wenig wie auf Erden Fürsten oder Könige – so etwas weisen wir zurück. –

Wenn ihr wiederkommen wollt, weil ihr um ein gestorbenes Haustier trauert und nach ihm fragen wollt, muß das sehr rasch nach dem Tod geschehen. Nach 3–4 Tagen ist der Hauch des einzelnen Tieres nicht mehr da, er ist in die Gesamtseele eingegangen.

Ihr dürft auch dann wiederkommen, wenn ihr die Übung mit der Lemniskate macht und in eurer Vorstellung ein sterbendes Tier begleitet, oder wenn ihr den Wunsch habt, allen Tieren oder einer Tierart Abbitte zu leisten – dann stehen die Türen für euch offen. Es kommt auf die innere Haltung an, also auf Buße, auch auf das Einstehen für Menschen, die die Tiere nicht artgemäß behandeln oder die sie zwingen, bestimmte Dinge einander anzutun. Es geht bei der Abbitte nicht um Formeln, sondern um die aufrichtige innere Einstellung. Die Worte sind frei zu wählen, und es brauchen auch gar keine Worte zu sein. Gesten und Tränen, die aus dem Herzen kommen, sind ein großes Geschenk für uns.

Wir hoffen, daß wir über eure Inneren Tiere innigen Kontakt mit euch bewahren können. Wir Tierhüter sind dankbar für jeden Menschen, der sich der Situation bewußt geworden ist.

(Sie ziehen sich zurück, blicken aber noch einmal zurück und winken – ein rührender Anblick.)

Donnerstag, 21. 12. 95

Erlösungsarbeit I

(Anwesend sind Irminrad/Irminrod – s. Bd. I S. 255, 260 –, unsere Sonnenengel sowie unsere Abgesandten der Erzengel. Ferner sind viele Rosenengel und eine große Menge anderer Engel da, u. a. ein Ordnungshüter auf der himmlischen Ebene, ferner natürlich unsere Schutzengel, Führungsengel und Doppelgänger sowie zahlreiche Naturgeister.)

Irminrad/Irminrod: Der Herr sagt: »Wo zwei oder drei in meinem Namen versammelt sind, bin ich mitten unter ihnen.« Wo vier beisammen sind und sich je zwei und zwei gegenübersitzen, bilden die beiden Achsen ein Kreuz. Dieses Kreuz bereitet den Weg für die Erlösungsarbeit.

Mit der Geburt Christi ist zugleich das Kreuz geboren, nicht erst mit der Passion; mit dem ersten Atemzug des Jesuskindes ist es in die Welt getreten. Mit Christi Geburt hat also die Erlösung bereits begonnen. Die Passion war die Vollendung und Krönung des Erlösungswerks Christi. Seither haben auch Menschen die Möglichkeit, bestimmte Arbeiten zu tun, die hilfsbedürftige Wesen zum Licht führen, und dafür ist eine gute innere Verbindung zum Weihnachtsgeschehen hilfreich.

In der Mitte eures Kreises ragt ein großes dunkles Kreuz in die Höhe. Es ist euch geschenkt, ihr könnt es immer wieder vor euch hinstellen. Auch in eurem Körper sind euch mehrere Kreuze geschenkt, z. B. wenn ihr die Arme ausbreitet, dann im Gesicht über den Augen in Verbindung mit dem Nasenrücken; auch

Brustbein und Schulterblätter, Wirbelsäule und Becken bilden Kreuze. In eurer Inneren Kapelle steht ein Kreuz auf dem Altar und weitere schlichte Holzkreuze stehen auf den Nebenaltären. Macht euch alle diese Kreuze bewußt.

Ferner gehören runde weiße Kerzen zur Erlösungsarbeit. In der Innenwelt findet ihr sie auf den Nebenaltären. Doch auch in der Außenwelt gehört eine weiße Kerze zur Erlösungssarbeit – bitte keine anderen Farben! Weiß ist die Gesamtheit aller Farben in der Einheit. Weiße Kerzen symbolisieren Weihnachten: das Licht in der Nacht.

Also Kreuz und Kerze sind die Werkzeuge für die Erlösungsarbeit. Diese wirkt durch Licht, Kreuz und die Menschen, die die Arbeit tun. Die gesamte Arbeit ist ausgerichtet auf den Herrn.

Die Erlösungsarbeit, die wir heute besprechen, gilt

1. den Doppelgängern und den Menschen, die sich weit nach links geöffnet haben, z. B. solchen, die sich bestimmten anfällig machenden Techniken widmen wie der Kernspaltung, oder bestimmten dunklen Praktiken wie der Verwünschung oder auch bestimmten Sekten, politischen und wirtschaftlichen Organisationen wie der Mafia,
2. den in die linken Hierarchien verirrten Engeln. Wagt euch nicht an Wesen höherer Stufen heran, nicht z. B. an gefallene Erzengel!

   Es gibt auch 3. Erlösungsarbeit für die verlorenen, d. h. nach dem Sterben umherirrenden Seelen. Wie man diese Arbeit macht, habt ihr schon gehört (am 23. 11. 95). Näheres wird euch später gezeigt werden (18. 1. 96).

Ihr tut diese Arbeit am besten in der Stille der Nacht oder der Morgenfrühe, und zwar entweder im Viererkreis oder zu zweit oder allein – nicht in größeren Arbeitskreisen. Achtet darauf, daß ihr euch, wenn ihr diese Arbeit tut, in einem stabilen Zustand befindet. Und dehnt die Arbeit nicht zu lange aus. Aber pflegt eine gewisse Regelmäßigkeit.

1. Arbeit mit den Doppelgängern und den von ihnen besetzten Menschen: Geht zunächst in die Innere Kapelle, beichtet bei Bruder Tullian oder nehmt an einer Messe teil oder singt, oder besucht den Inneren Christus, die Krypta oder den Marienengel und betet. Dann nehmt vom Altar das Kreuz in die linke Hand, die Kerze in die rechte Hand und tretet zum Haupttor hinaus (nicht durch die Tür zur Linken!). Dort versammelt ihr Menschen, von denen ihr annehmt, daß sie der Erlösungsarbeit bedürftig sind. Ihr könnt mehrere Namen nennen – oder nur einen einzigen. Ihr könnt euch auch Seelen vorstellen, die ihr gar nicht kennt.

Jedenfalls aber bittet den oder die Doppelgänger hinzu. Redet zu beiden – Mensch und Doppelgänger – und sprecht ein Gebet oder die Losung des Tages. Jetzt – das ist wichtig – bittet den Doppelgänger, still zu halten, und den Menschen, sich nach links zu wenden und den Doppelgänger anzuschauen, d. h. zunächst einmal ihn zu bemerken, ihn wahrzunehmen. Sagt dem Doppelgänger: »Zeig dich mal!« – auch wenn ihn das etwas böse macht. Die Erlösungsarbeit ist »Lösungsarbeit« des Menschen vom Doppelgänger. Lösung bedeutet nicht, den Doppelgänger zu entfernen – das darf nicht sein und geht nicht. Sie bedeutet nicht einmal, sich von ihm zu distanzieren, sondern ihn sehen zu lernen und zu erkennen, mit welchen Mitteln er arbeitet.

Dann segnet beide: den Menschen und seinen Doppelgänger, mit den Worten: »Ich segne euch im Namen des Vaters, des Sohnes und des Heiligen Geistes und der Mutter«. Zugleich macht mit dem Kreuz in der linken Hand für jeden 3 Kreuze, dann mit der linken hochgehaltenen Hand eine leichte Armbewegung nach links und beim Muttersegen eine Kreisbewegung im Uhrzeigersinn. Stellt euch die Seelen hierbei möglichst genau vor. Tretet aber hinter eure Segensworte ganz zurück – sprecht ganz unpersönlich und leise, ohne Impetus und Emotion. Denn die Worte spricht man durch euch hindurch, ihr seid nur Vermittler. Dann kehrt in die Innere Kirche zurück.

2. Arbeit zur Erlösung der gefallenen Engel: Tretet durch die linke Tür eurer Inneren Kapelle in ihre Gefilde hinein, mit dem Kreuz in der linken, der Kerze in der rechten Hand. Ihr seid geschützt, wenn ihr Kreuz und Licht in den Händen haltet. Überdies wartet Bruder Tullian an der Tür und wacht. Geht nicht zu weit hinaus, höchstens einige Schritte. Dann zeigt den Wesen beides – Kreuz und Licht – und berührt die in eurer Nähe Befindlichen mit dem Kreuz. Schon durch diese Berührung könnt ihr die Wesen ins Licht führen.

Auch für Naturgeister gibt es diese Erlösungsarbeit, z. B. in Stadtgebieten, wo sie von schlechten Menschen gelernt haben. Ihr nehmt dann ein Minikreuz und eine Minikerze. Naturgeister mögen aber auch sonst Kreuz und Kerze gern. Sie möchten Anteil an dieser Arbeit haben.

Zur Vorbereitung einige Übungen:

1. Übung: Spürt das Kreuz in euch mit ausgestreckten Armen und auch die verschiedenen anderen Kreuze in eurem Körper.

2. Übung: Stellt euch vor, ihr seid eine weiße Kerze, der Kopf bildet den Docht. Sprecht die Bitte aus, die Kerze zu entzünden. Ihr wendet euch damit an die Trinität. Engel, die der Trinität dienen, machen den Weg frei. Wundert euch nicht, wenn der Himmel die Bitte annimmt und die Kerze entzündet. – Das ist eine sehr machtvolle Übung, die nur mit Vorsicht anzuwenden ist, d. h. nur dann, wenn man wirklich meint, was man sagt: daß man die Entzündung wünscht. Das muß mit großer Ehrfurcht geschehen. Wenn ihr das regelmäßig macht, gehört die Übung zu den wirksamsten, die es gibt. Ihr »brennt dann für den Himmel« – wie die Heiligen.

3. Übung: Die folgende Übung ist nicht ganz so machtvoll. Sie wirkt energetisierend, läuternd, reinigend. Dazu müßt ihr wissen: Es gibt Vorräume vor den Inneren Räumen. Ihr habt einen Kerzenständer vor jedem Innenraum, aus Gold, Silber, Schmiedeeisen oder Holz, auf jedem eine Kerze. Deren Farbe ist passend zur jeweiligen Grundfarbe des Innenraumes. Ihre Farben sind also:

7. Weiß und Gold im Vorraum des Inneren Kosmos (sog. Scheitelchakra).
6. Dunkelblau und Violett im Vorraum des Inneren Weisen (sog. Stirnchakra).
5. Blau im Vorraum des Marienengels, Bordeauxrot im Vorraum des Sophienengels (sog. Kehlkopfchakra).
4. Grün und Rosa im Vorraum der Inneren Kirche (sog. Herzchakra).
3. Gelb im Vorraum der Inneren Quelle (sog. Solarplexus).
2. Orange im Vorraum der Inneren Krypta (sog. Nabelchakra).
1. Rot im Vorraum des Inneren Meeres (sog. Wurzelchakra). Zu den Innenräumen 4.–7. gehören also jeweils zwei Farben.

Nun betretet aus den Innenräumen heraus den zugehörigen Vorraum. Beginnt beim Inneren Meer und steigt von dort aufwärts. – Zunächst kontrolliert die Kerzen: haben sie festen Stand? Weisen sie Tropfen auf? Stehen sie gerade? Ist der Docht zu lang? usw. Dann zündet die Kerzen an. Die oberste Kerze, die weißgoldene, brennt ständig ohnehin, aber trotzdem: entzündet sie neu. Macht das täglich.

4. Übung: In jedem Innenraum habt ihr »auf Vorrat« Reservekerzen. Holt sie hervor, zündet sie an und schenkt sie her: an bestimmte Menschen, an die Familie, an das Haus oder – eine Riesenkerze – an das ganze Land oder eine ganz kleine für die Innenräume eines Neugeborenen. Stellt in eurer Vorstellung die Kerze in das Umfeld des Beschenkten – auf einen Tisch oder Nachttisch, einen Hocker, zu Füßen seines Sessels oder dergleichen; aber nicht in seine Innenräume – diese zu betreten ist euch nicht gestattet.

Variante: Ihr könnt auch nacheinander alle 7 anzünden und jeweils fragen: wer will sie haben? Es kommen dann die Menschen, Tiere oder Pflanzen, die sie brauchen, und bitten darum. Ihr könnt einen ganzen Weihnachtsabend damit verbringen, sie wegzuschenken. Damit macht ihr wirklich sinnvolle Geschenke.

5. Übung: Wenn ein Mensch gestorben ist, habt ihr oft Probleme: ihr kommt vielleicht zu spät, um noch ein Wort zu sagen, um mit ihm ins reine zu kommen, das macht euch Kummer. Dann verfahrt so: Stellt für ihn einen zweiten Kerzenständer vor eure Innenräume. Dann

1. bittet, er und ihr möget Frieden finden.
2. Zündet alle eure 7 Kerzen an – von unten nach oben.
3. Zündet für ihn die zweite Kerze an – wieder von unten nach oben.
4. Sprecht die Gebete an Vater, Sohn und Mutter.
5. Dann bittet den Sterbenden oder Verstorbenen um Verzeihung, legt Bekenntnisse oder Geständnisse ab usw.
6. Wartet innerlich: Vater, Sohn und Mutter werden es annehmen.
7. Löscht die Kerzen des anderen wieder und räumt sie ab.

Dasselbe könnt ihr tun für die Opfer kollektiver Schuld, z. B. die des Holocaust, auch wenn ihr selbst keine Mitschuld habt, oder für Kriegsopfer, Flüchtlinge oder für Hungernde in der »Dritten Welt«. Sucht euch einen Mann, eine Frau, ein Kind aus – vielleicht habt ihr ein Foto in einem Bildband entdeckt –, und sagt ihnen: »Ich sehe sehr wohl, daß wir Mitverantwortung haben. Was euch geschehen ist, heiße ich nicht gut, es tut mir leid« – oder ähnlich.

Ideal wäre, in jedem Haus eine kleine Zelle zu haben, mit weißen Wänden, einem kleinen Tisch mit weißem Tuch, darauf ein Kreuz (ohne Corpus) und – wichtig! – eine weiße Kerze, dann nur noch eine Gebetbank, einen Schemel oder dergleichen – sonst nichts. Möglichst kein Fenster bis oberhalb der Kopfhöhe. Alles ganz neutral, schlicht, weiß. So gibt es keine Ablenkung für die Erlösungsarbeit. Die Zelle darf für mehrere benutzbar sein.

Freitag, 22. 12. 95

Programme des Doppelgängers

Malachma-Leachim (ein Engel aus den Heerscharen Michaels, ist anwesend. Er ist schlicht, groß, streng, unnahbar. Er hat überdimensional große Flügel und trägt eine goldene Rüstung. Seine Farbe ist beige mit Gold und ein wenig Silber.):
Ihr hattet eine Frage.

Wie erkennt man mit Sicherheit, was der Doppelgänger bewirkt, was aus seiner Einflußsphäre heraus geschieht und was nicht?

Der Kopf des Menschen ist wie ein Spiegelteleskop. Das Gehirn empfängt aus den Innenräumen Signale und Informationen. Diese werden weitergegeben an das Bewußtsein und dann vom Menschen verstanden. Der Mensch kann nur Informationen aufnehmen, die zuvor durch seine Innenräume gegangen sind. Eingebungen, Ideen, Gefühle, Gedanken, Informationen plumpsen nicht einfach ins Gehirn. Entweder sie entstehen in den Innenräumen als Bilder, Worte, Wahrnehmung von Zuständen u. dgl. Oder sie stammen aus dem menschlichen Umfeld oder vom Himmel. Dann gelangen sie zunächst in die Innenräume, in die sie am besten passen, und von dort aus zum Gehirn. Auch sinnliche Wahrnehmungen, z. B. durch Tasten, gehen über die Sinnesorgane zunächst in die passenden Innenräume und gelangen von dort zum Gehirn. Dieses hat die Funktion, sie zu spiegeln und dadurch bewußt zu machen.

Das Bewußtsein ist also ein reflektorischer Vorgang: es ist die Wahrnehmung der Wahrnehmung. Die Sprache drückt das so aus: ein Gedanke »ist mir gekommen«, etwas »geht mir durch den Kopf« – d. h., er kommt woher und geht wohin – oder: etwas ist mir »eingefallen«. »Einfälle« finden z. B. im Inneren Kosmos statt. Ihr pflegt ja, wenn ihr der Sprache der Engel lauscht, die Augen zu schließen – warum tut ihr das? Damit ihr euch besser konzentrieren könnt – der Innere Weise wäre überfordert, wenn er zugleich optische Eindrücke aufzunehmen hätte. Kurz, der Mensch hat keine Möglichkeit, aus der Welt oder dem Himmel etwas wahrzunehmen, was nicht durch seine Innenräume gegangen ist. Nichts gelangt in den Kopf, was nicht zuvor in den Innenräumen war.

Der Doppelgänger hat ein anderes Bild vom Kopf des Menschen. Für ihn ist der Kopf – in eurer modernen Sprache – eine Art CD-Player. Er legt seine Stör-CD auf und stört so das Denken und Wahrnehmen, die Vorstellungen und Überzeugungen. Die Menschen wissen es zumeist nicht, wenn sie auf Programme der Doppelgänger reagieren.

Es gilt, unterscheiden zu lernen, wann ein Störprogramm des Doppelgängers läuft und wann der Kopf reiner Spiegel der Innenwelten ist. Wenn ihr unsicher seid und das gerne klären wollt, könnt ihr die Antwort beim Inneren Weisen erlauschen.

Vor dem Weisen auf dem Tisch steht ein »Parabolspiegel« und ein Briefkasten oder ein CD-Player. Fragt den Weisen: Welche Funktion übt mein Gehirn gerade aus? – Deutet der Weise auf den Parabolspiegel, spiegelt es die Eindrücke aus den Innenräumen. Deutet er auf den CD-Player oder Briefkasten, arbeitet es im Sinn des Doppelgängers.

Jeder Doppelgänger hat seine Tricks. Es gilt, sie erkennen zu lernen. Z. B. sind Haß, Zweifel, Furcht im Doppelgänger vereint. Manche Doppelgänger neigen mehr zu dem einen, andere zum anderen. Betrachten wir einige ihrer Techniken:

a) Das Programm der *Geringschätzung*. Du lehnst z. B. etwas ab, siedelst etwas zu niedrig an, machst etwas klein, tust Aussprüche wie: das ist viel zu simpel, das brauchen wir nicht, die Wahrheit ist viel komplizierter, oder sie ist viel einfacher. Dann läuft vermutlich dieses Doppelgängerprogramm.

b) Das Programm der *Spaltung.* Die Ebenen des Menschen werden im »Ja, aber« gegeneinander aufgehetzt. Z. B. sagt dir deine Gefühlslage, deine Intuition: arbeite mit dem Tarot. »Aber«, sagt das Gehirn, die sog. »Vernunft«: bleibe beim sog. »Freidenkertum« – beides gleichzeitig, ein wenig hiervon, ein wenig davon. – Willst du den Weg des Himmels gehen, entscheide dich.

   Besonders beliebt ist bei den Doppelgängern die Spaltung zwischen Einsicht und Tat. Du sagst dir z. B.: Wenn ich logisch denke, ist klar, ich sollte das und das tun. Aber Angst, Unsicherheit, Trägheit oder dgl. verhindern die Tat. Du siehst etwas ein, tust es aber nicht. Du tust etwas, obwohl du anders fühlst. Der Zwist zwischen Denken, Fühlen und Handeln verhindert den Fortgang der Arbeit, der Mensch tritt auf der Stelle. Alles, was so mit Spaltung zu tun hat, ist im Sinne des Doppelgängers.

c) Das Programm der ständigen *Wiederholung.* Es ist, als hätte die Platte einen Riß. Du wiederholst immer wieder dieselben Gefühle, Vorwürfe, Verhaltensmuster, Lehrmeinungen usw.: sie lassen dich nicht los. Das Ziel ist, die Lösung zu verhindern. Diese besteht darin, das Vergangene zur Vergangenheit zu machen. Du kannst es einmal sagen oder niederschreiben, um dann nicht mehr daran zu denken.

   Verwechselt die Lösung, die Trennung nicht mit der Spaltung. Die Lösung bereitet zwar auch Schmerzen wie die Geburt, aber diese sind vorübergehend. Und sie führt zu neuem oder zu erweitertem, größerem Leben in mehr Lebendigkeit.

d) Das Programm der ständigen *Revolution.* Der Mensch reift nicht, sondern befindet sich immer in einer Gegenhaltung: gegen die Eltern, den Mann bzw. die Frau, die Gesellschaft, die Politik. Was immer geschieht, er ist dagegen; es wird immer das gleiche Programm abgespult, anstatt daß der Mensch auf die Lebenssituation reagiert.

e) Das Programm der *Angst vor dem »Teufel«,* den »bösen Mächten«, den Hierarchien zur Linken. Der Schüler beginnt, überall ihren Einfluß zu vermuten: das ist eine der Hauptmaschen des Doppelgängers, eines seiner Lieblingsprogramme.

Besonders willkommen ist ihm, wenn der Schüler in spirituellen Verfolgungswahn gerät: Warum werde ich von den Hierarchien zur Linken verfolgt? Weil ich so licht und gnadenvoll bin ... Wer wirklich von ihrer Verfolgung betroffen ist, reagiert nicht so selbstzufrieden, ihm ist das eher peinlich.

f) Das Programm des *Dogmatismus.* Der Doppelgänger setzt am Grundsätzlichen an und versucht es zu zementieren – z. B. in der Moral, in der Politik, in der Religion. Der Mensch wird begrenzt, erstarrt in Selbstsicherheit und Hochmut, verliert Respekt und Demut, auch gegenüber der eigenen Begrenztheit – und gegenüber dem Rest der Schöpfung.

Zwar gibt es grundlegende Werte, die ihr begreift, indem ihr euch dem Himmel zuwendet. Aber auch, wenn ihr diese vertretet, ist der Dogmatismus eine große Gefahr. Ihr entgeht ihm durch die großen Gelübde (Armut, Keuschheit, Gehorsam), insbesondere durch die Demut gegenüber dem Himmel und der Erde, die ja ein Teil der Schöpfung ist. Beuge die Knie vor dem Himmel und vor dem Schicksal, also auch vor dem Gang der Dinge, vor der Welt, vor den anderen Menschen. Achte die Würde und die Freiheit des anderen: Auch er ist ein Geschöpf des Himmels, er hat die Freiheit, einen Irrweg zu gehen – erkenne das an. Bleibe menschlich, deine Wirkungsmöglichkeiten sind ohnehin begrenzt.

Willst du missionieren – gut und schön. Aber vertraue darauf, daß sich das himmlische Dogma selber durchsetzt. Was du tun kannst, ist, zu strahlen wie die Sonne. Du hast keine anderen Rechte, schon gar nicht das Recht, Druckmittel anzuwenden und Menschen anzugreifen. –

Fängt der Schüler an, mit Licht umzugehen, schauen die Hierarchien zur Rechten und die zur Linken danach, woher das Licht kommt. Haben die Hierarchien zur Linken den Sender des Lichts ausfindig gemacht, fangen sie an, aktiv zu werden.

1. Sie setzen ihre Programme ein und lassen Zweifel, Schreck, Unsicherheit im Schüler erwachen.
2. Der Schüler begegnet vermehrt Menschen, die in den Händen der Doppelgänger und der Hierarchien zur Linken sind. Dann Achtung! Wer mit dem Bösen umgeht, kommt darin um. Willst du dich mit dem Bösen auseinandersetzen, wirst du sehen: es erweist sich als sehr stabil. Statt dessen profitiert dein eigener Doppelgänger: du bekommst Zweifel, wirst niedergedrückt usw. So wird die Position des Doppelgängers des Schülers gestärkt.
3. Reale Geschehnisse werden eingebaut, um die lichthafte Haltung des Schülers zu erschüttern, z. B. verunglückt ein Nachbarkind, und der Schüler fragt sich, wie so etwas geschehen konnte. Er macht z. B. Übungen mit dem Schutzengel und fragt sich nun: Gibt es die Schutzengel wirklich? Oder greifen sie nicht ein? –

Aber ihr werdet sehen: Die Arbeit mit Engeln geschieht immer so, wie sie verträglich und angemessen ist. Die Engel lassen nur so viel Arbeit zu, daß ihr nicht ernstlich und nachhaltig in Gefahr geratet.

Das Wichtigste ist die Ausrichtung zur Trinität. Denn dann können die Engel wirklich Schutz geben. Vor allem wird euch das Beten des Schutzmantel-Ave-Maria sicheren Schutz bieten (s. 17. 5. 95, Bd. I S. 153).

Samstag, 24. 12. 95

Zur Heiligen Nacht

Ein Engel der Heiligen Nacht (vgl. 7. 12. 95).

Ist es richtig, daß Jesus in einer Felsengrotte geboren wurde, nicht in einem Haus oder Stall – wie es Anna Katharina Emmerich beschreibt?[28]

Ja, und das hatte seinen Sinn. Der Stein ist das aus Menschensicht am wenigsten Lebendige. Und die Höhle war nicht von Menschen gebaut, sondern naturgeschaffen. Das Licht, das Leben, die Essenz des Lebens, der Erlöser, der Heiland sollte in das Lebloseste hineingeboren werden.

Anna Katharina Emmerichs Visionen der Weihnachtsereignisse sind zwar nicht vollständig – sie hat nicht alles gesehen, einiges vergessen oder unscharf gesehen. Aber das Ausgelassene ist nicht gravierend. Was da steht, ist großenteils stimmig bis in die Details hinein, z. B. der Bericht über die zwei Esel. Nur: es war nicht ein Ochs, sondern es waren mehrere. Richtig ist auch die Beschreibung der Felsengrotte und des Futtertrogs (der Krippe).

Was hätten Maria und Joseph in einer Herberge gewollt, umgeben von trinkenden, lärmenden, gaffenden Menschen! Daß sie einen friedlichen, ruhigen, angenehmen Platz fanden, nicht umgeben von Menschen, sondern von Ochsen und Eseln, von respektvoll reagierenden Wesen – das war durchaus Fügung.

Wenn ihr euch für die näheren Umstände interessiert: Es war Nacht, dunkel, kühl, aber nicht kalt, es gab keinen Regen, kein Gewitter, keine Stürme, aber es war etwas dunstig. Maria und Joseph waren in einem Zustand der Ungeborgenheit, sie hatten aber zu essen und zu trinken, sie waren nicht arm, lebten nicht in einem jämmerlichen Zustand, sondern in Freude. Sie fanden Geborgenheit durch das Geschehen. Wenn sie erzitterten, so eher aus innerer Bewegung als infolge der Kühle.

Warum hat Maria in ihrem Zustand Joseph überhaupt begleitet?

Das war in der Tat nicht notwendig; es hätte für die Eintragung in die Steuerrollen genügt, daß Joseph allein erschienen wäre. Auch seine Anwesenheit bei der Geburt wäre nicht notwendig gewesen: Maria wäre von Anna gut versorgt gewesen, die etwa eine Stunde von Nazareth entfernt lebte. Marias Mitreise nach Bethlehem hatte aber einen doppelten Sinn:

1. Das Kind sollte im Ungeborgenen, in der Fremde geboren werden, nicht zu Hause oder bei Anna.
2. Es sollten ein Mann und eine Frau anwesend sein und niemand sonst. Sie repräsentierten das männliche und das weibliche Prinzip, die einander dienen: Maria als Gebärerin, Joseph als ihr Beschützer.

Hatte die Anwesenheit von Ochs und Esel eine Bedeutung?

Ja. Andere Tiere – Ziegen, Schafe oder Hühner – waren nicht dabei. Maria und Joseph waren mit zwei Eselchen gekommen. Dann gab es mehrere Ochsen, die die Hirten, während sie die Kühe mit sich auf die Weiden nahmen, einfach dort ließen. Sie waren ziemlich sich selbst überlassen. Abends kamen sie von allein in den Stall. Sie waren nicht groß, es waren jüngere, schlankere Ochsen, keine jungen Stiere. In der Symbolik stehen sie für Beharrlichkeit und Sanftmut; sie sind weniger angriffslustig und begehrlich als Stiere, gezähmt, nicht wütend und rasend oder jagend. Sie sind also männlich, ohne »männlich« zu sein. Insofern bilden sie ein symbolisches Pendant zu Joseph.

Auf der anderen Seite gibt es eine symbolische Entsprechung zwischen Maria und den Eselinnen. Sie sind weiblich, ohne »weiblich« zu sein. In seiner extremen Ausprägung kann das Weibliche – wie ihr es aus der Literatur der »amour passion« kennt – fremd, rassig, abgründig, saugend, fressend, verschlingend, fast zerstörerisch sein. Die Eselinnen hingegen repräsentieren das »neutrale« Weibliche. Ochs und Eselin symbolisieren die Neutralisierung des männlichen und des weiblichen Prinzips im Tierreich, also beide Prinzipien ohne ihre aggressiven und zerstörerischen Aspekte.

Wenn man die Symbolik der Felsgrotte mit Ochs und Esel auf den spirituellen Weg des Schülers überträgt, so besagt sie: Das Licht scheint in die Finsternis, bis in die »leblosen« Versteinerungen, bis in die kleinsten Winkel des Körpers hinein und bis zum Doppelgänger hin. Und: Nur wer in sich sowohl das männliche als auch das weibliche Prinzip hegt – aber gemäßigt: nicht zu sehr männlich, nicht zu sehr weiblich –, kann in sich selbst dieses Krippengeschehen leben. Der Schüler steht mit dem rechten Bein auf einem Ochs, mit dem linken auf einer Eselin – weder auf einem Stier noch auf einer rassigen Stute. Es kommt darauf an, durch Läuterung den Inneren Tieren in der Innenwelt die Chance zu geben, daß sie sich in einen weniger groben und verletzenden Zustand entwickeln.

Warum wurde die Botschaft von dem Geschehen zuerst den Hirten verkündigt und nicht den Bürgern von Bethlehem?

Die Felder der Hirten lagen ziemlich weit entfernt, gut eine Stunde, Bethlehem war nahebei. Doch das Wahrnehmen der Engel, das Sich-Führen-Lassen, die Zusammenarbeit wird desto größer, je »natürlicher« ein Mensch lebt, d. h. je näher er der Erde ist. Das ist so wörtlich zu verstehen, daß zu raten ist, nach Möglichkeit im Erdgeschoß zu wohnen, jedenfalls aber nicht in den höheren Etagen von Hochhäusern. Die Hirten richten sich nach den Jahreszeiten und den Tageszeiten, sie folgen den Tieren, schlafen auf dem Boden, kleiden sich im Einklang mit den Rhythmen der Natur. Der Himmel ist ihr Dach. Zivilisation und Kultur sind an sich nicht zu beanstanden, sie bringen aber die Gefahr mit sich, daß sich die Menschen von den einfachen natürlichen Gegebenheiten entfernen. Die Dinge werden kompliziert, in Regeln eingemauert, verbrettert und vernagelt. Die Erstverkündung an die Hirten enthält insofern auch eine symbolische Botschaft an euch: Wer die Engel hören will, sei wie ein Hirte.

Warum lag das Kind nicht z. B. auf Decken, einem Mantel oder einer Matte, sondern auf Stroh, und zwar nicht in einem Kasten, einem Nestchen, sondern in einem Futtertrog?

Auch der Futtertrog hat einen symbolischen Sinn: Er bedeutet eine Verstärkung des Aspekts der Hingabe. Der Inhalt des Futtertrogs sagt: »Nimm mich auf, verleibe mich dir ein«, damit die Tiere aus dem Trog fressen. Er kündigt das »nimm und iß« an – also das Essen des Leibes Christi in der Kommunion. Maria hat das Kind ganz absichtlich in die Krippe gelegt, weil dies in der symbolischen Entsprechung das Richtige war.

Was bedeutete der Stern?

Das Licht hatte nichts mit dem Stern oder den Sternen zu tun, sondern mit Geist, es war abhängig von den Lichtströmen. Der »Stern« war nicht nur am Himmel zu sehen, sondern ein inneres Licht, das die Heiligen Drei Könige führte und dem sie folgten. Auch die astrologische Sternenkonstellation war gleichgültig: die Geburt Christi wäre bei jeder Konstellation gleichermaßen möglich gewesen. – Wer den Ruf hörte, sah auch das Licht – das innere spirituelle Licht. Jede Entsprechung am Himmel war unwichtig. »Wer Augen hat zu sehen, wird ihm nachfolgen.«

In welcher Stimmung befanden sich die Teilnehmer und Zeugen des Geschehens?

Maria und Joseph wußten, was geschieht, sie befanden sich in einem inneren Zustand der Verzückung, der Demut und der Dankbarkeit. – Die Hirten waren in der Mehrzahl ein wenig furchtsam – nicht erschreckt, aber ehrfürchtig berührt. Sie besaßen ein eigenartiges Wissen, obwohl sie unwissend waren. Wer an die Krippe kam, wußte alles und wußte seine Bedeutung, ohne zu wissen, was er genau wußte. Es war wie ein Lesen in der Akasha-Chronik. Weder Maria noch Joseph haben es ihnen mit einem Wort erklärt. Es sind; »Weihnachtsmomente« im Leben, wenn man plötzlich etwas weiß, aber nicht im Kopf, sondern auf der Empfindungsebene. Hätte man die Hirten gefragt, was geschieht, so hätten sie es nicht erklären können – aber sie wußten es trotzdem.

Jesus sah aus wie jedes Kind – ein normaler Säugling. Gleichzeitig aber schaute man auf ein helles Gesicht, das zugleich Gesichter des erwachsenen Jesus zeigte, wie in Schichten übereinander: lächelnd, traurig, ernst, lehrend, leidend – alles gleichzeitig oder in rascher Bildfolge. Ein weißes Strahlen ging von ihm aus. Jeder spürte, daß dort nicht einfach ein Kind liegt, sondern zugleich ein großer Meister, voll bewußt – und es war doch ein hilfloser Säugling.

Warum wurde Jesus als Kind gezeugt und geboren und hat sich nicht einfach als der Christus materialisiert?

Das hätte er ohne weiteres tun können. Aber die Menschen hätten es nicht ertragen. Er kam als Kind, damit sich die Welt an diese Energie, diese Schwingungen gewöhnen und bei seinem Heranwachsen Schritt für Schritt anpassen konnte. Der Sinn der Kindergeburt war das Verträglichmachen.

Auch jeder spirituelle Weg beginnt mit einem winzigen Anfang und schreitet in langsamem, unumkehrbarem Wachstum fort. Was die Engel auf Weisung des Sonnenengels in einen Menschen legen – Wissen, Weisheit, Handlungsfähigkeit –, beginnt in Säuglingsdimensionen und setzt sich in kleinen Schritten fort, damit sich die Menschen langsam daran gewöhnen können. Jedes Angebot eines schnellen Weges und einer großen Initiative ist entweder kein Weg, der zu irgend etwas führt – oder er ist gefährlich.[29] Der spirituelle Weg ist langsam, Schritt für Schritt zu gehen, damit er den Menschen verträglich ist.

Warum feiern wir jedes Jahr Weihnachten?

Das hat einen dreifachen Sinn:

1. Im Himmel wird das Ereignis jedes Jahr wiederholt, und zwar buchstäblich. Das Kind wird geboren. Wenn ihr Ohren habt zu hören, könnt ihr es um Mitternacht weinen hören. Die Menschen feiern gemeinsam mit dem Himmel.
2. Advent, Weihnachten und die 12 Heiligen Nächte sind die Grundlage der Energie, die die Kirche speist: Hier empfängt sie die Impulse für das ganze folgende Jahr.
3. Die Geschehnisse zeigen wie in einem Bilderbuch, was ein Mensch auf dem spirituellen Weg erfahren wird: Er wird sozusagen die wandelnde Weihnachtszeit sein, wo immer er ist. Was von ihm ausgeht, sind das Glück, der Friede, die Freude, die Frohe Botschaft der Weihnachtszeit.

Warum feiern wir die 12 Heiligen Nächte?

Das hat zwei Gründe: Zunächst war das die Zeit, in der die Krippensituation fortbestand. Dann kamen die Könige mit den

Geschenken, und erst dann erfolgte der Aufbruch. Nach wie vor sind es diese 12 Nächte, wo das Jahr gewissermaßen stillsteht, eine Zeit der Entspannung, Ruhe und Besinnung. Es sind solche Pausen, in denen eine gewisse Einweihung stattfinden kann. Zudem sind Einweihungen immer in irgendeiner Weise mit der Zahl 12 verbunden: z. B. ist das Lebensalter eines Menschen durch 12 teilbar, oder die Jahreszahl enthält die 12 in sich. Jesus hatte 12 Jünger, also 12 Eingeweihte um sich. Im Hohen Rat wirken 12 Weise und im Märchen erscheinen 12 gute Feen. Der 13. ist der Meister, der Führer, der die 12 unterrichtet, der Dynamik ins Geschehen bringt. Im Schulsystem sollten 12 Jahre der Bildung dienen, das 13. dem Sprung in die Welt. – In den 12 Nächten wird eine Einweihung entweder abgeschlossen oder vorbereitet: Es kommen die Könige mit den Geschenken, und dann folgt der Aufbruch. –

Verbindet euch nun innerlich mit einer der Krippenfiguren, wie ihr es gelernt habt (s. 7. 12. 95). Besucht die Krippe in eurer Inneren Kapelle. Nehmt die Größe der Figuren an, versetzt euch in sie und versucht, das Geschehen mitzuerleben. Wiederholt das regelmäßig! Und baut die Krippe nicht ab: das ganze Jahr ist Weihnachtszeit. Ihr könnt dort hingehen wie einer der Hirten und dem Jesuskind das Händchen küssen, die Füße und Wangen streicheln, damit der Innenraum gesichert, offen und weich bleibt. Und behaltet auch in der Außenwelt eine kleine Erinnerung an die Weihnachtsnacht, etwas Weinachtliches, das ständig mit euch lebt – bis zum nächsten Weihnachtsfest.

Zum Abschluß geben wir euch das Ave-Maria der Weihnachtszeit:

Gegrüßet seiest du, Maria,
Magd auf Erden,
Königin in den Himmeln,
der Herr ist mit dir.

Du bist gebenedeit unter den Frauen,
und gebenedeit ist die Frucht deines Leibes Jesus,
den du getragen, genährt, geliebt, gelehrt
und schließlich hingegeben hast zur Erlösung der Welt.
Heilige Maria, Mutter unseres Herrn,
trage und nähre, liebe und lehre auch uns,
auf daß wir Kinder werden in dir.

Mittwoch, 27. 12. 95

Bei den heiligen Tieren

Agar, der Lehrer der Naturgeister (vgl. 28. 4. 95, Bd. I S. 116): Ihr seid heute abend eingeladen auf die Ebene der Naturgeister, die den Dynameis entspricht (s. 26. 10. 95, o. S. 150). Auf dieser Ebene finden sich heilige Tiere und Pflanzen, die nicht irdisch sind, die aber als Symbole und heilige Wesen wirklich existieren. Euer heutiger Besuch soll den heiligen Tieren gelten. Um auf ihre Ebene zu gelangen, bedarf es ihrer Zustimmung, ebenso wie der Zustimmung der Hüter der Tierseelen.

Ferner ist erforderlich, sich auf die Schwingung einzustellen, die dort herrscht. Ihr seid vertraut mit der Bedeutung des Energieflusses in der aufrechten Lemniskate, der »8« (vgl. 15. 12. 95). Ihr habt sie als Schwingung in euch. Jetzt wird die 8 zugleich wie ein Propeller gedreht gegen den Uhrzeigersinn, der spiralförmig nach vorwärts zieht. Durch die Fliehkraft verliert man seine Kleider, wird völlig nackt, d. h. ist völlig wahrhaftig ohne Hintergedanken und Nebengefühle. Daß jetzt die Heilige Zeit ist, hilft dabei – deshalb wurde mit dem Weg zu diesen Wesen bis heute gewartet.

Ihr kommt an einen Ort, der aussieht wie eine Landschaft aus bläulich schimmerndem Bergkristall oder Glas; klar und durchsichtig, aber nicht kalt und leblos. Etwas Vergleichbares gibt es nicht auf Erden. Dort begegnet ihr Tieren und Pflanzen, die es i. d. R. auf Erden nicht gibt, jedenfalls nicht als ständig existierende Tierart. Es gibt da z. B. den Weißen Hirsch mit einem

Kreuz im Geweih, das Einhorn, den Weißen Elefanten, den Weißen Tiger, den Drachen, das geflügelte Pferd, bestimmte Schlangen, den Feuervogel, bestimmte Adler, bestimmte Fische. Bei den Pflanzen gibt es z. B. Rosen ohne Dornen oder die »blaue Blume«.

Für euch sind jetzt die Tiere das Wichtigere. Sie stehen – ebenso wie es die Tiere auf eurer Inneren Insel zu tun pflegen, wenn ihr sie besucht – im Halbkreis und schauen verwundert, als wollten sie sagen: was wollt ihr denn hier?

Dort hinzukommen, ist nicht möglich ohne Begleitung. Zwei Abgesandte der Hüter der Tierseelen begleiten euch und sprechen für euch. Deshalb werdet ihr willkommen geheißen.

Den Vorsitz dort führt der Weiße Hirsch. (Er führt das Gespräch und beginnt mit der Frage:)

Was möchtest du? –

Was darf ich? –

Du darfst, was du möchtest.

Ich möchte euch etwas fragen: über euer Wesen, eure Existenz, eure Bedeutung, euer Erscheinen auf der Erde.

(Er nickt und erklärt sein Einverständnis:) Fragt nach bestimmten Tieren hier.

1. Was ist die Bedeutung des Weißen Hirsches?

Die Hüter: Er spricht nicht gern als erstes über sich selbst – aber: nun gut, wir sprechen für ihn. Er ist der König hier, weil er die Kraft der Trinität in sich vereint:

Er hat die Schönheit und Eleganz der Mutter. Seine Kraft symbolisiert die Kraft des Vaters, sein Weiß das ungetrübte Licht. Sein Geweih steht stellvertretend für die Erdenverwurzelung des Sohnes. Es ist ein Symbol des Baumes, der verwurzelt ist, der nach oben und zugleich in die Horizontale weist.

Ist also das Geweih keine Antenne für kosmische Kräfte?[30]

Der Weiße Hirsch: Das Geweih ist nicht eine »Antenne«, um kosmische Kräfte zu empfangen: eine solche hat jedes Tier. Es dient vielmehr dazu, diese Kräfte im Umfeld zu verteilen und zu verzweigen. Das Licht wird nicht vom Geweih aufgenommen, sondern dort, wo das Kreuz ist, und wird vom Geweih in die Seitenrichtungen weitergegeben.

Die Hüter: So ist der Hirsch das Symbol der lebendigen Trinität. Deshalb diente Hirschleder früher als das Gewand für Menschen, die sich der Trinität zur Verfügung stellen, ihr dienen, aus ihr heraus arbeiten; insbesondere Regenten zeigten sich manchmal mit Attributen aus Hirschleder. Wer es richtig zu verwenden weiß, macht sich etwas Wertvolles zunutze.

Die Wesen dieser Ebene haben die Fähigkeit, sich zu materialisieren, also sichtbar auf der Erde zu erscheinen. Dann sind sie anfaßbar und hinterlassen Spuren, ehe sie wieder verschwinden. Sie erscheinen aber nicht nur in Materie, sondern haben zwei weitere Möglichkeiten: sie können den Menschen auch im Traum oder auch in einer Vision bei offenen Augen erscheinen. Sie erscheinen von Zeit zu Zeit immer wieder – dort, wo man sie hinschickt.

Der Weiße Hirsch gibt gewissermaßen ein Signal von der Trinität. Z. B. erscheint er, um jemandem seine Heimholung anzukündigen, damit er weiß, wohin er gehen wird. Oder er erscheint als äußere Entsprechung einer inneren Haltung. Wenn die Trinität in einem Menschen lebendig ist und ihre Macht einen gewissen Grad erreicht hat, dann erscheint ihm möglicherweise der Hirsch, um ihm seine Eleganz und seine Fähigkeiten zuzusenden. Der Weiße Hirsch ist die »Verkleidung« des Vaters: die Gestalt, in der der Mensch ihn wahrnehmen kann, ohne umgeworfen zu werden und zu verbrennen. Er hat keinen eigenen Namen, denn er hat keinen eigenen Willen.

Der Weiße Hirsch hat zwar die Fähigkeit, an mehreren Orten gleichzeitig zu erscheinen, aber das bedeutet nicht, daß es mehrere Exemplare gäbe. Es gibt nur einen. Es gibt allerdings daneben auch die Weiße Hirschkuh. Diese erscheint, um vor Gefahren zu warnen, wenn ein Mensch sich verirrt hat – in Wäldern, Sümpfen oder Bergen. Das ist aber seltener geworden. Die vergleichbaren Gefahren heute entstehen aus dem Straßenverkehr. Dieser aber wird von ihr gemieden.

Der Weiße Hirsch erscheint auch in anderer Form: man sieht ihn nicht strahlend, glänzend, schön und heilig, sondern verwundet und rot-blutend. Das geschieht, wenn einem entwickelten Menschen angedeutet werden soll, daß die Trinität leidet, daß ein Teil von ihr verletzt ist. Das Erscheinen in dieser Gestalt bedeutet die Aufforderung: Tu etwas! Hilf!

Das geschah z. B. bei den Pestseuchen, die keineswegs eine »Geißel Gottes« waren, wie man sie gedeutet hat, sondern eine Einrichtung der Hierarchien zur Linken. Es geschah auch, wenn missionarische Aktionen mit der Verletzung von Völkern verbunden waren: da erschien einzelnen Soldaten und Priestern der rot blutende Hirsch. Es geschah bei den Geschehnissen des sogenannten »Dritten Reiches«. Und es geschah im Zusammenhang mit der Atomkernspaltung.

2. Über welches heilige Tier möchtet ihr jetzt etwas erfahren?

Über das Einhorn.

Der Weiße Hirsch: Gut. Das Einhorn ist der Mutter unterstellt, nicht der Gesamttrinität. Es ist weiblich, auch wenn es manchmal männlich dargestellt worden ist. Das Einhorn ist ein Pferd, es ist weiß und wird zu Recht auf blauem Hintergrund gemalt. Das Pferd hat eine symbolische Entsprechung zur himmlischen Mutter – wie auch der Esel und das geflügelte Pferd. Der Esel entspricht der Jungfrau Maria, das geflügelte Pferd dem Sophien-Aspekt der Mutter. Das Pferd mit dem Horn in seinem eleganten, wilden, schönen, ausgreifenden Wesen entspricht der feurigen Form des Weiblichen, die aber doch wieder geduldig und zärtlich ist, also dem Muhmen-Aspekt der Mutter.

Das Horn symbolisiert – anders als das Geweih des Hirsches – die »Antenne« zum Himmel, und zwar die eine, das »eine Horn«, die unverrückbare Hingabe. Insofern symbolisiert auch das Einhorn die Jungfräulichkeit. Diese ist nicht zu verwechseln mit sexueller Unberührtheit. Maria war zwar Jungfrau bei der Empfängnis Jesu, aber sie hat später mit Joseph eine normale Ehe geführt und hatte noch mehrere Kinder. Dennoch ist sie die »immerwährende Jungfrau«, wie es in der Ost-Liturgie heißt. Denn Jungfräulichkeit bedeutet, ohne Vorbehalt und Zögern dem einen hingegeben sein, auch wenn man nicht alle Zusammenhänge erkennt, so wie die Heilige Jungfrau bei der Verkündigung durch Gabriel: sie erschrak zwar, aber verzagte und verzweifelte nicht, sondern zeigte sich unerschütterlich treu (»Siehe, ich bin die Magd des Herrn, mir geschehe nach Deinem Wort«). Diese Treue bewahrte sie ihr Leben lang, auch wenn ihr manches Geschehen schockierend, unverständlich oder überraschend erschien. Sie war ständig ohne Unterbrechung oder Ablenkung nur dem Einen hingegeben. Deshalb ist nicht die Stute, sondern das Einhorn das Bild der Mutter. Das Einhorn ist zwar schnell und sehr beweglich – es springt vorwärts, rückwärts, seitlich – und es ist sehr elegant. Es nutzt aber alle diese Eigenschaften nur im Sinne dieses einen Horns.

Euer Leben auf Erden ist auf die Zweiheit gesetzt: auf die Spannungen zwischen männlich und weiblich, zwischen Himmel und Doppelgänger usw. Erscheint einem Menschen das Einhorn, so geht es um die Einheit der Orientierung, und zwar entweder als Aufforderung: »komme mir nach« oder als Bestärkung und Mutmachen: »mach weiter so, du bist auf dem richtigen Weg«.

Mit Einheit ist nicht nur die Bindung an den Himmel gemeint, sondern auch die Konzentration auf eine – allerdings vom Himmel anerkannte – Aufgabe, die ganz handlich und praktisch sein kann. Einhorn-Menschen waren z. B. die Mönche, die die

Bibel abschrieben und mit Liebe die Buchstaben malten, und die ihr Leben lang nur dieses taten. Der unterste Bereich des Einhorns zeigt sich in Arbeiten, in denen immer derselbe Handgriff zu wiederholen ist (spinnen, stricken). Wenn man das wüßte, wüßte man auch, daß man mit dieser Arbeit wirklich bei der Mutter ist, und täte sie mit mehr Liebe. Dynamik und Bewegung zeigt sich eben nicht nur in Abbruch und Neuanfang, sondern auch in der Wiederholung, sei es im Gebet, sei es in Handbewegungen und Augenbewegungen, z. B. in Pflegeberufen, die ja auch etwas Mütterliches haben, wenn sie nicht ganz zur Routine werden.

Es gibt allerdings Krankheiten, die sich in der ständigen Wiederholung von Körperbewegungen niederschlagen, sogenannte »Ticks«. Das zeigt die ins Körperliche abgesunkene Bindung an die Mutter – die allerdings auf die falsche Ebene versetzt und insofern degeneriert ist. Da würde es für den Menschen Erlösung bedeuten, ihm nahezubringen, daß er die Liebe zur himmlischen Mutter pflegen und Arbeit für die Mutter tun sollte.

Im Märchen wird das Einhorn gefangen, indem der Jäger es provoziert, ihm nachzueilen, und sich dann hinter einem Baum versteckt: das Einhorn rennt sein Horn in den Baum und sitzt fest. Was bedeutet das?

Man will die Liebe und Hingabe habbar machen, sie sich holen und festhalten, so daß das Einhorn nicht kommt und geht, wann es will. Es rennt in den Baum hinein: d. h., es soll zur Natur gehören und nicht wieder fortgehen können. Aber das geht natürlich nicht. Es ist ein Irrtum zu meinen, man könne es fangen, dann habe man es. Man gewinnt eine Beziehung zu ihm vielmehr durch innere Arbeit, und es bleibt immer frei.

Es gibt Märchen, da bereitet man dem Einhorn einen schönen Garten, lockt es hinein und fängt es so.

Das ist dasselbe Thema, nur kultivierter, weniger brutal.

3. Du sagtest eben, auch das geflügelte Pferd symbolisiere – wie Einhorn und Eselin – einen Aspekt der himmlischen Mutter.

Ja, es symbolisiert die Weisheit und damit einen weiteren Aspekt der Mutter, nämlich die Sophia. Das Pferd besitzt die Schwingen der Weisheit und läßt sich von ihnen tragen, kann leicht nach oben abheben, um Abstand und Überblick zu gewinnen, ist also sehr beweglich und kann fliegen. Das unterscheidet die Weisheit vom bloßen Wissen. Es kann aber auch laufen, d. h. praktisch auf Erden wirken.

Ikarus symbolisiert das bloße Wissen: er will sich selber Flügel machen, will hoch hinaus – und stürzt ab. Pegasus hingegen, das geflügelte Pferd, symbolisiert die Weisheit: er ernährt sich auf Erden, hat hier seinen Halt und kann sich hier bewegen. Aber man kann sich auch draufsetzen und fliegen.

Der Begriff der »Pferdestärke« – PS – ist ein guter Sprachgebrauch. Es ist recht so, die Pferdestärke in der technischen Welt als Maßeinheit zu verwenden und so zu bewahren. Doch PS kann auch wesentlich mehr sein: Das Pferd kann sich als Pegasus erweisen.

4. Was ist die Bedeutung des heiligen Fisches?

Der Fisch ist das Tier des Sohnes, ebenso auch der Delphin und der Wal. Der Wal, der Jonas verschluckt hat, ist ein schönes Bild: der Mensch ist in ihm. Das Gegenstück dazu ist die Forelle, die der Mensch ißt: sie ist im Menschen als Bild des Sohnes.

Der Fisch ist ein Wesen, das zwar in einem anderen Element lebt, aber doch verstanden und geliebt werden möchte. So wie der Fisch ist auch Jesus in dieser Welt, aber doch in einem anderen Element. Er ist ganz Mensch und doch – als Sohn des Vaters – ganz anders.

Die Fische sind Tiere, die in einer besonderen Entsprechung zum Sohn stehen und das Martyriumserlebnis übernommen haben. Die Fische, denen man das Element ihres Lebens nimmt, erleiden ein Martyrium. Die Hüter der Fische haben beschlossen, diesen Aspekt des Sohnes weiterzuleben.

Auch der Delphin in euch zeigt menschliche Züge. Er trägt euch zur Insel, ihr könnt mit ihm spielen, seine Mimik anschauen: mal ist sie fröhlich, mal traurig, mal ist er munter, mal müde – und das alles in dem euch fremden Element des Wassers. Das fördert das Verständnis für die Andersartigkeit Jesu, der im Element des Himmels lebte, obwohl er ganz Mensch war.

Die wichtigsten Tiersymbole des Sohnes sind: die kleine Regenbogenforelle, der Delphin und der Weiße Wal. Dieser durchschwimmt ganze Meere und symbolisiert insofern den Missionsauftrag an alle Welt. Er zeigt die Verbindung von Wasser und Leben.

Welche Bedeutung hat Moby Dick – der Weiße Wal?

Der Verfasser des Romans Moby Dick, Melville, war zwar kein bewußter Esoteriker, aber im Unbewußten war er sehr empfänglich für Inspiration. Die Jagd nach dem Weißen Wal zeigt: so gehen Menschen mit Christus um, und zwar aus Angst und Furcht und weil sie sich nicht auskennen, deshalb suchen sie ihn umzubringen. So ist die Passion Christi in der Passion des Wales dargestellt. Das Buch kann Menschen sehr berühren und den »Klang« der wirklichen Passionsgeschichte auslösen. Melville meinte nicht, der Weiße Wal sei etwas Böses, sondern Angst, Empörung und Furcht führten den Menschen dazu, ihn als etwas Böses zu besetzen, weil er es nicht besser weiß.

Welche Bedeutung hat der Satz: »Ich will euch zu Menschenfischern machen«?

Dieser Satz wurde häufig mißverstanden. Er besagt nicht, die Missionare und Prediger zögen Menschen in Netzen an Land, d. h. sie seien legitimiert, Schwärme von Menschen mit List und Tücke, Zwang und Gewalt zu fangen und in die Kirche zu holen. So ist das nicht gemeint. Es handelt sich vielmehr um ein poetisches Bild vom Ideal des Fischers, der mit dem Meer oder dem See lebt, mit den Gezeiten und Tagesrhythmen, der ein liebevolles Verständnis für die Fische hat, der weiß, wann, wo, wie sie leben, der quasi ihre Sprache versteht. So sollte auch der Missionar ein gutes Verhältnis zu den Menschen haben, ihre Sitten, Freuden, Bräuche und Ängste kennen, sie lieben und verstehen wie ein Freund, auch wenn sie ihm fremd sind. Die Verbundenheit mit den Menschen ist die Grundlage der Mission. Da endet die Parallele zwischen Fischer und Missionar. Der Missionar holt die Menschen nicht gewaltsam in die Kirche, sondern freut sich, wenn sie zu ihm »ins Boot steigen« – als dem sichersten und schönsten Platz. Er will sie um sich scharen, er holt sie ab, aber nur, wenn sie von sich aus freiwillig kommen. Das Bild vom »Menschenfischer« erlaubt also nur begrenzte Analogien.

Gemeint ist ferner die Aufforderung, sich das Fischhafte in sich selbst zu eigen zu machen, weil man das Fischhafte dann auch im anderen erkennen und sich zu eigen machen kann. Erst muß sich der Missionar mit dem Fisch – mit Jesus Christus, mit dem Sohn – auskennen, mit all seinem Erkennen, Erleben und Erfahren. Erst wenn er sich mit den Fischen auskennt, dann kann er auch im Menschen das Fischhafte erkennen. Der Fischer lebt mit dem Fisch und für den Fisch, und so lebt der Menschenfischer mit dem Herrn und für den Herrn.

5. Was bedeutet der heilige Drache?

Er symbolisiert den Vater. Das mag auf den ersten Blick überraschen. Aber der Drache gehört nicht zu den Hierarchien zur Linken, er ist nicht etwa eine böse verschlingende Schlange. Die Vorstellung, daß er sich böse verhalte, ist eine Spiegelung des Doppelgängers: er projiziert sein Böses in den Drachen hinein. Freilich kann der Drache durch seinen Atem, seinen Feuerhauch auch Leben vernichten, doch eigentlich ist er Licht und Lebenshauch.

Der Drache beschützt die Prinzessin wie der Vater, der die Welt schützt. Der Drache ist ein Wächter, er ist männlich, und es gibt auch einen Kampfaspekt in ihm – wie im Vater: Dieser hat ja auch die Kraft, einen Kampf anzunehmen und sich durchzusetzen. Die Größe des Drachen ist erschreckend, er ist unnahbar und gefährlich. Er kann mit seinem Hauch einen Orkan auslösen, mit seinem Schwanz ein Erdbeben. Er ist enorm, überwältigend, erschreckend – ein Bild des Vaters.

Also die Funktionen des Drachen sind: Wächter, Schützer und Kämpfer. Der Vater steht in seinem Rücken. Der Drache bringt Licht und Leben, auch das Licht, das das Dunkel erschreckt. Ihr solltet den Drachen lieben.

Es gibt die Märchen, in denen dem Drachen sein Haupt abgeschlagen oder er sonst getötet und in ein Erdloch verbannt wird.
Wie sind sie zu verstehen?

Noch einmal: Der Drache ist kein von den Hierarchien zur Linken erschaffenes Tier, sondern die Doppelgänger benutzen die Menschen mit ihren Ängsten zu negativen Spiegelungen. Im richtigen Ansatz handelt es sich um ein Bild für die Hingabe des Vaters an die Schöpfung, für den Akt des sich Hingebens, ohne Leid und Mühe zu scheuen. Er begibt sich in die Erde hinein, er durchtränkt sie mit seinem Blut – und zwar, weil er es so beschloß. Es ist unmöglich, den Drachen zu besiegen, vielmehr:

er ließ sich besiegen. Der Drache als Bild des Vaters ist unbesiegbar. Das Bild von den nachwachsenden Köpfen macht es anschaulich.

Wenn der Drachen nicht das Böse symbolisiert, wie ist dann das apokalyptische Bild vom Kampf Michaels, der den Drachen auf die Erde stürzt, zu verstehen?

Die Apokalypse ist ein inspiriertes Buch, aber das Bild zeigt trotzdem eine Verschiebung zum Negativen hin – eine Spiegelung menschlicher Angst durch den Doppelgänger. Der Vater ist auch streng und richtend. Der Spiegel der Ängste löst ein solch negatives Bild aus. Was Michael auf die Erde wirft, sind die Hierarchien zur Linken. Doch auch diese sind Geschöpfe Gottes. Dieser fällt mit ihnen auf die Erde, insofern er auch in ihnen ist. Doch den Drachen schlechthin mit den Linken zu identifizieren, gibt ein verzerrtes Bild.

Der Vater hat eben auch etwas Erschreckendes, Erschütterndes, Vernichtendes. Wer ihn unmittelbar ansieht, muß sterben. Er ist groß, gewaltig, erschütternd – aber nicht böse. Man muß auch die Sanftmut des Vaters bedenken, die besteht, auch wenn er alles vernichten könnte. Er könnte es tun, aber er tut es nicht. So gibt es auch verschiedene Aspekte und Akzentuierungen in den Drachendarstellungen. Der Vater ist alles – und sein Gegensatz, er ist schlechthin unbegreiflich. –

(Der Weiße Hirsch entläßt uns freundlich. Die Abgeordneten der Türhüter führen uns zurück.)

Der Hohelehrer: Ich sehe: Der Drache als Bild Gottes hat euch noch nicht ganz überzeugt. Ich möchte dazu noch einiges Erläuternde sagen. Die Herausforderung des Vaters gehört zum Umgang des Menschen mit dem Vater – ein bißchen wie im Paradies. Der Mensch als Held ruft ihm zu: Bist Du es, der für mein Schicksal zuständig ist – oder bin ich es? Habe ich selbst mein Schicksal in der Hand, oder muß ich klein beigeben? Die Geschichten vom Helden, der den Drachen besiegt, sagen dem

Menschen: du kannst den Kampf bestehen – stelle dich, wage es, sei mutig, tu etwas! Bange dich nicht vor dem Schicksal, stelle deinen eigenen Willen über den seinen! Der Drache ist gutmütig, er läßt es geschehen, eher aus Amüsement denn aus Zwang. Die Lehre ist: Hilf dir selbst, so hilft dir Gott.

Der Himmel liebt durchaus aufrechte Menschen, die sich stellen und ihn herausfordern. Ihm imponieren mutige Kämpfer, die ihn anrufen: »So geht es nicht, ich wünsche das zur Kenntnis zu nehmen. Was ist los hier! Kümmere dich! Stelle dich uns Menschen! Bei allem Respekt: ich habe das so und so entschieden!« Der mutige Ritter kriegt die Prinzessin.

Kinder üben diese Haltung, indem sie die Eltern herausfordern. Dadurch befinden sie sich zwar nicht unbedingt auf dem Weg zum himmlischen Ritter. Wer aber als Kind die Eltern nie herausgefordert hat, wird später auch Gott nicht herausfordern.

Es geht hier um die Gratwanderung zwischen Mut und Demut. Wer genügend Kraft in den Knien hat, um fest zu stehen, ist auch der Anstrengung gewachsen, in die Knie zu gehen. Demut braucht Mut. Deshalb steht vor der Demut der Mut. Übt beides – mal den Mut, mal die Demut. Und dann erlernt die Kunst, zu beurteilen: Wann ist was angebracht? Das ist eine Frage des Gewissens, und dieses ist die treueste Instanz, auch in einem Menschen, der nichts von den Engeln weiß.

Angenommen, vor deinen Augen werden himmlische Werte, wird die Menschenwürde verletzt, z. B. durch Mord, Folter, Vergewaltigung. Dann sagt dir das Gewissen: Jetzt gilt es mutig hinzustehen, Courage zu zeigen – der Welt und auch dem Himmel gegenüber. Du rufst ihm zu: »So nicht! Das geht zu weit! Ich arbeite und kämpfe und fordere den Himmel heraus, mit mir zu kämpfen und einzuschreiten.«

In anderen Situationen gilt es, Ruhe und Zuversicht zu bewahren, und das heißt: Demut zu zeigen. Das geht aber nur, wenn du grundsätzlich mutig bist. Der Arzt kann dem Unfallopfer nur helfen, wenn er Ruhe bewahrt, also zugleich mutig und demütig ist. – Du wirst Zeuge eines tätlichen Konflikts und kannst nicht wissen, wer schuld ist; laß es dahingestellt und versuche, erst einmal Frieden zu schaffen.

Viele Legenden, Märchen und Sagen machen euch die Komplexität des Drachenbildes anschaulich. Siegfried, der den Drachen getötet und sich mit seinem Blut durchtränkt hat, glaubte, er sei nun mit der Kraft des Drachen umgeben und unverwundbar. Aber er blieb verwundbar und fiel Hagens Speer zum Opfer. – Oder: Der Drachen hat die Prinzessin entführt und hält sie gefangen. Sie fürchtet ihn, aber er ist nicht nur einfach blindwütig, böse und aggressiv. Sein Verhältnis zu ihr ist mehrschichtig wie in »Die Schöne und das Biest«. Er fordert zwar, aber er hält auch Maß und hat Prinzipien. Er liebt sie, sein Verhältnis zu ihr symbolisiert das Verhältnis des männlichen zum weiblichen Prinzip.

Der heilige Georg bezwang den Drachen und versprach, ihn zu töten, wenn die Menschen sich taufen ließen. So geschah es. In dem Drachen, der Opfer fordert, kommen ganz alte Gottes- und Vaterbilder zum Ausdruck. Dann kam ein Mensch – der Held –, der nicht einfach geschockt war, sondern den Drachen tötete. Er tötete aber nur diese Vorstellung vom Vater, d. h., er führte vom Alten ins Neue Testament. Das alte Vaterbild war zwar nicht ganz falsch: es gibt diese fremde Seite im Vater auch, er ist auch streng, auch unnachgiebig. Doch es ging darum, dieses Gottesbild in den Hintergrund treten zu lassen. Der Sohn kam, damit man Gott als *Vater* erkennt: das ist das Neue im Neuen Testament. Der Vater läßt es zu, daß er »als Drachen« getötet wird – seit der Ankunft Christi. Das Besondere am Christentum ist nicht nur die Nachfolge Christi, sondern auch, daß der Mensch den Schöpfer als Vater sehen und lieben darf.

Die Chinesen, für die das Bild des Drachen eine so große Rolle spielt, sind schwer zu missionieren, weil ihnen ein persönliches Verhältnis zum Vater sehr fremd ist. Es braucht Zeit und Mut, so etwas zu denken.

Doch die Liebe des Vaters ist größer als die Strenge. Bei den Geschichten vom Drachentöter solltet ihr auch ein bißchen lächeln: Der Drache kann doch gar nicht so tolpatschig sein, daß er sich töten läßt, wenn er sich nicht töten lassen will. Natürlich könnte er den Helden auch vernichten. Aber er gestattet es, getötet zu werden, er gesteht den Menschen das Recht zu, siegreich zu sein und diesen Aspekt zu töten. Auch dies ist eine liebevolle Tat. Er läßt sich umwerfen, aber lächelnd wie im Spiel, er freut sich an Mut und Stärke. Aber wehe, wenn der Mensch ihm frech, herausfordernd, arrogant gegenübertritt: Dann wird der Drache – der Vater – ihn in die Schranken weisen.

Freitag, 29. 12. 95

Übungen zur Belebung

Malachma-Leachim (s. 22. 12. 95) zu Walter H.:
Ich gebe dir zwei Übungen, die dir wohltun werden.

1. Übung: Licht trinken.
Morgens vor dem Aufstehen reicht dir der Schutzengel oder der Tagesengel eine goldene Schale, daraus kannst du Licht trinken. Abends wird dir eine silberne Schale gereicht. Damit bekommst du das, was dir energetisch fehlt. Diese Übung ist täglich zu tun, das ganze Jahr hindurch. Falls tagsüber ein Tief auftaucht, trinke nochmals aus der goldenen Schale. Mit der Zeit wirst du den Weg des Lichtes durch den Leib verfolgen und ganz erfüllt sein vom Licht.

Wenn du das Licht über die Füße an die Erde abgeben willst, ist es gut, die erste Schale für dich, eine zweite Schale für die Erde zu trinken. Dann kannst du auch die Durchlichtung der Erde verfolgen. Danach magst du eine dritte Schale trinken und das Licht dem Himmel zurückschenken. Indem das Licht durch den Menschen geht und dann dem Himmel wieder geschenkt wird, bekommt es eine andere Qualität. Freiwillig zurückgeschenktes Licht wird im Himmel als eine große Wohltat empfangen.

2. Übung: Feiern in den Innenräumen.
Wenn jemand in einer Situation ist, wo er wenig äußere Kontakte hat, kann er zum Ausgleich eine rege Tätigkeit in den

Innenräumen entfalten – als Gastgeber und Organisator von festlichen Unternehmungen. Mache z. B. eine Prozession zum Strand des Inneren Meeres. Nimm dein Inneres Kind aus den Armen des Engels, der es hält, und trage es zum Strand des Meeres. Der Engel begleitet euch. Laß das Kind auf das Meer hinausblicken, laß es Wind, Wellen, das Salz in der Luft, den Ruf der Möwen erleben. Halte es im Arm und bringe es dann in die Krypta zurück. Ist es etwas blass, wird es dadurch rote Bäckchen bekommen. – Ebenso kannst du auch deinen Inneren Weisen oder den Engel am Altar oder andere Innenwesen, ja sogar auch andere Menschen einladen: z. B. zu einer Schiffspartie auf dem Inneren Meer, zu einem Picknick an der Inneren Quelle, zu einem Konzert in der Inneren Kirche. Oder du lädst die Eremiten in den Inneren Kosmos, um ihnen den Himmel zu zeigen und mit ihnen zu den Sternen zu fliegen.

Sonntag, 31. 12. 95

Über die Schöpfung

Ein Engel der Liebe: Immer wieder bedrängt euch die Frage: Warum geschieht soviel Leid?

Ist das unvermeidlich um der Entwicklung der Freiheit willen?

Ja, im Kopf ist das logisch und richtig begriffen. Freiheit bedeutet auch die Freiheit zum Bösen, und dieses führt zu Leid. Die Freiheit steht höher als zeitweises Leid. Das ist ein Grundgesetz der Schöpfung.

Wäre dann eine Schöpfung ohne Freiheit und damit auch ohne Leid nicht besser gewesen? Ist der Preis für die Freiheit angesichts der Unermeßlichkeit des Leides nicht zu hoch?

Das klingt so, als habe der Vater alle Dinge durch sein Tun begonnen und hätte auch eine beliebige andere Schöpfung schaffen können. Ihr müßt aber verstehen: Die Schöpfung bedeutet: Der Vater hat seine Innenwelt aus sich herausgesetzt. In der Schöpfung hat der Vater die Wesen aus sich herausgesetzt, aber sie waren schon vorher da. Der Mensch ist ein Ebenbild Gottes, insofern er Innenräume und einen Außenraum hat. Der Vater trug die ganze Schöpfung in sich, in seinen Innenräumen, und hat sie nach außen herausgesetzt.

Wenn ihr anderen Menschen einen Engel zusendet, so nehmt

ihr ihn zunächst aus dem Himmel in eure Innenwelt auf, z. B. in die Innere Kirche oder in das Scheitelchakra, den Inneren Kosmos. Dann schickt ihr ihn von dort in die Außenwelt, setzt ihn aus euch heraus. Das mag euch eine schwache Vorstellung von dem vermitteln, was der Vater bei der Schöpfung tat.

Der Vater hat also die Welt aus sich selbst geschaffen, aus seiner Substanz. Seine Substanz ist *Licht,* oder genauer das Prinzip des Lichts, das Licht des Lichts, das Licht hinter dem Licht.

Das große Attribut dieses Lichts ist *Freiheit.* Der Vater besitzt die Freiheit, zu erschaffen. Die gesamte Schöpfung besteht also aus Licht, das Freiheit in sich trägt. Sie hat sich freiwillig zur Schöpfung zur Verfügung gestellt. – M. a. W. die Schöpfung begann mit der Freiwilligkeit des Lichts.

Licht und Freiheit aber sind gespeist aus *Liebe.* Die Liebe steht über allem. Sie ist das Herz des Vaters, dieses ist die Liebe der Liebe, die ein Mensch nie zu Gesicht bekommen wird. Die Liebe ist der Ursprung von Licht und Freiheit und somit der Ursprung der Schöpfung.

Die Schöpfung ist die äußere Spiegelung der Innenwelt des Vaters; in ihr erkennt ihr einen Abglanz des Vaters. Alles, was ist, Engel, Naturgeister, Mensch, Tier, Pflanze, Stein, auch die gefallenen Engel, alles ist geschaffen aus Freiheit und Licht – in wechselnden Schwingungsverhältnissen, bis in die Materie hinein.

Was wollen denn die Wesen? Sie wollen Licht und Freiheit, also das, was sie von der Schöpfung her sind. Sie wollen Licht und Freiheit wieder entstehen lassen, sie suchen danach, Licht zu werden und frei zu werden. Sie suchen danach auf den aberwitzigsten Wegen. Der Vater kann nicht dazwischengreifen – das ist sein Wesen. Sonst würde er seine Substanz verändern, sich selbst untreu werden und anders sein, als er ist.

Der Hohelehrer schaltet sich ein: Diese Dreiheit – Licht, Liebe, Freiheit – ist ein hochheiliges Thema. Um es noch etwas verständlicher zu machen, möchte ich noch folgendes verdeutlichen: Der Vater hat zuallererst eine Trennung von Innen und

Außen geschaffen, sonst hätte er nichts aus sich heraussetzen können, was in ihm war. Die erste Schöpfung oder die erste Tat des Vaters überhaupt war die Schaffung einer Dualität, nämlich eines Unterschiedes zwischen seinem Innen und seinem Außen.

Anders gewendet: Am Anfang stand eine Selbstbetrachtung des Vaters. Eine Selbstbetrachtung erzeugt den Unterschied zwischen dem Betrachtenden und dem Betrachteten. Der Vater war zuallererst ein betrachteter Betrachtender, einer, der betrachtet, und zwar sich selbst. Deshalb ist einer der Königswege zum Vater zurück der Weg der Betrachtung, also der Weg der Meditation und der Kontemplation. Das ist ja eine der großen alten Schulen des Weges zum Vater zurück, weil die Urform des Göttlichen damit geübt, nachempfunden, nachgelebt wird.

Mit der Selbstbetrachtung kam das Entzücken, die große göttliche Liebe. Der Herzschlag der Schöpfung war die Freude, das Entzücken, die Liebe zu dem, was der Betrachtende da betrachtete. Das gab die Motivation zur Schöpfung, für das, was die Astronomen unter »Urknall« verstehen. Der Vater knallt nicht; dieses Wort ist völlig unangebracht. Was wirklich geschah, war: der sich betrachtende Betrachter war entzückt, und es begann diese große Liebe des Betrachters zu sich selbst oder zu dem, was sich in seinem Inneren befand. Der erste Herzschlag der Schöpfung war diese Liebe. Der sogenannte Urknall ist nichts anderes als der erste Herzschlag, d. h. das allererste Zeichen des Entzückens, der Freude, der Liebe. Die Liebe ist also die bewegende, der Herzschlag die impulsgebende Kraft.

Die Freiheit ist der Atem des Schöpfers, mit dem oder durch den er die Schöpfung aus dem Innen herausgeatmet hat ins Außen. Freiheit ist also, was ihr auch nennt den Odem des Lebens. Freiheit ist nichts anderes als Leben. Alles Leben ist eine bestimmte, eine für euch erkennbare Form von Freiheit. Wenn ihr in der Heiligen Schrift die Passage lest, wo den Menschen Odem eingehaucht wurde, dann ist das nichts anderes als der Hauch der Freiheit.

Die Innenwelt des Vaters, also das, was nach der Betrachtung des Vaters zum Inneren erklärt wurde, war ja schon vorher da.

Nur war es noch nicht nach außen gesetzt, es war noch nicht ausgeatmet, es war noch im Inneren angelegt. Es war so, wie auch der Fötus vor der Geburt schon atmet, obwohl er natürlich eigentlich noch nicht im Äußeren atmet. Er macht die Bewegungen des Atmens mit und wird entsprechend versorgt. Er besitzt schon Lungen. Er tut so, als atme er und atmet auch in gewisser Weise. Nur im Äußeren atmet er dann noch einmal anders. Das ist kein Widerspruch, sondern die Schöpfung war als innere Gegebenheit schon im Vater vorhanden und wurde dann ausgeatmet. Freiheit ist der Hauch, der sie im Innern trug und der sie dann von innen nach außen trug.

Darf man fragen: Warum wollte denn die Schöpfung nach außen gesetzt werden, wenn sie hinterher Heimweh hat und wieder zurück will? Warum wollte sie nicht einfach bleiben?

Wenn etwas geliebt wird und wenn es mitgeteilt bekommt und verstanden hat, daß es schön ist, dann möchte es sich entfalten. Dann möchte es auch schön sein im Außen, dann möchte es weitermachen. Dann bekommt es einen Impuls, einen Herzschlag. Wenn etwas gesagt bekommt: du bist wunderschön, du bist ein Entzücken, du bist eine Freude, ich liebe dich, dann möchte es tanzen, dann möchte es sich bewegen, dann möchte es sich entfalten, dann möchte es sich mitfreuen mit dieser Freude. Dann möchte es nicht einfach schlafen, sondern aufwachen.

Ihr kennt das Bild des Liebeskusses, der etwas zum Leben erweckt. Die Liebe ist, was etwas dazu bewegt, sich zu bewegen, sich zu entfalten. Eine Innenwelt, die nicht geliebt worden wäre, wäre wahrscheinlich nie eine Schöpfung geworden, sondern sie wäre einfach dort geblieben, wo sie war: schlummernd, in sich gekehrt, im Innern befindlich. Aber Liebe gibt eben diesen Herzschlag, diesen Impuls, sich selbst zu sagen: schau, wie schön ich bin, schau, ich werde geliebt. Bin ich nicht wunderschön? Die Liebe gibt den Impuls, sich anzuschauen.

Das wiederholt sich im Irdischen: wer sich nicht liebt, will sich nicht anschauen. Wer seinen Körper nicht schön findet, will ihn nicht im Spiegel sehen. Wer sein Gesicht nicht mag, mag es nicht gespiegelt finden, will nicht fotografiert oder gemalt werden. Wer sich nicht liebt, will weder in anderen Menschen gespiegelt sein noch sich selber betrachten. Nur was geliebt wird, will sich betrachten. Was aber geliebt wird, will sich betrachten bis in die Form des Tanzes, der Darstellung hinein. Was geliebt wird, will sich anschauen und will angeschaut werden.

Indem also die Innenwelt vom Vater mit Entzücken und Freude und Liebe betrachtet wurde, empfing sie diesen Impuls wie von einem Herzschlag: ja, ich bin schön. Sie wollte gerne tanzen vor dem Vater und ihre Schönheit zeigen, also zeigen, daß sie würdig war, so geliebt zu werden. Deswegen ließ sie sich gerne aus dem Vater herausversetzen. Der Atem, der sie hinaustrug, war die Freiheit: Sie ist das Leben der Schöpfung. Der Herzschlag, der sie bewegte, war die Liebe.

Das Material aber, aus dem sie gemacht ist, ist das Licht oder, in einer naturwissenschaftlich vielleicht verständlicheren Sprache: die Energie. Materie ist eine in irgendeiner Form gebundene oder zusammenhängende Energie. Jede Materie ist ein Tanz von Atomen und Molekülen in bestimmten Bewegungen, wie sie die Schöpfung vor dem Vater tanzte. Auch ein Tisch ist ein Tanz von Atomen, ein hübsch choreographierter, genau eingehaltener Tanz, und das ist nichts anderes als eine Form von Energie.

Der Engel der Liebe: Das Leid kommt nicht von Gott, sondern von den Wesen, die die ihnen gegebene Freiheit zur Auflehnung gebraucht haben, also von den Hierarchien zur Linken und auch von Menschen, die von ihnen beeinflußt sind: sie verursachen das Leid. Nicht Gott schickt Leid auf die Welt. Gott straft nicht! Die Welt kreiert statt Freiheit und Licht ihr Gegenbild – doch auch dies aus Freiheit. Gott leidet am Leid der Welt – aus Liebe.

Nur wenn man diese Zusammenhänge akzeptiert, wie sie sind, kann man den Satz verstehen, der euch beim ersten Hören befremden mag: Der Mensch erfährt Leid letztlich aus Liebe. Er wählt sich z. B. ein leidvolles Inkarnationsvorhaben zur Lösung von Schuld, durch die er früher anderen Leid zugefügt hat. Er wählt es freiwillig. Insofern ist dann das Leid ein Ausdruck seiner Liebe. Auch die Passion des Herrn, sein Leidensweg ist ein Liebesweg. Sein Sterben am Kreuz war eine Liebeserklärung. So kann man das Leid als Liebestat begreifen. Wichtig ist: es kommt nicht darauf an, das Leid abzuschaffen, sondern es zu Licht zu machen, das zur Freiheit und somit zurück in die Liebe des Vaters führt.

Warum wollen das Licht und die Freiheit wieder zum Vater zurück? Warum sind die Geschöpfe nicht zufrieden, wie sie sind?

Im Anfang stand die Liebe: die Schöpfung hat sich freiwillig zur Verfügung gestellt, geschöpft zu werden, aber sie hat Heimweh. Das gilt für die gesamte Schöpfung. Jeder Stein, jeder Engel, jeder Naturgeist usw. – alle haben Heimweh. Heimweh ist Liebe. Die geschaffenen Wesen haben eine vielleicht nur schwache Erinnerung an die Geborgenheit vor der Schöpfung, aber diese Erinnerung wird nie ganz verblassen und erfüllt die Geschöpfe mit Sehnsucht nach ihrer letztendlichen Heimkehr.

Die Heimkehr in den Vater wird die Vollendung sein. Das wird ein großes Freudenfest! Die Substanz der Schöpfung ist Freiheit und Licht, und dazu ein Schuß Erinnerung an die Liebe der Liebe – wie ein Widerhall, der die Schöpfung mit wehmütigem Heimweh erfüllt. Es ist der Wunsch der Freiheit und des Lichts, zu sich selbst zu kommen. Und es ist das Heimweh, das sie zur Rückkehr bestimmt. Darauf setzt der Vater. Er weiß, daß alles gut wird. Denn es wird sich alles zum Guten wenden, auch wenn der Weg dahin noch weit ist. –

Die Jahreslosung für 1996 besteht in den vier Worten des Weihnachts-Ave-Maria (S. 264):

»Tragen und nähren,
lieben und lehren.«

Bittet die Mutter für euch, daß sie euch trage und nähre, liebe und lehre. Stellt euch aber auch selbst zur Verfügung und sorgt, daß alle getragen und genährt, geliebt und gelehrt werden. Was die Mutter für euch tut, möget ihr für andere Menschen tun.

Eure Aufgaben für das kommende Jahr sind:

1. In die Innere Kapelle ein kleines Schränkchen für die Innere Krippe stellen, das ihr täglich öffnet, um die Innere Krippe zu besuchen. So werdet ihr in euch die Heilsgeschichte lebendig leben.
2. Täglich ein weihnachtliches Gefühl pflegen, das ganze Jahr hindurch, z. B. ein paar Takte eines Weihnachtsliedes singen oder sprechen: »Heute ist uns der Heiland geboren.«
3. Sprecht jeden Tag in der Inneren Kapelle ein Weihnachts-Ave-Maria (S. 264) oder sprecht einfach dies:

Heilige Mutter,
trage und nähre, liebe und lehre mich,
so wie auch ich die Welt
tragen und nähren,
lieben und lehren will.

Oder:

Liebe Mutter, hilf mir vor allem, die Welt
zu tragen und zu nähren, zu lieben und zu lehren.

Dienstag, 2. 1.96

Die Prismen

Elion: In der Erörterung der Weihnachtskrippe (7. 12. 95) klang das Thema der Prismen an, in denen jeder Mensch steht. Heute gilt es, dies genauer zu verstehen und zu lernen, wie man mit den Prismen arbeitet. Diese Arbeit setzt voraus, daß man die Arbeit mit Farben und Chakren schon geübt hat.

Ihr wirkt nie direkt aus den Innenräumen hinaus in die Welt. Vielmehr wird alles, was der Mensch aussendet, im Prisma kontrolliert, ebenso alles, was er aufnimmt. Der Mensch steht mitsamt seiner Aura in zwei Dreiecken: eines ist für die Aufnahme, das andere für die Abgabe bestimmt. Zusammen bilden sie einen Sechsstern:

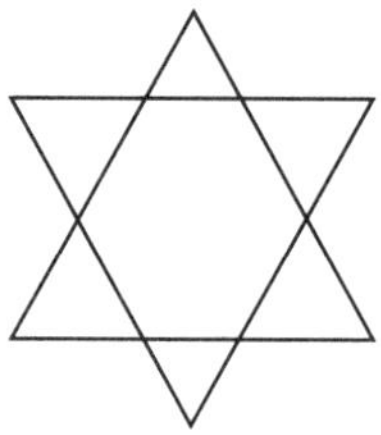

Die Prismen gehören zur Grundausstattung jedes Menschen, auch wenn sie nur schwach sind. Für den Menschen ist es wichtig, 1. das Handeln und Wollen, 2. das Fühlen und Empfinden, 3. das Denken und Bewußtsein gleichermaßen zu entwickeln. Ist das gelungen, so stimmen die Dreiecke, d. h. sie sind klar und gleichmäßig.

Ist es nicht gelungen, so wird das Licht beim Aufnehmen oder beim Abgeben verbogen oder »verschluckt« oder es fehlen Farben. Der Mensch hat dann z. B. den Eindruck: »Der Himmel hört mich nicht« oder: »er antwortet mir nicht«. Um frei zu werden, d. h. die richtige Form zu finden für das Handeln, das Fühlen und die Reflexion gilt es, die Prismen zu korrigieren.

Stellt euch die Prismen zunächst nur flächig, d. h. zweidimensional vor. In Wirklichkeit bilden die Prismen eine dreidimensionale Pyramide. Diese zu betrachten, macht die Sache für den Anfang aber zu kompliziert. Durch die dritte Dimension kommt nämlich der Zeitaspekt hinzu: man sieht dann nicht nur, wie es ist, sondern auch wie die Entwicklung war – diese Frage läßt sich auf mehrere Inkarnationen ausdehnen – und sogar, wie es sich idealerweise entwickeln wird. Doch wenn man noch nicht genügend geübt ist, besteht die Gefahr, daß man leicht auf Irreführungen des Doppelgängers hereinfällt. Dieser speist Programme aus der Vergangenheit ein, als seien sie aktuell oder als handele es sich um Zukunftsaspekte. –

Die Prismen eröffnen eine Möglichkeit der Diagnose: worin besteht die Lebensaufgabe eines Menschen? Wieweit ist er ihr nachgekommen? Wie ist seine Verbindung mit dem Himmel? Wie geerdet ist der Mensch?

Bevor die Arbeit am Prisma beginnt, sind die Innenräume in Ordnung zu bringen. Eure Autos bringt ihr von Zeit zu Zeit zur Generalinspektion. Der Weg zur Heiligkeit führt ebenfalls über die regelmäßige Generalinspektion. Zunächst solltet ihr die 7 Haupt-Innenräume »abchecken«: sind sie funktionsfähig, sind sie sauber und freundlich, sind die Farben in Ordnung?

Entzündet die farbigen Kerzen in den Vorräumen der Innenräume und bittet die Engel um Reinigung. Dankt den Engeln, daß sie das tun. – Unordentliche Innenräume können das Licht nicht durchlassen. Auch können sie durch gleißendes Licht Schaden leiden. Möglicherweise kommt es dann zu Persönlichkeitsspaltung, Depression, Abhängigkeit, Ungleichgewicht. Deshalb ist die Farbarbeit die unerläßliche Voraussetzung

für die Prismenarbeit. Der sicherste Weg ist darüber hinaus, sich in den Schutz der Kirche und der Maria zu begeben.
Die drei Ecken des Prismas haben verschiedene Farben, und diese haben eine Entsprechung zu Maria, Joseph und dem Jesuskind. Einmal im Jahr, in den 12 Heiligen Nächten, könnt ihr mit der Vorstellung der Heiligen Familie arbeiten, sonst sind nur die Farben vorzustellen. Begebt euch in eure Innere Kirche und stellt euch mit dem Blick zum Hauptportal.

Betrachtet zunächst euer aufnehmendes Prisma:

Links oben stehen
für Maria alle Blautöne,
von Hellblau, Mittelblau,
Königsblau bis Lilablau.

Rechts oben steht
für Joseph das ganze
Rosa-Grün-Spektrum.

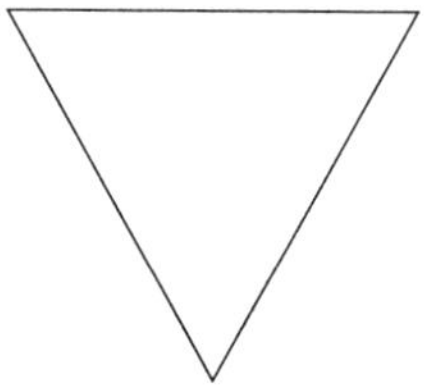

Die untere Spitze für
das Christuskind zeigt die
Farben Gelb-Orange-Rot.

Stellt euch nun vor, daß die Linien über das Prisma hinaus verlängert sind und sich dadurch Gegenspitzen bilden. Durch diese Ecken fließt die entsprechende Farbe in das Prisma herein, von links oben hellblau bis lilablau, von rechts oben rosa ins grün übergehend und von unten von gelb bis rot.

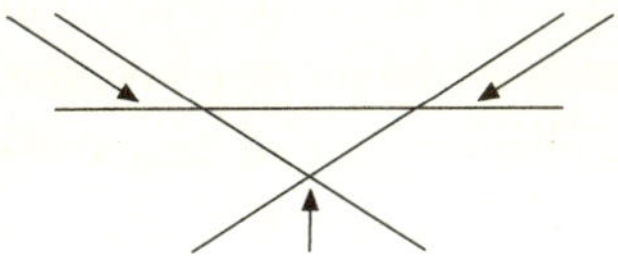

Blau ist die Farbe der Mutter, des geschützten Lernens und Lehrens, der Hingabe. Rosa versteht man, wenn man an die Redensart denkt, »etwas durch die rosa Brille« zu sehen. Alle Rosatöne sagen etwas über die Gefühlswelt aus. Sieht jemand rot, ist das anders: eigentlich sieht er dann schon nicht mehr, sondern er handelt. »Rot-handeln« müßte es genaugenommen heißen. Rot ist die Farbe der Lebendigkeit und der Kraft, des Vitalen, des Gut-inkarniert-Seins. –

Das Fühlen ist das männliche Prinzip (Joseph): Sich von Emotionen bewegen lassen und selbst bewegen, d. h. aktiv werden, die Richtung bestimmen.

Das Denken, der Intellekt, ist das weibliche Prinzip (Maria-Sophia): die Reflexion (wie der Mond).

Das Handeln (Jesus) ist die Verschmelzung der beiden: die Umsetzung ins Tun, in die Realität.

Es geht darum, daß alle drei gleichermaßen ausgebildet sind. Das ist die Grundlage für die optimale Durchlichtung der Innenräume und somit für das Leben in Licht und Freiheit.

Was bedeutet es, wenn ein Teil des Prismas nicht stimmig entwickelt ist?

Beim harmonischen Prisma wird das weiße Licht gleichmäßig und harmonisch in alle sieben Farben aufgefächert. So soll es sein. Ist das an einer Ecke nicht so, dann fällt das Licht ganz weg oder es fällt schwach aus. Ist z. B. die Ecke der Maria lädiert, wird die blaue Strahlung vermindert oder gar nicht aufgenommen.

Dann entsteht ein circulus vitiosus: Die Innenräume bekommen weniger Energie, sie schließen sich. Damit geht auch die abgebende Ecke zurück, damit dann wieder die Neuvermittlung, bis der entsprechende Farbteil ganz ausbleibt. Es fehlt dann diese Farbe. Die Aura bekommt Risse und Löcher, was wieder Auswirkungen auf den Körper und das ganze Lebensfeld haben wird.

Die Engel können mit dem Menschen nur ganzheitlich arbeiten, wenn die Aura einigermaßen in Ordnung ist. Auch die Führungsengel brauchen die intakte Aura. Die Aura ist keine Abschirmung. Ist die Aura nicht in Ordnung, wird die Wahrnehmung der Welt und des Himmels bruchstückhaft und verzerrt. Gleicht der Mensch die fehlenden Farben nicht aus, können die anderen Ecken des Prismas überwiegen. Dadurch werden bestimmte Weltbilder überzeichnet. Irgendwann erlischt der Zustrom, die Farben fehlen, der Mensch vermag nicht mehr wahrzunehmen, seine Lebendigkeit läßt nach.

Deshalb ist die beste Lebensversicherung, das Prisma in Ordnung zu halten. Dann herrscht Harmonie der Farben: Das weiß/goldene Licht ist gleichmäßig in die sieben Farben aufgefächert. Der Mensch lebt in dem Glück eines harmonischen Seins. –

Ähnliches gilt für das abgebende Prisma:

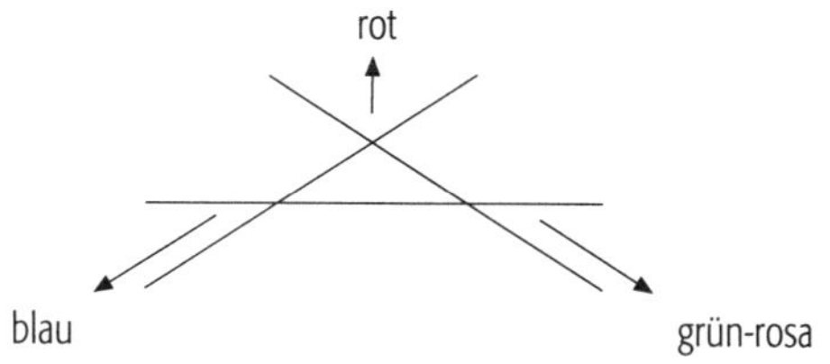

Auch die abgegebenen Farben gehen durch das Prisma hindurch. Sind die Prismen nicht in Ordnung, könnt ihr hundertmal mit weißem Licht arbeiten, es wird nicht weiß sein, sondern abgefälscht, d. h., ihr schickt dem Himmel unreines Licht zurück. Die Idee ist aber, daß ihr weißes Licht empfangen und aussenden könnt.

Sprechen wir zunächst vom aufnehmenden Prisma. Ihr könnt euch fragen:

a) Zum *blauen* Pol: Welche Gedanken nehme ich auf, welche reflektiere ich? Aus welcher Höhe kommen die Gedanken, welche Reinheit und Intensität haben sie?

Der Hohelehrer schaltet sich ein:

Versucht einmal, eure Gedanken und Vorstellungen kennenzulernen, indem ihr die *Weltbild-Prüfung* spielt. Es geht darum, sich über sich selbst Klarheit zu verschaffen: Welche Lehren, welche Philosophien prägen mein Weltbild? Welche Gedankengebäude haben mich geformt, sind mir zu Leitbildern geworden? Wie weit haben mich z. B. Vorstellungen vom »Recht des Stärkeren« überzeugt usw.?

Das Spiel besteht darin, daß ihr folgende Sätze möglichst spontan ergänzt:

Das Leben ist ...
Die Menschen sind ...
Unsere Zeit ist ...
Der Staat ist ...
Besonders wichtig im Leben ist ...
Am besten kommst du durchs Leben, wenn du ...
Oben sitzen nur die, die ...
Du bist bestimmt der Dumme, wenn du ...
Am wenigsten mag ich Leute leiden, die ...
Unsere Zeit leidet vor allem an ...
Wenn ich Kinder hätte, würde ich ihnen vor allem beibringen ...
Das höchste Glück meines Lebens wäre ...
Am liebsten hätte ich Menschen um mich herum, die ...
Wenn ich mir etwas wünschen könnte, wäre es ...
Was ich am wenigsten mag, ist ...
Glück hat, wer ...
In der größten Not würde ich mich an ... wenden.
An den Schädigungen unseres blauen Planeten sind vor allem diejenigen schuld, die ...

Ihr könnt die Liste der Fragen beliebig ergänzen und die begonnenen Sätze vielleicht auf Karten schreiben. Dann könnt ihr die »Weltbild-Prüfung« auch zu zweit oder in geselliger Runde spielen, indem ihr der Reihe nach eine Karte zieht. Das Spiel wird euch nicht nur Spaß machen, sondern auch Anlaß zu Gedanken und Gesprächen geben und so dazu beitragen, daß das blaue Eck klar und rein wird.

b) Etwas Ähnliches könnt ihr tun, um das *rosa-grüne* Eck zu klären und zu reinigen. Durch dieses treten Gefühle, Emotionen in euch hinein – gute und angenehme, wenn es klar und rein ist. Der Ansatz für den Doppelgänger ist, ungute und unangenehme hineinzumischen. Auch hier gilt es zunächst einmal, daß ihr euch Klarheit über euch selbst verschafft, und zwar jetzt darüber, für welche Emotionen ihr offen seid, welche ihr an euch heranlaßt. Auch hier kann euch ein Spiel helfen, das ihr allein, mit dem Partner oder auch im Kreise der Familie oder der Freunde spielen könnt. Jeder nimmt ein Blatt, unterteilt es in der Mitte und erstellt Listen von Emotionen, die ihm vertraut sind, links die unguten und unangenehmen, z. B. Ärger, Wut, Neid, Sorgen, Trauer, Unsicherheit, Minderwertigkeit, Niedergeschlagenheit usw., rechts die guten und angenehmen, z. B. Fröhlichkeit, Mut, Zuversicht, Ruhe, Vertrauen, Ausgeglichenheit usw. – von beiden so viele wie möglich.

Dann stellt euch zwei Fragen:

1. Welche Liste ist länger, wovon habe ich mehr?
2. Welches dieser Gefühle bestimmt mich über die Maßen, z. B. einen halben Tag oder eine ganze Woche lang? Diese verseht mit einem Kreuzchen. Wenn ihr zu zweit oder mehreren seid, dann reicht das Blatt weiter. Der andere sucht die Gefühle heraus, die auch auf ihn zutreffen.

Dann erörtert miteinander Vorschläge, wie die unguten Gefühle zu vermeiden und die guten zu stärken sind, und zwar jeder bei sich selbst, aber auch beim anderen. Schließlich stellt euch die Frage: was könnt ihr miteinander ausmachen? Was könnt ihr tun, um einander weniger zu provozieren oder auf die Nerven zu gehen und statt dessen einander zu stärken, zu erfreuen, zum Lachen zu bringen, den Trübsinn verfliegen zu lassen usw.?

Elion: Ähnlich könnt ihr mit den anderen Ecken verfahren.

a) Beim *abgebenden* Prisma ist die Frage zur *blauen* Ecke: Welche Gedankenbilder und -muster gebe ich an die Welt und den Himmel ab? Lasse ich kritische, boshafte, kämpferische Gedanken zu? Dann ist die Ecke nicht in Ordnung. Arbeitet die blaue Ecke gar nicht, und ihr wollt Blau abgeben, bleibt diese Farbe im Prisma hängen und geht nicht heraus.

b) Zur *rosa-grünen* Ecke: Welche Gefühle gebe ich ab an andere Menschen, an die Welt, den Himmel, die Atmosphäre? Viele Menschen sind z. B. rasch provoziert und entwickeln aggressive Gefühle gegen einen Gegner, den Feind, das andere Lager. Hier ist wieder ein Ansatz für den Doppelgänger.

c) Beim *roten* Pol stellt euch die Fragen: Welche Willens- und Handlungsimpulse bin ich bereit, aufzunehmen? Ist die Aufnahme so klar, daß ich entsprechend handle? Oder empfange ich (z. B. durch Seminare) Impulse, tue es dann zwei-, dreimal und höre wieder auf, kann es nicht durchhalten? Beim roten Pol geht es zwar auch um das horizontale, vor allem aber um das vertikale Tun: Was tue ich für den Himmel, die Engel, die Heiligen? Was gebe ich da? Welche Übungen mache ich regelmäßig, für welchen Menschen bitte ich regelmäßig?

Wenn ihr Probleme an einer Ecke habt, solltet ihr diese bewußt beachten und im Alltag berücksichtigen. Es gibt spezifische Heilungsmöglichkeiten für das Prisma, wenn seine Teile oder Ecken nicht in Ordnung sind. Es bedarf der Phantasie, sonst geht das nicht. Es ist nicht ganz einfach, das Prisma zu harmonisieren. Wenn ein Pol nicht richtig arbeitet, empfiehlt es sich, folgende Übungen zu machen, am besten im Stehen:

1. Selber mit der Gestalt ein *aufnehmendes* Prisma bilden. Die Beine sind geschlossen, die Arme werden seitlich schräg nach oben ausgestreckt.

   Das Prisma steht um einen herum, man steht darinnen. Eine Weile in Ruhe darin stehen und sprechen:

   »Ich nehme ... (z. B. blau) auf,
   die Erde sei mein Zeuge.«

   Im ersten Teil des Satzes wird eingeatmet, im zweiten ausgeatmet. Dies drei- bis fünfmal für jede Farbe wiederholen. Dabei die Arme ausgestreckt halten. Man kann zwei Engel bitten, die Arme zu stützen.

   Beim *abgebenden* Prisma werden umgekehrt die Beine breit gestellt und die Arme oben geschlossen zum Himmel erhoben. Man spricht:

   »Ich gebe ... (z. B. rosa-grün) ab,
   der Himmel sei mein Zeuge.«

2. Man versetzt sich in das *aufnehmende* Prisma:
   a) Das Licht kommt von links in den Winkel, den die verlängert gedachten Prismenseiten ergeben, und zieht über die Prismenspitze in das Prisma ein in Blautönen von hellblau bis violett.
   b) Dann kommt das Licht von der rechten Seite in allen Rosatönen von hell bis dunkel und in allen Grüntönen.
   c) Um das Licht von der unteren Spitze zu empfangen, denkt euch den Boden weg – laßt euch durch ihn nicht stören. Dann kommt ein strahlendes Gelb herein, geht über in Orange, bis ein sattes, leuchtendes Rot aufsteigt. Es fließt über die Seiten nach oben und erfüllt das gesamte Dreieck.
   d) In der Mitte ist das Prisma ganz weiß, strahlend und durchsichtig, mit einem goldenen Punkt in der Mitte. Wenn ihr das gesehen habt, sprecht:

   »Ich danke dem Licht.
   Ich diene dem Licht.
   Ich nehme es auf.
   Ich wandle und berge es.«

Wenn ihr vor der Übung mit einer Ecke Probleme gehabt habt, dankt besonders, z. B. für das blaue Licht.

3. Man versetzt sich in das *abgebende* Prisma.
   a) Es strahlt Rot bis Orange bis helles Gelb in den Kosmos, zu den Planeten, den Hierarchien, zur Trinität.
   b) Dann folgt an der rechten Spitze Dunkelgrün bis Hellgrün und Dunkelrosa bis Hellrosa.
   c) Schließlich strahlen durch die linke Spitze die Farben Dunkellila bis Hellblau aus.
   d) Dann sprecht:
   »Ich danke dem Licht,
   ich diene dem Licht,
   ich berge und wandle es,
   und gebe es ab.«
4. Jetzt bitte eine Zeitlang innehalten und sich dann noch einmal die beiden Dreiecke vorstellen. Nun schaut die beiden Dreiecke gleichzeitig: das »große Prisma«. Stellt die Füße zusammen, legt die Hände an die Hosennaht. Ihr steht in einem Stern und stellt ihn vor einen kosmischen Hintergrund, wie einen Stern am Himmel mit den jeweiligen Strahlen, die ein- und ausgehen:

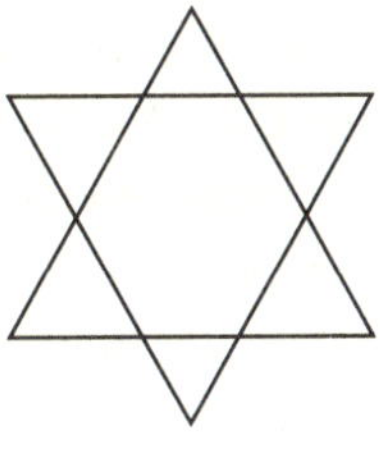

5. Nun wird der Stern zum Drehen gebracht.
   Die Drehrichtung kann rechts oder links sein. Der Stern kann sich auch legen und sich um eine horizontale Achse oder auch gleichzeitig um die vertikale und die horizontale Achse drehen. Alles hat unterschiedliche Wirkungen. Man kann sich auch – statt mit ihm – entgegengesetzt drehen. Drehungen

sind also in alle Richtungen möglich. – Macht die Übung spielerisch, mit Leichtigkeit, in aller Freiheit, am besten erst im Sitzen wegen der Schwindelgefahr. Bei Schwindel: aufhören.

Das ist eine sehr schöne Übung für euch und den Himmel. Diese Übung gibt dem Bewußtsein einen kräftigen Impuls, es wird gestärkt und verfeinert. Die Aufnahme und Abgabe von Gedanken, Gefühlen und Handlungen setzen Bewußtsein voraus. Viele Menschen sind unbewußt in dem, was sie denken, fühlen und tun. Das siebte Element, das zu den sechs Ebenen von Denken, Fühlen und Wollen hinzutritt, ist das Bewußtsein.

6. Diese Übung ist Ausgangsbasis für weitere Übungen. Diese bewirken auf Dauer Harmonisierung, Reinigung, ein Sichaufbauen, Sich-mit-Energie-Füllen. Und sie bewirken eine Stärkung der Bewußtseinsfähigkeit.

   Als Beispiel einmal angenommen, die blaue Ecke des aufnehmenden Prismas sei nicht intakt. Dann erschafft in der Vorstellung ein solches Prisma, das aber so klein ist, daß ihr es in den Händen tragen könnt.

   Tragt dieses Prisma in die Innere Kapelle und von dort in den Inneren Kosmos. Springt durch den Kosmos mit dem Prisma in der Hand. In der Schwerelosigkeit ist das kein Problem. Bittet den Himmel, die Ecke, die es braucht, zu heilen und das dazu nötige Licht zu senden, um das Gesamtprisma zu harmonisieren. Erlebt, was geschieht. Dann geht mit dem geheilten Prisma zurück in die Innere Kapelle. Stellt das Prisma vor dem Altar ab. Dann bittet, daß es wieder nach außen geht. (Diese Arbeit bedeutet an einem Beispiel, etwas aus der Außenwelt in die Innenwelt zu nehmen, zu heilen und dann wieder in die Außenwelt zu bringen. Das bringt euch dem Vatersein nahe.)

7. Der mit der Hand gezeichnete Sechsstern – das »große Prisma« – ist das sog. Sonnensiegel oder auch Melchisedeksiegel.[31] Mit dem Spenden des Siegels ist Schutz, aber auch

ein Anspruch verbunden. Deshalb Vorsicht! Es kann auch überfordern, z. B. die Tiere und Naturgeister. Mit dem Kopf gezeichnet, sendet es einen direkten Hilferuf in den Kosmos aus:

»Kommt und schützt!«

Die Wirksamkeit hängt von der Entwicklung der Innenräume ab.

In die Hände gezeichnet kann dieses Siegel bannen, wenn sie z. B. einem wilden Tier oder einem abrutschenden Berg entgegengehalten werden. Dazu bedarf es aber schon besonders entwickelter Fähigkeiten.

Ich fasse das Wichtigste zum Thema der Prismen noch einmal zusammen:

1. Ihr erhieltet zunächst eine Einweisung in die Existenz der Prismen, ihr Aussehen, ihre Funktion, ihren Zusammenhang mit der Heiligen Familie.
2. Sodann ging es um die Diagnose des Zustandes eurer Prismen, des aufnehmenden und des abgebenden Prismas: ob sie in Ordnung und gleichmäßig aktiv sind. Ihr habt die Bedeutung der Ecken vor dem kosmischen Hintergrund und ihre Problematik kennengelernt.
3. Ihr habt sodann Übungen gemacht, die euch helfen werden, diese Prismen in einen besseren Zustand zu bringen.
4. Schließlich habt ihr Übungen mit dem »großen Prisma«, dem Sechsstern, kennengelernt.

Bei all dem handelt es sich nicht nur um Information, um Wissensvermittlung, sondern um Anleitung zu praktischem Tun. Bitte nehmt das ernst und macht mindestens einmal jährlich die Übungen, und das mehrere Jahre lang.

Wenn ihr einen Teil des Prismas verbessert, wollen die anderen Teile nachgezogen werden. So wird das Prisma immer brillanter. Wenn ein Teil abnimmt, werden das auch die anderen tun. – Einen absoluten Zustand – alle drei Seiten des Prismas sind perfekt – gibt es nicht, dann wärt ihr nicht mehr hier. Der Heilige hat sein Prisma in Ordnung. Aber das Leben eines Heiligen ist der Abschluß von vielen Leben. Wenn das Prisma perfekt ist, zerspringt es: das bedeutet die Heimkehr zum Vater.

Freitag, 5. 1. 96
Offener Abend

Die Heiligen Drei Könige

I. Ein Engel der Heiligen Nächte (s. o. S. 219, 257):
Nehmt in eurer Vorstellung eine brennende Kerze in die Hand und reicht sie dem Nachbarn zur Rechten, blickt ihm in die Augen und sprecht einer nach dem anderen:
»Das Licht in mir grüßt das Licht in dir.« –

Die Heiligen Drei Könige sind Magier im guten Sinn des Wortes, d. h. solche, die mit Licht umgehen, die das Licht in sich tragen – und die es deshalb auch finden. Sie tragen eine Krone aus Licht. Die äußeren Kronen sind solchen Kronen nachgebildet.

Die drei Magier repräsentieren
1. den Schutzengel – er bringt »Gold«. Sein Mantel ist blau (Liebe);
2. den Doppelgänger – er bringt »Weihrauch«, sein Mantel ist grün (Reinheit);
3. den Führungsengel – er bringt »Myrrhe«, die klärend und beruhigend wirkt, sein Mantel ist rot (Weisheit).

Der König, der den Doppelgänger repräsentiert, wird dunkel (als »Mohr«) dargestellt. Er hat seine gute Aufgabe und ist aus der Schöpfung nicht wegzudenken. Er wirkt indirekt: Seine Aufgabe ist es, euch mit dem Dunklen zu konfrontieren, damit ihr euch dessen bewußt werdet, es mit Licht durchdringt und zur Reinheit findet.

Der König im roten Mantel repräsentiert den Führungsengel, der in enger Zusammenarbeit mit dem Sonnenengel euer Leben weisheitsvoll fügt, wenn ihr euch seiner Führung anvertraut. Weisheit ist das Zusammenfließen des Wahren, Schönen und Guten. –

Die drei Magier vertreten zugleich drei Einweihungsströme.

Maria, Joseph und Jesus blieben so lange in Bethlehem, bis die drei Könige kamen. Denn das Licht wartet auf den, der es sucht, bis er es gefunden hat. Jeder, der sucht, findet das Licht.

II. Elion:

1. Farbübung: Mit dem Einatmen über das Scheitelchakra eine Farbe aufnehmen: »ich danke euch«, mit dem Ausatmen an die Erde weitergeben: »ich segne euch«.
2. Schließt mit den Händen einen Kreis. Gebt das eingeatmete Licht weiter
   a) an den Nachbarn links
   b) an den Nachbarn rechts. Dann atmet über die Füße aus.
3. Goldlicht über die aufgestellten Hände in die Mitte des Kreises weitergeben an die Engel und Naturgeister: »Ich segne euch«.
4. Hände auf die Knie, Handflächen nach oben, Licht über das Scheitelchakra aufnehmen und über die Hände zum Himmel zurücksenden. So entsteht ein farbenprächtiger Springbrunnen. Dabei an eine bestimmte Wesenheit im Himmel denken, ihr die Farbe zusenden.
5. Empfangt in den geöffneten Händen als Geschenk ein Gefäß mit Gold, Weihrauch oder Myrrhe – nach eurer Wahl.
6. Empfangt als Geschenk einen Mantel, der dem Geschenk entspricht (also wenn ihr Gold empfangen habt: einen blauen Mantel, wenn Weihrauch: einen grünen Mantel, wenn Myrrhe: einen roten Mantel).

7. a) Schaut die Erde im Ganzen aus der Höhe an und breitet einen grünen (reinigenden, heilenden) Mantel über sie.
   b) Breitet einen grünen Mantel über ein ganzes Land oder ein großes Gebiet (z. B. Amazonas),
   c) über eine Stadt,
   d) eine verschmutzte Gegend,
   e) eine Wüste, auf daß sie erblühe,
   f) ein Polargebiet, auf daß eine Oase entstehe,
   g) eine Berufsgruppe (z. B. Richter, Lehrer),
   h) eine Müllhalde,
   i) ölverschmutzte Tiere,
   j) Naturgeister.
8. Reicht euch die Hände, bildet einen grünen Lichtkreis und laßt in der Mitte einen Springbrunnen (einen erhöhten Wirbel) sprudeln.
   (Zwischenbemerkung: Die Naturgeister benutzen die Gelegenheit, um ihre Joppen und Hosen zu reinigen: Sie können Wasser weder verschmutzen noch es zum Reinigen benutzen.)
9. a) Breitet einen blauen Mantel um die Erde einschließlich der Atmosphäre.
   b) Mit Stücken eines blauen Mantels könnt ihr Ozonlöcher flicken.
   c) Umhüllt euer Haus mit einem blauen Mantel.
   d) Umhüllt Tierarten, die von Menschen bedroht sind.
10. Reicht euch wieder die Hände und bildet diesmal einen blauen Lichtkreis mit einem Springbrunnen (einem erhöhten Wirbel) in der Mitte.
   a) Jeder nennt den Namen eines Menschen, der in Not ist und des Schutzes bedarf, und stellt ihn in das Licht.
   b) Jeder nennt den Namen eines Menschen, der sich von ihm entfernt hat oder von dem er sich entfernt hat, und umhüllt ihn mit dem blauen Mantel der Liebe.
11. a) Breitet einen roten Mantel (der Weisheit) über ein Machtzentrum und den Machthaber,

b) über eine gefährliche Sache (z. B. Satellit, Rakete, Atomstation) und die sie bedienenden Menschen,
c) über euren Vorgesetzten,
d) über die Lehrer der Kinder.

12. Bildet einen roten Kreis mit erhöhtem Wirbel in der Mitte und gebt ein inneres Abbild von euch (wie ein Foto) unter den Wirbel. –

Wenn ihr nach Hause kommt, werdet ihr sehen: Ihr habt in euren Schlafzimmern als Geschenk einen Kleiderhaken mit drei Mänteln – blau, grün und rot. Sucht euch jeden Morgen einen aus und tragt ihn über den Tag. Abends hängt ihn wieder hin. Er wird über Nacht von den Naturgeistern gereinigt werden. -

Schließlich noch eine Bitte für die kommenden Tage: Sucht für die Naturgeister beim nächsten Spaziergang drei Zapfen, Kiesel oder Rinden aus und übergießt jeden von ihnen mit einer der drei Farbstrahlen: blau, grün und rot, so daß sie ihnen als Farbtöpfchen zur Verfügung stehen. Das ist zwar nur wenig, aber die Naturgeister empfinden es als viel.

Der Engel der Heiligen Nächte: Erst macht die Übungen mit den Farben und Mänteln, erst übt Liebe, Reinheit, Weisheit. Dann bekommt ihr Gold, Weihrauch und Myrrhe hinzu.

Mittwoch, 10. 1.96

Bei den Hütern der Steine

Agar, der Lehrer der Naturgeister (s. Bd. 1 S. 116): Wollt ihr heute die Hüter der Steine kennenlernen? –

Ja. – Dann reisen wir wieder zum Berg Igor, den ihr von eurem Besuch (am 25. 4. 95, Bd. I S. 112) schon kennt ... Ich frage, ob wir zugelassen werden ... Die Antwort ist »ja«. –

Ihr seht, der Berg ist hohl. In einem großen Raum in seinem Inneren befinden sich alle Steine und Metalle mit ihren Hütern. Den Vorsitz führt der Hüter aller Bergkristalle. Er vertritt das Christusprinzip. Ihm gegenüber, beim Eingang, dort, wo wir jetzt stehen, befindet sich der Hüter der Kieselsteine. Er vertritt das Prinzip der Mutter Erde. Ich rate euch, dort stehen zu bleiben, sonst ist die Schwingung für euch nicht verträglich. – Das Vaterprinzip wird von dem ganzen Berg repräsentiert: er umfaßt alles.

Ich übergebe jetzt die Führung an einen Sprecher, der den Berg gut kennt und euch einiges zeigen kann. Er hat hier eine ähnliche Stellung wie Amael beim Hohen Rat. Sein Name ist: Igorman.

Igorman: Der Berg Igor ist ein alchemistisches Zentrum. Betrachtet einmal die Achse Kiesel – Bergkristall. Wer die richtigen Formeln und Rituale findet, kann sie nutzen, um Geist in Materie und Materie in Geist umzuwandeln.

Quer dazu – so daß ein Kreuz entsteht – verläuft die Achse Beryll (links) – Calcit (rechts), beide gelb. Der Calcit repräsentiert die Sonne, der Beryll das Licht des Lichts, das hinter dem

Licht liegende geistige Licht. Diese Achse kann man nutzen, um aus Sonnenlicht geistiges Licht zu machen, also Sonnenlicht in spirituelle Energie umzusetzen, oder um spirituelle Energie in Licht zu verwandeln.

Die Nutzung der Achsen ist aber nicht möglich ohne die Anweisungen der Hüter. Nur über mehrere Erdenleben hinweg läßt sich lernen, selbständig mit den Achsen umzugehen. – Was ich euch bis hierhin gesagt habe, ist schon viel!

Die beiden Achsen teilen den Raum in vier Quadranten. In den beiden linken, dem Beryll nahestehenden Quadranten wohnen die Hüter der lichten, durchsichtigen Steine (z. B. Aquamarin, Saphir), in den beiden gegenüberliegenden die der dichten, opaken Steine (z. B. Lapislazuli, Opal). In den beiden unteren Quadranten, die dem Kiesel, also dem weiblichen, mütterlichen Prinzip zugeordnet sind, hüten sie die unbearbeiteten, in den beiden gegenüberliegenden die bearbeiteten, geschliffenen Steine. In allen vier Quadranten finden sich die sechs Farben: Rot, Orange, Gelb, Grün, Blau, Violett. Je ein Quadrant ist also licht/unbearbeitet, licht/bearbeitet, opak/unbearbeitet, opak/bearbeitet. Die Steine sind hier nach Farben geordnet, nicht etwa nach ihrer Kristallstruktur oder nach anderen Kriterien.

Generell dienen opake Steine der praktischen Spiritualität, sie beziehen sich auf die Mutter Erde, die irdischen Gegebenheiten; sie haben eine weibliche Komponente. Demgegenüber beziehen sich die lichten Steine mehr auf den Sohnesaspekt, sie richten – im Idealfall – stärker auf den Himmel aus. Hat man einen lichten Stein, so sollte man auch sein opakes Gegenstück dazunehmen, damit man dem Himmel und der Erde gleichermaßen zugewandt ist.

Der unbearbeitete Stein hat eine eher ungerichtete, der bearbeitete Stein eine spezifischere Wirkkraft. Im Bild: der unbearbeitete Stein entspricht einer Tonart, der bearbeitete einer Melodie.

In der Mitte befindet sich, etwas erhöht, das »Atmende Zentrum«. Dies ist ein freier Raum, in dem keine Steine angesiedelt sind, sondern in dem Engel, Meister und Naturgeister auf- und absteigen, Nachrichten übermitteln und sich austauschen können.

Dem Kiesel vorgelagert, außerhalb des Kreises mit den vier Quadranten, ist in Form einer großen Sichel das Muttergestein gelegen, also Sand, Erde, Fels, Schlamm. Es umfaßt die Farben von weiß oder beige in der Mitte bis zu braun und rot an den beiden Seiten hin. Noch weiter davor, zum Eingang hin, seht ihr graues und schwarzes Muttergestein wie Marmor, Lava, Graphit.

Im Berg Igor werden aber nicht nur Steine gehütet, sondern auch Gold und Silber sowie andere Metalle und Legierungen, z. B. Kupfer, Messing, Bronze, Platin, Eisen, Blei, Zinn, Zink, allerdings kein Stahl und kein Aluminium. Ferner finden sich dort die Schätze der Tiere, z. B. Elfenbein, Pfauenfedern, Tierzähne, Geweihe, Hörner, ferner die Schätze des Wassers: Muscheln, Korallen, Perlen; auch Bernstein gehört hierhin. Alle die genannten Schätze sind um den Steinkreis herum in den vier Ecken angesiedelt, wie bei einem Stern in den Zacken.

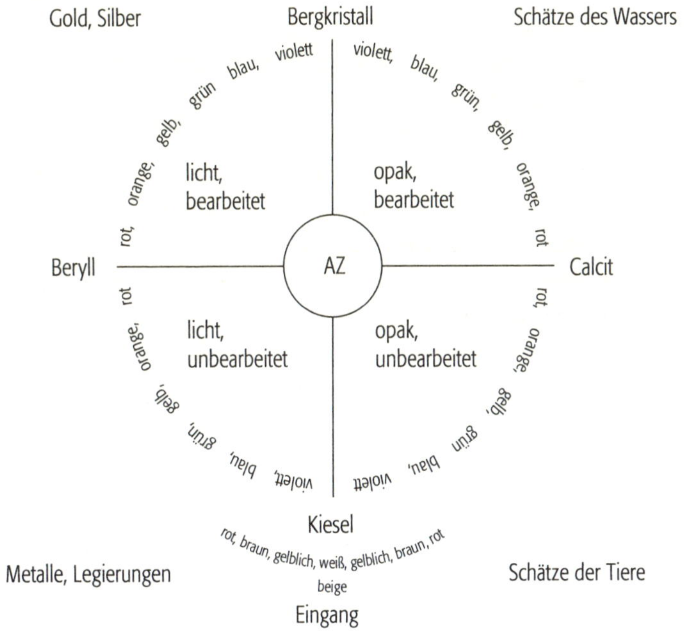

Mit Gold und Silber ist es etwas Besonderes: Diese beiden Metalle gehören zusammen; sie haben zwei sich ergänzende Lichtqualitäten. Gold strahlt, Silber läßt sich bestrahlen: Gold repräsentiert die Sonne, Silber den Mond, Gold den Sohn, Silber die Mutter. Schimmert ein Mensch goldfarben, so heißt das: er ist aktiv und strahlt selbst. Schimmert er silbern, so ist er passiv; er wird dadurch licht, daß er beschienen wird. Man sähe das Silber nicht, gäbe es das Gold nicht.

Das gilt aber auch umgekehrt: gäbe es das Silber nicht, würde man das Gold nicht sehen.

Gold sieht man, weil die Möglichkeit dazu durch das Silberhafte gegeben ist. – Licht wird erst sichtbar, wenn man es aufnimmt; würde es nicht aufgenommen, wäre der Kosmos spirituell ganz dunkel. Das Silber ist geschaffen, weil es die notwendige Bedingung für die Aufnahme des Goldes ist. Gäbe es den Tag nicht, so gäbe es auch die Nacht nicht und umgekehrt. Das hat eine bedeutsame Folge: Je mehr man die Mutter anerkennt, und je größer man sie sieht, desto selbstverständlicher wird die Erscheinung des Sohnes.

Igorman: So, jetzt muß ich mich etwas ausruhen. Diese Erklärungen waren für mich anstrengend.

Agar (flüsternd): Ich weiß, ihr habt wenig Zeit, weil Gerhard nachher Nachtdienst hat. Das ist aber Gift in diesen Bereichen.

Igorman: Jetzt geht es darum, die Hüter der Steine näher zu betrachten. Es ist fast unmöglich, sie zu beschreiben; sie sind für euch sehr eigenartig: Sie haben keine Körperformen, wie ihr sie kennt, sie sind wie roher Stein, zwar ungeformt, aber doch lebendig. Sie haben kein Gesicht und dennoch schauen sie euch an. Sie sprechen nicht mit Worten, und doch teilen sie sich mit.

Sie können ihre Plätze nicht verlassen. Sie pulsieren. Sie verfügen über die Fähigkeit, durch Schwingung molekulare Strukturen leicht zu verändern: zu dehnen, zu komprimieren, zu ergänzen. Sie könnten z. B. in das menschliche Hirn einen Stein hineinversetzen oder Moleküle so umstrukturieren, daß ein

Stein entsteht. Sie können die Änderung des molekularen Aufbaus bewirken.

Indem sie mit euch sprechen, sprechen sie mit euren Zellen. Der Körper, die Zellen des Menschen wissen das dann, nur das Bewußtsein des Menschen weiß es meistens nicht, es sei denn, es stellt sich darauf ein. Man hat es also mit einer völlig anderen Wahrnehmung zu tun, mit einer dezentralen Wahrnehmung der Zellen, die nicht über das Gehirn und somit nicht über das zentrale Bewußtsein geht. – Wenn du sprichst, so signalisierst du dem anderen Menschen die Bitte: »hör mir zu«, mitunter auch: »empfinde mir nach«, gelegentlich aber auch: »sei mit deinem Körper so dabei, daß deine Zellen das aufnehmen«. Die Sprache der Steine wird nicht »gehört«, sondern umfassend auf der Ebene der Nachempfindung und der Körperzellen aufgenommen.

Welche Wirkungen haben einzelne Steine – z. B. der Amethyst?

Der Hüter des Amethyst: Dies ist ein Stein der Eingebung. Er ermöglicht Einsicht, Einblicke in spirituelle Zusammenhänge. Er hilft euch, in die Welt hinter der Welt zu schauen. Der Amethyst hat einen auflösenden Charakter. Ihn sollte man in der Nähe haben, wenn man möchte, daß das Materielle durchsichtiger wird. Violett ist die Farbe des Inneren Weisen und des Inneren Kosmos, die euch mit dem Heiligen Geist in Verbindung bringen. Violett hat die Aufgabe, die auch der Heilige Geist hätte, wenn man ihn als Stein fassen würde, nämlich die Aufgabe der Vermittlung. Der violette Stein bewirkt das »Öffnen« spiritueller Ebenen, den Zugang zu ihnen, die Erkenntnis von Zusammenhängen, die Herstellung von Beziehungen und Verbindungen, das Vertrautwerden mit anderem Licht. Der Amethyst gehört zu den lichten Steinen.

Ihm gegenüber auf der opaken Seite liegt der Charoit, der gewissermaßen seine irdische Variante ist. Auch er ist lila, d. h., auch er hilft, Zusammenhänge und Fügungen verständlich zu machen – aber in irdischem Geschehen. Er hilft euch, wissend, weise, wirksam mit irdischen Belangen umzugehen, z. B. Fesseln zu lösen. Auch der Charoit gehört zum Inneren Weisen. Er ist mit dem Amethyst durch eine Querachse verbunden: Ein Stein der Träume. Er hilft, zu sehen, was wir von den Dingen des Alltags in Träumen verarbeiten. Er dient der sogenannten »kleinen Hellsicht«, wo der Mensch sich nicht wirklich von der Welt löst, sondern sehr nah beim irdischen Geschehen bleibt und es durchschauen lernt. –

Igorman: Ein Stein bewirkt nichts einfach nur so, ohne die entsprechende Bemühung des Menschen. Ein Hund, dem ihr ein Amethysthalsband umhängt, wird deshalb nicht hellsichtig. Jedoch ein Mensch, der entschlossen ist, die spirituelle Welt wahrzunehmen, zu sehen, zu hören, zu empfinden, zu fühlen, kann sich durch das Tragen oder In-der-Nähe-Haben von Amethysten helfen lassen. Der Amethyst unterstützt dann seinen Weg.

Generell gilt, daß Steine nur etwas ausrichten können, wo eine eigene Initiative oder Ausrichtung des Menschen gegeben ist. Dann können Steine einiges bewirken. Kennst du jemanden, der den spirituellen Weg gehen möchte, kannst du ihm durchaus einen Amethyst schenken.

Wenn du einen Stein aussuchst, ist der Meister des Steins zu befragen, erstens: ist dieser Amethyst ein Heilstein, ein Lehrstein, ein Schutzstein, ein Schmuckstein oder ein guter Wegbegleiter?, zweitens: möchte er zu mir oder zu einem anderen, dem ich ihn schenken könnte?

Ferner bedarf es für den Träger des Steins einer bewußten Kommunikation mit seinem Stein. Diesen bloß in der Hosentasche zu tragen, nützt nichts, man sollte ihn auch anschauen, ihn bewegen, mit ihm reden. Zwar hat der Stein eine gewisse Wirkkraft unabhängig vom Bewußtsein auf der Ebene des Körpers, des Energiefeldes und der Gefühle. Er kann dort die Schwingungen reinigen, eine friedliche und freundliche Atmosphäre aufbauen und in den Raum ausstrahlen. Das tun z. B. Rosenquarze, Bergkristalle und die grünen und rosa Steine. Der

Mensch muß nicht wissen, was der Stein für ihn tut. Aber um in der Nachfolge Christi als Friedensbringer zu wirken, reichen die Steine nicht aus, es bedarf der bewußten Eigenaktivität des Menschen. Dann werden die Steinmeister heilen, stützen und ihm mit ihren Möglichkeiten hilfreich sein.

Nun ein anderes Beispiel: zwei blaue Steine, Saphir und Lapislazuli, der eine licht, der andere opak. Während die violetten Steine den Menschen aus der Enge lösen, ihn weit machen, sind die blauen Steine ein Aufruf zur Tat, nämlich Treue zu geloben, und zwar der lichte Stein: Treue dem Himmel, der opake: Treue dem Menschen oder einer irdischen Aufgabe gegenüber. Es geht um die klare Ausrichtung, und diese bewirkt dann innere Ruhe, Frieden mit sich selbst und die Linderung von Beschwerden, die durch die bisher mangelnde Angelobung entstanden sind. Wenn die Angelobung erfolgt, wenn sich der Mensch also für ein Ziel entschieden hat, dann stellt sich ein wohltuender innerer Frieden ein, und mit ihm zugleich eine neue Freiheit, ein Aufatmen: gerade durch die Entscheidung für das Ziel findet der Mensch Freiheit. – Darin werden ihn die Steinmeister der blauen Steine unterstützen.

Lapislazuli und Saphir, die zu Treue und zur Hingabe an ein Ideal, ein Ziel aufrufen, sind beides strenge Steine. Der Lapislazuli wurde viel von Mönchen und Nonnen benutzt. Der Stein unterstützt Klarheit, Strenge, Reinheit im Alltagsleben. Das wirkt sich auf den Erdenbereich aus. Doch dadurch wird Freiheit nach oben möglich. Der Saphir bewirkt dasselbe auf spiritueller Ebene, also Klarheit, Reinheit, spirituelle Hingabe und Anbindung an die Trinität.

Was ist der rechte Umgang des Menschen mit Steinen?

Dazu gebe ich einige Übungen. Voraussetzung ist, daß euch die Arbeit mit den Steinmeistern vertraut ist. Übt zunächst noch einmal die Anweisungen, die euch gegeben wurden (am 25. 4. 95 und am 28. 6. 95, Bd. I S. 113 f. und 212 f.).

Es wäre ein Wunsch der Hüter der Steine aus dem Berg Igor an euch Menschen, daß ihr die folgenden Übungen macht.

1. Übung: In einen Stein hineinwandern.

a) Jeder sucht sich einen natürlichen Stein aus. Er schaut seinen Stein an, als sei er verliebt in ihn. Sucht und findet die Tür! Wo ist vorne und hinten, oben und unten?
b) In den Stein hineingehen wie in ein Gebäude. Dort angekommen, solltet ihr euch umschauen und umhören. Der Stein hat eine äußere Form, aber nun stellt ihr fest: er ist innen hohl. Die Innenfläche, der Innenraum ist genau abzutasten. Die Ecken, Kanten, Räume, Hallen, Gänge, Treppen, Türmchen, Winkel solltet ihr alle abschreiten.
c) Dann selber zum Architekten werden. Was würde in den Innenraum am besten hineinpassen? Was würdest du da hineinbauen? Einen Kindergarten? Oder ein Museum, eine Kirche, einen Tiergarten, eine Voliere mit Vögeln, ein Schloß etc. ?
d) Dann könnt ihr am Himmel Sterne sammeln und oben im Stein aufhängen, also im Stein einen Himmel einrichten.

2. Übung mit Gold und Silber.

Hier geht es darum, Schwingungsunterschiede – am Beispiel von Silber und Gold – wahrnehmen zu lernen und so eine genauere, klarere Wahrnehmung von den Geschöpfen der Erde zu gewinnen.
a) In die linke Hand ein Silberstück legen und die Schwingung wahrnehmen. Betrachtet das Silberstück und reist hinein. Was für einen Raum erlebt ihr? Ist er hoch oder niedrig? Schmal oder breit? Eckig oder rund? Warm oder kühl? Was für ein Licht hat dieser Raum? Was für einen Klang? Was für ein Echo? Welche Wirkung hat er auf dich? Macht er dich wach und freudig oder müde und

bedrückt? Fühlst du *dich* ermutigt und bestärkt oder nicht?

b) Dann lege in die rechte Hand ein Stück Gold und versuche ebenso, die Schwingung wahrzunehmen.

c) Silber in die linke Hand legen, die Augen schließen. Jemand gibt dir entweder Silber oder Gold in die rechte Hand. Versuche von der Schwingung her zu spüren, was er dir in die Hand gelegt hat.

3. Wahrnehmungsübung mit naturbelassenem Bergkristall.

a) Einen naturbelassenen Bergkristall auswählen, den Steinmeister wahrnehmen und begrüßen.

b) Den naturbelassenen Bergkristall vor euch hinstellen, ihn genau zeichnen und das Bild immer wieder mit der Realität vergleichen.

c) Eine Mehrfachspitzengruppe natürlicher Bergkristalle in die linke Hand nehmen. Augen schließen. Mit der rechten Hand die Gruppe gut abtasten. Sich ein genaues inneres Bild machen. Dann es aus der Erinnerung malen.

d) Für Fortgeschrittene: Augen schließen, Stein mit den Füßen ertasten und ihn dann malen.

4. Vergleichende Übung mit Bergkristallen.

a) In die linke Hand einen naturbelassenen Bergkristall legen, in die rechte Hand einen bearbeiteten. Versuche, den Unterschied zu spüren: Da walten zwei verschiedene Prinzipien. Dann die Hände wechseln: Lege in die linke Hand den bearbeiteten Stein, in die rechte Hand den Naturbergkristall.

b) Dann wieder hineinreisen. Du wirst sehen, der bearbeitete Stein wird innerlich eine andere Wirkung haben als der unbearbeitete, wie wenn du dich in zwei verschiedene Gebäude begeben hast.

c) Dann nimm verschieden geformte Steine in die Hand: Obelisken, Kugeln, Quader, Sterne, Eier, Pyramiden. Was für ein Wirkungsfeld baut der Stein auf? In welchem Feld fühlst du dich wohl, in welches scheinst du nicht zu passen?

5. Teamarbeit.

a) Ein Zweierteam bilden. Einer malt den Stein nach der Beschreibung des Partners. Der, der malt, darf den Stein nicht sehen. Der andere beschreibt den Stein.
b) Dann schließt der eine die Augen, der andere legt einen Stein in die Hand des Partners oder unter seinen Stuhl. Was für ein Energiefeld baut sich auf? Ist es möglich, die Steinform zu erkennen?

6. Übung: Zum Kristall werden.

Sucht einen Stein aus, der möglichst gerade gewachsen ist, z. B. einen naturbelassenen Bergkristall. (Es muß aber kein Bergkristall sein.)
a) Sich natürlich und bequem hinstellen. Die Augen schließen.
b) Eure Füße werden zu dem unteren Teil des Bergkristalls auf dem Mutterboden. Die Füße stehen so fest auf dem Boden, daß ihr sie nicht mehr heben könnt.
c) Euer Bewußtsein wandert die Beine hinauf zu den Knien und Hüften. Sich jetzt nicht mehr bewegen, so unbeweglich und regungslos wie möglich stehen. Empfindet den Kristall um euch!
d) Der Kristall wächst weiter nach oben den Körper hinauf. Ihr seid das Pulsieren und Leben im Kristall. Verlangsamt eure Atmung, atmet schließlich so langsam, wie ihr könnt. Gesicht und Augenlider ganz ruhig halten. Die Zeit vergeht langsam. Empfindet eine Ruhe, als ob ihr jeweils 50 Jahre für die Ein- und Ausatmung benötigtet.

e) Stellt euch eine riesige Höhle vor. Alle anderen Teilnehmer sind Kristallbrüder und -schwestern. Empfindet euch als Kristallfamilie.
   Jeder kann sich fragen, welche Aufgabe er in der Gemeinschaft hat. Jeder möge den Ton oder den Laut aus sich herausbringen, der zu ihm gehört. Ganz leise, ganz individuell.
f) Sehr langsam den Kristall vom Kopf bis zu den Füßen wieder abbauen. Normalen Atemrhythmus einnehmen. Augenlider bewegen, Kopf bewegen, Arme, Leib bewegen, bis auch die Füße sich wieder bewegen und lösen können.

Es empfiehlt sich, danach Pause zu machen und sich auszuruhen. Es ist eine anstrengende Übung. Sich nicht fünf Minuten später ins Auto setzen! Zu dieser Übung sollte man gut ausgeruht sein und sie nicht mit vollem Magen machen. Man kann die Übung auch im Sitzen machen, das spart Kraft. – Sie versetzt den Körper wie in Winterstarre. Sämtliche Körperfunktionen werden langsamer. Das ist sehr erholsam. Diese Übung stärkt Langmut, Dauerhaftigkeit, Geduld und das Aushalten langsamer Rhythmen. Sie ist eine Vorbereitung auf weitergehende Arbeiten. Ihr könnt sie immer wieder machen.

7. *Übung mit bearbeitetem Bergkristall.*

a) Es gibt verschiedene Formen, die alle ihre Bedeutung haben. Schaut sie an und faßt sie an und entscheidet euch für eine dieser Formen. Jeder wählt eine Form nach seinen Wünschen. Aus der gewählten Form könnt ihr Schlüsse auf eure Wünsche ziehen:
   Obelisk: Der Mensch wünscht sich einen Wächter, der seine innere Arbeit überwacht. Er will wachsam sein.
   Pyramide: Der Mensch wünscht, sich zu zentrieren im materiellen und spirituellen Bereich.

Stern, Sonne mit vielen Zacken: Der Mensch wünscht, vielfältiger zu sein, zu streuen, zu funkeln, bunter und sprühender zu sein.

Ei: Hier ist Schutz gewünscht. Das Ei hat die Form der menschlichen Aura.

Kugel: Einheit, Einswerdung, Heilwerdung, Ganzwerdung wünscht sich der Mensch, der die Kugel wählt.

b) In der Vorstellung hat jeder sieben Exemplare der gewählten Form parat. Nun von unten nach oben alle 7 Haupt-Innenräume besuchen und eine der gewählten Kristallformen dort aufstellen. Die gewählte Form gilt also für alle Innenräume.

c) In den Innenraum des Kosmos – ins sogenannte Scheitelchakra – nehmt den letzten Bergkristall und stellt oder setzt euch in ihn hinein, so wie es am besten paßt, also:

Pyramide	–	sitzend
Obelisk	–	stehend
Kugel, Ei	–	Schneidersitz
Sonne, Stern	–	entsprechend der Form, wie es möglich ist.

d) Die Reise in den Kosmos beginnt. Die Form um euch herum schrumpft zum Pünktchen. Schaut euch im Kosmos um.

e) Dann macht die Reise wieder zurück in den Innenraum des Kosmos. Der Mensch ist jetzt der Kristall, den er wählte.

f) Die Form wächst allmählich und wird so groß wie der Mensch, wie die Umrisse seiner Gestalt. Sie wird noch größer, so daß ihr mit eurer Aura in der Form Platz habt. Damit ist der Kristall im Menschen, in seinen Innenräumen, und zugleich ist der Mensch im Kristall.

Der Sinn dieser Übung ist, daß Mensch und Kristall sich ähnlicher werden. Der Mensch empfängt von dem Kristall Festigkeit,

Klarheit und Reinheit. – Der Kristall seinerseits erhält Wärme und pulsierende Lebendigkeit. Ein Kristall, der menschliche Lebendigkeit gewonnen hat, hat eine andere Lebendigkeit als andere Kristalle. Der Unterschied ist etwa so wie der zwischen den Naturgeistern, die noch nie einen Menschen gesehen haben, und Naturgeistern, die mit Menschen im Haus leben.

8. Übung: Selbstheilung mit Steinen.

Die Berufung und Begabung der Menschen für das Heilen anderer ist unterschiedlich. Wie die Heilarbeit mit Steinen für andere zu tun ist, habt ihr früher schon gelernt (28. 6. 95, Bd. I S. 207 ff.). Der Weg dahin geht über deine eigene Heilung. Wenn du fröhlich, strahlend, gesund bist, werden andere aufmerksam und fragen: Wie machst du das? Dann kann man ihnen von den lieben Steinfreunden berichten.

Jeder sollte zuerst ein Verhältnis zu einem Stein aufbauen, der ein Heilstein für ihn ist. Wählt einen Stein, den ihr liebt, dem ihr vertraut, der euch anlacht. Fragt den Steinmeister, ob er bereit ist, Heilungen zu unterstützen. Wenn dieser bejaht, sollte man sich mit dem Stein vertraut machen und seine Beziehung zum Körper trainieren:

a) Den Stein in die linke Hand nehmen. Die Augen schließen. Die Hand um den Stein schließen. In der Vorstellung versinkt der Stein im Handchakra. Er wandert über den Arm und den Oberkörper in den rechten Arm und liegt schließlich in der rechten Hand. Dann wandert er den Weg zurück in die linke Hand.
b) Den Stein entweder auf den linken Fußrücken legen oder den linken Fuß auf den Stein stellen. Der Stein wandert dann in der Vorstellung ins linke Bein über Knie, Hüfte, Unterleib zum rechten Bein, zu Knie und Fuß. Dort spürt ihn unter dem Fuß oder auf dem Fußrücken. Dann macht er die Reise zurück, bis er wieder beim linken Fuß angekommen ist.

c) Den Stein auf die linke Schulter legen, ihn im Schulterchakra versinken lassen. Dann steigt er links am Hals hoch, am Kiefer entlang in den Mund, zum rechten Kiefer, rechts am Hals hinunter, zur rechten Schulter – und zurück.
d) Den Stein wieder auf die linke Schulter legen; jetzt sinkt er tiefer in den Leib über die vordere Brustseite und steigt auf zur rechten Schulter. Von der rechten Schulter geht der Stein über den Rücken zurück zur linken Schulter.
e) Den Stein in den Mund nehmen. Er wandert über die Speiseröhre in den Magen und über die Wirbelsäule zurück in den Mund.
f) Den Stein auf das Scheitelchakra legen, er versinkt im Kopf, dreht dort eine Runde und hopst wieder hinaus auf das Scheitelchakra.
g) Den Stein auf dem Scheitelchakra liegenlassen und ein Organ wählen, das müde oder krank ist oder wo ihr Schmerzen habt oder hattet. Der Stein plumpst zu dem Organ, wo es Probleme gibt oder gab. Der Stein leuchtet beim Organ auf. Dann wandert er zurück zum Scheitelchakra.
h) Den Stein außen auf die Stelle auflegen, wo Probleme sind. Der Stein »ruckelt sich zurecht«, bis er ideal liegt. Dann beginnt er, zu leuchten und läßt einen Ton erklingen. Dann werde aktiv und bitte den Steinmeister um Heilung: »Ich lege dich hier auf, bitte hilf mir.« Die Stelle wird warm, es kann sogar Hautreaktionen geben – bitte wundere dich nicht darüber.

9. Pflege der Sterne.

Es geht darum, Steine von Belastungsstoffen zu entsorgen und sie neu aufzuladen.

a) Reinigung: Der Stein soll das, was ihn belastet, abgeben an sein eigenes Element, die Erde. Dazu entweder stehend den Fuß auf den Stein setzen oder ihn zwischen beide Füße legen. Nun über den Atem Licht aus dem Himmel nehmen und an die Erde geben. Bei der Einatmung sich zum Licht im Himmel wenden:

»Ich danke euch«,

bei der Ausatmung an den Stein denken:

»Ich reinige dich«.

Bei dem »Ich reinige dich« ist die persönliche Aktivität gefragt, also nicht: »man« reinigt dich oder »das Licht« reinigt dich.

Dieser Vorgang ist 7 mal zu wiederholen. Auf diese Weise nimmt das Licht aus dem Stein alles Belastende mit in die Erde. Das ist die normalste und natürlichste Art der Entsorgung.

Man wird nach einiger Zeit wissen, wann der Stein zu reinigen ist; so wie man auch weiß, wann die Asche aus dem Kachelofen zu entnehmen ist. Vielleicht könnt ihr die Reinigung einmal wöchentlich vornehmen. Nur den eigenen Stein reinigen, nicht den anderer Menschen!

b) Das Aufladen geschieht ebenfalls mit Licht. Den Stein in die linke Hand nehmen oder, wenn er zu schwer ist, in beide Hände und sprechen:

»Der Himmel möge dich durchleuchten. Der Himmel möge dich mit Kraft und Stärke erfüllen.«

Dann einen Moment abwarten. Dann gold-weißes Licht einatmen:

»Ich danke euch.«

Bei der Ausatmung den Stein mit gold-weißem Licht anhauchen:

»Ich kräftige dich.«

Die Farbe gibt der Himmel, ihr seid die Mittler.

So potenziert sich die Kraft im Stein. Wer seinen Stein liebt, kann ihn anschließend ans Herz nehmen und sich ganz mit ihm verbunden fühlen. Dann den Stein in ein Tuch einwickeln und ihn in der Hosentasche oder Handtasche bei euch tragen oder ihn aufstellen. –

Ich, Igorman, war am Anfang des Gesprächs jung. Ich wurde im Verlauf des Abends immer älter. Ich habe mich an eure Geschwindigkeit angepaßt und bin nun müde. Jetzt muß ich ca. 70 Jahre schlafen gehen. Schlafen ist für mich schön, es bedeutet, leicht zu sein. Wenn wir schlafen, gibt unser Atem der Erde Rhythmus, Ruhe und Erholung. Schade, daß ihr nicht mehr da seid, wenn ich wieder aufwache. Ihr habt die Zeit gut genutzt. Ich verabschiede mich und gehe jetzt.
Wir danken dir herzlich.

Donnerstag, 11. 1. 96

Arbeit mit den aurischen Sternen

I. Cornelion (ein Engel aus dem Friedensdom): Heute geht es um die Plazierung und Aktivierung der Sterne im Energiefeld des Menschen. Dadurch kreisen sie dann in verschiedenen Umlaufbahnen um den Menschen herum so wie die Planeten um die Sonne, und zwar im allgemeinen innerhalb seiner Aura. Die Sterne sind für jeden Menschen vorhanden. Meist aber ruhen sie im Energiefeld des Menschen, sind zwar da, werden aber nicht in die Umlaufbahn geschickt. Ihr müßt sie nur aufwecken, sie sind ansprechbar.

Man aktiviert die Sterne durch bewußte Hinwendung; es kann aber auch geschehen, ohne daß man von ihnen weiß, nämlich indem man bestimmte Lebenshaltungen praktiziert.

Die Sterne haben ihre Umlaufbahn unabhängig davon, ob der Mensch geht, steht, sitzt oder im Bett liegt. Der Stern ist spirituelles Licht jenseits von Raum und Zeit. Er behält die Richtung auch bei, wenn ihr auf dem Kopf steht.

Alle Sterne haben ein Zentrum, das immer weiß-gold-allfarbig ist. Die Strahlen der Sterne haben jeweils unterschiedliche, bestimmte Farben. Welche Farben, das ist von Mensch zu Mensch individuell verschieden.

Ihr werdet jetzt erfahren, was für Sterne es gibt und wo sie sind, und ihr schickt sie in die Umlaufbahn. Es geht darum, die Sterne kreisen zu lassen und ihnen den Anfangsimpuls zur Bewegung zu geben. Sie finden dann ihren Rhythmus. Ihr könnt dann die Sterne schneller oder langsamer kreisen lassen. Schnelleres Kreisen verstärkt ihre Wirkung, langsameres macht sie subtiler.

ZWEISTERN:

Der Zweistern hat ein Zentrum und zwei Strahlen, einer ist nach oben, einer nach unten gerichtet. Er befindet sich im Schnittpunkt der beiden Fußchakren. Stellt die Füße etwas auseinander. In der Mitte zwischen beiden Füßen ruht dieser Stern.

Seine Umlaufbahn ist so: Er läuft hinter dem Rücken hinauf über das Haupt und kommt an der Vorderseite des Menschen herunter. Er geht in den Boden und den Rücken wieder hinauf.

Der Zweistern kann tiefer in die Erde und höher in den Himmel steigen. Geht der Zweistern tiefer in die Erde, könnt ihr der Erde einen Gruß oder eine Botschaft mitgeben oder ihr Licht zusenden. Außerdem könnt ihr die Schwingungen des Ortes, wo ihr euch befindet, feststellen. Laßt ihr den Zweistern höher in den Himmel hinauf kreisen, könnt ihr dem Himmel diese oder andere Informationen mitgeben oder ihn auch bitten, nachzuschauen, was dort ist, z. B. welche Engel sich dort befinden und was vor sich geht, und euch diese Informationen mitzubringen.

Wer den Stern nutzt, stabilisiert seine Verankerung in der Vertikalen – in den Himmel und zur Erde hin. Es ist so, als würdet ihr an einem Seil emporklettern und doch gleichzeitig auf der Erde fest verankert sein. So kann man sich an einem Ort der Erde verwurzeln und zugleich seine Verbindung zum Himmel festigen.

Übung:

Füße parallel mit etwas Abstand stellen. Augen schließen und innerlich sprechen:

»Heiliger Zweistern, ich bitte dich,
erwache und umkreise mich.«

Seht ihr dann den Stern erscheinen, so stellt ihn euch vor einem Nachthimmel vor. Kommt der Stern vor dem inneren Auge vorbei, haltet ihn an, und jeder betrachtet die Farbe, die die Strahlen seines individuellen Zweisterns haben. Merkt euch die Farbe der Strahlen, weil sie euch Aufschluß gibt über eure Aufgabe in diesem Leben. Ihr wißt dann darüber hinaus, mit welchem Finger ihr den Stern beschleunigen oder verlangsamen und mit welchem Laut ihr ihn ansprechen könnt.[32]

Sterne können, wie gesagt, auch durch die Lebenshaltung aktiviert werden, und zwar der Zweistern über alles, was mit wandern, gehen, laufen zu tun hat. Darin hatte das Wandeln in den Kreuzgängen und das Auf- und Abschreiten beim Nachdenken der Peripatetiker seinen Sinn.

DREISTERN:
Jeder Mensch verfügt über zwei dieser Sterne. Sie befinden sich im Ruhezustand hinten in den Kniekehlen. Sie repräsentieren das männliche und das weibliche Prinzip.

Ihre Umlaufbahn ist so: Sie vollziehen eine Lemniskate um die Knie. Der Stern in der linken Kniekehle wandert nach links, geht vorn um das linke Knie herum, dann hinten um das rechte Knie herum wieder nach vorn. Der Stern aus der rechten Kniekehle wandert entgegengesetzt, so daß eine doppelte Lemniskate entsteht. Die Sterne sollten gleichmäßig und synchron laufen, beide sind also gleichzeitig mal außen, mal innen. Sie stoßen aber in der Mitte nicht zusammen, sondern einer läuft über den anderen hinweg.

Laufen die Sterne gleichmäßig und synchron, dann verlaufen die ableitenden Energien gleichmäßig über beide Beine. Andernfalls ist die energetische Ableitung labiler, der energetische Fluß funktioniert nicht so gut und ist auch auf körperlicher Ebene eingeschränkt.

Kreisen die Dreisterne schneller, werden die Lemniskaten größer, gehen weiter nach außen. Kreisen sie langsamer, befinden sich die Lemniskaten näher am Leib. Je größer die Umlaufbahn ist, desto strahlender wirkt der Mensch auf andere Menschen. Die Sterne treffen dann wie Sternschnuppen oder Kometen auf die Auren anderer Menschen. Das ist für diese eine Glückserfahrung. Ihr werdet von ihnen dann als angenehm, strahlkräftig, anziehend erlebt.

Übung:
Wendet euch in Gedanken erst eurem linken und dann eurem rechten Stern zu und sprecht jedesmal:

»Heiliger Dreistern, ich bitte dich,
erwache und umkreise mich.«

Dann versucht, ihre Umlaufbahn mit dem Blick zu verfolgen, und zwar möglichst beide gleichzeitig. Das braucht Konzentration und etwas Geduld. Und merkt euch die individuellen Farben eurer Dreisterne. Beide Sterne haben dieselbe Farbe.

Auch die Dreisterne können durch die Lebenshaltung aktiviert werden, und zwar durch alles, wobei man kniet, z. B. beim Gebet, im Garten, beim Putzen oder beim Spielen mit Kindern. Das Knien in der Kirche hat auch diesen Grund. – Übrigens, wenn ihr beim Sitzen die Beine übereinanderschlagt, stört das die Sterne auf ihrem Weg, es sei denn, die Knie berühren sich nicht wie beim Schneidersitz oder beim Lotossitz.

VIERSTERN:
Er ruht im Bauchnabelbereich zwischen Taille und Hüfte. Der Umlauf geht in kleinen Wellen auf und ab und bildet einen breiten Gürtel um den Menschen. Steht der Mensch mit hängenden Armen, ist seine obere Lauflinie in Ellbogenhöhe, die untere in Höhe der Hüfte. Der Stern beginnt nach links zu wandern, geht dann im Rücken nach rechts und von rechts kommend vorn um den Menschen herum.

Ihr könnt ihn nutzen wie einen unsichtbaren Gürtel oder ein Korsett: Er stützt, hält aufrecht, deckt ab gegen Angriffe, schützt und sichert euch. Er kann eine größere Entfernung vom Körper erreichen als die meisten anderen Sterne, wenn man es wünscht: einige Meter und bei Übung 10 – 12 in Entfernung vom Körper. Nur die Sonnensterne (9, 12, 24) haben eine größere Reichweite. Die Pendelbewegung verbreitert sich dadurch aber kaum.

Der kreisende Stern wirkt zugleich belebend, vitalisierend, und zwar nicht nur auf den Menschen selbst, sondern auch auf andere.

Für die Aura anderer Menschen ist die Begegnung mit dem Vierstern eine wunderbare Wohltat. Immer dann, wenn ein Mensch seinen Vierstern zum Kreisen gebracht hat, wird im Innenraum des anderen Menschen der Wunsch wach, das auch zu tun. Das hat eine Aufrufwirkung. Sie wirkt aus sich heraus, man braucht kein Wort zu sprechen. Menschen mit großer Wirkung (Eingeweihte, Meister, große Lehrer, auch künstlerische Genies, charismatische Staatsmänner, Priester, Philosophen, Autoren etc.) verfügen über einen weit ausschwingenden Vierstern, der andere Menschen mit umfaßt. Solche Menschen haben eine große Anziehungskraft auf andere Menschen, es bilden sich Zirkel um sie herum; man hört ihnen zu, nimmt sich zu Herzen, was sie sagen, bewegt, was sie anregen, und fühlt sich auch bei längerem Zuhören nicht ermüdet, sondern erfrischt.

Übung:

»Heiliger Vierstern, ich bitte dich,
erwache und umkreise mich.«

Die Lebenshaltung, die ihn aktiviert, ist abhängig von der Farbe der Strahlen.

Dieser Stern wird zum Kreisen gebracht durch Zügelung alles Unwichtigen und Hingabe an eine Aufgabe, der man das ganze Leben unterordnet: an eine Begabung, eine Idee, ein Werk. Z. B. kreist dieser Stern bei großen Musikern oder Komponisten, die alles über ihrer Arbeit vergessen, wie essen und schlafen – sie wollen ihr Werk vollenden. Den Extremfall bilden die Märtyrer. Aber auch ein Mensch, der ernsthaft kontempliert und meditiert, erweckt den Stern, wenn er alle Probleme des Alltags beiseite lassen kann.

Der Zweistern bewirkt eine Ausrichtung in die Vertikale, der Dreistern wirkt auf die Rhythmen, und der Vierstern hilft, beweglich zu sein, Entscheidungen zu fällen, Verantwortung für große Aufgaben zu übernehmen. Er wirkt also eher in die Horizontale.

FÜNFSTERN:
Dieser Stern ruht etwa da, wo die Thymusdrüse sitzt (unter dem Brustbein). Ist er erweckt, so pendelt er in Halb-Bögen hin und her: von der Mitte zur rechten Schulter und zurück, dann zur linken Schulter und zurück. Die Bögen sind vorne vor der Brust und bleiben auch vorne. Er sieht aus wie ein Kragen:

Wenn man sich in der Inneren Kirche zentriert, macht der Fünfstern eine andere Bewegung: eine vertikale Lemniskate vor der Brust. Doch im Alltag und im Schlaf geht die Bewegung von Schulter zu Schulter.

Übung:

»Heiliger Fünfstern, ich bitte dich,
erwache und umkreise mich.«

Im Leben wird er aktiviert durch alles, was mit Herzlichkeit, Herzenswärme, mit der Inneren Kirche zu tun hat. Es kommt darauf an, wie berührbar, erschütterbar man ist. Man wird ja innerlich bewegt durch das, was einem zu Herzen geht: Durch religiöse Erlebnisse, durch Kunst, Musik, Gesang, Tanz, Kinder, Liebe – was immer das Herz rührt und erschüttert. Es gibt eine symbolische Beziehung des Fünfsterns zu den fünf Wunden des Herrn am Kreuz (s. 18. 1. 96 unter II S. 341 f).

SECHSSTERN:
Dieser Stern ruht über dem Scheitelchakra. Wird er erweckt, so geht er über das linke Ohr, die linke Schulter, den Arm in die Erde hinein, unter den Füßen hindurch rechts wieder hinauf. So umschließt er den Menschen wie ein Ei. Streckt ihr einen Arm aus oder stellt ihr die Beine breit, wird seine Umlaufbahn entsprechend weiter. Dieser Stern kann sich einige Meter entfernen, aber nicht so weit wie der Vierstern. Der Sechsstern gibt mit seinem Licht der Gesamtaura eine besondere Prägung. Seine Bahn ist nicht zu verwechseln mit dem Prisma des Menschen, auch wenn der Mensch in ähnlicher Weise in ihm steht.

Übung:

»Heiliger Sechsstern, ich bitte dich,
erwache und umkreise mich.«

Die Aktivierung im Leben geschieht durch Dank – von der simpelsten Form im Alltag, nämlich dem Sich-bedanken bei anderen Menschen, bis hin zum Dank der Natur, aller Kreatur, dem Himmel gegenüber. Sie geschieht also, indem man Dankbarkeit kultiviert, unabhängig von der intellektuellen Reife. Z. B. kann ein Bauer ein Heiliger werden durch die Kultivierung der Dankbarkeit, selbst wenn er Analphabet wäre.

Ehe wir weitergehen, macht zunächst einige Übungen mit diesen Sternen:

1. Merkt euch die Farben aller eurer Sterne.
2. Versucht einmal, Farbe und Bahn all dieser Sterne gleichzeitig anzuschauen. Seht euch selbst als Zentrum, als Sonne, und schaut mit heiterer Ruhe und Faszination, wie die Sterne ihre Bahn ziehen. Ihr werdet den Anblick genießen, ihn sehr schön finden.

3. Dann könnt ihr mit einem oder mehreren Sternen energetisch arbeiten, die Farbe und den Laut in den entsprechenden Stern lenken, seine Form singen und die dem Stern entsprechende innere Haltung im Leben verstärken.
4. Partnerübungen:
   Zweistern, Vierstern und Sechsstern sind in der Lage, andere Menschen mit aufzunehmen.
   a) Zweistern: Zwei Menschen stehen sich gegenüber. Sie lassen ihre Sterne um beide kreisen.
   b) Vierstern: Zwei Menschen sitzen sich gegenüber, oder mehrere sitzen im Kreis. Sie halten sich an den Händen. Schickt euren Stern um den ganzen Menschenkreis herum, jeder schickt nacheinander seinen Stern los; kommt er wieder an, dann sendet der nächste seinen Stern in die Bahn. Dann starten alle ihre Sterne gleichzeitig.
   c) Sechsstern: Zwei Menschen stehen nebeneinander und lassen ihre Sterne um beide kreisen.
5. Mit dem Zwei-, Vier-, Sechsstern ist auch Heilarbeit möglich:
   a) Stellt euch dem Menschen, dem ihr helfen wollt, gegenüber und nehmt ihn in den Arm. Dann laßt euren Zweistern auch um ihn mit kreisen. Er entgiftet und energetisiert den Menschen.
   b) Setzt euch ihm gegenüber und laßt den Vierstern kreisen.
   c) Stellt den Menschen links neben euch und laßt den Sechsstern kreisen.
   d) Zum Abschluß der Sitzung setzt euch wieder gegenüber und laßt den Vierstern kreisen. –

Die nun folgenden Sterne sind kugelförmig, also dreidimensional zu denken.

NEUNSTERN:
Den Neunstern kann man nicht bewußt aktivieren. Er wird einem für eine bestimmte Zeit übergeben, dann zieht er sich wieder zurück. Eure Führungsengel verfügen aber über die Mög-

lichkeit, euch einen Neunstern aus dem Himmel zu überbringen, wenn ihr darum bittet.

Der Neunstern wird vom Führungsengel vor die Stirn gestellt, und er umkreist den Kopf wie eine Krone. Ihr könnt den Neunstern erbitten zur Klärung, Reinigung, zum guten Schülersein, zur Erleuchtung, zur Hellsichtigkeit. Setzt ihn vorsichtig bei euch ein. Es könnte Kopfweh geben. Mit dem Neunstern zu arbeiten braucht Übung.

ZWÖLFSTERN:
Er wird vom Sonnenengel persönlich zur Verfügung gestellt; nicht auf Bitten, sondern nur aufgrund seines eigenen Entschlusses. Man sagt dann: »Der Mensch steht unter einem guten Stern«.

Der Stern in der Weihnachtsgeschichte, der die drei Magier zur Krippe führte (Matth. 2,2), weist nicht nur auf ein historisches Ereignis, sondern auf Neunstern und Zwölfstern hin.

VIERUNDZWANZIGSTERN:
Er wird von der Trinität geschenkt. Die Begegnung mit diesem Stern bedeutet das Ende des irdischen Daseins.

Jetzt übergebe ich (Cornelion) an meinen »Kollegen« Elion, der euch noch etwas zu den Farben der Sternstrahlen sagen möchte.

II. Elion: Die Farben der Strahlen haben ihre Bedeutung. Erinnert euch an den Zusammenhang der Farben mit den Fingern und mit Vokalen (18. 8. 95, s. S. 42 ff.):

Heiliges Rot: Es ist euch sicher aufgefallen, daß diese Farbe bei den Fingerübungen nicht vorkam. Es ist die Farbe der Lebendigkeit. Mit ihr verbindet sich die Fähigkeit der Materialisierung, der Schöpfung. Mit dieser Farbe ist keine Fingerarbeit zulässig.

Heiliges Orange: Freude (kleiner Finger: I).

Heiliges Gelb: Wohlbefinden – Zufriedenheit mit dem, wo man ist, was, wie, mit wem man ist: am rechten Platz, mit der rechten Arbeit, in guter Umgebung, mit guten Begegnungen (Ringfinger: E).

Heiliges Grün: Heilung, Genesung, Wachstum, Trost, Hoffnung (Daumen: U).

Heiliges Blau: Unterrichten, lehren und lernen oder abgeben und aufnehmen (Zeigefinger: O).

Heiliges Violett: Weise werden, Einordnung finden (Mittelfinger: A).

Heiliges Weiß ist immer im Zentrum des Sterns.

Diese Farben und die zu ihnen gehörigen Begriffe setzt in Zusammenhang mit euren Sternen. Jeder eurer Sterne hat – individuell verschieden – eine Farbe, und zu dieser gehört einer dieser Begriffe. Fragt euch: Welcher Stern hat bei mir welche Farbe? Welche Aufgabe stellt er mir, welche Wirkung – welche »Ausstrahlung« – hat er? Wie wirkt er auf Vitalität, Tatkraft, Freude, Optimismus, Lebenslust? Was bedeutet das für mich im Leben, in der Praxis, in der Tätigkeit? Macht euch darüber Gedanken und teilt sie uns – Cornelion und Elion – mit. (Scherzend:) Stellt euch auf ein Podest wie eine schöne Statue und fühlt euch geehrt. Wir wünschen euch ein frohes Knobeln ...

Werden die Sterne nicht ausdrücklich aktiviert, sondern beginnt ihr Kreisen durch die Lebenshaltung, so ist dieses an diese Lebenshaltung geknüpft. Die Sterne werden angestubst und kreisen fortan weiter, es sei denn, man würde diese Lebenshaltung ausdrücklich und endgültig abbrechen. Aber irgendwann werden sie sehr langsam. Der Mensch, bei dem die Sterne wieder zum Stillstand kommen, ist dann auch befreit von dem Anspruch, der mit kreisenden Sternen verbunden ist.

Sind die Kräfte für dauernd angestoßen, habt ihr sie auch auszuhalten. Es ist, als hättet ihr eine Kugel abgefeuert, die unweigerlich beim Vater landet. Jeder Widerstand ist zwecklos. Es entsteht wesentlich mehr Dynamik, die Angriffe der Doppelgänger und der Hierarchien zur Linken nehmen zu – aber auch der Anspruch der Hierarchien zur Rechten an euch. Er bedeutet Arbeit mit großer Vehemenz. Es ist dann wesentlich mehr Energie im Fluß. Es ist ein Weg ohne Umkehr!

(Die Naturgeister haben sich alles mit höchstem Interesse angehört. Sie haben eine Vorliebe für Menschen mit entwickelten Sternen. Es ist für Naturgeister so, als würde der Mensch den Himmel an ihnen vorbeitragen.)

Donnerstag. 18.1.96

I. Erlösungs- und Fürbittarbeit. II. Wodurch hat Christus die Welt erlöst?

I. Luminathron (über ihn s. 23. 11. 95, o. S. 202):
Ich grüße euch, meine Kinder,
ich segne euch mit dem Licht,
das den Kosmos erleuchtet,
den Weisen beglückt,
den Engel erfreut,
die Kirche vergoldet,
die Quelle belebt,
das Kind entzückt
und Sonnenglanz auf das Meer wirft.

Ihr habt schon gelernt, wie man Erlösungsarbeit für gefallene Engel und für Doppelgänger und die von ihnen beherrschten Menschen macht (s. o. S. 246ff.). Heute gebe ich euch eine Einführung in die Erlösungsarbeit für sog. »verlorene Seelen«, d. h. für Seelen, die nach dem Sterben den Weg zum Himmel nicht gefunden haben und die weiter auf der Erde umherirren. Wie man sie erlösen kann, habt ihr schon gehört (23. 11. 95 unter Ziff. 6). Heute bekommt ihr Anweisungen für eine noch planmäßigere Erlösungsarbeit. Diese kann mit kleinen Varianten auch für Doppelgänger getan werden.

a) Zunächst der Text für verlorene Seelen, die Varianten anschließend.

Ihr könnt dieselbe Arbeit auch für einen *gefallenen Engel* tun, einen »Nachtfalter« aus einer anderen Welt, d. h. einen im Dunkel verirrten, orientierungslos gewordenen Engel. Wagt euch aber nicht an gefallene Erzengel, Archai oder Exusiai heran – nur an Nachtfalter aus der Engelebene.

Die Erlösungsarbeit wird am besten am Donnerstagabend gemacht – an der Vigil des Freitags; an anderen Tagen ist sie aber nicht minder wirksam. Man kann sie für sich allein machen, am besten aber im kleinen Kreis. Fünf Teilnehmer sind sinnvoll, es erinnert an die fünf Wunden. Es schadet aber nicht, wenn die Gruppe kleiner oder etwas größer ist, doch sollte sie nicht erheblich größer sein.

1. Setzt euch im Kreis und entzündet eine weiße Kerze in der Mitte.
2. Jeder spricht ein Gebet – das Vaterunser, das Sohnesgebet, das Ave-Maria. Gemeinsam sprecht das Credo.
3. Schließt die Augen. Die Engel reichen jedem eine goldene Schüssel mit Wasser. Darin wascht die Hände in Reinheit und Liebe.
4. Jedem wird ein weißer Umhang umgelegt.
5. Bittet die Doppelgänger, daß sie für den Moment einen Schritt zurücktreten. Sie werden es tun.
6. Die Arbeit wird eingefügt in die Kreuzwegandacht in ihren 14 Stationen. Texte der Kreuzwegandacht gibt es in verschiedenen Varianten. Laßt sie euch von Priestern oder in Klöstern, Kirchen oder kirchennahen Buchhandlungen zeigen und wählt euch die aus, die euch am meisten zusagt. Sehr lieb ist den Engeln z. B. der Text, der die Visionen der Anna Katharina Emmerich verwendet, denn diese sind recht zuverlässig. – Einer übernimmt das Vorlesen. Nach jeder Station sprecht ein kurzes Gebet, z. B. »Erbarme dich unser, o Herr, erbarme Dich unser und der armen Seelen« oder »... und der Wesen, die sich nach dem Lichte sehnen«.
7. Die erste Station wird gelesen. Ihr lebt sie mit geschlossenen Augen nach und sprecht das Gebet.

8. Reicht euch die Hände im Kreis. Jeder lädt eine oder zwei verlorene Seelen oder »Nachtfalter« in den Kreis ein (in der Regel nicht mehr).
9. Dann spricht einer stellvertretend für den ganzen Kreis folgenden Text:

   »Wir laden euch ein,
   in unseren Kreis zu treten,
   wir laden euch ein,
   vom Licht zu kosten
   und ins Licht zu gehen.
   Wir begrüßen euch und begleiten euch. Wir lieben euch
   und danken euch für den dunklen Weg, den ihr gegangen seid,
   und für eure Heimkehr ins Licht.
   Im Namen des Vaters, des Sohnes, des Heiligen Geistes
   und der Mutter.«

   Dann löst die Hände und öffnet den Kreis.
10. Lest die zweite Station – und verfahrt ebenso; 14 Stationen lang darf jeder ein oder zwei verlorene Seelen oder »Nachtfalter« einladen. Wenn die erste Einladung erfolglos geblieben sein sollte, könnt ihr auch dieselben Seelen noch einmal bitten. So geht es bis zur letzten Station des Kreuzweges, der Grablegung.
11. Danach übergebt etwas von euch dem Licht: etwas Schattenhaftes, eine dunkle Seite, ein Vergehen, eine Belastung oder Unreinheit.
12. Sprecht noch einmal gemeinsam das Credo.
13. Dann liest einer den Anfang der Weihnachtsgeschichte (Luk. 2,7): »Es begab sich aber...«. Bedenkt dabei: Es begab sich damals und begibt sich immer wieder.
14. Zum Abschluß geht jeder still durch seine Innenräume und spricht beim Inneren Kind das Vaterunser, in der Inneren Kapelle das Sohnesgebet und beim Marienengel das Ave Maria. Dann tretet vor den Inneren Altar und dankt, daß ihr diese Arbeit in dieser Gruppe tun dürft.

Macht diese Arbeit nicht zu häufig, weil sie zuerst sehr ermüdend wirkt. Aber wenn ihr sie beginnt, dann tut sie mit einer gewissen Regelmäßigkeit – etwa einmal im Monat –, weil sich die armen Seelen darauf einstellen. Sie werden sich in wachsender Zahl einfinden – es spricht sich herum – und sozusagen »Schlange stehen«.

Die konkrete Erlösungsarbeit, wie ihr sie heute gelernt habt, wird von der Kirche selten angeregt und wenig deutlich dargestellt, weil sie sehr viel voraussetzt: Schutzmaßnahmen, Kenntnis von Innenräumen und von helfenden Wesen, Arbeit mit Licht, Konsequenz in der Arbeit. Deshalb kann die Kirche diese Arbeit nicht in breiteren Kreisen propagieren. -

b) *Variante für Doppelgänger.*
Ihr könnt auch den *Doppelgänger* eines Menschen einladen. Wenn ihr den Menschen kennt, nennt seinen Namen. Beachtet, daß ihr nicht die Menschen in den Kreis bittet, sondern ihre Doppelgänger, die von den Hierarchien zur Linken gesteuert werden; haltet das in Gedanken auseinander. Ihr könnt auch mehrere Doppelgänger in den Kreis bitten; es dürfen auch einmal eure eigenen sein. Es können auch sehr starke Doppelgänger sein, über die die linken Hierarchien Menschen geradezu besetzt halten, z. B. die Doppelgänger der Anführer von Banden oder kämpfenden Volksgruppen. Bedenkt, daß bei Kampfgruppen (derzeit z. B. in Tschetschenien) dieselbe dunkle Macht auf beiden Seiten wirkt.

Den Doppelgänger kann man nicht bitten, ins Licht zu gehen; denn wenn er das täte, würde er sich den lichten Hierarchien zugesellen, also seinen Menschen verlassen, und dieser müßte sterben. Die verlorenen Seelen und die »Nachtfalter« finden Erlösung, indem sie ins Licht heimkehren. Die Doppelgänger hingegen kann man nur bitten, sich zum Licht hinzuwenden. Deshalb sprecht für sie den Text (Ziff. 9)in folgender Variante:

»Wir laden euch ein,
in unseren Kreis zu treten,
wir laden euch ein,
vom Licht zu kosten
und ins Licht zu sehen.
Wir begrüßen euch und begleiten euch.
Wir lieben euch
und danken euch für den dunklen Weg,
den ihr gegangen seid,
und für eure Hinwendung zum Licht.
Im Namen des Vaters, des Sohnes, des Heiligen Geistes
und der Mutter.«

c) Ihr könnt statt der Erlösungsarbeit auch *Fürbitte-Arbeit* tun. Dann ändert sich der Text ein wenig. Denn die Erlösungsarbeit gilt nur den verlorenen Seelen, den Nachtfaltern und den Doppelgängern. Die Fürbitte hingegen gilt dem lebendigen Menschen, seinem Gesamtwesen, oder auch einer Familie oder einem Volk.

   1. Auch die Fürbitte-Arbeit beginnt mit der weißen Kerze, den Gebeten, dem Händewaschen in der goldenen Schale, dem weißen Umhang. Wiederum lest ihr die Stationen des Leidensweges Jesu und bildet mit den Händen einen Kreis. Jeder sagt einen Namen oder nennt eine Gruppe, für die er bitten möchte, und lädt sie in den Kreis ein (analog I Ziff. 1-8).
   2. Dann sprecht ihr:

      »Heilige Mutter,
      Königin über uns und über alles,
      wir bitten Dich für alle im Kreis:
      leite sie und führe sie,
      schütze sie und stütze sie,
      gib Dich ihnen
      und nimm sie zu Dir.
      Wir bitten Dich von ganzem Herzen. Amen.«

Ihr könnt euch auch an die Engel oder zugleich an die Heilige Mutter und die Engel wenden. Dies macht ihr durch alle 14 Stationen hindurch und beendet dann die Arbeit wie oben bei der Erlösungsarbeit (analog I Ziff. 10–14).

Wenn ihr vor dem Problem steht: Ist es angebracht, Doppelgänger dem Licht zuzuwenden oder sich unmittelbar um Menschen zu kümmern –, also Erlösungsarbeit oder Fürbittearbeit zu tun, dann ist es das Beste, ihr tut abwechselnd mal das eine, mal das andere. Die Fürbitte stützt den lichten Teil des Menschen, die Erlösungsarbeit versucht, den Doppelgänger zum Licht zu führen.

II. *Über die Erlösung*

Ich möchte euch noch einiges zur Erläuterung sagen. Wodurch hat Christus die Welt erlöst? Die Erlösungstat des Mensch gewordenen Christus bedeutet nicht, daß die Welt nun schon erlöst sei, sondern daß die Erlösung möglich und grundgelegt wurde. Erlösung bedeutet ja, daß sich alle dunklen Kräfte und Mächte dem Licht zuwenden und letztlich, daß die Schöpfung heimkehrt zum Vater – und zwar in Freiheit und aus Liebe, nicht unter Zwang und Drohung, nicht aus Angst und Furcht. Christus konnte die Erlösung nicht einfach anordnen, da er ja die Freiwilligkeit der Geschöpfe, die ein Grundgesetz der Schöpfung ist, zu respektieren hat – nicht anders, als es der Vater tut. Er konnte nur Voraussetzungen schaffen, anspornen, anregen, den Anfang setzen. Dies tat er auf folgende Weise.

1. Zwar konnte er das Wirken der dunklen Hierarchien nicht beenden, wohl aber ihre Eingriffsmöglichkeiten begrenzen, so daß die lichten Möglichkeiten des Menschen größer werden. In dem Maß, in dem sie größer werden, können die Menschen an der Erlösung der Welt mitwirken. Die Erlösung der Welt aber ist angewiesen auf die Mitarbeit des Menschen. Die Engel allein könnten sie nicht erlösen, auch Christus nicht, wenn die Menschen nicht mitwirken. Der Mensch ist Ebenbild Gottes – und ohne diesen Aspekt geht es nicht.

Wenn ich sage: die Erlösungsarbeit ist daran gebunden, daß Menschen sie tun, so meine ich mit Erlösungsarbeit nicht nur die bewußte Gruppenarbeit, die wir eben erörtert haben. Das ganze Leben jedes Menschen in der Nachfolge Christi ist Teil der Erlösungsarbeit. Die bewußte Gruppenarbeit ist zusätzliche Hilfe.

Es reicht nicht, daß Christus da war. Der Mensch kann nicht im Sessel sitzen und sich sagen: Der Herr hat es ja getan! Damit sind wir erlöst, was sollen wir uns noch mühen! Die Erlösungsarbeit liegt vielmehr in der Nachfolge Christi, im Christsein.

Christus braucht die Nachfolge. Was er geschaffen hat, ist das Urwerk, die Grundlage für jede Erlösung. Ohne ihn und seine Tat gäbe es keine Erlösung. Sein Erscheinen und seine Passion sind das Wichtigste überhaupt, aber sie sind gleichwohl nicht ausreichend. Vielmehr ist der Mensch aufgerufen, in die Nachfolge zu treten. Nachfolge bedeutet nicht nur, in seinem Sinne zu wirken, sondern auch, dadurch am Erlösungswerk mitzuwirken.

Wenn die Erlösung vollendet wäre, hätte man ihre Geschichte nicht zu überliefern brauchen. Die Überlieferung erfolgte nicht aus eitlen Motiven der Selbstdarstellung, sondern die Menschen sollten die Geschichte erfahren, damit sie sie sich zu Herzen nehmen, die Passion nacherleben und nachempfinden und sich zur Nachfolge aufgerufen wissen. Nachfolge bedeutet nicht, daß jeder das Kreuz und die Wunden erleidet, wohl aber, daß er an der Erlösung mitwirkt.

Das tut ihr durch die von euch geübte Erlösungsarbeit, doch sie ist nur eine Form der Erlösungsarbeit. Es gibt viele andere Formen: eure Märchen stellen sie euch bildhaft vor Augen. Sie sind ja voll von Erlösungstaten bis hin zu Entzauberungen. Auch der Sterbende trägt noch zur Erlösung bei. Man pflegt zu sagen: »er ist erlöst« – aber im Sterben gibt es viel Aktivität, viel Erlösungsarbeit. – Man kann es so sagen:

Christus hat die Welt erlöst, aber jeder einzelne hat das noch einmal umzusetzen.

Ohne Christi Passion und sein Sterben am Kreuz könnte der Mensch keine Erlösungsarbeit leisten. Aber Christi Erlösungstat bestand nicht in Passion und Sterben allein, sondern in seinem gesamten Erdenleben. Es begann mit der Geburt. Das erste Faktum der Erlösung ist, daß Christus Mensch wurde. Indem er, der zur göttlichen Trinität gehört, ein Bruder des Menschen wurde, brachte er den Menschen zum Bewußtsein seiner eigenen Größe, zu einem ansatzweisen Verständnis seiner Gottebenbildlichkeit. Vorher lebten die Menschen in den verschiedenen Religionen in der Vorstellung von – ihnen mehr oder weniger unverständlichen – Göttern, Halbgöttern und Heroen und fühlten sich meist ungeborgen und verloren. Indem der Herr ihnen ein Freund und Bruder wurde, eröffnete er ihnen ein Verhältnis zur Trinität, brachte ihnen ein brüderliches Verhältnis zur Schöpfung nahe und machte es ihnen leichter, sich der Schöpfung bewußt und angemessen einzugliedern.

Den Christusimpuls gab es schon vorher, aber da war Christus noch nicht als Figur begreiflich. Er wurde erst durch sein irdisches Dasein als Mensch für die Menschen erkennbar und benennbar. Dadurch erst gewannen die Menschen eine andere Möglichkeit, ihn zu lieben; denn es ist leichter, jemanden zu lieben, den man kennt und benennen kann, als etwas, das nicht faßbar ist.

Mit seinem ganzen irdischen Dasein gab er, der zum Bruder gewordene Teil der Trinität, das Beispiel eines vorbildhaften Lebens. Von besonderer Bedeutung ist, daß er sich in Situationen begab, aus denen sich herauszuziehen ihm leicht gewesen wäre, aber er tat es nicht. Es gab eine forcierte Aktivität der Doppelgänger: Gegen ihn wüteten Menschen, die »außer sich« waren; sie waren von wütenden Doppelgängern manipuliert. Doch er blieb in sich, bei sich, blieb ganz, stabil und heil, auch noch am Kreuz.

2. Das Erlösungswerk besteht aber nicht nur in der Vorbildlichkeit und Beispielhaftigkeit seines Erdenlebens, so bedeutsam es ist, sondern auch darin, daß seither Christus als Erlöser in jedem Menschen lebt. Ihr wißt ja, daß jeder Mensch Christus in seiner Innenwelt trägt, und zwar in allen seinen Aspekten: Er ist Lehrer, Heiler – und eben auch Erlöser. Jeder Christusfunke im Menschen trägt das Erlöserleben mit. Indem Christus nicht nur der Freund und Bruder des Menschen ist, sondern auch als der Erlöser in ihm und durch ihn wirkt, vermag der Mensch in der Nachfolge Christi am Erlösungswerk mitzuwirken.
3. Ein drittes Faktum der Erlösungstat des Herrn lag in seinem Abstieg in die Reiche des Dunkels. Nach seinem Sterben begab sich Christus – nicht Jesus – ins Reich der Hierarchien zur Linken und ins Reich des Todes. Damit trug er Lichtfunken in diese Reiche hinein, die nicht mehr auszulöschen sind. Sie reichen zwar nicht aus, um sie zu durchlichten und die Welt des Dunkels umzuwandeln. Aber sie machen diese Reiche erlösungsfähig. Christus hat sie nicht »erlöst«, sondern die Grundbedingungen dafür geschaffen, daß sie erlöst werden können. Überall hat er Keime, Samen gelegt. Damit hat er gesichert, daß es Erlösung geben wird, d. h. daß alle Wesen zum Vater zurückkehren.

Denn die Lichtfunken halten die Erinnerung an die Welt des Lichtes und der Liebe in all ihrer Schönheit wach. Sie senken ein klein wenig Heimweh in die Wesen, die dort kämpfen und toben oder gar erstarren, ein klein wenig Bewußtsein von ihrer Situation und von der Möglichkeit, sich ihr durch freien Entschluß zu entziehen. Sie entfalten ihre Wirksamkeit langsam; ihre Anziehungskraft, ihre umwandelnde Wirkung stoßen auf Protest und Widerstand. Der Herr konnte die dort waltenden Wesen also nicht sogleich zur Heimkehr bewegen. Den Entschluß zur Heimkehr muß jeder selbst und freiwillig fassen, den Weg zum Vater muß ein jeder selbst gehen. Der Herr konnte also die Erlösung nicht vollenden, aber er hat sie möglich gemacht und begonnen.

Für euch bedeutet die Erlösungsarbeit für die Hierarchien zur Linken nicht, diese zu lieben, aber sich ihrer liebevoll anzunehmen und ihnen die Möglichkeit, geliebt zu werden, in Aussicht zu stellen. Es wird ihnen ein Angebot unterbreitet: Kehrt heim ins Licht, und habt teil an der Liebe!

4. Ein viertes Faktum des Erlösungswerks Christi sind die Wunden am Kreuz. Ihr solltet die 5 Wunden kontemplieren, sie zu begreifen versuchen. Es sind bestimmte Stellen, aus denen Blut und Wasser austreten; sucht zu verstehen, was das heißt. Sie sind viel mehr als bloße Verletzungen. Die 5 Wunden des Herrn – eine an der Seite, je zwei an den Händen und Füßen – bluteten, und sie bluten immer noch – bis die Welt erlöst ist. Ihr solltet freitags – bzw. donnerstags abends – den Christus am Kreuz betrachten, so als hätte die Kreuzigung jetzt stattgefunden. Ihr sähet ihn in einem erschreckenden Zustand. Mit der fortschreitenden Erlösung der Welt würden aber die 5 Wunden nicht mehr bluten, und Christus wäre vom Leiden erlöst. Christus hat die Welt erlöst, jetzt geht es darum, daß die Welt ihn erlöst.

Die Wunden an den Händen und Füßen haben eine symbolische Bedeutung. Die künstlerischen Darstellungen des Gekreuzigten haben sie richtig erfaßt, auch wenn sie historisch nicht genau sind. In Wirklichkeit wurden die Arme von hinten über den Querbalken gelegt, und die Nägel wurden durch die Unterarme geschlagen; auch nicht durch die Füße, sondern durch die Unterschenkel. In dieser Haltung entstand ein Zug, der das Atmen schließlich unmöglich machte. Jesus ist erstickt, nicht verblutet.

Aber auf die historische Genauigkeit kommt es nicht an, sondern auf die symbolische Bedeutung der Wunden. Deshalb verlegt sie die Kunst mit Recht an Stellen, wo sich bestimmte Innenräume befinden. In den Handflächen liegen die Innenräume, die die Eltern des Menschen beherbergen.[33] Durch eine Kreuzigung werden der himmlische Vater und die himmlische Mutter, aber auch die irdischen Eltern mitverletzt; sie begleiten das Leben und Sterben ihrer Söhne und Töchter mit Sorgen, Kummer und Tränen mit.

In den Füßen befinden sich die Innenräume, die die beiden Eremiten beherbergen (Nonne und Mönch), und auch diese leiden mit. Alle Wesen, die zum Dienst berufen sind, sind ja auch dazu berufen, das Leid mitzutragen. Schon im Alltagsleben eines »normalen« Menschen sind seine guten Freunde bereit, sich Sorgen zu machen, sich zu kümmern, mit Rat und Hilfe zur Seite zu stehen, sei es auch nur aus dem Hintergrund, auch wenn die Freundschaft nur einige Jahre währt. Es gehört geradezu zum Wesen der Freundschaft – wie auch der Ehe und der Liebesbeziehung –, des anderen Leid mitzutragen. Für das Menschsein sind Freundschaft und Familie wesentlich. Und die Eremiten gehören zur »Familie« des Herrn. Die Künstler bringen deren Mitleiden durch die Wunden in den Füßen stimmig zum Ausdruck.

Auch die 5. Wunde an der Seite – ein Einstich von schräg vorne – traf die Innenräume, vor allem die Innere Quelle und die Innere Kirche und die dort lebenden Wesen. Die Verletzung der Inneren Quelle bedeutet: Die ganze Natur, Quelle, Wald und Wiese usw. leiden mit. Die ganze irdische Natur ist ja verletzt, kränkelt, leidet, zerfällt, kann sich nicht ungetrübt ihres Daseins erfreuen. Und die Verletzung der Inneren Kirche bedeutet: die nahe und weitere Gemeinschaft, die Mutter Kirche, die Gemeinschaft der Christen – alle sind mitverletzt.

In diesem Zusammenhang noch ein Wort zur Dornenkrone, die ebenso wie Königsmantel und Szepter der Verspottung seiner Königschaft dienen sollte. Aber der Spott ist nicht gelungen: Im Effekt bestätigen die Zeichen des Königs sein Königtum, sie deuten an, was ihm eigentlich gebührt.

Mittwoch, 24. 1. 96

Bei den Kyriotetes

Bruder Tullian: Wir gehen weiter zu den Kyriotetes. Um euch einzustimmen, solltet ihr zunächst die Innenräume farblich durchgehen, dann die Kerzen in den Vorräumen der Innenräume kontrollieren und entzünden (s. 21. 12. 95, S. 249 f.). Dann überprüft die Prismen. Dann macht in Begleitung eures Heiligen die Prozession von der Inneren Kapelle aus zum Inneren Kind (betet das Vaterunser), dann zum Altar (das Sohnesgebet), dann zum Marienengel (Ave-Maria) dann wieder zum Altar. Hier sprecht das »Sanctus«. Dann seid ihr bereit zum Aufstieg mit dem Dank an Menschen, Engel, Erzengel, Archai (durch Zusmael), Elohim und Exusiai (durch die Torhüter) bis zu den Dynameis. (Wir verfahren so.)

Als Führer zu den Kyriotetes wirken alle Erzengel außer Michael. Euch wird der heilige Erzengel Gabriel geleiten, d. h. ein Repräsentant von ihm, eine »Lokalisierungsform«. Er bleibt trotzdem eine Ganzheit. Auch eure Inneren Heiligen begleiten euch.

(Gabriel hat eine sehr verbindliche Art, er beeindruckt durch Bescheidenheit und Natürlichkeit. Er grüßt mit beiden Händen, die nach oben offen sind, als wolle er etwas übergeben. – Unsere Heiligen zeigen uns, was wir zu tun haben: Sie knien nieder. So machen wir es auch.)

Der heilige Erzengel Gabriel: Ich grüße euch im Namen des Herrn. Ich werde euch die Botschaften der Kyriotetes übermitteln. Die Kyriotetes sind äußerst mächtig, ihr könnt ihnen nicht unmittelbar gegenübertreten. Von den Kyriotetes trennt euch eine Sicherheitszone, etwas wie ein massives dickes, hohes Gebirge – es wirkt wie die Alpen und erscheint wie aus grauem Gestein, das von der Ausstrahlung der Kyriotetes, ihrer Macht und Gewalt glüht wie Lava und fast durchsichtig ist, obwohl sich die Kyriotetes weit entfernt befinden.

Doch auch euer Prisma schützt euch: es wird die Strahlung in stimmiger Weise auffangen, mildern und ableiten. Auch die Heiligen schützen euch: sie lenken die Strahlen auf sich, ihr steht wie in ihrem Windschatten. Wegen der Intensität kann die Begegnung nur kurz sein. Bewegt euch möglichst wenig.

Ihr dürft Fragen stellen zu folgenden Themen: Zur Weisheit der Trinität, zur Schöpfung der Welt, zur vielschichtigen Struktur der Schöpfung, ihrer Instandsetzung und Erhaltung, zur Struktur der himmlischen Hierarchien bis hinauf zur Trinität, zu ihrem Befinden und Zustand, zu ihren Plänen und den Hindernissen, von denen man weiß.

Zunächst sammelt euch und werdet so rein wie möglich. Legt alle Sorgen, Probleme, schlechten Gedanken und Gefühle ab. Nehmt den heutigen Tag und legt ihn beiseite – auch die schönen Dinge, alles. Nehmt den morgigen Tag samt allen euren Erwartungen und Wünschen für die Zukunft und legt das alles beiseite. Nehmt all euren Besitz, Haus, Kinder, Arbeit, euren weltlichen Namen, legt alles beiseite. Das Sicherste und auch das Passendste ist, sich flach niederzuwerfen.

(Die Stimme der Kyriotetes ertönt, sie läßt den Berg erzittern wie von einem Erdbeben, doch er verändert sich nicht in der Form. Ihr Sprechen klingt für uns wie ein Donnergrollen. Die Heiligen werfen sich flach auf den Bauch, wir auch. Gabriel übersetzt:)

Nie wird eines Menschen Aug uns erblicken,
Nie wird eines Menschen Herz uns fassen,
Nie wird eines Menschen Hand uns tragen,

doch wir tragen alle,
fassen alles,
blicken durch alles hindurch.

(Es herrscht ein eigenartiges Energiemuster: Das Umfeld ist trotz des dicken Berges von solcher Intensität, daß man sich mit gleicher Kraft angezogen und weggeschleudert fühlt.)

Gabriel: Ihr habt jetzt den Impuls, euch lieber davonzumachen als dazubleiben. Faßt euren Mut zusammen. Es braucht ziemlichen Mut, sich bis dahin zu wagen. Ihr dürft jetzt Fragen stellen.

Wie ist derzeit das Befinden des Sohnes auf seinem Weg zur Wiederkunft?

Gabriel: Die Frage ist angenommen. Die Kyriotetes geben sie weiter, so daß die Antwort fast eine direkte Information ist:

Der Sohn grüßt euch. Er bittet euch: Fürchtet euch nicht. Sie, die Kyriotetes sind meine Diener, so wie auch ihr meine Diener seid. Sie sind meine Kinder, so wie auch ihr meine Kinder seid. Sie sind meine Brüder, so wie auch ihr meine Brüder seid. Sie sind im Licht. Die Brüder im Dunkeln mögen euch erschrecken, mich schrecken sie nicht.

Gabriel (zum letzten Satz, erklärend):

Es gab bisher keine gravierenden Übergriffe oder verletzenden Angriffe auf den Sohn. Er wurde zwar attackiert. Doch die Hierarchien zur Linken können ihm nichts anhaben. Sie sind im Dunkel – etwas Schlimmeres gibt es nicht –, aber das Dunkel ist ohnmächtig gegenüber dem Licht. Der Sohn kehrt wie vorgesehen zu euch zurück und wird im Ätherischen erscheinen, in ruhigem Gemütszustand, mit klaren und festen Zielen und Absichten.

(Ein zweites Gebirge wird eingezogen, als eine zweite Trennwand. So ist das Licht nicht mehr so hell, die Schwingung nicht mehr so intensiv.)

Gabriel: Man könnte sonst erblinden – und zwar auch spirituell erblinden. Zumindest kann eine vorübergehende Beeinträchtigung auftreten, so daß ihr nicht mehr arbeitsfähig wärt. (Auch dieses Gebirge beginnt hell zu glühen und wirkt wie eine fast durchsichtige Feuerwand.)

Gabriel: Würdet ihr die Kyriotetes sehen, so sähet ihr zunächst nicht viele Wesen, sondern nur eines, das auf dieser Welt keinen Platz fände. Doch ihr hättet das sichere Empfinden: in diesem Gesamtwesen befinden sich Engelwesen, die allerdings nicht aus ihm ausbrechen. Ihr sähet einen länglichen Kreis in der Vertikalen, an dessen Seiten Engel sichtbar werden, obwohl euch das Ganze als ein Engel erscheint. Dieser erstrahlt in hellem Weiß und Gold und erscheint wie von einem »Mantel« in sehr schönem Blau-Violett-Rot umgeben. Ihr sähet enorm große Flügel, aber keine Arme. Anstelle eines Kopfes sähet ihr eine Aureole in goldenem Glanz, die in ständiger Bewegung und Veränderung begriffen erscheint. Mal taucht ein Auge hervor, mal der Mund, mal tritt beides zurück und ihr sähet nur Gold.

Welches sind die Aufgaben der Kyriotetes?

Über uns der Vater,
unter uns der Vater,
in uns der Vater,
durch uns der Vater.
Sein Wille geschehe
in dieser wie in allen Welten.
Wir walten und halten das All,
das All-Eine des Einen in Ewigkeit.

Gabriel: Der Blick der Kyriotetes ist nicht auf den Vater gerichtet, sondern vom Vater weg auf die Schöpfung. Damit unterscheiden sie sich von den Engeln der ersten Hierarchie – den Thronen, Cherubim und Seraphim, deren Blick dem Vater zugewandt und von der Schöpfung abgewandt ist. Die Kyriotetes haben den Vater im Rücken. Sie empfangen die Impulse von ihm von »hinten«, leiten sie weiter oder führen sie aus. Sie könnten sich zwar umdrehen und den Vater anschauen, das tun sie aber nur ausnahmsweise.

Grundsätzlich gilt: Sie wirken im Auftrag des Vaters oder der Dreieinigkeit. Ihre Aufgabe ist die harmonische Gestaltung und Verwaltung der hierarchischen Räume, des Strebens und Lebens im Kosmos. Sie haben es zu behüten, deshalb schauen sie nach außen. Ihr Blick dient nicht nur dieser Welt, sondern überhaupt den Schöpfungen, den Planetensystemen und Galaxien. Die Throne haben ähnliche Aufgaben – aber sie leben mit dem Blick zum Vater.

Da der Blick der Engel der zweiten und dritten Triade der Schöpfung zugewandt ist, kann man von einer gewissen »Weltlichkeit« dieser Engel sprechen. Die Kyriotetes achten darauf, daß die Strukturen dieser Engelwelt stabil bleiben und daß sich ihre Aufgabenerfüllung harmonisch vollzieht. Sie beobachten aber auch die Hierarchien zur Linken: ihren Zustand, ihre Gesamtstimmung, ihre Revolten und Machtverhältnisse, die Ideen und Pläne, die sie aushecken, und geben Informationen darüber nach oben weiter. Kurz, sie bilden eine Art Verbindungsstelle zwischen unten und oben.

Wie jedem Menschen je ein Schutzengel und ein Führungsengel zugeordnet ist, so jeder Galaxis mit ihren Sonnen und Planetensystemen einem der Kyriotetes. Das bedeutet aber nicht, daß sie sich dort aufhielten, sie leben und wirken in ihrer Einheit. Es bedeutet vielmehr, daß sie von Zeit zu Zeit den Blick auf ihre besondere Galaxis richten und danach schauen, ob dort alles in harmonischer Ordnung verläuft. Die Bewegungen in einer Galaxis sind schön geordnet wie ein Ballett – mit Achsen und Zentren. Doch eine Galaxis kann unter bestimmten Umständen ins Trudeln geraten, das löst dann Kettenreaktionen aus, wie ein Feuer im Universum. Eine Katastrophe wäre auch, wenn die Galaxis sich nicht mehr drehte oder ihre Geschwindigkeit verlöre.

Wenn Gefahren solcher Art drohen, schreiten die Kyriotetes ein, um die harmonische Ordnung zu bewahren.

Doch sie kümmern sich auch um den Gesamtzustand der Sonnen und Sonnensysteme innerhalb ihrer Galaxis und insofern dann auch um Planeten, also auch um die Erde. Sie sind Mitschöpfer der Planetensysteme im Auftrag des Vaters und gemäß seinen Anweisungen. Danach gehört es zu ihren Aufgaben, sie zu verwalten und zu erhalten. Sie kümmern sich z. B. um die Bewahrung des Gleichgewichts des Sonnensystems. Dieses ist ja sehr labil, die Bewegungen aller seiner Teile bilden ein kunstvolles Zusammenspiel. Die Kyriotetes können z. B. dem Planeten oder dem Mond Bewegungsanstöße geben.

Ein Planet bewegt sich nicht mechanisch und stabil wie eine Uhr. Er ist eher einer wankelmütigen Frau vergleichbar, die Stimmungen unterworfen ist. Es ist z. B. nicht ausgeschlossen, daß ein Planet aus der Ordnung ausbricht – etwa infolge des Sonnenwindes oder eines Meteoritengewitters, oder daß sich sein Umlauf verlangsamt oder einen zu hohen Schwung erhält, so daß er zu kippen oder zu torkeln beginnt. Es könnte auch geschehen, daß ein Mond auf den Planeten stürzt, z. B. wenn seine Bewegung ein kritisches Maß unterschreitet – die Veränderung um einen halben Grad kann schon vernichtend sein. Überhaupt solltet ihr euch die Planeten als lebendige Wesen vorstellen. Ein Planet kann sich z. B. gehörig schütteln, so daß es zu gewaltigen Beben und Vulkanausbrüchen kommt, und zwar weil der Planet wütend wird oder sonst einfach Lust dazu hat. In solchen Fällen greifen die Kyriotetes ein.

In ihrer Macht liegen auch Materialisierungen; sie sind nicht nur Schöpfer von Sternen, die dann ihren Weg nehmen, sie können auch weiterhin Gebirge entstehen lassen. Wenn Menschen mit ihnen zusammenarbeiten würden, könnten sie ganz buchstäblich Berge versetzen – so wie sie ja auch in der Zusammenarbeit mit den Dynameis Wunder geschehen lassen und die Naturgesetze in einer bestimmten Situation außer Kraft setzen können.

Zum Aufgabengebiet der Kyriotetes gehört z. B. das Hinzufügen oder Wegnehmen eines Mondes, die Bestimmung der Umlaufbahn des Planeten oder die Geschwindigkeit der Planetenbewegung, die Richtung der Planetendrehung (sie könnten sie umkehren), die Bestimmung der Äquatoriallinie und der Pole, das Auslösen einer Gesamtsintflut, das Entstehen neuer Kontinente oder der Untergang von Kontinenten, die Veränderung von Temperaturen, z. B. das Auslösen und Beenden von globalen Eiszeiten. Die letztere »Zuständigkeit« teilen sie sich mit den Dynameis, die den Menschen näher sind und die – im Zusammenwirken mit den Exusiai und den Archai – für die großen Epochen, für den Aufstieg und Niedergang der Kulturen zuständig sind. Die Kyriotetes selbst kümmern sich nicht um einzelne Menschen, sondern um die Lebensbedingungen von Millionen von Menschen in Millionen von Jahren. Ihr Aufgabenbereich ist also der harmonische Verlauf des galaktischen Ganzen und seiner Teile und damit auch der Erde. Diese erscheint aus ihrer Perspektive so klein wie ein Dorf aus einem Flugzeug gesehen.

Gibt es in unserem Teil des Kosmos irgendwelche Probleme?

Nein, hier verläuft alles normal und ordentlich. Es drohen keinerlei Katastrophen, und es besteht kein Anlaß zu Sorgen. Auch die Erde ist kein Sorgenplanet, sie ist sehr zahm, die Gefahr einer Katastrophe ist minimal.

Was wäre, wenn die Erde doch unbewohnbar würde – etwa durch einen Kometeneinschlag, einen Atomkrieg oder eine Katastrophe von ähnlichem Ausmaß?

So etwas würden die Kyriotetes schon als ein Problem ansehen, das sie anginge. Sie würden versuchen, die Katastrophe abzuwenden. Wenn sie sich nicht verhindern läßt, dann würden sie euch umsetzen, d. h., sie würden einen Planeten ausfindig machen, auf dem sich eure Seelen wieder inkarnieren könnten. Eine solche Situation ist aber nicht zu erwarten.

Gibt es also andere bewohnbare Planeten?

Ja, es gibt auch in eurer Galaxis, der Milchstraße, bewohnbare und auch bewohnte Planeten, die etwas anders aussehen, die auch sehr schön und in sich stimmig sind. Die Erde ist nur eine, allerdings sehr gut gelungene Möglichkeit, Schönheit und Stimmigkeit darzustellen. Der Schöpfer liebt sie sehr.

Welche Mittel stehen den Kyriotetes über Materialisierungen und Bewegungsanstöße hinaus zur Verfügung, um die harmonische Ordnung zu bewahren?

Sie wirken auf die Gestirne und Sonnensysteme als lebendige Wesen ein – in stetiger Überzeugungsarbeit. Sie sind zwar mächtig, aber sie können nicht z. B. ein Sonnensystem zerschmettern oder es woanders hin versetzen, sie arbeiten auch nicht mit Drohungen oder dunklen Kräften, sie können nicht z. B. ein »Exempel statuieren«. Sie arbeiten nicht mit Macht und Strenge. Ihr einziges Mittel ist die liebevolle Überzeugungsarbeit. Sie sprechen den Gestirnen unablässig die Affirmation zu: Gut so! Macht weiter so! Eure Ordnung ist die beste aller möglichen Ordnungen! Ihr seid wunderschön! Sie lobpreisen die Schöpfung, das Sonnensystem, die Erde: Seht, wie hübsch und überzeugend ihr in eurer Ordnung seid!

Ohne diesen ständigen Zuspruch könnte es geschehen, daß das Sonnensystem oder der Planet beginnen, auf andere Stimmen zu hören, die ihnen zurufen: Beweg dich andersherum, steh still, verlangsame dich, verbirg dich – du bist so häßlich und dergleichen. Jedes Sonnensystem ist ein lebendiges Wesen und hat seine Probleme, an die die Hierarchien zur Linken anzuknüpfen versuchen. Dem halten die Kyriotetes Liebe, Affirmation, Zuspruch, Überzeugungsarbeit entgegen.

Wie verhält sich die Gesamt-Trinität zum Vater?

Die Trinität waltet über dem Kosmos, über dem Universum. Der Vater ist der Vater des Universums. Die Mutter »wohnt« auf den Monden, der Sohn in den Sonnen. Der Vater ist alles in allem, er ist, was das Ganze zusammenhält, ihm Form gibt, alles umarmend. Der Vater hat den Sohn und die Mutter aus sich herausgesetzt. Die drei bilden eine Einheit, sie sind ein Wesen und dennoch drei. Sie bilden eine dreieinige Einheit, die man sich nicht in drei Teile aufgespalten denken kann. Vielmehr gilt: 3 = 1 und 1 = 3. Es ist wie im Kleinen in dir: auch in dir leben Vater, Sohn und Mutter in kleiner Form, und doch bist du *ein* Mensch. Auch du bist insofern eine Dreieinigkeit und dennoch einer. Du kannst nicht sein mit nur Zweien.

Was lehrt uns die Begegnung mit den Kyriotetes?

Abschied zu nehmen von euren Vorstellungen über eure Größe. Ihr seid Atome im All, und das All findet sich in jedem eurer Atome. – Wachst – bis ihr klein seid; vergeht – bis ihr groß seid – bis ihr im Vater seid und der Vater ganz und gar in euch, und entsprechend: bis ihr in der Mutter seid und die Mutter ganz und gar in euch.

Und vergeßt nicht: das Ziel der Dreieinigkeit ist die Einheit, das Ziel der dreieinigen Einheit ist das Einswerden im Vater. Wir wissen, daß euch bei diesem Gedanken schwindlig wird. Es genügt, wenn ihr euch eurer Kleinheit bewußt werdet und wenn ihr eure Grenzen nach und nach auflöst. Gebt die Vorstellung des Getrenntseins endgültig auf. Ihr seid nicht getrennt von Erde, Pflanzen, Tieren, Menschen und Engeln.

Erinnert euch: ein großer Teil der Arbeit mit euch dient dazu, euch die Einheit bewußt zu machen. Die Dinge außerhalb wohnen auch in eurem Innern, und was in euch ist, soll nach außen durchscheinen. Dazu dient die Übung, alles Irdische beiseite zu legen, alles Gute, alle Sorgen etc. Werdet euch bewußt. Was ihr hier heute erlebt habt, spielte sich im Innenraum des Scheitelchakras ab, im Inneren Kosmos, und war doch Ewigkeiten entfernt. Ihr befandet euch im äußeren und zugleich im Inneren Kosmos. Ob ihr den äußeren oder den Inneren Kosmos erlebt, ist nur eine Frage des Bewußtseins. Der Wechsel von einem zum anderen ist nur ein Wandel der Perspektive, wie ein Umkehren auf der Stelle. –

Der Abstieg vollzieht sich nun vom Scheitelchakra, vom Inneren Kosmos aus über den Inneren Weisen – hier laßt euren Heiligen zurück und dankt ihm. Dann geht weiter zum Marienengel und steigt ab zur Inneren Kapelle.

Bruder Tullian: Ich danke euch für eure Vorarbeit. Der Besuch bei den Kyriotetes erschien euch leicht und problemlos, weil ihr für das Notwendigste vorbereitet wart. Er war aber nicht so leicht, wie es aussieht. In den nächsten Tagen solltet ihr öfter euren Heiligen besuchen – ohne ihn hättet ihr nicht die Erlaubnis bekommen, zu den Kyriotetes aufzusteigen.

(Die Naturgeister kehren zurück. Sie waren in einige Entfernung gegangen, es wäre zuviel Licht gewesen. Sie applaudieren und legen uns Blumen auf die Füße.)

Der Heilige Erzengel Gabriel verabschiedet sich mit den Worten: Ich segne euch im Namen des Herrn.

Anhang I

Die Himmelsstruktur im Überblick

Elion: Um zu wissen, wo im Himmel was angesiedelt ist, stellt euch verschiedene, wie durchsichtige Folien übereinandergeschichtete Landkarten vor. Ihr kennt ja Landkarten mit Angabe der Höhenunterschiede, der Durchschnittstemperatur, der Niederschlagsmenge oder der Gesteinsarten. So ähnlich verfahren wir im folgenden. Wir fügen dem Schema der Folie jeweils einige skizzenhafte Erläuterungen hinzu.

Selbstverständlich wäre das Ganze noch weiter zu differenzieren. Stellt es euch dreidimensional vor. Die Personen bewegen sich im Raum. Mitglieder des Hohen Rates besuchen z. B. Shamballah, die Jünger den Dom der Heiligen. Die Engel steigen auf und ab und überbringen Botschaften. Der heilige Erzengel Michael bewegt sich frei durch alle Hierarchien.

1. Folie

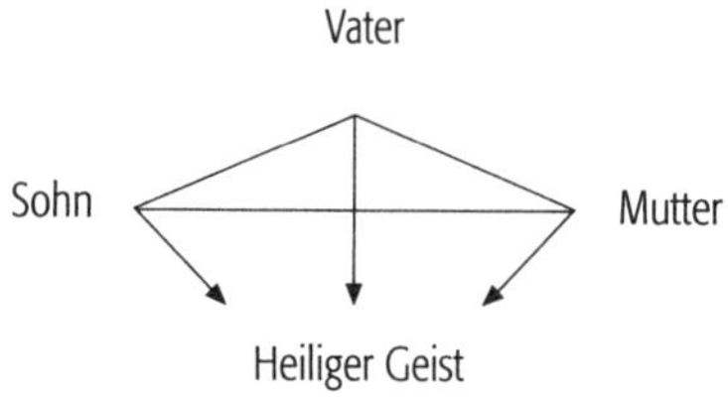

1. Triade	Seraphim Cherubim Throne
2. Triade	Kyriotetes Dynameis Exusiai, Elohim, Sonnengel
3. Triade	Archai Erzengel Engel
10. Hierarchie	Menschen

Die 1. Folie, die grundlegende, zeigt die Trinität und die Ordnung der Hierarchien, gegliedert in die drei Triaden.

Die Hierarchien der obersten, der ersten Triade sehen zwar die gesamte Trinität über sich, sind aber jeweils einer ihrer Personen besonders zugeordnet. Sie schauen auf, d. h., sie kehren uns den Rücken zu und haben den Blick zur Trinität gerichtet. Der Blick der Engel in der zweiten und dritten Triade ist der Welt zugewandt.

2. Folie: Jünger. Hoher Rat.

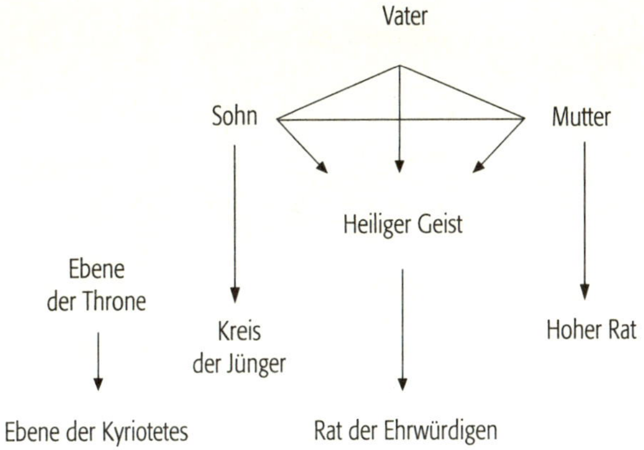

Die 2. Folie zeigt die Kreise, die unmittelbar den Personen der Trinität unterstellt sind. Unterhalb des Sohnes sitzt, etwa auf der Höhe zwischen Thronen und Kyriotetes, der Kreis der 12 Jünger, unterhalb der Mutter, auf gleicher Höhe, der Hohe Rat im Halbkreis um die heilige Sophia.

Unterhalb des Vaters ist der Rat der Ehrwürdigen, aber etwas nach unten versetzt, damit die Schwingung auszuhalten ist; denn vom Vater muß aus energetischen Gründen größerer Abstand gehalten werden.

3. Folie: Dom der Heiligen

Rat der Ehrwürdigen

Linkes Seitenschiff	Mittelschiff	Rechtes Seitenschiff
Die Heiligen des Sohnes	Vorsitz: Ein Papst Die Heiligen des Vaters	Die Heiligen der Mutter

Die 3. Folie zeigt den Dom der Heiligen. Darin ist der Rat der Ehrwürdigen hervorgehoben. Der Dom der Heiligen besteht aus einem großen, in drei Schiffe untergliederten Raum. Den Vorsitz führt einer derjenigen Päpste, die wirklich Heilige waren. Im linken Seitenschiff wirken die Heiligen des Sohnes, im rechten die Heiligen der Mutter, im Mittelschiff die Heiligen des Vaters. Zwar sind alle Heiligen der ganzen Trinität zugeordnet, stehen aber meist in besonderer Weise im Dienst des Sohnes oder der Mutter oder des Vaters. Z. B. gehören zu den Heiligen des Sohnes diejenigen, die ihn verteidigt haben oder für ihn den Märtyrertod starben. Die Heiligen des Sohnes sind überwiegend männlich, die der Mutter überwiegend weiblich.

4. Folie: Friedensdom

	Dom der Heiligen	
	Friedensdom Vorsitz: Nadjamael	
Linkes Seitenschiff Heilarbeit (Sohn)	Mittelschiff	rechtes Seitenschiff Kunst (Mutter)

Der Friedensdom befindet sich unterhalb und etwas vor dem Dom der Heiligen, auf der Ebene der Engel. Den Vorsitz führt Nadjamael.

Im linken Seitenschiff ist die Heilarbeit untergebracht. Die Engel dort unterstützen den Sohn mit den Heiligen, die besonders zu ihm gehören.

Im rechten Seitenschiff wirken die Engel, die für die Mutter arbeiten, und die Heiligen, die besonders zu ihr gehören und sie unterstützen. Sie widmen sich in besonderer Weise der Kunst, machen Entwürfe und inspirieren mit ihnen die großen Künstler auf Erden. Hier gibt es verschiedene Abteilungen, z. B. Musik, Gesang, Tanz, Architektur, Malerei u. a., und auch eine Abteilung »Besonderes«. »Die Kunst« (ars) ist weiblich. Natürlich kann nur der schöpferisch sein, der das nötige Licht vom Vater empfängt. Aber der schöpferische Künstler ist ein Gebärender: Er läßt Licht, Inspiration in sich eindringen, um ein Werk zu gebären.

5. Folie: Naturgeister

Die 5. Folie zeigt die Hierarchie im Reiche der Naturgeister, die in einer gewissen Entsprechung zur Hierarchie der Engel – bis hinauf zu den Kyriotetes – steht:

Königspaar von Raum und Zeit	– (entspricht Kyriotetes).
Die Heiligen Tiere	– (entsprechen Dynameis).
Hüter der Tiere und Pflanzen	– (entsprechen Exusiai und Elohim).
Elementargeister	– (entsprechen Archai).
Könige	– (entsprechen Erzengeln).
Naturgeister	– (entsprechen Engeln).

6. Folie: Hierarchien zur Linken

Der Antichrist	spiegelt	die Exusiai.
Allerlei Wirrwarr mit Räten, Debattierclubs und Revolutionären	spiegelt	Archai Erzengel Engel.

Die 6. Folie zeigt die Hierarchien zur Linken. Die sind ein Buch für sich: Dort findet sich alles in Spiegelung. Auch sie haben ihre Weltbibliothek und ihre »Räte«, ihre Debattierclubs.

Es gibt die Linken nur bis zur Höhe der Exusiai. Wenn sich Wesen der höheren Hierarchien vom Licht ab- und dem Dunkel zuwenden, so stürzen sie auf die Ebene der Exusiai hinab und haben nicht mehr Macht als diese. Auch ihr Führungswesen – der »Antichrist« – findet sich nicht etwa auf der Ebene des Sohnes, sondern der Exusiai. –

Es gibt dort keine Ordnung, keinen Gehorsam, kein Einhalten der Hierarchien, sondern Kampf, Aufruhr, Umsturz.

7. *Folie:* Nebel der Trugbilder (Lügengürtel).

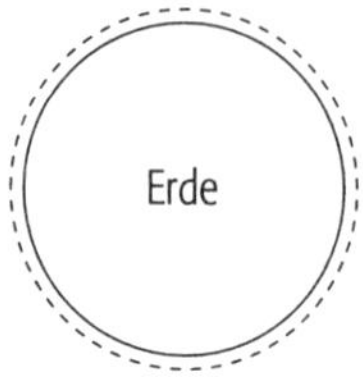

Die 7. Folie zeigt den Nebel der Trugbilder, den sog. »Lügengürtel«. Er liegt wie ein Asteroidengürtel um die Erde herum. Wo immer ein Mensch hin will: er muß hindurch, denn er liegt vor allem bzw. unter allem.

Um in ihm nicht hängen zu bleiben und sich nicht täuschen zu lassen, ist das Sicherste, den Weg über die Innere Kirche zu nehmen: Dieser ist wie ein sicherer Tunnel.

Anhang II

Auf- und Abstieg

Elion: Übt häufig den Auf- und Abstieg durch alle Hierarchien. Dadurch gewöhnt ihr euch, die Schwingungsunterschiede auszuhalten und regelmäßigen Kontakt zu allen Stufen des Himmel zu pflegen. Wir sprechen heute die Übungsreihenfolge noch einmal durch:

I. Beginn in der Inneren Kapelle. Aufstieg über die Dankesleiter bis zu den Kyriotetes.
II. Wendung in den Inneren Kosmos. Durch alle Innenräume absteigen bis zum Inneren Meer.
III. Kerzen *vor* alle Innenräume von unten nach oben stellen und entzünden. Wenn ihr wieder im Kosmos seid, dreht ihr euch um, und ihr seid wieder bei den Kyriotetes.
IV. Dann Abstieg durch alle Hierarchien bis zur Inneren Kapelle.

Im einzelnen:

Zu I. Begebt euch in eure Innere Kirche und bittet – nach eurer Wahl – euren Führungsengel, euren Inneren Heiligen oder Bruder Tullian, euch beim Auf- und Abstieg zu begleiten. Es ist auch möglich, mal den einen, mal den anderen mitzunehmen. – Wählt für Auf- und Abstieg ein zwar ruhiges, aber doch zügiges und vor allem gleichmäßiges Tempo.

Folgende Ansprachen sind in den verschiedenen Ebenen gebräuchlich:

1. Menschen: Ich danke euch ... (einige Namen), daß ihr Freud und Leid der Welt mittragt. (Es ist auch möglich, eine Gruppe zusammenzufassen.)

2. Engel: Ich danke ... (einzelne Namen oder Gruppen, z. B. Friedensengel, Engel, die euch unterweisen, Engel, die in bestimmten Situationen zur Stelle sind).

3. Erzengel: (Ihr sprecht einen nach eurer Wahl an, z. B.:) Ich danke dir, heiliger Erzengel Gabriel, der du der Mittler guter Botschaft bist.

Ich danke dir, heiliger Erzengel Michael, der du gegen das Böse kämpfst und die himmlischen Heere anführst.

Ich danke dir, heiliger Erzengel Raphael, der du Heilung wirkst.

Ich danke dir, heiliger Erzengel Uriel, der du das göttliche Feuer hütest und mir die Flamme geschenkt hast.

Und ich danke allen anderen Erzengeln.

4. Archai: (Hier wendet ihr euch an Zusmael mit den Worten:)

Ich danke dir, Zusmael, daß du meinen Gruß an die Archai, die Mächtigen, übermittelst.

5. *a) Elohirn:* Ich danke euch, ihr heiligen Elohim, und neige mich mit Euch im Lobpreis.

b) Exusiai (auf derselben Ebene wie die Elohim): Ich danke euch, ihr Hüter des Tores. Ich danke dem Tor und ich danke euch, ihr heiligen Exusiai. (Die Elohim sind also direkt anzusprechen, die Exusiai nur über die Torhüter.)

6. Dynameis (hier und bei den Kyriotetes könnt ihr euren Begleiter, z. B. den Inneren Heiligen, bitten, den Gruß zu übermitteln. Ihr seht die Dynameis durch die Wasserwand und die Kyriotetes durch den Berg. Sie wissen schon vorher, daß ihr kommen wollt. Und sie kennen euren Gruß, wenn ihr ihn denkt.)

Ich danke euch, ihr heiligen Dynameis, und ich danke dir... (Begleiter), daß du meinen Gruß und Dank übermittelst. Ich danke dem Wasser, daß du uns schützt und den Gruß übermittelst.

7. *Kyriotetes:* Ich danke euch, ihr heiligen Kyriotetes, und ich danke dir ... (Begleiter), daß Du meinen Gruß und Dank übermittelst. Ich danke dem Berg, der uns schützt.

Zu II. Nun wendet euch um. Ihr seht: Ihr befindet euch in eurem Inneren Kosmos. Steigt von hier aus durch alle Haupt-Innenräume ab, bis ihr beim Inneren Meer angekommen seid, und grüßt die Bewohner aller Innenräume.

Wählt das Tempo für Auf- und Abstieg gleichmäßig. So schnell oder langsam, wie ihr aufsteigt, steigt ihr auch ab. Seid euch dabei bewußt: Die Innenräume stehen in Korrespondenz zu den Hierarchien bis zur Ebene der Kyriotetes. (Die Chakrenlehre ist also wesentlich komplexer, als man im allgemeinen annimmt.)

Also:

7. Der Innere Kosmos entspricht den Kyriotetes.
6. Der Innere Weise entspricht den Dynameis.
5. a) Der Innere Marientum entspricht den Exusai,
   b) der Sophienturm den Elohim.
4. Die Innere Kapelle entspricht den Archai.
3. Die Innere Quelle entspricht den Erzengeln.
2. Die Innere Krypta entspricht den Engeln.
1. Das Innere Meer entspricht dem Menschenreich.

Zu III. Nun begebt euch in den Vorraum eures Inneren Meeres. Hier stellt ihr eine rote Kerze auf und entzündet sie. Dann steigt durch die Vorräume aller Haupt-Innenräume auf und wählt eine Kerze in der jeweils zugehörigen Farbe – bzw. ab der Inneren Kirche in den zwei zugehörigen Farben.

Also:

1. Inneres Meer – rot.
2. Innere Kryypta – orange.
3. Innere Quelle – gelb.
4. Innere Kirche – rosa/grün.
5. a) Marienturm – blau.
   b) Sophienturm – bordeauxrot.
6. Innerer Weiser – dunkelblau/violett.
7. Innerer Kosmos – weiß/gold.

Die Kerze im Vorraum des Inneren Kosmos brennt ohnehin ständig. Macht trotzdem eine Geste, als ob ihr sie neu entzünden wollt.

Zu IV. Wendet euch um. Ihr steht wieder den Kyriotetes gegenüber. Steigt durch die Hierarchien wieder ab, indem ihr sprecht:

7. Selig bist du ... (Begleiter), und selig seid ihr, heilige Kyriotetes.
6. Selig bist du ... (Begleiter), und selig seid ihr, heilige Dynameis usw. bis zur Ebene der Engel. Dann:
1. Selig bist du ... (Begleiter), und gesegnet seid ihr ... (einige Menschen mit Namen nennen). -

»Selig« ist nicht ein Zustand von Heiligkeit, sondern eine Tätigkeit in Verzückung. »Selig sein« bedeutet freudige Teilnahme in Dankbarkeit, Freude, Hingabe – eben in Verzückung.

Damit findet ihr euch in eurer Inneren Kirche wieder ein. Vergeßt nicht, eurem Begleiter zu danken, daß er euch sicher geführt hat, und dankt dem Himmel, daß ihr diese Arbeit tun dürft.

Abschließend noch ein Wort: Wenn ihr in dem einen oder anderen eurer Innenräume verweilen und ein Gebet sprechen möchtet, sei es bei diesem Durchgang, sei es bei anderen Gelegenheiten, dann kniet nieder an dem Altar, den ihr vorgefunden oder den ihr dort errichtet habt, und sprecht:

1. Beim Inneren Meer, und zwar auf der Insel beim Engel am Brunnen das Vaterunser.
2. Beim Inneren Kind in der Krypta das Vaterunser.
3. An der Inneren Quelle das Gelobt seist Du, Christus (S. 141).
4. In der Inneren Kirche das Gelobt seist Du, Christus.
5. Im Marienturm und im Sophienturm das Gegrüßt seist du, Maria, passend zu den jeweiligen Jahresfesten.
6. Beim Inneren Weisen das Credo.
7. Im Inneren Kosmos das Credo.

Anmerkungen:

1. Vgl. 29. 6. 95, Band 1 S. 216
2. D. h. aus der Sonne herausgeschleuderte glühende Gase.
3 Näheres hierzu in der Michaeli-Sitzung vom 29. 9. 1996 (Band III).
4 Vgl. hierzu die eingehenderen Ausführungen bei Anonymus d'Outre Tombe (Valentin Tomberg) in: Die Großen Arcana des Tarot, S. 599.
5 So wie es im Himmel besondere Orte für verschiedene Engelgruppen gibt, z. B. den Friedensdom, so auch für Menschengruppen, die im Dienst des Himmels wirken, z. B. für die Jünger, für die Heiligen und Ehrwürdigen, für die Priester verschiedener Religionen. Shamballah ist ein Ort für die »Meister«, d. h. für spirituelle Lehrer, die sich von Zeit zu Zeit inkarnieren, um Kulturepochen und Religionen zu impulsieren. Die Tradition sieht den Ort nahe der Erde, nämlich oberhalb des Himalaya.
6 Omraam Mikhael Aivanhov, 1900 – 1986, stammt aus Bulgarien, wirkte in Frankreich. Werke in deutscher Übersetzung in zahlreichen Bünden im Prosveta-Verlag, Frejus, Auslieferung in Deutschland über Edis GmbH, 82054 Sauerlach.
7 Gen. 1,2.
8 Zu Melchisedek s. Bd. I. S. 29 mit FN 9 S. 328.
9 Zur »Akasha-Chronik« s. 5.6.1995, Bd. I S. 176.
10 Vgl. Hebr. 7,3: Melchisedek ist »ohne Vater, ohne Mutter, ohne Stammbaum, hat keinen Anfang seiner Tage noch ein Ende seines Lebens, ähnlich dem Sohne Gottes bleibt er Priester immerdar.« – Es sei darauf hingewiesen, daß Aivanhov hier implizit zu der theologischen Streitfrage Stellung genommen hat, ob Paulus der Autor des Hebräerbriefes ist.
11 Vgl. o. 30. 7. 1995, S. 11 ff.
12 O. M. Aivanhov, Das Licht, lebendiger Geist, und: Auf dem Wege zur Sonnenkultur. Siehe Fußnote 6.
13 Die Namen weiterer Mitglieder werden unter dem 18. 10. 95 genannt (S. 142f).

14 Vgl. hierzu: Anonymus d'Ourte Tombe (Valentin Tomberg), Die Großen Arcana des Tarot, 14. Brief, insbes. S. 422 ff.

15 Siehe 1. 9. 1995, S. 73 ff.

16 S. den folgenden Text 6. 10. 95.

17 siehe hierzu die folgende Sitzung (9. 10. 95).

18 Vgl. Apg. 17, 34. Zum Werke des Dionysius Areopagita gehören die Schriften »Über die himmlischen Hierarchien«, »über die Namen Gottes«, »Über die mystische Theologie«. In der Wissenschaft hat sich die Annahme durchgesetzt, diese Schriften könnten nicht von dem Zeitgenossen des Paulus stammen, vor allem, weil sie Anspielungen auf Schriftsteller aus den ersten fünf Jahrhunderten, insbesondere auf Proklos enthalten; ihr Urheber sei ein »Pseudo-Dionysios«. Später lernen wir: Dionysius begründete eine esoterische Schule. Seine Lehren wurden von Nachfolgern weitergegeben, die sie ergänzten und modifizierten. Im Kern gehen sie aber auf den Areopagita zurück, der sie von Maria empfing. Die Veröffentlichung bedeutete das Ende der esoterischen Schule. Daraus, daß auch diese Fassung die ursprünglichen Lehren noch enthielt, erklärt sich die enorme geistesgeschichtliche Wirkung des Werkes bis in die heutige Zeit. S. Bd. IV, S. 75ff

19 Siehe 20. 9. 1995, S. 77f

20 Martin Kriele, Anthroposophie und Kirche, Freiburg 1996.

21 Vgl. o. unter dem 3. und dem 8. 10. 1995.

22 Valentin Tomberg, Die vier Christusopfer und das Wiedererscheinen des Christus im Ätherischen, 3. Aufl. 1994 im Achamoth-Verlag, 88634 Herdwangen-Schönach, Kap. VI und VII. S. Bd. IV, S. 211 ff.

23 Valentin Tomberg, Lazarus, komm heraus, S. 54 ff., Der Anonymus d'Outre Tombe (Valentin Tomberg), Die Großen Arcana des Tarot, 20. Brief, insbes. S. 614 ff.

24 Siehe unter 18. 1. 1996, S. 332.

25 Siehe oben 8. 10. 1995, S. 125 f.

26 Siehe oben 18. 10. 1995, S. 142 f.

27 Anspielung auf das in der »Tranzendentalen Meditation« des Maharishi Mahesch Yogi geübte »Yoga-fliegen«.

28 Anna Katharina Emmerich (1774–1824), stigmatisierte Augustinerin in Dülmen (Westfalen), hatte Visionen, die Clemens Brentano nach ihren Angaben niederschrieb, u. a.: Das arme Leben unseres Herrn Jesu Christ, Verlag Pattloch, 11. Aufl. 1989, S. 21 ff.

29 Jean Gebser: »Alle schnellen Dinge sind Verrat«.

30 So Rudolf Steiner.

31 Hierzu: der Anonymus d'Outre Tombe, (Valentin Tomberg), Die Großen Arcana des Tarot, 19. Brief, insbes. S. 600, siehe auch S. 53.

32 Zum Zusammenhang zwischen Laut und Farbe vgl. am Ende dieser Sitzung u. S. 329 f.

33 S. 18. 2. 96, Bd. III S. 25 f.